신약교회 사관에 의한
요한계시록 강해 2

5

대환난시대

| 정수영 지음 |

6-18장

REVELATION

쿰란출판사

신약교회 사관에 의한
요한계시록 강해 2

대환난시대

머리말

하나님 아버지의 크신 은총과 주님의 끝없는 사랑에 무한 감사드린다. 하나님께서는 노종을 불쌍히 여겨 주셔서 장수와 건강의 축복을 주셨다. 거기에다 미천한 학문인데도 성령님께서는 계속 주님의 사역을 할 수 있도록 고무해 주신다. 그래서 이번에 또 요한계시록 강해서 2권을 출판하게 되었다.

필자는 80여 년의 인생을 살아왔다. 그중에서 절반은 장로교 가문에서 4대째 계승된 전통적 신앙의 가정배경과 자유주의 신학교육으로 열매 없는 인생을 살아갔다. 그 후 30대 말에 미국 침례교 신학대학원에서 보수주의 신학에 근거한 역사신학을 공부한 후 침례교 교단에서 30년간(1982~2012) 교회사 교수 활동을 하게 되었다. 그 덕분에 2000년부터 교회사 책들을 여러 권 저술하게 되었다.

필자가 30여 년간 후학을 가르치며 저술활동을 계속하는 동안 깨닫게 된 사실이 있다. 그것을 각 시대별로 요약한다면 다음과 같이 정리할 수 있다.

1. 초대교회 시대(A.D. 33~100)

이때는 구약 시대를 정리하고 새로운 신약 시대의 기초를 놓은 때이다. 새로운 신약 시대의 기초는 구약의 예언들을 완성시킨 부분과 미완 상태로 예언된 내용으로 이뤄진다.

여기서 구약의 예언들이 초대교회 시대(A.D. 33~100) 때 완성된 부분들이 있고, 또 구약의 예언들 가운데 초대교회 시대(100년) 이후에 전개될 내용으로 남아 있는 부분들이 있다. 여기서 그 내용을 쉽게 설명해 보겠다.

1) 구약의 예언이 초대교회에서 성취된 대표적 사례
(1) 메시아의 성격과 죽음

이사야서 49~58장은 하나님의 백성인 이스라엘의 구속을 예언하는 내용으로 그중 53장에서는 메시아의 성격과 죽음을 예언했다.

이 내용이 신약성경 복음서들에서 성취되었고 또 미래의 메시아 활동이 계시록 4~5장과 19장 이후의 예언으로 남아 있음을 알려주고 있다.

(2) 구약성경이 끝이 나고 새로운 신약의 예언

예레미야 31장 31~34절의 "새 언약"의 예언에서 구약이 끝이 나고 새로운 신약이 등장할 것을 예언했는데 누가복음 22장 20절에서 성취되었음을 알려준다.

2) 구약의 예언이 다시 신약의 예언으로 미래에 성취될 부분들

(1) 이스라엘의 미래 운명을 다니엘 9~12장에서 예언했다.

이때 예언된 70이레(다니엘서 9장 24~27절) 중 이미 69이레가 지나갔고, 마지막 한 이레(7년) 예언이 계시록 6~18장에 기록되었다.

(2) 이스라엘이 북방, 남방, 동방의 연합세력에 의해 공격을 받을 것이나 이스라엘의 최후 승리가 에스겔 38~39장에 곡과 마곡 전쟁으로 예언되었다. 그런데 그 예언의 성취로 계시록 16장 16절과 19장 11~21절에서 아마겟돈 전쟁을 언급함으로써 미래에 있을 역사로 예언되었다.

(3) 이스라엘의 화려한 회복의 내용이 이사야 60~66장에 예언되었다.

이사야 65장 17~25절의 화려한 예언이 다시 계시록 20장 1~6절에 천년왕국으로 예언되었다.

3) 구약성경에 예언되지 않은 교회 시대
구약성경에는 교회 시대에 대한 예언이 없다. 그렇기에 계시록 2~3장에서 교회 시대에 대한 예언이 주어진다.

이렇게 볼 때 요한계시록은 구약의 예언서들(이사야, 예레미야, 에스겔 등)의 종합 완결판이 된다. 이렇게 구약성경 예언들의 완성판인 요한계시록은 율법이나 선지자를 완전하게 하시려는(마 5:17~19) 주님의 말씀의 완성인 것이다.
이렇게 귀중한 구약과 신약의 진리를 왜곡시킨 잘못된 교회 지도자들이 2천년 동안 계속 이어져 왔다.

2. 교부 시대(A.D. 100~500)

사도들 이후에 교회를 이끌어간 지도자들을 '교부'(Church Fathers)라고 한다. 교부들이 수백 명이 되는데 그중에서 대표자들을 선별해

《교부시대사》(2014)로 출판했다.

교부 신학을 최후로 완성한 신학자는 아우구스티누스(354~430)다. 그가 저술한 《하나님의 도성》(The City of God)은 《신국론》으로 번역되어 세계인의 사상서로 전승되고 있다.

그러나 그의 성서신학은 많은 오류들의 기초를 만들었다. 대표적 오류 두 가지를 살펴보자.

1) 세례 중생론(Baptismal Regeneration)

그는 원죄를 가진 유아에게 유아세례를 베풀 때에 원죄가 사라진다는 거짓된 주장으로 세례 중생론 교리의 기초를 만들었다.

요한복음 3장 3~8절에는 물과 성령으로 거듭난 자만이 하나님 나라에 들어갈 수 있다고 했는데, 아우구스티누스는 세례로 원죄가 사라져 구원이 가능한 것으로 성경 진리를 왜곡시켰다.

2) 무천년설(Amillennialism)

요한계시록 20장 1~6절에는 천년왕국이 예언되었고, 이사야 65장 17~25절에는 천년왕국의 성격이 예언되었다.

그런데 아우구스티누스는 계시록 20장 1~6절의 천년왕국을 하나의 상징이라고 주장하여 무천년 사상의 기초를 닦았다.

3. 중세 시대(500~1517)

중세 시대는 최초로 교황제도가 시작된 590년부터 종교개혁이 일어난 1517년 이전을 말한다.

필자는 《중세교회사 Ⅰ》(2015)에서 최초의 교황부터 현 교황까지의 "교황들의 역사"를 출판했고, 《중세교회사 Ⅱ》(2017)에서 중세기 천 년의 암흑 시대에 이어진 동방 정교회와 서방 로마 가톨릭 교회의 역사를 정리했다.

이때 가톨릭이나 정교회에 동조하지 않은 분리주의자들이 모조리 수난당하고 희생되었으나 그들이 저들보다 훨씬 더 성서적 분파들이었음을 설명했다.

중세기 암흑 시대에는 모든 성직자가 모든 세상 사람들을 가톨릭 조직 안에 예속시키려고 30~40종의 각종 성례(Sacraments)로 묶어 놓았다.

그것을 7가지 성례로 요약시킨 것이 토마스 아퀴나스(1224~1274)다. 그 이후로 '칠성사'(Seven Sacraments)가 현재의 가톨릭 교리의 핵심으로 계승되어 오고 있다.

저들은 칠성사로 구원이 가능하다고 믿는 의식주의, 형식주의 종교로 전락했다. 가톨릭 내 "성령으로 거듭남"의 진리를 따르는 자 외에는 전통만 숭앙하는 미신 종교로 전락했다.

4. 종교개혁 시대(1517~1600)

종교개혁 시대에 네 부류의 종교개혁 세력이 있었음을《종교개혁사》(2012)에서 밝혔다.

저들 네 부류 중 근세 시대(1600~1800)에 가톨릭과 전쟁을 불사하며 자기 세력을 구축한 개신교도들의 역사를《근세 교회사》(2022)에서 밝혔다.

이들 종교개혁자들의 공헌들을 각각 '교회사'에 밝혔으므로 여기서는 생략하고 종교개혁자들의 문제점만 지적해 보겠다.

1) 루터(1483~1546)의 문제

루터는 담대한 용기와 해박한 성서신학으로 1천 년의 로마 가톨릭의 철옹성을 격파한 공헌이 있다. 그런데 그는 성서신학에 큰 오류를 남겼다.

성경 중 신약성경에는 종교와 정치가 완전히 분리되어야 함을 가르쳤다(마 22:21; 요 18:36; 롬 13:1~7; 벧전 2:13~17 등). 그런데 그는 로마서 13장 1~7절을 잘못 해석하여 "하나님의 두 손"이라는 논문에서 교회와 국가 모두가 '하나님의 쓰임 받는 두 기구'라고 했다.

그 결과 독일과 북반구 여러 나라에 루터교에 의해 교회와 국가가 연합된 국교를 만들어 놓았다. 이것은 명백한 성경에 위배된 결과인 것이다.

2) 칼빈(1509~1564)의 문제

칼빈의 《기독교 강요》는 가톨릭과 구별되는 개신교 신학의 기초를 수립하는 데 공헌했다. 그러나 그는 '성경'에서 벗어난 신학사상들을 만들었다. 여기서 몇 가지만 지적해 보겠다.

⑴ 신약성경의 '예정론'이 아닌 칼빈 개인의 '숙명론'을 성경의 예정론처럼 변개시켜 놓았다. 이 내용을 《종교개혁사》 372~379쪽에 서술하였다.

⑵ 신·구약성경의 '종말론' 사상을 계승하지 않고 아우구스티누스의 무천년 사상을 계승하여 성경의 '종말론' 신앙을 사장시켜 놓았다. 그와 같은 적폐가 500년이 지난 지금까지 계승되어 오고 있다.

⑶ 성경의 '중생' 진리(요 3장)와 아우구스티누스의 '세례 중생론'을 혼합시켰다. 그래서 '세례자'가 교회 정회원이 되는 제도를 통해 형식적인 종교인으로 전락시켰다.

⑷ 구약성경의 장로들은 백성들의 지도자였으나(출 3:16) 신약성경의 장로들은 사도였고(벧전 5:1; 요이 1:1; 요삼 1:1) 교회를 다스리며 말씀을 가르치는(딤전 5:17) 수고하는 자였는데, 칼빈은 구약성경의 장로로 후퇴시켰다.

참으로 안타까운 사실이 있다.

지금 우리는 2000년대 급진적 시대를 살아가고 있다. 그런데 교회들은 1000년 전 아우구스티누스 사상과 500년 전 칼빈의 사상에 그대로 머물러 있다. 이 어찌 통탄할 일이 아니겠는가?

필자는 이번에 2000년 전 사도들의 신앙, 불변의 진리에 근거한 요한계시록 강해서 《대환난 시대》를 출판한다. 본 강해서로 사도들이 믿었던 신앙의 기본들을 되찾고, 인간들이 만든 불완전한 신학들의 노예에서 해방되기를 열망한다.

끝으로 본서 출판을 돕는 고마운 분들을 기억하고자 한다.

필자의 문서선교 사역을 10여 년 이상 매월 한결같이 후원해 주시는 겨자씨문서선교회 정기 후원자들께 심심한 감사를 드린다.

또 요한계시록의 난해한 진리가 잘 설명되어서 만인들이 미래의 종말론을 잘 깨닫고 큰 위로와 용기를 얻기를 바라는 갸륵한 분이 있다. 자기 개인이나 가정을 생각하지 않고 하나님의 나라만 생각하는 고매한 신앙의 여장부가 있다. 그분은 자신을 드러내지 않고 《요한계시록 강해서》 출판비를 후원해 주셨다. 그분에게 하나님의 은밀한 보살핌이 있기를 기도한다.

나이 들고 서투르지만 필자의 육필 원고를 컴퓨터로 정리하면서 많은 노고를 아끼지 않은 아내에게 감사함을 전한다.

또 필자의 문서선교 사역을 위해 10여 년 이상 한결같이 편의를 제공해 주시는 쿰란출판사 이형규 사장님과 편집진과 교정자들의 숨은 노고에 깊이 감사드린다.

2022년 12월
안양 평촌에서 정수영

| 목 |
| 차 |

머리말 · 4

대환난 시대 (계 6~18장)

서론	20
특주 21 7년 대환난의 근거	23

제1부 전 3년 반 (계 6~11장)

서론	32
01 일곱 인 재앙 (계 6~7장)	33
1) 첫째 인에서 여섯째 인 재앙 (계 6:1~17)	33
특주 22 한 데나리온에 밀 한 되 (계 6:6)	39
설교 16 우리 피를 갚아주지 아니하시기를 어느 때까지 하시려 하나이까? (계 6:10)	55
특주 23 우주는 계속되지 않는다	70
2) 인침 받은 십사만 사천 (계 7:1~17)	83
특주 24 십사만 사천의 이해	93
설교 17 아멘, 아멘 (계 7:12)	107

| 특주 25 | 단 지파에 대한 오해 | 118 |

    3) 일곱째 인과 나팔 재앙 준비(계 8:1~6)   124

| 설교 18 | 환난 중의 열정적 기도(계 8:3~5) | 130 |

02 일곱 나팔 재앙(계 8~11장)   143

    1) 첫째에서 넷째 나팔 재앙(계 8:7~13)   143

| 특주 26 | 바다를 제패한 역사 | 151 |

    2) 다섯째, 여섯째 나팔 재앙(계 9:1~21)   175

| 특주 27 | 사탄의 기원 | 190 |

| 특주 28 | 천사의 기원 | 202 |

    3) 두루마리를 먹은 요한(계 10:1~11)   217

| 설교 19 | 두루마리를 갖다 먹어 버리라(계 10:9) | 233 |

    4) 두 증인의 순교와 부활과 승천(계 11:1~13)   243

    5) 일곱째 나팔 재앙(계 11:14~19)   277

제2부 중간기 【계 12~14장】

서론   294

01 붉은 용과 여자(계 12:1~17)   296

| 특주 29 | 붉은 용에 대한 신학자들의 견해 | 297 |

    1) 해를 옷 입은 여자와 붉은 용의 핍박(계 12:1~6)   300

| 특주 30 | 붉은 용의 정체 | 308 |

    2) 미가엘과 붉은 용의 천상의 전투(계 12:7~12)   321

    3) 여자에 대한 용의 핍박과 광야 피신(계 12:13~17)   337

02 바다 짐승의 핍박(계 13:1~10)   348

    1) 바다에서 올라온 짐승의 권세(계 13:1~2)   348

| 특주 31 | 다니엘 예언의 미완성 | 358 |

    2) 바다 짐승 용의 권세와 성도들의 핍박(계 13:3~8)   366

    3) 성도들에 대한 권면(계 13:9~10)   379

03 땅의 짐승의 핍박과 짐승의 표(계 13:11~18)   382

    1) 땅에서 올라온 두 번째 짐승(계 13:11)   382

    2) 땅의 짐승의 권세와 바다짐승에 대한 경배 강요(계 13:12~15)   386

    3) 짐승의 표(계 13:16~18)   393

| 특주 32 | 666이란 무엇인가? | 401 |

| 특주 33 | 성경 해석의 역사 | 403 |

04 시온산의 십사만 사천과 마지막 수확(계 14:1~20)   427

    1) 시온산의 십사만 사천의 노래(계 14:1~5)   427

    2) 바벨론 멸망과 우상숭배자들에 대한 심판 경고(계 14:6~13)   434

    3) 마지막 수확과 마지막 재난(계 14:14~20)   443

| 설교 20 | 당신의 낫을 휘둘러 거두소서(계 14:15) | 454 |

제3부 후 3년 반 [계 15~18장]

    서론   478

01 일곱 재앙의 준비(계 15:1~8)   479

    1) 일곱 천사가 가진 일곱 재앙(계 15:1)   479

    2) 짐승과 우상에서 벗어난 자들의 노래(계 15:2~4)   480

    3) 일곱 대접 재앙의 준비(계 15:5~8)   485

02 첫째 대접부터 일곱째 대접 재앙(계 16:1~21)   489

    1) 첫째, 둘째 대접 재앙(계 16:1~3)   489

    2) 셋째, 넷째 대접 재앙(계 16:4~9)   493

    3) 다섯째 대접 재앙과 짐승의 왕좌(계 16:10~11)   497

    4) 여섯째 대접 재앙과 세 더러운 영의 전쟁 준비(계 16:12~15)   499

    5) 아마겟돈 전쟁(계 16:16)   507

    특주 34 아마겟돈 전쟁   508

    6) 일곱째 대접 재앙(계 16:17~18)   515

    7) 큰 성 바벨론과 섬과 산악이 없어짐(계 16:19~21)   517

03 바벨론의 멸망(계 17:1~18:24)   523

    1) 큰 음녀의 죄상(계 17:1~6)   524

    2) 음녀가 탄 짐승의 비밀(계 17:7~18)   534

    3) 바벨론의 패망(계 18:1~24)   553

| 설교 21 | 음행의 진노로 만국이 무너졌으며(계 18:3) | 560 |

결론 "대환난 시대"의 중요한 주제들

| 서론 | 596 |

01 대환난의 근거   597

02 대환난 기간의 3대 재앙   600

03 대환난 중의 주요한 주제들   601

   1) 이스라엘 자손의 인침 받은 십사만 사천   601

   2) 붉은 용(계 12장)   602

   3) 두 짐승(계 13장)   603

   4) 짐승의 표 666(계 13:17~18)   604

   5) 계시록의 바벨론 의미   604

대환난 시대
(계 6~18장)

서 론

요한계시록은 완벽하게 다른 세 가지의 내용으로 구성되어 있다.

첫 부분은 계시록 1장부터 5장까지의 내용이다. 누구나 쉽게 분별할 수 있는 독특한 내용들이 첫 부분에 기록되었다.

1장에서 총론을 설명한 후 2~3장에서 아시아 일곱 교회에 보내는 편지 내용이 소개된다. 그리고 그 이후에는 교회에 관한 언급이 전혀 없다. 그다음 4~5장에서는 천상에서 전개되는 내용이 설명된다. 계시록 첫 부분은 이렇게 교회 시대만 기록되었을 뿐 아니라 각 교회들에게 주시는 권면들이 다르다. 이것은 교회 시대가 어떻게 전개되고 종결될 것인지 말해준다.

둘째 부분은 계시록 6장부터 18장까지의 내용이다.

이 부분에는 처음부터 끝까지 참혹한 재앙들이 계속 설명된다. 앞서 첫 부분 내용과는 완전하게 다른 처참한 재앙들의 연속이다. 재앙, 파멸, 전쟁, 죽음, 배반 등 참으로 이해되지 않는 전 지구적 재앙들이 설명된다.

왜 하나의 계시록 책인데 앞 첫째 부분과 이토록 완벽하게 다른가?

많은 구약성경(단 9:20~27; 욜 1:13~20; 습 1, 3장)에 예언들이 있다. 예수님께서도 마태복음 24장에서 미래를 예언하셨다. 사도 바울도 데살로니가전서 4장 13절~5장 11절에서 미래를 예언했다. 사도 베드로도 베드로후서 3장에서 미래를 예언했다.

그리고 성경의 최후의 책인 요한계시록에는 미래에 참혹한 재앙이 있을 것이 예언되었다. 따라서 필자는 계시록 6장부터 18장까지를 '대환난 시대'라고 칭한다.

셋째 부분은 요한계시록 19장부터 22장까지의 내용이다.
이 부분은 첫 부분인 교회 시대나 둘째 부분인 대환난 시대와는 완전히 다른 '새 하늘과 새 땅'의 내용이다.
필자가 요한계시록을 평생 동안 살펴봐도 계시록 내용 자체가 세 가지로 완벽하게 다른 내용임을 거듭 체험하게 된다.

이번 요한계시록 강해 제2권을 '대환난 시대'라고 명명하고 계시록 6~18장의 내용을 다루었다.
그리고 대환난 시대를 '7년 대환난 시대'라고 한다. 많은 사람들이 의아하게 생각하는 바가 있다. '요한계시록에 7년 대환난이라는 말이 없는데, 무슨 근거로 그와 같은 주장을 하는가?'
여기에 대해서 요한계시록 자체의 근거를 살펴보겠다. 계시록 11장 2절에 "마흔두 달", 또 3절에 "천이백육십 일"이라는 표현이 있다. "마흔두 달"은 1년에 12달씩 3년 반을 뜻한다. "천이백육십 일"은 360일(유대 종교력은 1년 360일)로 계산하여 역시 3년 반이다.
또 계시록 12장 6절의 "천이백육십 일", 또 14절의 "한 때와 두 때와 반 때"도 역시 3년 반이다. 또 계시록 13장 5절에도 "마흔두 달"을 말한다.

이와 같은 표현들은 어디에 근거한 것인가? 여기 계시록에 소개되는 내용은 다니엘서 9장 20~27절에 근거한 '70 이레'의 해석에서 비롯되었다.

다니엘서의 예언에는 이스라엘의 미래가 "70이레"(단 9:24)로 정해졌는데, 그 중에서 69이레 후에 "기름 부음을 받은 자가 끊어져 없어질 것"(단 9:26)이라는 예언이 예수 그리스도의 죽음으로 성취되었다.

그런데 예수님의 죽음으로 69이레가 성취되고 나머지 1이레 7년이 남았다. 그 나머지 1이레 7년을 사도 요한이 위에 열거한 여러 곳에서 "마흔두 달", "천 이백육십 일", "한 때와 두 때와 반 때"로 설명한다.

이에 따라 우리는 '7년 대환난'을 바르게 이해하기 위해서 반드시 다니엘서의 내용을 알아야만 한다. 여기서 필자는 계시록의 '7년 대환난'을 이해하기 위해 다니엘서 내용을 먼저 설명하도록 하겠다.

[특주 21]
7년 대환난의 근거

1) 다니엘과 다니엘서 전반부(단 1~8장) 내용

우리가 계시록을 이해하려면 반드시 다니엘서를 이해해야만 한다. 다니엘(דניאל)이라는 이름의 뜻은 '하나님은 나의 심판자이시다' 라는 뜻이다.

그는 남왕국 유다 제15대 왕인 요시야(B.C. 640~609: 왕하 22장) 왕의 종교개혁(B.C. 621) 때 유대 귀족의 가문에서 태어났다. 그런데 제17대 왕 여호야김(B.C. 609~598) 왕 때 바벨론 왕 느부갓네살에 의해 소년기 다니엘은 바벨론에 포로로 끌려갔다(B.C. 605, 단 1:1~3).

포로가 된 다니엘은 3년 동안 갈대아인들의 지혜를 배운다. 그리고 바벨론 이름인 벨드사살('그의 생명을 보호하라'는 뜻)이라는 이름을 받는다.

그 후 바벨론 왕 느부갓네살이 강요하는 왕의 진미를 거절하고 유대인들의 정결법을 지켜나간다(단 1:8).

재위 2년경(B.C. 602) 느부갓네살 왕은 아주 특이한 꿈을 꾸었다. 왕은 점성가들에게 자기가 꾼 알 수 없는 꿈을 알아내서 해석을 해내라고 강요했다. 점성가들은 꿈을 말해 주면 해석은 할 수 있으나 왕의 꿈을 알아낼 수는 없다고 했다.

이때 다니엘이 기도를 통해 왕의 꿈 내용을 말하고 해석해 준다. 그 내용이 다니엘서 2장에 기록되었다. 그 내용은 큰 신상이 서 있는데 머리는 순금이고, 가슴과 두 팔은 은이고, 배와 넓적다리는 놋이고, 종아리는 쇠요, 발은 쇠와 진흙이 섞여 있었다(단 2:32~35).

이 꿈은 앞으로 있을 네 개의 제국인 바벨론, 바사(페르시아), 헬라, 로마를 의미한다. 그리고 마지막에 우상을 친 큰 돌은 장차 있을 메시아 왕국임을 해석해 준다(단 2:44~45). 다니엘은 이처럼 하나님의 미래 계획을 왕에게 알려주었다.

이 일로 다니엘은 바벨론 왕의 측근에서 왕에게 조언을 해주는 높은 총리 직위에 있게 된다. 그러나 느부갓네살 왕의 몰락 후에는 그다지 주목받지 못한다.

그 후 느부갓네살 왕의 아들 벨사살이 왕위를 계승했다. 이때 다니엘이 꿈속에 환상을 본 내용이 다니엘서 7장에 기록되었다. 그것은 네 짐승에 대한 환상이었다. 이때의 네 짐승 환상은 앞서 다니엘 2장의 신상 내용과 비슷하다. 다니엘서 7장은 벨사살 왕 원년에 본 환상이고, 다니엘서 8장은 벨사살 왕 3년에 또다시 본 숫양과 숫염소의 환상이다.

이렇게 보았던 다니엘서 7장과 8장의 환상은 주전 550년 바벨론을 정복하고 새로운 바사 제국(페르시아)을 세운 고레스 왕 때 실현된다.

다니엘은 다니엘서 2장부터 8장 사이에 거듭된 환상들을 보았고 그 환상대로 제국들이 변천되어 가는 것을 목격했다. 다니엘이 환상으로 본 마지막 제국인 로마제국은 주후 476년 서로마제국의 멸망으로 끝이 났다.

그런데 우리가 꼭 기억해야 할 사실이 있다. 그것은 다니엘에게 숫양과 숫염소의 환상을 설명해 주는 가브리엘 천사의 설명이다(단 8:19~27). 이렇게 가브리엘 천사가 설명해 준 뿔 가진 짐승의 출처인 강가(단 8:3)의 예언이 계시록 13장 1절에서 이어지고 있다는 사실이다.

그렇기에 다니엘서 2장, 7장, 8장의 내용이 계시록으로 연결되는 것을 깨닫게 된다. 이에 대한 해석을 계시록 13장 때 다시 (특주 31)에서 설명할 것이다. 여기서는 '대환난'에 관한 내용만 살펴보자.

2) 다니엘서 후반부(단 9~12장) 내용

다니엘서는 연대순으로 기록되지 않았다.

다니엘서 5장에는 바벨론 왕 느부갓네살의 아들 벨사살 왕이 자기 부친이 탈취한 예루살렘 성전의 기물들로 주연을 벌이다가 벽 속에서 튀어나온 손가락이 "메네 메네 데겔 우바르신"(단 5:25)이라는 글씨로 바벨론의 종말을 알려준 내용이 기록되었다.

또 다니엘서 6장은 바벨론을 멸망시킨 메대와 바사(페르시아) 중에 메대 왕 다리오 때 다니엘이 총리였으나 고관들이 다니엘을 모함하여 사자 굴 속에 던져졌으나 살아난 내용을 기록한다.

다니엘서는 이렇게 내용별로 기록되었고 연대순 기록이 아니다.

다니엘서의 후반부인 9~12장 내용 역시 연대순이 아닌 내용 중심인데, 그 내용이 이방 나라들의 미래가 아닌 이스라엘의 미래에 대한 것이다.

다니엘서 9장은 메대 왕 다리오 때 받은 내용이고, 다니엘서 11장 역시 메대 왕 다리오 때 받은 내용이다. 그리고 10장은 바사 왕 고레스 때 받은 내용이다. 그런데 9~12장의 모든 내용이 이스라엘의 미래에 관한 내용이다.

다니엘서 9장 25~27절의 내용은 이스라엘의 미래에 대한 내용이다. 다니엘서 2, 7, 8장의 내용은 예언대로 정확하게 이미 이루어졌다. 다니엘서 9장 내용도 95%가 이미 이뤄졌고 5%만 남아 있다. 이제 다니엘서 9장 내용 중에서 이미 이루어진 부분과 남아 있는 내용을 소개하겠다. 이는 필자의 《마태복음서 강해 Ⅱ》에서 이미 밝혔던 것들이다.[1]

(1) 이스라엘 민족의 미래에 대한 부분
다니엘서 9장 24절에 "네 백성과 네 거룩한 성을 위하여 일흔 이레를 기한으로 정하였나니"라고 기록되어 있다. 여기 보면 하나님의 메시지를 전달해 주는 천사 가브리엘(단 8:16, 9:21; 눅 1:11~20, 26~38)이 다니엘의 민족인 이스라엘 민족의 미래를 '일흔 이레'로 정했다고 했다.
여기서 말하는 '일흔 이레'란 '쉬브임 솨부임'(שָׁבֻעִים שִׁבְעִים)이다.
영어는 번역하면 'Seventy Weeks'이고 Unit of Seven이란 뜻이다. 이때 말하는 '70주'란 무슨 뜻인가?
레위기 26장 34~35절에서 이스라엘 민족이 가나안에 들어간 후에는 안식년 규례(레 25:1~7)를 지키지 않으면서 살 것을 예언했다.
그 후 예레미야 25장 11~12절에는 이스라엘이 죄악으로 인해 70년 동안 바벨론으로 끌려가 왕을 섬기고 그 땅이 황폐하게 될 것을 또다시 예언한다.

---

1) 정수영, 마태복음서 강해 Ⅱ, (쿰란출판사, 2015) pp. 348~390.

역대하 36장 21절에는 예레미야의 예언대로 70년 동안 땅이 황폐하게 되는 이유가 출애굽 후 바벨론 포로 때까지 안식년을 70번이나 지키지 않았기 때문이었음을 말한다. 안식년은 7년마다 지켜야 되는데 이스라엘 민족은 출애굽 후 안식년을 70번이나 지키지 않고 490년을 산 결과가 바벨론 포로 70년이라는 뜻이다.

그런데 다니엘서에 또다시 언급되는 '70이레'는 무슨 뜻인가? 70주를 490일, 490주, 490월로 적용해 보면 이미 다 지나간 시간이므로 맞지 않는다. 그래서 490년으로 이해하는 것에 모든 이가 동의한다.

그렇다면 이스라엘 민족에게 다니엘 이후 490년 동안 다니엘서 9장 25~27절의 예언이 이루어졌는가? 다니엘 예언 500여 년 후에 예수 그리스도께서 탄생되셨다가 십자가에 처형당하신 사건이 있었다. 그러나 이스라엘 민족에게는 아무런 변화가 일어나지 않았다.

다니엘이 예언한 490년이란 무엇을 의미하는가? 24절의 의미를 알기 위해서는 다니엘서 9장 25절을 먼저 이해해야 한다.

(2) 70이레의 시작

다니엘서 9장 25절에 "그러므로 너는 깨달아 알지니라 예루살렘을 중건하라는 영이 날 때부터"라고 했다.

구약 속에 예루살렘을 중건하라고 칙령을 내린 왕이 누구인가? 주전 444~425년경에 이스라엘 민족의 지도자로 활약한 느헤미야의 기록에 나타난다. 느헤미야 2장 1~8절을 보면 아닥사스다 왕 제20년(느 2:1)에 느헤미야가 왕으로부터 예루살렘 성읍과 성벽을 중건하라는 칙령을 받는다. 여기서 말하는 아닥사스다 왕은 바사(페르시아)제국의 왕이다.

구약성경의 마지막 역사서들은 모두가 바사 왕들 때 이루어진 내용이다. 에스라서를 살펴보면 바사 왕 고레스(B.C. 559~530) 때인 주전 538년경에 스룹바벨 인도로 제1차 귀환이 이뤄지고 에스라에 의한 제2차 포로 귀환이 이루어진다. 그리고 느헤미야서에서는 바사 왕 아닥사스다 1세(B.C. 465~424) 때 주전 444년경 느헤미야에 의한 제3차 포로 귀환이 이루어진다.

여기 소개되는 아닥사스다 1세의 아버지는 에스더서에 소개되는 아하수에로(서양사에는 크세르크세스 1세, B.C. 486~465) 왕이다.

그렇기에 유대인 출신의 에스더 왕후는 그의 양모가 된다. 바로 이 아닥사스다 1세가 주전 444년 3월 5일에 느헤미야에게 예루살렘 성의 중건 칙령을 내린다.

아닥사스다의 칙령을 받은 느헤미야가 예루살렘 성읍과 성벽을 재건하려고 할 때 주변 원수들로부터 많은 박해를 받는다. 그래서 다니엘서 9장 25절의 마지막을 보면 "곤란한 동안에 성이 중건되어 광장과 거리가 세워질 것"을 예언한다.

에스라서 4장 1~6절에는 성전 건축을 반대한 내용이 기록되었고, 에스라서 4장 7~23절에는 성읍 건축 반대자들로 많은 방해를 받으며 곤란한 중에 건축된 내용이 기록되었다.

(3) 일곱 이레와 예순두 이레

다니엘서 9장 25절에 최초로 시작된 칙령 후 7이레 + 62이레 = 69이레가 지나간다고 했다. 이것을 정확하게 계산해 보자. 최초로 주전 444년 3월 5일 칙령이 내렸다. 그 후에 69이레가 또 지나갔다.

69이레를 서력(1년 365, 25일)이 아닌 유대력(1년 360일)으로 계산하면 483년 즉 173,880일이 된다. 주전 444년 3월 5일 후 483년이 지난

173,880일은 주후 33년 3월 30일로 "기름 부음을 받은 자가 끊어져 없어"진(단 9:26) 날이다.

이것을 도표로 표시해 보자.

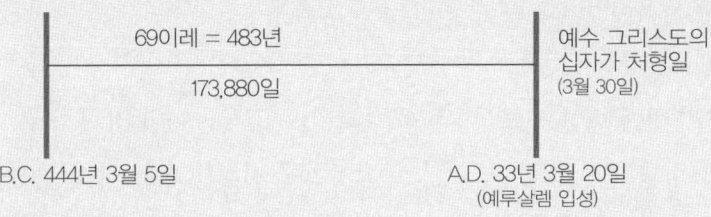

주후 33년 3월 20일은 주님께서 예루살렘에 마지막으로 입성하신 날이다.

스가랴 9장 9절의 예언이 마태복음 21장 1~11절, 마가복음 11장 1~11절, 누가복음 19장 28~38절, 요한복음 12장 12~19절에 성취되었음을 증명해 준다. 이렇게 예수 그리스도의 예루살렘 입성 후 한 10여 일 후에 십자가에 처형을 당하신다.

그 내용을 다니엘서 9장 26절에 "예순두 이레 후에 기름 부음을 받은 자가 끊어져 없어질 것"으로 예언되었다.

(4) 69이레 이후

다니엘서 9장 26절 중간에 "장차 한 왕의 백성이 와서 그 성읍과 성소를 무너뜨리려니와 그의 마지막은 홍수에 휩쓸림 같을 것이며 또 끝까지 전쟁이 있으리니 황폐할 것이 작정되었느니라"라고 하였다. 다니엘서 9장 26절의 "장차 한 왕의 백성이 와서"의 히브리어 원문은 "암 나기드 합바"(עַם נָגִיד הַבָּא)이다. 원문을 영어로 번역하면 "a Prince to Come"(장차 올 왕의 백성이)가 된다.

　장차 올 왕의 백성은 적그리스도임이 암시되었다. 아직 현재까지 적그리스도는 오지 않았다. 그런데 70이레 중에 69이레가 예수 그리스도의 십자가에 죽으심으로 명확하게 성취되었다. 그리고 마지막 한 이레 기간인 7년이 남아 있다.

　그 7년에 대한 기록이 어디에 있는가? 앞에서 이미 밝힌 대로 계시록 11장 2, 3절, 12장 6, 14절, 13장 5절에 기록되었다. 여기 계시록에 기록된 7년에 대한 내용은 다니엘서 9장 24~27절에 예언된 내용 중에 남아 있는 한 이레 7년에 대한 예언이다.

　따라서 7년 대환난은 다니엘이 예언한 '70이레' 내용 중 마지막 '한 이레'인 7년을 의미한다. 왜 하나님께서는 69이레를 정확하게 성취하시고 예수 그리스도 이후에 2000여 년의 긴 공백기를 보내시는가? 우리는 그 이유를 헤아릴 수가 없다.

　여기서는 7년 대환난이 다니엘의 예언 중의 마지막 미완성 부분이라는 사실만 확인하고 넘어가겠다.

제1부

전 3년 반
(계 6~11장)

서론

요한계시록은 세 부분으로 구성, 서로 다른 내용이 기록되었다고 했다.

첫 부분은 1~5장까지의 교회 시대에 대한 내용이다. 교회 시대에는 엄숙한 경고의 선언과 함께 회개를 촉구하는 여유 있는 내용들이다. 필자의《요한계시록 강해 Ⅰ》을 참고하라.

본서에서 다루는나 둘째 부분인 6~18장까지의 대환난 시대 때 교회 시대와는 다르게 처음부터 끝까지 재앙들만 계속 퍼부어진다. 이미 작정된 하나님의 진노에 의해서 처음부터 끝까지 계속적인 재앙들이 임하며 메시아를 부인한 유대인들과 많은 인류들이 뒤늦게 회개한다.

여기 대환난 기간이 총 7년이다. 이 중에서 전 3년 반의 내용이 6~11장에 기록되었다. 이 기간에는 일곱인 재앙(6~7장)과 일곱 나팔 재앙(8~11장)이 주어진다. 그리고 중간기 내용이 12~14장에 기록되었고, 후 3년 반 내용이 15~18장에 기록되었다.

제1부에서 6~11장에 기록된 전 3년 반의 재앙에 관해 살펴볼 것이다.

01
일곱 인 재앙

(계 6~7장)

1) 첫째 인에서 여섯째 인 재앙(계 6:1~17)

(1) 첫째 인과 흰 말(계 6:1~2)

① 어린양이 일곱 인 중의 하나를 떼시는데

앞서 계시록 5장 7절에 어린양이 보좌에 앉으신 이의 오른손에서 인봉한 두루마리를 취하셨다고 했다. 그런데 6장 1절에서 어린양이 일곱 인 중 하나를 떼신다. 여기 '떼시는데'는 '에노익센'(ἤνοιξεν)이다. 이 말은 '열다', '펴다', '벌리다'라는 뜻이다.

일곱 인으로 인봉한 두루마리가 보좌에 앉으신 하나님의 손안에 있을 때는 우주 만물의 섭리가 하나님에 의해 집행되었다. 그러나 어린양이 인봉한 두루마리를 하나씩 떼시는 것은 이때부터 어린양의 주도하에서 그 인이 미치는 범위들에 영향을 미쳐간다.

어린양이 하나님의 손안에 있던 인봉한 것들을 하나씩 떼는 것은 인류 역사에 대한 하나님의 비밀이 하나씩 밝혀짐을 의미한다. 어린양이 인봉한 것을 하나씩 뗀다는 것은 하나님의 숨은 비밀을 어린양이 만천하에 공개한다는 의미를 담고 있다.

② 네 생물 중의 하나가 우렛소리같이 말하되

네 생물은 계시록 4장 6~7절에서 설명했다. 이것은 우주 삼라만상 모든 피조물 전체를 상징한다고 했다. 하나님께서는 땅을 정복하고 바다의 물고기와 하늘의 새와 움직이는 모든 생물을 다스리라고 하셨다(창 1:28).

그런데 이기적인 인간들은 다스리지 않고 정복하고 파괴하고 있다. 따라서 모든 피조물이 탄식하며 고통을 겪고 있다(롬 8:22). 그래서 피조물들도 하나님의 아들이 나타나기를 고대하고 있다(롬 8:19).

여기 계시록 6장 1절을 보면 주님이 첫째 인을 떼실 때 모든 피조물의 상징인 네 생물 중 하나가 등장한다. 그래서 네 생물 중 하나는 하늘의 명령의 대언자로 우렛소리같이 큰 소리로 "오라"고 외친다. 이 소리를 들은 대상은 2절의 "흰 말을 탄 자"이다. 이때의 생물은 사자 같은(계 4:7) 생물로 추측된다.

③ 흰 말 탄 자가 활을 가졌고 면류관을 받고

계시록에 기록된 흰색은 여러 곳에서 승리로 상징되고 있다. 2장 17절의 흰 돌, 3장 4절, 18절의 흰 옷, 6장 11절의 흰 두루마기, 19장 11절의 백마 등 흰색은 승리를 상징한다.

그런데 여기 6장 2절의 '흰 말'은 첫째 재앙의 상징으로 나타난다. 이렇게 재앙의 상징으로 나타났기에 그는 전쟁의 공격 무기인 활을 가졌다. 그가 또 어린양으로부터 면류관을 받는다. 이것은 흰 말 탄 자에게 공격용 무기인 활로 사악한 세상을 향해 싸워서 승리를 쟁취하도록 권세를 준 것으로 이해된다.

그러자 흰 말 탄 자는 "이기고 또 이기려" 하는 호전적 성격을 그대로 드러낸다. 여기 이 구절이 전해주는 메시지는 무엇을 뜻하는가? 네 생물 중 하나란 피조물의 대표를 뜻하므로 피조물에 대한 인류의 심각한 파괴에 대한 하나님의 심판으로 이해된다.

지금 전 세계는 환경오염, 생태계 파괴, 기상이변, 지구의 종말 등등 수많은 피조물의 심각성을 말하고 있다. 지금도 정치가나 기업가, 전쟁광들은 끊임없이 생태계를 파괴하고 있다. 하나님께서 저들을 결코 좌시해서 그냥 넘기지 않으실 것을 깨닫게 해주는 내용이라고 본다.

(2) 둘째 인과 붉은 말(계 6:3~4)

계시록 4장 7절에 첫째 생물은 사자 같고, 둘째 생물은 송아지 같다고 했다.

어린양이 둘째 인을 떼실 때에 둘째 생물이 나타난다. 둘째 인을 떼실 때 둘째 생물인 송아지가 등장한 것 같다. 어린양이 인봉된 두루마리를 떼실 때마다 피조물들로 상징되는 생물들이 등장한다. 둘째 생물이 "오라"고 지시하자 붉은 말이 나타난다.

여기 어린양이 인을 하나씩 떼실 때마다 네 생물들이 하나씩 돕는 말을 하고 그때마다 색이 다른 말들이 나타난다.

앞서 첫째 인 때는 흰 말이 나왔고, 여기 둘째 인 때는 붉은 말이 나오고, 셋째 인에는 검은 말, 또 넷째 인에는 청황색 말이 나온다.

계시록 6장에 기록된 네 가지 색상이 다른 말은 무슨 뜻일까? 구약성경 스가랴서 6장 2~3절에도 이와 비슷한 표현이 기록되었다. 첫째 병거는 붉은 말, 둘째 병거는 검은 말, 셋째 병거는 흰 말, 넷째 병거는 어룽지고 건강한 말에 관해 기록했다. 스가랴서의 붉은 말이나 계시록 6장 4절의 붉은 말은 모두 전쟁을 상징한다.

계시록 6장 4절의 붉은 말 탄 자가 하나님의 허락을 받아 전쟁을 일으킨다. 하나님의 허락을 받아 땅에서 화평을 제하여 버린다. 그러자 사람들이 서로를 죽이는 전쟁이 일어난다. 참으로 끔찍한 미래의 예언이다.

오늘날 우리는 나라 법이라는 강제 규제 조항이 있으므로 서로를 억제하고 조금씩 양보하며 살아간다. 그런데 장차 대환난 때에는 억제하는 제어장치가 사라진다. 그래서 서로 죽이는 것이 일반화된다. 이 얼마나 비참한 사회상인가?

붉은 말을 탄 자에게는 그렇게 사람들을 서로 죽이는 권한인 칼이 주어졌다. 붉은 말을 탄 자가 사람들을 죽이는 것이 아니라 사람들이 서로서로 죽이는 데 아무 문제가 따르지 않는 권한을 행사한다는 것이다. 너무 살벌한 내용이다.

(3) 셋째 인과 검은 말(계 6:5~6)

셋째 인을 떼실 때 셋째 생물이 나타난다. 이때에는 검은 말이 나타난다. '검은'이라는 말은 '멜라스'(μέλας)다.

욥기 30장 30절을 보면 "나를 덮고 있는 피부는 검어졌고 내 뼈는 열기로 말미암아 탔구나"라는 욥의 탄식이 기록되어 있다. 예레미야애가 4장 8절에는 "이제는 그들의 얼굴이 숯보다 검고 그들의 가죽이 뼈들에 붙어 막대기같이 말랐으니…"라고 했다.

이 같은 표현들을 보면 검은색은 신음, 기근, 고난, 슬픔의 상징이다. 여기 셋째 인을 떼니까 검은 말이 나왔다. 이것은 뒤에 이어지는 내용을 보면 '기근'을 의미하는 상징으로 나타난다.

그런데 검은 말을 탄 자가 '저울'을 가졌다.

저울은 '쥐곤'(ζυγὸν)으로 옛날에는 무게를 재기 위해 막대기에 눈금을 그어 놓고 접시를 매달아서 무게를 측정했다. 그런데 저울의 용도가 다른 것이 아닌 매일 주식으로 먹는 식량인 '밀'과 '보리'를 달아 보는 도구로 쓰인다.

이것은 장차 7년 대환난의 초기가 되면 전 세계적으로 인간의 기본 식량인 밀과 보리의 부족 현상으로 매일마다 저울에 달아서 거래되는 시대가 된다는 것이다. 이때의 식량 가격이 어떻게 되는가? 신약 시대 당시 한 데나리온은 중노동자의 하루 임금이었다(마 20:2). 지금 중노동자 하루 임금을 20~30만 원 정도로 계산하여 중노동자 하루 임금으로 살 수 있는 것이 '밀'은 한 되 정도이고 '보리'는 석 되 정도를 살 수 있게 된다고 이해하면 될 것이다.

'되'라는 말은 '코이닉스'(Χοῖνιξ)로 약 1.08리터의 양이다. 한 되는 노동자 한 사람이 먹는 평균 식사량이다. 그런데 대환난 때는 곡물 가격의 이상 현상이 생긴다. 평소 평화 시에는 밀과 보리 가격이 비슷하지만 대환난 때에는 주식이 되는 보리 가격이 8배로 곡물 인플레이션(inflation) 현상이 생긴다.

우리나라의 1960년대 이전에는 보릿고개가 있었다. 가을에 농사지은 것을 겨울철을 보내고 봄철에 다 먹었다. 그 후 봄에 파종한 보리들이 여름에 먹을 수 있기 전에 곡식이 떨어져서 보리를 먹을 수 있을 때까지의 시기를 보릿고개라고 불렀다. 필자는 20대 이전까지 수 없이 보릿고개를 겪었다.

　보릿고개는 고통스러워도 그 고비를 넘기면 여름에는 식량이 해결된다. 그런데 미래의 대환난 때에는 전 우주적 재앙으로 대책이 없는 기근 때이다. 그렇게 심각한 기근 때가 되면 감람유와 포도주 같은 평소의 상용 식품의 가치를 깨닫지 못하고 오로지 주 곡식인 보리나 밀을 심기 위해서 감람나무나 포도나무를 뽑아버리고 거기다 곡식을 심을 수 있다. 그런데 그러한 일을 하지 말라고 경고한다. 대환난 때 극심한 식량 부족 사태가 온다고 하는 것이 본문의 취지임을 이해해야 할 것이다.

[특주 22]

한 데나리온에 밀 한 되(계 6:6)

계시록 6장 6절에는 대환난 초기에 밀 한 되를 한 데나리온에 사게 되는 극심한 식량 위기가 올 것을 예언하고 있다. 성경에는 많은 곳에서 미래에 큰 기근 시대가 올 것을 예언하고 있다. 성경뿐 아니라 미래를 예측하는 과학자들도 미래 세상에 매우 극심한 위기를 예측하고 있다.

여기서 성경의 예언과 과학자들의 미래 예측을 비교해 보겠다.

1) 성경에 예언된 미래

렘 29:17~18 만군의 여호와께서 이와 같이 말씀하시되 보라 내가 칼과 기근과 전염병을 그들에게 보내어 그들에게 상하여 먹을 수 없는 몹쓸 무화과 같게 하겠고 내가 칼과 기근과 전염병으로 그들을 뒤따르게 하며 그들을 세계 여러 나라 가운데에 흩어 학대를 당하게 할 것이며 내가 그들을 쫓아낸 나라들 가운데에서 저주와 경악과 조소와 수모의 대상이 되게 하리라

겔 5:11~12 그러므로 나 주 여호와가 말하노라 내가 나의 삶을 두고 맹세하노니 네가 모든 미운 물건과 모든 가증한 일로 내 성소를 더럽혔은즉 나도 너를 아끼지 아니하며 긍휼을 베풀지 아니하고 미약하

게 하리니 너희 가운데에서 삼분의 일은 전염병으로 죽으며 기근으로 멸망할 것이요 삼분의 일은 너의 사방에서 칼에 엎드러질 것이며 삼분의 일은 내가 사방에 흩어버리고 또 그 뒤를 따라가며 칼을 빼리라

마 24:7~8 민족이 민족을 나라가 나라를 대적하여 일어나겠고 곳곳에 기근과 지진이 있으리니 이 모든 것은 재난의 시작이니라(막 13:6~8; 눅 21:10~11).

계 6:6 한 데나리온에 밀 한 되요, 한 데나리온에 보리 석 되로다.

계 8:7 첫째 천사가 나팔을 부니 피 섞인 우박과 불이 나와서 땅에 쏟아지매 땅의 삼분의 일이 타버리고 수목의 삼분의 일도 타버리고 각종 푸른 풀도 타버렸더라

이렇게 미래 세상에는 매우 심각한 재난과 재앙들이 계속 닥쳐옴으로 검과 흉년과 사망과 땅의 짐승들로써 죽게 될 것을 예언하고 있다(계 6:8). 과연 이 세상의 미래가 이처럼 비극적인 종말이 될 것인가?

여기서는 성경의 예언만이 아닌 과학자들의 미래 세상에 대한 예측을 살펴보겠다.

2) 과학자들의 미래의 지구 예측

이 내용은 David Wallace Wells가 저술 발표한 《The Uninhabitable Earth》(2050 거주 불능 지구)라는 책 내용에서 발췌했다.[2]

기후 변화로 인해 각종 다양한 재앙들이 예상된다.

---

2) 웰즈, 2050 거주 불능 지구, 김재경 역, 청림출판(2020)

(1) 인간보다 한참 앞서가는 기후 변화의 실체

지금 세상은 자연재해가 아니라 인간들이 만들어 내는 무차별한 자원들의 사용 처리 후유증으로 사람들이 의식하지 못하는 사이에 지구의 기후가 변화되어 가고 있다.

지난 2000년 기준으로 기온이 1도가 올라갔고, 2010년에는 1~2도 기온이 오르내렸고, 2020년에는 2~3도를 오르내렸다. 앞으로 2050년 에는 3~4도를 반복할 전망이다.

이렇게 기온이 올라가면 어떤 현상이 따르는가? 기온이 2도 증가하면 북극의 빙하가 붕괴되기 시작하고 4억 명 이상이 물 부족을 겪게 된다. 이렇게 되면 적도 지방의 주요 도시들에 살고 있던 사람들에게 땅은 살 수 없는 곳으로 변하게 되고 북 위도 지역에서는 여름마다 폭염으로 수천 명이 목숨을 잃는다. 인도에서는 폭염이 32배 더 자주 발생하고 매 폭염이 지금보다 5배 더 오래 지속된다.

기온이 만일 3도가 더 올라가면 남부 유럽 국가들은 영구적인 가뭄에 시달리고 중앙아시아는 평균적으로 지금보다 19개월 더 오래 지속되는 건기를 겪게 되며, 카리브해 지역은 21개월, 북부 아프리카에서는 60개월 동안 더 오래 지속되는 건기를 맞게 된다. 이때는 매년 건기 후유증으로 들불과 산불이 늘어나 지중해 지역은 현재보다 2배, 미국에서는 6배의 산불이 더 일어날 것이다.

기온이 4도 상승하면 어떻게 되는가?
라틴 아메리카에서만 뎅기열 발발 사례가 800만 건 이상 증가하고 식량 위기가 거의 매년 전 세계에 불어닥친다. 이때는 폭염과 관련된 질병으로 인한 사망자 수가 현재보다 9퍼센트 증가한다.

　하천 범람으로 인한 피해가 방글라데시에는 30배, 인도에서는 20배, 영국에서는 60배로 증가하므로 말로 할 수 없는 경제적 손실이 계속 반복된다. 따라서 기후 변화에 따른 피해로 각각 국가 간의 분쟁과 전쟁들은 현재보다 두 배 이상으로 늘어날 수 있다.

(2) 식량 위기

　기온이 1도 상승할 때마다 지구의 수확량은 10퍼센트씩 감소한다. 기온이 상승하면 상승할수록 수확량은 점점 빠른 속도로 줄어든다. 게다가 고기와 우유의 원천인 소들은 살아가면서 계속적으로 메탄가스를 내뿜으면서 지구의 온난화에 일조한다. 기후 변화가 닥치면 주된 곡물들이 더 잦은 홍수와 더 많은 병해와 해충들과 싸워야 한다. 그렇기에 수확량이 줄어들 수밖에 없다.

　유엔 식량 농업기구(F.A.O)가 2011년 이후 10년 후에 세계 식량 가격 지수를 조사해서 발표했다. 그 발표에 의하면 식량 가격이 매년 31.3퍼센트씩 올랐다. 이렇게 식량 가격이 오르면 곡물 상승뿐 아니라 육류, 유제품, 식물성 기름, 설탕 등이 국제적으로 오른다.

　기상이변은 식물 수확량을 좀 더 줄어들게 하고 그로 인해 작물 재배 시설의 운영 차질과 비료 가격 상승과 운송 비용 상승과 인력난 부족으로 공급망이 붕괴되어 식량 가격을 급등시킨다.

　기온이 2도 상승하면 가뭄이 지중해 연안과 인도 지역을 강타하게 되고 전 세계 옥수수와 수수 농장에 악영향을 미친다. 이때 세계는 식량 공급에 큰 압박을 받게 된다. 기온이 2.5도 상승하면 가뭄과 함께 세계적인 식량 부족 사태가 심각하게 전개될 것이다.

최근 연구에 따르면 탄소 농도가 증가함에 따라 심각한 문제들이 뒤따르고 있다. 지난 2018년에 중국의 주춘우(Zhu Chinwu)가 이끄는 연구팀들이 쌀을 주식으로 하는 벼의 품종 18종을 연구해서 발표했다. 그 연구 결과 공기 중에 이산화탄소 수치가 높을수록 곡물의 영양소 전반이 감소하는 것으로 나타났다.

단백질은 물론 철분, 아연, 비타민군들이 모두 감소하는 것으로 나타났다. 저들의 연구 결과에 의하면, 공기 중에 배출된 이산화탄소가 단지 벼농사 작물에 영향을 주는 것만으로도 6억 명에 달하는 인간들의 건강에 위협을 준다는 결과가 예측되는 것이다.

(3) 살인적인 폭염

인간은 다른 포유류 동물들과 마찬가지로 열기관이 작동해야 살아가는 동물에 속한다. 따라서 열을 필요로 하되 개가 헐떡이면서 열을 식히듯이 인간은 지속적으로 열을 식혀야만 생명을 유지할 수가 있다. 그렇게 되기 위해서는 지구의 공기들이 일종의 냉각제 역할을 해서 피부로부터 계속 열이 빠져나가는 공기가 유통되어야만 한다.

그런데 지금 세계는 특이한 기후들로 계속 살인적인 폭염에 해마다 희생자들이 증가되고 있다. 1995년 시카고의 폭염으로 739명이 사망했다. 1998년 여름에 인도에서 2,500명이 더위로 사망했다. 2010년 러시아에서는 모스크바에서만 매일 700명이 폭염으로 죽으며 총 5만 5천 명이 사망했다.

2016년 5월에 인도에서 48.8도를 넘기는 날이 연달아 있었고, 이라크에서 5월 기온이 37.7도, 6월 기온이 43.3도, 7월 기온이 48.8도를 넘어서며 밤 시간에도 37.7도 아래로 떨어지지 않았다.

이 모든 원인이 각 나라들마다 탄소 배출이 심각하기 때문이다. 세계에서 탄소 배출량을 가장 많이 하는 나라들을 살펴보자.

1위 중국 94억 7,700만 톤을 매년 배출해 낸다.
2위 미국 51억 1,800만 톤을 매년 배출해 낸다.
3위 인도 22억 7,700만 톤을 매년 배출해 낸다.
4위 러시아 17억 5,500만 톤을 매년 배출해 낸다.
5위 일본 11억 2,300만 톤을 매년 배출해 낸다.
6위 독일 7억 3,300만 톤을 매년 배출해 낸다.
7위 한국 7억 400만 톤을 매년 배출해 낸다.
8위 이란 6억 3,200만 톤을 매년 배출해 낸다.
9위 캐나다 5억 9,600만 톤을 매년 배출해 낸다.
10위 사우디아라비아 5억 3,600만 톤을 매년 배출한다.

그래서 2016년에 파리에서 열린 기후 협약에서 세계 각국이 탄소 배출을 억제하자고 결의했다. 그러나 2017년 국제 에너지 지구가 조사한 바에 의하면 오히려 전보다 1.4 퍼센트 증가했다. 여기에 세계 각국 총 194개국이 참여했으나 미국의 트럼프가 탈퇴하자 중국의 시진핑은 탄소 배출량을 4퍼센트나 더 늘렸다.

각 나라가 탄소 배출 억제에 소극적이라면 2040년경 세계 기온은 1.5~2도가 상승할 전망이다.

지금 전 세계 인구의 3분의 1이 도시에서 살고 있다. 이것은 세계 인구 80억 명 중에 25억 명이 도시에서 산다는 계산이다. 도시는 아스팔트와 콘크리트 그리고 사람들의 인체 열로 도시의 온도를 높이는 온갖 요소가 된다.

낮시간대에 폭염으로 시달린 몸이 밤시간대에 열이 식어 인체가 회복할 시간대를 가져야만 한다. 그러나 지금 같은 추세로는 도시의 콘크리트와 아스팔트가 낮에 흡수한 열기를 밤에도 열기로 방출할 가능성만 증가되어 가고 있다. 참으로 암담한 미래의 세상이다.

(4) 집어삼키는 바다

지구 기후의 온난화는 북극과 남극에 있는 빙하들을 무서운 속도로 녹아내리게 하면서 바닷물의 해수면을 계속 높여가고 있다.

이 분야의 전문 관찰 보고서에 의하면 1992년에서 1997년 사이에 녹아내린 빙하가 연평균 490억 톤이었다. 그런데 그 후 2012년부터 2017년 사이에 녹아내린 빙하의 양은 연평균 2,190억 톤에 달했다. 이것은 빙하가 불과 5년을 주기로 해서 녹아내리는 속도가 3배씩 달라진다는 사실을 의미한다.

이와 같은 빙하가 녹아내리는 속도를 계속할 경우 자연히 바다의 해수면이 몇 미터씩 상승되는 것은 명확하게 예상할 수 있는 사실이다.

지구 온난화로 지구 온도가 1~2도 높아지면 그린란드의 빙하들이 녹아내림으로 몇 년 후가 될지 모르지만 현재의 바다 해수면이 점점 높아질 것은 자명한 사실이다. 이 분야의 전문가들은 2015년에 바다 해수면이 현재보다 0.9미터 상승하리라고 예측했었다. 그러나 2년 후인 2017년에는 21세기 말인 2100년에는 해수면이 2.4미터까지 상승할 수 있다고 밝혔다.[3]

---

3) 국립해양대기관리청의 연구 보고서에 의한 내용임.

해수면이 현재보다 6미터 이상 높아지면 어떤 결과가 따르는가? 전 세계 해안선을 따라 건설되어 있는 모든 도시들이 바닷속에 잠기게 된다.

지금 전 세계 각 나라들의 주요 도시들이 바닷물이 쉽게 접근할 수 있는 곳에 항구를 만들고 도시들이 번창하고 있다. 그런데 해수면의 상승으로 모든 항구도시들이 바닷속으로 잠기게 될 것이다.

미국의 마이애미, 뉴욕의 맨해튼, 영국의 런던, 중국의 상하이, 태국의 방콕, 붐바이 등 현재의 해수면을 막아 세운 도시들이 모두 다 침수될 수 있다.

이보다 더 오랜 후인 2200년 또는 2300년경에는 해수면이 50미터로 상승된다고 가정을 해 보자. 그때는 지구상의 수많은 도시와 땅들이 바닷물 속에 잠겨서 지구의 판도가 완전히 달라진다. 해안도시들인 부산, 인천, 목포, 군산, 평택 등 현재 항구기능을 수행하는 대륙 도시들이 사라지고, 많은 섬들이 사라질 것이다.

이 같은 상상은 단지 상상이 아니다. 북극과 남극의 빙하들이 지나간 1900년대부터 2000년 사이에 변화되어 온 사실들이 증명한다. 그래서 "북극곰들을 살리자"는 환경 캠페인이 생겼다. 이제 핵심은 인간들이 얼마나 기후와 환경파괴의 중대한 범죄성을 의식하고 전 세계인이 모두 다 이 일에 적극적으로 참여하여 기후 온난화를 방지하는 길밖에 다른 도리가 없다.

(5) 전혀 반대 입장의 주장

앞서 웰즈는 《2050 거주 불능 지구》에서 21세기 기후 재난 시나리오를 설명했다.

웰즈는 폭염, 빈곤, 바다, 산불, 날씨, 가뭄, 공기, 질병, 경제, 기후 등 모든 분야에 대해 매우 심각하고 중대한 문제들을 매우 비관적으로 설명했다.

그런데 웰즈와 전혀 반대되는 입장을 주장하는 이가 있다.

한스 로슬링(Hans Rosling)이 쓴 《Fact ful ness》라는 책으로, 40쇄가 넘는 인기 작품이다.[4] 이 책에서는 웰즈의 입장과 전혀 다르다. 그가 주장하는 갖가지 통계들을 소개해 보겠다. 한스 로슬링은 통계학 분야의 세계적 석학이며 의사이다. 그는 2009년과 2012년에 세계에서 가장 영향력 있는 인물 100인 중의 하나로 선정된 인물로서 2017년에 세상을 떠났다. 그의 주장을 들어보자.

① 세계가 점점 나빠진다고 대답하는 각 나라들의 비율

1위: 터키(약 95% 정도)	2위: 벨기에	3위: 멕시코
4위: 한국(약 90% 정도)	5위: 이탈리아	6위: 프랑스
7위: 남아프리카공화국	8위: 브라질	9위: 스페인
10위: 아르헨티나	11위: 캐나다	12위: 홍콩
13위: 태국	14위: 말레이시아	15위: 폴란드
16위: 핀란드	17위: 오스트레일리아	18위: 영국
19위: 미국	20위: 독일	21위: 싱가포르
22위: 스웨덴	23위: 노르웨이	24위: 사우디아라비아
25위: 아랍에미레이트	26위: 헝가리	27위: 일본(53%)
28위: 덴마크	29위: 러시아	

---

4) 한스 로슬링, 팩트 풀리스, 이창신 역, 김영사(2019).

여기에서 한국 국민들의 미래에 대한 의식은 매우 부정적이고 반면에 일본 국민들의 의식은 매우 낙관적임을 알 수 있다. 왜 불교도가 많은 일본 국민이 미래에 대해 긍정적이고, 기독교인이 많은 한국은 미래에 대하여 부정적인가? 이것은 크게 연구해야 할 과제 같다.

② 지나온 과거의 인구 증가율

기원전(B.C.) 8000~6000년 전 총인구가 대략 500만

기원후(A.D.) 1800년경 세계 인구 10억

그 후 130년 후에 20억

그 후 100년 후에 50억

2017년에는 76억

2100년에는 110억이 예상된다.

여성 1인당 평균 출생아 수

1800년 9명

1965년 5명

2017년 2.5명

2100년경 1명 미만이 예상된다.

③ 재해 사망자

재해에는 홍수, 지진, 폭풍, 가뭄, 산불, 극한 기온, 유행병 등으로 사망한 것을 포함한 것이다.

1920년대 250만 명

1940년대 453만 명(2차 대전 영향)

1960년대 100만 명

1980년대	50만 명
2000년대	30만 명
2016년대	20만 명

④ 전쟁 사망자

1900년대	100만 명 미만
1920년대	1500만 명
1940년대(1942년)	2013만 명
1960년대~2016년까지	100만 명 미만

 이 같은 통계들은 이 세상이 상상하는 것처럼 그렇게 나쁜 세상은 결코 아니었다는 증거라고 반론을 제기했다.
 그런데 성경의 미래의 예언은 어떤가? 성경에 기록된 계시록의 예언은 결코 낙관적이지 않다. 지나온 과거 역사가 한스 로슬링의 통계대로 결코 비관적이지 않을 수 있다. 그러나 과거가 무난했다고 해서 앞으로 미래도 똑같을 수 있겠는가? 이제 다시 성경으로 돌아가 보자.

(4) 넷째 인과 청황색 말(계 6:7~8)

어린양이신 그리스도께서 넷째 인을 떼신다. 이때 넷째 생물인 독수리가 소리를 내어 "오라"고 한다. 그러자 청황색 말이 나왔다.

'청황색'이라는 원문은 '클로로스'(χλωρός)다. 이 단어는 '부드러운 초록색 잔디'라는 단어의 축약형이다. 이 단어가 마가복음 6장 39절에는 "푸른 잔디"로, 계시록 8장 7절에는 "수목"으로, 계시록 9장 4절에는 "푸른 것"으로 번역되었다. 그런데 여기서는 '창백한'(pale), '파리한', '핏기 없는'이라는 뜻으로 쓰이고 있다.

그렇기에 계시록 6장 8절의 '청황색'이라는 말은 일반적 용법이 아니다. 여기서는 뒤따르는 사망, 음부와 연관시켜 이 표현을 이해해야 한다. 따라서 청황색은 기근과 유행병으로 시달리다가 창백한 회색, 공포의 잿빛에 시달리다 죽는 역겨운 죽음을 의미한다. 사람이 유행병의 공포로 창백한 회색빛 속에 살다가 역겹게 죽는 것은 참으로 불행한 죽음이다. 그런데 그렇게 죽은 자가 죽은 후에는 음부가 그 뒤를 따른다.

이와 똑같은 비참함이 계시록 20장 13절에도 기록되어 있다. 최후의 백보좌 심판 후에 죽는 자들이 사망 후에 음부가 뒤따른다. 이것은 죽음 후에도 재앙이 뒤따르는 아주 흉측한 죽음을 의미한다.

계시록 6장 8절에 청황색 말을 탄 자에게 "땅 사분의 일의 권세를 얻어 검과 흉년과 사망과 땅의 짐승들로써 죽이더라"라고 했다.

여기 보면 대환난 초기에는 전 지구적 재앙은 아니다. "땅의 사분의 일"에 해당되는 국부적인 재앙이다. 그런데 그 재앙의 방법이 '검'(앞서 3~4절의 붉은 말), '흉년'(앞서 5~6절의 검은 말), 그리고 '사망'(앞서 7~8절의 청황색 말)으로 이어진다고 했다.

그런데 8절의 '사망'이라는 단어는 '다나토스'(Θάνατος)로 보통 자연사가 아니라 청황색 말로 표현된 '온역' 또는 '역병'으로 인한 사망을 말한다. 그렇기에 대환난 초기에 검으로 죽는 이, 흉년으로 죽는 이, 그다음에는 역병으로 죽는 재앙들을 계속 겪게 된다는 것이다.

이렇게 검으로, 흉년으로, 역병으로 땅의 사분의 일이 죽는다. 참으로 무섭고 공포스러운 사실이다.

앞서 〔특주 22〕에서 미래에 나타날 갖가지 재앙들을 설명했다.

여기서 그 연장선으로 질병에 관한 내용을 살펴보자. 우리는 지금 팬데믹(Pandemic) 상태를 겪고 있다. 팬데믹이란 세계보건기구(W.H.O)가 인정한 감염병의 최고 등급으로 세계적으로 감염병이 대유행하는 상태를 말한다. 그런데 이와 같은 팬데믹 상태는 과거에도 있었다. 14세기에 중동에서 시작되어 유럽으로 번져간 흑사병(페스트)은 쥐벼룩이 전염시켜 유럽 인구의 30~40%를 쓸어갔다.

그다음에는 16세기에 유럽의 포르투갈, 스페인이 남미를 정복하면서 남미의 인디언 원주민들에게 천연두(Smallpox)를 전염시켜 인디언들 80~90%를 죽게 했다.

그 후 1918년 스페인 독감으로 전 세계 인구 5천만 명 이상이 희생되었고, 1968년에 홍콩 독감으로 100만 명 이상이 죽었다.

현재 코로나19가 중국의 우한에서 시작되었기에 '우한 폐렴'이라고 알려졌으나 중국은 이를 부정하고 있다. 코로나19는 계속 예상하지 못한 변종 10여 종이 생기면서 점점 앞날이 불투명한 상태다.

옛날에는 모기, 진드기, 벼룩 등이 병균을 옮긴다고 여겼으나 현재는 질병이 변이를 일으키는 자가 바이러스가 기후 변화에 따라 생긴다고 하는 사실이다.

또 일본, 한국, 터키에서만 발생하는 '라임병' 환자도 매년 늘어만 가고 있다. 성경은 앞날에 이 같은 전염병으로 땅 사분의 일이 재앙을 겪는다고 예언하고 있다.

(5) 다섯째 인과 제단 아래 영혼(계 6:9~11)

앞서 첫째 인을 뗄 때에는 네 생물들이 나타났었다. 그러나 다섯째 인과 여섯째 인을 뗄 때는 네 생물들이 나타나지 않는다. 피조물들의 대표인 네 생물의 사역이 끝나면 그 후에는 어린양이신 그리스도께서 직접 세계 역사를 이끌어 가신다.

그런데 다섯째 인을 뗀 후에 지상에 재앙이 나타나는 것이 아니라 과거에 순교를 당한 영혼들이 그리스도께 호소하는 내용이 나온다.

9절을 보면 "하나님의 말씀과 그들이 가진 증거로 말미암아 죽임을 당한 영혼들"을 말한다. 하나님 말씀과 증거로 인해 죽임을 당한 영혼들이란 순교자를 뜻한다. 우리는 기독교 2000년 역사 속에서 하나님 말씀을 전하다가 목숨을 잃은 순교자들을 많이 알고 있다. 초대교회 이후 A.D. 313년 기독교가 공인되고 로마 국교가 되기 이전까지 순교 당한 그리스도인은 수천 명에 이를 것이다.

이때 알려진 순교자들 이름은 극히 제한적이다. 이때 알려진 순교자들은 그들이 책을 남겼기에 이름이 알려졌고 글을 쓰지 않은 자들은 이름도 없이 그냥 묻혀 버렸다. 또 중세기에 가톨릭교회를 반대하다가 종교재판을 받고 죽은 순교자들이 부지기수로 많다.

이때도 글을 남긴 지도자들의 이름은 지금까지 알려졌으나 무명으로 억울하게 죽은 순교자들이 훨씬 더 많다.

나치를 반대하다 죽은 이, 공산주의를 반대하다 죽은 이, 이슬람

교도들에게 전도하다 죽은 이, 조선왕조 때 제사를 거부하다 죽은 이, 일제 강점기에 신사참배를 거부하다 죽은 이, 한국전쟁 때 공산당에게 죽은 이 등 수를 헤아릴 수 없이 많은 이들이 순교를 당했다.

그들이 모두 순교 후에 영적 상태로 천국의 낙원에 가 있다.

그런데 여기 사도 요한은 인간의 육안으로 볼 수 없는 영혼 상태의 순교자들이 제단 아래 있다고 했다. '영혼'은 영적 상태로 불가시적이다. 구약 시대 구원받은 자들이나 신약 시대 구원받은 자들은 모두 천국인 낙원에 가 있는데, 그들이 지금은 영적인 상태다. 그러나 주님이 공중으로 강림하실 때(살전 4:16) 그리스도 안에서 죽은 자들이 먼저 일어나고(고전 15:52) 우리 살아남은 자는 변화하게 된다(고전 15:52; 살전 4:17).

이렇게 변화되는 몸은 부활의 영적 몸이고 육체가 아니다. 순교자들과 그리스도를 믿고 죽은 자들은 지금 모두 영적 상태로 보이지 않게 낙원에 살고 있다.

그런데 사도 요한은 이들이 '제단 아래'에 있다고 했다. '제단 아래'란 '휘포카토 투 뒤시아스테리우'(ὑποκάτω τοῦ θυσιαστηρίου)다. 구약 때에 번제단이 있고 그 번제단 아래를 "제단 아래"라고 했다. 레위기 4장 4~7절을 보면 제사장은 수송아지를 잡아 피는 성소의 휘장 앞에 뿌리고 회막 향단 뿔들에 바르고 남은 피를 번제단 밑에 쏟으라고 했다. 이 같은 구약적 사례를 참고한다면 순교자들 역시 하늘의 제단처럼 중요한 곳 아래에 귀중하게 보관, 보호 조치를 받는 것이 아닌가 추정해 볼 수 있다.

왜 순교자들이 특별한 보호 조치를 받는가? 순교자들은 예수 믿고 구원받아 천국 가는 자들 중에서도 자기의 생명이 맹수나 폭군, 공산당, 독재자에 의해 중간에 끊어졌으므로 다른 이보다 우대받을 특권이 있는 것이다. 그렇기에 예수 믿고 자연사로 천국 가는 이보다는 믿음을 지키다가 중간에 목숨을 빼앗긴 순교자들은 더 큰 영광이 따르는 것이라고 생각된다.

이들이 순교 후 낙원에서 편히 안식하고 있다. 그런데 대환난 초기에 이들이 분개하여 소동을 한다. 7년 대환난으로 전 지구적 영역 중에서 사분의 일 정도나 또는 제한된 영역에만 기근, 전염병의 재앙이 일어난다. 왜 자기들을 죽인 사악한 폭군이나 악독한 정치가들은 심판하지 않으시는가 하는, 오랫동안 누적된 순교자들의 원한이 대환난 초기에 폭발한다.

〔설교 16〕

우리 피를 갚아주지 아니하시기를
어느 때까지 하시려 하나이까?(계 6:10)

계시록 6장 9~11절에는 아주 특별한 내용이 기록되었다. 그것은 대환난 초기에 순교자들이 하나님을 향해 큰 소리로 자기들의 원수를 언제까지 갚아주지 않으시냐고 큰 탄식으로 신원, 호소한다는 내용이다.

우리는 순교자들의 좋은 면만 알고 있다. 그런데 이들의 사무친 원한이 대환난 초기에 폭발한다. 이 내용을 좀 더 깊이 생각해 보자.

1) 신앙의 가해자와 피해자

신앙이라는 것은 개인이 믿고 싶은 대로 믿는 자유의 영역이다. 프랑스 인권선언과 미국 독립선언서에는 인간의 4대 자유를 주장했다.

신앙의 자유를 보자. 신앙의 자유가 헌법으로 정해지기 이전에는 자기가 믿고 싶은 대로의 신앙을 가질 수가 없었다. 과거 인류 역사에는 자기가 믿고 싶은 신앙 때문에 폭군들에게 생명을 빼앗기는 사례가 계속 이어져 왔다.

(1) 최초 신앙 박해자들인 군주들

로마제국 황제들은 '황제'를 신으로 섬겨야 국민의 통일이 가능했다. 그래서 황제를 신으로 섬기는 '황제예배'가 황제들에게서 강요되었다. 이때 기독교도들은 하나님만이 신이시고 하나님만이 예배의 대상이라고 믿고 황제신앙을 거부했다. 마치 일제 강점기에 일본 천황을 신으로 섬기라고 강요할 때 신사참배를 거부함으로 감옥 가고 옥사 당한 것도 마찬가지이다. 이렇게 순교 당한 사람들이 수천 명에 이른다. 그들 가운데 편지를 남겼거나 후세인이 전기를 남겼거나, 저서를 남긴 이들은 그 이름과 행적이 전해져 오고 있다. 그래서 그들의 이름과 행적이 후세인의 마음에 남아 존경의 대상이 되고 있다. 그 내용을 필자의 《교부시대사》에 소개했다.[5]

(2) 중세기 교황들의 황제주의

참으로 비참한 사실은 예수 그리스도의 희생과 죽음으로 세워진 교회가 중세기 1000년 동안에는 교황들이 예수 그리스도의 대리자로 자처하며 그리스도의 종이 아닌 군주들로 행세한다.

이로 인해 교황들은 종교 영역이 아닌 사법적 권한을 갖고 종교재판으로 수천 명의 신앙인들을 죽인다. 이때는 교황이 군주들 위에 군림하는 독재자가 되었다.

이 같은 내용을 교황들의 역사 《중세교회사 Ⅰ》과 《중세교회사 Ⅱ》에 모두 소개했다.[6]

---

5) 정수영, 교부시대사, 쿰란출판사(2014).
6) 정수영, 중세교회사 Ⅰ(교황들의 역사), 중세교회사 Ⅱ.

(3) 종교개혁 후 근대와 현대

참으로 수치스럽고 부끄러운 것은 종교개혁자 중 칼빈은 자기가 믿는 신앙대로 믿지 않는 자들을 58명이나 처형시키고 76명을 국외로 추방시켰다. 도저히 믿어지지 않는다. 근대와 현대에는 전쟁광들인 나폴레옹, 스탈린, 히틀러, 일본 천왕 등이 자기들 뜻대로 믿지 않는 이들을 죽였다. 그래서 공산주의 독재자들에게 희생된 수많은 순교자들이 있고, 현대는 이슬람 과격분자들에게 희생당하는 이들도 있다.

이들 과거의 순교자들에 대해 영국의 역사가 존 폭스(John Foxe, 1516~1587)가 저술한 《순교사화》(Books of Martyrs)가 한국에 번역 소개되었다. 여기 수록된 내용은 초대교회와 중세기에 국한되었다. 종교개혁 이후의 내용은 단편적으로 알려지고 있다. 과거의 군주들 또는 교황들 역시 자기들 신앙에 위배된다고 다 죽였다. 그들이 군주로, 교황으로 세상에서는 의기양양하게 사람들을 죽였다. 죽은 후에는 어떻게 되었을까?

군주, 교황, 장군이나 부자라도 죽은 후에는 초라한 죄인으로 심판을 받을 것이 예언되었다(계 6:15~17).

2) 심판의 대상이 되어야 할 자

계시록 6장 10절에 순교자들이 큰소리로 외치는 말인 "대주재여 땅에 거하는 자들을 심판하여 우리 피를 갚아주지 아니하시기를"이라는 내용을 보면 심판을 받아야 할 대상이 "땅에 거하는 자들"이다.

"땅에 거하는 자들"이라는 말은 너무 광대하고 많은 대상이다. 땅에 거하는 자들을 문자적 의미보다는 사도 요한의 의도를 파악해야만 할 것 같다.

"땅에 거하는 자들"이라는 말은 "톤 카토이쿤톤 에피 테스 게스"(τῶν κατοικούντων ἐπὶ τῆς γῆς)인데 문자적으로 이해하면 '지구상에 살고 있는 모든 사람'을 가리킨다. 그러나 순교자들의 원한이 지구상에 있는 모든 사람에게 쌓여 있다는 말은 용납이 안 된다. 그렇다면 이 말은 무슨 뜻인가? 그 뜻을 알려면 사도 요한이 본서 다른 곳에서 이와 똑같은 표현을 한 곳을 찾아보면 알 수 있다.

계 8:13 땅에 사는 자들에게 화, 화, 화가 있으리니
계 11:10 두 선지자가 땅에 사는 자들을 괴롭게 한 고로
계 13: 8 이 땅에 사는 자들은 다 그 짐승에게 경배하리라
계 13:14 땅에 거하는 자들을 미혹하며
계 17: 8 땅에 사는 자들로서…생명책에 기록되지 못한 자들이

이 모든 표현을 종합해 본다면 땅에 거하는 자들이란 하나님과 대립한 악의 세력들을 의미한다.

여기 순교자들은 자기들을 죽인 개인적 원수들에 대한 원한을 갚아달라고 요청하지 않는다. 순교자들은 자기들을 죽인 원수들의 배후에 있는 악의 세력인 용이나 사탄이나 짐승의 세력들을 하나님께서 심판하지 않으시고 심판을 지연하시는 사실을 '땅에 거하는 자들'이라고 지적한다.

여기에 우리는 에베소서 6장 12절 말씀을 기억해야 한다. 바울 사도는 "우리의 씨름은 혈과 육을 상대하는 것이 아니요"라는 말씀을

통해 우리가 싸워야 할 대상은 인간 자체가 아님을 말한다. 우리가 싸워야 할 대상은 통치자들, 권세자들, 어둠의 세상 주관자들을 배후에서 조종하는 하늘에 있는 악의 영들과 싸우는 것이라고 했다.

이 말씀대로 이해한다면 역사 속에 악한 군주나 부도덕한 교황이나 또는 스탈린, 히틀러, 김일성 같은 자들은 하늘의 악령들이 저들을 통해 악을 저지르게 했던 것이다.

순교자들은 하늘 보좌에서 살아가기 때문에 과거의 사악한 악령들의 못된 죄악들과 지금도 여전히 사악한 악행을 계속하는 것들을 잘 알고 있다. 그런데 하나님은 그들의 악행을 그대로 두시고 다른 재앙들로 대환난 때의 세상 백성들에게 넷째 인까지 재앙을 주고 계신다. 이때 순교자들은 원수들을 배후에서 조종하는 악령들에 대한 심판의 지연에 대하여 큰소리로 신원(伸冤)을 한다.

우리는 이 세상의 죄악사 배경을 제대로 정확하게 이해해야 한다. 지금 전 세계 각 나라를 이끌어 가는 통치자들 그리고 그 아래에서 통치자들로 하여금 잘못된 판단을 하도록 조종하는 권세자들과 같은 세상 주관자들이 성령의 이끌림을 받느냐, 악령의 이끌림을 받느냐에 따라서 역사가 달라질 수 있다.

우리는 대통령 한 사람의 임기인 5년 동안 세상이 얼마나 크게 달라질 수 있는지 절실하게 체험해 보고 있다. 그뿐만이 아니다. 이 세상에는 통치자들만이 아니라 사상가, 문화 활동가, 예술가 등도 지대한 영향을 끼친다. 영화 한 편이나 대중가요, 동성애자들, TV에 자주 등장하는 인물들 하나하나가 어떤 정신을 갖고 자기 영역에서 활동하는지, 그것이 얼마나 큰 영향을 끼치는지 알 수 있다. 모든 대중 인기인들의 배후에 악령이 활동할 수 있음이 사실이다.

여기 순교자들이 심판의 대상으로 지목하고 있는 "땅에 거하는 자들"이라는 표현 속에는 땅에서 살아가는 사람들 중에서 하나님과 대립되는 모든 악의 세력들을 지칭한다. 순교자들은 왜 하나님께 저들을 심판해 달라고 신원하는가?

이 세상의 대법관이나 법조인들을 겪어보면 저들이 대법원장이라 해도 모두 편견과 편파 속에 판결하는 약한 존재임을 알 수 있다. 계시록 19장 2절을 보면 하나님의 심판은 참되고 의롭다고 했다. 지금 우리는 "땅에 거하는 자들"에 의한 불공정하고 의롭지 못한 판단으로 심각한 불신 상태로 살아간다. 이것을 순교자들이 우리보다 더 심각하게 염려하고 있음을 배운다.

3) 순교자들에 대한 응답

6절 11절에는 순교자들의 신원에 대한 하나님의 응답 내용이 소개된다. 하나님께서는 순교자들의 신원에 세 가지로 응답해 주셨다.

(1) 각각 그들에게 흰 두루마기를 주시며

'흰 것'은 무엇을 뜻하는가?
계시록 안에 기록된 흰 것에는 다양한 의미들이 있다.

계시록 1장 14절의 "머리와 털의 희기가 흰 양털 같고"는 침착성과 위엄을 상징한다.
계시록 2장 17절의 "흰 돌", 3장 5절의 "흰 옷" 6장 2절의 "흰 말" 6장 11절의 "흰 두루마기" 등은 승리를 상징한다.

계시록 3장 4절의 "흰 옷", 7장 13절의 "흰 옷"은 순결성을 상징한다. 또 계시록 3장 18절의 "흰 옷", 계시록 19장 14절의 "희고 깨끗한 세마포 옷"은 신적인 존엄성을 상징한다.

계시록 안에는 똑같은 단어가 그 말의 앞뒤 문맥과 전후좌우에 따라 그 의미가 각각 달라진다. 이것을 분별해 내고 구별하려면 본문에 대한 각각의 구절과 전체 흐름을 잘 파악해야만 식별이 가능하다.

계시록 6장 11절의 "흰 두루마기"는 순교자들이 땅에서는 희생된 실패자로 평가될 수 있으나 하늘나라에서는 순교자들이 승리자라는 뜻으로 흰 두루마기를 주신다는 것을 의미한다.

그렇기에 순교자들에 대한 판단은 땅과 하늘에서 완전히 다르다. 순교자들에 대한 바른 판단은 하나님만이 하신다.

(2) 아직 잠시 동안 쉬되

하나님께서는 순교자들에게 잠시 동안 쉬라고 하신다. 여기서 말하는 '잠시 동안'은 '크로논 미크론'(χρόνον μικρόν)이다. 이것은 인간적, 시간적 개념이 아니다. "그들의 동무 종들과 형제들이 순교자들처럼 죽임을 당하여 그 수가 차기까지"의 잠시 동안이다.

여기 분명히 하나님의 원대하신 계획이 설명되고 있다. 순교자들은 우연하게 이뤄지는 것이 아니다. 하나님께서는 순교자들에 대한 정해진 숫자가 있다. 그 숫자가 채워지기 전까지는 계속해서 순교가 더 진행될 것이다. 그러므로 하늘에 있는 순교자들의 생각에는 답답하고 한심할 수가 있다. 그러나 그 숫자가 채워질 때까지 순교자들은 쉬고 있어야만 한다.

매우 중요한 내용이다. 우리는 순교자란 과거 미개한 시절에만 있었던 것으로 상상할 수 있다. 그러나 고도로 문명이 발달한 시대에도 참된 의를 위해 순교자가 나와야 함을 깨닫게 된다.

(3) 그 수가 차기까지 하라

여기 또 중요한 진리가 소개되고 있다. 하나님은 두 가지 조건을 갖춘 순교자를 희망하신다.

① 그들의 동무 종들과 같은 사역자

여기 '동무 종들'이란 '쉰둘로이'(σύνδουλοι)다. 이 단어는 '함께'라는 뜻의 접두어 '쉰'(σύν)이라는 단어와 '종'이라는 뜻의 명사 '둘로스'(δοῦλος)가 결합된 단어다.

신약성경에서 '종'이라는 뜻을 가진 '둘로스'는 많은 경우에 사도들에게 이 용어가 사용되었다. 그렇기에 '동무 종들'이란 사도들과 같은 부류의 사역자를 의미한다.

② 형제들 같은 사역자

여기 '형제들'은 '아델포이'(ἀδελφοί)다. 신약성경에서 한 하나님을 모시고 같은 예수 그리스도의 신앙 안에서 한 가족처럼 결속된 성도들을 형제라고 불렀다. 이렇게 '동무 종들'과 '형제들' 같은 사역자들이 정해진 숫자가 채워질 때가 있다.

③ 그 수가 차기까지 하라

'그 수가 차기까지'라는 말은 '헤오스 플레로도신'(ἕως πληρωθῶσιν)이다. '플레로도신'은 '가득 채우다', '충만하게 하라'는 뜻이다. 그러므로 여기서는 '가득 채워질 때까지'라는 뜻이다.

그런데 이것을 '그 수가 차기까지'라는 표현에 의해 수(number)라는 개념으로 이 구절을 오해할 수 있다. 그래서 혹자는 계시록 7장 4절의 인침 받은 자들이 십사만 사천이며, 계시록 14장 3절에 나오는 십사만 사천이라는 숫자를 근거로 순교자의 수가 십사만 사천 명이 되어야 한다는 주장을 하여 계시록을 오해시킨 사례도 있다.

여기서 말하는 '수가 차기까지'는 정확한 숫자를 알 수 없는 많은 수를 의미할 뿐이다. 과거의 순교자 숫자를 헤아려서 앞으로 남은 순교자가 얼마일 것이라는 추측은 알 수 없는 무익한 일이다.

결어

교회 역사 속에서 상당히 많은 순교자들이 밝혀졌다. 그러나 아직까지 밝혀지지 않은 순교자들이 더 많이 있는 것이 사실이다. 아직까지 이름도 국적도 원인도 모르는 채 순교 당한 숫자가 수천만 명에 이를 것이다.

그런데 계시록 6장 9~11절 내용은 대환난 때 계속 이어지는 재앙의 내용이 아니라 재앙과 상관없는 천상의 순교자들에 대한 내용처럼 느껴진다. 그러나 이 내용이 의미하는 바가 무엇인가? 과거에 이미 순교한 순교자들이 무수하게 많은 것은 지상의 교회나 천상의 성도들이 모두 다 알고 있는 내용이다.

그런데 앞으로 있을 대환난 때에는 교회 시대보다 더 열악하고 악조건 속의 재앙의 시대가 7년이나 계속될 것이다. 그렇게 끔찍한 대환난의 모든 재앙을 다 겪어가면서도 그 속에서도 순교자들이 계속 일어날 수 있음을 가르쳐 주고 있다.

계시록 11장의 두 증인은 대환난 중에 혁혁한 사역을 하다가 종국에는 순교를 당한다. 그뿐만이 아니라 많은 순교자들이 계속 일어날 것이다. 이 같은 미래 역사를 모두 다 꿰뚫고 아시는 하나님은 천상의 순교자들에게 "잠시 동안 쉬라"고 하신다.

그 쉼이 무장해제의 쉼이 아닌, 때를 기다리는 쉼임을 깨닫게 된다.

(6) 여섯째 인과 해와 달의 변화(계 6:12~14)

① 큰 지진이 나며(12a)

어린양이 여섯째 인을 떼실 때 큰 지진이 일어났다.

제자들이 주님께 "세상 끝에는 무슨 징조가 있겠습니까?"라고 물었다. 마태복음 24장 5~7절에서 주님은 말세에 거짓 그리스도가 많이 나타날 것과 난리와 난리의 소문이 계속되고, 민족이 민족을, 나라가 나라를 대적하고 곳곳에 기근과 지진이 있으리라고 하셨다.

주님의 예언대로 계시록 6장 12절에서 여섯째 인을 떼시자 큰 지진이 일어났다.

혹자는 인류 역사에 있어서 지진은 항상 있어왔다고 말한다. 어느 특별한 때에만 지진이 있었던 것이 아니라 지진은 항상 계속되어 왔다.

1930년부터 1980년까지 50년 동안 전 세계의 지진 사례들을 연구 보고한 기록이 있다. 지나간 50년 동안에 규모 M.7.0 이상의 지진이 490차례나 일어났고, 그중에서 M.8.0 이상의 초강력 지진만 헤아려도 18회나 된다고 했다. 지역별로 보면 북아메리카는 미국 서부 캘리포니아주와 네바다주에 지진이 많았다.

1857년 L.A 북방의 포트테폰, 1886년 사우스캐롤라이나 지진은 모두 M.8.0 규모의 지진이었다. 1906년 샌프란시스코 지진은 M.8.3 지진이었다.

1960년에 있었던 남아메리카의 칠레 지진은 M.9.5로 진원 길이가 1,000km에 이르는, 과거 100년 역사 중 최대 지진이었다. 또 1970년 페루와 칠레의 국경지대의 지진은 M.7.6의 지진으로 7만 명의 사망자를 냈다.

일본은 416년 이후 전 세계에서 지진이 가장 많은 나라다. 일본의 지진은 전 세계 총 지진의 약 14%를 차지하고 M.7.0 이상 M.8.0 지진이 5회 이상 있었다.

중국의 지진은 희생자가 많기로 유명하다. 1556년 산시성 지진으로 83만 명이 사망했고, 1920년 하이위안 지진으로 20만 명이 사망했으며, 1976년 허베이성 지진으로 24만 2천 명이 사망했다. 또 이란에는 1만 명 이상의 사망자가 따르는 지진이 9회나 있었다.

터키는 1939년 동서 800km에 이르는 지진으로 3만 3천 명이 사망했다. 이탈리아는 1908년 메시나 지진으로 11만 명이 사망하여 도시 인구의 절반이 죽었다.

지진은 과거 역사에 수없이 계속되어 왔다. 그런데 대환난 때에는 '큰 지진' 즉 '세이스모스 메가스'(σεισμὸς μέγας)가 일어날 것이다. '메가스'라는 말은 초대형 크기를 가리키는 말이다. 메가사이클(Megacycle), 메가톤(megaton), 메가폰(mgaphone) 등 이 같은 표현을 보면 대환난 때에는 규모 최대 M.9.5 정도로 땅의 지형이 바뀌는 지진이 일어날 것을 말하고 있다.

② 해가 검은 털로 짠 상복같이 검어지고 달은 온통 피같이 되며 (12b)

여기 보면 해가 검은 상복같이 검어지고, 달은 피같이 된다고 했다. 참으로 이해하기 힘든 내용의 말이다. 해가 어떤 물체인데 장차 상복같이 검어진다는 말인가? 달이 왜 피같이 되는가?

여기서 과학자들이 발견하여 모두가 알고 있는 해와 달의 실상을 알아보자.

해는 '호 헬리오스'(ὁ ἥλιος)다. 우리가 알고 있는 '해'에 대한 이해는 많은 변천 과정을 거쳐 왔다.

㉠ 태양을 신(神)으로 숭배하는 때

이집트의 태양신 숭배가 미라와 연결되어 있다. 바빌로니아의 태양신 숭배는 구약에도 기록되었다(왕하 23:5). 그뿐만 아니라 그리스 신화에도 태양신으로 헬리오스가 있고, 달의 신으로 셀레네가 있다. 그리스의 올림픽 체전 때 태양신에게 제사 드렸던 축제가 지금은 성화(聖火)봉송과 경기 기간 동안 계속되는 '성화단의 불'로 계승되고 있다.

이들뿐 아니라 인도, 동남아, 히타이트, 멕시코, 페루 등에도 태양신 숭배가 있었다.

㉡ 태양의 효능, 기능을 신격화한 것

미트라 - 태양이 생물에 빛을 비추어 생육하게 하는 은혜를 근거로 설정된 신

사비트리 - 태양이 만물을 생육하게 하는 작용을 신격화한 것

비슈누 - 태양의 광조(光照) 작용을 신격화한 것

비바스바트 - 태양의 빛남을 신격화한 것 등등

㉢ 태양력

지구가 태양의 둘레를 1회전하는 기간을 1년으로 하는 기준이 달력(양력)이다. 그래서 1년을 365.25일로 하고 4년마다 한 번씩 366일로 윤년을 둔다.

㉣ 태양 자체

태양은 지구와 평균 약 1억 4,900만km 멀리 떨어진 곳에 있다. 지름이 139만km로 지구의 약 109배 크기다. 부피는 지구의 130만 배가 된다.

태양의 구성은 수소 92.1%, 헬륨 7.8%, 기타 나트륨, 마그네슘 등으로 구성된 거대한 기체 덩어리다. 태양은 적도에서는 약 25일, 극지방에서는 35일을 주기로 자전한다. 태양의 내부는 크게 핵, 복사층, 대류층 등으로 구분되어 있다.

뜨거운 열의 원천은 중심부에 있는 핵에서 나온다. 이곳 핵에서 수소의 원자핵 양성자가 충돌하는 핵융합 반응이 쉴 새 없이 계속 일어나는데 중심부의 온도는 약 1,500만℃로 추정한다. 참으로 신기한 것은 태양 중심의 온도에 비해 태양의 표면인 바깥 부분인 코로나(Corona) 온도는 5,500℃ 정도 된다. 그런데 코로나 밖의 대기층의 온도는 수백만 ℃가 된다. 그렇기에 인간은 태양에 가까이 접근하지 못한다.

그런데 이 같은 해가 대환난 때 그 기능이 축소되는 듯이 검은 상복처럼 검게 변한다고 했다. 과연 이것이 가능한 일인가?

주전 835년경에 활동한 요엘 선지자는 요엘서 2장 31절에 "여호와의 크고 두려운 날이 이르기 전에 해가 어두워지고 달이 핏빛같이 변하려니와"라고 했다.

주님도 마태복음 24장 29절에 "그날 환난 후에 즉시 해가 어두워지며 달이 빛을 내지 아니하며 별들이 하늘에서 떨어지며 하늘의 권능들이 흔들리리라"고 하셨다(막 13:24~25; 눅 21:26).

우리는 성경의 예언들에 대해 '상징'이라는 이름을 대며 무시하는 신학자들을 많이 보고 있다. 요엘 선지자는 주전 835년경에 남왕국 유다에서 활동했다. 요엘보다 뒤늦게 주전 750~760년경 북왕국 이스라엘에서 활동한 아모스 선지자도 있다. 그런데 이 두 예언자들의 예언의 공통점이 있다. 요엘 2장 28~29절에서 "그 후에 내가 내 영을 만민에게 부어 주리니 너희 자녀들이 장래 일을 말할 것이며 너희 늙은이는 꿈을 꾸며 너희 젊은이는 이상을 볼 것이며 그때에 내가 또 내 영을 남종과 여종에게 부어줄 것"을 예언했다.

요엘의 예언은 835년이 지난 후 예루살렘의 오순절 때 일어난 성령 강림 현상에서 성취된 것으로 설명한다(행 2:16~21).

요엘의 예언 중 일부는 성취되었다. 그러나 "해가 어두워지고 달이 핏빛같이 변하리라"(욜 2:31)는 예언은 계시록 6장 12절에 다시 반복되고 있다. 사도 요한의 예언은 2000년이 지났는데도 해와 달은 여전하다. 그렇다고 성경의 예언을 무시할 것인가? 여기서 천체 물리학자의 주장을 들어보자.

〔특주 23〕

우주는 계속되지 않는다

이 내용은 천체 물리학자 케이티 맥(Katie Mack)의 저서 내용 중 일부를 발췌한 것이다.[7]

케이티 맥은 우리가 살고 있는 지구는 불타서 없어지는 것으로 결론을 내린다. 앞으로 약 50억 년 안에 저 빨갛게 불타고 있는 태양의 열기로 우주가 잿더미가 된다는 것이다. 미래의 우주는 어떻게 될 것인가? 이에 대한 최종적인 답은 모른다.

그는 천체 물리학 분야의 전문적인 용어들을 사용해서 다섯 가지의 시나리오를 소개한다.

필자가 읽고 소화해서 옮겨 보려고 했으나 읽어도 잘 이해가 안 된다. 그래서 그의 주장을 그대로 소개만 하겠다. 그가 소개하는 다섯 가지 시나리오란 다음과 같다.

1) 빅 크런치

앞으로 약 50억 년 동안 태양이 계속 팽창해서 적색 거성이 되면

---

[7] 케이티 맥, 우주는 계속되지 않는다, 하인해 역, 까치(2021).

수성 궤도를 덮친 후에 어쩌면 금성까지 삼킬 것이다. 그러는 사이에 열에 그을리고 마그마로 덮여버린 지구는 생명이라고는 찾아볼 수 없는 돌덩이가 된다.

그러다가 무생물로 남은 지구의 잔해 역시 소멸해 가는 태양의 바깥층으로 나선을 그리며 빨려든다. 이때 원자들은 소용돌이치는 항성 대기에서 흩어지고 만다.

그러므로 세상은 불 속에서 끝이 난다. 이것이 우주의 팽창에 의한 내부 붕괴 시나리오다.

2) 열 죽음

열 죽음이라는 말을 잘못 이해하면 우주가 탄생한 후 점점 차갑고 어두운 상태가 된다는 뜻으로 오해할 수 있다.

여기서 천문학자들이 말하는 '열'이란 따뜻함이 아니라 입자나 에너지의 무질서한 움직임을 뜻한다. 그렇기에 '열의 죽음'이 아니라 '열에 의한 죽음'을 뜻한다. 다시 말해서 우주의 열 죽음이란 우주가 무질서로 인해 죽게 되는 것을 뜻한다.

이 개념을 알려면 '엔트로피'(entropy) 개념과 열역학 제2법칙을 알아야 한다. 이 법칙에 의해 모든 에너지들이 사라질 수 있다는 시나리오다.

3) 빅 립(Big Rib)

천체 물리학자들은 태양계 밖에 있는 은하계의 우주 공간에는 전체에 암흑에너지가 균일하게 얽혀 있다고 한다. 은하계 밖의 모든 곳에 존재하는 암흑에너지는 공간을 아주 서서히 늘려가기 때문에 먼 은하 사이의 광활한 공간에서는 탐지가 가능하지 않다. 이 암흑에너지는 계속 확장을 한다. 암흑에너지의 정체는 그 누구도 탐지하지 못하고 있다. 그런데 암흑에너지의 팽창은 미래의 우주를 무참하게 파괴하는 빅 립이 일어날 것으로 예측을 한다. 그렇게 될 경우 우주는 갈가리 찢길 수 있는 시나리오가 성립된다.

4) 진공 붕괴

1960년대와 1970년대에 많은 물리학자들은 지금의 진공이 모든 생명을 파괴할 뿐만 아니라 물질이 일정한 구조를 이룰 가능성조차 말살하는 대붕괴를 발표했다. 진공 붕괴는 천문학적으로 일어날 확률이 낮기는 하지만 언제라도 일어날 가능성이 있다. 전에 우리가 알지 못했던 암흑물질이나 암흑에너지를 알고 난 후에는 많은 공포가 뒤따랐다. 진공 붕괴 이론을 알게 된다면 또 다른 공포가 추가될 것이다.

지금은 알지 못하는 기쁨으로 사는 것이 더 좋다. 진공 붕괴 주장자들의 이론을 따르다 보면 죽음의 거품에 갇힐 수 있다.

5) 바운스

물리학자들은 수십 년 동안 수많은 연구와 복잡한 계산을 계속해 왔다. 그것이 뉴턴의 중력의 법칙에서 아인슈타인의 일반 상대성 이론으로 이동해 왔다. 그런데 그 두 가지 원리를 벗어나는 어떤 이론에도 합의를 이루지 못해 오면서 갖가지 이론들이 제기되어 오고 있다. 그리고 어떤 이론들은 실험 자체가 가능할지도 불투명하다. 지금까지 빅뱅, 암흑물질, 암흑에너지 등은 미래의 궤도를 바라볼 수 있는 또 다른 창들을 열어놓았다.

결어

우주의 먼 미래는 알 수가 없다. 다만 확실한 것은 먼 미래에는 태양이 팽창하고 지구는 소멸하며, 우주 자체도 종말을 맞을 것이라는 사실이다. 이 같은 과학자의 주장은 계시록의 마지막 21장 내용과 일치됨을 보게 된다.

③ 하늘의 별들이…설익은 열매가 떨어지는 것같이(13)

여섯째 인의 재앙은 천체의 변화가 따르는 재앙이다. 해가 검은 털로 짠 상복같이 검어지고, 달이 피같이 달라진다. 그리고 하늘의 별들이 떨어지기를 무화과나무가 대풍에 흔들려 설익은 열매가 떨어지는 것같이 땅에 떨어진다. 요한은 별들이 떨어지는 현상을 무화과나무의 열매가 태풍에 흔들려 떨어지는 것으로 비유했다.

주님께서도 환난 때에 "해가 어두워지며 달이 빛을 내지 아니하며 별들이 하늘에서 떨어지며 하늘의 권능들이 흔들리리라"(마 24:29; 막 13:25)고 예언하셨다.

사실은 환난 때만이 아니라 지금도 별은 떨어지고 있다. 우리가 잘 알고 있는 별똥별이라고 하는 유성(流星: meteor)이 있다. 유성은 태양계 안을 운동하고 있던 미소(微小)한 천체 돌덩어리가 지구로 떨어지면서 대기 중에 충돌을 일으켜 발열(發熱) 상태로 밤하늘에 갑자기 꼬리를 그리면서 나타나는 광채 현상이다.

우주를 떠돌던 작은 돌멩이나 부스러기들이 지구로 떨어질 때 빠른 것은 70km/s, 느린 것은 10km/s 속도로 떨어지면서 발열을 일으킨다. 이것이 지구의 상층 대기권에 진입하면 빨갛게 빛을 낸다. 밤하늘에 불타면서 떨어지는 돌멩이를 빨갛게 빛나기 때문에 '별똥별'이라고 한다.

지구의 표면에는 육안으로 볼 수 있는 정도의 별똥별인 유성이 매일 수천만 개씩 떨어져 쏟아 내려온다고 추정한다. 그러나 너무 큰 유성 돌멩이는 지상에 내려오면서 다 태우지 못하고 땅에 돌 상태로 떨어지기도 한다. 이렇게 타다 남은 돌덩어리를 운석(隕石)이라고 한다. 만일 축구공만 한 운석을 주웠다면 운석 연구가들에 의해 수천만 원의 고가를 받을 수도 있다.

　유성은 지금도 떨어지고 있기에 그리 신기하지도 않고 사람들이 흥미를 갖지도 않는다. 여기 계시록에서는 유성이 떨어지는 것을 말하지 않는다. 하늘의 별들이 떨어진다는 것을 우리가 수많은 세월 동안 별자리로 정해져 있는 별들이 자리를 이동한다든가 없어진다는 뜻이다. 상상해 보라. 북두칠성, 북극성 등 고정된 별자리가 어느 날 달라진다. 또 항상 눈에 익은 별들이 어느 날 보이지 않는다. 이것은 사람들을 극도의 공포로 몰아간다는 뜻이다.

　④ 하늘은 두루마리가 말리는 것같이 떠나가고(14a)
　'두루마리'는 헬라어로 '비블리온'(βιβλίον)이다. 이 말은 고대 시대에 사용된 서책을 의미한다. 현재 우리는 종이로 인쇄된 책을 사용하지만 고대에는 '파피루스' 종이에 글을 기록한 후에 파피루스 전체를 두 개의 굴대로 감아 놓는다. 그래서 책을 펼칠 때 한편은 펼치고 다른 편은 말아 가면서 글의 내용을 읽었다.
　이와 같은 두루마리가 평소에는 항상 감겨 있다. 그런데 감긴 두루마리를 다른 쪽의 굴대로 감아가지 않으면 두루마리는 저절로 감기는 현상이 생긴다. 장차 저 푸르고 드높은 하늘이 대환난 때에 지금처럼 푸른 상태를 유지하지 않고 두루마리가 말아 놓았던 것이 손을 놓자 저절로 감기는 것처럼 말려지는 현상이 생긴다는 것이다.

　대환난 때는 지상에서의 전쟁, 기근, 유행병 등으로 전 세계 인류가 재앙을 당한다. 그뿐만이 아니다. 천상의 하늘에서 지금까지 없었던 현상들이 일어난다. 해가 빛을 잃고 검은 상복처럼 어두워진다.

달빛이 명료한 빛을 잃고 핏빛으로 달라진다. 또 하늘이 지금처럼 드넓게 무한대로 펼쳐져 있는 것이 아니라 펼쳐 놓았던 종이 축이 저절로 감기는 것처럼 하늘이 감기게 된다는 것이다.

놀라운 사실은 장차 하늘이 사라져 없어질 것을 예언한 것이 구약 때부터 계속 이어져 오는 공통된 예언이라는 사실이다.

사 34:4 하늘의 만상(일월성신)이 사라지고 하늘들이 두루마리같이 말리되 그 만상의 쇠잔함이 포도나무 잎이 마름 같고 무화과나무잎이 마름 같으리라

히 1:10~12 땅의 기초를 두셨으며 하늘도 주의 손으로 지으신 바라 그것들은 멸망할 것이나…그것들은 다 옷과 같이 낡아지리니 의복처럼 갈아입을 것이요

벧후 3:10 주의 날이 도둑같이 오리니 그날에는 하늘이 큰 소리로 떠나가고 물질이 뜨거운 불에 풀어지고 땅과 그중에 있는 모든 일이 드러나리로다

이 내용이 계시록 6장 12~14절에 예시되어 있고, 계시록 21장 1절을 보면 베드로후서 3장 10절 내용이 그대로 실현될 것임을 알 수 있다.

여기서 우리는 베드로후서 3장 10절 내용을 좀 더 알아보자.

그때에는 "하늘이 큰 소리로 떠나가고"라고 했다. '큰소리'란 '로이제돈'(ῥοιζηδὸν)이다. 이것은 천둥소리, 화살 날아가는 소리, 불꽃 튀기는 소리, 거센 물소리, 뱀이 지나가는 소리 등등 공포스런 소리를 표현하는 의성어(擬聲語)다. 또 "물질이 뜨거운 불에 풀어지고"라는 구절에서 '물질'이란 '스토이케이아'(στοιχεῖα)다.

이 말은 땅과 물과 공기, 혹은 천체 등을 이루고 있는 원소들을 의미한다. 또 '풀어진다'는 말은 '뤼데세타이'(λυθήσεται)다. 이 말은 '분해하다', '해체하다'라는 뜻이다. 결국 최후의 날에는 땅과 땅 위에 존재하는 모든 것들과 심지어 하늘 위의 천체들을 구성하고 있는 원소들이 뜨거운 불에 의해서 모두 다 불타 없어지고 해체된다는 것이다. 그 결과 "땅과 그 중에 있는 모든 일이 드러나리로다"라고 하였다.

여기 '드러나리로다'는 '휴레데세타이'(εύρεθήσεται)로 '불살라 버린다'(Shall be burned up)는 뜻이다. 따라서 계시록 6장 14절 내용은 대환난 초기의 세상 재앙의 징조에 관한 것이고, 베드로후서 3장 10절의 내용은 계시록 21장 1절에 실현될 내용이다.

⑤ 각 산과 섬이 제자리에서 옮겨지매(14b)

사람들은 각 산과 섬은 영원토록 변함없이 항상 우뚝 서서 우리 앞에 계속 있을 것이라는 믿음을 가지고 있다. 그런데 대환난 때에는 그토록 철석 같은 믿음이 사라지게 된다. 놀라운 사실은 대환난이 아직 오지는 않았으나 많은 환경 연구가와 기후 측정가들이 이 같은 사실을 예견하며 말하고 있다는 사실이다.

최근에 북극 섬 근처에 살고 있던 주민들에게 갑자기 이상 현상이 생겼다. 지구가 존재한 이래 북극은 수천 년 동안 얼어붙은 빙하 상태를 유지해 왔다. 그래서 북극 주변의 많은 사람은 수천 년간 얼음 위를 왕래하면서 드넓은 영역들에 자유롭게 출입을 해왔다. 그런데 지구의 온난화로 북극의 얼음들이 엄청나게 녹아내리고 있다. 그래서 과거에는 얼음 위로 썰매를 타고 다녔으나 이제는 얼음이 없어진 바다 위를 배를 타고 건너가야만 한다. 또 과거에는 작은 산봉우리였던 섬들이 해수면의 증가로 바다에 잠겨 섬이 사라져 버렸다. 산이 없어지고 섬이 없어지는 것은 지금도 체험되는 사실이다.

그런데 앞으로 대환난 때에는 화산과 지진이 현재보다 더 많을 것이 예언되고 있다(렘 4:23~24; 나 1:5; 마 24:7; 막 13:8; 눅 21:11 등). 계시록 6장 14절도 성경의 말씀이 그대로 이루어질 것을 예언하고 있다. 분명한 것은 현재의 우주와 지구가 영원한 것이 아니라는 사실이다. 우리가 지키려고 애쓰는 지상 위의 모든 문명들은 장차 모두 불 속에 타버릴 소재들에 불과한 것이다.

(7) 땅의 7계층의 한탄과 도피처에서의 애원(계 6:15~17)

① 땅의 7계층의 한탄(15)
계시록 6장 15절을 보면 평화로운 교회 시대에는 사람들이 자유를 누리며 마음껏 살아간다. 교회 시대, 은혜 시대, 성령님께서 돕는 시대, 하나님께서 참고 인내하며 기다려주시는 시대에는 하나님의 은혜 덕분에 큰소리치고 살아간다. 그런데 교회 시대가 끝이 나고 대환난 시대가 되면 어떻게 달라지는가?

계시록 6장 15절에는 저들이 평소 믿고 크게 의지했던 것들을 뿌리치고 굴과 산들의 바위틈에 숨는다고 했다. 사람들은 지금도 돈, 권력, 명예, 무력, 사상들 중 한 가지를 붙잡고 크게 자만하고 살아간다. 그러나 대환난 때에는 지금 붙잡고 있는 것들이 아무 도움을 주지 못한다. 장차 대환난 때 운명이 역전되는 부류는 어떤 자들인가?

여기에 기록된 일곱 부류를 알아보자.

㉠ 임금들(계 17:2, 18, 18:3, 9, 19:19, 21:24)

계시록 안에는 여러 곳에서 땅의 임금들이 세상에서 두려움 없이 살았으나 대환난 때에는 전세가 완전히 역전될 것을 예언하고 있다.

임금들의 권세는 평화 시에 큰 위력이 있으나 대환난 때에는 아무런 힘을 발휘할 수 없게 될 것이 예언되었다.

㉡ 왕족들(계 18:23)

마가복음 6장 21절에는 '대신들'이라고 표현했다. 황제 밑에서 총독으로 지내며 황제 다음의 권세를 가진 자들을 뜻한다. 저들이 평화 시에는 대단한 힘을 가지고 있다. 그러나 대환난 때는 도피자로 전락한다.

㉢ 장군들

천부장, 군단장 등 군대 상위 지휘관들이 평화 시에는 큰 힘을 가지고 있으나 대환난 때는 이들도 도피자가 된다.

㉣ 부자들

부자란 많은 소유를 가졌기에 자기 만족감, 자기 안락감에 충만하여 살아가는 자들이다(눅 12:13~21). 저들은 미래의 심판을 의식하지 못하고 이 세상이 영원할 것으로 착각하고 살아가는 자들이다(약 5:1~6). 그러나 대환난 때는 그들이 의지했던 것들이 아무 도움이 못 되는 것을 체득하게 된다.

㉤ 강한 자들

원문에 '호이 이스퀴로이'(οἱ ἰσχυροί)는 '겁이 없는 자들'이라는 뜻이다. 세상에는 국법도, 윤리 도덕도, 경찰력도 무시하는 겁이 없는 자들이 많이 있다. 저들이 이 세상에서는 겁 없이 살아갔으나 대환난 때는 만사가 두려움으로 달라진다.

㉥ 모든 종

종이란 '둘로스'(δοῦλος)다. 종은 신분상으로 주인 아래 예속된 노예이다. 저들은 세상과 주인에 대한 적개심으로 반항심과 증오심이 가득한 상태로 살아가는 자들이다. 겉으로는 노예지만 마음속에는 반항심이 가득한 자들이다. 이들이 대환난 때 제대로 된 공포의 대상을 만나게 된다.

Ⓐ 자유인

자유인이란 '엘류데로스'(ἐλεύθερος)다. 그들은 마음속으로 누구에게도 예속되지 않은 자로 자처하면서 마음껏 자유를 만끽하고 살아간다고 자부하는 자들이다. 신(神)을 거부하는 무신론자나, 권력을 거부하는 무정부주의자나, 가진 자를 거부하고 공평한 소유를 주장하는 공산주의자나, 창조주를 거부하는 자연주의자나, 사회윤리를 부정하는 쾌락주의자들이다. 자유인들은 자기가 믿는 바대로 행복하다고 믿고 살아가는 부류의 사람이다.

여기 7계층으로 표현되는 것은 꼭 7계층만의 사람들이라는 뜻이 아니다. 7이 완전수인 것처럼 '모든 부류와 모든 계층의 모든 사람'이라는 뜻이다. 이들 7계층들은 이 세상에서 어느 정도의 안정감과 자부심을 가질 만한 특성과 세력이 있기에 세상에서 그것을 믿고 방심하며 살아간다. 그러나 그 같은 방심이 대환난 때 완전히 무너져 버린다. 대환난 때는 자기들이 의지했던 모든 것들이 다 사라진다. 그때는 굴과 산들의 바위틈이 더 안전하다고 착각하게 된다.

② 산들과 바위에게 애원함(16~17)

계시록 6장 16~17절은 참으로 어이가 없는 미래상이다. 앞서 15절에는 교회 시대의 평화 때에 하나님을 의지하지 않고 세상 것을 의지하고 살아가는 7계층이 소개되었다. 그런데 대환난이 시작되었다. 그 때 저들은 세상 것을 의지할 수 없게 되자 하나님께로 돌아오는 것이 아니라 산들과 바위들 뒤에 숨어서 산들과 바위에게 애원을 한다. 이 세상에서 하나님의 은혜를 깨닫지 못하고 사는 자들은 자신이 망해서 죽게 되어도 하나님을 끝까지 깨닫지 못한다.

필자가 제1권에서 미국 목회 경험담을 소개했다. 어느 분이 한국에서 좋은 대학을 나왔고, 좋은 부인과 미국으로 이민 가서 수십 년간 고생 끝에 꽤 잘살게 되었다. 그런데 그는 위암으로 죽어 가고 있었다. 필자가 1년을 넘게 찾아가 회개하고 주님을 영접할 것을 권면했다. 그러나 환자는 자신의 실력과 능력만 믿고 회개하는 데 소홀히 했다. 마지막 죽기 전 반년경에는 위기의식을 느끼고 회개를 해보려고 했다. 그러나 60대 중반까지 굳어져 있던 자기 신념과 사상 때문에 아무리 회개를 해보려고 노력해도 마음이 열리지 않았다. 그래서 그 자신도 무척 괴로워하면서 죽었다.

이 세상에서 세상 것을 크게 의지하고 살아가던 자들은 대환난을 당했다고 해서 회개하는 것이 아니다. 오히려 엉뚱한 산들과 바위를 의지하며 그것들에게 자신들의 위험을 가려 달라고 애원한다.

교회 시대에 회개하지 못하는 자는 대환난 때에도 회개할 수가 없다. 여기 "굴과 산들의 바위틈에 숨어 산들과 바위에게 말하되"라는 표현은 이 세상에서 완악한 자는 대환난 같은 참담한 시대에도 여전히 회개하지 못하는, 참으로 불행한 모습을 말한다.

저들의 애원하는 말을 들어보자. "우리 위에 떨어져 보좌에 앉으신

이의 얼굴에서와 그 어린양의 진노에서 우리를 가리라." 저들은 보좌에 앉으신 하나님을 알고 있으며 어린양이신 예수 그리스도도 알고 있다. 저들이 하나님을 제대로 알고 어린양 예수를 제대로 안다면 회개하고 돌아서기만 하면 살 수가 있다.

그런데 하나님도 어린양도 제대로 모르기 때문에 "진노에서 우리를 가리라"라고 하면서 무서움을 해결해 달라고 산들과 바위에게 애원한다. 여기 '가리라'는 말은 '크립사테'(κρύψατε)로 앞서 15절의 '숨어'라는 말인 '에크립산'(ἔκρυψαν)과 동일한 원형 '크립토'(κρύπτω)에서 나온 부정과거 명령형이다.

저들 7계층의 부류들은 이 세상에서 부당하고 부정한 돈과 권력과 힘을 의지하며 자기 목표들을 달성해 왔다. 그래서 대환난 때에도 부당하지만 억지로 떼를 쓰면 통할 줄로 착각한다. 참으로 어리석음으로 굳어진 죄인들의 마지막은 회개할 마음마저도 생기지 않는 극도의 완악함으로 굳어진 멸망 당할 자의 모습이다.

계시록 6장 17절에서 저들은 "진노의 큰 날이 이르렀으니 누가 능히 서리요?"라고 낙망한다. 참으로 완악하게 굳어져서 희망이 없는 모습을 드러낸다. 7년 대환난 때는 구원의 길이 완전히 닫힌 때가 아니다. 교회 시대처럼 성령님의 역사가 왕성한 때가 아니지만 대환난 때에도 성령님의 극히 제한적인 활동으로 구원 얻을 자들이 생긴다. 그것이 계시록 7장에 나오는 인침 받는 십사만 사천이라는 사람들이다. 또 대환난 때에 두 증인이 순교적 사역을 한다(계 11장). 그렇기 때문에 대환난 때에도 회개만 하면 살 길이 있다.

그러나 이 세상에 살면서 세상 것으로 중독된 채 세상 가치를 최상으로 알고 살아가는 7계층의 부류들은 대환난 때도 회개하지 않는다. 참으로 불행한 일이다. 우리는 이 땅에 살면서 이 세상 것들에 중독되어 살아가는 세상 사람이 되어서는 안 됨을 절실하게 깨닫게 해준다.

2) 인침 받은 십사만 사천(계 7:1~17)

(1) 땅 네 모퉁이에 선 네 천사(계 7:1)
① 이 일 후에(1a)

계시록 7장 앞부분에 "이 일 후에"가 또 나온다. 이 말이 계시록 전체에 자주 나타난다. 앞서 4장 1절에도 "이 일 후에"가 쓰였다. 그래서 4장 1절의 "이일 후에"란 계시록 1~3장까지의 '교회 시대가 끝이 난 이후'라는 뜻임을 설명했다.

그런데 계시록 7장 1절에 또다시 "이 일 후에"가 나온다. 그뿐만이 아니다. 7장 9절에도, 15장 5절에도 "이 일 후에"가 나오고, 18장 1절에도, 19장 1절에도 "이 일 후에"가 나온다. '이 일 후에'란 무슨 뜻인가? 원문에 '메타 투토'(μετὰ τοῦτο)다. 이 말은 앞서 전개되어 왔던 사건이 새로운 사건으로 전개될 때에 쓰는 논리적인 의미와 함께 시간적으로 새로운 사건으로 전환되는 것을 알려주는 두 가지 의미의 표현이다.

이 같은 용법은 사도 요한이 계시록 전체에 여러 번 사용한다. 그렇기에 우리가 계시록을 바르게 이해하려면 사도 요한의 문장 표현 용법을 이해해야 되고, 또 그때마다 앞서 전개해 온 사건과 전혀 다른 사건을 설명하려는 의도임을 파악해야 한다. 이 같은 사도 요한의 의도가 계시록 전체 내용 속에 반영되고 있다.

　계시록 7장 1절의 경우를 보자. 그는 앞서 6장에서 첫째 인부터 여섯째 인까지의 다양한 재앙들을 설명해 왔다. 그런데 7장은 6장에서 이어지는 재앙에 대한 내용이 없고 십사만 사천이 인침 받는 내용이 기록되었다. 그런가 하면 계시록 8~9장까지는 일곱 나팔 재앙 내용이 설명되고 있다.

　그리고 계시록 10~11장은 재앙의 내용이 아닌 두루마리를 먹은 요한과 두 증인에 관한 내용이 기록되었다. 또 계시록 12~14장은 재앙에 대한 예언 내용이 아닌 붉은 용과 바다짐승과 땅의 짐승 내용을 설명한다. 그리고 또 15~16장에는 계시록의 마지막 재앙인 일곱 재앙이 기록된다.

　왜 이렇게 계시록은 논리적이지 못하고 중간중간마다 다른 내용을 삽입하여 계속 변화를 반복하는가? 사도 요한은 7년 대환난의 끔찍한 기간을 전체적으로 공포에 가득 찬 재앙들 내용만 기록하지 않는다.

　대환난 자체는 전무후무한 재앙이다. 그러나 대재앙의 7년 속에서도 때마다 주어지는 하나님의 은총과 자비하심을 인식시키려는 의도 있는 기록이라고 본다.

　그런데 그와 같은 사도 요한의 의도를 기록하면서 앞선 사건과 전혀 별개의 사건으로 전환될 때가 있다. 그때마다 "이 일 후에"를 사용한다. 우리는 계시록 전체 내용 중에서 사건이 완전히 전환될 때마다 "이 일 후에"를 사용하며 전혀 다른 내용을 삽입시키는 사도 요한의 의도와 배려를 이해하는 것이 계시록를 파악하는 데 도움이 됨을 알아야 하겠다.

② 땅의 네 모퉁이에 선 네 천사(1b)

'땅의 네 모퉁이'란 '타스 텟사라스 고니아스'(τὰς τέσσαρας γωνίας)다. 이 말은 지상의 동, 서, 남, 북 등 모든 지역을 총체적으로 표현하는 말로 이해된다.

그리고 '네 천사'는 '텟사라스 앙겔루스'(τέσσαρας ἀγγέλους)다. 여기서 말하는 네 천사에 대한 표현은 무수하게 많다. 그중에서 이름이 알려진 것은 천사장 미가엘로 다니엘서 10장 13절과 12장 1절에 이스라엘의 수호천사로 소개되고, 신약성경에서는 유다서 1장 9절과 계시록 12장 7절에 미가엘이 하늘 전쟁 때 싸우는 천사로 소개된다.

또 가브리엘도 천사장 중 하나로 소개된다(단 8:16, 9:21; 눅 1:19). 성경이 아닌 외경(B.C. 2세기~A.D. 1세기 사이의 작품)인 에녹서 1장 9절에 천사장으로 미가엘, 가브리엘, 라파엘, 우리엘이 소개된다. 에녹서 1장 22절에는 앞서 네 천사에다 사라엘, 레미엘, 라구엘까지 언급되고 있다. 외경은 단지 참고만 할 따름이다.

그렇다면 계시록 7장 1절의 "네 천사"는 누구인가? 2절을 보면 하나님의 인을 가지고 있는 다른 천사가 이들 네 천사에게 큰 소리로 지시하는 것을 보면 이들 네 천사는 2절의 다른 천사보다는 계급이 낮은 천사로 추측된다. 그런데 그 네 천사가 땅의 사방의 바람을 붙잡아 바람이 땅의 나무나 바다에 불지 못하게 하는 일을 하고 있었다. 네 천사가 바람을 불지 못하게 한다는 말이 무슨 뜻인가?

'바람'은 '아네무스'(ἄνεμος)다. 구약성경에서 '바람'은 하나님의 심판을 수행하는 요소로 표현되고 있다.

렘 49:35~36 만군의 여호와가 이같이 말하노라…하늘의 사방에서부터 사방 바람을 엘람에 오게 하여 그들을 사방으로 흩으리니…

단 7:2 내가 밤에 환상을 보았는데 하늘의 네 바람이 큰 바다로 몰려 불더니…

슥 6:5 천사가 대답하여 이르되 이는 하늘의 네 바람인데 온 세상의 주 앞에 서 있다가 나가는 것이라 하더라

이 같은 구약성경의 바람이 하나님의 심판의 요소임을 설명해 주는 표현들이 있다. 히브리인들은 지금도 정남방, 정북방, 정동방, 정서방에서 불어오는 바람들은 유익한 것으로 생각한다고 한다. 그러나 각 모퉁이에서부터 대각선으로 부는 바람은 해로운 것으로 생각한다고 한다.

그런데 네 천사는 사방의 바람을 왜 각종 나무에 불지 못하게 하는가? 그것은 바람의 세기가 나무들의 흔들거림으로 드러내는 것을 염두에 둔 표현으로 이해된다. 다시 말하면 하나님의 심판이 온 땅에 임할 때 그 양상이 땅이나 바다에 있는 나무들에게 강력한 바람이 부는 현상처럼 나타날 수 있다. 네 천사는 그 현상을 지연시키려고 바람을 붙잡고 있다고 이해된다.

(2) 하나님의 인을 가진 다른 천사(계 7:2~3)

① 하나님의 인을 가진 다른 천사(7:2a)

2절의 다른 천사는 1절의 네 천사와 다르다. 2절의 다른 천사는 그가 하나님의 인을 가지고 있고, 해 돋는 데서부터 올라왔고, 또 네 천사에게 큰소리로 외치는 상위의 천사이다. 여기서 우리는 "하나님의 인"이라는 표현을 기억할 필요가 있다. '인'(印)이란 '스프라기다'(σφραγῖδα)이다. 인이란 중요한 문서에 날인을 함으로 중요한 보증

과 확인을 상징한다. 우리가 사용하는 인감도장은 문서의 확인, 소유물에 대한 확인, 확고함의 보증 등의 의미가 있다.

에베소서 1장 13절을 보면 믿는 자에게는 성령께서 약속의 성령으로 인치셨다고 했다. 이때의 경우 성도는 하나님의 소유가 되었음을 의미한다(고후 1:22). 이 같은 성경적 표현들을 종합해 본다면 하나님의 인을 가진 천사란 하나님의 소유권인 보호권을 가진 천사로 이해된다.

우리는 계시록 전체에서 구별되는 표현을 볼 수 있다. 계시록 전체에 하나님의 인을 받은 이들이 나온다.

계 9:4 이마에 하나님의 인침을 받지 아니한 사람들만 해하라
계 14:1 그들의 이마에는 어린양의 이름과 그 아버지의 이름을 쓴 것이 있더라
계 22:4 그의 이름도 그들의 이마에 있으리라

이렇게 하나님의 소유의 의미로 쓰인 '인'이 있다. 그런가 하면 정반대의 사탄의 소유로 표현된 '표'도 있다.

계 13:16~17 그 오른손이나 이마에 표를 받게 하고 누구든지 이 표를 가진 자 외에는 매매를 못하게 하니 이 표는 곧 짐승이 이름이나…
계 14:9~10 누구든지 짐승과 그의 우상에게 경배하고 이마에나 손에 표를 받으면 그도 하나님의 진노의 포도주를 마시리니…
계 16:2 짐승의 표를 받은 사람들…
계 19:20 짐승의 표를 받고 그의 우상에게 경배하던 자들

계 20:4 그들의 이마와 손에 그의 표를 받지 아니한 자들

이렇게 계시록에는 '하나님의 인'과 '짐승의 표'가 대립되고 있다.

② 해 돋는 데로부터 올라와서(2b)
하나님의 인을 가진 천사는 해 돋는 데서부터 올라온다. '해 돋는 데'는 동쪽을 뜻한다. 성경에서 동쪽은 하나님의 보좌가 있는 장소로 암시되고 있다.
출애굽기 27장 13절에는 성막의 문을 동쪽을 향하게 했다.
에스겔 43장 2절에 이스라엘 하나님의 영광이 동쪽에서부터 올라온다.
말라기 4장 2절에 "내 이름을 경외하는 너희에게는 공의로운 해가 떠올라서 치료하는 광선을 비추리니"라고 했다.

해 돋는 데로부터 올라오는 천사는 구원을 위한 모든 능력과 은혜가 하나님께로부터 오는 것임을 상징해 주는 천사라고 이해할 수 있다.

③ 하나님의 종들의 이마에 인치기까지…해하지 말라(3)
계시록 7장 1절의 네 천사는 땅과 바다를 해롭게 할 권세를 받은 천사들이었다. 그런데 해 돋는 데서 올라온 다른 천사가 저들에게 하나님 종들의 이마에 인 치기까지는 땅이나 바다나 나무들을 해하지 말라고 한다. 해 돋는 데서 올라온 다른 천사는 앞서 1절의 네 천사가 심판의 바람, 재앙의 바람으로 땅과 바다와 나무들을 해하려고 등장한 것을 알고 있다. 그런데 나중 천사는 그 심판의 재앙을 유보시키

고 있다. 그렇게 심판을 지연시키는 이유가 무엇인가?

그것은 하나님의 종들로 구별될 사람들이 있을 것이므로 그들이 인침 받을 때까지는 재앙을 유보하라고 한다.

여기서 우리는 계시록에서 중대한 진리를 말하는 '인침'이란 무엇을 뜻하는지 살펴보도록 하자. 하나님의 인을 가진 천사가 하나님의 종들의 이마에 인을 친다고 했다. 성도들의 이마에 인 친다는 의미가 무엇일까?

필자가 1980년대에 경기도 여러 곳의 기도원들을 자주 찾아다녔다. 오산리, 양수리, 한얼산, 대한수도원, 포천기도원, 동두천기도원, 의정부 등을 찾아다니며 그 무렵에 듣고 목격한 일이다.

어느 기도원에 '신령한 권사님'이라는 분이 계셨다. 그분이 계시록에 근거하여 이마에 인치는 사역을 한다고 했다. 그 권사는 동쪽으로 뻗은 복숭아 나뭇가지로 몽둥이를 만들고 이마에 성령의 인침을 받으라고 계속 때려서 이마가 새빨갛게 붓고 피멍이 나도록 때린 일이 있었다.

과연 아마에 인치는 일이 이런 일일까? 물론 원문의 '인치기'라는 '스프라기소멘'(σφραγίσωμεν)은 '도장을 찍다'는 뜻이다. '하나님의 인침'이 머리에 도장을 찍는 일일까? 하나님의 인침이 과연 겉으로 나타나는 표식일까?

하나님의 인침을 너무 문자적인 뜻으로 이해할 때 과연 올바른 이해일까? 이는 수천 년 동안 계속 논란을 거듭해 오고 있는 문제이다. 하나님의 인침에 대한 견해들이 너무도 다양하고 많다. 그 모든 의견을 소개하는 것은 아무런 도움이 되지 않는다고 판단된다.

그런데 우리를 당황스럽게 하는 것이 있다. 하나님의 인을 겉으로 나타나는 외면적인 것이 아닌 내면적인 것으로 이해한다면 어느 정도 이해가 된다. 그런데 계시록에는 사탄의 표나 짐승의 표를 받는 내용도 나온다. 만일 하나님의 인을 내면적으로 이해한다면 짐승의 표도 내면적인 의미로 이해해야 하는가?

이것 또한 난해한 문제로 사도 요한이 무엇이라고 명확하게 말하지 않았으므로 많은 혼란이 계속되는 것이 사실이다.

여기서 우리는 사람들의 다양한 견해들을 참고하면 할수록 혼란만 가중될 뿐이다. 필자는 성경의 말씀을 근거로 이해해야 혼란을 최소화시킬 수 있다고 믿는다. 하나님의 인이든 짐승의 표든 그 표는 지워지지 않고 뚜렷하게 알 수 있는 어떤 것임은 확실한 것 같다. 그러나 두 가지는 분명한 차이가 있다.

하나님의 인은 내면적인 것으로 체험을 통해 확인될 수 있는 것이고, 짐승의 표는 외면적인 것으로 누구나 보면 알 수 있는 것으로 구별된다고 본다. 하나님의 인은 무엇인가? 그것은 하나님의 영이신 성령을 받는 것을 의미한다.

고후 1:22 우리에게 기름을 부으신 하나님이 우리에게 인치시고 보증으로 우리 마음에 성령을 주셨느니라

엡 1:13 진리의 말씀 곧 너희의 구원의 복음을 듣고 그 안에서 또한 믿어 약속의 성령으로 인치심을 받았으니…

엡 4:30 하나님의 성령을 근심하게 하지 말라 그 안에서 너희가 구원의 날까지 인치심을 받았느니라

이 모든 말씀을 보면 거듭난 그리스도인들은 예수님을 영접할 때 이미 성령님을 모셨고 또 하나님으로부터 인침을 받았다. 이렇게 인침 받은 성도들에게는 내면적인 변화가 드러난다. 성령님의 역사하심이 반드시 그의 마음씨나 말의 내용이나 행동의 양상으로 표현되어 그리스도적인 성향이 나타난다. 그렇기에 그리스도인들 속에 내주하시는 성령님은 외면적인 인격의 열매를 드러낸다.

그에 반해서 비그리스도인은 어떤가? 그들 속에는 하나님의 영인 성령님이 없다. 성령님이 없는 이는 말하는 대화 속에 그리스도가 나타나지 않고, 생각하고 추구하며 행동하는 것에 그리스도의 은혜가 나타날 수가 없다. 생각과 말과 행동과 살아가는 목표가 전부가 세상적인 것들이다.

그렇게 겉으로 나타나는 양상이 곧 짐승으로 멸망할 표인 것이다. 이렇게 '하나님의 인'과 '짐승의 표'는 겉으로 보면 알 수 있고 분별할 수 있는 표식으로 나타나게 되어 있다. 하나님의 인과 짐승의 표가 이렇게 구별되는, 겉으로 나타나는 표식이라고 이해된다.

(3) 이스라엘 자손에서 인침 받은 십사만 사천(계 7:4~8)

사도 요한은 계시록 7장에서 갑자기 이스라엘 자손을 말한다. 사도 요한이 앞서 교회 시대에 해당되는 계시록 2~3장에서는 유대인에 대해 매우 비판적이었다. 자칭 유대인이라 하는 자들은 사탄의 회당이다(계 2:9), 자칭 유대인이라 하나 거짓말하는 자(계 3:9)라고 유대인들을 매우 부정적으로 보았다.

그런데 7장 4절 이후에는 이스라엘 자손 중에서 인침을 받게 될 각 지파의 숫자를 말한다. 사도 요한의 태도가 왜 이렇게 달라지는가? 그 이유를 우리는 하나님께서 이스라엘 민족에 대한 대섭리라는 측면에서 이해해야 된다.

필자는 본서의 앞부분 (특주 21)에서 대환난의 성경적 근거를 설명했다. 거기서 이스라엘의 미래는 다니엘서 9장 24~27절에 예언되었다고 했다. 다니엘에게 깨우쳐 준 이스라엘의 미래 운명은 "70이레"로 정해졌다. 그런데 70이레 중에 '기름 부음을 받은 자가 끊어져 없어질 것'의 예언이 69이레인 주후 33년 예수 그리스도께서 죽으심으로 성취되었다. 그런데 나머지 한 이레인 7년이 남아 있다. 그 나머지 한 이레 7년이 왜 남아 있는가? 계시록 7장은 그 이유를 설명해 준다.

교회 시대가 끝난 후에 7년 대환난 시대가 온다. 그런데 왜 7년 대환난 시대가 오는가? 바로 다니엘의 예언 중에 남은 한 이레 7년의 예언을 성취하기 위함이다. 이스라엘 민족으로 하여금 회개해서 메시아를 맞이할 준비를 하도록 "7년 대환난"이 주어지는 것이다. 그렇기에 7년 대환난의 주된 목적 중의 하나가 이스라엘 민족을 회개시키는 것에 있다. 이 같은 맥락으로 계시록 7장과 14장을 이해해야 한다.

계시록 7장 4절에서 이스라엘 자손의 각 지파에서 인침 받은 자가 십사만 사천이라고 했다. 그런데 7장 5~8절에는 이스라엘 각 지파에서 인침 받은 자가 일만 이천이다. 그리고 계시록 14장 1~5절에는 시온산에서 십사만 사천 명이 노래를 부른다. 계시록에 기록된 십사만 사천이란 무슨 뜻인가? 이에 대한 설명을 (특주 24)로 살펴보자.

(특주 24)
십사만 사천의 이해

　사도 요한은 하나님의 인 받을 대상이 누구인지 말하지 않는다. 그는 하나님께 인 받은 자들의 숫자가 십사만 사천이라는 숫자를 들었을 뿐이고 그 대상이 누군지는 말하지 않는다. 그런데 계시록 7장 4절에는 이스라엘 자손의 각 지파를 말하고 또 계시록 7장 5~8절에는 이스라엘 각 지파 이름과 일만 이천이라는 구체적 숫자를 말한다. 그렇기에 여기 십사만 사천은 장차 이스라엘 민족 중 회개하고 돌아올 숫자로 이해된다.

　그러나 이 내용을 문자적으로 이해할 때 납득이 되지 않는 부분도 있다.

1) 이스라엘의 열두 지파는 이미 해체되었다

　우리가 알고 있는 바와 같이 이스라엘 민족은 여호수아의 지도 아래 가나안에 정착하여 땅 분배를 통해 열두 지파로 자리잡았다. 그러나 솔로몬의 아들 때 북왕국 이스라엘이 열 지파로 분리되고 남왕국 유다가 두 지파로 분리되었다(B.C. 931).

　그 후 북왕국 이스라엘 열 지파는 앗수르에 의해 북왕국이 멸망

(B.C. 721)함으로 완전 해체되었다. 그래서 열왕기상·하는 남북 왕조를 비교하면서 역사를 기록한다. 그러나 바벨론 포로 이후 북왕국 이스라엘 후손은 역사 속에서 정체성이 점차 사라지고 남왕국 유다 백성만이 바벨론 포로생활을 마친 후 귀환을 한다.

이때 다시 기록된 역대기상과 역대기하에는 북왕조의 열 지파에 대한 기록이 완전히 배제된다. 그리고 오로지 다윗 왕을 계승한 남왕국 유다 역사만 기록했다. 이것을 보면 열두 지파라는 개념은 북왕국 이스라엘 멸망 후에 사라진다. 그러므로 계시록에 소개되는 이스라엘의 지파에 대한 의미가 역사적, 문자적인 뜻이 아닌 상징적인 뜻이 있음을 암시해 주고 있다.

그런데 신약성경에는 상반된 개념이 있다. 주님은 마태복음 19장 28절에 "열두 보좌에 앉아 이스라엘 열두 지파를 심판하리라"(눅 22:30)고 말씀하셨다. 사도 바울은 서로 배치되는 주장을 한다. 로마서 2장 28~29절에 "오직 표면적 유대인이 유대인이 아니요, 표면적 육신의 할례가 할례가 아니니라 오직 이면적 유대인이 유대인이며 할례는 마음에 할지니…"라고 했다. 또 갈라디아서 6장 15절에 "할례나 무할례가 아무것도 아니"라고 했다. 또 야고보서 1장 1절에는 "흩어져 있는 열두 지파에게 문안"을 하고, 베드로전서 1장 1절에는 "아시아와 비두니아에 흩어진 나그네"에게 편지한다.

이와 같은 성경의 기록들을 통해 계시록 7장 5~8절의 이스라엘 열두 지파를 역사적 또는 문자적으로 이해하기가 어렵다.

2) 십사만 사천이라는 숫자

성경에 12에 관계된 표현은 많이 있다.

창세기 49장 28절에 이스라엘의 열두 지파가 기록되어 있다.

출애굽기 39장 14절에 열두 지파의 각 이름을 보석에 새겼다.

계시록 21장 14절에 열두 사도의 열두 이름이 나온다.

계시록 22장 2절에 생명수 강가의 생명나무의 열두 가지 열매가 나온다.

이렇게 열두 지파의 1만 2천 명을 12로 곱하면 십사만 사천이 된다.

1만 2천×12지파=144,000

성경에 십사만 사천이란 표현은 계시록 7장 4절과 14장 1, 3절에만 나온다. 그렇다면 십사만 사천이란 무슨 의미일까?

'12×12×1,000=144,000'이 된다.

여기서 12를 구약 백성과 신약 백성의 총칭인 12라는 수에다 완전성과 무한성의 상징인 수 1,000을 곱하면 144,000이 된다. 그렇기에 십사만 사천은 구약 때 믿음으로 구원받은 자들과 신약 때 성령으로 구원받은 자들로 구약, 신약 전체에서 구원받은 하나님의 백성을 상징하는 것으로 해석하는 이들이 있다. 그러나 이 해석도 완전하게 이해가 되는 것은 아니다.

왜냐하면 다니엘이 예언한 이스라엘 민족의 미래가 70이레(다니엘서 9장 24~27)로 예언되었다. 그중에서 69이레는 기름 부음을 받은 자의 끊어짐(26절), 즉 주후 33년 예수 그리스도의 십자가 처형 사건으로 성취되었다.

나머지 1이레(7년)를 남기고 2천 년의 교회 시대로 지연되고 있다.

이제 그 나머지 1이레 7년이 계시록 6~18장에 예언된 내용이다. 그렇기에 7년 대환난은 이스라엘에 회개의 기회를 주고 교회 시대의 불신자들에 대한 심판이 주목적이다.

그런데 계시록에 기록된 이스라엘의 열두 지파가 내용적으로 해체된 것은 맞지만 그렇다고 십사만 사천이 '구약과 신약의 성도들의 상징'이라는 해석도 석연치가 않다.

여기서 역사 속에 십사만 사천을 이해해 온 다양한 견해들을 살펴보도록 하겠다.

3) 역사 속의 다양한 견해들

(1) 개인적인 견해들

교부 시대(A.D. 100~500) 때 계시록의 십사만 사천에 대한 개인적 견해는 다양하다. 그러나 아우구스티누스(354~430) 이후 이것은 상징적 의미로 굳어진다. 그 후 중세기 천 년간 아우구스티누스 사상만이 지배한다. 종교개혁자들도 모두 교부들의 견해를 따른다.

① 그로티우스(H. Grotius, 1583~1645)

그로티우스는 네덜란드 법률가요 정치가였다. 그가 헤이그 재판소에서 변호사로 활동하는 중에 칼빈주의의 예정론에 관해 아르미니우스(Arminius)에게 질문한다. 그 질문을 받은 아르미니우스는 칼빈주의에 문제가 있음을 천명했다. 이것이 격렬한 양파와 전국 교회 문제로 확대되었다.

이때 칼빈주의를 옹호하는 군사령관 모리스(Mourice)의 지원으로 칼빈파들은 도르트 총회(1618~1619)에서 5대 강령을 만든다. 이로 인해 그로티우스는 해외로 망명하여 20여 년 동안 성경연구에 전념한다. 그리고 《기독교 진리》(1627)라는 저서로 칼빈주의의 오류들을 지적한다. 그는 그 글에서 십사만 사천을 '유대인 신자'라고 밝혔다.

② 벵겔(J. A. Bengel, 1687~1752)

독일 루터교 목사로 튀빙겐 대학에서 공부한 후 두 곳 신학교에서 가르치는 교수 사역을 했다. 그는 《벵겔 주석》(1742)을 남겼다.

그의 주석에서 천년왕국이 1836년에 시작된다는 오류를 만들었으나 그 외에는 건전한 주석으로 알려졌다. 그가 쓴 《계시록 해설》(1740)에서 십사만 사천을 '대환난 때 구원받은 유대인들의 상징적 숫자'라고 했다.

③ 반스(A. Barnes, 1798~1870)

미국 장로교 목사로 프린스턴에서 신학을 공부한 후 엄격한 칼빈주의파 중 구파(Old School)에 속하는 신학자다. 그가 저술한 주석서들이 한국에 번역 보급되었다. 그는 십사만 사천을 '전 세계의 모든 신자의 상징'으로 보았다.

④ 홀츠만(H. J. Holtzmann, 1832~1910)

독일 신학자로 하이델베르크 대학에서 1874~1904년 동안 교수로 지냈고 쉬트라스부르크 대학 교수로도 지냈다.

그는 《공관 복음서 연구》(1863)에서 마가복음이 제일 먼저 쓰였다고 주장했고, 《신약성경 요약 주석》, 《신약신학》 등도 남겼다. 그는 예수님을 심리학으로 설명한 자유주의자로 십사만 사천을 '유대인 신자'로 이해했다.

⑤ 벨하우젠(J. Wellhausen, 1844~1918)

독일의 성경 비평가로 괴팅겐, 할레, 마르부르크 대학 등에서 성경을 가르치는 교수로 활동했다. 그는 모세 5경의 문서설 편집을 주장함으로 성경의 영감설을 부인하는 자유주의 신학자로 파문을 일으켰다. 그는 십사만 사천을 '영적 상징'이라고 했다.

⑥ 모펏(J. Moffatt, 1870~1944)

1896년 스코틀랜드 자유교회 목회, 1911년 옥스퍼드에서 헬라어, 신약학 교수, 1915년 글래스고 자유교회 대학의 교회사 교수, 1927년 미국 유니언신학교 교회사 교수로 종신했다.

그는 1913년 신약을, 1924년에 구약을 혼자서 번역한 후 1935년《모펏 성경》을 펴냈으며 생전에 R.S.V(1952) 출판을 주도하여 그의 사후에 출판되었다. 그는 십사만 사천을 '영적 숫자'라고 했다.

⑦ 바클레이(W. Barclay, 1907~1960)

영국 글레스고우 대학 신학부장으로 성경신학과 헬라어를 가르쳤다. 바클레이는 십사만 사천은 '영적 의미'라고 했다.

⑧ 박윤선(1905~1988)

박윤선은 미국 유학(1934~1938), 네덜란드 유학(1952~1953) 후에 고신대학 교장, 총신대학 교수(1963~1974)를 거쳐 합동신학원장을 지내며 주석 20권(1979)을 출판했다. 그도 십사만 사천을 '영적 의미'라고 했다.

⑨ 존 풀러톤 맥아더 Jr.(John Fullerton MacArthur Jr., 1939~)

그레이스 커뮤니티 교회 담임목사이며 마스터즈 대학 총장으로

《계시록 해설》,《재림의 증거》 등의 저서가 있다. 그는 십사만 사천을 '유대인 중 환난 때 회개할 자'라 했다.

⑩ 찰스 스윈돌(Charles Swindol, 1934~)
미국 Evangelical Free Church of America 독립교회 주창자이다. 그는 십사만 사천을 '대환난 때 유대인 중 회개할 자'라 했다.

⑪ 박호용(대전신학대학 구약학 교수)
그는 십사만 사천에 대한 여러 해석들의 사례들을 소개했다. 그리고 요한계시록이 사도 요한의 기록이 아니라는 이론을 주장하는 다양한 문헌들을 소개했다. 그는 계시록의 십사만 사천을 영적인 의미라고 설명했다.[8]

결어

위에서 보는 바와 같이 계시록의 십사만 사천에 대한 이해는 기독교 2천 년 역사 속에 각각 다른 해석들이 수없이 계속되어 왔다. 그리고 앞으로도 수많은 해석들이 계속 이어질 것이다. 그렇다면 성경 말씀은 다 똑같은데 이렇게 해석이 다양한 이유가 무엇인가?

그에 대한 대답은 간단하다. 성경을 가장 보편적이고 가장 안전하고 가장 합리적으로 해석하는 방법은 ① 문자 그대로 해석하고 ② 문법적으로 본문의 전후 문맥과 쓰인 단어의 시제와 문법을 참고하는 해석과 ③ 역사적으로 과거 선각자들의 해석들을 참고하는 해석이다.

---

8) 박호용, 요한계시록, 쿰란출판사, 2020, pp.837~840.

그런데 역사적 해석의 장점은 다양한 견해들을 참고하므로 큰 틀을 벗어나지 않는 장점이 있다. 그러나 가장 큰 단점은 너무 다양한 견해들로 인해 자기 견해가 소멸되고 남의 주장들과 자기 주장을 어설프게 조화시킴으로 모호한 결론이 따른다는 점이다.

이보다도 더 무서운 주장은 ④ 영적이라는 해석이다. 교회 역사에 온갖 이단과 교회를 타락하게 만든 요인 중 하나는 지도자들이 성경 해석을 영해(靈解)라는 미명으로 제각각 다른 주장들을 했기 때문이다. 교회 역사상 영적 의미로 해석하여 물의를 일으킨 사례들을 보자.

종교개혁기에 독일에서 뮌스터 왕국(Kingdom of Munster)을 건설하겠다는 광신자들이 나타나 뮌스터를 십사만 사천의 성인들 도시로 만들겠다고 정부군과 투쟁하다가 진멸당한 역사가 있다.[9]

또 여호와의 증인(Jehovah's Witnesses)들은 십사만 사천이 천년왕국 때 부활하게 될 성도들의 숫자라고 한다. 또 몰몬교(Mormonism)는 천년왕국 때 그리스도께서 예루살렘과 미국 미주리주 인디펜덴스에서 십사만 사천의 두 수도를 다스린다고 한다.

1950~1960년대 한국의 박태선이 '전도관'을 만들어 부천의 소사와 경기도 덕소에 십사만 사천의 '신앙촌'을 건설한다고 수많은 이들을 패가망신하게 했다.

현재의 '신천지' 집단도 자기들은 십사만 사천의 특별히 선택받은 자라고 한다.

이들 모두가 성경에 무지하지만 영적 해석에 근거한 탈선적 주장

---

9) 정수영, 종교개혁사, 쿰란출판사, 2012, pp.423~431.

을 펼치고 있고, 성경을 제대로 모르고 형식적 종교생활에 실망한 자들이 저들을 따르고 있다.

성경을 잘 아는 학자들이 자기 소신을 밝힐 수 없을 때 영적 의미라고 모호하게 넘기는 경우가 더러 있으나 그와 달리 성경을 제대로 모르는 자들이 영해라는 의미로 성경을 왜곡해서 온갖 이단적 주장을 해온 것이 과거 역사적 사실이다.

그렇기에 성경 해석의 가장 안전한 방법은 ① 문자적 ② 문법적 해석이다. 이에 따라 필자는 계시록의 십사만 사천은 교회 시대가 종결되며 그리스도의 공중 강림과 신약교회 성도들의 휴거를 목격한 후 회개하고 돌아올 이스라엘 자손으로 본다.

(4) 셀 수 없는 큰 무리의 찬양(계 7:9~12)

"이 일 후에"가 7장 9절에 다시 나온다. 이 표현은 중대한 사건이 지나간 후에 완전히 새로운 사건이 전개될 때마다 반복되는 표현이라고 했다. 여섯째 인을 떼자 엄청난 사건들이 연속되었다.

계시록 6장 12~17절에는 하늘과 땅과 바다가 완전히 달라지는 재앙을 당한다. 이처럼 해와 달과 별과 하늘과 산과 섬이 변하는 현상을 겪게 될 때 메시아를 부정했던 유대교도들의 회개가 일어난다. 지금 전 세계의 유대교도는 1천 400만 정도의 소규모다.[10]

저들은 아직까지도 메시아를 인정하지 않고 이스라엘 민족의 메시아관을 고집하고 있다. 그러나 여섯째 인의 재앙을 겪게 되면 저들이 완전히 달라진다. 정확한 숫자는 알 수 없으나 십사만 사천에 해당될 정도로 많은 유대교도들의 회개가 가시적으로 일어날 것이다. 이렇게 엄청난 변화의 사건이 계시록 7장 4~8절에 소개된다.

그와 같은 큰 사건 후의 내용이 계시록 7장 9~17절에 기록된 내용 가운데 계시록 7장 9~12절에서 셀 수 없는 큰 무리의 찬양이 소개되고 있다. 7장 9~12절의 "능히 셀 수 없는 큰 무리"는 누구인가? 이에 대해서 "흰 옷을 입고 손에 종려가지를 들고 보좌 앞과 어린양 앞에 서서"라는 내용을 결부시켜 "이들은 하늘 위의 천상의 교회들"이라고 이해하는 견해가 있다.

그런가 하면 13절에 "이 흰 옷 입은 자들이 누구며 또 어디서 왔느냐?"라는 질문에 이어 14절에 "이는 큰 환난에서 나오는 자들인데 어린양의 피에 그 옷을 씻어 희게 하였느니라"고 하는데 이는 15~17절

---

10) 홍익희, 세 종교 이야기, 행성비, 2015, pp.472~473.

이 미래에 이루어질 내용이다. 그렇기에 "능히 셀 수 없는 큰 무리"란 대환난 중반 이후에 구원받기 위해 순교자적 신앙을 지켜가는 무리라고 보는 견해가 있다.

필자는 후자의 견해가 훨씬 타당성 있는 견해로 믿어진다. 앞서 7장 1~8절 내용이 대환난 때 이스라엘 민족에게 해당된 것처럼 여기 7장 9~17절의 내용 역시 대환난 때 지상에서 이뤄질 내용으로 본다.

① 능히 셀 수 없는 큰 무리(9a)

이들은 각 나라와 족속과 백성과 방언에서 아무도 능히 셀 수 없는 큰 무리라고 했다.

이들이 누굴까? 앞서 설명한 대로 7년 대환난이 시작되면 전 세계의 각 나라와 족속과 백성과 방언 사용자들이 회개하고 돌아오는 역사가 반드시 이뤄질 것이다. 지금은 이 세상 모든 족속이 세상 것에 심취해 복음을 외면하고 있다. 그러나 대환난이 계속될수록 땅과 하늘의 재앙들이 확대된다. 그때 뒤늦게 셀 수 없는 큰 무리의 회개가 이루어질 것이다.

지금은 전 세계 사람들이 각종 종교로 사분오열되었다. 2014년 말 전 세계 종교인 분포는 다음처럼 통계되었다.[11]

1위: 기독교 = 23억 5천 400만(33.0%)

2위: 이슬람 = 16억 3천 500만(22.9%)

3위: 힌두교 = 9억 8천만(13.8%)

4위: 불교 = 5억 900만(7.1%)

---

11) 위의 책 참고.

5위: 유대교 = 1천 400만(0.21%)

이중에 기독교 교파는(23억 5천 400만 중)
1위: 가톨릭 = 12억(51%)
2위: 개신교 = 4억 4천만(18.6%)
3위: 정교회 = 2억 8천만
4위: 성공회 = 9천 1백만
기독교 분파 = 3억 7천만

지금은 교파별, 종파별, 사상별, 인종별로 사분오열되어 있다. 그러나 장차 우리 주님이 공중으로 강림해 오시고, 구원받은 성도들이 휴거되어 하늘로 승천하고, 지상에 온갖 재난과 재앙들이 휘몰아칠 때는 세계 종교나 세계 교파가 아무 의미가 없다. 그때는 타 종교들을 따르던 자들도 모두 회개하고 돌아온다. 그것을 "아무도 능히 셀 수 없는 큰 무리"로 표현하고 있다.

② 흰 옷을 입고 종려나무 가지를 들고 보좌 앞과 어린양 앞에(9b)
흰 옷은 3장 4절, 5절, 4장 4절, 6장 11절, 7장 9절 등에 설명되고 있다. 흰 옷은 깨끗함, 순결함, 성결함을 상징한다. 이것은 예수 그리스도를 믿음으로 말미암아 의롭다 함을 받는 것을 의미한다.

종려나무 가지란 '포이니케스'(φοίνικες)다. 애굽 신화에 나오는 불사조(不死鳥)가 Phoenix이다. 불사조를 상징하는 종려나무 가지는 승리의 행진 때 사용되었다.
유대 나라에서도 장막절 때 종려나무 가지를 승리의 행진에 사용했다(레 23:40; 느 8:15). 주님의 수난 주간 전에 예루살렘 입성 때 예루살렘 성민들이 종려나무 가지를 들고 호산나를 외치며 찬송을 했다(요 12:12~13). 이것을 근거로 '종려주일'이 생겼다.

앞으로 대환난 때에도 각 나라 백성들이 또다시 종려나무 가지를 들고 큰소리로 외치며 찬양을 하게 될 것이다.

③ 보좌 앞과 어린양 앞에 서서(9c)

이 구절은 매우 이해하기 힘든 부분이다. 보좌 앞은 계시록 4장 2절에서 설명한 대로 하나님께서 계신 곳이다. 또 어린양은 계시록 5장 7~8절에 설명된 대로 인봉된 책을 취하신 다윗의 뿌리이다. 여기 계시록 7장 9절의 각 나라와 족속과 백성은 대환난 때에 회개한 지상의 성도들이다. 그렇다면 이들 지상의 성도들이 어떻게 하늘의 보좌 앞에서 찬송을 부른단 말인가?

여기 '서서'라는 말은 '헤스토테스'(ἑστῶτες)다. 이 단어를 K.J.V에서 Stood라는 Stand의 과거분사로 번역했고, N.I.V는 Standing이라는 현재형으로 번역했다. 한국의 공동번역과 표준 새번역은 "서 있었습니다"라고 과거 시제로 번역했다. 그렇기에 '서서'라는 단어를 지상 교회 성도들이 직접 보좌 앞이나 어린양 앞에서 나갔다고 이해하기보다는 그 앞에 선 것과 같은 신앙으로 찬송했다고 해석할 수 있다.

④ 구원하심이 보좌에 앉으신 우리 하나님과 어린양에게(10)

대환난 때 구원받은 성도들의 찬양은 교회 시대 구원받은 성도들과 그 감격이 전혀 다르다. 우리는 편안한 시대에 주님 은혜를 깨닫고 구원받은 자들이다. 그러나 대환난 때에 구원받을 성도들은 온갖 고난과 참혹한 재앙들을 당해 가는 중에 뒤늦게 회개하고 구원받을 자들이다. 그래서 "큰소리로 외쳐" 찬송을 드린다.

여기서 말하는 '큰 소리'란 '크라주신'(κράζουσιν)이다. 이 말은 '소리 지르다', '부르짖다'는 뜻의 현재형이다. 저들은 노래의 경지를 넘어서 소리 지르고 부르짖는 비명에 가까운 노래를 부른다. 저들은 하나님과 어린양을 동시에 찬양한다.

⑤ 모든 천사, 장로들, 네 생물의 화답송(11~12)

보좌 앞에 선 천사들의 찬양은 계시록 5장 11~12절에도 있다. 또 보좌 앞에 선 장로들과 네 생물의 경배와 찬양도 본서 여러 곳에 소개되고 있다(계 4:10~11, 5:14, 11:16, 19:4, 10).

우리에게 특이하게 느껴지는 찬송 내용이 12절에 소개되고 있다. 찬양의 내용을 보면 맨 처음에 '아멘'으로 시작하고 맨 끝에도 '아멘'으로 마무리한다. 우리는 '아멘'은 항상 끝부분에만 하는 것으로 습관화되었다. 그런데 본서에는 '아멘'이 첫 부분에 있는 경우(7:12a), 중간 부분에 있는 경우(3:14, 5:14), 끝부분에 있는 경우(7:12b, 19:4, 22:21)가 있다.

계시록 7장 12절의 경우에는 '아멘'이 첫 부분에 있고 또 끝부분에도 있다. 여기 첫 부분의 '아멘'이 10~11절의 화답송의 아멘이라면, 끝부분의 '아멘'은 하나님의 속성들을 모두 찬양하는 '아멘'이라고 이해된다.

〔설교 17〕

아멘, 아멘(계 7:12)

   계시록 7장 12절에 나오는 찬송의 첫 시작이 '아멘'이고 또한 마지막 종결도 '아멘'이다.

우리는 신앙생활을 하며 기도 끝에 '아멘' 하는 습관 속에 살아가고 있다. 과연 '아멘'은 기도 끝에만 해야 되는가? 계시록 7장 12절에는 모든 천사, 장로들, 네 생물이 하나님께 경배하며 '아멘'을 처음과 끝에 드리고 있다. 우리들의 '아멘' 습관은 잘하고 있는 모습인가? '아멘'의 뜻을 새롭게 살펴보자.

1. 아멘의 기원

'아멘'(Amen)은 히브리어로도 '아멘'(אמן)이고, 헬라어로도 '아멘'(ἀμήν)이고, 영어로도 '아멘'(Amen)이고, 한국어로도 '아멘'이다.

아멘의 기원을 추측해 보면 출애굽기 19장 18~19절에 모세가 시내산에 서 있을 때 연기가 자욱한 불 가운데 하나님이 강림하시던 때의 그 음성이 '아멘'이 아니었을까?

그리고 민수기 5장 22절에 "여인은 아멘 아멘할지니라"고 쓰인다. 또 신명기 27장 15절에 "모든 백성은 응답하여 말하되 아멘할지라"고 하였다. 구약 중 시편에 '아멘'이 가장 많이 쓰였다(시 41:13, 72:19,

89:52 등)

신약성경에는 로마서(1:25, 9:5, 11:36, 15:33, 16, 27)와 계시록에 가장 많이 쓰였다(계 1:6, 7, 3:14, 5:14, 7:12, 19:4, 22:20 등).

아멘은 이처럼 출애굽 이후부터 수천 년을 계승해 오는 매우 오랜 역사를 가진 고대어이며 전 세계적 공통 용어다. 전 세계 모든 이들 중 심지어 타 종교인들조차도 '아멘'과 '할렐루야' 정도는 알고 있는 용어이다.

2. 아멘의 뜻

히브리어 '아멘'(אמן)은 '의뢰가 된다', 또는 '의지한다'라는 뜻의 동사 '아만'(אמן)의 부사를 헬라어와 영어에서 음역한 것이다. 일반적으로 '아멘'은 '그렇게 되옵소서', '참으로', '진실로'라는 뜻과 함께 내적 찬성과 바라는 소원이 담겨 있다.

3. 주님의 아멘(진실로) 사용

주님은 아멘과 동의어로 "진실로 진실로 말하노니"라는 말을 자주 사용하셨다. "진실로 진실로 말하노니"는 "아멘 아멘 레고 세이"(ἀμὴν ἀμὴν λέγω σοι: Truly, truly, I say to you)다.

주님의 이 표현은 요한복음에서만 25회 기록되었다(요 1:51, 3:3, 5, 11, 5:19, 24, 25, 6:26, 32, 47, 53, 8:34, 51, 58, 10:1, 7, 12:24, 13:16, 20, 21, 38, 14:12, 16:20, 23, 21:18 등).

주님은 '진실로 진실로'라는 똑같은 뜻의 말을 매우 자주 사용하셨다.

4. 사도들의 습관

바울 사도가 즐겨 사용한 용어가 "아멘"이다(롬 1:25, 9:5, 11:36, 15:33, 16:27; 고후 1:20; 갈 1:5, 6:18; 엡 3:21; 빌 4:20; 딤전 6:16; 딤후 4:18).
베드로도(벧전 4:11, 5:11; 벧후 3:18), 사도 요한도(계 1:6, 7, 3:14, 5:14, 7:12, 19:4, 22:20) 즐겨 사용하였다.

5. 현실 속의 아멘

교회 역사를 살펴보면 예배 때 진리 선포에 아멘으로, 기도 응답 소망으로 아멘이 사용된다.
그 후 오늘날은 아멘이 종결 또는 끝남의 신호 정도로 남용되고 있다. 매우 불경스럽고 한탄스러운 현상이다. 다시금 주님과 사도들의 모습으로 환원해야만 하겠다.
그래서 "아멘"은 기도 끝에만 사용된다는 고정관념은 시정돼야 하겠다.
"아멘"은 어느때나 아무 제한 받지 않고 성령님의 감동을 느낄 때 수시로 사용하는 감동의 언어가 돼야 하겠다.

(5) 흰 옷 입은 자들의 정체(계 7:13~17)

① 이 흰 옷 입은 자들이 누구이며 또 어디서 왔는가?(13)

계시록 7장에는 대환난 때 놀라운 변화들이 계속 일어남에 대한 사건들을 차례대로 설명한다. 먼저 7장 1~8절에는 대환난의 초기 재앙들(계 6:1~17)로 인해서 회개하고 돌아오는 이스라엘 민족을 설명한다. 그 숫자가 십사만 사천이라는 상징적인 숫자로 상당히 많은 유대인들의 회개 역사가 있을 것을 설명해 주고 있다.

다음으로 7장 9절에는 각 나라와 족속과 백성과 각각 다른 언어를 사용하는 세계인들 중에서 셀 수 없는 많은 무리가 회개하고 돌아올 것을 예언하고 있다.

이들 전 세계에서 구원받은 자들의 찬양이 10절에 소개되고 저들에 대한 천사들과 장로들과 네 생물의 화답송이 11~12절에 소개된다.

이때 장로 중 하나가 요한에 묻는다. 이때의 장로는 이십사 장로 중의 하나로(계 5:5) 요한에게 울지 말라고 위로했던 장로이다. 그 장로는 대환난 이후의 유대인들과 세상 사람들의 변화에 너무도 크게 놀랐던 것 같다. 왜냐하면 교회 시대 때 그토록 회개를 권면하고 설득해도 회개를 거부하던 완고한 유대인들과 세상 사람들이 성도들의 휴거(살전 4:13~18) 사건과 대환난의 대재앙을 당하면서 큰 회개가 일어난다.

그런데 회개하는 무리들이 "능히 셀 수 없는 큰 무리"(계 7:9)이다. 장로는 이토록 큰 변화에 대해 저들의 출처를 요한에게 묻는다. 그 장로가 저들의 출처를 몰라서 묻는 것이 아니다. 장로는 너무 크고 놀라운 변화에 대해 감격해서 묻는다. 요한이 대답하지 않으니까 장로가 스스로 답을 말한다. 그 내용이 14절에 기록되어 있다.

② 이는 큰 환난에서 나오는 자들이다(14)

여기 장로는 '큰 환난'을 말한다. 우리말 성경에는 '큰 환난'이라고 되어 있는데 원문에는 '큰'이라는 뜻의 '메갈레스'(μεγάλης)앞에 정관사 '테스'(τῆς)가 붙어 있고, 또 '환난'이라는 뜻의 '들립세오스'(θλίψεως) 앞에도 정관사 '테스'(τῆς)가 붙어 있다.

이렇게 두 단어들 앞에 정관사들이 붙어 있는 것은 무엇을 뜻하는가? 이것은 이때의 7년 대환난이 과거의 구약 때에나 또는 교회 시대 때에는 전혀 없었던, 오직 이 기간에만 있는 전무후무한 대환난임을 의미한다.

이렇게 전무후무한 7년 대환난이라는 대재앙들을 만나면 사람들은 더 발악하거나 더 완악해질 가능성이 많다. 그런데 대환난은 전혀 다른 현상을 가져온다. 유대인들의 완고함이 깨지고 회개하는 역사가 일어나고 세상의 온갖 오만한 자, 무관심한 자들의 회개가 크게 일어나 헤아릴 수 없이 많은 무리를 이룬다. 여기 "큰 환난에서 나오는 자들"이라고 했다. '나오는'이라는 말은 '에르코메노이'(ἐρχόμενοι)다. 이 말은 '오다, 가다'라는 뜻의 현재 분사형이다. 그러니까 '흰 옷 입은 자들'은 대환난으로부터(out of)라는 뜻의 '에크'(ἐκ)와 함께 쓰여서 '대환난으로 인해서 생겨난 무리'라는 뜻이다.

하나님의 섭리는 참으로 오묘막측하다. 지금 교회 시대에 한 사람 전도하기가 얼마나 어려운가? 전도 왕으로 소문난 성도들의 간증을 들어보면 한 사람을 전도하기 위해 수년 동안 수많은 모욕, 멸시, 천대, 박해, 무시를 다 당해 가면서도 끊이지 않는 집념으로 온갖 수고와 노력을 해야 한다. 그러나 대환난 때에는 굳이 전도하려고 애쓰지 않아도 된다. 이미 체험한 성도들의 휴거와 대환난의 끔찍한 재앙들 속에서 스스로 하나님의 세계를 깨닫고 제 발로 회개하고 돌아온다. 참으로 하나님의 섭리가 신묘막측하다.

③ 그러므로 그들이 하나님의 보좌 앞에 있고(15a)

대환난 때 뒤늦게 구원받게 될 성도들도 '어린양의 피'로 누추한 죄악들을 씻어 희게 된 자들이다. 그런데 이들이 하나님의 보좌 앞에 있다고 했다. 하나님의 보좌는 천상에 있다. 계시록 4장 2절의 하늘 보좌, 5장 1절의 보좌 등은 하늘 위 하나님이 계신 천상의 장소이다. 이 보좌가 7장 9절과 11절에도 설명되었다. 하나님의 보좌는 천상에 있는 것이 확실하다.

그런데 계시록 7장 15절에는 7년 대환난이 계속되는 이 땅에서 환난기 때 구원받은 지상의 성도들이 하나님의 보좌 앞에 있다고 했다. 어떻게 지상의 성도 된 자들이 천상의 보좌 앞에 있단 말인가? 이 같은 표현은 신학적 이해가 필요하며 성경 내용만으로는 매우 이해하기 어려운 내용이다.

신학적 이해란 무슨 뜻인가? 신학에는 성서신학(구약. 신약), 역사신학, 조직신학, 실천신학이 있다. 필자는 이중에서 실천신학을 뺀 나머지 신학들을 배웠다. 이중에 성서신학은 구약과 신약성경 전체를 관통하므로 성서신학으로 이 구절을 이해해 보자.

필자는 주님께서 피 흘려 세우신 교회 시대가 계시록 3장에서 끝이 난다고 설명했다. 교회 시대가 끝이 나면 곧바로 교회 성도들은 휴거(살전 4:13~18)되어 공중으로 승천한다. 그렇게 승천한 성도들은 육체가 아닌 썩지 않을 영화로운 영체로 변화된다(롬 8:30; 고전 15:50~54).

그러나 대환난 때 구원받을 자들은 영적으로 구원은 받았으나 육체를 그대로 가진 자들이다. 이들은 육체를 가진 상태로 천년왕국(계 20:1~6)에 동참한다. 또한 천년왕국에서 살면서(사 65:17~25) 자녀들을 생산할 자이다. 그러나 천년왕국에서 태어난 자식들 가운데 믿지 않을 자들이 있다. 그래서 최후의 백 보좌 심판(계 20:11~15)이 있게 된다.

이와 같은 성서신학의 전체 맥락에서 볼 때 계시록 7장 15절의 "하나님의 보좌 앞에 있는 흰 옷 입은 자들"이란 누구를 뜻하는가? 그들은 교회 시대 때 정상적으로 구원받은 자들이 아니라 교회 시대, 은혜 시대 때 사탄에게 이용당했던 자들이다. 그럼에도 불구하고 대환난 때 뒤늦게 부끄러운 구원을 받은 자들이다. 이들은 천상의 보좌 앞의 하나님 앞에 나설 수 없는 자들이다. 그렇다면 "그들이 하나님의 보좌 앞에 있고"라는 말은 무슨 뜻인가? 이것은 전에 저들이 사탄의 권세 앞에 살던 자들이었으나 대환난 때 부끄러운 구원을 받은 후 이제는 하나님 앞에 섰다는 상징적 의미로 이해된다. 그리고 이어진 15절 내용이 이 같은 상징적 의미임을 더 확인시켜 준다.

④ 또 그의 성전에서 밤낮 하나님을 섬기매…그들 위에 장막을(15b)

이것은 성서신학적으로 문제가 따르는 표현이다. 과거 구약 때는 건물 성전이 존재했다. 그러나 구약 때의 건물 성전은 예수님 때에 끝이 난다. 예수님은 유대인들이 46년에 걸쳐 지은 건물 성전을 헐어 버리라고 하시면서 자기 자신이 성전임을 밝히셨다(요 2:19~22).

사도 바울은 구원받은 성도가 성소라고 했다(고전 3:16~17). 그리고 미래의 천국에는 성전이 없다(계 21:22).

필자의 시편 강해서 3권에서 [특주 22]로 "성전 개념의 변천사"를

설명했다.[12]

그러므로 대환난 때 구원받은 자들이 성전에서 하나님을 섬기고 장막을 친다는 말은 성서신학으로 맞지 않는 표현이다. 그렇다면 이 표현을 어떻게 이해해야 하는가? 그것은 앞서 "하나님의 보좌 앞"이 상징적 표현이듯이 이 부분도 상징적 표현이라고 이해하는 것이 바르다고 본다.

이 같은 상징적 의미로 이해할 근거가 "장막을 치시리니"는 미래형의 표현으로 '스케노세이'(σκηνώσει)다. 이 단어는 미래형이고 성경에서는 다양하게 쓰였다. 이 단어가 요한복음 1장 14절에 "말씀이 육신이 되어 우리 가운데 거하시매"라고 했을 때 '거하시매'라는 단어가 '스케노세이'의 조어인 '에스케노센'(ἐσκήνωσεν)으로 쓰였다.

그뿐만 아니라 계시록에서 7장 15절에는 '장막'으로 쓰였고, 계시록 12장 12절에는 '거하는'으로 쓰였으며, 13장 6절과 21장 3절에는 '장막'으로 쓰였다.

그렇기에 계시록 7장 15절의 '장막'이라는 단어는 이동식 텐트라는 뜻이 아니라 하나님의 영광이 머무는 하늘에 있는 모형(히 8:5)의 상징이라고 이해된다.

여기 '장막'이 상징이라는 것은 용어적으로도 확실하다. 구약성경에서 이동식 장막이라는 단어는 '오헬'(אֹהֶל)이다(창 4:20, 12:8, 13:5, 26:25; 출 33:18; 민 11:10; 신 5:30). 그와 달리 하나님께서 머무시는 상징적 의미의 장막은 '미쉬칸'(מִשְׁכָּן)이다(출 25:9; 레 17:4; 대상 6:48; 시 43:3, 84:1). 신약성경에서 이동식 장막에 해당되는 단어는 없다. 오직 하나님께서

---

12) 정수영, 시편 강해 3권, 쿰란출판사, 2019. pp.201~215.

머무시는 곳이라는 상징적 의미의 '스케네'(σκηνή)만 있다(행 7:44; 고후 5:1, 4; 히 9:3, 11; 계 7:15, 13:6, 15:5, 21:3).

계시록 7장 15절의 "장막을 치시리니"는 다음 16절에서 예언된 내용과 결부시켜 볼 때 이것은 구약의 약속이 미래에 성취될 것을 의미한다.

⑤ 그들이 다시는 주리지도…목마르지도 아니하고 해나…뜨거운 기운에 상하지도 아니하리니(16).

이 같은 내용은 구약 때부터 오랫동안 약속된 예언이다.

사 49:10 그들이 주리거나 목마르지 아니할 것이며 더위와 볕이 그들을 상하지 아니하리니 이는 그들을 긍휼히 여기는 이가 그들을 이끌되 샘물 근원으로 인도할 것임이라

겔 37:27 내 처소가 그들 가운데 있을 것이며 나는 그들의 하나님이 되고 그들은 내 백성이 되리라

슥 2:10 여호와의 말씀에 시온의 딸아 노래하고 기뻐하라 이는 내가 와서 네 가운데에 머물 것임이라

이 모든 구약의 약속들이 대환난이 지난 후 천년왕국에서 이루어질 것을 예언해 주는 내용이다.

⑥ 어린양이 그들의 목자가 되사 생명수 샘으로 인도하시고(17).

계시록 5장 6절에는 어린양이 보좌와 네 생물과 장로들 사이에 있었다. 이것은 하나님과 피조물들 사이에 어린양은 중보자의 모습이었다. 그런데 계시록 7장 17절에는 어린양이 보좌 가운데 계신다. 이

것은 어린양이 창조주 하나님과 존재론적으로 동등한 입장으로 발전되었음을 암시해 준다.

새로운 입장이 된 어린양은 다각적인 기능을 수행한다.
㉠ 그들의 목자가 되사
목자는 '인도하다, 다스리다, 보호하다'는 뜻을 가진 '포이마네이'(ποιμανεῖ)다. 주님은 자신을 가리켜 '선한 목자'라고 하셨다(요 10:11). 과거 초림 때 주님은 선한 목자상이었으나 재림 때의 주님은 철장을 가지고 질그릇을 깨뜨리는 위엄찬 모습이다(계 2:27, 12:5). 그리고 그의 입에서 예리한 검이 나와서 망국을 다스리는 강력한 통치자의 상으로(계 19:15) 달라진다.

㉡ 생명수 샘으로 인도하시고
이 약속은 계시록 최후 부분인 21장 6절, 22장 1절, 17절에 계속 약속이 성취될 것을 예언하고 있다.

㉢ 그들의 눈에서 모든 눈물을 씻어 주실 것이다.
눈물을 씻어 주실 약속은 이사야 25장 8절에 "주 여호와께서 모든 얼굴에서 눈물을 씻기시며 자기 백성의 수치를 온 천하에서 제하시리라"고 했다.
이 약속은 계시록 21장 4절에 "모든 눈물을 그 눈에서 닦아주시니 다시는 사망이 없고 애통하는 것이나 곡하는 것이나 아픈 것이 다시 있지 아니하리니"라고 미래에 성취될 것임을 밝혀주고 있다.

이렇게 계시록 7장은 구성의 특이성에 따라 삽입된 내용이다. 6장에서 시작된 대환난의 첫째 재앙인 여섯째 인의 재앙 후와, 계시록 8장의 일곱째 인의 재앙 내용 중간에 삽입 부분을 살펴보았다. 그리고 이어지는 8장은 일곱째 인의 재앙에 관한 내용이다.

(특주 25)

단 지파에 대한 오해

　계시록 7장 5~8절에는 이스라엘 열두 지파의 이름들이 나온다. 그 열두 지파에서 인침을 받은 자들은 똑같이 1만 2천씩이다. 그런데 열두 지파 중에서 웬일인지 단 지파가 빠져 있다. 또 에브라임 지파가 생략되었고 대신 요셉 지파로 바뀌었다. 왜 계시록에 단 지파가 빠졌을까? 다른 곳에도 단 지파가 빠졌는가?
　구약성경에서 이스라엘 열두 지파를 소개한 곳을 보자.
　창세기 49장 3~27절에는 이스라엘 열두 지파의 조상들 이름이 형제들 서열 순위대로 소개된다.
　① 르우벤 ② 시므온 ③ 레위 ④ 유다 ⑤ 스불론 ⑥ 잇사갈 ⑦ 단 ⑧ 갓 ⑨ 아셀 ⑩ 납달리 ⑪ 요셉 ⑫ 베냐민
　여기에는 에브라임과 므낫세가 빠져 있다.

　그 다음에는 민수기 1장에 소개되는 열두 지파가 있다.
　① 르우벤 ② 시므온 ③ 갓 ④ 유다 ⑤ 잇사갈 ⑥ 스불론 ⑦ 에브라임 ⑧ 므낫세 ⑨ 베냐민 ⑩ 단 ⑪ 아셀 ⑫ 납달리

　그 다음에 여호수아 13~19장에 가나안 땅을 분배받은 각 지파 명단이 나온다.

① 르우벤 ② 갓 ③ 동쪽 므낫세 반 ④ 유다 ⑤ 에브라임 ⑥ 서쪽 므낫세 반 ⑦ 베냐민 ⑧ 시므온 ⑨ 스불론 ⑩ 잇사갈 ⑪ 아셀 ⑫ 납달리 ⑬ 단

이때는 므낫세 지파가 동과 서로 나눠짐으로 열세 지파가 된다.

역대상 2장 1~2절에 소개된 열두 지파의 명단이다.
① 르우벤 ② 시므온 ③ 레위 ④ 유다 ⑤ 잇사갈 ⑥ 스불론 ⑦ 단 ⑧ 요셉 ⑨ 베냐민 ⑩ 납달리 ⑪ 갓 ⑫ 아셀이 소개된다.

에스겔 48장 1~8절, 23~29절에도 열두 지파가 소개되는데 단 지파에 관한 내용이 1~2절에 나온다.

구약성경에는 이스라엘의 열두 지파에 대한 기록이 18곳에 있다고 한다. 그런데 그 모든 기록 중 순서가 일치하는 명단은 단 한 곳도 없다. 그러므로 열두 지파를 순서대로 기억할 필요는 없다.

그런데 문제는 계시록 7장 5~8절에 단 지파의 명단이 빠져 있다. 왜 계시록에는 단 지파 명단이 빠져 있는가? 그 이유를 몇 가지로 설명하는 논리가 있다.

① "단은 길섶의 뱀이요 샛길의 독사로다 말굽을 물어서 그 탄 자를 뒤로 떨어지게 하리로다"(창 49:17)

"그 말의 부르짖음이 단에서부터 들리고 그 준마들이 우는 소리에 온 땅이 진동하며 그들이 이르러 이 땅과 그 소유와 성읍과 그 중의 주민을 삼켰도다"(렘 8:16)

이 같은 구절을 근거로 단 지파에서 적그리스도가 출현할 것이기 때문에 계시록에서 단 지파가 빠졌다는 해석을 한다.

② 사사기 18장 27~31절에는 단 자손이 자기들을 위하여 새긴 우상을 만들어 섬김으로 단 자손의 우상숭배가 원인이 되고, 또 열왕기상 12장 25~29절에는 북왕국 초대 왕 여로보암이 금송아지를 만들어 하나는 벧엘에, 하나는 단에 두었다. 그래서 단 지파는 사탄이 그 지파의 왕이라는 악명이 생긴다. 이러한 구약적 이유로 계시록 7장 5~8절에는 단 지파가 빠졌다고 해석하는 학자들이 있다.

단 지파가 계시록에 빠진 이유를 성경 안에서 찾아보려는 성경학자들의 연구 노력이 맞든지 틀리든지 간에 생각해 볼 만한 가치가 있다. 그러나 계시록에 빠진 단 지파를 근거로 전혀 엉뚱하고 황당무계한 주장을 하는 미국의 몰몬교와 한국의 단군교가 있다. 중요한 내용은 아니지만 몇 가지 황당한 주장자들이 있다는 정도는 알아두자.

(1) 모르몬교(Mormonism : Saint's Later Day)
한국에는 '말일 성도 예수 그리스도의 교회' 또는 '복원 예수 그리스도의 교회'로 소개되는 집단이 있다. 이들은 미국 유타(Utha)주 솔트레이크시에 본부를 둔 모르몬교다. 이들은 유타주, 캐나다, 멕시코, 영국, 뉴질랜드 등에 분포되어 있고 한국에도 1951년 김호직이 문교부 차관으로 지내며 모르몬교를 설립했다. 1956년에 선교사 파송, 1973년에는 교구가 설립되어 도시 길가에서 꾸준하게 문서선교 활동을 하고 있다.

모르몬교 창시자 요셉 스미스(Joseph Smith, 1805~1844)는 《노아 홍수 후 초기부터 5세기까지의 고대 아메리카의 종교적 역사》라는 15권의 저서를 남겼다. 이 책에 의하면 아메리카의 고대 조상은 두 사람으로 하나는 '야렛'(창 5:15~18) 후손들이 바벨탑 사건(창 11장) 이후에 아메리카로 이민해 온 원주민이고, 또 다른 하나는 주전 600년경 요셉의 후손이 예루살렘에서 아메리카로 왔으며 이들 두 민족 간의 전쟁 후 남은 것이 인디언들이다.

인디언들은 이스라엘 열두 지파들 중 잃어버린 단 지파 후손이다. 스미스는 열두 사도를 조직하여 잃어버린 단 지파를 회복한다는 목표로 '단 지파 무리'(Danite Band)를 조직했다. 단 지파 무리들은 단 지파의 회복을 위해 모르몬교 반대자들에게 테러를 서슴지 않았다. 이 같은 단 지파 회복 운동의 폭군들은 1838년 10월 27일에 미국 국가의 장군에 의해 대대적 대학살이 감행되었다.

이들 모르몬교의 공상적 거짓 역사에 단 지파가 남용된 역사가 있다.

(2) 한국의 단군 숭배자

한국의 조상으로 받드는 단군이 있다. 소위 일연 스님의 《삼국유사》에 나오는 단군은 주전 2333년에 아사달에 도읍을 정하고 국명을 단군 조선이라고 했다.

단군 왕은 1908세까지 다스리다가 산속으로 들어가 산신(山神)이 되어 전국의 산신령이 되었다. 이와 같은 단군 신화에 근거한 대종교(大倧敎)와 단군교가 있다. 그리고 단군신화를 수호하는 재단의 단국대학교가 있다.

단군 종교가들의 단군 신앙을 기독교에 도입한 사이비 지도자가 있다. 저들은 한국의 단군이 이스라엘의 단 지파의 후손이라는 것이다. 그래서 단군은 한 사람이 아니라 한국 도처의 제단들을 세운 곳에는 단군의 후손들이 자리하고 있다고 한다.

대종교 또는 단군교들의 주장이 참으로 안타까운 것은 단군교가 신화에서 비롯된 종교인데도 이것을 신앙으로 믿는 종교 형태가 있다는 사실이다. 나아가 단군교를 신뢰하는 기독교 지도자 중에도 단군교가 단 지파에서 유래되었다는 주장을 받아들이는 상태이다. 단 지파 신뢰자가 많지는 않지만 기독교 지도자 중에 그렇게 따르는 이도 있다.

(3) 버가모 성읍에 있는 아스클레피온(Asclepion) 신전

계시록 2장 12~17절에 버가모 교회가 소개되고 있다.

이에 대한 설명은 《계시록 강해》 제1권 "교회 시대"에서 설명했다. 버가모 성읍의 남서쪽에 자리 잡은 고대 버가모의 보건소 병원이 있다. 돌로 포장된 건물로 폭이 20m 나되는 대로가 800m에 이르며 직선 구간의 양편에 높이 15m의 석주(石柱)들이 도열해 있다.

아스클레피온 신전

아스클레리온 신전 안에는 치료실이 있는데 중앙에 목욕실, 진흙 습포식 치료 요법, 명상 요법 등을 실시하는 의료 신전이 있다. 바로 이 아스클레피온 신전에 뱀의 모양을 새겨 놓았다.

그런데 뱀 신의 조상을 단 지파로 보는 견해가 있다. 창세기 49장 17절에 "단은 길섶의 뱀이요 샛길의 독사로다"라는 구절에 근거하여 단 지파가 의료신인 아스클레피온 신의 조상이라는 견해이다.

이와 같은 복합적 요인들에 의해 계시록 7장에 이스라엘 지파들 중에 단 지파가 빠졌고 지파가 아닌 '요셉'이 들어 있다는 해석을 하는 이들이 있다.

이것은 너무 지나치게 확대 해석하여 계시록 전체의 의미를 상실할 우려가 있다. 그렇기에 지엽적 문제로 대의를 상실하는 우매한 견해는 단호하게 선을 그어 정리하는 것이 대의를 살리는 길이다.

3) 일곱째 인과 나팔 재앙 준비(계 8:1~6)

(1) 일곱째 인과 일곱 나팔(계 8:1~2)

계시록에 기록된 재앙들은 세 종류다. 첫째 재앙이 일곱 인의 재앙(계 6~7장)이고, 둘째 재앙이 일곱 나팔 재앙(계 8~11장)이며, 세 번째 재앙이 일곱 대접 재앙(계 15~18장)이다.

그런데 이들 세 종류의 재앙들 사이에 중간중간에 삽입 내용이 소개된다. 6장에서 첫째 재앙인 일곱 인의 재앙을 설명해 나가다가 중간에 계시록 7장에서 인침 받은 십사만 사천 명의 설명이 삽입되어 있다. 그리고 계시록 8장에 마지막 일곱째 인과 두 번째 재앙인 일곱 나팔 재앙으로 이어진다.

① 일곱째 인을 떼실 때에(1a)

계시록 8장 1~2절에 일곱째 인을 떼었으나 아무런 재앙 내용의 설명이 없다. 그리고 8장 3~6절에는 일곱 나팔 재앙을 준비하는 내용이 설명된다. 그렇기에 학자들 중에는 일곱째 인의 재앙 속에 일곱 나팔 재앙 전체가 포함된 것으로 보는 이들도 있다.

그러나 일곱 인의 재앙과 일곱 나팔 재앙은 완전히 구별된다. 일곱 나팔 재앙은 계시록 8장 7절에서 계시록 9장 21절까지 따로 설명되었다. 그리고 계시록 10장 1절에서 11장 13절까지 또 다른 삽입 내용이 기록되었다. 중간기인 12~14장은 전혀 다른 내용이 삽입된 기록이다. 그 후에 계시록 15~16장에 일곱 재앙이 설명된다.

사도 요한은 계시록 구성을 아주 독특하게 해나간다. 이것은 계시록 전체가 하나님의 잔인하고 혹독한 재앙들만 기록된 책이 아니라 중간중간 삽입 내용을 통해 대환난 기간의 혹독함 속에서도 중간마다 하나님의 은혜의 역사가 있음을 삽입 내용에서 설명한다. 이것을 학자들은 사도 요한의 문학적 기교라고 설명한다. 그러나 필자는 이것을 문학적 기교라고 보지 않는다. 대환난은 전무후무한 고통인 것이 사실이다. 그런데 하나님은 왜 그렇게 혹독한 대환난을 주시는가? 그것은 대환난의 주목적이 교회 시대의 은혜로운 때 회개하지 않는 완고한 유대인과 완악한 죄인들을 회개시키기 위한 하나님의 계획된 섭리라고 이해한다.

② 하늘이 반 시간쯤 고요하더니(1b)
'반 시간'은 '호스 헤미오리온'(ὡς ἡμιώριον)이다. 이 말은 절반을 뜻하는 '헤미'(ἡμι)와 시간을 뜻하는 '호라'(ὥρα)의 합성어이며 문자 그대로 '한 시간의 절반'을 의미한다. 계시록 안에는 17장 10절의 '잠시 동안'과 18장 10절의 '한 시간'이라는 표현이 있다. 계시록 8장 1절의 '반 시간'은 그것보다 더 짧은 시간을 의미한다.

그런데 왜 하늘이 '반 시간쯤' 고요해지는가? 계시록 6장에 여섯째까지 이어진 재앙들로 각 나라와 백성들이 크게 각성하고 하나님께로 돌아온다. 그리고 계시록 7장에는 주님께서 세상에 오셨을 때 유대교의 고정관념으로 예수님을 죽이고 메시아를 거부했던 유대교도들이 회개하고 돌아온다.
이와 같은 커다란 격변들이 계속 이어져 왔다. 그러나 또다시 일곱째 인으로 재앙이 계속되지 않고 숨 막히게 계속되어 온 격변들이 잠시 소강상태에 머물며 침묵과 정적이 계속된다. 그 표현을 8장 1절에서 "하늘이 반 시간쯤 고요하더니"라고 한다.

그리고 일곱 천사가 하나님 앞에서 일곱 나팔을 받는다(2절).

계시록에는 '일곱 천사'에 대한 기록이 많이 나온다.

계시록 8장 2절의 일곱 천사, 8장 6절의 일곱 천사, 15장 1절의 일곱 천사, 15장 6~8절의 일곱 천사, 16장의 일곱 천사, 17장 1절의 일곱 천사, 21장 9절의 일곱 천사 등 계시록 전체에 일곱 천사가 거듭거듭 소개된다. 이때 말하는 일곱 천사란 어떤 천사일까? 외경인 에녹서 20장 2~8절에는 일곱 천사장으로 우리엘, 라파엘, 라구엘, 미가엘, 사리엘, 가브리엘, 레미엘을 소개한다. 그러나 성경에는 미가엘(단 10:13, 2:1), 가브리엘(단 8:16, 9:21; 눅 1:19)만 기록되었다.

또 천사들 중 "천사장 미가엘"(유 1:9; 살전 4:16)이라고 설명한다. 그렇기에 천사들 가운데는 천사장의 높은 직책을 가진 천사와 그 아래 직급이 다른 천사들이 있을 것으로 추정할 수 있다. 여기 계시록 8장 2절에 일곱 천사가 하나님 앞에서 일곱 나팔을 받는다.

'받았더라'는 '에도데산'($ἐδόθησαν$)이다. 이 말은 하사받았다는 뜻이다. 구약 때의 나팔은 백성의 소집, 경보의 알림, 절기를 지키기 위한 목적으로 나팔을 사용했었다. 그러나 신약성경에서의 나팔 사용은 종말에 대한 경고용으로 사용되고 있다.

마 24:31 그가 큰 나팔소리와 함께 천사들을 보내리니…
고전 15:52 나팔소리가 나매 죽은 자들이 썩지 아니할 것으로 다시 살아나고
살전 4:16 주께서 호령과 천사장의 소리와 하나님의 나팔소리로 친히 하늘로부터 강림하시리니

이렇게 신약에서의 나팔은 종말 때 사용되는 도구이다. 그런데 하

나님께서 일곱 천사에게 일곱 나팔을 하사하셨다는 것은 하나님의 재앙의 강도가 더 강력해질 것임을 암시해 준다.

(2) 금향로에 담은 성도의 기도(계 8:3~5)

앞서 계시록 8장 1~2절에는 하나님 앞에 서 있는 일곱 천사가 일곱 나팔을 하사받았다. 그런데 8장 3절에는 앞의 천사들이 아닌 다른 천사가 등장한다. 이때의 다른 천사가 있는 곳은 '제단' 곁이다. 하늘나라에는 성전이 없기에(계 21:22) 제단 또한 있을 수 없다. 제단은 성막이나 성전이 있는 땅에서만 가능하다.

향로 역시 성막이나 성전에만 있는 도구이다. 금향로에 대한 기록이 신약에도 있다(히 9:4; 계 8:3, 5). 구약 때 제사장들은 성막이나 성전에서 제사를 드릴 때 번제단에 타오르는 숯불을 취해 그 불로 향을 피우려고 향단으로 나아갔다. 향단에다 향을 먼저 쏟아 놓고 그 위에 숯불로 향을 태웠다. 그리고 다시 번제단으로 돌아가 숯불에 향을 섞어 땅에 뿌렸다(출 30:1~10; 레 16:12~13).

이와 같은 구약 때의 의식처럼 '일곱째 인'의 재앙 때에는 이 세상에 미치는 대재앙이 아니라 지상에서의 성도들의 기도의 향연으로 설명되고 있다. 그렇기에 일곱째 인은 땅에 전개되는 재앙이 아니라 땅에서 재앙을 만남으로 크게 고통받던 성도들의 기도가 일곱째 인의 재앙을 대신한다. 이것만 보아도 재앙의 목적이 성도들의 회개에 있음을 알 수 있다.

그런데 우리가 분명하게 구별해야 될 사실이 있다. 계시록 5장 8절에도 성도들의 기도가 보좌에 계신 하나님의 금대접에 직접 상달되고 있음을 설명했다. 그런데 여기 8장 4절에는 성도의 기도가 천사의 손을 거쳐서 하나님 앞으로 올라간다. 왜 다 똑같은 성도들의 기도인데 앞서 계시록 5장 8절의 성도들의 기도는 하나님께 직접 상달되고 여기 8장 4절에는 간접 상달되는가? 그 이유는 계시록 5장은 대환난 이전의 교회 시대의 내용이고 여기 계시록 8장은 대환난 시대의 내용이기 때문이다. 그렇기에 다 똑같은 성도들의 기도이지만 그들이 살아가는 시대가 은혜 시대인 교회 시대의 기도인가, 아니면 혹독한 대환난 시대의 기도인가에 따라 기도의 수용 방법이 달라진다.

이렇게 교회 시대와 대환난 시대를 구별하지 못하는 가톨릭은 어떤가? 저들에게는 교황이 다스리는 교회 시대가 주님의 대리자의 통치 시대이므로 교회 시대만 있을 뿐 대환난 시대란 있을 수 없다.
그렇게 '예수 그리스도의 대리자'인 교황의 통치 시대에 성도들의 기도를 천사가 받는 것과 같이 성인이나 성자도 성도들의 기도를 받는다고 믿는다. 그래서 가톨릭은 수많은 성인이나 성자들의 이름으로 기도를 해도 응답을 받는다고 믿는다. 이는 완전한 이단적인 교리이고 어긋난 신앙이다.

여기 매우 귀중한 진리가 소개되고 있다. 대환난 때의 성도들의 기도는 천사의 손을 거쳐서 하나님 앞으로 올라간다(계 8:4). 그렇게 성도들의 기도의 금향로를 하나님께 전달한 천사는 과거 구약 때와 같은 행위를 보여준다. 과거 구약 때 제사장들이 향로의 불을 땅에다 쏟았던 것처럼 천사는 하나님께서 성도들의 기도 응답의 상징인 제단 불을 땅에 쏟는다(계 8:5).
그때 우레와 번개와 지진이 따른다. 이것은 하나님께서 대환난 때 성도들의 기도를 응답해 주신다는 표징이기도 하고, 앞으로 남아 있는 재앙들을 더욱 강력하게 수행하시겠다는 하나님의 의지를 표명하는 것으로도 이해할 수 있다.

　현재 교회 시대 성도들의 기도는 하나님께서 직접 상달되므로 우리는 이러한 영광의 시대에 살아가는 특권을 가진 성도들이다. 계시록에 의하면 앞으로 교회 시대가 끝이 나고 대환난 시대 때에는 성도들의 기도를 천사가 금향로에 담아 모아진 기도를 하나님께 바친다. 교회 시대 성도들의 기도는 하나님께 직접 상달되지만 대환난 시대 성도들의 기도는 천사가 모았다가 하나님께 바치는 간접 전달이 된다. 그 내용이 계시록 8장 3~5절에 기록되었다. 그러므로 오늘 우리가 살아가는 은혜 시대인 교회 시대의 성도들은 큰 특권과 긍지가 있음을 깨달아야 하겠다.

　"일곱 나팔을 가진 일곱 천사가 나팔 불기를 준비하더라"(계 8:6).
　이 내용은 앞서 2절의 "내가 보매 하나님 앞에 일곱 천사가 서 있어 일곱 나팔을 받았더라"는 내용의 반복이다.
　그런 의미에서 여기 6절은 2절과 6절 사이에 있는 3~5절의 일곱 나팔 재앙 시리즈의 배경으로 이해를 돕는 구절이다.

(설교 18)
환난 중의 열정적 기도(계 8:3~5)

 서론

대환난 때에 일곱째 인(계 8:1~2)을 떼었다. 그런데 재앙이 뒤따르지 않는다. 오히려 모든 성도의 기도가 '많은 향'이 되어 '금향로'에 담아진다. 재앙을 베풀 천사가 아닌 다른 천사는 '많은 향이 담긴 금향로'를 하나님께 바침으로 재앙이 따르지 않고 기도의 향이 응답된다. 참으로 놀라운 사실이다.

'일곱째 인'을 떼었는데도 환난을 겪는 많은 성도의 열정적인 기도가 재앙을 모면하게 해준다.

오늘날 우리는 코로나19가 덮쳐 전 세계 모든 인류가 예외 없이 엄청난 고통을 겪고 있다. 과거의 세상에서는 빈부 격차로 고통을 당하거나 전쟁의 후유증이나 유행병으로 지연적 고난들을 겪었다. 그러나 지금은 문명국이나 야만국의 구별이 없고 부유한 국가와 가난한 국가의 차별이 없어졌다. 전 세계의 인류가 똑같은 위험 속에서 속수무책이 되었다. 이 같은 위험이 어느 때 종식될는지 알 수가 없다. 이럴 때 우리가 할 수 있는 일이 무엇일까?

여기 계시록 8장 3~5절을 보면 일곱째 재앙이 전개되는 중 일곱째 인을 떼었는데도 환난을 겪는 많은 성도들의 열정적인 기도가 재앙을 유보시켰다. 물론 그다음 재앙이 일곱 나팔 재앙으로 이어진다. 그러나 '일곱째 인'의 재앙은 유보되고 만다. 여기서 우리가 깊이 묵상하고 진지하게 깨달을 진리가 있다. 지금 우리는 해결의 실마리를 찾지 못하는 세계보건기구(W.H.O)가 선포한 감염병 최고 등급인 6단계의 팬데믹(Pandemic) 상태에 처해 있다. 팬데믹은 전 세계적으로 국경이 없이 확진자들과 사망자들이 늘어가고 있는 현상이다.

속히 코로나19를 해결할 백신이 개발되기를 바라지만 코로나19는 또다시 새로운 변종들을 만들어냄으로 끝이 없어 보인다. 이렇게 절망적인 세상을 살아가는 우리들에게 주어진 사명이 무엇일까? 여기 계시록 8장 3~5절에도 대환난의 팬데믹 상태에서 성도들이 열정적 기도를 드리고 있다. 현 상황이 무슨 이유로 생겼는지, 현재 상황에 대한 전문가들의 분석을 알아보고 우리가 이 시점에서 할 수 있는 일을 알아보도록 하자.

1. 오늘의 현상에 대한 원인 분석

이에 대한 내용은 전문가들이 조사 분석한 저서들을 근거로 필자가 느낀 대로 정리해 보겠다. 필자는 이 분야에 있어서 비전문가이다. 그래서 전문가들의 저술들을 통해 간접적으로 이해된 부분들을 단편적인 견해대로 정리할 수밖에 없는 입장이다.

인간이 최초로 자원을 통해 큰 동력을 얻은 것이 불(火)이었다. 불은 사람이 상상할 수 없는 큰 힘을 발휘해 주었다. 이렇게 인간에게 큰 힘을 주는 불을 만드는 재료는 인류 문명사와 함께 계속 발전해 왔다. 최초에는 나무가 땔감이 되어 화력의 힘으로 인간들이 편리하게 이용을 했다. 나무가 땔감의 소재로 사용되어 온 산에는 나무가 건재하지 못하고 민둥산으로 황폐케 되는 결과들을 초래했다. 무슨 일이 있을까? 계시록 8장 3~5절을 통해 우리가 깨달을 교훈은 무엇인가?

계시록 8장 3~5절에는 대환난 때의 성도들이 '많은 기도의 향'이 천사를 통해 간접적으로 하나님께 드려졌다. 그럼에도 불구하고 일곱째 인의 재앙은 실현되지 않았다. 오늘 우리도 대환난 같은 코로나19의 재앙을 당하고 있다. 오늘 우리들도 대환난 때의 성도들처럼 많은 기도의 향을 드리면 이 재앙이 종식될 수 있다는 희망을 가져 본다.

여기서 우리가 분명하게 깨달아야 할 진리가 있다. 사람들은 코로나19가 유행하는 현상을 여러 가지로 설명한다. 그와 같은 현상 분석이 참고가 되는 것은 사실이다. 그러나 현상 분석이 문제 해결의 해법은 아니다. 재앙을 주신 하나님께서 기도의 응답으로 재앙을 멈추게 해 주셔야만 문제가 해결된다.

이와 같은 신념으로 두 가지를 생각해 보려고 한다. 하나는 오늘의 현상에 대한 원인 분석가들의 견해이며, 둘째로는 재앙을 멈추기 위한 모든 성도의 정열적인 기도이다. 이 내용을 살펴보겠다.

2. 오늘의 현상에 대한 전문가들의 분석

이 내용은 각 분야 전문가들의 저서를 필자가 이해한 대로 옮겨 보겠다. 필자는 성경 학도일 뿐 오늘의 현상에 대한 전문 분석가는 아니다. 그렇기에 전문가의 주장을 느낀 대로 옮기는 제한이 있음을 이해하기 바란다.

1) 에너지 상식 사전[13]

이찬복은 원자력학회 및 원자력재료연구부 회장을 역임한 원자력의 전문학자다. 그는 우리가 사용하는 에너지를 특성에 따라 ① 열에너지 ② 화학에너지 ③ 전기에너지 ④ 전자기에너지 ⑤ 운동에너지 ⑥ 위치(중력)에너지 ⑦ 원자력에너지로 크게 구분한다.

이중에서 인간이 최초로 에너지로 사용한 재료가 화석연료인 석탄, 석유, 천연가스 등이다.

이와 같은 화석연료들은 인간의 삶에 유익을 주는 것과 동시에 해를 끼치는 지구 온난화라는 부작용을 일으켰다. 석탄으로 에너지를 얻지만 아울러 대기를 오염시킨다. 석탄이 연소할 때 방출된 배기가스(smoke)가 대기의 안개(fog)인 수분과 결합해 스모그(Smog)현상을 일으킨다.

결국 스모그로 인해 대기의 가시거리가 감소하고 호흡 곤란, 폐암 발생 등의 피해가 뒤따르고 있다. 석탄은 가격이 저렴하기 때문에 전기 생산의 연료로 많이 사용되고 있다. 미국, 중국, 인도 등이 전 세계 석탄 사용의 90% 이상을 사용하고 있다.

다음의 화석연료가 석유(petroleum)이다.

석유는 채굴 후 정제과정을 거쳐서 휘발유, 경유 등 자동차 연료로 사용되고 석유에서 추출, 합성한 석유 화학 제품은 플라스틱 용기, PET병, 비닐, 기능성 의류 등을 만들어낸다.

---

13) 이찬복, 에너지 상식 사전, M.I.D. 2019.

세 번째 화석연료가 천연가스(natural gas)이다.

석탄이나 석유에서 제조한 프로판가스나 부탄가스는 인공적 가스이지만 천연가스는 지하의 자연에서 채굴한다. 전 세계적으로 천연가스 채굴국 1위는 미국이고, 2위는 러시아다. 따라서 원 산유국에서 채굴한 천연가스를 각국으로 연결된 파이프로 수송하는 과정에서 값이 두 배로 상승한다. 파이프라인을 연결하지 못하는 나라에는 천연가스를 액화로 바꾼 후 배로 운송하기 때문에 가격이 거의 4배로 상승한다.

천연가스는 기체 상태로 불순물이 적어서 다른 화석연료와 비교할 때 상대적으로 청정한 가스를 방출하므로 세계적으로 선호도가 높다.

이와 같은 화석연료들은 사용 후에 자원의 고갈과 함께 이산화탄소를 방출하므로 ① 기후 변화 ② 생태계 오염 ③ 미세 먼지 만연 등 많은 부작용이 따르고 있다.

그래서 재생 에너지로 ① 태양광 ② 수력 ③ 풍력 등을 개발하고 있다. 그리고 원자력 에너지가 방사선의 부작용은 있으나 기후 변화와 생태계 오염을 막는 장점이 있으므로 긴 안목으로 볼 때 지속성 있는 에너지로 권장할 사항이라고 할 수 있다.

2) 기후 위기 시대[14]

정태용(현 연세대학교 국제대학원 교수) 외 12명이 '기후 위기 시대'의 12가지 쟁점을 발표했다.

---

14) 정태용 외 12인, 기후 위기 시대, 피와이메이트, 2021.

기후 변화에 뒤따르는 문제점들로 ① 물의 재앙 ② 산불 ③ 도시 기후 변화 ④ 경제적 파급효과 ⑤ 지역 홍수 등 갖가지 문제점이 일어나고 있다.

이에 대한 대안으로 ① 기후 기술 수준을 향상시키고 ② 에너지 전환의 필요성과 ③ 탄소중립정책 ④ 의류산업과 음식물 개선 ⑤ 기업의 친환경적인 기업 제품으로 위장하는 그린 워싱(green washing)에 대한 소비자들의 보이콧 연대 등을 제시했다.

아울러 기후 위기에 대응할 12가지를 권고했다.

① 미래 세대(MZ세대)와 소통하라

② 물 관리 융합 시스템을 구축하라

③ 도시에서 기후 변화에 대한 대응 방안을 시민들과 함께 마련하라

④ 기후 변화에 대한 대응은 적응 경로를 비교한 후에 선택하라

⑤ 각 제품과 서비스의 자원에 관한 정보를 공유하라

⑥ 좌초 산업의 정의로운 전환을 위한 적극적인 지원 정책을 마련하라

⑦ 에너지 전환을 촉진하기 위한 그린에너지 통합 시스템을 구축하라

⑧ 탄소 시장의 정상적인 가격 기능을 보장하라

⑨ 중앙은행은 기후 금융을 위하여 녹색 어음주의를 천명하라

⑩ 기후 기술 플랫폼으로 국제 사회에 기여하라

⑪ 가치 소비를 추구하는 MZ세대의 요구에 대응하라

⑫ 기후 외교를 한국 외교의 주요 전략으로 추진하라

이와 같은 '기후 위기'에 대한 전문가들의 제언이 현재의 당면한 위

기들을 당장에 해결할 수 있는 것은 아니며 지금부터의 노력이 미래의 지구를 살리고 후손을 살리는 시작임을 강조했다.

이와 똑같은 맥락으로 '온난화 시대에 대응하는 획기적인 비전'으로 《미래의 지구》라는 책도 나와 있다.[15]

이 책 역시 지금은 지속적인 비상 상태이므로 2050년까지 단계적으로 새로운 기술에 의한 전략을 추진해 가야 한다고 주장한다.

3) 앞으로 100년[16]

현재 영국 옥스퍼드대학 교수인 이언 골딘(Ian Goldin)과 세계적인 정치학자이자 도시학자인 로버트 머가(Robert Muggah)가 공동 집필한 《앞으로 100년》이라는 저서가 있다.

이들은 코로나 팬데믹 현상이 전 세계화로 연결된 것을 크게 개탄한다. 그러면서 지금 우리가 살아가고 있는 이 시대는 전 세계가 하나로 연결되어 세계화 속에 살아가는 시대적 특성들을 열거한다. 이들에게서 특히 감동적인 것은 이 시대가 전 세계적으로 다 함께 공동 운명 속에 살아가고 있는 100가지의 항목들을 '지도'로 표시했다. 그래서 부제목이 "인류의 미래를 위한 100장의 지도"이다

이들이 100가지 제목들을 몇 가지 항목으로 분류했다. 그것은 ① 세계화 ② 기후 ③ 도시화 ④ 기술 ⑤ 불평등 ⑥ 지정학 ⑦ 폭력 ⑧ 인구 ⑨ 이주 ⑩ 식량 ⑪ 건강 ⑫ 교육 ⑬ 문화이다.

각 항목마다 구체적인 통계와 현실을 모조리 소개한다. 미래에 관하여 관심을 가진 사람들만이 아니라 오늘을 살아가는 현재의 우리

---

15) 에릭 홀트 하우스, 미래의 지구, 신봉아 역, 고유서가, 2021.
16) 이언 골딘, 로버트 머가, 앞으로 100년, 추서연 외 역, 동아시아, 2021.

는 어떠한 시대를 살아가고 있는지 설명한다. 세계 속에 파묻힌 '나'가 아니라 세계를 이끌어가거나 영향을 끼치고 있는 '나'의 존재를 확실하게 보여준다. 많은 독자가 읽으면 반드시 큰 깨달음을 얻을 소중한 참고서로 추천하고 싶다.

결론이 너무 감동적이다. 지금 이 세상은 "불타는 세계"이다. 현재 코로나19는 인류의 진보를 막는 존재적 위협들이다. 위험을 감소시키려면 어떻게 해야 하는가? 20%의 소수가 각성하고 위기 극복에 참여한다면 아직도 깨닫지 못하는 80%의 세계인을 구제할 수 있다는 것이다.

현실을 냉철하게 분석한 다음에 이토록 험난한 현실 속에서도 소수의 각성자들이 협력한다면 난관은 극복될 수 있다는 매우 희망적인 방안을 제시해 준다. 저자들이 현재의 문제점들이 무엇인지 그 사례들을 구체적인 근거에 의해서 분석한 노력의 결과는 매우 소중한 자료라고 느껴진다.

3. 우리가 할 수 있는 일

성경에서 위기를 당했을 때 그들이 어떻게 위기를 극복해 나갔는지 몇 가지의 사례들을 제시하고 우리가 지금 이 시대에 할 수 있는 일을 알아보겠다.

1) 구약의 사례
(1) 북왕국 이스라엘의 사례
북왕국 이스라엘의 제7대 왕 아합 때(B.C. 874~853) 선지자로 활약한 엘리야가 있다(왕상 17~21장; 왕하 1~2장).

엘리야는 아합 왕과 이세벨의 탄압으로 까마귀에게 부양받고 사르밧 과부의 보살핌을 받으며 3년여 동안 숨어 살았다. 그는 숨어 살던 은둔기를 지난 후 왕 앞에 정면으로 나타난다. 그래서 갈멜산 위에서 아합 왕이 섬기는 바알 신과 이스라엘 고유의 신인 하나님 중 어느 신이 참 신인가를 공개적으로 시험해 보자고 제의한다.

엘리야는 하늘에서 내려온 불로 참 하나님을 증명해 낸다. 그 결과 450명의 바알 선지자와 400명의 아세라 선지자들을 죽인다. 엘리야는 종교제전에서 통쾌하게 승리했다. 엘리야는 이스라엘이 정치적으로 종교적으로 심각한 위기에 처했을 때 용감하게 공개적 시험을 통해 진실을 가려내도록 도전한다.

지금의 위기가 정치적, 종교적 위기는 아니다. 그러나 위기를 극복하려면 위기를 회피하고 비난만 하는 것이 아니라 문제를 해결하기 위해 전면에 나서는 자세가 필요하다. 엘리야는 기도로 원수를 이겼다.

우리도 현재의 위기에 숨어서 회피할 것이 아니라 전면에 나서서 살아 계신 하나님께 부르짖는 기도로 환난을 최소화시킬 수 있다는 용기를 보여줘야 할 것이다. 이렇게 나서면 과학 우상주의자들은 미신 신앙이라고 비난할 것이다. 그러나 세상의 '빛'과 '소금'의 사명을 가진 그리스도인의 순수한 사랑이 세상에 알려지는 것만으로 우리의 의무를 감당하는 것이다.

최근에《나는 죽음을 돌보는 사람입니다》라는 책을 읽었다.[17]
저자는 코로나19로 죽은 시체들을 모두가 경계하고 경원하는데도 담대하게 처리해 나가면서 남이 하지 않으려는 일에서 보람과 희열

---

17) 강봉희, 나는 죽음을 돌보는 사람입니다, 사이드웨이, 2021.

을 느낀다는 것을 소개했다. 우리 그리스도인은 세상 사람들이 비난할지라도 꼭 해야 할 일은 용기있게 감당하여 시대를 이끌어가는 빛의 자녀라고 생각된다.

(2) 남왕국 히스기야 왕의 기도

남왕국 유다의 제12대 왕인 히스기야의 사례를 보자(B.C. 715~686, 왕하 18~20장; 대하 29~32장; 사 36~39장).

히스기야 왕의 아버지 아하스(B.C. 731~715)는 초기에 잠시 선한 왕이었으나 북왕국 이스라엘이 침략해 오자 모압족이 시행하는, 자녀를 불사르는 미신 숭배자가 된다(대하 28:3).

무능한 아버지와 달리 히스기야 왕은 왕이 되자마자 성전 정화로 신앙회복을 국정의 기조로 삼는다. 그때 동족 북왕국 이스라엘이 앗수르에 의해 멸망당하는 것(B.C. 721)을 목격한다. 히스기야 왕은 동창으로 추정되는 큰 병이 걸려서 죽게 되자 얼굴을 벽을 향하고 자기가 행한 것을 기억해서 생명을 연장시켜 달라고 하나님께 통곡의 기도를 드린다(왕하 20:3).

이 일로 그의 생명이 15년 연장받는다. 히스기야 왕은 살아난 감격에 들떠 바벨론에서 온 위로 방문 사절단에게 보물고의 금은 향품과 군기고와 창고의 무기까지 보여주는 어리석은 처신을 한다. 그것이 화근이 되어 훗날 남왕국 유다는 바벨론의 침략을 받아 멸망을 당한다.

한편 북왕국 이스라엘을 정복한 앗수르는 남왕국 유다마저 침략한다. 이때 히스기야 왕은 굵은 베옷을 입고 성전에 들어가 기도하며 백성들에게 조국의 위기를 위해 기도에 동참케 한다. 히스기야 왕은 적장 앗수르 왕 산헤립과 군대 장관 랍사게의 모욕과 조소 속에도 기도로 응전을 계속했다. 누가 봐도 참으로 어처구니없는 대처였다.

히스기야 왕이 환난 때 하나님께 드린 온전한 기도의 항전은 기적을 가져온다. 예루살렘 함락 직전에 여호와의 사자가 앗수르 군대에 전염병을 일으켜서 하룻밤 사이에 앗수르군 18만 5천 명을 죽게 한다(사 37:36~38). 앗수르 왕 산헤립은 여호와의 사자에 의해 철퇴를 맞고 본국으로 귀환한다. 여기서도 히스기야 왕의 기도는 하나님의 도움으로 국가의 위기를 모면하는 기적의 역사를 만들었다.

2) 신약의 사례
(1) 베드로의 탈옥 사건(행 12:1~19)

신약성경에 헤롯 왕이 많이 나온다. 대 헤롯은 유다 왕으로(B.C. 37~A.D. 4) 예루살렘 성전 수축과 베들레헴 유아들을 살육한 인물이다(마 2:1~18).

그의 아들들 중 아켈라오는 유대, 사마리아, 이두매의 분봉왕(B.C. 4~A.D. 6)이었고, 헤롯 안디바는 갈릴리와 베뢰아 분봉왕(B.C. 4~A.D. 39)으로 침례자 요한을 살해했다(마 14:1~12). 헤롯 빌립은 바타네아, 드라코닛, 가우라닛, 얌니아의 분봉왕(B.C. 4~A.D. 34)으로 헤롯대왕의 아들들 중 가장 존경을 받았다.

대 헤롯의 손자인 헤롯 아그립바 1세(A.D. 41~44)는 갈릴리 분봉왕으로 후에 팔레스타인 왕까지 겸임했다. 헤롯 아그립바 1세는 사도 야고보를 죽이고(행 12:1~2) 또 베드로도 죽이려고 옥에 가두었던 인물이다. 헤롯 아그립바 1세는 거듭된 악행으로 벌레에게 먹혀 죽는다(행 12:23).

아그립바 2세는 갈릴리 동부 지역 왕(A.D. 53~70)으로 사도 바울을 심문한 왕이다(행 25:13~26:32).

이 중에서 헤롯 아그립바 1세가 사도 야고보를 죽이고 베드로마저 죽이려고 옥에 가두었다. 무교절 때라 유대인들이 절기를 지키려고 대거 운집할 때였다. 헤롯은 군인 넷씩 네 패로 지키게 하고 유월절 후에 백성 앞에서 베드로를 죽이려고 했다. 이로 인해 베드로는 옥에 갇혔고 예루살렘 교회 성도들은 베드로를 위해 간절하게 기도를 드렸다.

이때 예루살렘 교회 성도들이 합심하여 열정적으로 기도한 결과 드디어 기적이 일어난다. 주의 사자가 옥중에 나타나 묶여 있는 베드로의 쇠사슬이 벗어지게 했다. 그리고 첫째와 둘째 파수꾼들을 통과한 후 굳게 닫힌 쇠문을 열고 길거리까지 출옥시켜 주었다. 성도들이 한 목적으로 합심한 정열적 기도는 감옥에 갇혀 있는 베드로를 기적적으로 살려냈다.

(2) 바울과 실라의 옥중 기도와 찬송(행 16:19~40)

바울과 실라는 제2차 선교지인 빌립보에서 큰 고역을 겪게 되었다. 귀신들린 여종이 바울의 전도 집회에 찾아와 집회를 방해했다. 불쌍한 생각이 든 바울은 귀신들린 여자에게서 귀신을 쫓아내 준다.

정신병이 아닌 귀신에 사로잡힌 여인을 예수 그리스도의 이름으로 귀신을 쫓아내 줬으니 칭찬받고 존대받을 일이었다. 그러나 귀신들린 여인을 이용해 돈을 벌던 빌립보 사람들은 바울과 실라를 빌립보 도시 질서를 괴롭히는 유대인으로 관가에 고발한다.

유대인에 대한 편견과 선입견을 가진 로마인들은 바울과 실라에게 심문도 하지 않고 무지막지하게 구타를 한다. 바울과 실라는 정상적인 재판을 받지도 못하고 구속되었다. 너무 많은 구타로 실신을 했다가 밤중에야 의식을 회복하게 된다. 손발은 쇠고랑에 채워져 있어서

운신할 수 없었다. 그때 자유로운 것은 입밖에 없었다.

　바울과 실라는 실신 상태에서 회복되자 먼저 감사기도를 드렸다. 감사기도는 드디어 찬송으로 발전되었다. 이들이 많은 구타로 인사불성 상태였다가 정신이 들자 기도하고 찬송하는 모습을 같은 감옥 속의 죄수들이 듣게 되었다. 그곳은 무서운 흉악범들이 사람들의 말을 외면하는 특수 지역이었다. 그런데 환난과 처참한 만신창이가 된 몸으로 기도하고 찬송하는 처절한 찬송에 마음을 열고 경청을 하게 되었다.

　이렇게 완악한 사람들의 마음 문이 열릴 때 하늘의 천상의 문도 열렸다. 그래서 갑자기 큰 지진이 나서 옥터가 움직이고 문이 열리며 그곳에 매여 있던 모든 죄수들의 매인 것이 다 벗어졌다.

　여기서 우리가 깨달을 진리가 있다. 우리가 정말 납득이 되지 않는 억울하고 답답한 역경을 당한다 해도 그 문제들을 원망하거나 항거하지 말고 만사를 다 알고 계시는 하나님의 주권을 인정하고 찬송과 기도로 알려야 한다.

　지금 우리가 겪고 있는 코로나19의 분석과 대처방안은 전문가들이 할 일이다. 우리는 이 괴로운 상황 속에서도 열정적인 기도로 나아가 사람들이 해결하지 못하는 난제들을 하나님께서 해결해 주시도록 하나님께 기도해야만 한다. 아멘.

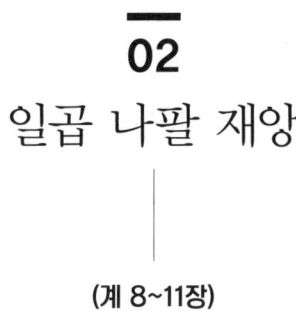

02 일곱 나팔 재앙

(계 8~11장)

1) 첫째에서 넷째 나팔 재앙(계 8:7~13)

(1) 첫째 나팔 재앙(계 8:7)

① 첫째 천사가 나팔을 부니 피 섞인 우박과 불이 나와서(7a)

우박은 '칼라자'(χάλαζα)로 얼음 덩어리를 말한다. 구약성경에는 우박이 하늘에서 내리는 재앙의 도구로 표현되고 있다.

출애굽기 9장 13~26절에는 애굽에 일곱째 재앙으로 우박이 내려 사람과 짐승을 놀라게 하는 것은 물론이고 밭의 모든 채소와 들의 모든 나무를 꺾었다. 또 이사야 28장 2절에 "강하고 힘 있는 자가 쏟아지는 우박같이, 파괴하는 광풍같이, 큰물이 넘침같이 손으로 그 면류관을 땅에 던지리라"고 하며 우박이 징계의 도구임을 말한다. 또 이사야 30장 30절에도 여호와의 혁혁한 진노가 맹렬한 화염과 폭풍과 폭우와 우박이 될 것을 말하고 있다.

계시록에도 우박이 대환난 때에 하나님의 재앙의 도구로 나타날 것이 예언되었다. 계시록 11장 19절에는 번개와 음성들과 우레와 지진과 큰 우박이 있음을 말했다. 또 계시록 16장 21절에는 무게가 한 달란트(약 60kg) 되는 큰 우박이 하늘로부터 떨어지니까 사람들이 하나님을 비방한다고 했다. 그런데 계시록 8장 7절에는 "피 섞인 우박과 불"이 나온다고 했다. 어떻게 피가 섞인 우박이 쏟아질까? 과연 '피 섞인 우박'이란 무엇을 뜻하는가?

　우박이 애굽에서 10대 재앙으로 사용되었고 또 이사야도 우박이 징계의 도구가 될 것을 말했다. 또 주전 835년경의 남쪽 유다에서 활약한 요엘 선지자도 임박한 주의 날에 대한 예언 중에 '피'를 말했다. "내가 이적을 하늘과 땅에 베풀리니 곧 피와 불과 연기기둥이라 여호와의 크고 두려운 날이 이르기 전에 해가 어두워지고 달이 핏빛같이 변하려니와"라고 한 요엘서 2장 30~31절의 예언은 사도행전 2장 19~21절과 계시록 8장 7절에 비슷한 내용이 반복되고 있다. 도대체 '피 섞인 우박과 불'이 무엇일까? 장차 미래에 있을 피 섞인 우박과 불은 무엇을 연상할 수 있을까? 대부분의 많은 이들은 이것을 통해 전 세계인이 공포의 대상으로 삼고 있는 핵무기에 의한 무서운 파괴를 연상해 보기도 한다. 지금 세상은 핵무기들이 커다란 공포이자 증오 대상인 것은 확실한 사실이다. 결코 사용하지 말아야 할 핵무기인데도 각 나라가 경쟁적으로 핵무기를 증강하는 것은 이율배반적인 인간의 죄악상이다.

　② 땅에 쏟아지매 땅의 삼분의 일이 타버리고 수목의 삼분의 일도 타버리고(7b)

　앞서 계시록 6장 8절에 넷째 인을 뗀 결과로 땅 사분의 일이 검과 흉년과 사망을 경험하게 되고 땅의 짐승들이 죽는다.

그런데 계시록 8장 7절의 첫째 나팔 재앙으로 땅의 삼분의 일이 타버린다. 이것은 땅의 재앙이 사분의 일에서 삼분의 일로 늘어남을 뜻한다. 이 두 곳에 예언된 땅의 재앙을 보면 처음에는 사분의 일이, 두 번째는 삼분의 일로 늘어나기는 하지만 아직은 삼분의 이가 남아 있다는 희망적 의미도 있다.

계시록 8장 7절의 피 섞인 우박과 불이 땅에 쏟아져 땅과 수목의 삼분의 일과 푸른 풀을 태워 버린다. 그런데 9장 4절에는 땅의 풀이나 푸른 것이나 각종 수목은 해하지 말라고 한다. 언뜻 보기에 8장 7절과 9장 4절 내용이 모순되게 보이지만 9장 4절의 내용은 8장 7절에서 없어진 삼분의 일 외에 남아 있는 것을 의미하므로 모순된 내용은 아니다.

여기서 우리가 깨달을 교훈이 있다. 7년 대환난 때의 환난이 무엇 때문에 환난이라고 하는가? 계시록 6장의 여섯 종류의 인의 재앙들은 ① 화평이 없는 서로 죽이는 살벌한 세상 ② 한 데나리온에 밀 한 되가 거래되는 식량 위기의 세상 ③ 청황색 전염병으로 땅 사분의 일이 죽는 세상 ④ 해와 달의 기능이 축소되는 세상 등이었다.

그런데 계시록 8장의 나팔 재앙들은 가뜩이나 재앙으로 큰 공포들을 느끼는 정도에서 더 나아가 살아가기가 점점 강퍅해지는 자원들의 고갈로 이어진다. 그것은 인간들의 먹거리를 제공해 주는 수목과 풀이 타버리므로 생활이 점점 강퍅해지는 재앙이 따르는 일이다.

(2) 둘째 나팔 재앙(계 8:8~9)

① 둘째 천사가 나팔을 부니 불붙는 큰 산과 같은 것이 바다에 던

져지매(8a)

여기 "불붙는 큰 산과 같은 것"이 무엇일까? 이에 대한 원문의 뜻은 '불붙는'이라는 단어인 '퓌리 카이오메논'(πυρὶ καιόμενον)으로 불이 붙어 활활 타오르는 광경을 의미한다.

그렇다면 "불붙는 큰 산과 같은 것"이 무엇일까? 이에 대해서 과거파들과 미래파의 해석이 달라진다.

⊙ 과거파의 해석

과거파들은 과거 역사 속에 있었던 화산(火山)의 사건들을 통해 미래를 예측한다. 즉 주후 79년 8월 24일에 이탈리아 남부의 베수비오(Vesuvio) 화산이 폭발하여 폼페이라는 도시 전체를 폐허화시켰다. 마찬가지로 지금도 전 세계에 화산대가 존재한다. 전 세계 화산대의 60% 남짓이 안데스산맥을 비롯한 남북아메리카의 태평양 연안대와 일본 열도까지 이어진 환(環)태평양 화산대가 가장 크게 형성되어 있다. 또 알프스에서 카프카스, 미얀마를 거쳐 인도네시아를 이루는 지중해 화산대가 있고, 아프리카 동부의 대지구대에서 홍해를 거쳐 아라비아반도에 이르는 동아프리카 화산대 등도 있다.

이와 같은 화산대 분포는 지진대의 분포와도 대략 일치한다. '불붙는 큰 산'이란 미래의 대환난 때 이와 같은 화산대 속에서 큰 화산이나 지진이 일어날 예언으로 해석한다.

ⓒ 미래학파의 해석

미래학파들은 '불붙는 큰 산'을 미래에 있을 전쟁에서 핵무기로 인한 전 세계의 참혹한 미래로 해석한다. 지금 전 세계의 군사 강대국들은 무서운 핵폭탄을 보유하고 있다. 2017년 스톡홀름 국제평화연

구소가 전 세계 나라들 중 핵을 소유하고 있는 각 나라의 실상을 소개했다.[18]

러시아가 7,000기, 미국이 6,800기, 프랑스가 300기, 중국이 270기, 영국이 215기, 파키스탄이 130~140기, 인도가 120~130기, 이스라엘이 80기, 북한이 10~20기 등 전 세계에는 1만 5000개의 핵폭탄이 있다. 이들이 보유한 핵폭탄들이 장차 제3차 세계 대전이 될 미래의 대환난 때에 쓰일 것이라는 해석을 한다.

두 가지 해석들이 모두 개연성 있고 추정이 가능하나 어느 해석이든 단정 지을 수는 없다. 왜냐하면 이 세상을 이끌어 가시는 하나님은 인간들이 만든 것으로 세상을 이끌어 가시지는 않기 때문이다. 가능성은 있으나 그렇다고 단정해서 말하지 않는 것이 우리들의 태도일 것이다.

② 바다의 삼분의 일이 피가 되고…생명 가진 피조물, 배들의 삼분의 일이(8b~9)

바다는 말 그대로 대양(Sea)을 뜻한다. 현재 지구는 바다와 육지의 비율이 7:3으로 바다가 육지보다 배 이상 크다. 바다를 태평양, 대서양, 인도양으로 분류하기도 하고 5대양으로 3대양에다 북극해, 남극해로 분류하기도 하고 전략가들은 7대양을 말하기도 한다.

---

18) 이형기, 세상의 지식, 2018, p.197.

그런데 '불붙는 큰 산'과 같은 것이 바다에 던져진다. 불붙는 큰 산과 같은 것을 바다에 던질 만한 능력자는 하나님밖에 없다. 그렇기에 '핵무기'보다 더 크고 강한 위력을 상상할 수 있다. 그렇게 '불붙는 큰 산'과 같은 것이 바다에 던져지니까 바다의 삼분의 일이 피가 되었다.

이로 인해 바다 가운데 생명 가진 피조물의 삼분의 일이 죽는다. 지구의 전체 면적은 509,949×10⁶km²이다. 이 중에서 바다가 차지하는 비율은 70.8%이다. 이렇게 방대한 바다가 인류에게 주는 공헌은 지대하다. 바다는 인간들이 숨을 쉬는 호흡 중 두 번의 호흡 중에 한 번에 필요한 산소가 바닷속의 미세조류에 의해 생산된다.[19]

그런데 지금의 바다는 각종 폐어구들과, 인간들이 버린 플라스틱과 쓰레기로 인해 죽어 가고 있다. 창조주 하나님께서 만들어 주셨던 때와 다르게 인간들이 바다의 규칙을 깨버림으로 바다 생물들이 죽어 가고 있다. 폐그물에 걸린 바다거북과 고래가 제때 풀려나지 못함으로 죽어 간다. 인간이 버린 플라스틱을 먹은 문어가 8개의 다리가 아닌 20개가 넘는 다리로 유전자 변이가 나타난다.

바다에는 약 18만 종의 해양 동물과 약 2만 종의 해양 식물이 살아가고 있다. 해양 속에서 살아가는 해양생물들을 생활 양식에 따라 크게 셋으로 분류한다.

- 플랑크톤(Plankton)

이 단어는 고대 그리스어 '이리저리 떠다니는 것'이라는 뜻을 가진 '플랑크토스'(Planktos)에서 유래된 말이다. 플랑크톤은 물속에 살면서 자유롭게 떠다니는 식물성, 혹은 동물성 유기체 전체를 가리킨다. 플

---

19) 프라우케 바구세, 바다 생물 콘서트, 배진아 역, 흐름출판, 2021, p.14.

랑크톤은 스스로 움직일 능력이 아예 없거나 매우 미미해서 물의 흐름에 몸을 맡기고 물이 움직이는 방향으로 흘러간다.

해양 유기 물질 총량의 95% 이상이 작은 형태의 플랑크톤 유기체들이다. 바닷물 1리터 안에는 최대 100억 개에 이르는 바이러스, 10억 개의 박테리아 세포, 1000만 개의 식물성 플랑크톤, 1000개의 동물성 플랑크톤이 들어 있다.[20]

우리가 바다에서 바닷물을 삼키게 되면 단지 소금물만이 아니라 각종 바이러스, 박테리아, 해초, 물고기 유생, 바다 고둥, 갑각류, 해파리, 화살벌레들이 배출한 것을 마시게 된다.

- 유영 생물(游泳 生物)

말 그대로 바다, 호수, 하천 등의 수역에서 물의 흐름과 함께 자유로이 유영 생활을 하는 동물들을 넥톤(Nekton)이라고 한다. 유영 생물에는 각종 어류, 고래류, 상어류와 함께 펭귄 조류도 포함된다.

- 저서 생물(底棲 生物)

해양, 호수, 하천 등의 바닥에서 살아가는 생물들이 있다. 이와 같은 해양생물들은 독립 영양 생물과 종속 영양 생물로 영양 섭취 방법이 다르다.

㉠ 독립 영양 생물은 태양의 빛 에너지를 이용하여 엽록소를 가진 녹색식물과 무기물을 산화시켜 생기는 에너지를 이용하는 화학 합성 세균을 이용하는 생물이 있다.

㉡ 종속 영양 생물은 생물이나 그 죽은 사해(死骸) 배출물을 먹이로 하는 동물을 뜻한다.

해양에는 육지처럼 생산자, 소비자, 분해자가 함께 조화를 이루며

---

20) 프라우케 바구세, 위의 책, p.24.

생태계를 유지해 가고 있다.

그런데 계시록 8장 8~9절에는 장차 대환난 때 둘째 천사의 나팔 재앙으로 바다 가운데 생명 가진 피조물들의 삼분의 일이 죽는다고 했다. 현재에도 인간들의 무분별하게 버리는 쓰레기들로 바다들이 죽어 가고 있으며 온갖 기형 어류들이 생겨나므로 화제가 되고 있다. 그러나 장차 대환난 때는 바다 어족의 삼분의 일이 죽게 된다. 이것은 매우 끔찍한 재앙으로 볼 수 있고, 또 그 극심한 환난중때에도 어족의 삼분의 이는 남게 된다는 긍정적 요소로 볼 수 있다.

여기에서 우리가 크게 관심을 가져야 할 부분이 있다.
계시록 8장 9절 마지막에 "배들의 삼분의 일이 깨지더라"는 구절이다. 인류 역사 중에 해양을 정복한 민족이 세계의 가장 강대한 강대국들로 세계를 누빈 때가 있었다. 오늘날도 해양을 자기 세력권으로 삼으려는 각축전이 세계 각 곳에서 일어나고 있다.
태평양과 인도양의 제해권 경쟁을 하는 미국은 세계 동맹국들과 연합해서 중국과 대결을 계속해 가고 있다. 또 발트해와 유럽 세계를 장악하려는 러시아 세력에 EU. 각 나라들이 연합해서 저지하려고 한다. 이렇게 해양권의 쟁탈을 위한 군함들이 항상 바다 위에 떠 있다. 그런데 장차 대환난 때는 그렇게 떠 있는 배들의 삼분의 일이 깨지는 엄청난 비극이 따른다는 것이다.
참고로 인류 역사에서 바다를 제패했던 민족이 세계를 지배했던 과거사를 살펴보자. 이 같은 과거사 고찰은 현실을 바로 알기 위한 참고 자료를 삼기 위한 것이다.

〔특주 26〕

바다를 제패한 역사

    인류의 역사에는 끊임없는 전쟁들이 계속 이어져 오고 있다. 왜 전쟁이 일어나는가? 그 원인은 각각의 전쟁마다 성격이 다른 요인이 작용한다. 정치적인 문제, 경제적 문제, 사회적 문제, 기술적 이해관계, 문화적 상황 등 전쟁 요인은 시대와 상황에 따라 달랐다.[21]

    전쟁의 결과는 여러 요인이 작용한다. 전략, 전술, 무기, 군의 기강과 사기, 리더십, 훈련, 정부와 국민의 지지도, 국가 경제 능력 등 다양한 요소들이 작용한다.

    과거에 수없이 많은 전쟁 중에서 바다의 해전으로 역사의 물줄기를 바꾸게 만든 전쟁사가 있다. 오늘날 미국과 중국이 태평양 제해권을 놓고 첨예한 대결을 이뤄가는 것이나 일본이 독도를 자기들 땅이라고 주장하는 것들은 이 모든 바다를 제패하려는 야욕의 결과이다.

    이 같은 현실을 좀 더 구체적으로 실감할 수 있도록 과거 역사를 살펴보고 하나님께서 대환난 때 어떻게 정리하시는가를 알아보자.

---

21) 이춘근, 전쟁과 국제 정치, 북 앤 피플, 2020, pp.200~327.

1) 살라미스 해전(B.C. 480)

남왕국 유다왕국이 멸망하여 주전 605년부터 주전 535년까지 바벨론 제국에 포로로 끌려갔다. 그런데 주전 539년에 페르시아(바사)의 고레스(키로스, 사이러스) 왕(B.C. 559~530)이 바벨론 제국을 멸망시킨다.

고레스 왕은 바벨론에 의해 포로가 되어 갔던 유다 백성들에게 해방을 선포한다. 이와 같은 고레스 왕을 이사야는 "기름 부음을 받은 고레스"(사 45:1~5)라고 한다.

고레스 왕의 해방 선언으로 주전 538년에 남왕국 유다 백성은 포로에서 벗어나 스룹바벨의 인도로 제1차 귀환이 실현된다.

고레스(키로스) 왕은 중동에 방대한 페르시아(바사)제국을 건설한 후에 에게해 바다를 건너 그리스(이오니아)까지 정복한 후 페르시아 총독으로 하여금 그리스를 다스리도록 한다. 이때 그리스인들은 페르시아 지배에 반발하여 반란을 일으키자 고레스 왕은 후임자로 하여금 그리스 정복과 완전한 지배를 부탁한다.

고레스 왕이 죽고 후임자인 다리오 1세(B.C. 521~486)는 전임자의 유지에 따라 제국 확장 사업에 주력한다. 다리오 1세는 유대 민족을 위해서 성전 재건 사역을 도와주었다. 그 내용이 에스라서 4장 5절, 24절에 "바사 왕 다리오"로, 또 에스라 5장 5~7절, 6장 1~12절에 기록되었다. 또 학개 1장 1~15절, 2장 10절, 스가랴 1장 1~7절, 7장 1절에도 다리오 왕이 기록되었다. 그런데 다리오 1세가 유대 민족에게는 많은 도움을 주었으나 세 차례에 걸친 그리스 원정에서 모두 실패한다.

그리스를 향한 다리오 1세의 두 차례 원정은 다음과 같이 끝났다.[22]

제1차 원정(B.C. 492년)에 그리스 북부를 침략해 들어갔으나 300척의 대함대가 태풍으로 침몰하므로 실패로 끝난다.

제2차 원정(B.C. 490년)에서 페르시아군은 보병 2만 5천 명, 기병 1천 명, 600척의 군함으로 세계 최초의 대 해군을 조직하여 에게해를 건너 그리스를 공격했다. 당시 그리스군은 1만 명의 시민군이 명장 밀티아데스(Miltiades)의 지휘로 마라톤 평원에서 접전을 벌였다. 이때 아테네군은 192명의 손실을 입었으나 페르시아군은 6천 400명의 손실을 입는다. 이 전쟁의 승전보를 전하려고 올림피아 제전의 경주 선수였던 필리피데스가 42,195km를 달려가서 "우리는 승리했다"라는 말을 남기고 숨진다.

오늘날의 마라톤 경기는 이와 같은 고사에 근거하여 실시되고 있다. 이렇게 2차에 걸친 페르시아군의 그리스 원정은 두 번 다 실패했다.

그다음에 다리오 1세의 후임자인 크세르크세스(Xerxes) 왕이 또다시 제3차 그리스 원정을 한다. 서양사에는 크세르크세스 1세(Xerxes: B.C. 486~465)로 기록이 되었으나 성경에는 에스라 4장 6절에 아하수에로 왕으로 기록되었고, 또 에스더서에 소개된 아하수에로 왕과 같은 인물로 본다. 바로 이 크세르크세스(아하수에로) 왕 때 그리스에 대한 제3차 원정이 시행된다(B.C. 480).

주전 480년 크세르크세스 왕은 약 16만 명의 병력과 1,200척의 함선을 이끌고 그리스 북부로 진격했다. 이들 페르시아 군대는 4년에

---

22) 정토웅, 세계전쟁사, 가람기획, 2010. pp.29~32.

걸쳐 노예들을 동원해서 오늘날의 다르다넬스(옛 헬레스폰토스) 해협에 선박들을 연결시켜 임시 다리를 만든다. 그렇게 육지와 바다 해협을 관통시키며 3차 원정을 시작했다. 이에 맞서는 그리스 군대는 육군만으로 페르시아 군대를 이길 수 없다는 생각으로 해군력 증강에 주력했다.

해군력을 증강시키려고 아테네는 3단 노함선(trireme)을 건조했다. 170명이 1인당 하나의 노를 젓고 전체적으로 3단으로 배열하는 방식으로 건조된 380척의 함대를 확보했다. 1,200척의 페르시아 함선과 380척의 그리스 함대는 비교가 안 된다. 그러나 그리스 함대는 단단한 뱃머리를 적선에 부딪침으로 적선을 침몰시킬 수 있었고, 또 3단의 노는 페르시아 함선보다 기동성과 공격력이 우월했다. 이 전투에서 그리스군의 육군들은 계속 정복당해갔다. 이제 마지막 희망인 살라미스(Salamis) 해전을 앞두고 있다.

살라미스 해협은 폭이 2~3km로 좁은 해협이었다. 그리스 육지를 거의 정복한 페르시아의 크세르크세스 왕은 바다에 무관심했다. 거짓 정보를 믿고 그리스군이 준비한 살라미스 해협에 유인되어 끌려들어간 페르시아 군대는 좁은 해협에서 대영을 유지하지 못했다. 그리고 그리스 3단 노함선의 기동력으로 7시간의 격전 끝에 페르시아는 200척의 함선이 격침당하고 그리스 함대는 40척을 잃는다.

크세르크세스 왕은 원정 후 너무 오랜 기간으로 지쳤고 해상 대패로 보급로마저 끊긴다. 그래서 서둘러 회군한 후 원정을 포기한다. 전쟁 패배자인 아하수에로 왕은 왕후 에스더와 향연으로 보낸다.

그의 아들 아닥사스다 1세(B.C. 465~424) 때 느헤미야가 활동한다. 살라미스 해전에서 승리한 그리스는 해군의 여세를 몰아 에게해를 건너 소아시아 지역인 중동과 터키 땅까지 진출한다. 그리고 그리스는 막강한 해군력 국가가 되어 에게해, 지중해를 누비는 지중해의 강자로 군림하게 된다. 그 같은 지중해 강자권은 다음의 로마제국으로 넘어간다.

2) 악티움 해전(B.C. 32)

카이사르가 암살을 당하고(B.C. 44년) 그의 사후에 로마의 패권을 놓고 수많은 장군들이 각축전을 벌인다. 그중에 옥타비아누스(후에 초대 로마제국 황제)와 안토니우스가 대립을 하였다. 안토니우스는 이집트 여왕 클레오파트라와 연합하여 동 지중해와 이탈리아의 중계지인 그리스 펠로폰네소스 반도 서안까지를 장악한다.

이에 맞서는 옥타비아누스는 그리스 본토와 바다의 양 방면으로 반격을 했다. 양군은 주전 32년에 악티움(Actium) 해전을 맞았다. 이때 양군은 단 한 차례의 충돌을 가졌다.

그런데 클레오파트라가 한 차례 충돌 후 이집트 군대를 철수시키자 안토니우스 군도 퇴각한다. 옥타비아누스 군대는 주전 30년에 이집트를 공격해 들어갔고 이때 안토니우스와 클레오파트라는 자살을 한다. 이로써 옥타비아누스는 이집트와 북아프리카 나라들을 로마제국 안에 복속시키고 주전 29년에 로마제국 제1대 황제가 된다.

이때부터 7세기 이슬람들이 등장하기 이전까지 지중해의 재해권을 로마제국이 장악한다.

3) 레판토 해전(1571년)

7세기 이후 지중해를 장악한 세력은 이슬람 세력이었다. 이슬람 세력 중 초기에는 중동, 그다음에는 이집트, 그다음에는 오스만투르크 제국이 계승한다. 오스만투르크 제국이 성장하는 동안에 해양 발전으로 강국을 이루어가는 나라들이 베네치아, 로마, 스페인 등이다. 이중에서 스페인은 콜럼버스 신대륙 발견을 돕는 것으로 시작하여 다른 나라들보다 기술적으로 우수한 해양 대국을 건설해 나간다. 그들은 남미 제국의 인디언들을 대포, 화승총, 석궁 등으로 위협하면서 남아메리카 나라들을 침략하여 남미 제국들을 정복해 나갔다.

이렇게 세력을 확장한 스페인은 가톨릭 교황 파우스 5세(1566~1572) 때 가톨릭 동맹을 맺고 기독교를 보호한다는 명분으로 이슬람 세력과 전쟁을 벌인다. 교황군의 함대는 200척의 갤리선, 6척의 갈레아스선(이것은 갤리선보다 약 2배의 크기로 느리지만 많은 병력을 싣고 약 30문의 대포를 보유했다), 24척의 대형 수송선을 보유했다. 반면에 이슬람 투르크 함대는 250척의 소형선으로 맞섰다.

당시의 해전술이란 배끼리 부딪치고(Ramming) 배에 올라가 적군과 싸우는 것이 전부였다. 이때 참여한 병력은 교황군 측이 2만 명, 투르크 측이 1만 6천 명이었다. 교황군의 주력 무기는 대포였으나 투르크 측은 주로 화살이었다. 양군은 고린도만 서쪽 약 40km에 떨어진 레판토(Lepanto) 앞바다에서 레판토 해전(Battle of Lepanto)을 벌인다. 이 전투에서 투르크 측 손실이 막대했다. 이 전투를 통해 교황권을 따르는 가톨릭 세력들은 단합하게 되었고 지중해에서 이슬람 세력의 위협을 제거하는 데 성공한다.

이 전투에서 전쟁의 승패는 화력이 우수한 측이 승부를 결정한다는 교훈을 남긴다. 이때 전쟁의 주도권을 가진 스페인의 바르셀로나는 과거의 전승 기념물들을 만들어 놓았다.

4) 스페인의 무적함대 아르마다 해전(1588)

16세기 유럽 세계는 종교개혁 후 진영이 나누어진다. 가톨릭의 전통적 신앙을 고수하는 스페인, 포르투갈, 프랑스, 이탈리아와 개신교로 분리된 독일, 네덜란드, 영국 등으로 나뉜다. 이중 가톨릭 신앙을 계승하는 나라들이 과거에는 지중해 패권을 장악해 왔었다. 그런데 종교개혁 후 개신교 국가들 중 영국과 네덜란드는 대서양을 중심으로 신대륙을 개척해 나갔다.

포르투갈이 신세계 탐험의 선두였으나 1580년 스페인과 합병된 후에는 스페인이 대서양과 태평양의 해상 왕국으로 부상한다. 이때 영국의 엘리자베스 처녀 왕은 스코틀랜드의 메리 스튜어트 여왕을 처형시킴으로(1587년) 교황의 진노를 일으킨다.

교황은 스페인 왕 펠리페 2세로 하여금 영국을 무력으로 정복하도록 교시한다. 펠리페 2세는 교황의 지시와 함께 새로운 해상 왕국으로 부상하려는 영국 세력을 꺾을 필요를 느낀다.[23]

그래서 1588년 5월 25에 거대하게 구축한 스페인의 무적함대로 소문난 아르마다 함대(Armada)가 영국 해협을 향해 출발했다. 이때의 스페인 군대의 규모는 군함이 총 137척이었다. 이중 65척은 대형 갈레온(Galeon) 선이었다.

갈레온은 16세기 초에 등장한 3~4층 갑판의 대형 범선이다. 이것은 평화 시에는 상선으로, 전쟁 시에는 군함으로 선체가 긴 배로 400톤급 이상의 대형 범선이며 장전식 대포가 장착되어 있었다. 그런데 여기에 장착된 스페인의 대포들은 대체로 사정거리가 짧았다. 스페

---

23) 정수영, 근세교회사, 쿰란출판사, 2022, pp. 67~68.

인은 해군 8천 명과 육군 1만 9천 명의 병력으로 영국을 공격했다.

　한편 플리머스(Plymouth) 항에 정박해 있는 영국 함대는 총 197척이었으나 이들 배들 중 34척은 여왕의 배이고 163척은 개인 소유였다. 영국의 소형 배들은 기동력과 관리가 용이하므로 정확하고 신속한 포격을 할 수 있는 장점이 있었다. 양군은 도버해협에서 접전했는데 초전은 영국이 8천의 병력으로 열세였다. 이때 스페인의 단거리포에 비해 영국의 대포들은 장거리 대포였다.
　영국 소형 군함들은 '갈 지'(之)자를 그리며 바람이 불어오는 쪽으로 스페인 함선들을 유인해 끌어들였다. 영국군은 우수한 기동성과 사정거리가 긴 대포로 적의 후미를 따라가며 매일 공격을 퍼부었다. 그리고 몇 척의 화선(火船)을 보내 아르마다군으로 하여금 화력을 탕진하게 했다.
　이렇게 전쟁이 길어지자 스페인 군대는 포탄이 다 떨어졌다. 영국 함대는 포탄이 없는 스페인 군함에 접근하여 적선들을 침몰시켰다. 스페인의 남은 군대가 스코틀랜드로 도주했으나 폭풍을 만나 참변을 당한다.
　스페인 군대는 병력의 3분의 2를 잃게 된다. 이 아르마다 함대의 패배로 스페인의 제해권은 영국에 빼앗긴다. 이어서 네덜란드마저 스페인의 지배에서 독립을 쟁취한다. 스페인이 다시 아르마다를 재건했으나 이미 영국에게 주도권이 넘어갔고 영국은 이후부터 신대륙 개척과 미국 식민지 건설로 약진한다.

5) 이순신 장군의 한산도 해전(1592)

이순신 장군은 16세기 사람이다. 동시대의 유럽에서는 스페인과 영국의 해전에서 보여준 것처럼 갤리선이 발달된 갈레온과 범선의 시대였다. 그런데 동시대의 조선의 이순신 장군은 거북선이라는 철갑선을 만들었다.

거북선은 이순신 장군이 직접 설계, 감독, 제작한 것이다. 과거 판옥선의 평판한 갑판 위에 아치형의 덮개를 씌우고 그 위에 송곳칼들을 설치해 적선이 배끼리 부딪치는 보딩(Boarding)을 막았다. 그리고 사방에 대포 구멍을 통해 포격하며 갑판에서는 궁수들이 불붙는 화살을 날려 공격하게 했다.

거북선의 뱃머리는 유황을 태워 벌어진 입으로 안개를 토해내므로 적들을 혼란케 했다. 배의 길이는 약 30m, 폭이 9m, 높이 7m인 거북선은 서양의 갤리선처럼 노를 이용하는 선박으로 좌우에 각각 10개씩의 노를 갖추었다. 10문의 대포를 장착한 거북선은 막강한 철갑선에 의한 과감한 적선과의 돌격은 그 어느 누구도 찾아볼 수 없는 독창적 작품이었다. 해전 역사에 이순신의 철갑선은 서양보다 무려 250년이 앞선 것이었다.[24]

당시의 조선군 대포는 최대 형이 구경 17cm, 무게 8kg의 포탄을 4km까지 날릴 수 있었다.

임진년(1592년)에 일본 왜군이 조선에 도착한 지 20일 만에 서울이 함락당하고 2개월 만에 평양을 잃었다. 그러나 조선의 해군은 남해의 합포, 적진포, 당포, 한산도, 옥포, 부산포 등에서 일본 적선들을

---

24) 정토웅, 세계 전쟁사, pp.163~166.

계속 물리쳤다. 반면에 육지에서 조총으로 무장한 일본군과 화살로 싸우는 조선군은 7년이라는 긴 세월 동안 공방전을 계속했다.

결국 1598년 전쟁을 일으킨 도요토미가 사망함으로 전쟁은 끝이 난다. 그러나 이순신 장군의 명량해전과 한산도 대첩 등은 조선 해군 역사만이 아니라 세계 해전 역사에 길이 자랑할 역사이다.

6) 사상 최대 규모의 육해공군의 노르망디 상륙작전(1944)

1939년에 제2차 세계 대전이 벌어졌다. 이때 독일, 이탈리아, 일본의 3개국은 전 세계 연합군과 전쟁을 벌였다. 이 전쟁 중 가장 큰 전투는 노르망디 상륙작전이었다.

1944년 6월 6일은 노르망디 상륙작전의 날이다. 당시 연합군 최고 사령관은 미국의 아이젠하워 장군, 영국의 지상군 사령관은 몽고메리 장군이었다. 이에 맞서는 독일의 육군 원수 룬트슈테드는 60개 사단을 거느리고 프랑스 지역을 지키고 있었다. 연합군은 6월 6일 6,500척의 선박과 1만 2천 대의 항공기를 가동시켜 17만 명의 병력을 노르망디 해안에 상륙시켰다.

이때를 소재로 한 영화 "라이언 일병 구하기"가 있다. 노르망디 상륙 작전 당시 독일 군대는 기상 악화로 혼란을 겪고 결국에는 연합군이 교두보를 확보했다. 1주일 후 연합군은 33만 명의 병력과 5만 대의 차량과 10만 톤의 물자를 상륙시켰다. 연합군은 8월 25일 파리를 해방시켰다. 1944년 12월 독일군은 벌지 전투에서 반격을 실시했으나 허사였다. 1945년 2월 루스벨트, 처칠, 스탈린은 크림반도의 얄타에서 독일 정복 후 분할을 결정한다. 4월 30일 히틀러가 자살하고 무솔리니는 군중들이 처형시켰다.

1945년 8월 6일에 미국의 원자폭탄이 히로시마에, 9일에 나가사키에 떨어지자 8월 10일 일본 황제의 무조건 항복이 이뤄진다.

우리나라는 일본의 식민지배(1910~1945) 36년의 족쇄에서 벗어났다. 미국이 일본제국을 무력으로 무너뜨림으로 처참한 희생을 치르지 않고 부분적인 희생들로 인해 해방을 얻게 되면서 참으로 고마운 미국으로 각인되었다. 그뿐만 아니라 1950년 6·25 한국전쟁 때 북한 공산군의 남침을 미군과 U.N군의 참전으로 공산화를 물리쳤다.

그런데 중공군의 개입으로 남북이 분단되는 비극을 만들었다. 지금의 우리는 미국의 거듭된 고마움에 대한 감사보다는 중국과 경제를 우선시하는 정치 현실을 보며 정치의 비정한 이기성에 혀를 찰 뿐이다.

맺는 말

계시록 8장 8~9절에 대환난 때에 둘째 나팔 재앙을 소개한다.

그런데 "불붙는 큰 산과 같은 것"이 무엇인지 알 수가 없다. 많은 이들은 핵무기라고 상상한다. 그런데 바다의 삼분의 일이 피가 된다. 바다에 사는 수많은 어족과 생태계가 크게 타격을 받는다. 그래서 바다 가운데 생명을 가진 피조물들의 삼분의 일이 죽는다. 여기까지는 어느 정도 이해가 된다.

그런데 "배들의 삼분의 일이 깨지더라"라는 말씀은 쉽게 이해하기 어렵다. 그래서 과거 인류 역사에 바다에서 일어난 해전들로 바다의 배들이 깨진 역사도 살펴보았다. 그래도 선뜻 이해가 잘 안 된다.

그런데 지금의 국제 정세는 어떤가? 코로나19로 전 세계의 사람들이 곳곳에서 대량으로 죽어 가고 있다. 만 3년에 걸쳐 감염병에 노출된 비정상의 세계가 도무지 끝날 희망이 보이지 않는다. 이런 현실에서도 강대국 미국에 도전하는 나라가 있다. 그것이 중국, 러시아, 북한이다. 특히 미국과 중국 간의 해양권 쟁탈전은 매우 심각하다. 그 중에 미국은 제2차 대전 이후 전 세계 해양권을 거의 다 장악해 왔다. 대서양, 태평양, 지중해, 인도양 등 세계 각 곳에 마치 세계의 경찰국으로 구석구석에 군함들이 상주해 오고 있다.

이 같은 해양권을 선점한 미국에 강력하게 도전을 하는 나라가 중국이다. 그래서 미국과 중국은 위기 직전으로 달려가고 있다. 그런데 미래에 바다 위에 떠 있는 배들이 깨질 것이 예언되었다. 이것은 미래에 전쟁에 의한 파국의 날이 올 것을 예언하는 내용으로 본다. 아울러 지금 세계 곳곳에서 해양권 장악에 국제적 긴장들이 고조되어 가는 세계 정세들도 크게 관심을 두고 지켜볼 사항이라고 본다.

(3) 셋째 나팔 재앙(계 8:10~11)

① 셋째 천사가 나팔을 부니 횃불같이 타는 큰 별이 하늘에서 떨어져(10a)

셋째 천사가 나팔을 불자 재앙이 뒤따른다. 이때의 재앙은 하늘에서 횃불같이 타는 큰 별이 떨어졌다고 묘사되었다. "하늘에서 횃불같이 타는 큰 별"은 언뜻 생각하면 밤하늘에서 수없이 떨어지는 별똥별인 유성(流星)을 연상할 수 있다. 그러나 하늘에서 떨어지는 유성(meteor)은 태양계 안을 운동하고 있는 미소한 천체가 떨어져 지구로 진입할 때 지구의 상층 대기와 부딪치면서 열을 내는 잠시의 현상이다.

그래서 갑자기 하늘에서 빛을 내고 꼬리를 내리며 떨어지므로 '별똥별'이라고 한다. 이 같은 유성은 매일 수천만 개씩 떨어지는 것으로 추정하고 있다.

여기 계시록 8장 10절의 "횃불같이 타는 큰 별"은 유성이 아니다. 왜냐하면 유성이 떨어져서 "강들의 삼분의 일과 여러 물 샘"에 쓴 물을 만들지는 않기 때문이다. 그렇다면 "횃불같이 타는 큰 별"이 무엇일까? 여기서 '횃불'은 '람파스'(λαμπάς)인데 이 단어가 영어로 '등', '등잔'을 의미하는 '램프'(lamp)의 어원이 되었다. 똑같은 '람파스'가 성경 곳곳에 쓰였다.

마태복음 25장 1, 3, 4, 7절에는 모두 '등'이라 했고, 8절에는 '등불'이라고 했다. 계시록 4장 5절에도 '등불'이라고 했다. 그런데 계시록 8장 10절에는 '횃불과 같이'(as it were)라고 번역했다.

우리가 확실하게 알아야 할 사실은 '횃불'이 아니라 '횃불같이'라는 표현으로 '횃불처럼 보이는 타는 큰 별'이라는 것이다. '횃불같이 보이는 큰 별'이 무엇일까? 그 별의 이름은 11절에 '쓴 쑥'이라고 했다. '쓴 쑥'이 강들의 삼분의 일과 여러 물 샘에 떨어져 많은 사람이 죽는 재앙을 가져오는 '큰 별'이다. 그래서 쓴 물로 인해 많은 사람을 죽게 하는 재앙을 가져오는 '큰 별'임을 알 수 있다.

② 물의 삼분의 일이 쓴 쑥이 되매…많은 사람이 죽더라(11)
"하늘에서 타는 큰 별"이 강들의 삼분의 일과 여러 물 샘에 떨어졌다. 그런데 그렇게 '타는 큰 별'이 강물과 물 샘에 떨어지니까 물들이 쓴 물로 바뀌어 많은 사람을 죽게 만든다. 여기서 말하는 '쓴 쑥'이란 무엇인가?

'쓴 쑥'이라는 단어는 '호 압신도스'(ὁ Ἄψινθος)다. 쓴 쑥은 팔레스타인에 널리 퍼져 야생하는 잡초과의 풀이다. 이 '쓴 쑥'은 쓴맛을 내는 독기가 있는 약초이다. 그래서 구약성경에는 이 단어가 괴로움, 슬픔, 고통의 상징으로 쓰였다.

신 29:18 하나님 여호와를 떠나서 그 모든 민족의 신들에게 가서 섬길까 염려하며 독초와 쑥의 뿌리가 너희 중에 생겨서
잠언 5:3~4 대저 음녀의 입술은 꿀을 떨어뜨리며…나중은 쑥같이 쓰고 두 날 가진 칼같이 날카로우며…
렘 9:15 이 백성에게 쑥을 먹이며 독한 물을 마시게 하고
렘 23:15 내가 그들에게 쑥을 먹이며 독한 물을 마시게 하리니
애 3:19 내 고초와 재난 곧 쑥과 담즙을 기억하소서

이 모든 성경들에는 '쓴 쑥'이 단지 약초만이 아니라 고통, 괴로움, 슬픔의 상징으로 표현되고 있다.

계시록 8장 10절에서 셋째 천사가 나팔을 불므로 하늘에서 횃불 같이 타는 큰 별이 강들과 물 샘 위에 떨어졌다. 강(江)들은 인류의 수원지다. 또 물 샘(the Fountains of Waters) 역시 물의 근원지다.

인간은 물을 떠나 살 수 없으므로 인류 문명의 모든 발상지가 강을 중심으로 이루어졌다.

애굽의 나일강, 중국의 황하강, 인도의 인더스강, 중동의 유프라테스강과 티그리스강이 인류 문명의 발상지로 알려졌다. 과거뿐만이 아니다. 현재의 전 세계 모든 국가들의 수도가 모두 강을 중심으로 형성되고 있다.

한국의 서울은 한강이 동서로 흐르면서 강 주변에 1천만 인구를 갖고 있다.

미국의 수도 워싱턴은 포토맥강을 사이에 두고 북부는 메릴랜드주, 서부는 버지니아주로 수도권 인구가 300만 명이다. 그런데 워싱턴 수도는 1년 관광객이 500만 명이 드나든다.

프랑스 파리는 센 강이 도시 전체를 동서로 관통하고 있다. 인구 1천만 명이 넘는 파리는 세계에서 가장 오래된 수도의 면모를 보여준다.

영국의 런던은 북해로 흘러드는 삼각강 하구에서 64km 상류의 템스강을 중심으로 650만 명의 인구가 살고 있다.

일본의 도쿄에는 동쪽에 아라카와강(스미다강), 니카가와강, 후루도네강이 있고, 남쪽에는 다마강이 있다. 도쿄는 세계 3대 도시(뉴욕, 파리, 도쿄)로 1천 200만 명의 인구가 살고 있다.

러시아의 모스크바도 오카강의 지류인 모스크바강이 곡류를 이루는 인구 900만 명의 도시이다. 중국의 베이징도 하이허강 지류인 남동쪽의 융딩강이 있고 남류 차오바이강이 주요 하천을 이루는 인구 925만 명의 도시이다.

이렇게 전 세계 거의 모든 대도시들이 강물 사이에서 유지되고 있다. 그런데 장차 대환난 때에는 강물의 근원인 강들 중 삼분의 일과 여러 물 샘이 '쓴 쑥'의 재앙을 당한다. 그래서 많은 사람이 '쓴 물'로 죽게 된다. 이와 같은 끔찍한 재앙이 무엇을 뜻하는가? 앞서 둘째 나팔 재앙 때는 바다가 피가 되어서 생명을 가진 피조물의 삼분의 일이 죽는다. 바다가 어류 폐기물과 인간이 버린 쓰레기들로 이미 오염된 상태에서 수많은 피해 사례들을 살펴보았다.

그런데 이제는 셋째 나팔 재앙으로 육지의 강들과 물 샘에 독이 생긴다. 우리는 바닷가에서 채취하는 생선들 속에 중금속 오염의 위협을 목도하고 있다. 그뿐만 아니라 사람들의 식수의 근원인 강물과 물 샘마저도 쓴 쑥으로 독이 되어 죽게 된다.

우리는 상수도 수원지가 심각하게 훼손되어 간다는 뉴스를 많이 접한다. 지금 세계는 산업화, 경제화, 문명화라는 이름으로 온갖 창조 세계가 파손되어 가고 있음을 본다. 이 같은 성경의 예언은 막연한 공상이 아니라 구체적으로 우리를 죽여 가고 있는 환경적 재앙임을 확실하게 느낄 수 있다.

우리는 전 세계가 강(江)들을 중심으로 대도시들을 이룬 세상에서 단지 편리하다는 이유로 사는 것을 문명 또는 문화라고 믿고 있다. 사람들이 대도시로 몰려들 때 불편을 최소화하려는 문명은 계속 발전되었다. 인구들이 밀집한 대도시를 계속 유지하려면 편리성이 갖춰져야 한다. 그래서 고대 로마는 상수도 기술로 도시화를 촉진했다.

파리는 하수도 기술로 도시화를 유지했다. 뉴욕은 엘리베이터 기술로 고밀화 대도시를 성장케 했다. 세계는 도시에 백화점, 은행, 병원, 음식점, 학교 등 계속해서 편리한 기구들을 만들어 놓고 도시를 동경하게 만들어 가고 있다. 그러나 고밀화된 대도시에 편리함은 많으나 복도를 사이에 두고 소통이 사라져 버렸다.

　게다가 현대인에게 소통을 더욱 멀어지게 하는 것이 '인터넷'이다. 인터넷은 과거, 현재뿐 아니라 전 세계에 전기가 닿는 곳에는 모든 이들을 소통하게 만들고 있다. 그런데 인터넷은 소통하는 것 같으면서 또 멀어지게 하는 부작용도 크다. SNS는 자신과 비슷한 생각을 하는 사람들과 소통이 이뤄진다.
　반면에 숨어서 자신과 다른 생각을 가진 상대를 공격하는 도구도 된다. 인터넷상의 댓글들은 대화가 아니라 혼자 하고 싶은 말을 일방적으로 던져 놓고는 도망쳐 버린다. 이 같은 문명이 현대인들에게 개인이 찾아낼 수 없는 많은 정보를 제공하는 유익과 함께 인간들 사이를 더 멀어지게 하는 역기능도 드러내고 있다.
　주전 630년경 다니엘이 마지막 때의 환난을 예언했다. 다니엘 12장 1~4절에는 개국 이래로 과거에 없던 환난이 올 것인데 많은 사람이 빨리 왕래하며 지식이 더해지는 것이라고 했다(4절). 그런데 빠른 것, 많은 지식, 많은 정보 등 이 모두가 편리한 것들이다. 빠른 것, 많은 것들이 세상의 흐름이지만 그것이 영생을 얻는 일에 도움이 되지 않고 수치와 영원히 부끄러움을 당하게 하는 것이라면 그것은 진리가 아니다.
　"진리를 알지니 진리가 너희를 자유롭게 하리라"(요 8:32)는 말씀처럼 인간에게 정신적, 육체적, 환경적, 영적으로 처음부터 저 천국까지 자유함을 주는 그것만이 참된 진리일 것이다.

(4) 넷째 나팔 재앙(계 8:12)
　넷째 천사가 나팔을 불자 천체들이 타격을 받는다. 이때 해, 달, 별들의 천체가 타격을 받아 삼분의 일의 비추임의 기능을 잃게 된다고 했다. 과연 이 같은 일이 가능한가? 왜냐하면 태양, 달, 별은 영원무궁한 존재로 믿고 저들을 신(神)처럼 섬겨 왔던 것이 과거 인류였다. 그에 반해 과학자들은 태양의 수명을 계산하고 앞으로 먼 미래에는 태양이 소멸될 것을 예측하고 있다.

이 두 가지 상반된 견해부터 정리해 보자.

① 과거 인류 조상들의 해, 달, 별의 신앙

태양을 신(神)으로 숭배했던 것은 전 세계적 현상이었다.

태양신(太陽神) 숭배는 천계의 신들 중 최고의 신으로 섬김과 함께 그 신앙을 왕권과 지배권과 결부시켜 강조된 경우가 많았다. 그렇게 태양신을 섬겼던 신앙은 가히 세계적이었다. 이집트, 바빌로니아, 히타이트(Hittites: B.C. 1750~1190년경의 인도유럽어족), 그리스, 인도, 동남아시아, 멕시코, 페루, 일본의 오키나와 왕실 등에서 볼 수 있던 세계적 현상이었다.

우리가 잘 아는 고대 이집트에서 왕 파라오(바로)는 태양의 신 라(Ra)의 아들로 왕의 문장은 매, 독수리, 사자 등이 태양의 상징이었다.

이집트는 왕(바로)이 죽으면 미라(mirra)로 만들어 피라미드에 안장시켰다. 저들은 죽은 왕이 저승에서 소생한 태양으로 지내다가 다시금 소생한다고 믿었다. 태양신 숭배는 곧 불사성(不死性)의 표시였다.

그리스의 신화에도 태양신이 존재한다. 하늘의 신 우라노스와 대지의 신 가이아가 결합해 태양 헬리오스, 달 셀레네, 대양의 오케아노스, 지혜의 메티스 등을 만든다. 그들에게서 태어난 제우스는 신들의 주신이고 헤라는 제우스의 본처이다. 이들에게서 대지의 신, 바다의 신, 명계의 왕 등이 나오고 대장간의 신, 전쟁의 신, 출산의 신, 청춘의 여신이 나온다. 또 저들에게서 음악의 신 아폴론, 사냥과 출산의 신 아르테미스, 지식과 기예의 신 아테네, 사랑과 미의 여신 아프로디테, 운명의 여신 모이라 등 끝없는 신의 족보가 등장한다.

그리스의 태양신 숭배는 올림픽 제전 때 성화(聖火) 봉송과 성화단(聖火壇)의 불이 올림픽 기간 내내 불타는 것으로 계승되고 있다. 지금의 전 세계 각국에서 여름과 겨울에 개최되는 올림픽 경기 때마다 하는 성화 봉송이 그리스의 태양신 숭배의 유산이다. 이것이 문화라는 이름으로 문명 시대에도 계승되고 있으니 참으로 어처구니없는 미신 신앙 유산이다.

그 외에 남미의 잉카 제국에서도 왕권을 태양 숭배로 연결시켰다. 해와 달과 별의 변화로 오랜 세월 동안 관찰하여 통계적 공통점을 수치로 정리한 이론이 중국의 주역(周易)이다. 중국의 주역은 통계적 공통점을 근거로 천문, 지리, 인사, 물상, 풍수, 운명 등등 인간의 만상을 통계에 근거해 해석한 이론이다.

그래서 주역이 합리적 또는 과학적이라고 주장하는 이도 있다. 여기서 발생된 오행(五行)인 금(金), 목(木), 수(水), 화(火), 토(土)가 전 우주 만물을 지배하는 원리라고 주장한다. 이는 태양신 신앙의 유산으로 볼 수 있다.

② 현대 과학자들의 태양 지식

현대 과학자들은 태양이 약 45억 년 전에 시작되었다고 본다. 태양이 이미 45억 년이 경과되었으니 앞으로 55억 년 후에는 태양이 사라질 것으로 예상한다. 왜 태양의 수명을 100억 년으로 추정하는가?

그 이유를 태양의 구성 성분의 성격으로 설명한다. 태양의 중심은 97%가 수소가 계속 폭발을 거듭함으로 뜨거운 열과 함께 빛을 내고 있다. 그런데 수소가 계속 폭발을 거듭하면서 수소는 감소되고 타다 남은 것이 헬륨으로 고이게 된다.

핵융합 반응에서 과학자들이 실험한 바에 의하면 수소 4개가 폭발을 하면 헬륨이 1개가 된다. 태양 중심의 수소 폭발로 수소는 점차 감소되어 가고 헬륨은 점차 증가한다. 그래서 태양의 수명이 다하는 앞 55억 년 후에는 소멸된다는 이론이다.

헬륨도 타버리면서 다량의 가스를 방출하면서 행성 모양인 성운처럼 되고 그 중심인 태양은 백색 왜성(矮星) 즉 동일한 빛의 별로 발광량이 적고 크기도 작은 별이 된다는 것이다.

③ 성경의 증언

계시록 8장 12절을 보면 대환난기 때에 인류들이 알고 믿어오고 있는 해, 달, 별이 삼분의 일이 타격을 받고 지금과 같은 기능을 상실하고 빛의 기능의 삼분의 일이 축소된다는 것이다.

여기 '타격을 받아'라는 말은 매우 중요한 의미이다. '타격을 받아'라는 말은 '에플레게'(ἐπλήγη)로 이 단어는 '때리다', '타격하다'는 뜻을 지닌 '플랫소'(πλήσσω)의 부정 과거 수동태이다. 수동태라는 말은 하나님의 전적인 주권 하에서 이루어진 결과라는 의미이다. 하나님께서 어떤 과정, 어떤 방법, 어떤 도구를 사용하셨는가에 대해서는 전혀 설명이 없으며 요한은 단지 나타난 결과만을 표현한다.

이 단어가 신약성경 중에 이곳 한 곳에만 나타났다. 그래서 다른 곳에서 어떻게 쓰였는가를 비교해서 알아볼 길이 없다. 바로 '플레게'

라는 단어가 영어의 '역병' 또는 '천체의 저주'라는 뜻의 Plague로 파생되었다.

분명한 것은 해, 달, 별의 현재와 같은 기능에 타격을 가해 삼분의 일로 기능을 축소시키시는 것은 오직 하나님만이 하실 수 있는 일이다. 왜냐하면 하나님께서 해, 달, 별을 창조하셨기 때문이다(창 1:14~19).

해, 달, 별이 타격을 받은 결과로 삼분의 일이 어두워지고 비추임이 없어진다고 했다. '어두워지니'는 '스코티스데'(σκοτισθῇ)다. 이 말은 '어두워지다', '어둡게 되다', '흐리다'는 뜻을 지닌 '스코티조'(σκοτίζω)의 가정법이다.

마태복음 24장 29절을 보면 "그날에 환난 후에 즉시 해가 어두워지며 달이 빛을 내지 아니하며 별들이 하늘에서 떨어지며 하늘의 권능들이 흔들리리라"고 하였다.

이때 말씀하신 '어두워지며'가 '스코토스'(σκότος)다. 참으로 놀라운 사실이 있다. 구약성경의 선지자들도 종말 때 천체에 이상 현상이 생길 것을 예언했다. 주전 835년경 남왕국 유다에서 선지자 활동을 한 요엘은 요엘서 2장 1~2절에 "여호와의 날이 이르게 됨이니라 이제 임박하였으니 곧 어둡고 캄캄한 날이요 짙은 구름이 덮인 날이라"고 했다. 또 주전 760~753년경 북왕국 이스라엘에서 활약한 아모스 선지자는 아모스서 5장 18절에 "화 있을진저 여호와의 날을 사모하는 자여 그날은 어둠이요 빛이 아니라"라고 하였다.

막 13:24~25 그때에 그 환난 후 해가 어두워지며 달이 빛을 내지 아니하며 별들이 하늘에서 떨어지며 하늘에 있는 권능들이 흔들리리라 계시록 8장 12절 말씀은 구약의 선지자들이 예언했고 예수님께서도 예언하셨던 말씀이 그대로 사도 요한에게서 성취되는 말씀으로 이해된다. 성경 중 어느 한 곳에만 예언된 것이 아니라 오래전 구약 때부터 수백 년 동안 여러 선지자들과 예수님과 사도들이 똑같이 예언하고 있는 내용이므로 확실한 말씀으로 믿어진다. 우리는 이와 같은 천체의 변화를 두려워할 필요가 없다. 왜냐하면 구원받은 성도들은 대환난이 오기 이전에 휴거되어 공중으로 올라갈 것이기 때문이다.

성경의 이 말씀은 대환난 때의 고통스럽고 불편스러운 세상을 겪기 이전에 믿음으로 대환난을 피할 것을 깨우쳐 주려는 데 목적이 있는 것이다. 우리는 이런 말씀이 두려운 공포의 말씀이 아니라 구원받은 나와는 상관이 없는 말씀이라는 확고한 믿음에 의한 가벼운 정리가 필요한 것이다. 그대는 과연 대환난을 모면할 수 있는 구원이 준비가 되어 있는가? 그것이 보다 더 중요한 문제이다.

(5) 공중 독수리의 3화(계 8:13)

① 공중에 날아가는 독수리가(13a)

여기 '독수리'를 고대 사본에(A.D. 4세기경) 속하는 시내 사본(א)과 또 기타 사본들에 독수리라는 뜻의 '헤노스 아에투'(ἑνὸς ἀετοῦ)라는 대문자로 기록되어 있다.

그에 반해 연대가 다소 늦은 주후 5세기경의 알렉산드리아 사본과 에브라임 사본 등 다수 사본들과 에라스무스가 편찬한 '텍스투스 리셉투스'(Textus Receptus: 표준 원문)에는 소문자로 기록된 것에 '천사'를 뜻하는 '앙겔로스'(ἄγγελος)로 필사되어 있다.

이렇게 사본들의 차이가 있고 그 차이가 있는 사본들 중 어느 사본을 따르느냐에 따라 번역 성경들은 각각 달라진다.

5세기 '비잔틴' 계열에 속하는 '다수 본문'(Majority Text)과 에라스무스의 '표준 원문'을 따르는 K.J.V는 '천사'라는 'an angel'로 번역되었다. 그에 반해 고대 사본을 따르는 N.I.V 성경은 독수리라는 'an eagle'로 번역되었다.

이에 따라 우리말 성경 가운데 킹 제임스 성경에는 '천사'로 번역되었고, 개역개정, 공동번역, 표준 새번역에는 '독수리'로 번역되었다. 어느 번역이 옳은가?

계시록 8장과 9장에 재앙을 시행하는 사역자들이 천사들이다. 그렇기에 전후 문맥으로 볼 때에 '천사'로 번역하는 것이 맞는 것 같다. 그러나 반론도 있다.

계시록에는 천사만이 아니라 생물들(4:7~8), 말들(6:3~8), 황충(9:3~11), 여자와 용(12장), 바다 짐승, 땅의 짐승(13장), 음녀(17장), 바벨론(18장) 등 수많은 상징물들이 소개된다.

그렇기에 '독수리'도 충분히 가능한 것이 성경 다른 곳의 사례들이다. 성경에는 독수리가 힘의 상징으로 표현된 곳들이 있다(출 19:4; 시 103:5; 사 40:31).

또 성경에는 독수리를 재앙이나 심판의 상징으로 표현한 곳도 있다(신 28:49; 렘 48:40; 호 8:1; 마 24:28 등). 계시록 8장 13절에 독수리가 '화'를 세 번 외치는 것은 땅에 거하는 자들에게 심판을 선언하는 내용으로 볼 수 있다고 해석한다. 두 가지 상반된 견해 중 '독수리'로 이해하는 견해가 다수의 견해다. 필자가 저술한 《성경의 역사》[25]와 《마

---

25) 정수영, 성경의 역사, 쿰란출판사, 2016, pp.102~114, 237~240

태복음강해서Ⅰ》[26])에서 신약성경의 사본들과 번역 성경의 역사를 소개했다. 보다 더 자세한 사본의 역사를 알기 원한다면 위의 두 권을 참고하기 바란다.

② 땅에 사는 자들에게 화, 화, 화가 있으리니(13b)
여기 "땅에 사는 자들"이란 "투스 카토이쿤타스 에피 테스"(τοὺς κατοικοῦντας ἐπὶ τῆς)다. 이 말은 지구 위에 살아가는 모든 인류를 말하는 것이 아니라 하늘 보좌에 계신 하나님의 다스림을 인정하지 않는 세상 사람들을 뜻한다. 그리고 계시록 8장 13절 내용은 대환난 때 아직도 대재앙이 세 번에 걸쳐서 더 많이 남아 있음을 뜻하는 삼중의 화를 의미한다.

여기 독수리가 세 번의 화(禍)를 외쳤다. 이때 쓰인 '화'는 '우아이'(οὐαί)다. '우아이'는 영어의 woe에 해당하며 '불행', '비애', '비통', '고뇌'라는 뜻이다. 대환난 때 이미 일어난 재앙들로 회개한 유대인들 십사만 사천과 셀 수 없이 큰 무리(계 7:9)가 회개를 했다. 그러나 교권 지상주의를 믿는 가톨릭교도와 완악한 세상 사람들은 재앙을 겪으면서도 회개하지 않는다.

그래서 하나님께서는 이전보다 더 크고 무서운 재앙들을 내리시게 된다. 그렇기에 앞으로 있을 재앙들은 '삼중의 화'로 더 큰 재앙이 될 것이다. 실제로 앞으로 있을 재앙이 갈수록 규모가 커지고 강도가 심화된다.

계시록 9장 12절에 "첫째 화는 지나갔으나…아직도 이후에 화 둘

---

26) 정수영, 마태복음 강해Ⅰ, 쿰란출판사, 2015, pp.234~240.

이 이르리로다"라고 했다. 이때 말하는 두 화는 일곱째 나팔 재앙(계 9:1~11)과 일곱 대접 재앙(계 16~18장)을 의미한다. 이 내용이 계시록 11장 14절에는 "둘째 화는 지나갔으나 보라 셋째 화가 속히 이르는도다"라고 표현되었다.

독수리가 외친 '3화'를 ① 일곱 인의 재앙 ② 일곱 나팔 재앙 ③ 일곱 대접의 재앙으로 이해할 수도 있다고 해석하는 이도 있다. 독수리는 이미 실시된 일곱 인의 재앙보다는 앞으로 남은 재앙이 더 큰 재앙으로 남아 있음을 선언하는 것은 확실하다.

2) 다섯째, 여섯째 나팔 재앙(계 9:1~21)

(1) 다섯째 나팔 재앙(계 9:1~3)

① 다섯째 천사가 나팔을 불매…하늘에서 땅에 떨어진 별 하나가(1)

여기 다섯째 천사의 나팔 재앙이 소개된다. 다섯째 천사의 나팔 재앙은 하늘에서 별이 떨어지는 재앙이다. 여기서 말하는 별은 '아스테라'(ἀστέρα)다. 앞서 계시록 8장 10절에도 "횃불같이 타는 큰 별"이 떨어졌다. 그런데 여기 9장 1절에도 "하늘에서 떨어진 별"이 있다. 이 두 별의 차이는 무엇인가?

앞서 계시록 8장 10절의 '큰 별'은 '쓴 쑥'이라는 이름을 가진, 물을 쓰게 만들어서 사람들을 죽게 하는 재앙의 큰 별이고, 여기 9장 1절의 하늘에서 떨어진 별은 무저갱의 열쇠를 받은 큰 별이다. 그렇기에 9장 1절의 별은 '무저갱의 열쇠'를 받은 의인화(擬人化)된 별이다.

그렇다면 '무저갱의 열쇠를 가진 별'이란 무엇인가?

여기에 대해 두 가지로 해석이 나누어진다. 하나는 하나님의 대리자인 천사를 뜻한다는 해석이다. 그리고 다른 하나는 그것을 사탄으로 보는 견해인데, 두 번째 해석이 더 많은 지지를 받는다. 이렇게 두 가지 견해가 서로 엇갈리고 있다. 그렇다면 사탄은 어느 때부터 시작되었는가? 이에 대해서 9장 11절의 강해 이후에 [특주 27]을 통해 사탄의 기원을 살펴보도록 하겠다.

여기서 우리는 큰 혼란을 가질 수 있다. 사탄이 무저갱의 열쇠를 받았다면 하나님께서 사탄에게 특권을 부여해 주셨다는 논리가 되기 때문이다. 도대체 '무저갱'(無低坑)이란 무엇인가? 헬라어 원문은 "투 프레아토스 테스 압빗수"(τοῦ φρέατος τῆς ἀβύσσου)다. 이 말은 '우물', '저수지'를 뜻하는 '프레아르'(φρέαρ)와 부정 접두어인 '아'(ἀ)와 '바닥', '심연'이라는 뜻의 '뷔도스'(βυθός)의 합성어로 '바닥이 없는 심연'이라는 뜻이다. 이 단어가 성경 곳곳에 쓰이면서 그 뜻이 점점 달라진다.

창세기 1장 6~7절을 보면 둘째 날에 하나님께서 궁창을 만드시고 궁창 위의 물과 궁창 아래 물로 나누신다. 이때 궁창 아래 가두어 둔 물을 무저갱의 물로 표현했다. 그런데 이사야 51장 10절에는 바다 깊은 곳을 무저갱으로, 아모스 9장 3절에는 악한 자들이 바다 밑에 숨을 곳으로 설명하고 있다.

그런데 신약성경 로마서 10장 7절에는 죽은 자들이 내려가는 곳을 무저갱이라고 한다. 그에 반해 계시록 11장 7절에는 무저갱이 악한 짐승들의 거처이고, 17장 8절 짐승의 거처, 20장 1~3절에는 악한 사탄을 천 년 동안 결박해서 잠가 놓은 곳이 곧 무저갱이다.

그런데 계시록 9장 1절에는 하늘에서 떨어진 별 하나인 사탄으로 추정되는 자가 하나님으로부터 무저갱의 열쇠를 받았다. 하나님께서는 사탄이 평소에 하나님을 대적하는 하나님의 원수인데도 대환난 때에는 다섯째 나팔 재앙을 실현하는 도구로 사용하신다. 하나님께서는 때로는 사탄도 적당하게 활용하시는 사실이 욥기 1장 12절에 나타난다. 하나님의 사탄 활용은 매우 제한적, 한시적으로 사용하실 뿐이다.

② 그가 무저갱을 여니 그 구멍에서 화덕의 연기 같은 연기가(2)
여기 보면 '무저갱'에 구멍이 있다. 구약 위경 에녹서에는 무저갱에 뚜껑이 부착되어 있고 자물쇠로 잠그게 설계되었다고 한다.

누가복음 8장 31절에 거라사 지방의 더러운 귀신 들린 자는 그를 맨 쇠사슬과 고랑을 끊고 광야를 활보했다. 이때 주님이 "네 이름이 무엇이냐?"라고 물으시니까 '군대'(레기온: 로마 1개 여단)라고 대답했다. 귀신 들린 자는 자기를 '무저갱'으로 들어가라고 명하지 말아 달라고 간청한다. 그 군대 귀신이 돼지떼 속에 들어가 호수 속으로 몰사한다.

계시록 9장 2절에는 무저갱에 구멍이 있다고 했다. '구멍'은 '프레아토스'(φρέατος)다. 똑같은 '프레아토스'가 1절에는 '갱'으로, 2절에는 '구멍'으로 쓰이고 있다. 그 구멍에서 "큰 화덕의 연기 같은 연기"가 올라온다.

화덕이란 '카미누'(καμίνου)다. 똑같은 단어가 계시록 1장 15절에는 '풀무 불'로 번역되었다. 결국 사탄이 무저갱의 구멍을 열자 구멍 속에서 큰 풀무불 속에서 연기 같은 것이 올라왔다. 이 연기는 좋지 않은 연기였기에 지하 무저갱 속에 갇혀 있었는데 대환난 때 재앙의 도구로 올라오는, 좋지 않은 연기이다.

사탄이 무저갱의 구멍을 열자 무저갱에 갇혀 있던 해로운 연기가 올라왔다. 그 연기로 말미암아 해와 공기가 어두워진다. 무저갱 속에 갇혀 있던 연기가 올라온다. 언뜻 생각하면 메탄(methane)가스가 연상된다. 유기물이 물속에서 부패 발효할 때에 생기는 가스가 있다. 진흙탕, 호수, 하천 또는 산업 폐기물이나 가정의 음식물 쓰레기 등이 지하에서 썩으면서 탄소수가 가장 적은 메탄가스를 만들어낸다. 지하의 하수도 공사를 하는 공사자들이 메탄가스로 사고를 당하는 경우가 많다. 그뿐만이 아니다.

축산 폐기물, 석탄층 속, 석유 산출처에서도 메탄가스가 주성분으로 방출된다. 지금 전 세계의 모든 도시들에는 지하에 매설되어 있는 가스 파이프와 함께 메탄가스들이 농축되어 위험 지역이 무한대로 펼쳐져 있다.

세계의 모든 인류는 도시에서의 편리함 때문에 지하의 메탄가스의 위험 정도를 망각하고 살아간다. 그러나 대환난 때에는 무저갱에 갇혀 있던 해로운 연기가 올라온다. 그렇게 올라오는 무저갱의 해로운 연기는 해와 공기를 어둡게 하는 막대한 환경파괴로 이어진다.

계시록 8장 12절에는 해, 달, 별이 타격을 입고 빛의 기능이 삼분의 일이 축소된다고 했다. 또한 계시록 9장 2절의 무저갱에서 올라온 연기로 해의 공기가 어두워진다. 이것은 앞의 재앙보다 훨씬 더 심각한 환경 재앙을 의미한다.

③ 또 황충이 연기 가운데로부터 땅 위에 나오매…그들이 전갈의 권세와 같은 권세를 받았더라(9:3).

무저갱의 구멍에서 올라오는 연기로 해의 공기가 어두워지고 연기와 함께 황충이 올라온다. '황충'은 '아크리데스'(ἀκρίδες)다. 원문의 뜻은 '메뚜기'를 뜻한다. 구약성경에는 메뚜기가 황충이라는 재앙을 가져오는 해충으로 설명되고 있다.

출애굽기 10장 1~20절에는 동풍에 의해 메뚜기떼들이 온 땅을 덮으며 밭의 채소와 푸른 것들을 남기지 않는 재앙을 일으킨다. 그 후로 메뚜기는 곳곳에서 재앙의 상징물이 된다. 열왕기상 8장 37절에 기근, 전염병, 메뚜기, 황충은 재앙의 공포의 상징이다(대하 6:28도 마찬가지다). 시편 78편 46절에 황충과 메뚜기, 105장 34절에 황충과 메뚜기, 이사야 33장 4절에 황충의 떼와 메뚜기가 나오고, 요엘 1장 4절에는 팥중이가 남긴 것을 메뚜기가 먹고, 메뚜기가 남긴 것을 느치가 먹고, 느치가 남긴 것을 황충이 먹는다고 했다.

무저갱의 구멍에서 올라오는 불쾌한 연기는 지하 속에 썩은 부패한 메탄가스처럼 황충의 재앙을 불러 일으킨다.

그런데 무저갱의 불쾌한 연기가 황충이 되어 땅에서 '전갈'과 같은 권세를 행사한다고 했다. '전갈'은 '호이 스코르피오이'(οἱ σκορπίοι)다. 전갈은 사막지대의 그늘진 바위틈이나 돌 밑에서 살아가는 큰 가재를 닮은 갑각류 동물이며 꼬리 끝에 독침을 보유하고 있는 것으로 유명하다. 수리아 지방의 전갈은 독침을 맞으면 3~4일간 고통을 주지만 인명을 해치지는 않는다고 한다. 그러나 북아프리카 지방의 전갈은 그 독성이 커서 종종 생명을 잃는 경우가 있다고 한다. 황충은 식물을 황폐하게 하지만 전갈은 동물과 사람들에게 커다란 고통을 주거나 죽게 하는 재앙의 도구로 활동한다.

(2) 인침 받지 아니한 사람들만 해하라(계 9:4)

황충은 메뚜기다. 메뚜기는 푸른 식물들을 갉아먹음으로 식물의 세계를 황폐하게 한다. 종종 중동과 아프리카의 하늘을 뒤덮는 메뚜기 떼의 공포스러운 영상을 볼 수 있다. 그런데 메뚜기 같은 황충이 푸른 식물을 갉아먹는 것이 아니라 동물과 사람들에게 고통을 주는 전갈과 같은 독성으로 작용한다.

그리고 더 놀라운 사실이 있다. 천사는 황충들에게 땅의 풀이나 푸른 것이나 각종 수목은 해하지 말라고 지시한다. 그리고 이마에 하나님의 인침을 받지 아니한 사람들만 해하라고 지시한다.

그렇기에 대환난 때의 재앙이 계시록 8장 7절에는 피 섞인 우박과 불로 땅의 삼분의 일을 불태우고 수목의 삼분의 일도 불타는 재앙이었다. 이제 9장 4절에는 이미 삼분의 일이 불타고 없어지고 나머지 삼분의 이에 사는 인간들에게 고통을 주는 재앙이다. 이때에도 이마에 하나님의 인침을 받지 아니한 사람들만 해하라는 독특한 지시가 주어진다.

여기서 '이마에 하나님의 인침'이라는 것이 무엇인가 알아보자. 계시록 7장 3~4절에도 "하나님의 종들의 이마에 인침"받은 내용이 소개되고 있다. '이마에 인침'이란 무엇을 뜻하는가? '인침'은 '스프라기소멘'(σφραγίσωμεν)이다. 이 말의 문자적인 뜻은 '도장을 찍다'라는 뜻이다. 그리고 '이마'는 '메토폰'(μέτωπον)이다. 이마에다 도장을 찍는다는 말은 무슨 뜻인가? 여기 '인침 받는다'는 단어가 '스프라기스'(σφραγίς)인데 똑같은 의미로 신약성경 몇 곳에 표현된다.

롬 4:11 믿음으로 된 의를 인친 것이니

고전 9:2 나의 사도 됨을 주 안에서 인친 것이 너희라
딤후 2:19 인침이 있어 일렀으되 주께서 자기 백성을 아신다 하며
계 5:1 일곱 인으로 인봉하였더라(5:2, 6:1, 3, 5, 7, 9, 12)

계시록 7장 2절, 8장 1절, 9장 4절 등에 똑같은 '스프라기스'가 쓰였다. 이렇게 신약성경 많은 곳에 쓰인 '인침'의 문자적인 뜻은 도장을 찍는다는 뜻이다. 그러나 이 말의 영적인 뜻은 소유권과 증명의 의미를 나타낸다. 옛날 미국 개척시대에 농장주들은 수많은 소떼들을 자기 소유로 확증하는 수단으로 소의 몸에 소유주의 이니셜(initials)을 찍었던 때가 있었다. 하나님께서도 세상의 죄인이 성령으로 변화되면 그를 하나님의 자녀의 표징으로 성령님이 거하시도록 인치신다.

요 3:33 그의 증언을 받는 자는 하나님이 참되시다는 것을 인쳤느니라
고후 1:22 그가 또한 우리에게 인치시고 보증으로 우리 마음에 성령을 주셨느니라
엡 1:13 너희 구원의 복음을 듣고 그 안에서 또한 믿어 약속의 성령으로 인치심을 받았으니
엡 4:30 하나님의 성령을 근심하게 하지 말라 그 안에서 너희가 구원의 날까지 인치심을 받았느니라

이렇게 교회 시대에 성령으로 거듭난 자는 하나님의 자녀됨의 표징으로 그 속에 성령님이 계셔서 활동하는 것을 하나님의 소유의 증명인 '인침'으로 설명했다. 대환난 시대에도 마찬가지다.
대환난 시대, 말로 다 표현할 수 없는 환난과 재앙이 거듭되는 때

에도 주님을 영접하는 유대인들이 생기고 이방인들도 생긴다. 하나님은 그들에게 뚜렷한 표징으로써 이마에 인을 치신다. 그와 같은 형태를 우리는 명확히 알 수 없다. 다만 인침이 하나님의 소유요, 하나님의 자녀라는 증명인 것은 확실하다. 그렇기에 대환난 때에도 황충의 재앙으로 수많은 사람이 전갈에 찔린 듯한 고통을 당하지만 하나님의 자녀로 구원받은 자들은 황충의 재앙을 면제받게 된다.

이것은 과거 이스라엘 백성들이 출애굽하기 직전에 애굽 사람들에게는 재앙이 내려도 이스라엘 백성들이 사는 곳에는 재앙이 내리지 않았던 역사와 유사한 면이 있음을 알 수 있다.

(3) 다섯 달 동안의 괴로움(계 9:5~6)

① 그들을 죽이지는 못하게 하시고 다섯 달 동안 괴롭게만 하시는데(5)

황충인 메뚜기의 본래의 사명은 땅의 풀이나 각종 푸른 수목들을 해하는 것이다. 그런데 황충이 수목들에게 해를 입히는 것이 아니라 사람들에게 고통을 주는 해충으로 달라진다.

이 같은 현상을 오늘 우리가 체험하고 있다. 우리가 현재 겪고 있는 '코로나19'라는 바이러스가 끝없는 변이를 계속해 가며 인간들을 괴롭히고 있다. 코로나19 이전에도 우리는 바이러스 병균으로 막대한 피해를 겪었다. 그것이 과거의 '메르스'였고 '사스'였다. 이런 병균들이 왜 생기는가?

병균들을 보유한 채 살아왔던 조류들의 서식처를 인간들이 개발이라는 이유로 내쫓음으로 조류의 병균들이 사람들에게 옮겨왔다. 또 인간들이 도시를 확장하고 인구가 밀집되면서 저들이 배출해 내는 배기가스들로 지구의 온도가 변화를 일으켰다. 그 결과 따뜻한

곳, 안식처로 삼고 살아오던 박쥐들이 그들의 거처를 옮기면서 박쥐들 속에 공생하던 병균체가 세계로 확산되고 있다. 박쥐들은 코로나19와 같은 병균체와 오랜 세월 동안 공존해 왔기에 큰 지장 없이 살아오고 있다. 그러나 인간은 새로운 병균체가 끝없이 변이함으로 속수무책이다.

지금 전 세계의 코로나19 재앙은 생태계를 무시해온 인간들의 오만을 되갚음 당하는 현상인 것이다. 여기 메뚜기, 황충이 본래의 기능인 풀이나 수목들을 갉아먹는 기능을 하지 않고 사람들에게 전갈처럼 고통을 주는 해충으로 변질되는 것은 오늘날 우리가 체험하는 전염병들에서 체감할 수 있는 사실이다. 지금이라도 인간이 살아남을 수 있는 방법이 무엇인가?

그것은 산업화, 도시화라는 미명으로 온갖 자연들을 파괴하고 생태계를 교란시키는 정책을 중단함으로 기후 변화를 막아야 한다. 그러나 현실 정치는 어떤가? 사람들의 표를 얻기 위해 더 많은 문명화 대책을 경쟁적으로 내놓고 있다. 정치가들에게 희망은 없다. 과학자들 중 전문가들의 고언을 진지하게 듣고 깨달아야만 희망이 시작된다.

황충의 재앙이 왜 다섯 달 동안으로 국한되는가? 메뚜기는 봄에 태어나서 여름 한 철이 끝날 때쯤이면 죽는다. 그렇기에 메뚜기의 생존 기간에 근거하여 재앙 기간을 이해할 수 있다. 그와 다르게 성경에서 10이 완전수라면 5는 불완전과 미완성의 수로 설명되는 점도 기억할 필요가 있다.

참새 다섯 마리(눅 12:6), 보리떡 다섯 개(마 14:17), 소 다섯 겨리(눅 14:19) 등에는 5가 '약간'이라는 개념을 주고 있다. 그렇기에 메뚜기 재앙이 무한정 계속되는 것이 아니라 잠시 동안 제한된 재앙임을 알 수 있다.

② 죽기를 구하여도 죽지 못하고 죽고 싶으나 죽음이 그들을 피하리라(6)

이 말씀은 고통을 당했을 때 믿음을 가진 자와 믿음이 없는 자의 태도, 즉 고통을 어떻게 대하는지에 대한 대응 태도가 완벽하게 다름을 보여준다. 믿음이 없는 자는 황충의 재앙이 너무 고통스러워 죽기를 원한다. 여기 죽기를 '구하여도'라는 말은 '제테수신'(ζητήσουσιν)이다. 이 말은 '열렬히 찾다', '발견하기 위해 애쓴다'는 뜻이다. 고통이 너무 크고 다섯 달이라는 긴 기간 동안 계속되니까 참고 극복해 보겠다는 것이 아니라 빨리 끝내서 죽고 싶다는 것이다.

오늘날 수많은 사람이 70~80년으로 한정된 인생을 끝까지 살아남겠다는 결의를 하지 않고 쉽게 끝내버리는 자살을 선택한다. 참으로 불쌍한 자들이다.

우리는 '죽음'이라는 인류의 공통된 운명을 갖고 있다. 그런데 그 죽음을 어떻게 맞이할 것인가? 그에 대한 태도는 각자가 가진 믿음이 해답을 준다. 죽음 이후에 끝없는 윤회(輪廻)가 반복된다는 것은 상상만 해도 지겹고 끔찍하다. 죽음으로 모든 것이 끝난다는 것도 전혀 허황한 소리다.

죽음 후에 영생이냐, 영벌이냐는 살았을 때 결정된다. 이것은 복음이고 너무 희망적이고 생산적이고 적극적이고 창조적이다.

신앙이 없기에 죽음으로 '끝내버릴 줄'로 착각을 한다. 참으로 끔찍한 말씀이 있다. 믿음이 없기에 죽으면 '끝남'으로 착각하고 죽기를 구하였으나 "죽음이 그들을 피하리로다"라고 했다. 여기서 말하는 '피하리로다'는 '퓨게이'(φεύγει)다. 이 단어는 '도망하다', '피신하다', '멀리하다'는 뜻의 현재형이다. 그렇기에 피하고 싶어도 피할 수 없고, 도망하고 싶어도 계속 뒤따라다니는 고통이 연속되는 것이다. 참으로 끔찍한, 피해갈 수 없는 고통임을 의미한다.

(4) 황충들의 두렵고 기이한 모습(계 9:7~11)
① 황충들의 모양은 전쟁을 위하여 준비한 말들 같고(7a)

모양이란 겉으로 나타나는 생김새나 모습을 의미한다. 황충이 메뚜기인데 메뚜기 모습을 나타내는 것이 아니다. 여기 보면 황충들의 모양이 전쟁을 위하여 준비한 말들 같다고 했다. 이 말을 이해하려면 우리가 알고 있는 메뚜기에 대한 지식으로는 이 본문을 이해할 수가 없다. 무저갱의 구멍에서 연기와 함께 올라온 황충은 우리가 알고 있는 메뚜기 모양이 아니다. 그것은 전쟁을 위해 예비한 말들 같다고 했다. 그렇기에 황충은 곤충이 아니라 말을 닮은 동물 같은 모습이었다.

이렇게 기괴한 모습에 대한 환상을 요엘 선지자도 말했다. 요엘 선지자는 '여호와의 날'의 비참함을 황충의 재앙으로 예언한다. '너희의 날'에는 팥중이가 남긴 것을 메뚜기가 먹고 메뚜기가 남긴 것을 느치가 먹고, 느치가 남긴 것을 황충이 먹는다고 했다(욜 1:1~4). 그때 메뚜기의 모양을 또 설명한다.

욜 2:4~6 그의 모양은 말 같고 그 달리는 것은 기병 같으며 그들이 산 꼭대기에서 뛰는 소리는 병거 소리와도 같고 불꽃이 검불을 사르는 소리와도 같으며 강한 군사가 줄을 벌이고 싸우는 것 같으니 그 앞에서 백성들이 질리고 무리의 낯빛이 하얘졌도다

사도 요한도 계시록 9장 7~11절에서 요엘과 비슷한 예언을 하고

있다.

② 그 머리에 금 같은 관 비슷한 것을 썼으며(7b)

황충을 언뜻 보면 머리에 금관 비슷한 것을 썼다. 황충의 겉모습은 금관을 쓴 것처럼 화려하게 보이지만 사실은 사람들에게 고통을 주는 재앙의 도구다.

③ 그 얼굴은 사람의 얼굴 같고(7c)

사람의 얼굴에는 그 사람의 인생 과정과 지혜와 인성이 나타난다. 계시록 1장 16절에 인자 같으신 예수 그리스도의 얼굴이 "해가 힘 있게 비치는 것 같더라"고 했다. 그런데 황충은 그 본질이 메뚜기의 곤충인데, 환난 때에는 사람의 얼굴을 닮은 동물과 혼성된 기괴한 모습을 가졌다.

④ 여자의 머리털 같은 머리털이 있고(8a)

여자의 머리털에 대한 이미지는 시대에 따라 많은 변천을 거듭했다. 고린도전서 11장 13~15절에는 남자들의 긴 머리는 당시 헬라 문화권에서 '플라토닉 러브'(Platonic Love)라는 이름으로 동성애가 성행되던 당시에 수치스러움의 상징이었다. 반면에 여자들의 긴 머리는 창녀로 오해받을 소지가 있으므로 머리 위에 예배포 또는 너울, 면사포, 수건을 쓰는 것이 좋다고 했다. 이런 과거 시대적 문화 관습을 현대에 적용시키는 것은 무리다. 그러나 대환난 시대의 황충은 내면은 독으로 사람들에게 고통을 주면서 겉으로는 아름다운 여인처럼 긴 머리털을 갖추고 나타난다는 것이다.

⑤ 이빨은 사자의 이빨 같으며(8b)

　요엘 선지자도 "그 이빨은 사자 이빨 같고 그 어금니는 암사자의 어금니 같도다"(욜 1:6)라고 했다. 머리털은 여자처럼 부드럽게 갖추었으나 이빨은 사자 이빨 같다는 것은 겉모습과 내면이 완전히 다르다는 의미이다. 대환난 때 활약하는 황충은 거짓말쟁이임을 의미한다.

⑥ 또 철 호심경 같은 호심경이 있고(9)

　'호심경'이라는 말은 '도라카스'(θώρακας)다. 이 단어 본래 의미는 목 아래에서 배꼽까지의 신체 부위를 지칭하는 도락스(θώραξ)의 복수형이다. 그러나 이 말이 후에는 가슴을 방어하기 위한 갑옷의 일종인 '흉갑' 또는 '호심경'이라는 뜻으로 발전했다.

　그와 같은 '흉갑'을 철로 만들었기에 '철 호심경'이라고 한다. 이와 같은 표현은 황충이 철로 된 호심경처럼 탄탄하게 갖춰져 있으므로 사람들이 황충을 파멸시키려 해도 무기력함을 암시한다.

⑦ 그 날개들의 소리는 병거와 많은 말들이 전쟁터로 달려 들어가는 소리 같으며(9b)

　황충의 날개 소리를 두 가지 은유로 표현했다. 하나는 전쟁터로 달려가는 많은 병거들의 바퀴에서 나는 요란한 소리 같고, 또 다른 표현은 전쟁터에서 기병대들의 많은 말들을 타고 적진을 향해 달려 들어갈 때 내는 말발굽 소리로 표현했다. 이것을 황충이 곤충이기 때문에 날개로 날아가는데 그 소리는 병거 소리와 말발굽 소리를 내는 매우 해괴하고 공포스러운 현상을 의미한다. 이 같은 표현은 대환난 때 황충을 통해 마치 대 격전을 벌이는 전쟁터의 모습을 연상케 하는 공포스러운 표현이다.

⑧ 또 전갈과 같은 꼬리와 쏘는 살이 있어(10a)

황충에게 꼬리가 있는 황충의 꼬리는 곤충의 꼬리가 아닌 전갈의 꼬리를 닮은 꼬리이다. 전갈은 집게발로 먹이를 붙잡아 물고 독이 있는 꼬리로 상대에게 독침을 쏘아 해를 끼친다. 황충에게는 고통을 주는 침(針)이 있다.

⑨ 그 꼬리에는 다섯 달 동안 사람들을 해하는 권세가 있더라(10b)

이 내용은 앞서 5절에 설명했다.

⑩ 그들에게 왕이 있으니…아볼루온이더라(11)

여기 황충은 그 단어가 '메뚜기'라고 했다. 그런데 '메뚜기'는 우리가 알고 있는 곤충인 메뚜기가 아니다. 계시록에 소개되는 '황충'은 무저갱에서 올라온 마귀의 상징이다. 그래서 계시록 9장 11절에 그것들을 '무저갱의 사자'라고 했다. 그리고 사도 요한은 '무저갱의 사자'인 황충을 히브리어와 헬라어로 밝히고 있다.

히브리어로는 '아바돈'(אֲבַדּוֹן)이다. 히브리어 음을 헬라어로 옮기면 'Ἀβαδδών'이 된다. 구약성경에 '아바돈'은 멸망이나 멸망의 장소를 지칭한다.

욥기 31장 12절에는 "멸망하도록 사르는 불", 욥기 28장 22절에는 "멸망과 사망", 잠언 15장 11절에는 "스올과 아바돈", 잠언 27장 20절에는 "스올과 아바돈"이 설명되고 있다.

이렇게 히브리어의 '아바돈'은 멸망, 사망, 지하세계, 마귀적 권세의 상징으로 설명되고 있다.

헬라어의 '아불루온'은 '아폴뤼온'(Ἀπολλύων)이다. '아폴뤼온'은 '파괴하다', '멸망시키다'는 뜻을 가진 동사 '아폴뤼미'(ἀπόλλυμι)에서 파생된 남성명사. 사도 요한이 황충의 이름을 좀 더 확연하게 드러내려고 여성 명사인 '아폴레이아'(ἀπολεία)를 쓰지 않고 '아폴뤼온'이라는 남성명사를 사용하여 '황충'의 강력한 이미지를 돋보이게 하려는 것으로 보인다.

또 학자들 중에는 '아불루온'이 헬라의 신화 중에 음악과 의술과 예언의 신인 아폴론(Apollon)과 관련된 것으로 이해하는 이도 있다. 만약 그럴 경우라면 실제로 로마 황제들 중 사도 요한을 유배시킨 도미티안(Domitian, 81~96) 황제는 자신이 아폴로의 현신(現身)으로 인정받기 좋아했던 역사적 사실과 맞아 떨어진다.

사도 요한은 왜 무저갱의 사자 이름을 히브리어 음과 헬라어 음으로 각각 다르게 제시했는가? 그것은 히브리어를 이해하지 못하는 로마인들, 당시의 헬라 문화권을 향한 배려임과 동시에 이 내용은 모든 유대인이나 헬라인이나 로마인들 모두가 알기를 바라는 목적이 담겨 있다고 본다.

〔특주 27〕
사탄의 기원

계시록 9장에 무저갱에서 올라온 황충이 무저갱의 사자로 소개되고 있다. 여기서 '무저갱의 사자' 개념을 포함해 사탄의 존재와 사탄의 기원, 사탄의 활동 등을 차례대로 설명해 보겠다.

천사의 기원에 대해서는 필자의 《시편 강해》 제4권 "내 속에 있는 것들아 다 그를 송축하라"의 내용 중에 〔특주 28〕에 "천사의 기원과 종류"를 설명했다. 여기서는 〔특주 27〕로 "사탄"의 기원에 관한 설명을 한 후에, 〔특주 28〕에서 "천사"의 기원도 설명하겠다. 이렇게 '천사'와 '사탄'에 관한 양극단의 설명을 모두 다 참조하기 바란다.

1) 사탄의 다양한 이름들

(1) 너는 기름부음을 받고 지키는 그룹임이여(겔 28:14)
(2) 이 세상의 임금(요 12:31)
(3) 공중의 권세 잡은 자(엡 2:2)
(4) 이 세상의 신(고후 4:4)
(5) 사탄(대적자)(계 12:9 등 성경에 52회 사용됨)
(6) 마귀(참소자)(눅 4:2)
(7) 옛 뱀(계 12:9)

(8) 큰 용(계 12:3, 7, 9)

(9) 악한 자(요 17:15)

(10) 아바돈, 아볼루온(계 9:11)

(11) 유혹자(마 4:3)

(12) 참소하던 자(계 12:10)

(13) 바알세불(마 10:25, 12:24, 27; 막 3:22: 11:15, 18, 19)

2) 사탄의 기원

(1) 골 1:16~17: 하늘과 땅, 보이는 것들과 보이지 않는 것들
모든 만물은 다 하나님의 창조물이다. 따라서 사탄도 하나님의 창조물이다.

(2) 천사가 타락해서 사탄이 됨
에스겔은 남왕국 유다인으로 주전 592~570년까지 바벨론 포로였기에 선지자로 활동한 특이한 인물이다. 그는 에스겔서 48장을 남겼다. 그가 기록한 에스겔서는 ① 에스겔의 소명(1~3장) ② 자기 조국 유다에 대한 심판(4~24장), 이방인들에 대한 심판(25~32장), 이스라엘의 회복의 예언(33~48장)으로 구성되었다.

이방인들에 대한 심판을 선언하는 에스겔 28장 13~19절에 아주 특별한 내용이 소개되고 있다. 그 설명은 반역적인 두로 왕에 대한 심판을 설명하는 내용이다. 그런데 두로 왕의 반역은 마치 옛날 에덴동산에서 살아가던 천사가 타락하여 사탄이 된 것으로 설명한다. 그 내용에 근거해 사탄의 기원은 천사가 타락하여 사탄이 된 것으로 이해한다.

에스겔 28장 12~19절 내용에서 천사가 타락했음을 의미하는 표현이 곳곳에 나타난다.

13절에 "네가 옛적에 하나님의 동산 에덴에 있어서 각종 보석…으로 단장하였음이여"라 하며 천사가 각종 보석처럼 고귀한 존재로 창조되었음을 의미한다.

14절에는 '네가 하나님의 성산(에덴동산)에 왕래했다'고 하며, 15절에는 '모든 길에 완전하더니 네게서 불의가 드러났다'고 하였고, 16절에는 '네 무역이 많으므로(두로 왕) 네 가운데에 강포가 가득하여 천사가 범죄함'을 말한다.

에스겔 28장 16절에 "너 지키는 그룹"이라는 표현이 나온다. '그룹'이란 '케룹'(כרוב) 또는 '케루빔'(כרבים)을 뜻한다. 그룹이란 에덴동산의 수호자였다(창 3:24). 이것이 후에 법궤 위의 속죄소에 날개 달린 사자, 황소, 사람과 천사의 얼굴 형상으로 만들어져 비치되었다(출 25:18~22).

구약 시대에 하나님의 임재를 그룹으로 표현했다(출 26:1; 민 7:89; 삼상 4:4; 삼하 22:11). 그런데 에스겔 28장 16절에는 "너 지키는 그룹아…내가 너를(범죄함으로) 더럽게 여겨 하나님의 산에서 쫓아냈고 불타는 돌들(창 3:24) 사이에서 멸하였도다"라고 했다.

17절에서 천사가 왜 타락했는가? 그것은 아름다우므로 마음이 교만했고 영화로우므로 지혜를 더럽혔다. 그래서 땅에 던져 왕들 앞에 구경거리가 되게 했다. 이와 같은 성경적 근거로 사탄은 에덴동산에서 교만 죄로 인해 천사가 타락된 존재로 이해된다. 바로 이 사탄이 창세기 3장에서 뱀으로 변신해서 아담과 하와를 거짓말로 유혹한 것을 볼 수 있다.

(3) 사 14:12~20

아침의 아들 계명성(새벽별)이 하늘에서 추락하게 된 내용이 소개된다.

계명성은 일차적으로 바벨론 왕을 지칭하고 이차적으로는 사탄을 암시한다. 그 근거로 계명성을(12절) 16절에는 '사람'이라고 한다. 그리고 계명성이 하늘에서 떨어졌다(12절, 15절)는 표현과 열국을 엎었다(12절)는 표현은 천사가 땅으로 추락한 것을 묘사하므로 천사가 타락해서 사탄이 되었다는 논리가 성립된다.

3) 사탄의 활동

(1) 하나님에 대한 대적 활동
① 에덴동산의 아담, 하와를 거짓말로(창 3:4) 반역하게 함
② 끊임없이 성도들을 참소함(욥 1:9~11)
③ 하나님의 말씀을 의심을 촉발하도록 왜곡시킴(창 3:1)
④ 하나님의 아들을 시험함(마 4:3~11)
⑤ 하나님의 계획을 무너뜨리려 함(마 16:23)
⑥ 자기를 하나님이라고 내세움(살후 2:4)
⑦ 사람들의 마음을 혼미케 하여 복음을 믿지 못하게 함(고후 4:4)
⑧ 미혹하는 영과 귀신의 가르침을 따르게 함(딤후 4:1)
⑨ 세상 풍조를 따르고 공중 권세 잡은 자를 따르게 함(엡 2:2)

(2) 그리스도인에 대한 대적 활동
① 마귀가 옥에 던져 시험을 받게 함(계 2:10)
② 사탄이 막음(살전 2:18)

③ 사탄은 속임(고후 2:11)

④ 사탄은 의심을 불러일으킴(창 3:1~2)

⑤ 분을 내어 죄 짓게 함(엡 4:26~27)

⑥ 교만해서 정죄함(딤전 3:6)

⑦ 세상에 대한 염려와 재물의 유혹을 일으킴(마 13:22)

⑧ 사탄이 다윗을 충동하여 자기를 의지케 함(대상 21:1)

⑨ 염려로 하나님을 불신케 함(벧전 5:7)

⑩ 육신의 정욕, 안목의 정욕, 이생의 자랑에 빠지게 함(요일 2:16)

⑪ 거짓말을 하게 함(행 5:3)

⑫ 시기와 분쟁을 일으킴(고전 3:3)

⑬ 거짓 사도, 속이는 일꾼이 사도로 가장함(고후 11:13~15)

⑭ 악한 자, 원수 마귀가 교회 내에 침투함(마 13:38~39)

4) 귀신의 기원

우리나라 김기동의 "마귀론" 상·하, 또 "축사의 경험", 한만영의 "그리스도 신유의 4단계" 등에서 보면 불신자의 죽은 영혼이 귀신이 된다. 또 자기에게 주어진 수명(命)대로 죽은 불신자는 곧바로 무저갱으로 가지만 자기에게 주어진 수명보다 일찍 죽으면 남은 연수를 귀신으로 활동한다. 그래서 그 수명이 채워지면 무저갱으로 간다.

'눈 먼 귀신', '벙어리 귀신', '군대 귀신'은 귀신이 되기 전에 눈 멀었던 자, 벙어리였던 자가 그대로 귀신이 된 것이다. 귀신은 영이지만 그 귀신이 사람의 몸속에 들어오면 '다이몬'(δαίμων)이 인격화되고 몸 밖에서는 '프뉴마'(πνεῦμα)라 하여 영적 존재이다. 따라서 귀신은 몸 안에서만 영향을 미친다. 이상은 김기동의 "마귀론" 내용이다.

이 같은 김기동의 "마귀론"이 베뢰아를 통해 한동안 한국 교계에 크게 혼란을 일으켰다. 지금은 그와 같은 주장에 사양길을 걷고 있으나 아직도 김기동의 "귀신론"을 추종하는 세력이 존재하고 있다. 그러나 성경 어느 곳에도 불신자의 죽은 영혼이 귀신이 된다는 근거는 없다.

마태복음 9장 33~34절에는 귀신 들려 말 못하는 자가 있는데 예수님에 의해 귀신이 쫓겨난다. 마태복음 12장 22~24절에는 귀신 들려 눈 멀고 말 못하는 자가 예수님에 의해 고침 받는다. 마태복음 17장 14~20절에는 귀신 들려 간질병에 걸린 자를 주님이 고쳐 주신다. 마태복음 17장 25~30절에는 두로 지방의 수로보니게 족속의 딸이 귀신이 들린 것을 주께서 고쳐주신다. 마가복음 16장 9절에는 일곱 귀신 들렸던 막달라 마리아가 주님에 의해 고침받는다. 누가복음 4장 31~37절에는 갈릴리 가버나움 회당에 귀신 들린 자가 주님의 꾸짖음으로 고침을 받는다. 누가복음 8장 26~39절에는 거라사 땅의 군대 귀신을 돼지떼로 옮겨 주셨다.

성경 어느 곳에도 불신자가 죽으면 귀신이 된다는 근거가 없다. 성경은 천사가 타락한 것이 사탄이라고 했다. 주님은 사탄을 하늘로부터 떨어진 존재로 말씀하셨다(눅 10:18). 그와 같은 사탄을 70인역은 '귀신들'이라고 했다(눅 10:17).

그렇기에 귀신 들린 자는 사탄의 영향 아래 있는 자들이다. 또 누가복음 13장 11절에는 열여덟 해 동안 귀신 들려 앓으며 꼬부라진 여자를 예수님께서 고쳐 주셨다. 그리고 주님은 16절에 '열여덟 해 동안 사탄에게 매였던 딸'이라고 하셨다.

이를 통해 보면 '귀신'과 '사탄'은 동류임을 알 수 있다. 귀신 들린 자는 초자연적인 힘을 발휘한다. 그리고 귀신 들린 자는 예수 그리스도의 영을 모신 자를 두려워한다. 이 모든 것을 종합하면 귀신은 타락한 천사가 사탄으로 전락한 부류라고 본다.

참고로 인간이 죽으면 귀신이 된다는 것은 고대 헬라인들의 주장이었다. 고대 헬라의 Lucioanus의 *"Plilopsendes"* 29장, Hippocrates의 *"De Morbo Sacra"* 제1장, Plinius의 *"Naturalis Historia"* 18장 118절 등에 똑같은 주장을 했다. 그러나 이 같은 주장을 따르는 후학들은 없었다.

우리는 사탄의 기원이 천사가 타락해서 된 존재임 기억해야 하겠다. 천사가 위대한 능력과 우월감을 가질 때 반드시 타락을 한다. "그런즉 선 줄로 생각하는 자는 넘어질까 조심하라"(고전 10:12).

(5) 여섯째 나팔 재앙(계 9:12~15)

사도 요한의 요한계시록 배열은 독특한 면이 있다. 무서운 재앙의 심판을 설명해 나가는 도중 중간중간에 삽입부문을 끼워 넣는다는 사실이다. 예를 들면 계시록 6장에는 일곱 인의 재앙을 설명해 가는 도중에 중간인 7장에는 인침 받은 십사만 사천 명에 대한 내용을 삽입한다. 그리고 8장에는 일곱째 인의 마지막 재앙과 나팔 재앙을 연이어서 설명한다.

그리고 계시록 8장 13절을 삽입한 후에 9장에서 다시 다섯째 재앙을 설명한다. 그리고 9장 12절에서 또 한 절을 삽입한 후에 13절에서 여섯째 나팔 재앙을 설명한다. 사도 요한의 이와 같은 재앙 설명 중 삽입 부분은 뒤에도 계속 이어진다. 그 대표적 특징이 계시록 12~14장의 중간기 내용의 삽입이다. 우리는 사도 요한이 쓴 계시록 구성의 특징을 이해하는 것이 계시록 이해에 도움이 됨을 알 수 있다.

그렇기에 9장 12절의 내용은 앞서 8장 13절의 내용을 다시 한번 감탄문 형식으로 재설명하는 것이라고 할 수 있다.

① 여섯째 천사가 나팔을 불매…하나님 앞 금 제단 네 뿔에서(13)

여기서 여섯째 천사가 여섯째 나팔 재앙을 시작한다. 그런데 신약 시대에 사라진 "하나님 앞 금 제단"이 등장한다. '금 제단'의 내용은 출애굽기 30장 1~10절과 37장 25~29절에 기록된 구약 시대의 초기 때의 제단이다. 출애굽기에는 출애굽한 이스라엘 백성들에게 초기의 신앙 제도들이 시작되는 내용이 소개되고 있다.

금 제단은 조각목(acacia wood) 또는 싯딤나무(사 41:19)라는 한국의 아카시아과 종류의 나무로 만들었다. 그리고 그 제단을 정금으로 싸고 주위에 금테를 둘렀기 때문에 '금 제단'이라고 불렀다.

사도 요한은 계시록 9장 13절에서 "하나님 앞 금 제단의 네 뿔에서 한 음성"을 들었다고 했다.

이것이 무엇을 뜻하는 말일까? 금 제단은 구약 시대 때 사용되었고 신약 시대 때는 사라졌다. 그런데 "금 제단 네 뿔에서 한 음성"은 무엇을 의미하는 것일까? 계시록의 내용에서 그 의미를 찾아볼 수 있다. 앞서 계시록 5장 8절에 "향이 가득한 금대접이" 성도들의 기도라고 했다. 또 계시록 6장 9~10절에는 하나님의 말씀과 증거로 죽임을 당한 성도들의 영혼이 제단 아래에서 신원하는 호소가 소개되었다. 이와 같은 구절들과 여기 "금 제단 네 뿔"에서의 음성을 연결시킨다면 이 음성은 하나님의 음성이거나 또는 하나님의 대리자의 음성으로 추정된다.

계시록 9장 13절의 "금 제단 네 뿔에서 한 음성"에 대하여 지상의 성도들이 수많은 세월 동안 주님의 다시 오심을 갈망해 오던 기도들이 모아져 그 기도에 대한 하나님의 응답의 음성으로 이해할 수도 있다. 여기서 우리가 깨달을 진리가 있다.

우리가 신앙생활을 해 오면서 수많은 기도 생활을 해 오고 있다. 그러나 수많은 기도들 중 성취된 기도 응답보다는 성취되지 않은 기도들이 더 많은 것으로 기억되고 있다. 그런데 그렇게 성취되지 않은 기도들은 공연한 헛소리이거나 무의미한 말장난이었는가?

왜 바울 사도는 "쉬지 말고 기도하라"(살전 5:17)고 했는가? 왜 주님은 "무엇이든지 기도하고 구하는 것은 받은 줄로 믿으라 그리하면 너희에게 그대로 되리라"(막 11:24)고 하셨는가? 우리가 드리는 기도의 양이 많으면 많을수록 주님과 더 가까워지는 것은 분명한 사실이 아닌가? 그렇기에 계시록 9장 13절을 성도들의 기도 응답에 의한 하나님의 음성으로 이해해도 무리는 없을 것이다.

② 큰 강 유프라테스에 결박한 네 천사를 놓아주라(14)

계시록 9장 14절에 "큰 강 유프라테스"가 소개되고 있다. '큰 강'은 강이라는 뜻의 '포타모스'(ποταμός)와 '광대한', '커다란'이라는 뜻의 형용사 '메가스'(μέγας)가 연합된 말이다. 성경에는 유프라테스강을 '큰 강'이라고 표현하고 있다(창 15:18; 신 1:7; 수 1:4).

유프라테스강 이름은 창세기 2장 14절에 나오는 에덴동산의 4대 강 중의 하나였다. 유프라테스(유브라데)강은 지리적으로 터키 북동부와 이란 북서부에 펼쳐져 있는 높이 1,800~2,400m의 아르메니아 고원 지대에서 발원되는 강물이다. 아르메니아 고원 지대 중 가장 높은 산은 아라랏산(창 8:4)으로 높이가 5,165m로 백두산보다 훨씬 높다. 이렇게 높은 고지에서 발원되는 물이 점점 모아져 유프라테스 강물을 이루고 또 다른 지류로 티그리스강과 아라크스강을 이룬다.

그중에서 유프라테스강은 아라랏산에서 발원하여 남쪽으로 흘러 수리아 동북부, 이라크 서부 및 중앙부를 통과한 후 남쪽에서 티그리스강과 합류한 다음에 페르시아만으로 빠져나간다. 유프라테스강의 길이는 약 2,700km 정도 된다. 한국의 가장 긴 강인 압록강이 790km이고 한강이 514km임을 감안하면 유프라테스강은 '큰 강'임을 알 수 있다.

그런데 그토록 유명한 유프라테스강이 인류의 역사 속에 수많은 수난을 당하며 그 강의 개념들이 변천해 오고 있다.

창세기 2장 14절에는 인류문명의 4대 발상지인 나일강, 황하강, 인더스강, 유프라테스강으로 등장하면서 흠모의 강 개념이었다. 그런데 선지자들 시대에 유프라테스강은 적국이 이스라엘을 공격해 침공할 때 반드시 건너야 되는 경계선의 위험 지역으로 설명된다.

> 사 14:31 대저 연기가 북방에서 오는데
> 렘 13:20 너는 눈을 들어 북방에서 오는 자들을 보라
> 겔 26:7 바벨론의 느부갓네살 왕으로 하여금 북쪽에서 말과 병거와 기병과 군대와 백성의 큰 무리를 거느리고 와서…

이렇게 유프라테스강에 대하여 공포스러운 국경선의 이미지를 주었다.

그 후 로마제국이 중동을 장악할 때였다. 주전 53년 로마인들은 유프라테스강 북쪽에 활거하던, 당시 가장 두려운 기마병 민족인 파르티아(Parthia)족에게 패배당한다. 그 후 주후 62년에는 로마 장군이 파르티아인들에게 항복한다. 이때부터 로마인들은 '파르티아에 대한 노이로제'(the Roman neurosis about parthia)가 생긴다.

사도 요한이 계시록을 기록할 당시인 주후 95~96년경에도 로마인들은 파르티아인 노이로제가 작동하고 있었다. 그 노이로제는 주후 114~116년에 트라얀(Trajan) 황제 때에 비로소 파르티아인을 정복하게 되어 사라진다.

이와 같은 유프라테스강의 현재는 어떤가? 참으로 어처구니가 없는 현실이 되었다. 인류의 문명과 함께 자연의 수자원들을 자국에 유리한 자원으로 활용하는 것에는 그 어느 나라도 예외가 없다. 유프라테스강의 상류를 점유하고 있는 터키 정부가 유프라테스강 상류에

다 아타투르크댐을 막아 강물을 하란 지역으로 공급하고 있다. 그래서 강의 수량이 크게 줄어들었다.

강의 수량이 적은데, 이번에는 이라크가 다시 아싸드댐을 막아 강물을 사용하고 있다. 그래서 과거 바벨론 제국 때 바그다드 앞을 흐르던 유프라테스강물이 아닌 현재 이라크 수도 지역인 바그다드 앞에 흐르는 물은 수량이 매우 작은 강이 되고 말았다.

그런데 더욱 궁금한 것이 있다. 계시록 9장 14절에 "큰 강 유프라테스에 결박한 네 천사"가 있는데 그 천사를 놓아 주라고 한다.

앞서 [특주 27]에서 "사탄의 기원"을 살펴봤다. 거기서 사탄은 천사가 타락한 것을 알았다. 그런데 여기에는 '네 천사'가 무슨 이유인지 알 수 없으나 결박을 당해 있다. 그런데 대환난 때 그 결박당한 네 천사를 놓아주라고 한다. 또다시 '천사'에 대한 궁금증이 생긴다.

그래서 [특주 28]에서 "천사의 기원"을 다시 살펴보겠다.

여기서는 유프라테스강에 결박당한 네 천사에 대한 내용이 궁금해진다. 결박당한 네 천사는 왜 결박당했고 왜 대환난 때 놓아 주는가?

여기 네 천사는 모든 천사에게 사용되는 단어인 '앙겔루스'(ἀγγέλους)로 무슨 이유인지 결박을 당해 있다. 결박이란 '데데메누스'(δεδεμένους)로 '묶다'라는 뜻의 완료 수동태이다. 이들 네 천사는 신분은 천사이지만 하나님의 권능에 의해 유프라테스강에 결박당한 채 활동이 정지된 악한 천사이다. 그렇기에 천사란 하나님의 사역을 돕는 선한 천사만 있는 것이 아니라, 하나님의 징계로 활동이 정지된 악한 천사도 있다. 놀라운 사실은 악한 천사가 대환난 때 사람의 삼분의 일을 죽이는(계 9:15) 재앙을 실행하는 천사로 사용된다. 이제 '천사'의 기원을 살펴보자.

(특주 28)
천사의 기원

이 내용은 필자의 《시편 강해》 제4권에 이미 밝힌 내용이다.[27] 여기서는 중복을 피하고 간략하게 요약해 보겠다.

1) 천사의 기원

아브라함과 동시대인 욥기서에서 천사의 기원을 찾을 수 있다.
욥기 38장 1~7절을 보자.
욥기 38~41장까지는 완고한 욥의 항변을 하나님께서 직접 준엄한 말씀으로 질문하시는 내용이다. 그중에서 38장 1~7절이 매우 독특한 내용이다. 4절에서 "내가 땅의 기초를 놓을 때에 네가 어디 있었느냐?"라고 질문하신다.
이 질문의 배경은 창세기 1장 9~13절이다. 하나님께서는 셋째 날에 땅과 바다를 구별해 놓으신다. 그리고 땅에 풀과 씨 맺는 채소와 씨 가진 각종 열매 나무들을 만드신다. 땅의 기초를 놓으시는 그때에 욥은 그 자리에 없었다. 그러나 그때 "새벽 별들이 기뻐 노래하며 하나님의 아들들이 다 기뻐 소리를 질렀느니라"(욥 38:7)고 했다.

---

27) 정수영, 시편 강해 4권, 쿰란출판사, 2019, pp. 64~74.

여기서 말하는 '새벽별'이란 "코케베 보케르"(כּוֹכְבֵי בֹקֶר)이다. 새벽별은 새벽에 빛을 발하는 금성이나 겨울에 밝게 빛나는 오리온자리 등의 별 자체로 볼 수 있다. 그러나 고대 근동 세계에는 별자리가 숭배의 대상이 되었기에 부적절한 의미로 이해될 소지가 있다. 반면에 성경에서 별은 여러 가지 상징적 의미로 사용되었다.

단 12:3　지혜 있는 자는 궁창의 빛과 같이 빛날 것이요
계 1:20　일곱 별은 일곱 교회의 사자요
계 12:1　열두 별(열두 지파)
계 22:6　광명한 새벽별(예수 그리스도)

그러나 욥기 38장 7절의 "새벽별들"이 하나님께서 땅의 기초를 놓으실 때(4절) 기뻐 노래를 했다.

이것은 '새벽별'이 아니라 인간 창조 이전의 '천사'로 추정이 가능하다. 또 '하나님의 아들들'은 '뻬네 엘로힘'(בְּנֵי אֱלֹהִים)이다. 하나님의 아들들이란 인간이 창조되기 이전의 천사들로 추정된다. 이렇게 욥기 38장 1~7절의 내용을 근거로 천사는 천지창조 이전에 이미 창조된 존재라는 추정이 가능하다. 이 같은 근거로 천사는 우주 만물 창조 이전에 하나님께서 창조하신 영적 피조물이라는 해석이 가능하다.

따라서 천사의 기원을 설명하면 다음과 같다.
① 천사는 자존적 존재가 아닌 하나님의 피조물이다(골 1:16).
② 천사는 하나님을 찬양해야 하는 의무를 가졌다(시 148:2~5).
③ 천사는 하나님께 복종해야 되는 의존적 존재다(벧전 3:22).
④ 구원받은 성도들이 장차 천국에서 천사를 판단한다(고전 6:3).

⑤ 성도가 육신을 입고 사는 동안에는 천사의 도움을 받아야 한다(히 1:14).

2) 천사의 본질

천사는 어떤 특성을 갖고 있는가?

① 천사는 혈과 육체가 없는 영적 존재이다(히 1:14)
그러나 필요시에는 사람의 형상으로 나타날 수 있다. 창세기 19장 1절의 소돔성의 두 천사, 누가복음 1장 26~38절의 천사 가브리엘이 나사렛 마리아에게 나타난 경우 등이다.

② 천사는 초인간적 능력을 갖고 있으나 전능한 존재는 아니다(창 19:15~28; 벧후 2:11).

③ 천사는 초인간적 지혜가 있으나 전지하지는 않다(마 26:36, 28:5).

④ 천사는 지, 정, 의를 갖춘 인격체다(삼하 14:20; 계 12:7~9, 22:8~9).

⑤ 천사는 결혼할 수 없으므로 후손을 번식할 수 없다(마 22:20).

⑥ 천사는 특별한 능력이 있다.
빠른 속도(단 10:2, 12; 왕상 19:5~8)를 내며, 하나님과(욥 1:6, 2:1) 사람과(창 18:1~15) 대화가 가능하다.

3) 천사의 계급

성경에 천사의 계급은 명시되어 있지 않다. 다만 그 호칭과 기능에 따라 계급이 있을 것으로 추측한다.

① 천사장 미가엘(Michael)(살전 4:16; 유 1:9)

단 10:13, 계 12:7: 미가엘이 하나님 백성을 수호하는 천사로 기록되었다.

유 1: 9: '천사장'으로 기록되었다.

다니엘서에는 미가엘이 이스라엘의 수호자였다. 미래의 대환난 때에는 하나님의 적인 용과 더불어 전쟁을 벌인다(계 12:7~9).

② 가브리엘(Gabriel)

단 9:21~27: 가브리엘 천사가 이스라엘 민족의 미래사를 알려준다.

눅 1:11~20: 가브리엘 천사가 침례자 요한의 아버지 사가랴에게 아내 엘리사벳이 아들 낳을 소식을 전해준다.

눅 1:26~38: 나사렛의 마리아에게 나타나 장차 잉태하여 아들을 낳을 것을 고지해 준다.

③ 그룹(Cherubim)

출 25:10~22: '증거궤'를 만들고 속죄소(시은좌)에는 '그룹들'을 만들도록 한다. 이때의 '그룹'은 하나님을 보좌하는 천사를 상징한다.

왕상 8:11: 솔로몬 성전 건축 때 하나님의 영광이 '쉐키나'(Shekinah)로 천사의 임재라고 본다.

④ 스랍(Seraphim)

사 6:2: 성전에 '스랍, 불타는 자(Burning Ones)들이' "거룩하다"라고 3중창을 한다. 그 스랍을 천사로 본다.

⑤ 열두 군단 더 되는 천사(마 26:53)

'군단'은 '레기온'($\lambda\varepsilon\gamma\iota\acute{\omega}\nu$)이다. 레기온은 로마제국 군대 단위로 1개 군단은 약 6천 명의 보병과 약 120명의 기병으로 구성된다. 따라서 '열두 군단'이라면 약 7만 2천 명의 보병과 약 1,440명의 기병으로 구성된 대군을 의미한다. 그렇기에 천사의 숫자는 정확하게 알 수 없다.

계시록 9장 14절에는 그 수많은 천사 중에 '네 천사'가 큰 유프라테스강에 결박당해 있다가 대환난 때 놓임을 받는다.

네 천사가 왜 결박을 당했는지는 알 수 없다. 그런데 저들이 놓임을 받으며 사람의 삼분의 일을 죽이기로 준비되어 있던 천사들이다(계 9:15). 이를 통해 보면 좋은 일로 쓰임받는 천사는 아닌 것 같다.

(6) 이만 만(2억) 마병대의 전쟁(계 9:15~19)

① 네 천사가 놓였으니 그들은 그 년 월 일 시에…사람 삼분의 일을 죽이기로 준비된 자들이더라(15)

15절은 참으로 이해하기 어려운 구절이다. 앞서 천사의 기원을 설명했다. 일반적으로 천사라고 하면 하나님의 수종자들로 좋은 일만 하는 것으로 상상을 해왔다. 그런데 계시록 9장 15절은 네 천사가 사람의 삼분의 일을 죽이기로 예비되어 있는 천사들이라고 했다. 이 구절을 보면 나쁜 일을 하는 천사도 있음을 알 수 있다.

하나님께서는 나쁜 일을 맡은 네 천사로 하여금 대환난 기간 때에 사람들 삼분의 일을 죽이기로 계획해 놓으셨다. 참으로 끔찍하고 참혹한 일이다.

과거 인류들은 제1차 대전과 제2차 대전으로 엄청난 인명 피해와 재산 파괴로 대참사를 겪었다. 그래서 모든 인류는 전쟁을 막자고 UN이라는 국제조직을 만들었다. 그 결과 제3차 대전은 일어나지 않고 아슬아슬하게 넘어가고 있다. 그런데 성경은 제3차 세계 대전 이상이 되는 인류의 3분의 1이 죽는 대재앙이 있을 것임을 말하고 있다.

그때가 어느 때일까? 사도 요한은 '그 년, 그 월, 그 일 그 시'라고 했다. 원문의 뜻을 우리 식으로 표현하면 모년(某年), 모월(某月), 모일(某日), 모시(某時)가 된다. 하나님께서는 인류의 삼분의 일이 죽을 대환난을 정확하게 정해 놓으셨다. 하나님께서 정해 놓으신 연, 월, 일은 하늘의 천사들도, 아들도 모르고 오직 아버지만 아시는 하나님만의 고유 권한이다(마 24:36). 그런데 명확한 것은 그 같은 날이 닥치게 되면 전 세계 인구의 삼분의 일이 죽게 된다는, 정말 경악하고 몸서리칠 공포이다.

② 마병대의 수는 이만 만이니 내가 그들의 수를 들었노라(16)
'마병대'란 '톤 스트라튜마톤 투 힙피쿠(τῶν στρατευμάτων τοῦ ἱππικοῦ)다. '힙피쿠'는 '말'을 뜻하는 '힙포스'(ἵππος)에서 파생된 형용사다. 이 단어는 보병이라는 뜻과 다르게 쓰여져서 '말을 타는 기병대(騎兵隊)'라는 뜻이다.

그리고 그 숫자가 '이만 만'이라고 했다. '이만 만'은 '디스뮈리아데스'(δισμυριάδες)다. 이 말은 만(萬)들의 이만(二萬)들이라는 뜻이다. 그렇기에 만들의 이만은 2억(二億)을 뜻한다. 여기서 말하는 기병대가 2억의 군대라는 것은 현실성이 없는 말이다. 그러나 '이억의 군대'는 현실적으로 몇 개의 나라가 연합하면 가능하다.

세계 최대 인구를 가진 중국(13억 8천)이나 인도(13억 4천), 미국(3억 2천)으로 상상해 볼 수 있다. 그렇기에 계시록을 편리한 대로 해석하는 일부에서는 현재 세계 최대 인구를 가진 중국이 무한 군사 증강을 해나가는 것과 결부시킨다. 미래의 2억 군대로 나아가 세계 대전을 일으킬 자를 중국으로 보는 이도 있다.

계시록에는 많은 숫자들이 사용되고 있다. 4장 10절의 이십사장로, 7장 4절과 14장 3절의 십사만 사천, 또 13장 18절의 육백육십육 등 여러 곳에 숫자들이 사용되고 있다. 그 숫자들을 문자적으로 해석하느냐, 상징적으로 해석하느냐, 영적으로 해석하느냐의 문제는 신학적 입장에 따라 다르다.

똑같은 성경을 놓고도 각각 다른 신학 배경에 따라 다른 해석과 주장을 하며 상대의 주장은 비판하여 정죄까지 하고 있다. 필자는 문자적, 문법적, 역사적 해석을 존중하나 각각 다른 신학자들의 신학적 해석은 별 가치를 느끼지 않는 입장이다. 그래서 여기 '2억의 군대'도 중국이든, 연합군이든, 참전국 정부이든 간에 실제적으로 '2억'의 군대가 동원되는 전쟁이 있을 것으로 본다. 왜냐하면 이 같은 전쟁의 계획자는 하나님이시기 때문이다.

③ 이 같은 환상 가운데 그 말들과 그 위에 탄 자들을 보니(17a)
여기 보면 사도 요한은 '2억'의 군대를 환상 가운데 보고 있다. 그래서 2억의 군대 내용은 단지 환상일 뿐 미래의 사항이 아니라고 이해하는 이들이 있다. 그들은 이 내용이 단지 환상에 불과함을 증명하기 위해 계시록에 기록된 수많은 환상들의 사례들을 열거한다. 그러나 계속 이어지는 18절에는 불과 연기와 재앙으로 사람의 삼분의 일이 죽임 당함을 말하고 있다.

17절을 환상으로만 이해한다면 본문 이해에 논란을 일으킬 수 있다. '환상'이란 '호라세이'(ὁράσει)다. 이것은 비전(Vision), 꿈, 환상 등으로 번역되는 단어이다.

그런데 구약이든, 신약이든 많은 성경 저자들이 환상 속에서 계시를 받은 내용을 성경으로 기록하고 있다. 다니엘의 경우 많은 '환상'을 본 것을 기록하고 있다.

다니엘 7장 2절에 "내가 밤에 환상을 보았는데…큰 짐승 넷이 바다에서 나왔는데"라고 하며, 다니엘서 8장 1~3절에서 "내가 환상을 보았는데 두 뿔 가진 숫양이 섰는데…"라고 했고, 다니엘 8장 15~27절에서 "내가 환상을 보고 놀랐고 그 뜻을 깨닫는 사람도 없었느니라"라고 하며, 다니엘 9장 20~27절에서 이스라엘 민족의 미래 운명인 "70 이레"도 환상 중에 들었다.

계시록의 저자인 사도 요한 역시 성령에 감동되어(계 1:10) 예수 그리스도의 계시(계 1:1)를 말하고 있다. 따라서 계시록 9장 17절의 '환상' 역시 그리스도 계시의 수단으로 증언하고 있으므로 이때의 '환상'을 '상징적 의미'라고 해석하는 것은 성경신학의 일관성을 배제하는 잘못된 시도라고 본다.

다니엘이 환상을 통해 계시해 준 것을 문자적으로, 문법적으로 믿는다. 그렇다면 사도 요한의 환상도 문자적, 문법적으로 믿어야 한다. 어느 부분은 문자적으로 믿고 어느 부분은 상징적으로 믿는다면 그것은 일관된 성서신학이 아니다. 오히려 그때그때 편리한 대로 대응하는 임기응변의 인간적 처신이 된다.

④ 불빛과 자줏빛과 유황빛 호심경이 있고(17b)

사도 요한이 2억에 해당되는 마병대의 말과 말 위에 탄 자를 환상 가운데 보았다. 그런데 말을 탄 자들이 호심경들을 갖추었는데 그들에게서 세 가지 빛이 나타났다.

한 가지는 불빛이다. 불빛은 '퓌리누스'(πυρίνους)다. 이것은 불처럼 붉은색을 띤다는 뜻이다. 또 '자줏빛'은 '휘아킨디누스'(ὑακινθίνους)다. 이것은 유황색 연기처럼 거무스름한 청색으로 이해된다. 또 '유황빛'은 '데이오데이스'(θειώδεις)다. 이것은 유황이라는 '데이온'(θεῖον)에서 파생된 형용사로 황색, 곧 노란색을 의미한다. 말들을 탄 자들은 세 가지 색깔이 다른 호심경으로 중무장했다.

'호심경'이라는 '도라카스'(θώρακας)는 앞서 계시록 9장 9절에 설명한 대로 가슴을 방어하기 위한 갑옷의 일종이다.

⑤ 또 말들의 머리는 사자 머리 같고 그 입에서는 불과 연기와 유황으로(17c)

2억의 마병대 숫자 자체도 무서운 숫자이다. 그런데 그 마병대를 구성하는 말 탄 자들이 특이하다. 거기에다 말들조차도 특이하다. 여기서 말하는 말들의 머리는 사자머리와 비슷하다. 그리고 또 놀라운 것은 말들의 입에서 불과 연기와 유황이 나온다.

창세기 19장 24절에 하나님께서 소돔과 고모라를 멸망시키실 때 하늘에서 유황과 불을 동시에 비같이 내리셨다. 잘 아는 대로 유황에 불이 붙으면 불이 가중되고 또 사람을 질식시키는 연기가 나므로 이것은 하나님의 극렬한 심판의 상징이다.

계시록 20장 10절에는 하나님께 반역하도록 미혹하는 마귀가 장차 천년왕국 직후에 세상 사람들을 불과 유황 못에 던져진다. 그 뜨겁고 불이 계속되는 곳에서 타 죽고 끝나지 않고 세세토록 밤낮을 가리지 않고 괴로움을 당하게 된다고 했다.

⑥ 불과 연기와 유황으로 사람 삼분의 일이 죽임을 당하니라(18)

여기에 기록된 2억의 마병대에 의한 재앙이 미래의 대환난 때에 있을 분명한 사실인가? 아니면 단지 대환난 때 있을 하나님의 극렬한 심판의 상징일 뿐인가? 문자적 해석과 상징적 해석에 따라 엄청난 차이를 가져온다.

혹자는 여기에 기록된 내용을 좀 더 실감나게 설명하려고 현재 전 세계가 갖춘 전쟁 무기들의 통계를 설명하기도 한다. 그렇게 전 세계의 핵무기 실상을 소개하는 것이 미래 대환난 때의 분명한 위험 요인이 되는 것만은 사실이다. 그렇다고 할지라도 하나님께서 인간들의 핵무기로 재앙을 내리실까? 그 부분에는 쉽게 동의할 수가 없다. 왜냐하면 천지 우주 만물을 만드신 하나님이 굳이 인간들이 만들어 낸 무기를 재앙의 도구로 삼지는 않으실 것으로 믿는다. 하나님은 우리가 모르는 신비한 방법으로 얼마든지 지구를 멸할 수 있으시다. 그 사실은 계시록 21장 1절에 처음 하늘과 처음 땅과 바다를 없애시고 전혀 다른 '새 하늘'과 '새 땅'을 만드시기 때문이다.

여기서 참고로 인류 역사에 있었던 두 번의 세계 대전이 얼마나 큰 비극을 일으켰는지 대략적인 규모를 이해함으로 하나님의 재앙은 차원이 다름을 알아보자.

㉠ 제1차 세계 대전(1914~1919)

독일 편에 선 오스트리아, 오스만 제국, 불가리아가 한편이 되었고 영국, 미국, 러시아, 프랑스 등의 연합국은 27개국이 되었다. 이때 약 4년 남짓 전쟁으로 많은 희생자가 따랐다.

독일과 러시아는 각각 170만 명이 사망했고, 프랑스가 136만 명, 오스트리아가 120만 명, 영국이 90만 명, 미국이 12만 6천 명이 사망했다.

㉡ 제2차 세계 대전(1939~1945)

제2차 세계 대전 때는 독일, 이탈리아, 일본이 한편이고 이들에 대항하여 전 세계가 참전했다. 이때 전쟁에 참여한 나라는 모두 61개국이고 동원된 병력 숫자도 약 1억 1,000만 명이 된다. 이때 전사자가 약 2,500만 명, 민간인 희생자가 약 2,500만 명이 되고 전상 부상자가 약 3천 500만 명에 이른다고 했다.

이때 최대 피해국은 소련이었다. 소련은 1,360만 명의 전사자와 민간인 희생자까지 약 2천만 명이 죽었다. 소련 전 인구의 10%가 넘는 희생이었다. 중국도 전사자 130만 명을 포함해 민간인 희생자까지 2천만 명 이상의 희생자를 냈다. 그 밖에 폴란드가 전사자 60만 명을 포함해 약 600만 명이 희생당함으로 전 인구의 17%가 사망했다.

독일은 210만 명이 전사당했고, 일본이 120만 명이 전사당했다. 제2차 대전 6년 동안에 전사자와 민간인을 합쳐 5천 650만 명이 희생을 당했다.

계시록 9장 15~18절에 의하면, 앞으로의 2억의 군대가 전 인구의 삼분의 일을 죽게 하는 전쟁이 생긴다는 것이다. 이 내용과 계시록 16장 12절에 여섯째 대접 재앙 때 유프라테스강물이 마르고 동방에서 오는 왕들과 연결시켜서 동방의 2억 군대가 중국이라고 해석하는 이도 있다. 참으로 공교로운 것은 과거의 중국은 10년마다 주기적으로 주석이 바뀌었다. 그런데 현재의 시진핑 주석은 종신 집권하려고 법을 바꾸고 무력증강에 최대로 열을 올리고 있다.

중국은 세계 최대 강국인 미국과도 대결을 불사할 기미를 보인다. 우리는 핵을 가진 강대국들이 정치적, 사상적, 경제적으로 주도권 쟁탈전을 계속해 나가는 핵우산 공포를 안고 살아가고 있다. 제발 인류와 피조 세계와 후손들의 미래를 위해서 핵전쟁만은 일어나지 않기를 기대한다.

그런데도 성경은 사람 삼분의 일의 죽음을 예언하고 있다. 현재 세계 인구가 75억 명인데 그중에서 삼분의 일이면 25억 명이 죽게 된다는 것이다. 하나님께서 이렇게 많은 인구를 죽이기로 오래전에 작정하신 것을 알 수 있다.

㉗ 말들의 힘은 입과 꼬리에 있으니 꼬리는 뱀 같고, 또 꼬리에 머리가(19)

계시록 9장 19절은 대환난 때 사람의 삼분의 일을 죽이는 전율할 죽음의 사자는 괴이한 모양의 말이다. 앞서 계시록 9장 17절에 말들의 머리는 사자 머리 같고 그 입에서는 불과 연기와 유황이 나온다고 했다. 19절에는 말들의 꼬리 부분을 설명한다. 꼬리는 뱀 같고, 또 꼬리에 머리가 있다고 했다. 꼬리가 뱀 같고 또 꼬리에 머리가 있는 동물로 무엇이 있는가? 그런 동물은 실제로 존재하지 않고 신화 속에나 등장할 법한 표현이다. 그런데 꼬리에 머리가 있다는 표현은 사실적으로 이해하기보다는 꼬리에 머리처럼 지혜와 지식이 있다는 과장법 표현으로 이해하는 것이 보다 더 합리적인 이해가 아닐까 싶다. 그래서 대환난 때 사람의 삼분의 일을 죽이는 사상 초유의 대재앙을 베푸는 기이한 말은 지혜와 지식이 매우 많은 말이 아닌가 추측된다.

(7) 여섯째 재앙에도 회개치 않는 자들(계 9:20~21)

① 재앙에 죽지 않고 남은 사람들은(20a)

7년 대환난이 시작되면 여러 가지 변화들이 일어난다. 그중의 하나는 메시아를 인정하지 않고 구약성경만을 고수하던 유대인들이 대량으로 회개하고 돌아온다. 그것이 십사만 사천이라는 유대인들의 회개 역사다(계 7:4~8)

그뿐만이 아니다. 전 세계 각 나라와 족속 중에서 셀 수 없이 큰 무리가 회개하고 돌아오는 역사가 전개된다(계 7:9~14). 그런데도 하나님께서는 만세 전에 유프라테스강에 결박시켰던 네 천사를 놓아줌으로 사람의 삼분의 일을 죽이는 재앙을 시행한다. 그렇게 되니까 살아남은 사람들은 삼분의 이로 줄어든다. 이렇게 많은 인구가 죽고 가까스로 살아남은 자들은 회개하고 하나님께로 돌아오는 것이 정상적인 인간들이다.

그런데 그토록 끔찍한 대재앙을 겪고도 하나님께로 돌아오지 않고 우상을 더 열성적으로 섬기는 더욱더 완악한 자들이 되어간다.

② 남은 사람들은 손으로 행한 일을 회개하지 아니하고(20b)

여기 남은 사람들은 "손으로 행한 일" 즉 우상숭배를 회개하지 않는다. 여기 "손으로 행한 일"이란 모세가 이스라엘 사람들에게 경고한 내용과 흡사하다(신 4:28). 그 내용이 뒤에 잘 설명된다. "오히려 여러 귀신과…금, 은, 동과 목석의 우상에 절하고"

여기에서 귀신과 우상에 절하는 것을 동등하게 인식한다. 모세는 하나님께 제사하지 않고 다른 데 제사하는 것은 귀신에게 제사하는 것이라고 했다(신 32:17). 바울 사도도 이방인이 제사하는 것은 귀신에게 하는 것이고 하나님께 제사하는 것이 아니라고 했다(고전 10:20). 귀신들은 사람의 눈에 보이는 형체가 없다. 그러나 귀신들의 세력은 현실적으로 실존하는 세력이다. 귀신들은 사람들의 소유물을 빼앗고 그들의 눈을 멀게 한다(마 12:22). 또 미치게 하며(눅 8:26~36) 벙어리가 되게도 한다(마 9:32~33). 또 귀신들이 사람을 충동시켜 죽음에 이르도록 불과 물에 자주 던지게 한다(막 9:22).

귀신들 세계는 계급 제도가 있다(엡 6:12). 사람들이 처절하게 비극 당한 것을 귀신들의 진노로 착각하고 대환난의 극심한 재앙 속에도 귀신을 숭배하는 이들이 있다.

성경의 역사에서 우상숭배는 시대를 따라 점점 발전된다. 사사기 때는 산이나 숲이나 나무, 바위 등 정령이 임했다고 생각되는 것에 경배를 했다(삿 6:26~27). 그런데 가나안에 정착한 후에는 가나안의 농경 신이며 생산의 신인 바알신을 섬긴다(왕상 16:31~33). 솔로몬 시대에는 수많은 이방 왕비들이 가지고 들어온 각종 이방 우상들을 섬겼다.

주님은 사람이 하나님처럼 섬기는 모든 것이 우상이라고 하셨다(마 6:24). 바울 사도는 음행, 더러운 것, 탐하는 것, 마음속의 욕망까지도 우상이라고 했다(엡 5:5; 골 3:5). 현대인의 우상은 매우 교활하게 삶의 각 영역에 침투하고 있다.

③ 살인과 복술과 음행과 도둑질을 회개하지 아니하더라(21)
살인은 10계명 중 제6계명으로 금지된 계명이다(출 20:13).
인류 문명은 사형 제도를 살인으로 취급하고 폐지를 주장할 정도로 발전했다. 그러면서 전쟁을 통해 적을 죽이려 드는 광폭적인 적대감은 과거보다 계속해서 증대되어 가고 있다. 오늘날 세계 국제 정치나 이웃 국가들과의 관계를 보라. 이웃 국가들이 사이좋게 지내는 경우는 드물다. 속으로는 상대에 총부리를 겨누면서 겉으로는 외교라는 이름으로 미화시키며 살벌한 세상을 이끌어 가고 있다.

음행은 10계명 중 제7계명으로 금지된 계명이다(출 20:14).
음행은 합법적인 부부간의 성행위가 아닌 비정상적 부도덕한 성관계를 의미한다(마 5:32; 고전 5:1). 구약 때 선지자들은 하나님 외에 이방 우상을 섬기는 것도 음행이라고 했다(겔 23:29; 호 2:2; 계 18:3). 이 세상의 음행에 중독된 자는 끝까지 회개하지 않는다.

도둑질은 십계명 중 제8계명으로 금지되었다(출 20:15).
'복술'이란 '파르마콘'(φαρμάκων)이며 이 말은 요술, 마술, 점 등과 함께 마약까지도 복술에 포함시킨다. 고대에는 독살자와 마술사가 동의어로도 쓰였다. 복술(민 23:23; 겔 12:24; 미 5:12; 계 9:21, 18:23), 술수(왕하 9:22; 갈 5:20) 등은 다 유사한 뜻으로 쓰인다.

놀라운 사실은 계시록 22장 15절에 "개들과 점술가들과 음행하는 자들과 살인자들과 우상숭배자들과 거짓말을 좋아하며 지어내는 자는 다 성 밖에 있으리라"고 해서 점술가들이 우상숭배나 음행자나 살인자와 동격시되고 있다.

우리가 깨달을 진리가 있다. 이 세상에 살아가는 동안에 하나님의 은혜로 거듭나는 중생의 사람으로 변화되지 않는 한 대환난 때 같은 극심한 세상을 겪으면서도 살인, 음행, 도둑질, 복술자들은 회개하지 못하고 끝내 멸망을 당한다는 사실이다.

3) 두루마리를 먹은 요한(계 10:1~11)

(1) 두루마리를 들고 바다와 땅을 밟고 선 천사(계 10:1~4)

대환난 기에 관한 내용이 기록된 계시록 6~18장에는 대환난의 소개만이 아닌 중간에 삽입 내용들이 있다. 그것이 7장의 인침 받은 이스라엘 백성 십사만 사천과 셀 수 없는 큰 무리의 회개 내용이었다.

계시록 8, 9장에서 일곱째 인과 나팔 재앙이 설명되었다. 그런데 또 10장에서 11장 14절에 두루마리 먹은 요한과 두 증인에 대한 내용이 삽입된다. 사도 요한의 계시록을 기록하는 기술이 매우 독특하다. 한참 동안 대환난의 처참한 내용이 설명되다가 중간중간에 전혀 새로운 내용들을 삽입시키는 패턴을 반복한다.

여기 계시록 10장에는 사도 요한이 두루마리를 먹은 내용이 나온다. '두루마리'는 '비블리온'(βιβλίον)으로 '책'을 뜻한다. 그런데 천사는 왜 요한에게 책인 두루마리를 먹으라고 했을까? 요한에게 그런 지시를 하는 천사는 어떤 천사일까? 그 궁금증을 1~4절에 설명하는 내용을 차례대로 살펴보자.

① 내가 또 보니 힘센 다른 천사가 구름을 입고 하늘에서 내려오는데(1a)

사도 요한은 자기가 본 것을 여러 번 말한다(계 1:2, 12, 17, 19~20 등). 여기서도 또 자기가 보았다고 한다. 사도 요한은 왜 이렇게 자기가 본 것을 거듭 반복해서 설명하는가? 그것은 자기가 본 것이 환상 가운데 본 것이지만 그것이 허상을 본 것이 아니라 분명하고 확실한 실상을 보았음을 거듭 강조하고 확인시키려 하는 데 목적이 있는 것 같다.

그는 "힘센 다른 천사가 구름을 입고 하늘에서 내려오는" 것을 보았다. 여기 '힘센 다른 천사'라는 표현은 계시록 5장 2절에서 봉인된 두루마리를 누가 펼 수 있느냐고 외치는 두루마리와 관련된 천사이고, 또 계시록 10장 1절의 힘센 천사는 이미 펼쳐져 있는 작은 두루마리를 들고 있는 천사이다.

계시록 5장 2절과 10장 1절의 힘센 천사는 동일한 두루마리와 관련된 천사로 추정된다. 그 천사가 하늘에서 땅으로 내려올 때는 구름을 타고 내려온다.

단 7:13 인자 같은 이가 하늘을 구름을 타고 와서
마 24:30 인자가 구름을 타고 능력과 큰 영광으로 오는 것을 보리라
행 1:9 그들이 보는데 올려져 가시니 구름이 그를 가리어

이처럼 구름을 타고 오시는 주님, 구름을 타고 내려오는 천사라는 표현을 보면 하늘의 구름은 수증기가 뭉친 것만은 아닌 것 같다.

② 머리 위에 무지개가 있고 그, 얼굴은 해 같고 그 발은 불기둥 같으며(1b)

힘센 천사의 머리 위에 무지개가 있다. 에스겔이 본 네 생물의 형상을 설명하는 에스겔 1장 28절에 "광채의 모양은 비 오는 날 구름에 있는 무지개 같으니…"라고 하였고, 계시록 4장 3절에 보좌에 앉으신 모양 설명 중 무지개를 말한다. 여기 10장 2절의 힘센 천사에게도 머리 위에 무지개가 있다. 또 얼굴은 '해 같다'고 했다. 마태복음 17장 2절에는 변화 산상 위에서 변모하셨던 주님의 얼굴이 해같이 빛났다고 했다.

계시록 1장 13~16절에 하나님의 보좌에 계신 그리스도 모습이 "그 얼굴은 해가 힘 있게 비치는 것 같더라"고 했다. 그런데 여기 힘센 천사는 그리스도가 아닌데도 그 얼굴이 해 같다고 했다. 또 그 발은 '불기둥' 같다. 불기둥은 '호스 스튈로이 퓌로스'(ὡς στῦλοι πυρός)다.

출애굽기 13장 21~22절을 보면 이스라엘 백성들이 출애굽한 후 광야생활을 할 때 낮에는 구름기둥이 태양 열기를 막아주고, 밤에는 불기둥이 사막의 추위를 막아 주었다.

여기 '힘센 천사'는 7년 대환난의 온갖 재앙들 속에서도 '불기둥'처럼 난민을 인도해 갈 것으로 추측된다.

③ 그 손에는 펴 놓인 작은 두루마리를 들고(2a)

계시록에는 두루마리에 관한 내용이 많이 나온다. 계시록 5장 1절에는 두루마리 안팎에 글이 써 있는 일곱 인으로 봉해진 두루마리가 소개되었다. 그런데 여기 10장 10절에는 펼쳐져 있는 두루마리를 먹으려고 해서 요한이 먹으니까 입에는 꿀같이 달았으나 뱃속에는 쓰게 되었다고 했다. 참으로 이상스러운 표현이다.

성경을 기록한 종이들(Papyrus)을 한 쪽에서 풀면서 읽은 후에는 반대쪽에서 읽은 부분을 되말아야 하는 것이 두루마리다. 그렇기에 부피가 대단히 큰 것이 두루마리다. 그 같은 두루마리가 감기어 있지 않고 펼쳐져 있다면 그 두루마리는 작은 형태의 두루마리로 추정된다.

④ 그 오른발은 바다를 밟고 왼발은 땅을 밟고(2b)

계시록 10장 1절에서 '힘센 다른 천사'의 모습을 설명했다. 그런데 2절에는 힘센 천사가 작은 두루마리를 들고 서 있는 위치를 설명한다. 힘센 천사가 서 있는 위치는 오른발은 바다를, 왼발은 땅을 밟고 있는 위치를 설명한다.

세상에 이런 곳이 어디에 있을까? 아무리 천사라 해도 한 발은 바다를 밟고 있고 또 다른 발은 땅을 밟고 있는 그런 천사가 있을까? 여기 '밟고'라는 말은 '에데켄'(ἔθηκεν)이다. 이 단어는 '놓다', '두다'라는 뜻을 지닌 원형 '티데미'(τίθημι)의 부정 과거 능동태다. 그렇기에 매우 단호하고 단정적인 행동을 풍겨주는 용어이다. 여기 '힘센 천사'는 보통 천사가 아니다. 이 천사는 하늘에서 내려왔다(1절). 그리고 바다 위와 땅 위를 한 발짝씩 딛고 있다. 이 표현은 그 천사가 거대한 천사이거나 그의 권세가 하늘, 땅, 바다 전체에 대한 큰 권세를 가진 천사로 상상이 된다.

⑤ 사자가 부르짖는 것같이 큰소리로 외치니(3)

'힘센 천사'는 하나님으로부터 받은 '작은 두루마리' 속에 하나님의 메시지와 하나님의 권세를 위임받은 천사다.

그 천사는 세상에 대한 심판을 행사할 때 땅이 아니라 하늘, 땅, 바다 등 우주적인 심판을 행사할 권한을 가진 천사다. 그와 같은 사실이 그의 소리에서 나타난다. 천사의 소리를 사자가 부르짖는 것 같다고 표현한다.

사자는 '레온'(λέων)이다. 이 말에서 영어의 라이온(lion)이 파생되었다. 성경에 사자(獅子)의 부르짖음은 공포를 상징하고 있다(호 11:10; 암 3:8). 여기 사도 요한은 천사가 발하는 하나님의 심판을 전달하는 소리를 마치 사자가 크게 부르짖는 소리로 결부시키고 있다.

그리고 더 공포스러운 표현이 있다. 사자가 부르짖는 소리 자체로도 공포스럽다. 그런데 사자가 부르짖는 소리 같은 천사의 소리를 낼 때에 "일곱 우레가 그 소리를 내어 말하더라"고 했다. '우레'는 '브론타이'(βρονταί) 즉 뇌성(thunder)을 뜻한다. '일곱 우레'란 일곱 개의 우레가 한꺼번에 울려 퍼지는 것처럼 큰 소리라는 의미이다.

따라서 일곱은 완전수로 '일곱 우레'란 완전하고 충만한 소리를 뜻한다. 아울러 힘센 천사의 부르짖음은 하나님의 말씀이 지니는, 능력이 완전하고 충만하고 위엄이 큰 말씀임을 의미한다.

⑥ 일곱 우레가 말을 할 때에 내가 기록하려고 하다가…기록하지 말라(4)

사도 요한은 일곱 우렛소리를 기록하려고 했다. 여기 보면 '일곱 우레'의 소리는 단지 뇌성 정도가 아니었다. 그 소리를 듣고 요한이 깨달은 바를 기록하려고 했다. 과연 일곱 우렛소리의 내용이 무엇이었길래 기록하려고 했을까? 여러 가지 추측이 가능하다.

아마도 소리는 앞으로 있을 대환난의 경고 내용이었을 것이다. 그런데 참 이상한 지시가 내린다. 요한은 계시록 1장 19절에 "네가 본 것과 지금 있는 일과 장차 될 일을 기록하라"고 했다. 그래서 1장 이후 본 것과 들은 것들을 기록해 오고 있었다.

그런데 10장 4절에는 기록하지 말고 인봉해 두라고 한다. 여기서 우리는 하나님의 계획의 성격을 알 수 있다. 하나님의 계획 중 어떤 부분들은 계시로 나타나 명확하게 알려지는 부분들이 있다. 그렇기에 우리는 계시로 알려주신 부분들만 바르게 이해하면 된다. 그러나 어떤 부분들은 알려주지 않으신 내용도 있음을 깨달아야 한다. 하나님께서 알려주시지 않은 내용을 억지로 풀다가 스스로 멸망에 이르지 말아야 한다(벧후 3:16).

(2) 일곱째 천사의 나팔 때 이뤄지는 비밀(계 10:5~7)

① 천사가 하늘을 향해 오른손을 들고…창조하신 이를 가리켜 맹세하여(5~6)

바다와 땅을 밟고 서 있는 천사가 하늘을 향해 오른손을 들었다. 오른손을 드는 것은 맹세를 상징하는 행위다(창 14:22; 신 32:40; 단 12:7 등).

천사는 맹세의 상징인 오른손을 들고 하늘의 물건들, 땅의 물건들, 바다의 물건들을 창조하신 하나님을 말한다. 여기 '물건'이라는 말은 '타'(τα)이다. 하늘의 물건들, 땅의 물건들, 바다의 물건이라는 말이 적절한 표현은 아닌 것 같다. 오히려 '하늘의 것들', '땅의 것들', '바다의 것들'이라는 표현이 더 좋은 것 같다. 그리고 천사는 "맹세하여 이르되 지체하지 아니하리니"라고 한다. "지체하지 아니하리니"라는 말은 "호티 크로노스 우케티 에스타이"(ὅτι χρόνος οὐκέτι ἔσται)이다.

여기 시간을 표시하는 단어인 '크로노스'(χρόνος)가 쓰였다. 우리가 잘 아는 대로 고대인들에게는 현대인들과 같은 시간 개념이 없었다. 시간이라는 단어로 '호라'(ὥρα)가 있기는 했으나 대체로 몇 시에서 몇 시 사이를 '크로노스'라고 했고, 시기와 시대, 때에 관한 용어로는 '카이로스'(καιρός)라는 말이 있었다.

그렇기 때문에 천사가 "지체하지 아니하리니"라는 표현으로 '크로노스'를 사용한 것은 시간적으로 불과 몇 시간이 남지 않은 임박한 시간임을 의미한다.

여기 이 부분은 한글 성경보다 영어 성경에서 더 자세하게 설명되었다. K.J.V는 "더이상 시간이 없다"(that there should be time no longer)라고 했고, N.I.V는 "더이상 지체할 시간이 없다"(There Will be no more delay)라고 했다.

② 일곱째 천사가 소리 내는 날 그의 나팔을 불려고 할 때에(7a)

일곱째 천사가 소리 내는 날이 어느 날인가? 일곱째 천사가 소리 내는 날을 계시록 11장 15절에 말하고 있다. 11장 5절에 "일곱째 천사가 나팔을 불매 하늘에 큰 음성들이 나서"라는 표현은 10장 7절 내용을 반영하고 있다.

여기 소리 내는 '날'이라는 말이 '헤메라이스'(ἡμέραις)다. '헤메라이스'는 때, 날, 하루, 시대를 뜻하는 '헤메라'(ἡμέρα)의 복수형이다. 이 단어는 보통 '날'이 아니라 아주 특별하고 중요한 정해진 때라는 '종말의 때'라는 뜻으로 쓰이는 전문 용어다.

이 단어가 복음서들에는 예수 그리스도의 재림의 날을 묘사할 때 쓰였다(마 24:19, 29; 막 13:19; 눅 21:6, 23:29 등). 그렇기에 '소리 내는 날'은 그리스도의 재림 이전에 있을 대환난 기간을 염두에 둔 표현이라고 할 수 있다.

③ 하나님이 그의 종 선지자들에게 전하신 복음과 같이…(7b)

일곱째 천사가 나팔을 불며 소리를 내는 날이 온다. 그런데 그날은 하나님께서 그의 종 선지자들에게 전해주셨던 복음이 그대로 성취되는 날이라는 것이다.

여기서 매우 중요한 성경신학적 내용을 깨닫게 된다. 우리는 구약성경에 많은 선지자들의 선지서들을 알고 있다. 구약 히브리어 원문 성경은 선지서들 전체를 한 권으로 묶어 놓았다. 그런데 주전 200년경 히브리어 성경을 헬라어로 번역한 "70인역"(LXX) 성경은 대선지서 5권(이사야, 예레미야, 애가, 에스겔, 다니엘)을 책의 분량에 따라 나누었고, 또 소선지서 12권도 시대별로 분류한 것이 아니라 책의 분량에 따라 현재와 같이 분류해 놓았다.

그와 같은 영향으로 구약 선지서들의 내용이 구약 시대에 국한된 내용 정도로 인식하는 부작용이 따른다. 그러나 구약성경 중 특히 선지서들은 그 말씀들이 하나님께서 선지자들을 통해 단편적으로 계속해서 조금씩 미래 사항을 예언해 주신 복음의 말씀이었다는 사실을 기억해야 한다.

구약의 선지자들은 시대마다 활동 시기가 다른 사람들이다. 또 그들의 출신도 북왕국 이스라엘 출신과 남왕국 유다 출신으로 나뉘며 정치적 환경이 다르고 시대적 중요한 문제들도 다르다. 선지자들이 처한 환경이 다르기에 그들이 주장하는 메시지 또한 다르다.

여기서 구약 선지자들이 각기 다른 환경에서 전파한 메시지가 현저하게 다른 차이점의 사례를 생각해 보자.

이사야를 보자. 이사야는 주전 740년 남왕국 제9대 왕인 웃시야 왕 때부터(사 1:1) 선지자로 소명을 받고 제10대 요담 왕, 제11대 아하스 왕, 제12대 히스기야 왕 때까지 4대 왕들을 겪으며 주전 680년까지 무려 60여 년간을 활동한 선지자다(사 1:1). 그렇기에 각 왕들의 정치 성향이 다 다르고 또 외국과의 관계에 있어서도 왕들의 입장이 달라졌다. 그래서 그가 선포하는 메시지에 현격한 차이가 생긴다.

나라가 평안할 때는 백성들에게 경각심을 주는 메시지를 선포하고 나라가 위기에 처했을 때는 백성들에게 위로를 선포한다. 이렇게 시대적 환경에 따라 다른 메시지가 이사야서에 기록되었다. 그러나 현재 자유주의 신학계에서는 이사야서 내용상의 차이점을 근거로 1~39장까지는 제1이사야, 40~55장까지는 제2이사야, 56~66장까지는 제3이사야로 각각 다른 저자들의 편집서로 본다. 이 같은 학설이 하나의 가설이지만 사람들에게는 그 가설이 정설인 것처럼 전해져 오고 있다.

그러나 하나님의 선지자들이 결코 자기 개인적 사상을 주장한 것이 아니라 하나님의 지시에 의한 복음이었다는 것이 사도 요한의 주장이다(계 10:7).

예레미야는 주전 627~580년까지 남왕국 유다의 마지막 멸망기에 활동한 선지자다. 이 기간에 남왕국 유다는 다섯 명의 왕들이 통치하던 때이다. 예레미야는 유다 왕 요시야 13년에 소명을 받았다(렘 1:2). 유다 왕 요시야는 주전 640~609년까지 통치했다(왕하 22:1, 23:30).

그다음에 요시야의 아들 여호아하스가 주전 609년에 3개월간 왕이 되었다가 끝난다(왕하 23:31~34). 그다음에 요시야의 다른 아들 여호야김이 주전 609~598년까지 11년간 왕이 된다(왕하 23:34~24:7). 그다음에 여호야김의 아들 여호야긴이 주전 598~597년까지 3개월간 왕이 된다(왕하 24:8~17). 그리고 마지막으로 요시야의 아들 시드기야가 주전 597~586년까지 11년간 유다 최후의 왕이 된다(왕하 24:17~25:7).

예레미야는 유다 왕들이 다섯 명이 바뀌는 40여 년 동안 국내, 국외의 복잡한 흐름 속에서 각각 다른 메시지를 전한다. 그러나 예레미야의 메시지들은 모두가 하나님께서 주시는 복음의 메시지였다.

다니엘은 주전 605~536년까지 약 70년간을 바벨론 포로생활 속에 활동한 선지자이다. 다니엘을 포로로 잡아간 사람은 바벨론의 느부갓네살 왕(B.C. 605~562)이었다.

다니엘서에는 느부갓네살 왕의 꿈(단 2~4장), 느부갓네살 왕의 손자 벨사살 왕의 환상(단 5장), 바사(페르시아)의 네 번째 지도자 다리오 왕(B.C. 521~486)의 칙령(단 6장) 등이 기록되었다. 다니엘 역시 70여 년 동안 바벨론 왕조, 바사(페르시아)왕조 등 국가가 달라지는 환경 속에서 선지자 활동을 했다. 그렇기에 다니엘서는 12장이지만 기간은 70여 년의 긴 세월 속에서 나라가 바뀌는 변화 무쌍한 환경 속에서 주어진 하나님의 예언들이다.

계시록 10장 7절에 "하나님이 그의 종 선지자들에게 전하신 복음"이라는 표현 속에는 위에 소개한 대선지자들의 글과 호세아서에서 말라기까지 기록된 모든 선지서들이 하나님이 주신 복음이었다는 것이다.

또한 선지자들이 오래전에 예언했던 예언들이 복음이었을 뿐만 아니라 그 복음 속에 감추어져 있던 하나님의 비밀이 일곱째 천사가 나팔을 불 때(계 11:15) 이루어진다는 것이다.

④ 그 비밀이 이루어지리라(7c)
여기 '비밀'이라는 말이 나온다. 이 말의 원문은 '토 뮈스테리온'(τὸ

μυστήριον)이다.

신약성경에 '비밀'이라는 용어가 무수하게 많이 나온다. 마태복음 13장 11절의 천국의 비밀, 마가복음 4장 11절의 하나님 나라의 비밀(눅 8:10), 로마서 11장 25절, 16장 26절의 비밀, 고린도전서 2장 7절, 4장 1절, 13장 2절, 14장 2절의 비밀, 에베소서 1장 9절의 그 뜻의 비밀, 3장 3절의 계시의 비밀, 3장 9절의 감추었던 비밀, 5장 32절, 6장 19절의 복음의 비밀이다.

골로새서 1장 26~27절, 2장 2절, 4장 3절, 데살로니가후서 2장 7절, 디모데전서 3장 9절, 계시록 1장 20절, 10장 7절, 17장 5절, 7절에 '비밀'이 사용되었다. 이렇게 성경에서 말하는 비밀은 함부로 드러낼 수 없는 중대한 사항과 관련된 사항을 뜻한다. 이와 같은 신약성경에서의 '비밀'이라는 개념은 보통 사람들은 잘 깨달을 수 없고 오직 성령의 사람들만이 깨달을 수 있는 중대한 사항들이다.

여기 계시록 10장 7절의 '하나님의 비밀'이라는 말 속에는 '성령의 사람 중에서도 앞으로 있을 대환난의 미래를 깨달을 수 있는 사람들'이라는 의미가 담겨 있다.

그런데 안타까운 사실을 깨달아야 한다. 분명하게 '비밀'이라는 개념이 있는 성경에 기록된 '비밀'의 개념을 변개시킨 사람이 있다. 대신학자라고 추앙하는 아우구스티누스(Augustin, 350~405)이다. 그는 성경의 원문은 모르고 라틴어만 알았던 학자였다. 그는 성경의 '비밀'이라는 단어를 '뮈스테리온'(μυστήριον)이라는 소리와 비슷한 mystery 즉 '신비'라는 말로 바꾸어 놓았다.

아우구스티누스는 유아가 성삼위의 이름으로 유아세례를 받을 때 그 영혼이 거듭나는 신비한 효력이 발생한다고 했다. 아우구스티누스의 신비(mystery) 사상은 플라톤의 신비 사상을 채용한 사상이었다.

이와 같은 아우구스티누스의 신비 사상은 성경의 '비밀' 개념이 변개된 상태로 중세기 1,000년 동안 스콜라 철학자들이 계승한다. 그와 같은 중세기의 신비 사상이 칼빈 사상에 계승되고 칼빈 이후 칼빈주의자들이 현재까지 계승해 오고 있다.

그 결과 어떤 현상이 따르는가? 아우구스티누스는 천년왕국의 계시록 비밀을 알지 못했다. 아우구스티누스 사상을 계승한 중세기 가톨릭 역시 천년왕국이란 교황이 지배하는 교황 통치 시대라고 믿는다. 가톨릭교에서 공부한 칼빈이 가톨릭에서 탈출한 종교개혁을 했으나 가톨릭의 제도적인 것들에서 벗어났을 뿐 천년왕국을 부정하는 무천년 사상을 만들어 오늘날 칼빈주의자들은 대부분이 무천년주의자들이 되었다.

계시록 10장 7절의 "하나님의 비밀"이라는 심오한 개념을 인간들이 단지 궁금한 '신비'라는 개념으로 변개시켜 놓았다. 이와 같은 변개의 시초자가 아우구스티누스이다. 필자는 교회 역사를 일생 동안 가르쳤고 은퇴 후에는 "교회 역사서"를 저술해 가고 있다. 필자가 저술한 《교부시대사》 속에 아우구스티누스의 사상적 문제점들을 약술해 놓았다.[28] 그 내용을 참고하기 바란다.

---

28) 정수영, 교부시대사, 쿰란출판사, 2014, pp. 851~886.

⑶ 천사의 두루마리를 받아먹은 요한(계 10:8~11)

① 하늘에서…내게 들리던 음성이 또 내게 말하여 이르되(8)

여기 보면 계시록 10장에는 앞과 뒤가 달라진다. 앞서 10장 4절에는 하늘에서 일곱 우렛소리를 듣고 요한이 기록하려고 하니까 기록하지 말라고 했다. 그런데 10장 8절에는 천사의 손에 있는 두루마리를 가지라고 한다. 똑같은 천사이지만 요한에게 지시하는 내용이 조금씩 달라진다.

그다음에 10장 9절에는 두루마리를 먹으라고 한다. 왜 똑같은 천사가 요한에게 이렇게 각각 다른 지시를 하는가? 우리는 그 이유를 알 수 없다. 성경 속에서 이렇게 반대되거나 각각 다른 내용이 소개되는 것들을 찾아내서 성경을 왜곡하려는 반성경적 신학자들이 무수하게 많다. 신학박사, 신학교 교수 또는 사회적으로 널리 알려진 유명인들이라고 해서 그들의 주장이 다 옳은 것은 아니다. 우리나라 기독교 학자로 많이 알려진 철학자가 있다. 그의 사상은 기독교를 진실로 믿는 신앙인 같다. 그러나 그의 사상에는 많은 문제점이 포함되어 있다. 기독교 신앙자라고 해서 다 성경 진리와 일치된 신앙자들은 아니다. 그 같은 사례들이 기독교 역사 속에 계속 문제를 일으킨다. 우리는 성경의 진리대로 우로 가라면 우로 가고 좌로 가라고 하면 좌로 갈 따름이다.

② 천사가 이르되 갖다 먹어버리라(9)

여기서 논란되는 '두루마리'는 '토 비블리온'(τὸ βιβλίον)이다. 두루마리는 옛날 책 대용으로 쓴 도구다. 그래서 종이에 기록된 내용을 막대기에 감아 놓았던 부분을 펼치고 내용을 다 읽은 부분은 다른 막대기로 감아 나가야 하기에 '두루마리'라고 했다.

이렇게 두루마리는 감아 두었다가 펼쳐야 하는 부피가 큰 물건이다. 그런데 천사는 이렇게 부피가 큰 두루마리를 요한에게 갖다 먹으라고 한다. 과연 두루마리 책을 먹을 수 있는가? 상식으로 생각할 때 불가능한 말이다. 그렇다면 '먹으라'는 말이 무슨 뜻인가?

'먹어 버리라'는 말은 '카타파게'(κατάφαγε)다. 이 단어에는 두 가지 뜻이 있다. 첫째로 문자적 의미는 '삼키다', '먹어 치우다'는 뜻이다. 그리고 이차적으로는 '내용을 완전히 소화하다', '내용을 깊이 깨닫다'는 뜻이 포함된다.

우리나라 말에도 그런 말이 있다. '직장에서 목이 달아났다'는 말을 한다. 이 말이 문자대로 '목이 달아났다'는 뜻이 아니다. 직장에서 해고되어 목숨이 연장되기 힘들게 되었다는 뜻이다.

또 우리는 '죽여 버리겠다'는 말을 예사로 쓴다. 이 말이 꼭 살인을 하겠다는 뜻이 아니다. '내가 크게 화났다', '내가 너에게 꼭 보응하겠다' 등 다양한 의미로 쓰고 있다.

여기 '먹어버리라'는 단어도 마찬가지다. 책을 삼키라는 뜻이 아니라, 책 내용을 완전히 소화해라, 깊이 깨달으라는 의미로 사용되고 있다.

③ 갖다 먹어버리니 내 입에는 꿀같이…배에서는 쓰게(10)

이와 같은 표현이 구약 선지서에도 나타난다. 에스겔 2장 8절~3장 3절을 보면 두루마리 책에 애가와 애곡과 재앙의 말이 기록되어 있었다. 그런데 에스겔을 선지자로 부르신 이가 그 두루마리를 먹으라고 한다. 그래서 먹었더니 입에서 달기가 꿀 같았다고 했다. 예레미야 15장 16절에도 주의 말씀을 얻어먹었다고 한다. 그때 기쁨과 즐거움이 되었다고 한다.

그렇다면 사도 요한이 두루마리 책을 깊이 깨닫고 나니 입에는 꿀 같이 달았으나 뱃속에는 쓰게 되었다는 뜻이 무슨 뜻일까?

이 구절을 아주 은혜롭게 해석하는 설교가들이 있다. 전도자나 설교자가 선포하는 구원의 메시지를 받아들일 때는 너무도 기쁜 꿀 같은 달콤한 맛을 느낀다. 그러나 구원받은 자가 구원을 완성시켜 가는 과정에는 박해, 고난, 순교 등의 쓰라림이 뒤따라야 한다는 의미로 이해하는 이가 있다. 또 다른 설교자는 하나님의 구원의 말씀을 선포할 때에는 자비와 사랑 같은 부드러운 꿀로 먹어야 하지만 하나님의 심판에 관한 말씀을 전할 때에는 배에서 쓰게 느껴지는 고통스러운 말씀도 깨우쳐 줘야 한다는 의미로 이해하는 이도 있다. 모두 다 일리는 있는 그럴듯한 해석이다.

그러나 여기 "쓰게 되더라"는 말은 '에피크란데'(ἐπικράνθη)다. 이 말은 '가혹하게 하다', '비참하게 하다'는 뜻을 지닌 '피크라이노'(πικραίνω)는 결과적 부정 과거 수동태이다.

그렇기에 하나님의 말씀이 꿀송이처럼 달 수도 있다(시 19:10, 119:103). 그러나 마지막 대환난 때 주어지는 심판의 말씀들은 장차 참혹한 심판임이 깨달아질 때는 큰 근심과 쓰라림이 생겨남을 의미한다고 이해하는 것이 좋겠다. 정말 그렇다. 무천년주의자들은 교회 시대가 영원히 지속되는 현재가 곧 천년왕국 시대라고 믿는다.

그렇기에 계시록에 기록된 '7년 대환난'을 하나의 상징 정도로만 본다. 무천년주의자들에게 종말론 사상은 매우 희박하다. 자유주의자에게는 '종말론'이라는 개념도 사상도 없다. 그러나 전천년주의자들은 성경을 문자적으로 믿는다. 그래서 구약의 예언서와 신약의 예언들을 문자대로 믿는다. 그렇게 성경을 문자적으로 믿는 자들이 믿는 바 미래 세계는 너무도 비참한 미래가 될 것이다.

그렇게 비참한 미래를 믿는 자들의 머릿속에는 세상과 지구와 우주의 미래가 쓰라리게 믿어질 수밖에 없는 것이다.

④ 네가 많은 백성과 나라와 방언과 임금에게 다시 예언하여야 하리라(11).

여기 백성, 나라, 방언, 임금이라는 표현은 계시록 5장 9절을 비롯해서 7장 9절, 10장 11절, 11장 9절, 13장 7절 등에도 표현되며 요한이 즐겨 사용하는 용어다. 이 표현은 아무 차별과 구분이 없는 인류 전체를 지칭하는 표현이다. 천사는 요한에게 인류 전체의 미래 운명에 대해서 예언을 해야 할 책무가 주어졌음을 상기시킨다.

여기서 '다시'라는 말은 '팔린'(πάλιν)이다. 이 말의 일차적 의미는 일곱 번째 나팔 예언(계 11:15~19)을 전해야 한다는 의미이지만 또 이차적으로 계시록 12장부터 22장까지의 미래 예언도 해야 한다는 이중적 의미가 있는 말이다.

또 '예언하여야 하리라'는 '데이 프로페튜사이'(Δεῖ προφητεῦσαι)로 반드시 예언하지 않으면 안 된다는 '신적 강제적' 의미가 있는 명령이다.

(설교 19)
두루마리를 갖다 먹어 버리라(계 10:9)

 서론

　계시록 10장에는 힘센 천사가 하늘과 땅과 바다를 밟은 커다란 권세를 가진 천사로 소개되고 있다. 그 천사는 작은 두루마리를 들고 서 있다.
　사도 요한이 그 천사의 소리를 기록하려고 할 때 자기 소리를 기록하지 말고 손에 들고 있는 작은 두루마리를 갖다 먹으라고 했다.
　사도 요한은 천사의 손에 들려져 있던 작은 두루마리를 갖다 먹었다. 그랬더니 입에서는 꿀같이 달지만 먹은 후에 뱃속에서는 쓰게 되었다. 사도 요한의 이와 같은 결과는 전 세계 인류 역사에 커다란 말씀의 증거자가 될 것을 사명으로 받게 되었다.

　사도 요한이 두루마리를 갖다 먹은 상징적 내용은 성경과 교회사에 커다란 교훈을 주고 있다. 필자는 이 내용을 성경과 교회사 속에서 적용시켜 보겠다.

1. 두루마리를 갖다 먹은 사람

두루마리는 하나님의 말씀을 상징한다. 두루마리를 갖다 먹었다는 것은 하나님의 말씀대로 실천한 삶을 살아갔다는 의미를 준다. 우리는 성경 속에서 하나님의 말씀대로 실천한 삶을 살아간 사람들이 많이 있음을 안다. 에녹, 노아, 아브라함, 요셉, 여호수아, 사무엘, 다윗 등 모든 선지자를 말할 수 있을 것이다. 그러나 여기서는 비슷한 시기에 살아간 세 명의 왕들에게 초점을 맞추어 보겠다.

사울 왕(B.C. 1042~1002), 다윗 왕(B.C. 1002~962), 솔로몬 왕(B.C. 962~931)이다. 이들 중에서 두루마리를 갖다 먹은 왕으로 기억될 만한 왕이 누굴까? 단연 다윗 왕이라고 모두가 인정할 것이다.

다윗은 이스라엘 제2대 왕으로 40여 년간 통치했다. 다윗은 왕이 되기 이전에 약 10여 년을 사울 왕을 피해 도망을 다녔다. 그 기간에 다윗은 자기를 죽이려는 사울 왕을 죽일 수 있는 기회가 두 번이나 있었으나 다 살려준다(삼상 24:1~7, 26:1~12).

다윗은 통일 국가를 이루고 법궤를 회수하고 성전 건축을 준비하는 등 많은 공헌을 이룬다. 그러나 그는 우리아의 아내 밧세바와 간음한 후 우리아를 죽음에 이르게 지시한 살인 교사자였다.

그와 같은 간음, 살인 교사라는 죄의 대가로 인해 자녀들의 부도덕과 압살롬의 반역으로 슬픈 노년을 보냈다. 그러나 그는 하나님을 두려워하고 참회하는 믿음의 사람이었다. 다윗은 정욕에 약한 약점을 가졌고 여자 문제, 자녀 문제로 일생 동안 굴곡이 많은 파란만장한 인생을 살아갔다. 그러나 그는 하나님을 두려워하고 하나님 중심으로 살아가려는 삶의 방향성만은 분명한 성도의 삶을 살아갔다. 그렇기에 다윗의 뱃속에는 일생 동안 쓰디쓴 하나님의 말씀이 역동적으로 살아 움직였다고 할 수 있다.

기독교 2천 년 역사를 보자. 가톨릭교회는 성경을 무시하는 종교집단이니까 제외시킨다고 하자. 그 후대의 사람들로 1500년대 종교개혁 시대에 성경대로 살겠다고 결심한 세 사람이 있다.

그 세 사람은 독일과 북반구 유럽인들의 종교를 만든 루터(1483~1546)와 영국의 국교를 만든 헨리 8세(1509~1547)와 제네바에서 장로교를 창시한 칼빈(1509~1564)이다. 이들 세 사람 중에서 누가 두루마리(성경)를 갖다 먹은 사람이라는 평가를 들을 수 있는가? 그것을 저들이 살아간 삶의 행적으로 평가한다면 이들 셋 중에서는 단연 루터라고 생각된다.

루터는 가톨릭 사제로서 14년간(1507~1521) 활동하다가 교황의 파문을 받았다. 교황의 파문을 받은 후에도 전혀 굴하지 않고 수많은 정치적 핍박, 종교적 공격 속에서도 63세로 죽을 때까지 25년간 투쟁을 계속한다. 루터가 살아간 63년 중 37년간은 가톨릭교도로 살아갔고, 26년간은 종교개혁자로 살아갔다. 루터가 살아간 일생을 어떻게 평가하는가?

영국 B.B.C 방송국이 2000년이 되는 해에 과거 2000년 전 인류 역사에 가장 크게 영향을 끼친 사건을 조사한 후 통계로 발표했다. 그때 1위가 콜럼버스(1451~1506)의 신대륙 발견이었고, 2위가 구텐베르크(1398~1465)의 인쇄술 발명이었고, 3위가 루터(1483~1546)의 종교개혁이었다. 루터의 영향력은 단지 루터교 창시자에 국한되지 않는다. 루터의 종교개혁은 1500년 동안 암흑세계를 이끌어온 종교적 독재주의를 종식시키는 위대한 공헌이었다.

루터의 그 같은 힘이 어디에서 비롯되었는가? 그것은 추기경의 위협도, 교황의 파문도, 황제의 죽임에 대한 협박도 두려워하지 않은 믿음의 용기에서 비롯된다. 그 믿음의 원천이 무엇인가?

그것은 그가 두루마리 성경 말씀을 갖다 먹고 뱃속에서 쓴 것을 느껴도 끝까지 잘 소화했기 때문이라고 생각된다. 오늘날에도 어떤 사람이 하나님께 쓰임 받는가? 그것은 하나님 말씀대로 온갖 불의와 투쟁해 나가는 사람이다.

2. 두루마리를 입 안에서만 맴돌게 한 사람

하나님의 말씀을 지식으로 아는 데는 탁월했으나 그 말씀이 뱃속으로 들어가지 않고 입안에서만 맴돈 사람이 있다. 그가 솔로몬 왕이 아닐까 한다. 솔로몬은 다윗이 우리야의 아내였던 밧세바를 탈취한 후 그녀에게서 두 번째 아들로 태어났다. 솔로몬은 다윗의 수많은 아들 중 10번째 서열에 속하는 아들로서 적법한 왕위 상속자로 보기 난해한 점이 있다. 그러나 그는 여호와께 사랑받은 자(삼하 12:24, 25)라는 신적 인정을 받음으로 세상 법을 무시하고 왕위를 계승했다.

그는 부친이 물려준 성전건축을 완성하므로 '솔로몬 성전'의 창업자가 된다. 그러나 하나님이 계시는 건물인 '성전' 안에 머물러 계신 것처럼 미신 신앙의 조상도 된다. 솔로몬은 어려서부터 궁중에서 왕자로 호의호식하며 자라났기에 글솜씨가 뛰어났고 3천여 개의 잠언과 1,005개의 노래를 짓기도 했다. 그래서 아가서, 잠언서, 전도서, 두 편의 시(시 72, 127편)를 남겼고 그의 지식은 식물학, 동물학에 등 다방면에 뛰어났다.

그는 솔로몬 성전을 7년 동안, 궁전을 13년 동안 건축했고 많은 군대도 거느렸다. 그의 부귀영화는 전설이 되었다(마 6:29). 그러나 그는 하나님의 말씀을 머리로만 인식했을 뿐 하나님 말씀을 삼킨 후 자기 인격으로 드러내지 못했다.

그는 두루마리 말씀을 입 안에서 맴돌게 하는 인생을 살아갔다. 그것이 자신과 국가를 파멸로 이끌어 간 '결혼 동맹'이라는 정치전략이었다. 솔로몬의 첫 결혼은 애굽 왕의 딸과의 결혼이었다. 솔로몬의 '결혼 동맹' 정책은 결정적인 배도와 타락의 길을 촉진해 간다. 솔로몬은 후궁이 700명이고 첩이 300명이었다(왕상 11:3).

이 같은 솔로몬을 어떻게 하나님의 사람이라고 말할 수 있겠는가? 솔로몬이 저술했다는 아가서, 잠언서, 전도서 등이 과연 하나님의 영감으로 기록된 성경인가? 이 같은 저서들은 타락하기 이전의 작품인가? 솔로몬의 출생과 초기에는 하나님의 사람이었으나 결혼 이후에는 세상 사람으로 타락한 죄인이되었는가? 솔로몬도 사울 왕과 비슷한 유형의 타락한 자인가? 하나님이 선택한 사람도 타락이 가능한가?

갖가지 의심되는 문제점들을 남긴 인물이다. 후세인들은 이와 같은 솔로몬의 생애를 어떻게 평가할까? 전통적 견해대로 그래도 솔로몬은 성경을 기록한 영의 사람이라고 판단할 수 있을까? 필자의 견해로는 그는 성령의 사람이라기보다는 성령을 가진 자처럼 말로만 말하는 지식인에 불과했을 것으로 추측된다.

교회 역사도 그렇다. 성경을 지식적으로 배웠기에 일생 동안 성경을 풀이하는 설교는 잘 하고, 성경을 근거로 책도 많이 썼다. 그러나 성경의 주인이신 성령님 뜻대로 살지 않았다. 그래서 자기를 반대하고 자기 견해를 반대한다고 해서 무자비하게 사람들을 죽인 지도자가 있다.

그가 바로 장로교의 창시자인 칼빈(1509~1564)이다. 칼빈이 남긴 큰 공헌은 가톨릭의 조직신학책인 《신학 대전》에 버금가는 개신교들의 조직신학책인 《기독교 강요》를 집필한 것이다. 그리고 일생 57년간의 생애 중 23년간을 제네바에서 사역하는 동안에 신·구약성경 전체 주석서를 남겼다.

이뿐만 아니라 수많은 지도자를 양성해서 유럽 각국에 보냈다. 칼빈의 공적은 특출하다. 그런데 왜 칼빈주의를 따르는 사람들 외에는 그를 거부하는가? 그 이유는 그가 제네바 도시에서 신정정치(神政政治: theocracy)를 실현한다는 명분으로 도시인들 58명을 사형시키고 76명을 추방시켰기 때문이다.[29] 사람을 한 사람만 죽여도 살인자라는 악명이 평생을 따라다닌다. 모세는 살인자고 다윗은 살인 교사자다.

칼빈이 58명을 죽게 한 것은 살인마의 괴수라고 할 수 있다. 독재자나 광신자가 아니면 이런 일을 해낼 수가 없다. 필자는 칼빈이 머리가 우수한 성경학자이었으나 성경의 주인이신 성령님을 모신 자는 아니었다고 추측된다.

필자는 앞서 솔로몬 왕이 여러 권의 성경들을 저술했기에 성경 저술 때는 성령의 지배를 받았으나 타락 후에는 성령님이 떠나간 지식인에 불과한 것으로 믿어진다. 또 칼빈도 12년간 많은 대학에서 마음껏 공부했기에 지식이 많아 여러 권의 책을 저술했다. 그러나 칼빈은 성령님과 전혀 무관한 삶을 살아갔다. 필자가 여러 권의 책을 저술했고 '교회사 전문가', '성경 전문가'라는 평을 듣는다. 하지만 내가 보통 사람의 생애만도 못한 삶을 살아간다면 나에 대한 평가가 잘못된 것

---

29) 정수영, 종교개혁사, 쿰란출판사, 2012, pp.316~347.

으로 판단 받을 것이다.

이들 솔로몬이나 칼빈은 입안에서 목소리만 맴도는 사람들이었을 뿐 성령의 사람들은 아니었다고 평가하는 것은 그들의 삶을 근거로 하는 말이다.

3. 두루마리를 구경하는 한 사람

이스라엘 나라의 초대 왕이 사울 왕이다(B.C. 1042~1002). 그는 베냐민 지파 사람으로 특출한 바가 없는데도 사무엘에 의해서 초대 왕이 된다(삼상 10장). 사실 사무엘은 이스라엘 백성들이 왕을 요청할 때 반대 입장이었다(삼상 8장). 그런데 백성들이 강력하게 요청하므로 왕을 세웠다.

사울인 초대 왕이 된 후 이스라엘의 원수들인 암몬족, 블레셋족, 모압족, 아말렉족들과 대결하며 군주로서의 위상을 세운다(삼상 11~14장). 그 와중에 하나님의 사람인 사무엘의 지시를 어기고 자기 편의 대로 정치를 해나가자 하나님께 불순종했다는 이유로 버림을 받는다(삼상 13~15장).

참으로 이해하기 힘든 부분이 있다. 사무엘은 하나님의 지시에 의하여 사울을 왕으로 세웠다(삼상 9:15~17). 그런데 얼마 지나지 않아 버림을 받는다. 하나님은 사울의 인간 됨을 그렇게도 몰라보셨는가? 아니면 사울이 처음에는 하나님의 마음에 들었으나 왕이 된 후 변질되었는가? 성경에 나타난 사울 왕의 기록으로는 그가 어떤 인물인지 알 수가 없다. 어느 때는 하나님의 영에 크게 감동되어 이스라엘 자손 30만 명과 유다의 3만 명을 동원해 암몬과의 전쟁에서 큰 용맹을 펼친다(삼상 11:6~11).

또 사울 왕은 아말렉을 쳐서 이긴 후에는 자기를 위한 기념비를 세운다(삼상 15:12). 또 사무엘을 찾아간 사울 왕은 하나님의 영이 임해 예언도 했다(삼상 19:24). 그런 그가 다윗의 인기를 시기해 다윗을 죽이려고 10여 년 동안 추격한다. 그리고 위급한 때 엔돌의 신접한 여인도 찾아간다(삼상 28장).

그는 결국 블레셋과의 전쟁에서 중상을 입고 자살을 한다(삼상 31장). 사울 왕이라는 인물을 어떻게 평가할 수 있을까? 그는 왕으로 40여 년 동안 통치했지만 특정한 공적을 남긴 것이 없다. 외적들을 정복하지도 못했고 백성들을 통일시키지도 못했으며 신앙적으로 모범을 보인 일도 없다. 사울 왕이 왜 이렇게 살아갔을까? 그가 한때 성령의 역사가 있었던 신앙인이었을까? 그는 성령의 사람이었다가 보통 사람으로 추락한 사람이었는가?

왜 하나님은 사울을 왕으로 세우도록 사무엘에게 지시하셨는가? 그런 사울 왕이 왜 중도에 타락하는가? 구약의 성령님은 오셨다가도 떠나가시는 제한적인가? 많은 의문점들이 따른다.

사울 왕을 평가하기가 매우 복잡하다. 그러나 한 가지 분명한 것은 다윗이 하나님의 사람인 것을 내면적으로는 알면서도 인간적 시기심과 자기 가문인 베냐민 지파를 지키려는 육적 야심이 앞서 있었기에 성령님의 가르침을 거부했다는 사실이다. 이런 사람이었기에 내면에 성령님이 정착하지 못했다. 그는 수시로 편리를 따라 원칙 없이 이익이 되는 쪽으로 살아갔다. 이런 사람은 두루마리를 삼킨 것이 아니라 구경하며 왔다갔다 무분별하게 살아간 사람일 뿐이다.

교회 역사에도 이런 인물이 있다. 오늘날의 영국 국교를 만든 헨리 8세(1509~1547)다. 그의 인생은 왕이 되기 위해 7년 연상의 형수를 아내로 맞이하는 결혼에서부터 빗나간다. 형수가 과부가 되었을 때 스페인의 국력과 영국의 입지와 교황청의 압력으로 애정 없는 정략 결혼이 이뤄졌다. 그런데 헨리 8세의 아내 된 캐서린은 메리라는 딸 하나만 낳고 단산한다. 헨리 8세는 애정이 없는 캐서린을 버리고 앤 불린이라는 여인과 결혼하기 위해 가톨릭 종교를 버린다. 그리고 1534년 11월에 영국 왕은 국왕과 함께 영국교회의 최고의 수장이 된다는 법령을 선포한다.

헨리 8세는 앤 불린과 사랑에 빠진 후 캐서린을 유폐시킨다. 그 후 여섯 번의 결혼을 통해 왕실을 계승하려고 발악을 했다. 왕의 독단과 부정과 부도덕을 지적하는 충신들을 다 제거하고 간신들과 손잡고 자기 목표를 이뤄나갔다.

헨리 8세는 영국 국교회 창시자이고 500여 년 동안 영국 국교회가 계승되어 오늘날 영국 국민의 절반 이상이 영국 국교도다.

우리나라에는 '성공회'라는 이름으로 알려졌고 성공회신학교는 좌파들을 많이 배출한 학교로 알려졌다. 지금부터 500년 전 헨리 8세가 뚜렷한 종교적, 신앙적 동기가 아닌 단지 자기의 정욕을 충족시키기 위해 가톨릭과 결별하고 영국 국교회를 만들었다. 이렇게 정욕으로 시작된 종교단체에 영성이 깃들 수가 없다. 영국 국교회가 우리나라에서는 성공회(聖公會: Anglican Communion)라고 불리나 미국에서는 감독교회(Protestant Episcopal Church)라고 부른다. 놀라운 일은 이들 성공회가 로마 가톨릭교회와 개신교의 중간에 서서 두 교계를 중재하는 역할을 계속해 가고 있다. 그러기 위해서 영국 성공회 본부는 로마에 있다(1966년 이후 현재).

앞으로 성공회는 두 종파 사이에 연합을 추진하는 일을 계속할 것이다. 참으로 알 수 없는 성공회의 미래상이다. 시작부터 불투명한 영국 국교회는 성경의 진리보다는 종교 간의 유대를 더 소중히 여기는 종교단체로 걸어가고 있다.

결론

사도 요한은 천사의 지시로 작은 두루마리를 먹었다. 그것이 입에는 달지만 뱃속에서는 쓰게 되었다. 그렇게 두 가지 상반된 기능을 하는 것이 두루마리로 상징되는 성경의 진리이다. 우리가 하나님의 말씀을 받아들이려면 매우 쓰기 때문에 거부 현상이 생긴다. 육신으로 사는 삶이 고달픈데 신앙생활을 하기 위해 고난을 추가시킨다는 것은 매우 극난한 고초들을 겪어야 하기에 쉽지 않은 일이다.

그러나 그렇게 고초를 겪으면서 잘 견뎌낸 자들은 하나님께 인정받고 신앙으로 큰 명예를 남긴다.

성경에 하나님 말씀을 먹은 자는 다윗 왕이었고, 말씀을 입 안에 맴돌게 한 자는 솔로몬 왕이었고, 말씀을 구경만 한 자는 사울 왕이었다. 교회 역사도 마찬가지다. 하나님 말씀을 먹은 자는 루터였으나, 말씀을 입 안에 맴돌기만 한 이는 칼빈이었고, 말씀을 구경만 한 자는 헨리 8세였다. 나는 이 세 부류 중에 어떤 부류에 해당되는 존재일까? 말씀과 역사를 통해 자신을 성찰해 볼 수 있어야 하겠다.

4) 두 증인의 순교와 부활과 승천(계 11:1~13)

(1) 성전과 그 안에서 경배하는 자들을 측량하되(계 11:1~2)
① 또 내게 지팡이 같은 갈대를 주며 말하기를(1a)

계시록 11장 1절에 '내게'는 사도 요한을 뜻한다. 그런데 누가 요한에게 지팡이 같은 갈대를 주었는지, 주체자가 누군지는 알 수가 없다. 에스겔 40장 3절을 보면 모양이 놋같이 빛난 사람 하나가 손에 삼줄과 측량하는 장대를 가지고 에스겔에게 나타났다. 이 같은 에스겔서 내용과 계시록 11장 1절의 "지팡이 같은 갈대"가 성전을 측량하는 도구로 설명되고 있다.

여기 쓰인 '갈대'는 '칼라모스'(κάλαμος)다. 이 단어가 성경에 다양한 의미로 쓰였다. 마태복음 11장 7절과 누가복음 7장 24절에는 요단 계곡에 무성한 들풀의 '갈대'로, 요한삼서 1장 13절에는 '붓'이라는 의미로, 에스겔 40장 3~16절과 42장 15~20절에는 측량하는 도구의 의미로 쓰였다.

본서에는 계시록 21장 15절에 '측량하는 금 갈대 자'를 말한다. 그렇기에 여기 11장 1절의 '지팡이 같은 갈대'란 측량 도구이기는 한데 갈대처럼 연약한 측량 도구가 아니라 지팡이처럼 견고해진 도구라는 뜻으로 이해된다.

② 하나님의 성전과 제단과…경배하는 자들을 측량하되(1b)

여기 '성전'과 '제단'이라는 말이 쉽게 납득되지 않는 내용이다. 왜냐하면 예수님 때에 존재했던 헤롯 성전은 이미 46년 동안에 지어 왔던 성전이었다(요 2:20). 그런데 헤롯 성전은 주후 70년에 로마 장군 티투스(Titus)에 의해 완전히 사라졌다. 그때 남은 유적은 서쪽 성벽인 통곡의 벽뿐이다. 그런데 사도 요한은 건물 성전이 없어진 주후 95~96년경에 계시록을 기록했다. 사도 요한 당시에는 건물 성전과 제단이 없어졌고 또 거기에서 경배하는 자들도 없어진 때이다.

그런데 성전과 제단과 경배란 무슨 뜻인가? 여기서 우리는 원문에 쓰인 용어를 통해 요한의 뜻을 이해할 수 있다. 여기 '하나님의 성전'이란 단어가 '톤 나온 투 데우'(τὸν ναὸν τοῦ θεοῦ)다. '성전'이라는 단어가 '나온'(ναὸν)으로 쓰였다. 우리가 아는 바와 같이 성전을 전체 건물로 표현할 때는 '히에론'(ἱερόν)이라 하고, 성전 건물들 중에서 대제사장만이 1년에 한 차례씩 들어가는 곳은 '지성소'로 구별되어 있고, 제사장들만 들어갈 수 있는 곳을 '성소' 즉 '나온'(ναὸν)이라고 한다.

성소 밖에 인접해 있는 두 개의 뜰이 있는데, 그 두 개의 뜰에 이스라엘 남자들의 뜰과 여인들의 뜰이 있다. 그리고 두 개의 뜰 밖에 거대한 이방인들의 뜰이 있다. 이렇게 구약 때의 성전 장소에는 대제사장의 지성소, 제사장들의 성소, 이스라엘의 남자들의 뜰, 여인들의 뜰, 이방인의 뜰로 위치가 정해져 있었다. 사도행전 8장 26~40절에 기록된 에티오피아 여왕 간다게의 국고를 맡은 내시는 예루살렘 예배 때 이방인의 뜰에서 예배를 드렸다. 이렇게 신분에 따라 구별한 구약의 종교를 그대로 재현하는 것이 로마 가톨릭이다.

주님은 이와 같은 구약의 성전 제도를 헐어버리라고 하셨다(요 2:19). 그리고 주님이 성소이시고(요 2:21) 성령님을 모신 자들이 성소임을 (고전 3:16~17) 깨우쳐 주셨다. 특히 고린도전서 3장 16~17절에 "하나님의 성소"라고 할 때 그때 쓰인 '성소'은 집합 건물이라는 뜻의 '성전'이라는 '히에론'(ἱερόν)을 쓰지 않고 '하나님의 면전'이라는 뜻의 '나오스'(ναὸς)를 썼다.

이와 똑같은 표현이 고린도후서 6장 16절에 "하나님의 성소와 우상"이 비교되는 개념이고, 에베소서 2장 21절에 "주 안에서 성소"는 '하나님이 거하실 처소'임을 설명하고 있다.

사실 구약과 신약성경에 쓰인 원문에는 이 두 가지가 명확하게 구분되어 있다. 그래서 구약에서 건물이라는 뜻에는 '헤칼'(היכל)이고, '성소'라는 뜻에는 '코다쉬'(קדש)가 사용된다.

신약성경에서도 건물이라는 뜻에는 '히에론'(ἱερόν)이고, '성소'라는 뜻에는 '나오스'(ναός)로 구별해 놓았다.

그런데 이렇게 구별된 성경 용어를 K.J.V(1,611) 영어 성경에서 'Temple'로 통일시켜 놓음으로 한글 성경들도 구별을 하지 못하게 되었다. 이로 인해 매우 귀중한 성경 진리가 희석되어 버리고 말았다. 그렇기에 계시록에 우리말로 '성전'이라고 되어 있으나 '성소'라고 해야 원문에 맞는 말이다.

계시록 7장 15절 "그의 성전에서", 11장 1~2절의 성전, 11장 19절의 뜻은 건물 성전이 아니라 '하나님이 함께 계시는 성소'라는 개념으로 이해해야 한다.

또 '제단'이 소개된다. 제단은 '뒤시아스테리온(θυσιαστήριον)이다. 제단은 건물 성전 안에 제사를 드리는 제단이다. 이와 같은 제단 역시 성전 파괴와 함께 사라졌다. 그러므로 계시록의 '제단'이라는 의미는 과거 구약 때 성전 안의 제단이 아니다. 계시록에 '제단'이라는 표현이 계속 나오는데(계 6:9, 8:3) 계시록에는 '제단'이 과거 구약 때 성전 안의 제단이 아니며 성도들의 기도가 향이 되어 하나님께서 받으시는 의미로 상징화되었다. 그러한 까닭에 여기 11장에 표현된 성전, 제단, 경배자들이라는 의미는 실제적 의미라기보다는 대환난 기간

때 회개하고 구원받을 자들에 대한 상징적 의미라고 이해할 수 있다.

그렇다면 "경배하는 자들을 측량"하라는 의미는 무엇일까? '측량'이라는 말은 '메트레손'(μέτρησον)이다. 이 말은 '측정하다', '측량하다', '헤아리다'라는 뜻을 지닌 '메트레오'(μετρέω)의 부정 과거 명령형이다.

구약성경에서 이 단어는 주로 처벌받을 사람을 조사해서 유죄 판결을 내리는 것과 관련해서 사용되었다.

삼하 8:2 줄로 재어
왕하 21:13 사마리아를 잰 줄과…다림 보던 추
사 34:11 혼란의 줄과 공허의 추
암 7:7~9 다림줄

이상에는 처벌의 도구로 '측량'이 쓰였다.

그러나 계시록 11장 1절의 '측량'은 처벌의 목적이 아닌 경배자들을 보호하기 위한 수단으로 사용되고 있다. 구약에서 스가랴 2장 1~2절의 측량줄과 예레미야 31장 39절에는 측량을 보존하기 위한 수단으로 설명했다.

이 내용을 앞서 계시록 7장 1~8절의 이스라엘 중 하나님의 인 맞은 십사만 사천과 셀 수 없는 큰 무리(계 7:9)라는 내용과 결부시킨다면 이들은 대환난 때에도 보호받는 자들로 측량의 대상이 된다.

③ 성전 바깥마당은 측량하지 말고 그냥 두라(2a)

여기 아주 독특한 내용이 기록되었다. 앞서 1절에서 '성전'이라고 기록된 우리말 성경으로는 성경의 진리를 파악하기가 역부족이라고 했다. 우리말 성경에 '성전'이라고 기록된 것은 영어 번역 성경을 따른 것이고, 성경 원문에는 '성소'가 맞다고 했다. 그리고 옛날 헤롯 성전에는 '지성소', '성소', '이스라엘인의 남녀의 뜰'이 있고 그 밖에 '이방인의 뜰'로 구역이 나누어져 있었다고 했다.

계시록 1장 2절에 '성소 바깥마당'이라는 말은 '텐 아울렌'(τὴν αὐλὴν)이다. 여기서 말하는 '성소 바깥마당'은 곧 '이방인의 뜰'에 해당되는 공간을 의미한다. 그런데 천사의 지시보다 더 권위 있는 지시로 주시는 말씀이 이방인의 뜰에 해당되는 성소 바깥마당은 측량하지 말고 그냥 두라는 지시가 주어진다.

이 말씀이 무엇을 뜻하는 내용일까? 앞서 1절에는 성소와 제단과 그 안에서 경배하는 자들은 측량하라고 했다. 그런데 2절에는 이방인의 뜰에 해당되는 성소 바깥마당은 측량하지 말고 그냥 두라고 한다.

'그냥 두라'는 말은 '엑발레'(ἔκβαλε)다. 이 말이 마태복음 4장 18절에는 '던지다', 마태복음 5장 29절에는 '내버리라'는 뜻으로 사용된 '발로'(βάλλω)라는 동사이다. 여기에다 전치사 '에크'(ἐκ)가 결합되어 있으므로 '밖으로 던지다', '제거하다'라는 강한 뜻을 가지고 있다.

성경은 '그냥 두라'고 번역되었고 K.J.V 성경은 "성전 밖에 있는 뜰은 내버려 두고"(Without the temple leave out)라고 했다. 그러나 원문의 뜻을 따른다면 "성소 밖의 마당을 밖으로 던져 버리라"는 강력한 뉘앙스가 느껴지는 문장이다.

"성소 바깥마당을 그냥 두라." 이와 같은 의미는 다니엘서에 나타나는 사상이다. 다니엘서 8장 11~14절에는 제사를 없애 버렸고 그의 성소를 헐었으며 또 진리를 땅에 던지며, 백성이 내준 바 되며, 짓밟힐 일이 생길 것을 말한다. 다니엘서 8장 11절의 "성소를 헐었으며"라는 표현이 계시록 11장 2절에서 "성소 바깥마당은 측량하지 말고 그냥 두라"는 말로 바뀌어 표현된 것이다.

계시록 11장 2절은 무엇을 암시해 주는 내용인가? 이 구절이 교회 시대에는 외적으로 교회에 속해 있는 것처럼 보이는 형식적인 종교인을 암시해 준다고 이해할 수 있다. 그러나 계시록 11장은 대환난이 한참 진행해 가는 중간기 이전의 내용이다. 그렇기에 이 내용은 대환난 때 실현될 미래의 예언이다. 그와 같은 의미가 2절 중반절에 명확하게 설명된다.

④ 이것은 이방인에게 주었은즉(2b)
성전(소) 바깥마당은 이방인의 뜰이다. 그런데 이방인들의 뜰에 있는 이방인들을 이방인에게 주었다는 말이 무슨 뜻일까? 여기 이방인들의 뜰에 모여 있는 이방인들은 교회 시대에는 교회 출석은 하지만 성령으로 거듭나지 못한 종교인들로 이해가 된다.

그러나 이 말씀은 대환난 때 해당되는 내용이다. 그렇기 때문에 대환난의 끔찍한 재앙들 속에서도 회개하지 않고 더욱 완악해진 이방인들이라고 봐야 한다. 교회 시대에는 그 속에 그리스도의 영이 없는 형식적인 종교인이라도 교회를 찾아 나와 예배에 참여한다. 그러나 대환난 시대에는 그렇게 형식이고 외면적인 종교인마저도 사라져 없어진다. 대환난 시대의 이방인은 그리스도인들을 대대적으로 핍박하는 핍박의 주체로 돌변한다. 그 내용이 2절 후반절에 설명되고 있다. 여기서 말하는 '이방인'은 어떤 사람들인가?

'이방인'이란 말이 '에드네신'(εθνεσιν)인데 본문의 의미는 다르다. 지금 우리가 살아가고 있는 '교회 시대'에는 성령님께서 성도들을 지켜 보호해 주고 계신다. 그렇기에 이방인 중 광신적 종교 편집광이 아닌 이상 성도들에게 핍박을 가하지 않는다. 그러나 대환난 시대 때는 상황이 완전히 바뀐다.

대환난 시대의 이방인은 하나님께서 '거룩한 성'을 짓밟도록 권세를 준 이방인들이다. 대환난 때 '성전 바깥마당'을 측량하지 말고 그냥 두라는 이유가 분명하게 밝혀지고 있다. 그 이유는 그 이방인들이 '거룩한 성'인 그리스도인들을 마흔두 달 동안 짓밟도록 허용된 존재들이기 때문이다. 여기서 우리는 크게 깨달을 교훈이 있다.

그것은 대환난 때에는 이방인들이 공공연하게 회개하고 돌아오는 그리스도인들에게 대대적인 핍박을 행사할 것이 본문에 예언되어 있다는 사실이다.

필자는 이와 같은 사실을 현재에도 체감한다. 필자는 10여 년을 자가용 없이 대중교통을 이용하고 있다. 그렇기에 전철과 시내버스를 주로 이용한다. 그런데 전철이나 시내버스를 이용하는 사람들의 표정과 태도가 점점 냉정하고 무관심함을 느낀다. 나아가 출퇴근 시간대의 사람들 모습은 살벌하고 전쟁터에 나가는 사람들처럼 냉혹함조차 느끼게 된다. 물론 코로나19의 장기간의 곤욕으로 그렇게 거칠어졌으리라고 이해는 할 수 있다. 그러나 젊은이들의 정신이 너무 피폐화되어 가는 것은 분명한 사실 같다.

그런데 앞으로 7년 대환난 때에는 전염병으로 인구의 사분의 일이 죽어 간다(계 6:8). 또 땅의 삼분의 일이 불타 버린다(계 8:7). 그렇게 처참한 환경이 찾아온다면 지금과 같은 살벌한 시대 정도가 아니라 마흔두 달 동안 짓밟는 대대적 박해가 전개될 것이다. 어서 속히 구원받아 대환난 전에 '휴거'될 준비를 하는 것이 시급하게 요청된다.

⑤ 거룩한 성을 마흔두 달 동안 짓밟으리라(2c)

여기서 말하는 '거룩한 성'은 무엇을 뜻하는가? 원문은 '텐 폴린 텐 하기안'(τὴν πόλιν τὴν ἁγίαν)이다. 이 단어의 문자적인 뜻은 예루살렘을 의미한다. 이사야 48장 2절의 "거룩한 성", 느헤미야 11장 1절의 "거룩한 성 예루살렘", 마태복음 4장 5절의 "거룩한 성" 등은 모두 예루살렘 성을 의미한다. 그런데 그 거룩한 성 예루살렘은 주후 70년에 로마군대에 의해서 완전히 짓밟혀 없어졌다. 현재의 예루살렘은 이스라엘의 수도이며 아랍족들과 투쟁의 현장이다. 계시록에서 "거룩한 성"이 마흔두 달 짓밟힐 것은 미래에 있을 예언의 내용이다. 그러한 까닭에 여기서 말하는 "거룩한 성"은 미래 대환난 때에 있을 성도들로 보는 것이 합당하다.

미래 대환난 때에는 세상 '이방인들'이 '거룩한 성'으로 상징되는 성도들을 '마흔두 달' 동안 짓밟을 것이다. 이는 하나님께서 허용하신 역사이다.

그렇다면 '마흔두 달'은 무슨 의미가 있는가? 여기 계시록 11장 2절의 '마흔두 달'이 13장 5절에도 소개된다. 또 11장 3절의 '천이백육십 일'이 12장 6절에도 '천이백육십 일'로 소개된다. 또 12장 14절의 '한 때와 두 때와 반 때'라는 표현이 다니엘 7장 25절에도 '한 때와 두 때와 반 때'라는 말이 나온다.

또 계시록 11장 3절과 12장 6절의 '천이백육십 일'은 다니엘 12장 11절에 '천이백구십 일'과도 같은 맥락으로 연결된 내용이다. 그렇기에 우리가 계시록을 이해하려면 계시록 이전에 반드시 다니엘서의 내용과 시대적 배경을 이해해야만 계시록 이해가 가능해진다는 사실을 알 수 있다.

그렇다면 '마흔두 달', '천이백육십 일', '한 때와 두 때와 반 때'라는 말은 무슨 뜻인가? 이 내용을 알려면 히브리인의 종교력과 바벨론인의 달력과 가나안인의 달력을 모두 구별할 수 있는 능력이 있어야 한다.

창세기 7장 11절의 노아가 600세 되던 해 '둘째 달'에 홍수가 시작된 때부터 창세기 8장 3~4절에 일곱째 달에 홍수 물이 줄어든 때까지 150일이 걸렸다고 했다. 이렇게 5개월을 150일로 계산하는 달력은 히브리인들이 사용하는 종교력을 의미하고 이때는 한 달을 30일로 계산한 것이다. 이와 같은 히브리인들의 종교력으로 한 달을 30일씩 계산해서 마흔두 달(42개월)은 곧 1,260일이 된다. 결국 '마흔두 달'과 천이백 육십일은 다 똑같은 기간이다. 그리고 '한 때 두 때, 반 때'는 결국 3년 반 즉 마흔두 달이라는 뜻이다.

이스라엘 민족들에게 마흔두 달이란 매우 기억하기 싫은 불유쾌한 역사적 과거사가 있다. 신구약 중간기 때 주전 168년 6월부터 주전 165년 12월까지 시리아의 군주 안티오커스 4세 에피파네스(Antiochus IV Epiphanes: B.C. 175~163)가 예루살렘 성전 제단에 돼지 머리를 안치해 놓고 그가 발견할 수 있는 모든 구약성경들을 없애 버렸다. 이에 마카비 가문이 3년 반 동안 시리아 정규군과 게릴라전으로 항쟁을 계속한 끝에 예루살렘 성전을 회복한다. 그렇게 투쟁한 기간이 마흔두 달이다. 그리고 성전을 다시 회복한 기념 절기가 '수전절'(修殿節)이다(요 10:22).

이때부터 마흔두 달이란 '마귀가 마음대로 활개치도록 허용된 짧은 기간'이라는 상징적 의미가 생겨난다.

그런데 계시록에서는 '마흔두 달'이라는 표현은 같으나 의미는 각각 다르게 표현되고 있다.

계시록 11장 2절의 '마흔두 달'은 박해의 기간이라는 의미이고, 11장 3절의 '천이백육십 일'은 두 증인의 사역 기간의 의미이고, 12장 6절의 '천이백육십 일'과 14절의 '한 때와 두 때와 반 때'는 하늘에 있는 여자의 광야에서 보호 기간의 의미이고, 13장 5절의 '마흔두 달'은 짐승이 권세를 행사할 수 있도록 허락받은 기간을 의미한다. 그렇기에 계시록 이해는 각 장의 전후 문장을 살피고 원문을 깊이 이해할 때 바른 해석이 가능한 것이다.

(2) 두 증인의 천이백육십 일의 예언(계 11:3~6)

① 내가 나의 두 증인에게 권세를 주리니(3a)

여기서 말하고 있는 주체는 "내가 나의"라는 분이다. 그런데 권세를 주는 주체인 '나'라고 하는 분은 누구를 의미하는가? 하나님, 힘센 천사, 그리스도 등 여러 가지로 추정할 수 있다. 그러나 계시록 11장 8절에 "주께서 십자가에 못 박히신" 것을 언급한 것을 보면 본문의 주인공이 그리스도는 아닌 것 같다. 그렇다면 여기 "내가 나"라고 말할 수 있는 주인공은 하나님이시거나 또는 힘센 천사로 추정된다. 특히 11장 5절에 "그들이 입에서 불이 나와서 그들의 원수를 삼켜 버릴 것이요 누구든지 그들을 해하고자 하면 그와 같이 죽임을 당하리라"는 표현을 보면 그는 천사 정도가 아니라 하나님이심을 추측할 수 있다.

하나님이 "두 증인에게 권세"를 주실 것이다. 여기서 말하는 '두 증인'이 누구를 의미하는 것일까? 이에 대해 많은 견해들이 수없이 제기되었다. 그 같은 견해 중에 다수의 지지를 받는 세 가지를 살펴보면 다음과 같다.

㉠ 두 증인은 에녹과 엘리야다.

왜냐하면 에녹은 죽지 않고 승천했고(창 5:24) 엘리야도 죽지 않고 회오리바람으로 승천(왕하 2:11)했기 때문이다.

㉡ 모세와 엘리야다.

모세를 거역한 고라 자손들에게 불이 나와 250명을 불살랐다(민 16:35). 엘리야도 하늘의 불을 내려 제물을 태웠다(왕상 18:38~40). 두 사람의 과거 사적과 본문 계시록 11장 5~6절의 내용과 유사한 점이 있다. 그래서 미래 대환난의 두 증인인 모세와 엘리야가 주님과 함께 나타날 것으로 추측하는 견해가 있다.

또 마태복음 17장 3절과 마가복음 9장 4절에는 변화산 위에서 주님과 함께 나타난 두 인물이 모세와 엘리야다. 그렇기에 이들이 장차 대환난 때에도 또 나타나리라고 추측한다. 그러나 여기 두 증인은 무저갱에서 올라오는 짐승과 전쟁을 일으켜 죽임을 당한다(계 11:7). 그렇기에 모세와 엘리야의 환생도 불가능하고 그들이 순교하는 것도 걸맞은 내용이 아니다. 따라서 두 증인을 모세와 엘리야로 보는 것은 지나친 상상이다.

㉢ 두 증인은 모세와 엘리야의 정신을 계승한 두 종일 것이다.

마지막 해석이 가장 적절한 해석 같다. 이 같은 해석이 가능한 모범을 주님이 보여주셨다. 구약성경의 마지막 말씀인 말라기 4장 5절에 "보라 여호와의 크고 두려운 날이 이르기 전에 내가 선지자 엘리야를 너희에게 보내리니"라고 예언되었다. 그와 같은 말라기의 예언 후 430여 년이 지나갔다. 그 후 주님은 마태복음 11장 14절에서 "만일 너희가 즐겨 받을진대 오리라 한 엘리야가 곧 이 사람(침례자 요한)

이니라"고 하셨다.
　주님께서 침례자 요한이 엘리야라는 의미는 누가복음 1장 17절에 침례자 요한이 태어날 텐데 "그가 엘리야의 심령과 능력으로" 준비할 것을 설명했다. 그렇기에 본 계시록 11장 3절의 '두 증인'은 모세와 엘리야의 정신을 계승한 큰 인물로 추정된다.

　② 그들이 굵은 베옷을 입고 천이백육십 일을 예언하리라(3b)
　굵은 베옷은 슬퍼하는 자가 입는 상복이다. 또한 애곡과 참회의 상징으로 굵은 베옷을 입기도 했다(렘 4:8; 마 11:21). 또 '천이백육십 일'은 앞서 2절에서 설명한 '마흔두 달'과 같은 의미이다.
　이들 두 증인은 장차 있을 대환난 전체 기간 7년 중 전반기에 해당되는 전 3년 반 기간에 활동한다. 계시록 15장 이후에는 후 3년 반의 재앙들이 계속 이어진다. 계시록 6장부터 18장까지는 전체 기간이 7년 동안 계속되는 대환난을 설명되고 있다.
　여기 7년 기간 중 전 3년 반은 두 증인이 핍박받고 순교를 당하면서도 복음을 전할 수 있는 후 3년 반보다는 온건한 때이다. 그러나 계시록 15장 이후 18장까지는 쉼 없이 재앙들이 계속 퍼부어진다. 그래서 7년 대환난을 '전 3년 반'과 '후 3년 반'으로 구분한다.

　③ 그들은 이 땅의 주 앞에 서 있는 두 감람나무와 두 촛대니(4)
　계시록 11장 4절의 '두 감람나무'와 '두 촛대'라는 표현은 구약 스가랴 선지자가 본 환상 내용과 관련된 것으로 본다. 스가랴라는 이름은 '여호와께서 기억하신다'는 뜻이다. 그는 포로귀환 이후인 주전 520~470년 사이에 학개와 함께 선지자로 활동했다.
　스가랴는 잇도의 손자이고 베레갸의 아들이다(슥 1:1). 그의 조상은 레위 지파의 제사장 가문이었다. 그는 바벨론 포로 중에 태어났고 스룹바벨 인도하에 이루어진 제1차 포로 귀환 때(B.C. 535) 할아버지와 함께 고국에 돌아왔다.

스가랴는 선지자 학개, 총독 스룹바벨, 대제사장 여호수아와 동시대인이었지만 나이는 저들보다 어렸다. 스가랴는 전체 14장의 예언서를 남겼다. 스가랴 전체 14장 중에서 1~8장까지는 이스라엘의 운명을 8개의 환상과 4개의 메시지로 전한다(B.C. 520~518). 그리고 9~14장까지는 이스라엘의 미래를 예언한다(B.C. 480~470).

스가랴가 예언을 시작하게 된 동기가 매우 특이하다. 이스라엘이 바벨론 포로에서 귀환한 것이 주전 535년이다. 저들이 포로 귀환 후 제일 먼저 시작한 것이 성전 재건축 사업이었다. 그런데 주변국들의 방해로 성전 재건이 중단된 후 수십 년이 아무 진척 없이 흘러갔다. 이때 스가랴는 성전 재건 사업을 중단한 채 수십 년을 허송하는 이스라엘 백성들을 책망하는 것으로 선지자 활동을 시작한다.

그때의 예언 내용이 스가랴 1~7장 사이에 8개의 환상으로 설명된다. 그중에서 스가랴 4장 2절에 '일곱' 등잔과 '일곱' 관을 말하고, 4장 3절에 "그 등잔대 곁에 두 감람나무"를 말한다.

이때 말하는 두 감람나무는 스가랴 4장 14절에서 "이는 기름 부음을 받은 자 둘"이라고 하는데 그 당시 "기름 부음을 받은 자 둘"은 스가랴 6장 11절에 대제사장 여호수아와 그 당시의 지도자 스룹바벨(슥 4:9~10)을 의미한다. 그리고 스가랴가 말하는 등잔과 촛대는 이스라엘을 상징한다(슥 4:2~3, 11:14).

주전 520~470년경에 활동한 스가랴는 그가 본 환상들을 통해 대제사장 여호수아와 정치 지도자 스룹바벨을 '두 감람나무'로 비유하고 '두 촛대'는 율법과 선지자를 비유하고 있다(슥 4:2, 3, 14). 사도 요한은 과거 스가랴의 환상을 통한 두 지도자에 대한 격려의 내용을 장차 대환난의 핍박으로 어려울 때 나타날 두 증인 예언으로 활용한다. 그렇기에 스가랴가 설명한 두 감람나무(슥 4:3)는 사도 요한이 계시록 11장 3절의 두 증인과 4절의 두 감람나무와 같은 맥락의 설명이다.

스가랴는 두 감나무를 대제사장 여호수아와 정치 지도자를 의미했고, 그 둘은 '기름 부음 받은 자들'이며 "그들은 온 세상의 주 앞에 서 있는 자"(슥 4:14)라고 극찬을 해서 저들로 하여금 성전 건축에 나서도록 격려한다. 사도 요한도 '두 증인', '두 감람나무', '두 촛대'는 장차 대환난 때 '이 땅의 주 앞에 서 있는 자'로 크게 활동할 인물을 예언하고 있다. 이것은 대환난 때 두 증인이 온 세상을 향해 막강한 권세를 가지고 통치권과 지배권을 약 3년 반 동안 행사할 것을 예언해 주는 내용이다.

우리나라에서는 1950~1960년대에 박태선이 이끄는 '전도관'이라는 집단이 있었다. 필자가 살던 고향 금산 시골 마을에서 이들이 몇 년 동안 활발하게 역사했다. 필자는 당시 고등학생 때인 10대 후반기였다. 이들은 "천년 성 거룩한 땅 들어가려고 오늘도 모여 왔네 우리 성도여"를 노래하며 부천의 소사와 덕소에 천년성을 구축한다고 주장하며 많은 이들에게 집 팔고 땅 팔아서 '천년성'에 들어가야 구원받는다고 했다.

그래서 고향 사람들 중에 뒷동산에 살던 곽만용이네 가정이 집을 팔아서 떠나갔는데 그 후 소식을 알 길이 없다. 저들이 주장하는 설교 중에 '감람나무 이겼네'라는 내용을 보면 스가랴서 4장과 계시록 11장 4절에 기록된 감람나무가 박태선 장로라고 했다.

또 요한일서 5장 7~8절의 증거 셋이 박태선 집회장에 나타난다고 했다. 그 무렵 필자는 고등학교 학생 때라 저들의 편견적 해석에 대응할 만한 실력이 없었기에 무차별하게 공격만 당했던 슬픈 추억이 있다. 그와 같은 '감람나무'라고 하던 박태선은 종교심을 이용해 기업을 이루었고, 그 유산이 지금도 '신앙촌' 제품으로 존속되고 있다고 한다.

"감람나무 이겼네"라고 힘차게 열광하던 그들이 지금은 '천부교'라는 기독교 종파로 이어가고 있다고 들었다.

④ 만일…그들을 해하고자 하면 그들의 입에서 불이 나와서(5a)

앞으로 있을 대환난기는 계속 이어지는 갖가지 재난들로 인심이 강퍅해지다 못해 극악해질 수 있는 때이다. 코로나19로 3년 동안 출입을 통제받고 각 영업장들이 제한받으며 모든 모임이 통제를 받고 있다. 이로 인해 인심들이 크게 달라져서 세상이 살벌해졌다. 지금 코로나19로 이 정도이나 앞으로 대환난 때는 현재의 몇 백 배로 온갖 재앙들이 계속 이어질 것이다. 그럴 때 인간들의 정신 상태가 어떻게 달라질까를 상상하면 도저히 끔찍해서 형언할 수가 없다.

그런 때 두 증인이 나타나 복음을 전할 것이다. 이때 정신이 이상해진 사람들이 복음을 증거하는 두 증인을 해하고자 할 것은 매우 당연한 현상이 될 것으로 예상된다. 여기 "누구든지 그들을 해하고자 하면"이란 말은 '아디케사이'(ἀδικῆσαι)다. 이 말은 가정법으로 쓰인 말이나 뒤이어서 "그들의 입에서 불이 나와서 그들의 원수를 삼켜 버릴 것"으로 예언하고 있다. 그렇기에 대환난 때 복음을 전하는 자는 그 자체만으로도 핍박의 대상이 된다.

현대 기독교 신자라는 사람들이 불신 세상에서 어떻게 살아가는가? 주일날에는 좋은 옷을 갈아입고 예배당에 찾아가 거룩한 신자처럼 예배를 드린다. 그러나 월요일부터 토요일까지 평복을 입고 세상에서 살아갈 때는 일반 세상 사람과 조금도 구별되지 않는다. 상점에 가서는 값을 깎으려고 다투고, 식당에 가서는 불신자처럼 식사 감사 기도도 하지 않고, 자기 이권이 걸린 문제는 조금도 양보하지 않고 투쟁을 한다.

기독교 신자들이 이 정도다. 그러나 앞으로 있을 대환난 때에는 예수 믿으라고 전하는 행위 자체가 대중적, 공개적 핍박의 대상이 될 것이다. 이때 두 증인은 그들의 입에서 불이 나와서 자기를 해하려는 원수들을 삼켜 버릴 것이라고 했다.

대환난 때 하나님의 종으로 모든 핍박을 두려워하지 않고 용감하게 복음을 전하는 두 증인은 핍박당할 것이 당연하다. 그 같은 사탄의 핍박을 하나님께서 묵인하시지만은 않는다. 지금의 교회 시대에는 성도들의 핍박당함을 묵인하신다. 그러나 대환난 때는 두 증인의 핍박을 묵인하지 않으시고 그들의 입에서 불이 나와 원수들을 죽게 하는 초자연적 능력이 나타난다.

이와 같은 교회 시대와 대환난 시대 간의 차이가 무엇을 뜻하는가? 교회 시대는 성령님께서 강물처럼 넘쳐흐르는 은혜를 주신 시대이지만 대환난 시대에는 성도들의 신앙 유지가 너무도 힘들고 어려우므로 하나님께서 특별하게 보호해 주셔야만 하는 강퍅하고 살벌한 시대임을 의미한다.

⑤ 그들이 권능을 가지고…예언하는 날 동안 비가 오지 못하게 하고(6a)

두 증인이 예언 활동하는 기간은 마흔두 달이며(2절) 날수로는 천이백육십 일(3절)이다. 두 증인은 '굵은 베옷'을 입고 3년 반 동안 예언 활동을 한다. 이들이 예언 활동하는 동안에 과거 엘리야처럼(왕상 17:1) 하늘을 닫아 비가 오지 않게 한다. 과거 엘리야도 3년 반 동안 하늘 문을 닫고 비가 오지 않게 했다(눅 4:25; 약 5:17). 그런데 과거 구약 시대 엘리야가 시행했던 특별한 권세는 앞으로 있을 대환난 때 두 증인에게도 주어진다는 것이다.

⑥ 또 권능을 가지고 물을 피로 변하게 하고…여러 가지 재앙으로(6b)

물을 피로 변하게 한 권능은 모세가 행한 권세였다. 출애굽기 7장 14~22절을 보면, 모세가 애굽의 나일강 물을 지팡이로 치니까 나일강 물이 피로 변했다. 그런데 애굽의 요술사도 비슷한 일을 행하자 바로가 더 완악해지는 결과를 가져왔다. 그런데 이렇게 물을 피로 변하게 하는 기적을 앞으로 있을 대환난 때에 두 증인을 통해 또다시 실시할 것이 예언되고 있다. 대환난 때에는 평범한 설득으로는 복음 전파가 불가능하므로 특별한 표징들이 동반된 특별한 사역들이 전개될 것이 예언되고 있다.

(3) 두 증인의 순교와 세상의 반응(계 11:7~10)
① 그들이 그 증언을 마칠 때에(7a)

여기 보면 대환난기 때 하나님의 특별한 사명을 수행할 두 증인이 그 증언을 마칠 때가 있음을 말한다. '마칠 때'는 '호탄 텔레소신'(ὅταν τελέσωσιν)이다. 이 말은 본래의 목적을 성취하거나 완수하는 것을 뜻하는 말이다. 여기 두 증인은 애당초 처음에 '마흔두 달' 또는 '일천이백육십 일' 동안만 예언 활동을 하도록 정해진 상태에서 출현했다. 그렇기에 사명 기간이 정해져 있고 사명이 끝나기 전에는 죽지 않으나 주어진 사명을 마치면 죽게 되어 있다.

　우리는 성경에 기록된 하나님의 사람들 모두 각각 독특한 사명들을 성취한 후에는 죽는 것을 보게 된다. 아브라함은 히브리 민족의 조상이 되며 그들의 정체성을 구별시키는 사명을 이루고 죽는다. 야곱은 아내를 네 명이나 두어 열두 지파를 만드는 사명을 이루고 죽는다. 요셉은 짧은 기간인 400여 년 동안 이스라엘을 거대한 민족으로 육성시키는 기초를 만든 후에 죽는다. 모세는 거대한 이스라엘 민족 200만 명 이상을 출애굽 시키고 죽는다. 여호수아는 출애굽한 오합지졸을 광야에서 정리하고 신세대를 이끌고 가나안을 정복한 후 죽는다.
　사무엘은 사사 시대를 끝내고 왕정 시대를 여는 사명을 완수한다. 다윗은 통일 왕국과 예루살렘을 수도로 정해 놓고 죽는다. 솔로몬은 왕국을 분열시켜 북왕국 열 지파를 사라지게 하는 기틀을 만드는 불행한 기여를 한다.

　주님은 구약의 율법 시대를 종결시키고 신약의 성령이 주인이 되는 교회 시대를 열어 주셨다. 베드로는 최초의 예루살렘 교회를 시작하게 했고, 바울 사도는 유대인 중심의 교회를 전 세계만방의 교회로 확대시키는 사명을 완수했다.
　사도 요한은 교회 시대가 종식되고 대환난 시대를 거쳐 영원한 천국에 대한 소망을 깨우쳐 주는 메시지를 남겨 사명을 완수했다. 이 땅에 태어난 사람들 모두는 지극히 작은 자라도 하나님께서 주신 각각의 사명을 받아서 태어났다.
　문제는 자신의 사명이 무엇인지를 깨닫지 못하고 살다가 죽는 이들이 더 많다는 사실이다. 필자는 목사가 되어서 목회로 좋은 유산을 남기지 못한 점에 대하여 항상 좌절하고 낙심하며 살아왔다. 그러나 필자는 '신약교회 사관' 한 가지를 깨닫고 그 깨달음을 30년 동안 가르쳤고 수십 권의 저서를 집필했다. 따라서 힘들고 어려운 세상 속에서도 자기가 하나님의 특별한 사명을 가진 자로 태어났음을 깨닫는다면 행복한 인생인 것이다.

② 무저갱으로부터 올라오는 짐승이 그들과…전쟁을 일으켜(7b)

'무저갱'이란 말은 '아빗수'(αβύσσου)다. 이 말이 누가복음 8장 31절을 비롯해 계시록 9장 1, 2, 11절과 11장 7절, 17장 8절, 20장 1, 3절 등에 두루 쓰이고 있다. 이 단어를 한문의 '없을 무'(無), '밑 저'(底), '묻을 갱'(坑) 자를 써서 '밑바닥이 없는 깊은 구렁텅이'라는 뜻의 '무저갱'이라고 번역되었다. 무저갱이 어떤 곳인가?

누가복음 8장 31절에 무저갱은 귀신들의 소굴로 설명되고 있다. 또 계시록 9장 1~3절에는 하늘에서 땅에 떨어진 별 하나가 열쇠로 무저갱의 구멍을 여니까 황충이 연기 가운데 나타난다. 그리고 11장 7절에는 무저갱으로부터 짐승이 올라온다. 그런데 그 무저갱에서 올라온 짐승이 두 증인과 전쟁을 일으킨다. 무저갱에서 올라오는 짐승의 정체가 무엇인가?

과거 다니엘서 7장 6~7절의 짐승은 표범과 같고 새의 날개가 있고 머리 넷에 열 뿔이 있다고 했다. 그런데 계시록에도 13장과 17장에서 '짐승'을 말하고 계시록 내에 '짐승'이라는 용어가 33회나 나온다. 그렇기에 각 짐승의 역할이 다 각각 다르다.

여기 11장 7절의 무저갱에서 올라온 짐승은 두 증인과 전쟁을 일으키는 짐승이다. 두 증인과 무저갱에서 올라온 짐승과의 싸움은 전쟁을 방불케 하는 대규모의 양대 세력 간의 충돌이다. 왜 믿는 자들이 전쟁에 가담하는가? 무저갱에서 올라온 짐승이 두 증인에게 사역을 하지 못하도록 방해를 한다. 이때 두 증인을 따르는 구원받은 성도들은 두 증인의 편에서 짐승의 방해에 맞서게 된다. 이 같은 두 세력 간의 대결은 전쟁처럼 거대한 투쟁으로 확대된다.

③ 그들을 이기고 그들을 죽일 터인즉(7c)

우리가 기억할 사실이 있다. 대환난 때 두 증인과 짐승과의 싸움은 단지 두세 사람의 싸움이 아니라는 사실이다. 이때의 싸움은 두 증인과 그에 의해 구원을 받은 성도들과 짐승과 짐승을 추종하는 불신 세력 간의 거대한 두 세력의 전쟁이다. 그런데 전쟁의 결과가 너무 비참하다.

결과는 두 증인과 두 증인을 따르는 성도들이 짐승 세력에게 참패를 당하여 죽는다. 왜 의롭고 진리의 편에 선 두 증인이 패배당해 죽어야 하고 구원받은 성도들이 짐승에게 패하여 죽어야 하는가? 우리는 그 현상을 이해할 수가 없다.

④ 그들의 시체가 큰 성 길에 있으리니…(8a)

두 증인이 짐승에게 패하여 죽는 것도 이해가 안 되는데 그보다 더 모욕적인 일이 전개된다. 죽은 두 증인의 시체가 큰 성 길에 있게 된다는 것이다. 여기 큰 성의 길에 있다는 '길'은 '플라테이아스'(πλατείας)다. 이 말은 길가의 대로에 시체가 방치되어 있다는 말이다. 참으로 슬픈 일이다.

우리나라도 그렇지만 고대 세계의 모든 나라에서 죽은 자의 시체가 매장되지 못하고 그대로 방치된다는 것은 매우 모욕적인 일이었다. 구약성경에도 죽은 자가 매장되지 못하는 것이 큰 모독으로 기록되고 있다.

열왕기상 21장 24절에는 엘리야가 아합에게 속한 자들이 성읍에서 죽은 자는 개들이 먹고 들에서 죽은 자는 공중의 새가 먹게 되리라고 저주한다. 또 예레미야 7장 33절~8장 3절에는 여호와를 거역한 백성들의 시체는 공중의 새와 땅의 짐승의 밥이 될 것이며 유다 왕들, 지도자들, 제사장들, 선지자들, 예루살렘 주민들의 뼈를 무덤에서 끌어내서 분토같이 흩을 것을 예언하고 있다. 한마디로 죽었는데도 장사되지 못하고 길에 방치되는 것은 가장 큰 모욕이며 수치의 절정을 뜻한다. 여기 대환난 때 혁혁한 활동을 한 전도자 두 증인이 그렇게 된다는 것이다.

⑤ 그 성은 영적으로 소돔, 애굽이라 하는 주께서 못 박히신 곳(8b)

대환난 때 하나님의 특별한 사명을 받은 두 증인이 3년 반 동안 영웅적인 선교 활동을 하게 된다. 그런데 그렇게 특출한 두 증인이 무저갱으로부터 올라온 짐승과의 전쟁에서 패배하고 죽는다.

그렇게 전쟁에서 패배하고 죽은 곳이 어디인가? 그곳을 영적으로 설명하고 있다. 여기 8절의 내용은 영적으로 설명되는 매우 다양한 뜻이 함축된 곳임을 암시해 주고 있다. 여기서 '영적으로 하면'이라는 말이 매우 중요하다. '영적으로 하면'이라는 원문은 '프뉴마티코스'(πνευματικῶς)라는 말이다.

이 단어가 계시록 1장 10절에는 "성령에 감동되어"(계 4:2)로 번역되었고, 또 계시록 17장 3절에는 "성령으로 나를 데리고"라는 말로도 번역되었다. 그렇기에 여기 계시록 11장 8절에 "영적으로 하면"이라는 말과 뒤이어 이어지는 '소돔', '애굽', '주께서 십자가에 못 박히신 곳'이라는 문맥을 연결해서 이해해야 하는 표현이다. 따라서 여기 8절의 경우에는 영적인 의미 또는 비유적인 의미로 이해해야 된다는 의미로 쓰이고 있다.

그렇다면 8절에 표현된 세 지명을 살펴보자. 먼저 '소돔'은 영적으로 어떤 곳일까? 소돔이라는 지명은 역사 속에 사라져 없어졌다(창 19장). 소돔성은 고모라와 함께 동성애라는 도덕적 타락으로 인해 하나님의 진노가 임하여 멸망당한 곳이다. 이렇게 동성애는 하나님께서 가장 혐오하시는 죄악이다. 그럼에도 불구하고 동성애가 전 세계로 퍼져 나가고 있다. 그뿐만 아니라 우리나라에도 '차별 금지법'이라는 해괴한 명분을 내세워서 합법화를 추진하는 정치인들이 있다.

소돔과 고모라는 하나님의 진노로 멸망 당한 후에는 모든 성경 속에서 악한 도성의 상징으로 설명되고 있다(신 32:32; 사 1:9; 렘 23:14; 겔 16:48~49; 마 10:15; 눅 17:29).

다음으로 '영적인 애굽'이 어디일까? 사실 구약성경에서 애굽은 이스라엘 백성과 민족을 탄압하고 압제한 이스라엘 민족의 대적자로 상징되는 곳이다. 오죽하면 성경에 애굽을 탈출한 과거사를 영원히 잊지 않으려고 율법 책에 '출애굽기'라는 책이 들어가 있을 정도다. 그렇기에 영적인 애굽은 이스라엘의 혐오의 상징이고 대적자의 상징이다.

다음으로 '주께서 십자가에 못 박히신 곳'이 어디일까? 이 말이 문자적인 뜻이라면 당연히 예루살렘이다. 이 표현을 문자적으로 해석해서 두 증인의 시체가 방치되는 곳이 예루살렘이라고 해석한 책들도 있다. 그러나 계시록 11장 8절은 '영적으로 하면'이라는 전제가 있는 구절이다. 그렇기에 이 구절의 지명들은 '영적으로' 해석해야 올바른 해석이 되는 것이다.

계시록 전체에서 가장 혐오의 도성으로 상징되는 지역이 '바벨론'이다. 계시록 각 곳에는 바벨론이 수없이 언급되고 있다. 그런데 각 곳에 바벨론을 언급할 때 매우 부정적으로 설명되어 있다.

계 14:8 큰 성 바벨론 음행으로 진노의 포도주를 먹이던 자
계 16:19 큰 성 바벨론이…맹렬한 진노의 포도주잔을 받으매
계 17:5 큰 바벨론이라 땅의 음녀들과 가증한 것들의 어미라
계 18:2 무너졌도다 큰 성 바벨론이여 귀신의 처소와 각종 더러운 영이 모이는 곳과 각종 더럽고 가증한 새들이 모이는 곳
계 18:10 견고한 성 바벨론이여 한 시간에 네 심판이 이르렀도다
계 18:21 큰 성 바벨론이 이같이 비참하게 던져져 결코 다시 보이지 아니하리로다

계시록 전체에서 큰 성 바벨론이 가장 혐오스러운 곳으로 상징되고 있다. 사도 요한이 계시록 전체에서 혐오하고 있는 큰 성 바벨론은 그 당시에 정치적 중심지인 로마 시가 도덕적으로 영적으로 타락된 가장 혐오스러운 장소라는 상징이었다. 당시의 로마시에는 로마 제국의 황제들이 황제를 신으로 섬기도록 강요했고, 그 말을 추종하는 신하들 가운데 원로원에서 황제 숭배를 합법화시키도록 아부하는 신하들만이 출세했다.

그렇게 정치적 특권을 가진 자들의 저택에서는 수천 명의 노예들

을 거느렸고 여자 노예들은 특권자들의 향락의 도구에 불과했다. 그러면서 도덕과 윤리, 정의를 외치는 기독교도들을 악랄하게 음해하고 핍박하던 곳이 로마였다.

그렇기에 사도 요한은 계시록 전체에서 로마를 가장 저주받을 곳으로 신랄하게 비판하고 있다. 그래서 '주께서 십자가에 못 박히신 곳'이 바벨론으로 상징되는 '로마'라는 해석도 할 수 있다.

그렇기에 앞으로 있을 대환난 때 두 증인이 순교 당할 곳으로는 소돔, 애굽, 로마가 다 함축된 곳으로 이해하는 것이 무난할 것 같다. 소돔은 도덕적 타락지, 애굽은 구원받은 자들이 혐오하는 세상, 로마는 모든 정치와 문명이 총 집결되어 있는 곳이다. 그곳이 어디인지 우리는 알 수 없으나 각각의 느낌은 가질 수 있다. 분명한 것은 소돔적, 애굽적, 로마적, 모든 성격이 다 갖추어진 그곳에서 두 증인이 순교 당한 채 시신이 방치될 것이 확실하다.

⑥ 백성들과 족속과…사람들이 그 시체를 사흘 반 동안을 보며 무덤에 장사하지 못하게(9)

9절에 표현된 백성들, 족속, 방언과 나라 중에서 모든 사람이 두 증인의 시체를 사흘 반 동안 바라본다고 했다. 이 표현은 지금부터 2천 년 전의 사도 요한의 표현이다. 그 당시에는 한 사람이 죽어 있는 모습을 전 세계 나라와 백성들이 볼 수 없는 시대이다. 그러므로 8절의 '큰 성'이라는 표현은 단순히 예루살렘이나 로마라는 특정한 도시가 아닌 것을 의미한다. 그런데 장차 '두 증인'의 죽음과 그 시체를 모든 백성과 모든 방언을 사용하는 모든 나라가 보게 된다. 그것은 무엇을 예언한 말인가?

사도 요한은 2천 년 전의 사람이라 전 세계인들이 언어를 초월해 시청해 볼 수 있는 전 세계 TV 네트워크로 연결된 환경 상태를 모르는 사람이다. 그러나 그가 예언한 대로 지금은 전 세계 어느 구석에 있는 일이든 그 사건을 세계인이 다 볼 수 있는 시대이다. 그렇기에 2천 년 전의 사도 요한의 예언이 아직까지는 이루어지지 않았으나 이제는 이루어질 수 있는 만반의 준비가 완료된 상태가 되었다. 앞으로 대환난 때에는 전 세계인이 두 증인이 순교 당한 후 시신이 방치된 장면을 사흘 반 동안 계속 보게 될 것이다.

더구나 비참한 장면을 계속 보게 되는 것은 죽은 시신을 무덤에 장사하지 못하게 하므로 사흘 반 동안 시신이 길가에 방치된다는 것이다. 누가 두 증인의 시체를 무덤에 장사하지 못하게 하는가? 그것은 두 증인과 대결한 무저갱에서 올라온 짐승(7절)과 짐승을 추종하던 세상 사람들이 두 증인의 수치를 더욱 심화시키려고 인간 이하의 모독적 처신을 하는 세력들이 이런 행위를 할 것이다. 그 같은 의미가 다음 10절에 암시되어 있다.

⑦ 두 선지자가…괴롭게 한 고로 땅에 사는 자들이…죽음을 즐거워하고 기뻐하여 서로 예물을 보내리라(10)

계시록 11장 10절 내용은 '빛'과 '어둠'이 얼마나 상극적인 대결 양상을 갖게 되는지 명확하게 설명하고 있다. 두 선지자가 땅에 사는 자들을 괴롭게 했다. 이 표현이 무슨 뜻인가? 과연 선지자라는 사람들은 땅에 사는 사람들을 괴롭게 하는 사람들인가? 여기 '괴롭게 하다'는 말은 '에바사니산'(ἐβασάνισαν)이다. 이 말은 '고문하다', '괴롭히다'는 뜻을 가진 '바사니조'(βασανίζω)의 부정 과거 능동태이다.

이 단어는 계시록 9장 5절에 황충 재앙으로 해를 입은 자들이 죽지는 않고 다섯 달 동안 괴롭게 고통만 당하는 것을 표현한 때에도 쓰였다. 그것이 여기 두 증인의 활약 때에도 사용한다.

이 내용을 정리하면 이런 내용이 된다. 앞으로 있을 7년 대환난 때 두 감람나무로 상징된 두 증인(계 11:3)이 등장한다. 두 증인은 3년 반(마흔두 달, 또는 천이백육십 일) 동안 두 촛대 같은 사명을 수행한다. 두 증인은 예언 활동 중 하늘을 닫아 비가 오지 않게 했던 엘리야와 같은 권능을 행사하고 또 물을 피로 변하게 했던 모세와 같은 권능도(계 11:6) 행사한다. 그래서 많은 사람이 회개하고 주께로 돌아온다. 그러나 여전히 하나님의 사역을 불신하는 세상에 속한 자들은 양심적 고통을 일으켜서 두 증인을 대적하는 사탄의 세력으로 반항한다.

여기서 우리가 크게 깨달아야 할 사실이 있다. 빛이 임하는 곳에는 어둠이 물러가는 것이 정상이다(요 1:5). 예수 그리스도의 생명의 진리가 임한 자는 죄악된 과거가 끊어져야 한다. 따라서 복음을 들은 자는 당연히 세상의 가치와 즐거움을 끊어야 하는 고통을 겪어야 한다. 복음을 수용한 자에게는 문제가 따르는 것이 정상적인 과정이다. 주님은 "누구든지 자기 목숨을 구원하고자 하면 잃을 것이요 누구든지 나와 복음을 위하여 자기 목숨을 잃으면 구원하리라"(막 8:35)고 하셨다. 복음을 듣고 거듭난 자로 살려고 할 때 구원받은 사람들은 자기가 아끼던 것을 버려야 하는 결단을 해야 하므로 고통이 따르게 된다. 그렇게 사람들에게 고통을 일으키게 하는 것이 정상적인 사역이다. 만일에 전도자의 외침을 듣고도 듣는 이가 괴로움을 느끼지 못한다면 전도자의 외침에 문제가 있는 것이다.

그런데 두 증인의 외침으로 불쾌감만 느끼고 회개를 하지 않던 자들이 두 증인의 죽음을 보고 즐거워하고 기뻐한다. 참으로 패역하고 악에 굳어진 사악한 인간의 현상이다. 이렇게 사악하고 패역한 세력들은 두 증인의 죽음이 자기들의 괴롭힘을 제거해 준 쾌거라고 여기며 즐거워하고 기뻐할 것이다. 이들 사악한 자들은 개인적 즐거움과 기쁨으로 끝나지 않는다. 다 같은 기쁨을 느끼는 자들과 함께 서로 예물을 교환해 기쁨을 극대화시킬 것을 예언하고 있다.

구약성경에 보면 서로 공통적인 기쁨이 있을 때는 서로 만나서 잔치를 베풀 뿐만 아니라 서로가 기쁨을 극대화하는 예물들을 보낸다.

구약 에스더서에 나오는 내용이다. 에스더서 3장에는 아각 사람 함므다다의 아들 하만이 높은 벼슬에 오른다. 이때 말하는 '아각 사람'은 아말렉족의 후손이다(민 24:7). 하만은 유대인 모르드개를 죽이려고 유대인 멸족 음모를 꾸몄다. 개인의 감정을 민족적으로 보복하려 한 만용이었다.

그런데 하만의 계략이 에스더 왕후의 기민한 노력으로 좌절된다(7장). 이렇게 해서 민족이 살아난 '부림절'(에 9:26)이 생긴다. 이때 유대인들은 잔치를 베풀고 즐기면서 예물을 나누었다(에 9:19).

그런데 앞으로 있을 7년 대환난 때에는 정 반대 현상이 일어난다. 두 증인이 참된 진리를 증언하는 것에 고통을 받던 세상 사람들은 두 증인이 짐승에게 죽임을 당하자 땅에 사는 자들이 너무 기뻐한다. 그래서 즐거워하고 기쁜 나머지 서로 간에 예물들을 보낸다. 참으로 상상할 수 없는 모순과 사악한 세상 사람들의 반항적 본성이 있는 그대로 나타난다.

여기서 우리가 크게 깨달을 사실이 있다. 지금 우리가 살아가고 있는 이때는 참 좋은 시대이다. 지금도 참된 복음이 선포되는 교회를 향해서 이 세상의 수많은 이들이 공격을 한다. 공격하는 자들을 보면 특정 교파나 특정 신학의 범주에 갇혀 매우 편협한 신학기준을 갖고 있으며 자신들의 부족한 수준을 깨닫지 못하고 자기의 속 좁은 기준으로 상대방을 공격한다. 이 정도의 공격은 주님 말씀에 의하면 상급 받을 일이다(마 5:11~12). 앞으로 대환난 때는 정말 이해되지 않은 현상들이 일어날 것이다.

(4) 두 증인의 부활과 승천(계 11:11~13)

① 삼일 반 후에 하나님께로부터 생기가 그들 속에 들어가매(11a)

대환난 때 혁혁한 전도 활동을 전개할 두 증인이 3년 반 활동한 후 짐승에게 죽는다. 죽은 후 사흘 반 동안 시체가 장사되지 못한 채(계 11:9) 길가에 방치된다. 이 광경을 보던 땅에 사는 자들이 기뻐하며 서로 예물을 보낸다(계 11:10).

이들 두 증인은 계속해서 방치되었고 그와 같은 모독의 삼일 반이 지나갔다. 하나님을 위해 충성한 두 증인이 세상 사람들에게 조롱과 멸시를 받는 상태가 전 세계인들에게 TV로 계속 중계될 것이다.

그런데 삼일 반 후에 특별한 일이 벌어진다. 그것은 죽어서 삼일 반 동안 조롱과 멸시를 받던 두 증인의 시체가 다시 살아나는 부활의 기적이 일어난다. 죽었던 자들이 어떻게 다시 살아나는가? 그 설명이 본문에 자세하게 기록되었다.

그것을 "하나님께로부터 생기가 그들 속에 들어가매"라고 표현했다. 여기 '생기'란 말은 '성령'을 뜻하는 '프뉴마'($\pi\nu\varepsilon\tilde{\upsilon}\mu\alpha$)와 '생기'라는 뜻의 '조에스'($\zeta\omega\tilde{\eta}\varsigma$)가 합쳐진 말이다. 그래서 우리말 성경은 '하나님께로부터 생기'라고 번역되었으나 원문대로 하면 '성령'과 '생기' 또는 '생명의 영', '생명의 기운'이라는 뜻이다. 그렇기에 이때 쓰인 생기는 성령만이 아닌 '생명의 기운', 즉 생기라는 뜻이다.

구약성경에 생기라는 단어는 두 가지로 쓰였다. 창세기 2장 7절을 보면 하나님께서 땅의 흙으로 사람을 만드셨다. 그리고 코에다 생기를 불어넣으셨다. 이때 '니쉬마트 하임'(נשמת חיים)이 사용되었다. 이 단어가 '숨'(왕상 17:17), '호흡'(신 20:16), '기운'(욥 4:9), '영혼'(잠 20:27) 등으로 번역되는 '네솨마'(נשמה)의 연계형 단어들이다.

이 표현은 인간은 다른 동물들과 다르게 육체인 흙과 함께 하나님께서 '생기'를 불어 넣으심으로 '생령' 즉 살아 움직이는 생명체가 되었다는 것이다.

이렇게 창세기 2장 7절의 '네솨마'는 딱 한 번만 쓰였다. 그에 반해 또 다른 단어로 '루아흐'(רוח)라는 단어가 '생기'로 쓰였다.

전 8:8   바람('바람'이라고 번역된 단어가 '루아흐'다.)
렘 10:14 그 속에 생기가 없음이라
겔 37:5 (에스겔 골짜기 뼈들에게) 생기를 너희에게 들어가게 하리라

또 에스겔 37장 8, 9, 10절의 '생기', 하박국 2장 19절 '생기' 등은 모두 '루아흐'(רוח)다.

그런데 신약성경에서 '생기'라는 단어가 쓰인 곳은 계시록 11장 11절과 13장 15절의 두 곳밖에 없다. 이때 쓰인 '생기'는 '프뉴마 조에스'로 두 단어가 합성된 표현이다. 그런데 우리가 놀라운 사실을 확실하게 알아야만 한다. 계시록에 쓰인 두 곳의 '생기'의 근원이 각각 다르다는 사실이다. 계시록 11장 11절의 생기는 하나님께로부터 생기

가 그들 속에 들어갔다. 그러나 13장 15절의 생기는 땅에서 올라온 짐승이 짐승의 우상에게 생기를 주어 그 짐승의 우상이 말하게 하는 생기이다.

둘의 차이가 무엇인가? 하나님의 생기는 죽은 자를 살려내는 하나님의 영광을 드러내는 생기이다. 그러나 짐승이 주는 생기는 우상에게 경배하지 않는 자를 죽게 하는 파멸을 일으키는 사악한 생기이다.

이렇게 성경에 쓰인 단어들이 각각 용도에 따라 다르게 쓰이고 있다. 그렇기에 어떤 특정한 단어를 전체적으로 통일된 개념으로 이해하려는 시도는 매우 부정확할 수 있음을 기억해야 한다.

② 그들이 발로 일어서니 구경하는 자들이 크게 두려워하더라(11b)

여기 생기는 "하나님으로부터" 그들 속에 들어갔다. 생기의 기원이 '하나님께로부터'라는 '에크 투 데우'(ἐκ τοῦ θεοῦ)다. 그 결과 죽어서 삼일 반 동안 시신으로 방치되어 있던 시신이 발로 일어섰다. 여기 '발로 일어섰다'는 말은 '에스테산 에피 투스 포다스'(ἔστησαν ἐπὶ τοὺς πόδας)다. 이 같은 표현은 죽은 시체가 누구의 도움을 받아 일어난 것이 아니라 자기 발로 벌떡 일어나 살아났음을 뜻한다. 이것은 마치 잠자던 자가 잠에서 깨어 스스로 일어나는 것과 같은 표현이다.

우리는 신약성경 속에 '죽음'을 잠자는 것으로 표현한 것을 많이 본다. 요한복음 11장 11절에 죽은 나사로를 주님은 '잠들었다'고 하신다. 사도행전 13장 36절을 보면 바울은 다윗이 잠들었다고 한다. 특히 부활장인 고린도전서 15장 6, 18, 20, 51절에는 죽은 것을 잠든 상태로 설명한다. 성경에서 구원받은 자의 죽음은 끝남이 아니라 잠들었다가 다시 깨어나는, '잠자는 것'으로 표현하고 있다. 그러기에 두 증인이 짐승에 의해서 잠시 잠자는 상태로 삼일 반 동안 잠들어 있었다.

그러나 하나님의 생기가 그들 속에 들어가니까 그들이 잠에서 깨어난 사람처럼 자기 발로 일어섰다. 이것을 성경은 '부활' 즉 '아나스타시스'(ἀνάστασις)라고 한다.

이렇게 죽은 자가 다시 살아나는 '부활'을 보자 구경하는 자들은 크게 두려워한다. 여기서 원문의 뜻을 제대로 이해할 필요가 있다. 여기 '크게'라는 말이 '메가스'(μεγάς)다. 우리는 보통 큰 것보다 더 큰 것을 '메가'라고 붙인다. 메가사이클(megacycle), 메가톤(megaton), 메가폰(megaphone) 등 메가라는 말은 대단히 큰 단위를 뜻한다. 여기 두 증인이 죽었다가 사흘 반 후에 다시 살아났을 때 그를 목격하는 전 세계인의 충격은 가히 메가톤급에 속하는 대단한 충격이라는 뜻이다. 충분히 상상하고도 남을 수 있는 미래 사항이다.

3일 전만 해도 두 증인의 시체가 길가에 방치되어 있었다. 그래서 시체를 보고 조롱하고 멸시하며 구경거리로 삼았다. 그런데 시체들이 제 발로 다시 일어서는 모습을 본 구경하던 자들이 보통 놀라는 것이 아니다. 놀랄 수 있는 범위에서는 최고치로 놀라며 두려워하게 된다. 사람들은 죽으면 끝난다고 알고 살아간다. 그런데 죽었던 자가 다시 살아난 것을 눈으로 목격한 저들은 두려워하는 정도가 메가톤, 즉 최상의 수준의 두려움에 도달했을 것이다. 여기서 우리가 깨달을 교훈이 있다. 그것은 '죽음'이나 '살아남'은 전적으로 하나님만의 주권이라는 사실이다.

③ 하늘로부터 큰 음성이…이리로 올라오라…구름을 타고 올라가니(12)

두 증인에게는 모욕과 멸시의 삼일 반이 지나갔다. 땅에 거하는 자들은 두 증인의 죽음을 보고 삼일 반 동안 기뻐 즐거워하며 서로 예물을 보냈다. 그런데 삼일 반 후에 두 증인이 다시 살아나자 구경하는 자들은 크게 두려워하기 시작했다. 그런데 그것으로 끝나지 않는다. 하늘에서 큰 음성이 들려 "이리로 오라"는 소리를 세상 사람들이 다 들었다.

이때 하늘의 큰 음성의 주체자가 누군지 알 수 없다. 아마도 천사가 하나님의 명령을 전했을 가능성이 많다. 두 증인을 향한 천사 같은 이의 명령이 "이리로 올라오라"는 단호한 명령이다. 그 음성이 떨어진 후에 두 증인은 자력적 능력이 아닌 구름을 타고 하늘로 올라갔다.

여기 '구름'이라는 단어를 원문으로 보면 '테 네펠레'(τῇ νεφέλη)라고 했다. 이때 말하는 구름은 지금도 볼 수 있는 저 하늘의 구름이 아니다. 원문에는 구름 앞에 정관사 '테(τῇ)가 붙어 있는 특정한 구름을 뜻한다. 그래서 영어 성경들에는 'a Cloud'라는 특정한 구름으로 표시되었다. 구약성경에 특정한 구름은 하나님의 능력, 영광, 현현을 상징하는 매개로 사용되었다.

출 16:10 여호와의 영광이 구름 속에 나타나더라
출 19:9 여호와께서 모세에게 이르시되 내가 빽빽한 구름 가운데서 네게 임함은 내가 너와 말하는 것을 백성들이 듣게 하며…

그 외에 출애굽기 24장 16절, 34장 5절, 레위기 16장 2절, 민수기 10장 12절, 11장 25절, 16장 42절 등에 특별한 구름이 여호와의 임하실 때 대동된다. 엘리야가 구름을 타고 승천한 기사(왕하 2:11)가 있고, 주님이 승천 때 구름 타고 가시면서(행 1:9) 다시 오실 때에 구름을 타고 오실 것을 말씀하셨다(행 1:11).

이렇게 구름을 타고 하늘로 올라가는 모습을 두 증인을 죽인 원수들은 구경만 하게 되었다.

우리가 분명하게 알아야 할 사실이 있다. 미래의 대환난 때 주님을 위해 목숨을 걸고 투쟁하던 두 증인은 육신의 죽음, 그리고 삼일 반 후의 부활, 그리고 구름 타고 하늘로 승천하는 것을 다 체험한다. 그러나 주님의 종을 핍박하던 땅에 사는 자들은 죽음밖에 체험할 것이 없다.

오늘날 이미 거듭남으로 구원받은 성도들은 두 증인처럼 죽음, 부활, 승천을 모두 다 똑같이 체험하게 될 것이다. 계시록은 미래에 있을 두 갈래 길을 확실하게 보여줌으로 세상에 속한 자들로 하여금 깨닫게 하며 경각심을 주고 있다.

④ 그때에 큰 지진이 나서 성 십분의 일이 무너지고(13a).

'그때'는 두 증인 구름을 타고 올라가는 그때를 말한다. 그때 큰 지진이 일어난다. 성경에는 지진이 하나님의 진노나 하나님의 나타나심에 따르는 현상으로 설명된 곳이 있다. 그렇다고 해서 모든 지진이 다 하나님의 진노라는 뜻은 아니다. 오히려 하나님께서 나타나실 때는 지진 같은 현상이 뒤따른다.

에스겔 38장 17~19절에는 장차 이스라엘을 공격하는 곡의 전쟁 때 하나님께서는 이스라엘 땅에 지진이 일어나게 해서 산이 무너지며 절벽과 성벽에 땅이 무너지게 될 것을 예언했다.

스가랴 14장 1~5절에는 여호와의 날에 이방 나라들을 예루살렘에 모아 싸울 때 지진이 일어나 감람산 한가운데가 동, 서로 갈라져 큰 골짜기가 될 것을 예언하고 있다.

주님은 세상 끝에는 민족이 민족을, 나라가 나라를 대적하여 일어나겠고 곳곳에 기근과 지진이 있을 것을 예언하셨다(마 24:7). 앞으로 있을 대환난 기간에도 지진이 일어난다(계 11:13, 16:18). 또한 두 증인이 구름을 타고 승천하는 그 시간에 지진이 일어난다. 이때 지진으로 '큰 성'(계 1:8)이라고 자만하던 그 성의 십분의 일이 무너진다.

⑤ 지진에 죽은 사람이 칠천이라. 그 남은 자들이…영광을 하나님께 돌리더라(13ab).

지진의 결과로 큰 성의 십분의 일이 파괴되고 성민들 칠천 명이 죽는다. 이것은 큰 성의 규모에 비해 제한된 심판이 실현되었음을 의미한다. 그 광경을 목격한 자들이 하나님께 영광을 돌린다고 했다.

여기서 세상 사람들이 하나님께 영광을 돌린다는 뜻이 무엇일까? 이에 대해서 상반된 해석을 한다. 한편에서는 불신자들이 두 증인의 순교, 부활, 승천을 보고 회개하는 현상을 하나님께 영광을 돌리는 것으로 이해한다. 또 다른 편에서는 저들이 진정으로 회개하고 하나님께 영광을 돌렸다면 하나님은 더이상 재앙을 멈추셔야 했다.

그런데 곧이어 계시록 11장 14절에 "둘째 화는 지나갔으나 보라 셋째 화가 속히 이르는도다"라고 한다. 이것은 세상 사람들이 진정으로 회개한 것이 아닌 잠시 하나님의 권능을 인정하는 것일 뿐 회개는 아니라고 이해한다. 필자에게는 후자의 견해가 설득력 있게 느껴진다.

5) 일곱째 나팔 재앙(계 11:14~19)

⑴ 둘째 화는 지나갔으나 셋째 화가 속히 이르는도다(계 11:14)

계시록 11장 14절에는 독특한 사상이 반영되고 있다. 그것은 7년 대환난의 전체 기간이 계속된 화(禍)의 기간이라는 뜻을 반영해 주고 있다. 여기 쓰인 '화'라는 원문의 단어는 '우아이'(οὐαί)다. 이 말이 한문에는 '재화 화'(禍) 자를 쓰고 우리나라 말로는 모든 재앙과 액화(厄禍)라는 뜻으로 쓰이고 있다.

영어성경에는 비애, 비통, 괴로움, 불행, 재난, 재앙이라는 뜻으로 'woe'라고 번역되었다.

계시록에서 이 말이 최초로 쓰인 곳은 8장 13절의 '화 화 화'라는 표현이다. 이때 말하는 '화'가 재난, 재앙, 또는 환난이라는 뜻이다. 그래서 계시록 6장부터 18장까지는 계속해서 재난, 재앙들이 7년 동안이나 계속 이어지는 까닭에 '대환난 시대'라는 용어가 생겨난 것이다.

그렇다면 세 번의 화가 어떻게 진행되는가? 계시록 19장 12절에 "첫째 화는 지나갔으니 보라 아직도 이후에 화 둘이 이르리로다"라고 했다. 그렇기에 9장 12절의 재앙들은 첫째 화에 해당된다. 그리고 11장 14절에 "둘째 화는 지나갔으나 보라 셋째 화가 속히 이르는도다"라고 했으므로 11장 14절 이전의 재앙들이 둘째 화에 해당된다. 셋째 화는 15장 1절에 나오며 마지막 재앙을 말하는 계시록 16~18장 내용이 셋째 화에 해당된다.

여기서 우리가 계시록의 독특한 구성을 이해할 필요를 느낀다. 계시록은 왜 내용들을 체계적으로 논리적으로 배열해 놓지 않았는가? 예컨대 계시록 6장에는 일곱 인의 재앙이 설명되었다. 그런데 계시록

7장에 다음 재앙을 설명하지 않고 인치심을 받는 십사만 사천 명에 대한 내용이 삽입되었다.

계시록 8장에는 일곱째 인의 재앙과 일곱째 나팔 재앙 내용 중 9장까지 여섯째 나팔 재앙이 설명된다. 그리고 10장부터 14장까지는 재앙과 상관없는 내용들이 삽입된다. 그리고 15장에 일곱 재앙의 마지막 재앙이 예언되고 16장부터 계시록의 세 번째 재앙인 일곱 대접 재앙이 18장까지 이어진다.

계시록의 재앙에는 세 가지 재앙이 소개된다. 첫째는 일곱 인의 재앙, 둘째는 일곱 나팔 재앙, 세 번째는 일곱 대접 재앙이다. 그런데 이 세 가지 재앙들 사이에 재앙과 다른 내용들이 삽입된다. 왜 사도 요한은 이토록 뒤죽박죽으로 섞어 놓았을까?

여기에는 사도 요한의 안타까운 애정이 작용했을 것으로 추측해 본다. 사도 요한은 교회 시대의 내용인 계시록 1~3장 내용은 질서정연하게 잘 설명해 놓았다. 그리고 성도들의 영광이 주어지는 "새 하늘과 새 땅"의 내용인 계시록 19~22장 내용도 질서 정연하게 순차적으로 기록되어 있다. 그러나 계시록 6~18장의 가혹한 대환난의 내용을 가혹한 재앙만으로 기록하기에는 너무 마음이 아팠을 것이다. 그래서 대환난 기간의 중간중간에 다른 내용들을 삽입해 넣음으로 안타까운 마음으로 구성해 놓았을 것으로 추측해 본다.

(2) 일곱째 천사가 나팔을 불매 하늘에서 큰 음성이 나서 이르되(계 11:15)

계시록 11장 15절은 일곱째 천사가 나팔을 불 때 뒤따르는 반응을 기록하고 있다. 이렇게 두 번째 재앙에 속하는 나팔 재앙은 8장 6절에서 9장 21절까지 여섯째 나팔 재앙이 설명되었다. 그리고 10장부터 11장 13절까지 중간 삽입 내용이고, 이제 또다시 일곱째 나팔 재앙을 선포한다. 이렇게 일곱째 나팔 재앙을 선포만 해놓고 또다시 계시록 12~14장에는 삽입 내용이 들어간다. 그리고 일곱째 나팔 재앙의 실시는 계시록 15장에 설명된다.

우리는 재앙들 중간에 이렇게 다른 내용이 삽입되는 것을 사도 요한의 특유한 기법이라기보다는 그의 안타까운 애정으로 이해하는 것이 더 은혜로운 이해가 될 것 같다.

그리고 또 다른 특이함을 발견하게 된다. 앞서 계시록 6장부터 11장 13절까지는 모든 내용이 지상 위에서 이루어지는 내용들이었다. 그런데 11장 15~19절의 내용은 지상의 내용이 아니라 천상에서 이뤄지는 내용을 설명한다. 요한의 시선은 지상과 천상을 오르내리며 그가 본 환상들을 설명한다. 우리는 지상 세계밖에 보지 못하는 제한성을 가진 인간들이다. 하지만 요한은 지상과 천상 세계를 모두 다 볼 수 있고 인간의 세계를 뛰어넘는다. 그러한 요한의 계시의 세계를 경외심으로 이해해야 할 것이다.

일곱째 천사가 나팔을 불었다. 앞서 계시록 8장 7절에서 9장 13절까지의 첫째 천사부터 여섯째 천사가 나팔을 분 후에 곧이어 재앙이 따랐다. 그런데 여기 일곱째 천사가 나팔을 부니까 지상에서의 재앙이 아니라 천상에서의 찬양이 울려 퍼진다. 왜 이렇게 전혀 다른 차이가 생기는가? 그것을 본문 내용상으로 인간적 시각으로 보면 너무 대조되는 차이로 볼 수 있다. 그러나 사도 요한의 입장에서 지상과 천상을 동시에 볼 수 있는 영적 안목을 가진 자에게는 차이가 아니다. 사도 요한에게 보이는 지상에서의 대환난의 재앙들이란 인간들의 기준이고 동시에 땅에 재앙을 실현하는 천상에서의 영적인 세계인들이 볼 때는 하나님의 공의가 실현되는 영광의 때인 것이다.

우리는 영적 안목이 닫혀 있기에 자신의 재앙의 처참함만 보게 된다. 그러나 사도 요한은 영적 안목으로 천상 세계의 전혀 다른 현상도 보고 있다. 그래서 여기 계시록 11장 15~19절 내용은 지상에서 대환난이 진행되고 있는 끔찍한 시기에 천상에서는 어떤 일이 전개되는가에 대한 내용의 설명이라고 이해된다.

(3) 보좌 앞 이십사 장로들의 찬양(계 11:16~18)

계시록 11장 15~18절의 내용은 지상에서 대환난이 계속되는 중인데도 천상에서는 찬양이 이어지는 내용이다. 지상에서 대환난으로 고통당하다 못해 죽어 가고 있는 재앙 속에서 천상인들이 동정은 못할망정 찬양을 하는 세력들은 누구란 말인가? 그리고 그 찬양의 내용은 무엇인가? 두 가지로 살펴보자.

- 천상에서 찬양하는 주체

계시록 4장 6~11절 내용은 천상에서 찬양하는 주체들이 소개되고 있다. 그것은 '네 생물들'과 '이십사 장로들'이라고 했다. 여기에 설명된 '네 생물들'은 사자, 송아지, 사람, 독수리 같은 것으로 여섯 날개와 눈들이 가득한 생물이었다. 네 생물들은 모든 동물 중에서 가장 고상한 것(사람), 가장 강력한 것(사자), 가장 지혜로운 것(송아지), 가장 민첩한 것(독수리)을 상징하는 피조물계의 각 대표를 상징한다.

또 이십사 장로들이란 인류 역사 속에서 구원받은 모든 성도의 대표들의 상징적인 숫자를 의미한다. 이들 이십사 장로들과 네 생물은 하나님의 보좌 앞에서 경배드리며 찬송 드리는 내용이 계시록 4장 6~11절에 기록되었고, 또 19장 1~5절에도 기록되었다. 그리고 19장

6~10절에는 어린양의 혼인 잔치에 참여하게 될 "구원받은 허다한 무리들"이 저들과 더불어 찬양과 경배 생활을 하게 된다.

- **큰 음성의 찬양 내용**

계시록 11장 15~18절에는 지상에서 대환난이 전개되는 참혹한 재앙 때에 천상에서는 네 생물들, 이십사 장로들이 하나님 앞에서 경배드리면서 찬양을 드리는 내용이다. 이 중에 특히 은혜가 되는 내용 몇 가지만 선별해서 살펴보겠다.

① 세상 나라가 우리 주와 그리스도의 나라가 되어

'세상 나라'는 '헤 바실레이아 투 코스무'(ἡ βασιλεία τοῦ κόσμου)다. 여기서 말하는 세상 즉 '코스무'(κόσμου)는 하나님께서 인간이 살아갈 수 있도록 만들어주신 지상 세계를 말한다. 그런데 인간들은 범죄와 타락으로 땅이 저주를 받았고(창 3:17) 쫓겨난 후(창 3:24) 땅에서 피하며 유리하는 자가 되었다(창 4:12).

그 후 인간은 더욱 완악해져서 하나님과 대결하려고 바벨탑을 쌓다가 흩어지게 되었다(창 11:7~9). 흩어진 인간들은 자기 영역을 지키려는 자기방어가 경계를 만들어 놓고 지도자로 하여금 자기들의 안전을 보장해 달라고 요구하기 시작했다. 현재의 세상 나라들은 각 나라 경계를 인간들이 만들어 놓고 타인의 출입을 통제하면서 이것이 정상적 국가라고 착각하고 살아간다. 그래서 지금의 세상은 주님의 통치가 적용되지 않고 공중의 권세 잡은 자(엡 2:2)에 의해 세상이 흘러가고 있다.

이와 같은 불공평하고 불편부당한 세상은 조속히 청산되어야만 한다. 그런데 그와 같은 세상을 인간들에게서는 기대할 수가 없다.

그것은 인간들의 편견이 지배하는 시대가 아니라 그리스도의 정의와 사랑이 지배하는 천년왕국 때(계 20:1~6)에나 가능하다.

하나님께서는 천년왕국 이전에 이 세상 사람들에게 마지막 기회로 대환난이라는 시련의 기회를 시행하신다. 대환난 7년 기간이 끝나면 그리스도의 통치가 시작되는 천년왕국 시대가 돌아온다. 이렇게 먼 앞날을 알고 있는 천상의 네 생물과 이십사 장로들은 지상의 대환난만 보지 않고 그 후에 있을 그리스도의 통치를 바라본다. 그렇기에 지상의 대환난 중에도 천상에서의 영적 존재들은 큰 음성으로 그리스도께서 세세토록 왕 노릇 할 것을 노래하는 것이다.

② 그가 세세토록 왕 노릇 하시리로다(15b)

이 세상의 통치자들은 통치 기간이 정해져 있다. 현재 각 나라의 대통령들은 임기가 정해져 있다. 혹 독재자들이 종신직을 이끌어 가나 대부분 불행으로 끝이 난다. 옛날에는 왕조들이 상당 기간을 이어가다가 후계자가 단절되면 왕조가 바뀌었다. 그러나 그리스도께서 천년왕국의 통치자가 되시면 그 후에는 천년 동안 그리스도께서 왕 노릇을 하시게 된다. '세세토록'이라는 말은 '에이스 투스 아이오나스 톤 아이오논'(εἰς τοὺς αἰῶνας τῶν αἰώνων)이다.

이사야 65장 17~25절에는 주님께서 통치하실 미래의 천년왕국에 해당되는 새로운 땅의 세상을 설명해 주고 있다. 그곳은 100세는 젊은이라 하고 100세가 못 되어 죽은 자는 저주받은 것이라고 인식되는 때이다(사 65:20).

그와 같은 천년왕국은 천 년으로 끝이 난다(계 20:1~6). 천 년 후에는 처음 창조된 현재 우리가 살아가고 있는 '처음 하늘과 처음 땅과 바다'가 없어진다(계 21:1). 그리고 거룩한 성 '새 예루살렘'이 하나님께로부터 하늘에서 내려온다.

그곳은 해나 달이 필요 없고 하나님의 영광이 비치는 곳이다(계 21:23). 그곳에서 주님은 구원받은 자들과 함께 세세토록 왕 노릇 하신다(계 22:5). 그러므로 천년왕국 이후의 그리스도 통치는 세세토록 계속 이어진다.

- **이십사 장로들의 경배와 찬양**(계 11:16~18)

이십사 장로들의 경배와 찬양은 계시록에 여러 번 소개된다.

계시록 4장 10절, 7장 11절, 11장 16절, 19장 4절에 나타남으로 이십사 장로들의 경배는 대환난 시작 전과 대환난이 종결된 후에 하나님을 경배하는 것으로 나타난다. 그런데 계시록에는 찬양의 내용 속에 "장차 오실 이"라는 문구가 들어 있는 곳과 빠져 있는 곳이 있다.

계시록 1장 4절에 "이제도 계시고 전에도 계셨고 장차 오실 이"라고 되어 있다. 계시록 1장 8절에 "이제도 있고 전에도 있었고 장차올 자"라고 했다. 계시록 4장 8절에 "전에도 계셨고 이제도 계시고 장차 오실 이"라고 한다.

그런데 계시록 11장 17절에는 "옛적에도 계셨고 지금도 계신 주 하나님 곧 전능하신 이여 친히 큰 권능을 잡으시고 왕 노릇 하시도다"라고 했다.

여기 "장차 오실 이"라는 표현이 모든 성경들에는 빠져 있는데 유독 K.J.V 하나만은 원문에 없는 "앞으로 오실 이"(and art to come)라는 말이 추가되었다.

여기 두 가지 사실이 해명되어야 하겠다.

첫째, 왜 11장 17절에는 "장차 오실 이"라는 표현이 빠져 있는가?

그것을 본문 구조상으로 이해할 수 있다. 그것은 11장 15절에 일곱째 천사가 나팔을 불 때 재앙이 실현되지 않고 하늘에서 큰 음성들이 나온 것은 이때부터 이미 하나님의 나라 통치가 그리스도에 의해서 시작된 것으로 이해되는 내용이다. 그렇기 때문에 심령의 천국(마 5:3)이 성도들의 마음속에 시작되었고(마 12:28; 눅 17:20~21) 이때의 천국은 영적인 천국이다. 그런데 계시록 11장 15절 때부터 예수 그리스도의 통치가 시작되므로 이때부터는 하나님의 나라가 시작되었다. 그렇기에 "장차 오실 이"가 아닌 이미 다스리시는 때이므로 이 표현이 빠지게 되었다고 본다.

둘째, 모든 성경들에 "장차 오실 이"라는 구절이 빠져 있다. 그런데 1611년 판 최초의 K.J.V는 왜 이 구절이 포함되어 있는가?

실제로 K.J.V(1611) 성경에는 "앞으로 오실 주"(and art to come)로 번역되었다. 그 후 200년 후에 영국의 65명 학자들이 K.J.V를 히브리어, 헬라어 원문을 직역한 흠정역 개정판(r.v:1881~1885)에는 이 구절이 빠졌다. 그 후 미국 표준역(A.S.V:1901), 영어 개역 표준역(R.S.V:1952), 새 영어 성경(1961), N.I.V(1978) 등 모든 성경에도 "장차 오실 이"가 빠져 있다. 그에 따라 한글 개역개정, 공동번역, 새번역 등에도 "장차 오실 이"가 없다. 그렇다면 왜 1611년 판 K.J.V만이 "장차 오실 이"가 들어 있는가?

그에 대한 해답은, K.J.V가 만들어지는 때(1611)는 가장 오래된 고대 사본을 접할 수 없을 때였다는 역사적 사실을 알아야 하겠다. 현재 구약 사본들 중 최고의 권위로 인정받는 것이 '사해 사본'(1947)이다. 그리고 신약 사본 중 최고의 권위로 인정받는 것은 '시내 사본'(1859)이다. 이렇게 권위 있는 사본들이 나오기 이전의 1500년대에는 사본들이 매우 귀했고 개인이 접근하기에도 너무 어려운 시기였다.

그러나 네덜란드 에라스무스(D. Erasmus, 1466~1536)가 12세기부터 15세기에 이르는 후대 사본들 약 5개를 근거로 "신약성경 원문 성경"을 1516년에 발표했다. 이때 에라스무스의 신약성경 원문은 라틴어가 병행된 성경이었고 그는 교황 레오 10세(1513~1521)에게 헌정했다(1516). 그 후 독일의 루터가 에라스무스의 "신약성경 원문" 성경을 근거로 " 독일이 신약성경"을 번역했다(1,522년).

그리고 같은 해에 가톨릭 추기경 지도아래 "콤플루툼"(Complutum) 학파에 의한 구약, 신약 합본의 원어로 된 성경이 6권으로 출판됐다 (1522).

이 "콤플루툼" 성경은 신·구약 원어로 된 최초의 성경이었다.

그 후 프랑스 스테파누스(R. Stephanus)가 에라무스 신약판(1516)과 "콤플루툼" 성경을 근거로 프랑스에서 성경전서를 발행했다(1550). 스테파누스는 성경 출판이 라틴어 성경 전용의 가톨릭법 위배로 추적 당하자 제네바로 도망해 최초의 장(章), 절(節)이 기록된 제네바 성경 (1560)을 발행해 전 유럽에 폭발적 인기를 얻는다. 흠정역(K.J.V) 성경은 에라스무스(1516), 콤플루툼(1522), 제네바 성경(1560) 등을 대본삼고 1611년에 발행했다. 그러나 이 모든 성경들 모두가 그 어느것도 공인 (公認) 받은 일이 없다. 그런데 네덜란드의 1633년에 "스테파누스"판본을 토대로 네덜란드 성경을 펴냈다. 저들은 책 서문에서 "당신은 이제 모든 사람들이 받아들이는 본문 성경을 가지고 있다"는 말이 "받아들여진 본문"(Textus Receptus)이라는 말로 전해지고 그 말이 후대 K.J.V는 "공인본문"(公認本文)이라는 말로 확대 사용해 오고 있다.

그러나 위에 열거한 모든 성경들 모두가 그 어느 것도 공인(公認) 받은 일이 없다. 따라서 "공인본문"이라는 표현은 정확한 표현이 아니다.

K.J.V는 고대 사본들을 대본으로 삼지 않고 후대 다수의 사본들이 후대인들이 가필을 많이 한 "표준 원문"을 대본 삼은 결과 모든 고대 사본들에 빠져 있는 정확한 부분들을 후대 사본들을 따라 여러 곳이 추가되는 결과를 가져왔다. 이에 대한 보다 자세한 내용은 필자의 《성경의 역사》를 참조하기 바란다.[30]

③ 하나님 곧 전능하신 이여 친히 큰 권능을 잡으시고 왕 노릇 하시도다(17)

여기 보면 대환난 기간에 전능하신 하나님께서 친히 권능으로 왕 노릇 하는 것을 말하고 있다. 이 말씀대로 하나님께서는 대환난이라는 인류 초유의 고통의 기간을 친히 다스리시며 갖가지 산적한 난제들을 풀어 나가신다. 이 사실에서 우리가 깨달아지는 진리가 있다. 성삼위께서는 언제나 동역을 하신다. 그러나 구약 때에는 성부 하나님의 사역이 두드러졌고, 신약 때는 성령님의 사역이 두드러진다. 그런데 대환난 때 또다시 성부 하나님의 사역이 위주가 되고 대환난이 끝난 후에는 그리스도의 사역이 중심이 된다. 대환난 기간이 그만큼 어려운 기간임을 알 수 있고 이것을 알고 있는 이십사 장로들은 하나님께 경배와 찬양을 돌리고 있다.

④ 이방들이 분노하매 주의 진노가 내려(18a)

여기서 말하는 이방인들은 '타 에드네'(τὰ ἔθνη)다. 교회 시대 때 '이방'이라고 하면 그리스도를 믿지 않는 모든 세상 사람들을 의미한

---

30) 정수영, 성경의 역사, 쿰란출판사, 2016. pp.237~240.

다. 그러나 대환난 시대 때의 '이방들'이란 합세해서 하나님을 대적하는 전 세계 모든 국가들을 의미한다.

대환난 때는 계시록 6장에 설명된 기근, 유행병, 태양계의 변화 등과 계시록 8~9장에 설명된 거듭된 재앙으로 전 세계 모든 국가가 연합해서 하나님을 대적한다. 그 내용을 이방들이 분노한다는 말로 표현한 것이다. 이렇게 전 세계 국가들이 연합해서 하나님을 대적할 때 하나님께서는 냉철하게 심사숙고하시고 진노로 대응하신다.

본 계시록에는 하나님과 사탄이 맞부딪쳐서 최후 결정을 하는 내용이 두 차례 소개된다. 그 첫 번째가 19장 19~21절의 내용이고, 두 번째가 20장 8~10절의 내용이다. 그런데 여기 11장 18절의 내용은 대환난의 중간기 때 전 세계 국가들이 연합하여 하나님과 대결하고 하나님께서 진노를 내리시는 내용이다.

⑤ 죽은 자를 심판하시며(18b)
여기서 말하는 '죽은 자'란 '톤 네크론'(τῶν νεκρῶν)이다. 이와 동일한 내용이 계시록 20장 12절에 나오는 백보좌의 심판을 의미한다. 그때에는 아담 이래 전 인류들이 양심(롬 2:14~15), 창조물(롬 1:19~20) 역사를 통해 어떻게 행했는지 살펴 행위의 책(계 20:12)에 근거해 죽은 모든 인류가 심판을 받게 된다.

⑥ 종, 선지자들, 성도들, 주의 이름 경외자들에게 상 주시며(18c)
여기에서 하나님을 다양하게 섬긴 자들을 열거한다. '종'은 '둘로이스'(δούλοις)로 어떤 대가나 삯을 받지 않고 충성한 성도들을 종이라고 한다.

선지자는 '프로페타이스'(προφήταις)로 자기 뜻을 추가시키지 않고 하나님께서 주신 말씀을 받은 대로 공포하는 자이다. 성도는 '토이스 하기오이스'(τοῖς ἁγίοις)로 세상에서 하나님의 부르심을 받고 세상과 완전히 구별된 채 하나님에게만 속한 사람답게 성결한 생애를 살아가는 자를 뜻한다(엡 4:1; 골 1:10).

경외하는 자란 '토이스 포부메노이스'(τοῖς φοβουμένοις)다. 이것은 하나님을 공경하고 두려워하는 평신도 신앙을 의미한다. 하나님께서는 이들에게 각각 믿음의 분량대로 다르게 상을 주신다.

⑦ 또 땅을 망하게 하는 자들을 멸망시키실 때로소이다(18d)

'땅을 망하게 한다'는 말이 무슨 뜻인가? 이 말의 문자적인 말은 '디압데이론타스 텐 겐'(διαφθείροντας τὴν γῆν)이다. 여기 망하게 한다는 말이 '디압데이론타스'이며 '땅을 파괴한다', '어지럽히다'는 뜻이다. '땅을 망하게 한다'는 말이 무슨 뜻인가?

구약성경 예레미야 51장 25절에 예레미야는 "여호와의 말씀이니라 온 세계를 멸하는 멸망의 산아 보라"고 바벨론 땅의 멸망을 선포한다. 예레미야의 예언대로 바벨론은 주전 539년에 메대-바사에 의해 망했다.

사도 요한은 계시록에서 큰 음녀에 해당되는 바벨론이 반드시 멸망될 것을 예언하고 있다(계 17:1~18:21). 사도 요한은 그가 살던 당시에 로마제국과 그의 정치 세력을 통해 기생하고 있던 악한 정치 세력들을 바벨론으로 강하게 혐오하고 있다. 그러나 주후 476년에 서로마제국이 망했고 또 1453년에 동로마제국이 망했다.

여기 사도 요한이 혐오하는 바벨론은 과거 역사 속에 존재했던 로마제국처럼 앞으로 다가올 대환난 때 세계를 장악하는 군사대국, 정치대국, 경제대국으로 상상해 볼 수 있다. 사도 요한은 앞으로 땅에 불과한 세계를 망하게 하는 자들을 하나님께서 멸망시키실 것을 24장로들이 찬양하고 있다고 볼 수 있다.

(4) 하늘 성전의 언약궤와 대재앙의 징조(계 11:19)
① 하늘에 있는 하나님의 성전이 열리니(19a)

계시록 안에는 '성전'이라는 단어가 계속 나온다(계 3:12, 7:15, 11:1, 11:19, 14:15, 15:5, 6, 8, 16:1, 21:22). 그런데 성전이라는 단어에는 두 가지가 있다고 했다. 하나는 성전 건물 전체를 뜻하는 '히에론'(ιερόν)이라는 말과 두 번째는 제사장들만이 들어가서 제사행위를 하는 성소라는 뜻의 '나오스'(ναὸς)라는 말이 있다.

앞서 말하는 성전 건물이라는 뜻으로 사용된 '히에론'은 복음서와 사도행전에 많이 쓰였고, 성소라는 뜻의 '나오스'가 복음서에 부분적으로 쓰였으나 계시록 전체에 '히에론'은 없고 전부가 '나오스'로만 쓰였다.

왜 그렇게 되었을까? 그것은 주후 70년에 예루살렘의 성전 건물 전체가 로마 침략군에 의해 완전히 파괴되었기 때문이다. 그래서 주후 95~96년경에 기록된 계시록에는 건물 성전이 있을 수가 없다. 그런데 영어성경들(K.J.V나 N.I.V)은 모두 성전(the temple)이라는 오역에 한글 성경들도 덩달아 성전이라고 번역했다.

여기 사도 요한은 지상의 성전을 본 것이 아니다. 하나님이 계시는 거룩한 곳이라는 '성소'를 본 것이 아니다. 히브리서 기자는 하늘에 있는 성소는 땅에 있는 지성소의 모형이라고 설명했다(히 9:23~26). 그런데 사도 요한이 하늘에 있는 하나님의 성소를 보았다는 것은 하나님의 비밀한 내용을 요한에게 보여주셨다는 의미가 된다.

② 성전 안에 하나님의 언약궤가 보이며(19b)

'언약궤'는 '헤 키보토스 테스 디아데케스'(ἡ κιβωτὸς τῆς διαθήκης)다. 언약궤는 하나님께서 모세에게 지시해 주신 대로 만들었다(출 25:10~22; 신 10:2~5). 언약궤 안에는 율법의 돌판이 들어 있었고 성소보다 더 깊은 지성소 안에다 보관해 놓았다. 이스라엘 민족이 광야를 행진할 때 언약궤가 항상 앞에서 인도했다. 여호수아의 지도로 요단강을 건널 때(수 3장), 여리고성 함락 때(수 4:7~11) 언약궤는 항상 앞에서 행진했다.

여호수아가 가나안 정복 후 언약궤를 에발산에 안치했다(수 8:33). 그런데 엘리 제사장 때는 실로의 성막에 안치했다가(삼상 3:3) 블레셋에게 빼앗겼다. 다윗 때 빼앗긴 법궤를 예루살렘으로 모셨다(삼하 6:1).

그 후 주전 586년 바벨론이 남왕국 유다를 멸망시킬 때 법궤가 사라졌다. 예레미야는 유다 백성들이 그토록 소중히 여기던 언약궤를 찾을 생각도 하지 않았고 기억하지도 않을 것이라고 했다(렘 3:16~18). 그 후 전설에 의하면 예레미야가 하나님의 명령으로 언약궤를 모세가 오른 산에 있는 동굴에다 숨겼다고 한다. 그러나 확인된 바는 없다. 이렇게 구약 때 없어진 언약궤가 하늘에 있는 것을 사도 요한이 보았다고 했다. 이것이 땅에 있는 언약궤는 사라져 없어졌으나 하늘에 있는 성소와 언약궤는 그대로 존재하는 것으로 이해된다.

③ 또 번개, 음성들, 우레, 지진, 큰 우박이 있더라(19c)

계시록 안에는 위의 현상들을 거듭 말한다.

계 4:5: 번개, 음성, 우렛소리

계 8:5: 우레, 음성, 번개, 지진

계 16:18: 번개, 음성, 우렛소리, 큰 지진

이 모든 것의 진원지가 하늘 보좌이고 그것은 시간이 흐를수록 강도가 점점 커진다. 계시록 11장 15~19절 내용은 일곱째 천사가 나팔을 분 후에 뒤따라야 할 재앙은 나타나지 않고 천사들의 찬양(15절), 이십사 장로들의 경배와 찬양(16~18절), 앞으로 있을 재앙의 예고(19절)로 끝이 난다. 이렇게 해서 대환난 7년 중 전 3년 반 내용이 계시록 6~11장 기록으로 끝이 난다.

제2부

중간기
(계 12~14장)

서론

요한계시록 전체는 세 가지 내용으로 구성되어 있다. 첫 부분이 1~5장까지의 교회 시대 내용이고, 둘째 부분이 6~18장까지의 대환난 시대 내용이고, 셋째 부분이 19~22장까지의 '새 하늘과 새 땅'의 내용이다.

이중에서 둘째 부분인 '대환난 시대'를 또 셋으로 분류한다. 제1부는 전 3년 반 내용이 계시록 6~11장까지, 제2부는 중간기 내용이 12~14장까지, 제3부는 후 3년 반 내용으로 15~18장까지 기록되었다.

계시록 12~14장을 '중간기'라고 했다. '중간기'라는 표현이 전 3년 반과 후 3년 반의 중간 사이에 낀 공백 기간이라는 뉘앙스를 가질 수 있다. 그러나 여기 '중간기'라는 말이 공백기라는 의미는 아니다.

계시록 6~18장까지는 세 가지 재앙인 일곱 인, 일곱 나팔, 일곱 대접 재앙들이 계속 설명되고 있다. 3대 재앙들 속에서 전 3년 반에 해당하는 6~11장에서 일곱 인 재앙과 일곱 나팔 재앙 일부를 소개했고 다음에 이어지는 후 3년 반 내용은 계시록 15~18장에, 그 중간에 계 12~14장이 소개되고 있다.

그래서 전 3년 반과 후 3년 반의 내용을 연결하는 논리적 가교 역할을 하기 때문에 이 부분을 중간기라고 한다. 중간기라는 의미가 기간을 의미하는 것이 아니고 내용상 가교 기능을 하는 의미임을 기억해야 하겠다. 그래서 중간기의 내용에는 후 3년 반의 내용만 다루는 것이 아니라 계시록 12장은 전 3년 반 동안에 고난에 이르는 과정의 내용이고, 계시록 13장은 후 3년 반 동안 있게 될 더 혹독한 두 짐승의 핍박 내용이며, 계시록 14장에는 그토록 처절한 핍박의 진행 속에서도 시온산의 십사만 사천 명의 구원받은 자들의 승리의 노래가 기록되었다. 중간기란 이렇게 혼잡된 내용상의 표현임을 기억해야 하겠다.

01
붉은 용과 여자

(계 12:1~17)

중간기의 첫 내용은 시기적으로 전 3년 반 때의 사건에 해당된다. 전 3년 반 동안에 일곱 인의 재앙(계 6장)과 일곱 나팔 재앙(계 8~9장) 이 실시되었다. 바로 이 기간에 구원받게 될 성도들을 여자와 여자가 낳은 아들로 상징해서 표현한다. 그리고 성도들을 핍박할 사탄의 박해를 붉은 용으로 상징한다. 지상에서 붉은 용의 여자에 대한 핍박의 배경은 천상에서 천사장 미가엘과 그의 사자들이 용과 더불어 전쟁한 후 하늘에서 쫓겨나서 지상의 여자를 괴롭히는 것으로 설명한다.

여자가 용의 박해를 피해 광야로 가서 피신하는 기간이 한 때와 두 때의 반 때로(계 12:14) 이 기간이 전 3년 반의 기간이다. 그러니까 계시록 12장의 내용은 전 3년 반 기간의 부록으로 기록된 또 다른 내용임을 알 수 있다.

[특주 29]

붉은 용에 대한 신학자들의 견해

필자는 모든 성경이 하나님의 감동으로 기록된 것을 믿는다. 그러나 세상 공부를 많이 해서 세상사에 대해 많은 것을 알고 있는 신학자들은 계시록 12장 기록이 이방 나라들의 신화의 영향을 받은 내용이라고 주장하는 이들이 있다.

그와 같은 자유주의 신학자들의 견해를 그대로 믿고 그대로 가르치는 신학교들도 있다. 그래서 신학 교수라는 이들이 종종 엉뚱한 소리로 세상을 시끄럽게 한다. 그런 사례로 본 계시록 12장을 신화라고 말하는 이들을 예를 들어보겠다.

1) 바벨론 신화 영향을 받았다는 궁켈(H. Gunkel, 1862~1932)

독일 개신교 신학자로 괴팅겐 대학에서 신약성경 주해 교수로, 할레 대학에서 구약성경 주해와 이스라엘 문학사 교수로, 베를린 대학과 기센 대학에서 교수 활동을 했다. 그는 신·구약성경 원문과 이스라엘 역사에 대해서는 세계적 수준에 이르는 전문학자이다.

그는 창세기 주석, 베드로전서 주석, 시편 주석 등 많은 성경 주석서들을 남겼다. 그런데 그는 성경을 달관된 언어학으로 설명해 내는 능력은 탁월했으나 성경의 말씀을 하나님의 계시의 말씀으로 믿지 않았다. 유대교, 기독교를 여러 개의 종교들 중 하나로 보는 비교 종교 연구가인 '종교사학파' 학자였다.

그는 구약성경의 시편들을 연구한 후 구약성경에 '신화'적 요소와 '전설'적 형식의 공통된 양식(Form)이 존재한다고 주장했다. 그래서 구약성경을 바르게 이해하려면 일정한 고정 양식(樣式)들을 먼저 파악해야만 된다고 했다. 그래서 구약성경을 양식에 근거하여 이해해야 한다는 소위 '양식 비평'(Form Criticism) 방법을 최초로 주장한 학자이다.

이와 같이 구약을 '양식 비평'해야 된다는 주장자가 궁켈이고, 이에 동조하는 벨하우젠(J. Wellhousen, 1844~1918)은 모세 5경이 J. E. D. P라는 몇 가지의 문서들이 훗날 편집되었다고 주장한다. 아울러 디벨리우스(M. Dibelius), 불트만(R. Bultmann)은 신약성경도 양식 비평을 해야 한다고 주장하였다.

이렇게 최초로 양식 비평을 주장한 궁켈에 의하면, 계시록 12장 내용은 바벨론 신화의 영향을 받은 종교문학이라는 것이다. 바벨론 신화에는 주신(主神) 마르둑(Marduk)이 모친 담키나(Damkina)에게서 태어났을 때 악신 티아맛(Tiamat)은 그 아이를 죽이려 한다. 그때 아이를 안전지대로 옮겨 놓고 악신과 모자가 투쟁을 한다. 궁켈은 계시록 12장이 그와 같은 바벨론 신화의 영향을 받은 것이라고 했다. 과연 그런지 그것에 대한 것은 본문을 살펴보면 알 수 있을 것이다.

2) 헬라 신화의 영향을 받았다는 델리치(F. J. Delitsch, 1813~1890)

델리치는 유대인으로 독일 루터교 구약성경학자였다. 그는 라이프치히에서 교육받고 로스토크, 에를랑겐, 라이프치히 대학에서 교수로 활동했다. 유대인 혈통으로 경건주의 배경에서 자라나 시온주의를 반대하고 유대인들이 기독교로 개종하는 일을 도우며 살아갔다. 그는 "Seat aut Hoffnung"이라는 간행물의 편집인으로 활동하고, 유대인 선교대학, 유대인 대학도 세웠다. 그가 보수적인 구약성경 주석을 저술한 것이 한국에 번역 출판되어 한국인들에게 많이 알려졌다.

그러나 그의 학문적 입장은 벨하우젠의 양식 비평을 따라 모세 5경 안에는 서로 다른 문학적 맥락이 있다고 주장했고, 이사야서는 저자가 두 사람이라고 했다.

이 같은 델리치는 계시록 12장이 헬라 신화의 영향을 받은 것이라고 했다. 헬라 신화에 의하면 태양신 아폴로(Apollo)는 제우스(Zeus)와 레토(Leto)의 아들이다. 그런데 땅의 신이며 큰 용인 피톤(Python)이 아폴로의 모친인 레토를 핍박했다. 그래서 레토는 외로운 섬으로 피신을 해서 아들 아폴로를 낳았다. 아폴로는 태어난 지 4일 만에 자기 어머니를 괴롭힌 피톤을 격살한다.

델리치는 계시록 12장의 여자와 용의 내용이 헬라신화의 영향을 받은 것이라고 했다. 과연 12장의 내용이 헬라신화의 영향을 받은 것일까? 우리는 계시록 12장을 유심히 살펴보고 계시록을 이방 신화의 영향이라는 학자들의 주장보다 더 확실한 사실을 깨닫도록 해야 하겠다.

1) 해를 옷 입은 여자와 붉은 용의 핍박(계 12:1~6)

(1) 하늘에 큰 이적으로 해를 옷 입은 한 여자의 해산통(계 12:1~2)
① 하늘에 큰 이적과 해를 옷 입은 한 여자(1a)

여기 보면 하늘에 '큰 이적'이 보였다고 했다. '이적'이란 말은 '세메이온'(σημεῖον)이다. 세메이온은 '표시'라는 뜻을 지닌 '세마'(σῆμα)에서 파생된 명사이다. 그래서 세마는 '증거', '상징', '기적', '징조' 등 다양한 뜻으로 쓰인다. 그렇기에 '큰 이적'이라는 말은 '큰 징조, 상징, 증거'라는 뜻이 포함된 말이다. 그래서 이적 또는 징조란 이미 어떤 사건이 발생했거나 앞으로 곧 발생할 사건을 미리 통찰해 이해할 수 있도록 도와주는 표지(pointer)를 의미한다.

이렇게 이해할 때 계시록 12장 1절의 "해를 옷 입은 한 여자"는 신화적인 인물이거나 역사적으로 실제적으로 나타날 여자라기보다는 상징적인 의미라고 이해하는 것이 적절하다. 그러므로 사도 요한은 땅에 있으면서 하늘에서 전개되고 있는 환상 속의 장면을 보고 있는 것이다.

사도 요한은 "해를 옷 입은 한 여자"를 보았다. 여기서 말하는 '해'는 '톤 헬리온'(τὸν ἥλιον)으로 태양을 뜻한다. 또 '옷 입은'의 '입은'은 '페리베블레메네'(περιβλημένη)다.

이 말은 '옷을 입다', '착용하다'는 뜻의 완료 분사로 한 여자가 태양을 옷으로 삼아 입고 있다는 뜻이다. 사람이 어떻게 뜨거운 불덩이인 태양을 옷을 삼아 입을 수 있는가? 이 표현을 상징적으로 이해하지 않고 문자적으로 이해하려는 시도는 무용한 일이다.

성경 시편 19편 4~5절에 "하나님이 해를 위하여 하늘에 장막을 베푸셨고 해는 그의 신방에서 나오는 신랑과 같고"라고 했다.

계시록 1장 16절에는 주님의 얼굴이 해가 힘 있게 비치는 것 같더라고 했다. 성경의 이와 같은 표현들은 상징적인 의미들이다. 이와 같은 상징적인 표현들에 감동받은 영국의 스테넷(S, Stennett, 1727~1795)은 "빛나고 높은 보좌와 그 위에 앉으신 주 예수 얼굴 영광이 해같이 빛나네"(찬송 27장, 통 27장)라는 찬송 가사를 작사했다.

이렇게 '해'(Sun)는 하나님의 속성과 연관된 표현으로 쓰이고 있다. 또 시편 104편 2절에는 "주께서 옷을 입음같이 빛을 입으시며"라는 표현처럼 계시록 12장 1절에 한 여자가 해를 옷 입었다고 한다. 표현은 한 여자가 보통 세상 여자가 아니라 하나님의 속성과 연관된 여자임을 암시해 주는 표현으로 이해된다.

한 여자는 누구인가?(1b)

'한 여자'는 '귀네'(γυνή)이다. 이 여자는 누구일까? 이에 대한 해석은 유대교, 가톨릭, 개신교 등에서 입장이 각각 다르다. 먼저 유대교 견해를 보자.

사 54:4~8 네가 젊었을 때의 수치를 잊겠고 과부 때의 치욕을 다시 기억함이 없으시리니 이는 너를 지으신 이가 네 남편이시라 그의 이름은…이스라엘의 거룩한 이시리라

렘 3:6~10: 배역한 이스라엘과 여호와를 부부관계로 설명한다.
겔 16:23~34: 예루살렘을 음란한 여인으로 묘사한다.
호 2:2~20: 음란한 여인 고멜과 호세아를 이스라엘과 하나님으로

묘사한다.

그렇기에 계시록 12장의 한 여자는 하나님의 백성인 이스라엘을 상징한다고 해석한다.

가톨릭교회의 견해는 계시록 12장 5절에 "여자가 아들을 낳으니 이는 장차 철장으로 만국을 다스릴 남자라"라는 구절을 근거로 여자는 성모 마리아라고 해석한다.

개신교의 견해는 어떤가? 계시록 12장 17절에 "그 여자의 남은 자손 곧 하나님의 계명을 지키며 예수의 증거를 가진 자들과 더불어 싸우려고 바다 모래 위에 서 있더라"라는 표현을 참고한다면 하나님의 계명을 지킨 구약의 성도들과 예수의 증거를 가진 신약의 성도들을 상징한다고 해석한다.

이와 같은 다양한 해석들이 있다. 어느 해석이든지 다 주장하는 근거들을 갖고 있다. 그렇기에 다양한 해석들을 통해 어떤 것이든 선택하는 것이 각자의 영적, 학문적, 신앙적 수준에 따라 다를 수 있음이 현실이다.

② 그 발아래에는 달이 있고 그 머리에는 열두 별의 관을 썼더라(1b)
이 표현 역시 문자적으로 이해하면 신화적 의미로 빗나갈 수 있으므로 상징적 의미로 이해하는 것이 무난하다. 그렇다면 달은 무엇을 상징할까? 여러 가지로 연결시켜 추측해 볼 수 있다. 그러나 사도 요한이 본 이 환상이 이 세상의 마지막 때 무엇을 상징하는 것이라고 추측해 볼 수 있을까?

창세기 1장 14~19절에는 하나님께서 넷째 날에 해와 달의 두 광명체를 만드시고 해는 낮을, 달은 밤을 주관케 하신다. 그리고 해와 달이 단지 밤, 낮의 변화만 아니라 계절, 날, 해가 바뀌는 징조들을 드러내도록 하신다.

그 후 인간들은 달을 중심한 태음력으로 절기와 시기를 구분하고, 태양력을 전 세계인이 사용함으로 공통적 역사 의식을 갖게 되었다. 결국 해와 달은 역사의 흐름을 상징하는 도표가 되었다. 해가 바뀐다, 달이 바뀐다, 날이 바뀐다, 시간이 바뀐다, 주야가 바뀐다 등 이모든 것은 시간의 흐름을 의미한다.

계시록 12장에 여자의 발아래에 달이 있다는 묘사는 문자적으로는 불가능한 표현이다. 그러나 시간의 흐름을 표시해 주는 달이 여자의 발아래 있다. 이것은 여자가 역사의 흐름을 다스리는 권세를 가진 상징적 표현이라고 이해된다.

또 여자의 머리에 "열두 별의 관"을 썼다. 창세기 37장 9절에는 열한 별이 이스라엘 열두 지파를 상징한다. 구약에서 열두 별은 이스라엘 열두 지파를 상징한다. 신약에서 열두 사도는 하나님의 선택받은 구원받은 모든 자를 상징한다.

이 여자는 '해'를 옷 입었고 '달'을 발아래 두었고 '열두 별'의 관을 썼다. 이 여자는 해, 달, 별 모두 관계를 맺고 있다. 이와 같은 여자는 무엇을 상징하는 것일까? 그것을 폭넓게 이해한다면 구약에서의 하나님의 백성들, 신약에서 예수 그리스도로 구원받은 모든 성도들 그리고 대환난 시대에도 고난 중에 구원받을 성도들, 이 모두를 여자로 상징했다고 할 수 있다.

③ 이 여자가 아이를 배어 해산하게 되매 아파서 애를 쓰며 부르짖더라(2)

여자가 임신해서 달이 차면 해산해야 하고 해산 때는 자연히 해산통이 따르게 되어 있다. 그런데 여자를 구약과 신약시대와 대환난 시대에 구원받을 성도들의 상징이라고 한다면 여자의 해산통은 무엇을 상징하는가? 이에 대해서도 유대교와 가톨릭과 개신교의 해석이 다르다.

먼저 유대교의 견해를 보자. 구약성경의 많은 곳에는 여자를 이스라엘로 묘사한 구절들이 많이 있다.

사 26:16~18 여호와여 그들이 환난 중에 주를 앙모하였사오며…그들이 간절히 주께 기도하였나이다 여호와여 잉태한 여인이 산기가 임박하여 산고를 겪으며 부르짖음같이…우리가 잉태하고 산고를 당하였을지라도 바람을 낳은 것 같아서 땅에 구원을 베풀지 못하였고 세계의 거민을 출산하지 못하였나이다

사 66:7 시온은 진통을 하기 전에 해산하며 고통을 당하기 전에 남아를 낳았으니

렘 4:31 여인의 해산하는 소리 같고 초산하는 자의 고통하는 소리 같으니 이는 시온의 딸의 소리라

미 4:10 딸 시온이여 해산하는 여인처럼 힘들여 낳을지어다

이와 같은 구약성경 구절들을 근거로 계시록 12장 2절의 여자의 해산 고통은 메시아의 대망을 사모하며 온갖 시련과 편견 속에 시달렸던 이스라엘 민족의 수난사라고 이해한다.

이와 같은 해석은 이스라엘 민족의 수난사와 여자의 해산 고통이

절묘하게 연결되므로 유대교 신봉자들만이 아니라 개신교 신학자들도 본 구절을 과거의 이스라엘 민족의 수난사로 해석한다. 그러나 계시록 12장 내용은 과거에 있었던 과거사 해석이 아니다. 계시록은 교회 시대가 끝나고 난 다음의 미래에 있을 대환난 시대에 관한 예언이다. 그렇기에 유대교 중심의 본문해석은 맞지 않다.

다음으로 가톨릭 견해를 보자. 가톨릭은 계시록 12장 5절에 여자가 아들을 낳았고 그 아들은 장차 철장으로 만국을 다스릴 남자라고 했다. 이 구절에 근거해 계시록 12장 2절의 여자는 성모 마리아가 예수 그리스도를 낳은 것이라고 해석한다. 성모 마리아가 육신을 입은 예수 그리스도를 낳은 것은 역사적 사실이다. 그러나 성모 마리아가 모든 구원받은 자들의 상징인 계시록 12장 2절의 여자라는 해석은 성모 마리아가 교회를 낳았다는 모순을 만드는 해석이다.

여기서 계시록 12장 2절의 여자를 구약 배경을 근거로 이스라엘로 해석하거나 역사적 근거로 성모 마리아로 해석할 때 예언적인 계시록 내용을 잘못 해석하는 오류에 빠지게 됨을 알 수 있다.

그렇다면 우리는 계시록 12장의 여자를 어떻게 이해해야 하는가? 역사적, 시간적, 문자적 해석을 뛰어넘어 영적인 의미로 해석할 때 본문을 이해할 수가 있다.

우리는 예수님 당시에 유대인들이 구약성경을 역사적, 시간적, 문자적으로만 이해함으로 예수님과 충돌했던 사실들을 알 수가 있다.

사도 요한은 요한복음 1장 1절에 말씀이신 주님이 태초에 하나님과 함께 계셨다고 했다. 사도 바울은 로마서 1장 3절에 주님이 육신으로는 다윗의 혈통으로 나셨다고 했다. 그렇기에 주님은 역사 속의 인물인 주전 2000년경의 아브라함이나 주전 1500년경의 모세나 주전 1000년경의 다윗보다 그 이전부터 영적으로 존재해 계셨다. 그런데 영적 존재이신 주님이 2000년 전에 다윗의 후손이라는 계보를 따라 성모 마리아를 통해 육신으로 오셨다. 그렇기에 주님은 영적으로 태초부터 하나님과 함께 계셨으나 육적으로는 2000년 전에 오셨다.

그런데 이스라엘 백성들은 영적 개념 이해에는 문을 닫아 놓았다. 저들은 자기들이 아는 역사적, 시간적, 인간적 개념밖에 몰랐다. 그래서 주님이 "나는 아브라함이 나기 전부터 있었다"(요 8:58)고 하시자 유대인들은 돌을 들어 치려고 했다. 또 유대인들은 역사적인 다윗만 알고 있었다. 다윗은 주전 1000년경 인물이다. 그 다윗이 시편 110편 1절에서 메시아 즉 그리스도를 '내 주'라고 했다. 마태복음 22장 43~45절을 보자. 주전 1000년 전의 다윗이 자기 후손이 될 메시아를 '주'라고 칭했다. 주님은 "다윗이 자기 후손을 '주'라고 칭한 것을 너희들은 어떻게 해석하느냐"고 물으셨다. 그때 바리새인들은 성경을 가장 잘 아는 자라고 자부해 왔으나 문자적, 역사적 이해 안에 갇혀 있어서 영적 의미를 깨닫지 못했다. 그렇다면 여기 계시록 12장 2절의 '여자'를 어떻게 이해해야 되는가?

유대교가 역사적으로만 이해하려니까 암초에 걸렸다. 가톨릭이 문자적으로만 이해하면서 성경 진리에 벗어난 것과 같다. 이 구절은 영적으로 해석할 때 이해가 가능하다. 이 구절의 여자는 구약, 신약, 대환난이라는 역사적, 시간적 개념으로는 이해할 수가 없는 영적, 초월적 의미로 이해해야 한다. 그렇기에 이 여자는 구약시대이든, 신약교회이든, 앞으로 있을 대환난 시대이든 하나님을 갈망하며 구원받은 자와 앞으로 구원받을 모든 하나님의 백성을 총칭하는 표현이라고 이해하는 것이 바람직하다.

(2) 여자가 낳은 아이를 해하려는 붉은 용(계 12:3~4)

① 하늘에 또 다른 이적이 보이니(3a)

여기 또 다른 '이적'을 말한다. 앞서 1절에서 '이적'이란 '세메이온'(σημεῖον)이며 세메이온은 '증거, 상징, 기적, 징조' 등의 다양한 뜻이 있다고 했다. 요한은 '여자'만 본 것이 아니라 또 다른 상징적인 것을 보았다. 그것이 '큰 붉은 용'이라는 모습이었다.

② 한 큰 붉은 용이 있어(3b)

여기 '큰 붉은 용'이 나타난다. '크다'는 말은 '메가스'(μέγας)이고, '붉다'는 말은 '퓌르로스'(πυρρός)이고, '용'이라는 말은 '드라콘'(δράκων)이다.

필자는 용띠 '경진'(庚辰)생이다. 그래서 용의 정체를 알아보려고 했으나 서양의 신화들이나 동양의 신화에 나올 뿐 확인할 수가 없었다.

더구나 더 놀라운 사실은 구약, 신약에도 용에 관한 기록들이 많이 있다는 사실을 근거로 자유주의 신학자들이 용을 기록한 계시록 12장 내용이 바벨론 신화나 헬라 신화나 애굽 신화의 영향을 받았다는 주장도 하고 있는 현실이다.

우리는 성경에 나오는 용의 기록들을 안다. 그런데 성경에 기록된 용이 존재하는가, 존재하지 않는가 하는 존재적 의미를 규명하려는 기록이 아니다.

〔특주 30〕
붉은 용의 정체

'붉은 용'이라는 표현은 무엇을 뜻하는가? 성경 내용을 알기 위해 좀 더 폭넓은 시야로 살펴보자.

1) 세상에 알려진 용(龍)

(1) 동양의 전설

동양에서는 전설 속에 상상하는 동물로 용을 설명한다. 상상 속에 설명되는 표현에 의하면 몸통은 뱀과 같고 비늘이 있다. 머리에는 뿔이 있고, 네 다리에는 날카로운 발톱이 달려 있다. 용이 평소에는 연못이나 바닷속에 살다가 일정한 때가 되면 물을 박차고 하늘로 올라가서 지상 세력과 초월적인 하늘의 세력을 연결시켜 주는 영적(靈的)인 동물이다.

옛 중국인들은 이와 같은 용의 초월적 능력에 입각해서 천자(天子)의 상징으로 용을 사용하였다. 그래서 중국의 《예기》(禮記)에는 용을 봉황(鳳凰), 거북, 기린과 함께 4령(四靈)의 하나로 취급했다.

한(漢)나라 때에는 용이 사신(四神)의 하나로 동방을 지배하는 청룡(青龍) 사상으로 발전한다. 후에 인도 불교가 중국에 전래되어 불교의 불법(佛法)을 수호하는 팔부중(八部衆) 사상이 전래된다. 불교의 팔부신중(八部神衆)은 천(天), 용(龍), 야차(夜叉), 건달바(乾達婆), 아수라(阿修羅), 가루라, 긴나라, 마후라가이다.

　불교에서 믿는 용(龍)과 중국 전래의 용 전설이 결부되어 중국에서 사해용왕(四海龍王) 신앙과 바다에 살고 있다는 용왕(龍王)의 전설이 생긴다.

　이와 같은 중국의 용왕 전설에 따라 조선 왕조 때 왕복에 용의 문장이 사용되었고 지금도 청룡부대, 백호부대 등으로 사용되고 있다. 더 가공스러운 일은 동양인들은 60갑자(甲子)에 의한 12가지 동물들을 각 개인의 운명과 결부시켜 개띠, 소띠, 말띠 등의 '띠'를 믿는다. 그 같은 신념이 신문에 매일같이 '오늘의 운세'라고 실려 미신 신앙이 일반화되고 있다.

(2) 서양의 신화

　서양에서는 용을 드래곤(dragon)이라고 한다. 이 용어는 뱀을 의미하는 그리스어 '드라콘'(δράκων)에서 유래되었다. 서양인들이 믿는 용의 모습 역시 동양과 비슷하다. 그런데 동양과 차이가 있는 것은 서양의 용은 날개가 있다. 그리고 입에 날카로운 독니를 가지고 있고 입에서 불을 토해낸다.

　아리스토텔레스는 날개가 있는 용은 이집트나 에티오피아에 살고 있고, 독 이빨을 가진 거대한 뱀 모양의 용은 인도에 산다고 기록해 놓았다.

　이것은 날개 가진 용은 신으로, 뱀 모양의 용은 비단구렁이로 표현한 것으로 추측된다. 용은 짐승이기 때문에 수정(授精) 능력이 있다. 그리고 용은 짐승이지만 지령(地靈) 성격을 갖추었기에 세상의 비밀들을 모두 알고 있다.

용은 생산력과 세상 비밀을 아는 권력과 풍요의 상징이다. 그래서 고대인들 중 로마인은 군대의 깃발에 용을 그려 넣었고, 영국의 왕실에서는 왕실의 문장(紋章)으로 용 그림을 그려 넣었다. 북유럽에서 용은 해군의 상징이고, 바이킹족은 뱃머리를 용머리로 장식했다. 그러나 그 외의 다른 유럽 나라들은 용이란 신이나 영웅들에게 살해될 운명을 타고난 악신(惡神)의 화신이라는 인식이 더 지배적이었다. 따라서 서양 각지의 건국 설화에는 용을 퇴치하고 용이 지키고 있던 보물 등을 인간들에게 나누어 주었다는 영웅들의 설화가 등장한다.

2) 성경에 기록된 용

(1) 구약성경

구약성경 여러 곳에 용이라는 단어가 '탄닌'(תנין)으로 쓰였다.
욥 7:12: '바다 괴물'의 '괴물'이 용이라는 '탄닌'이다.
시 74:13: "용들의 머리", 148:7: "용들"
사 27:1: 날랜 뱀 리워야단, 바다에 있는 '용'
사 51:9: "용을 찌르신"
렘 51:34: "큰 뱀같이"의 '뱀'이 용이라는 뜻의 '탄닌'이다.
이뿐만 아니라 뱀, 용이 사탄을 상징하는 의미로 표현되고 있다.
욥 26:12~13: 라합, 날렵한 뱀
시 89:10: 라합, 74:14: 리워야단
사 27:1: 리워야단, 바다에 있는 용
욥 40:15: 베헤못(하마, 악어), 7:12: 바다 괴물
겔 29:3, 32:2: 큰 악어
렘 51:34: 큰 뱀

암 9:3: 큰 뱀

구약에서의 용, 뱀, 리워야단, 악어, 하마 등이 사탄의 상징으로 표현되고 있다. 그렇기에 '그것들이 무엇이며 실재하느냐?'라는 것을 규명하려는 노력은 쓸모없는 일이다. 이것들이 무엇을 의미하는 뜻으로 사용되었는가를 파악해야 할 따름이다.

(2) 신약성경

신약성경에 '용'에 대한 표현은 계시록에만 나타난다. 계시록 안에는 모두 12번 '용'을 표현했다. 12장 3, 4, 7, 9, 13, 16, 17절, 13장 2, 4, 11절, 16장 13절, 20장 2절 등이다.

사도 요한은 구약성경 속에서 용이 사탄, 대적자, 원수라는 의미로 사용되었음을 알고 있다. 그렇기에 사도 요한도 계시록에서 많은 용들을 표현한다. 계시록에 표현된 용 역시 상징적이지만 매우 막강한 위력을 발휘하는 실재하는 세력으로 표현한다.

계시록 20장 2절에 "용을 잡으니 곧 옛 뱀이요 마귀요 사탄이라"고 했다. 용은 최초의 인류를 타락하게 유혹한 옛 뱀(창 3:1~15)이고, 죄를 짓도록 유혹하는 마귀(마 4:1, 5, 8, 11, 13:39; 요 8:44)이며, 하나님을 대적하는 사탄이다.

3) 역사 속에 알려진 용

종교개혁자들은 중세기 교황을 '용'으로 이해했다. 또 현대 신학자들 중에 보수주의 신학자들은 히틀러, 스탈린, 모택동, 김일성, 카스트로, 무솔리니 등 정치적 폭군을 용으로 표현하고 또 사상적으로 마르크스, 다윈, 니체, 사르트르 같은 해악자를 용으로 표현하기도 했다.

결 어

그러나 여기 계시록에 소개되는 용은 앞으로 있을 대환난 때에 나타나게 될 미래의 인물이다. 계시록 13장에는 바다에서 올라올 한 짐승이 용이고, 땅에서 올라오는 어린양 같으나 두 뿔을 가진 용이 나타난다. 이때의 두 용이 상징하는 것은 신성 모독을 하는 국제적 정치 능력자와 어린양을 가장하는 종교계의 권력자로 예언되고 있다. 이 내용은 계시록 13장에서 살펴보겠다.

우리가 깨달아야 할 사실이 있다. 지금 우리가 살아가고 있는 교회 시대가 너무 좋은 시대이다. 앞으로 교회 시대가 끝이 나고 대환난 시대에는 정치적 핍박, 종교적 핍박이 끝없이 계속 이어질 것이다.
왜 우리가 계시록의 내용을 바르게 알아야 하는가? 지금 우리가 살아가고 있는 교회 시대가 참으로 좋은 시대이고 참으로 복 있는 시대임을 확실하게 깨달아야만 한다. 그런데 사탄의 쓰임을 받는 잘못된 지도자들은 성경에 기록된 대로 미래의 대환난 시대를 믿지 못하도록 왜곡시켜 놓았다.
필자가 요한계시록 강해서를 출판하면 거짓된 사상에 중독된 자들이 무수하게 공격하고 반대해 올 것을 환하게 예견하고 있다. 그러나 성경의 진리는 결과로 증명할 것이다. 필자의 계시록 강해가 잘못된 신학에 중독된 자들로 하여금 성경 진리에 제대로 눈을 뜨도록 도울 수 있기를 소원한다.

③ 머리가 일곱이요 뿔이 열이라 그 여러 머리에 일곱 왕관이(3c)

3절을 보면 붉은 용의 모양을 좀 더 세밀하게 설명한다. 머리가 일곱이라고 했다. 이 세상의 모든 동물이나 새들 중에서 머리가 일곱 개가 달린 것은 아무것도 없다. 이런 동물은 신화나 만화 속에 나올 법한 가상적인 존재다. 그런데 또 뿔이 열이라고 했다. 머리가 일곱이니까 뿔도 일곱이어야 그럴듯한데, 머리는 일곱인데 뿔은 열이라는 것은 더욱더 가공스러울 뿐이다. 이런 존재를 사실적 존재로 상상하려는 시도는 어리석음을 드러낼 뿐이다. 여기 머리가 일곱이고 뿔이 열이라는 것은 상징적 표현일 뿐이다.

우리말 성경에 '이요', '이라', '있는데'라고 번역된 단어가 있다. 그러나 원문에는 '에콘'(ἔχων)이라는 한 단어만 있다. 원문의 '에콘'은 '소유하다'라는 뜻을 가진 '에코'(ἔχω)의 현재분사다. 그렇기에 원문대로 한다면 일곱 머리, 열 뿔, 일곱 왕관을 가지고 있다. 우리말 성경의 '이요', '이라', '있는데'는 원문의 뜻을 좀 더 생생하게 표현하기 위하여 덧붙인 표현들이다.

여기서 사도 요한이 표현한 괴이한 붉은 용은 무엇을 의미하는 것일까? 먼저 '머리'라는 단어는 '케팔라스'(κεφαλὰς)다. 인간이든, 동물이든, 조류든, 어류든, 머리라고 하면 주로 지식, 지능을 뜻하고 좀 더 확대해석한다면 권세를 상징한다. 구약성경에 '머리'는 '로쉬'(ראשׁ)이다.

창 3:15 여자의 후손은 네 '머리'를 상하게 할 것이요
출 29:6 제사장 머리에 관을 씌우고

레 3:2 예물의 머리에 안수하고
신 28:13 여호와께서 너로 머리가 되게 하고
삿 13:5 삼손의 머리 위에 삭도를 대지 말라
삼하 13:19 다윗의 딸 다말이 재를 자기의 머리에 덮어쓰고
왕상 8:32 악한 자의 그 행위대로 그 머리에 돌리시고

이상의 구약의 용례들을 보면 '머리'는 권세의 상징으로 쓰였다. 신약성경에 '머리'라는 단어는 '케팔레'(κεφαλή)가 사용된다.

마 6:17 너는 금식할 때에 머리에 기름을 바르고
마 26:7 식사하시는 예수의 머리에 (귀한 향유를) 부으니
고전 11:3~4 남자의 머리는 그리스도요 여자의 머리는 남자요 그리스도의 머리는 하나님이시라
엡 1:22 만물 위에 교회의 머리로 삼으셨느니라

이 모든 곳에 쓰인 '머리'라는 단어가 '케팔레'이고 똑같은 '케팔라스'(κεφαλὰς)가 계시록 12장 3절에 쓰였다. 그래서 '머리'라는 표현은 지식, 지능이라는 뜻과 함께 권세라는 뜻도 함축하고 있다.

그런데 머리가 '일곱'이라고 했다. '일곱'이라는 말은 '헵타'(ἑπτὰ)이다. 계시록 안에는 '일곱'이라는 숫자는 완전함, 충만함을 상징하는 숫자다.

계시록 1장 4절의 '일곱 교회', 5장 1절의 '일곱 인', 13장 1절의 '머리가 일곱', 17장 3절에 '일곱 머리와 열 뿔' 등으로 완전 숫자로 쓰이고 있다. 따라서 12장 3절에 붉은 용이 '머리가 일곱'이라는 것은 붉

은 용의 세력이 막강하고 완전한 세력을 가졌음을 강력하게 표현하는 표현법이다.

붉은 용은 또 '뿔이 열'이라고 했다. '뿔'은 구약성경에 '페렌'(קרן)이다. 구약 다니엘서 7장 7~8절에 넷째 짐승이 쇠로 큰 이와 열 뿔이 있는데 첫 번째 뿔 중의 셋이 뿌리가 뽑혔으며 작은 뿔에는 사람의 눈 같은 눈들이 있다고 했다.
'뿔'은 권세와 힘을 상징하는 표현이다.

신 33:17 그 뿔이 들소의 뿔 같도다
삼상 2:10 자기의 기름 부음을 받은 자의 뿔을 높이시리로다
삼하 22:3 나의 방패시요 나의 구원의 뿔이시요
시 22:21 들소의 뿔에서 구원하셨나이다

그리고 다니엘서 7장과 8장에서의 수많은 뿔들이 힘, 권세의 의미로 사용되고 있다. 이와 같은 구약 다니엘서의 뿔의 의미처럼 계시록에서 뿔 '케라타'(κέρατα) 역시 권세나 힘을 상징하는 표현으로 쓰이고 있다. 계시록 13장 1절에도 "뿔이 열이요 머리가 일곱"으로, 17장 12절에는 "열 뿔은 열 왕"으로 설명되고 있다.

또 "여러 머리에 일곱 왕관"이 있다. 여기서 '왕관'이라는 말은 '디아데마타'(διαδήματα)로 '둘러싸다', '둘러 감다'라는 뜻을 지닌 '디아데오'(διάδεω)에서 파생된 '디아데마'(διάδημα)의 복수형이다. 이 단어는 바사 왕들이 그들의 관을 두르는 데 사용한 푸른 띠를 가리킨다. 이와 동일한 단어가 계시록 13장 1절에서 "열 왕관"으로 쓰였다. 이것은

장차 많은 관들을 쓰실 예수 그리스도(계 19:12)를 거짓으로 모방하는 사탄의 변장술을 의미한다.

사실 여기 붉은 용이 쓴 '왕관'이라는 단어는 '디아데마타'(διαδήματα)이고, 계시록 2장 10절에 쓰인 '생명의 관'인 면류관은 승리의 왕관을 뜻하는 '스테파논'(στεφανόων) (계 3:11, 6:2)으로 단어가 다르다. 여기 붉은 용은 겉으로 보면 왕관과 같아 보이는 '일곱 왕관'을 썼다. 그러나 그가 쓴 왕관은 성도들이나 그리스도께서 쓰시는 면류관과 질적으로 다른 모조품 왕관에 불과하다.

④ 그 꼬리가 하늘의 별 삼분의 일을 끌어다가 땅에 던지더라(4a)

본 절에는 붉은 용이 얼마나 큰 위용을 나타내는가를 설명해 준다. 앞서 계시록 9장 3~10절의 황충 재앙 때 황충의 꼬리에서 전갈과 같이 쏘는 살이 사람들에게 고통을 준다고 했다. 여기 본 절의 붉은 용 역시 그의 꼬리에서 큰 위력을 발휘한다.

고대 사회에서 머리는 정정당당함을 상징하지만 꼬리는 그 반대로 정당한 방법이 아닌 부정한 방법이나 속임수를 상징한다. 그렇기에 황충이나 붉은 용은 위력을 발휘하는 것처럼, 사람들을 두렵게 만드는 것처럼 보이지만 그들은 속임 수단을 쓰기 때문에 일시적인 수단이고 영원하고 본질적 능력이 아님을 암시해 준다. 그런데 붉은 용이 하늘에 있는 별들 중 삼분의 일을 끌어다가 땅에 던진다고 했다. 이때 말하는 하늘의 별들 중 삼분의 일을 끌어다가 땅에 던진다는 표현을 문자적으로 이해할 때 난점이 많으나 상징적 의미로 이해하면 뜻을 알 수 있다.

구약성경 욥기 38장 1~7절을 보면 하나님께서 땅의 기초를 놓는 천지창조 시작 때 하나님의 아들들인 천사가 다 기뻐서 소리를 질렀다.

그리고 에스겔 28장 13~19절을 보면 하나님의 동산인 에덴에서 살던 천사들이 타락하여 땅으로 추방당하는 내용이 기록되었다. 또 유다서 1장 6절에는 자기 지위를 지키지 아니하고 자기 처소를 떠난 천사들을 큰 날의 심판인 대환난 때까지 영원한 결박으로 흑암에 가두었다가 대환난 때에는 그들이 땅에 떨어질 것이 암시되어 있다.

이와 같은 에스겔서나 유다서 등의 암시적 표현으로 계시록 12장 4절의 "하늘의 별들의 삼분의 일을 끌어다가 땅에 던지더라"라는 표현을 연결시켜 본다면 미래의 붉은 용의 활약 때 또다시 타락한 천사들이 추락할 것으로 추측해 볼 수 있는 내용이다.

⑤ 용이 해산하는 여자 앞에서 그가 해산하면 그 아이를 삼키고자(4b)

붉은 용이 하늘의 별 삼분의 일을 끌어다가 땅에 던지는 이유가 무엇인지 알려주고 있다. 붉은 용은 단독자로 막강한 권력을 가지고 있다. 그런데 여자가 아이를 배어서 해산하게 되면 그 아이가 장차 철장으로 만국을 다스릴 남자가 됨을 안다(5절).

붉은 용은 자기 힘으로 여자가 낳은 아이를 삼키려고 계획하고 있다. 그러나 자기 혼자의 힘보다는 더 많은 사탄의 우군 세력이 더 필요하다. 그래서 하늘의 별들 중에 타락한 천사에 해당되는 별 삼분의 일이 되는 많은 사탄의 세력을 땅에 던진다. 붉은 용은 여자가 해산할 아이를 삼키려는 예비적 준비 과업으로 하늘의 별들의 삼분의 일을 끌어다가 땅에 던진다.

(3) 만국을 다스릴 아이 출생과 하나님의 보호(계 12:5~6)
① 여자가 아들을 낳으니 이는 장차 철장으로 만국을 다스릴 남

자라(5a)

붉은 용이 여자에 대한 박해를 준비해 나가고 있었다. 그 후에 여자가 아들을 낳았다. 여자가 낳은 아이는 장차 철장으로 만국을 다스릴 남자라고 했다.

계시록에서 철장을 가지고 만국을 다스린다는 표현은 2장 26~27절과 또 19장 15절에 기록되었다. 계시록 2장 26~27절과 19장 15절의 표현들은 모두가 미래에 있을 예언의 말씀이다. 따라서 여기 12장 5절의 '장차 만국을 다스릴 남자'라는 표현은 앞으로 있을 19장 15절의 예언이라고 볼 수 있다. 이와 같은 내용은 장차 그리스도께서 재림하셔서 모든 원수들을 정복하실 미래의 사건을 의미한다. 그런데 다음 표현은 참으로 난해한 표현이다.

② 그 아이를 하나님 앞과 그 보좌 앞으로 올려가더라(5b)

그 남자아이가 미래의 예수 그리스도라고 했다. 그런데 그 아이가 하나님 앞으로 올려간 것은 승천하신 사건을 의미한다. 여기 5절 내용이 예수 그리스도와 관련된 내용이라면 예수 그리스도의 성육신 사건과 그의 승천 사실만 언급되고 있다. 이 같은 내용은 교회 시대에 이미 성취된 내용이다. 계시록은 미래의 대환난 시대를 예언해 주는 내용이다. 그런데 이미 성취된 그리스도 내용을 왜 여기에 언급하는가? 참으로 이해하기 어려운 내용이다. 이 구절을 굳이 이해해 보려고 하면 붉은 용이 그리스도의 출현을 막아 보려고 주도면밀하게 준비를 해온다고 할지라도 그리스도의 사탄에 대한 승리는 막을 길이 없다. 그 정도 의미로 이해해 볼 수 있다.

사실 이 구절은 많은 논란이 되는 부분이다 그 이유는 계시록 12장 5절 마지막에 "그 보좌 앞으로 올려가더라"는 말이 '헤르파스데'(ἡρπάσθη)다. 이 말은 외부 세력의 힘에 의해서 끌어올려 갔다는 뜻의 부정 과거 수동태다. 그렇기에 누가 그 아이를 하나님의 보좌 앞으로 끌어올려 가게 했는가가 분명하게 밝혀지지 않은 표현이다.

따라서 이 내용이 예수 그리스도의 승천 사건을 의미하는 것인지, 아니면 장차 교회 성도들이 대환난 전에 휴거(살전 4:17)되어서 하늘로 끌려들러 올라간다는 뜻인지, 아니면 장차 대환난 기간에 이스라엘 유대인들이 회개해서 하늘로 끌려 올라가게 될 것이라는 뜻인지 이 내용이 무엇을 상징한 것인지 알 수가 없다.

본문의 내용을 보면 여자가 낳은 아이의 출생과 보좌 앞으로 올려가는 승천 기사만 설명되어 있다. 이것을 보면 그리스도에 해당되는 내용은 아닌 것 같다. 왜냐하면 그리스도에 해당되는 내용이라면 성육신의 출생, 지상에서의 생애와 사역, 그리고 십자가에서의 대속의 죽음과 부활과 승천 등이 모두 다 포함되어야만 하기 때문이다.

본 절이 대환난 전에 그리스도의 교회들인 성도로 구원받은 자들이 휴거되어 승천한다는 의미라면 부분적으로 이해가 된다. 그러나 본 절 내용은 교회 시대가 끝이 난 후 대환난 시대에 해당되는 내용이다. 그렇기에 교회 성도들의 휴거 사건과는 조화되지 않는다. 가장 무난한 것이 현재 교회 시대에는 유대인들이 메시아를 거부하고 그리스도를 믿지 않으나 장차 대환난 시대 때는 많은 수로 상징되는 십사만 사천의 유대인들이 회개할 것이다(계 7장과 계 14:1~5).

본 절은 장차 대환난 시대의 유대인들에게 해당되는 내용이다. 그렇게 이해하는 것이 가장 합리적일 것 같다.

③ 그 여자가 광야로…거기서 천 이백육십 일 동안…예비하신 곳이 있더라(6)

여자는 예수 그리스도를 출생한 성모 마리아가 아니다. 오히려 유대교와 기독교를 출생케 한 이스라엘 민족이라고 보는 것이 더 설득력이 있다. 유대교도들은 지금의 교회 시대, 좋은 때에는 회개하지 않는다. 지금의 교회 시대는 이방인의 충만한 수가 채워지기까지(롬 11:25) 이방인의 때다. 그러나 대환난 시대에는 이스라엘이 구원을 받게 된다(롬 11:26~27). 그 내용이 계시록 7장의 인침 받는 이스라엘 자손 14만 4천 명에 관한 내용이다. 이들 이스라엘 자손들이 대환난 초기인 전 3년 반에는 부분적인 핍박을 받게 된다.

그러나 전 3년 반이 지나고 후 3년 반에 해당하는 천이백육십 일은 광야에 쫓겨간 그 옛날처럼 혹독한 시련과 핍박을 당할 것이다. 하지만 하나님께서는 이스라엘의 구원받은 자들을 보호할 예비하신 장소가 있을 것을 예언하고 있다.

여기 6절의 광야에 예비하신 곳이 어디일까? 이에 대하여 유대인들은 '페트라'(petra)로 상상하는 전설이 전승되고 있다. 구약성경에 페트라라는 지명은 주전 1400년경 사사 시대에 '비탈바위'라고 불렀다(삿 1:36). 그런데 주전 7세기 때는 이곳을 '셀라'(왕하 14:7; 사 16:1)라고 불렀다. 이곳은 주전 7세기부터 주전 2세기경까지 고대 아랍의 한 부족인 '나바타이'(Nabateans)족이 소왕국의 수도로 삼았던 곳이다.

현재는 요르단 영토 내의 '페트라'(Petra)로 많은 관광지로 알려졌다. 이곳 '페트라'는 입구가 매우 좁은 협곡으로 큰 바위산을 통과한 후에 도성이 요새지로 구성되었던 곳이다. 이곳이 미래 대환난 시대 피난지라고 전설처럼 전해져 오고 있다. 그러나 전설의 일부일 뿐 성경적 근거가 없는 내용이다.

우리가 깨달을 사실이 있다. 지금 우리가 살아가고 있는 교회 시대는 참 좋은 시대이다. 지금 전 세계인들은 경제 능력만 있으면 어느 곳이나 갈 수 있고 자기가 원하는 곳에서 마음껏 누리며 살아갈 수가 있다. 그래서 태평양 한가운데 섬이나 인도양 근처나 호주 근처 어디든지 살 수가 있다.

그러나 대환난 때는 상황이 완전히 달라진다. 붉은 용(계 12장), 바다에서 올라온 짐승과 땅에서 올라온 짐승(계 13장)의 통제와 압박으로 자유가 다 상실된다. 그래서 짐승들을 피해서 안전한 곳으로 옮겨가야만 한다.

그 기간이 "천이백육십 일"(계 12:6) 또는 "한 때 두 때 반 때"(계 12:14) 후 3년 반의 대환난기이다. 그러므로 "보라 지금은 은혜받을 만한 때요 보라 지금은 구원의 날이로다"(고후 6:2)라는 말이 가장 적절한 때이다.

2) 미가엘과 붉은 용의 천상의 전투(계 12:7~12)

(1) 미가엘 군대와 붉은 용의 군대 간의 천상 전투(계 12:7~9)

계시록 12장 7~9절은 앞서 소개한 12장 1~6절의 내용이 왜 일어나게 되었는가를 상세하게 설명해 준다. 계시록 내용을 시간적으로 배열해서 12장 7~9절을 먼저 설명하고 그 후의 결과인 계시록 12장 1~6절을 설명했으면 본문 이해가 좀 쉬웠을 것이다. 다시 말하면 왜 여자로 상징되는 교회 성도들이 천이백육십 일 동안 도망을 해야만 되는가? 그 원인은 계시록 12장 7~9절에서 하늘에서 일어난 전쟁의 결과였다는 것이다.

'하늘'은 어떤 곳인가?

우리는 하늘이라고 하면 the sky밖에 모른다. the sky보다 조금 더 하늘에 관하여 아는 이들은 천국이라는 the heavens를 알 정도다.

그러나 성경에 쓰인 '하늘'은 확실하게 구별된 다른 단어이다. 구약성경에 '하늘'이라고 할 때에는 '샤마임'(שמים), 또 신약에서는 '우라노스'(οὐρανός)로 쓰였다. 그런데 단어가 똑같다고 해서 의미가 다 같은 것이 아니라 쓰이는 문장에 따라서 하늘의 의미는 세 가지로 달라진다. 그것이 바울 사도가 말하는 "셋째 하늘"(고후 12:2) 개념이다.

첫째 하늘은 새가 날아다니고 구름이 머무는 가시적인 공중이 첫째 하늘이다. 둘째 하늘은 해, 달, 별들이 운행하는 우주 공간의 하늘이 있다. 이곳 둘째 하늘은 천상계에서 쫓겨난 마귀 사탄들이 공중 권세(엡 6:12) 잡은 자로 활동하는 영역이다. 셋째 하늘은 하나님의 거룩한 보좌와 천사들이 활동하며, 장차 구원받은 자들이 살게 될 영원한 하늘나라의 하늘이 있다.

이 같은 표현을 현대 자유주의 신학자들은 비과학적인 우주 개념이라고 거부한다. 삼층천의 개념이 유대교 후기 묵시서인 외경 에녹2서 7장 1절에 나온다. 바룩3서 2장 2절에는 "칠층천"이나 "삼층천"을 언급한다. 그렇다고 해서 바울 사도의 고린도후서 12장 2절의 삼층천이 신화에 불과하다는 주장은 성경에 대한 모독과 불신을 뜻한다.

필자는 바울 사도의 삼층천 우주관을 그대로 믿는다. 여기 계시록 12장 7~12절의 내용은 앞의 계시록 12장 1~6절에서 왜 여자가 큰 붉은 용의 핍박으로 광야로 도망해서 거기서 3년 6개월에 해당되는 천이백육십 일을 피해야만 하는가? 그 이유를 천상의 전쟁에서 패배한 붉은 용의 보복이라는 측면으로 설명해 주고 있다. 계시록 12장 7~12절의 내용은 12장 1~6절에서 여자로 상징된 성도들이 왜 핍박을 받게 되었는지 설명한다. 13장 1~10절에는 마흔두 달 동안인 후 3년 반 동안 많은 성도들이 죽음을 당하게 되는 이유가 무엇인지, 그 이유에 대한 설명이 계시록 12장 7~12절의 내용이다.

계시록 12장 7~12절을 보면 하늘에서 천사장으로 알려진 미가엘과 그를 돕는 사자들이 성도들을 돕는 입장에 서고, 다른 한편으로 큰 붉은 용과 그의 부하들이 성도들을 핍박하는 양대 세력으로 나누어져 하늘에서 영적 전쟁을 하게 된다.

이때 성도들 편에서 싸우는 천사는 미가엘(Μιχαηλ)이다. 미가엘에 관해서 다니엘이 소개한다. 다니엘 10장 13, 21절, 12장 1절에는 미가엘이 이스라엘 민족을 호위하는 큰 군주로 이스라엘 수호천사로 소개된다. 또 외경 에녹 1서 20장 5절, 40장 9절, 70장 8, 9절에도 미가엘은 이스라엘 수호천사로 소개된다.

신약성경에는 유다서 1장 9절과 계시록 12장 7절에만 소개된다.

왜 하늘에 전쟁이 있었는가? 그 원인은 계시록 12장 7~12절 내용을 근거로 유추해 볼 수 있다. 미가엘이 구약성경에서 이스라엘 수호천사였음을 이미 설명했다. 미가엘은 이스라엘의 수호천사일 뿐 아니라 하나님의 구원과 능력과 나라와 그리스도의 권세가 나타나도록 돕고 있었다. 그런데 붉은 용은 옛 뱀 곧 마귀라고도 하고 사탄이라고도 하며 온 천하를 꾀는 자가 하나님 앞에서 밤낮 참소했다(계 12:9~10).

이때 미가엘과 붉은 용 사이에 전쟁이 벌어졌다. 그런데 놀라운 사실은 하늘에 있는 천사들(우리말 성경에는 사자들로 번역되었으나 원문은 '천사'라는 '앙겔로이'(ἄγγελοι)이다)이 양편으로 갈라져 싸우는 큰 전쟁으로 확대된다. 이 전쟁에서 붉은 용과 그를 따르던 천사들이 패배하고 하늘 천상 세계에 살던 붉은 용과 그를 따르던 천사들은 천상에서 있을 곳을 잃게 된다(계 12:8).

그래서 붉은 용과 그의 추종자들은 땅인 공중으로 내쫓긴다(계 12:9). 이들 붉은 용과 추방당한 천사들은 하늘 중 공중에서 활동하는 악의 영들이 된다(엡 6:12). 이와 같은 내용이 계시록 12장 7~9절에 소개된다.

여기서 9절 내용을 좀 더 설명해 보자.
① '옛 뱀'은 '호 오피스'(ὁ ὄφις)다
이때 말하는 옛 뱀은 창세기 3장에 등장하는, 들짐승 중 가장 간교한 자로 기록된 첫 인류를 타락하게 한 그 뱀을 가리킨다. 창세기 3장은 에덴동산(창 2장)에서 살던 인류의 조상이 타락한 내용이다. 창세기 3장의 기록대로 본다면 인류 타락 이전에 이미 사탄인 '옛 뱀'이 존재했다. 그렇다면 사탄은 어느 때 만들어졌는가?

욥기 38장 4~7절에 의하면 여호와께서 땅의 기초를 놓을 때(4절) 그때는 천지창조(창 1장) 이전의 때다. 그때 '새벽 별', '하나님의 아들들'인 천사들이 이미 존재하고 있었다. 이들 천사들은 에스겔 28장 13절을 보면 하나님의 동산인 에덴동산에서 각종 보석으로 단장했고 하나님의 성산에 왕래했다.

그런데 에스겔 28장 15~17절에는 저들에게서 불의가 드러나 범죄로 인해 그룹인 천사들을 하나님의 동산에서 쫓아냈다. 그렇게 하나님의 동산에서 쫓겨난 타락한 천사가 옛 뱀이고 마귀이고 사탄의 기원이 되었다는 것이다.

사탄이 어느 때에 어떻게 해서 시작되었는가? 이에 대한 해답은 하나님께서 천지 우주 만물을 창조하시기 이전에 하나님을 도울 영적 존재인 천사들을 창조하셨다. 그런데 그 천사들 중 일부가 타락하여 사탄이 되었고, 하나님을 수종하는 선한 천사들은 지금까지도 하나님을 섬기는 영(히 1:14)으로 존재한다.

② 마귀는 '디아볼로스'(Διάβολος)다

'마귀'라는 단어의 뜻은 '고소자', '비방자', '거짓말쟁이'(요 8:44)라는 뜻이다. 성경에는 마귀가 행하는 각종 사악한 행위들을 다양하게 표현하고 있다.

마 4:1~11: 시험을 하는 마귀

마 13:39: 좋은 곡식 밭에 가라지를 덧뿌리는 마귀

눅 8:12: 마귀가 말씀을 믿어 구원 얻지 못하게 마음을 빼앗음

요 8:44: 마귀는 처음부터 살인한 자, 거짓말쟁이

요 13:2: 마귀가 가룟 유다 마음에 예수를 팔려는 생각을 넣어준다.

행 10:38: 예수님은 마귀에게 눌린 자를 고치셨다.

엡 4:26~27: 마귀가 분을 내도록 기회를 노림

엡 6:11: 마귀는 온갖 간계(꾀, 음모, 지략)를 부림

딤전 3:7: 마귀는 비방과 올무를 만든다(딤후 2:26).

벧전 5:8: 마귀는 우는 사자같이 두루 다니며 삼킬 자를 찾음

요일 3:8 죄를 짓는 자는 마귀에게 속함

이렇게 마귀는 매우 다양하고 폭넓고 강력하게 역사하는 영적 존재다.

③ 사탄은 '사타나스'(Σατανᾶς)다

사탄이라는 말의 단어적인 뜻은 '대적자', '원수'라는 뜻으로 민수기 22장 22절, 사무엘상 29장 4절의 대적, 열왕기상 5장 4절의 원수, 11장 14절의 대적, 11장 23절의 대적자, 이 모든 곳에 '사탄'이라는 용어가 쓰인다.

그 후로 사탄(שָׂטָן)은 곧 '하나님을 대적하는 악한 마귀'라는 고유명사로 쓰이기 시작한다.

④ 온 천하를 꾀는 자

'꾀는 자'란 '호 플라논'(ὁ πλανῶν)이다. '꾀는'은 '속이다', '미혹하다'라는 뜻이다. 이 외에 복음서의 많은 곳에는 '귀신'이라는 표현이 있다. '귀신'이라는 단어가 두 가지로 쓰였다. 하나는 '다이모니온'(δαιμόνιον)이고, 다른 하나는 '프뉴마'(πνεῦμα)다. 이 두 단어 모두 눈에 보이지 않고 형체는 없으나 초인적인 지성과 초인적인 능력을 행사하는 타락한 영적 존재들이다.

귀신은 사람들의 눈을 멀게 하고(마 12:22), 미치게도 하고(눅 8:26~36), 벙어리가 되게 하며(마 9:32, 33), 자살하도록 하고(막 9:22), 사람들의 소유물도 빼앗아 가는 영적 세력이다. 귀신들을 물리치려면 성도들이 귀신보다 더 강한 성령으로 무장되어 있어야 한다(엡 6:10~18).

(2) 용의 하늘 추방에 의한 하늘의 송가(계 12:10~12)

① 내가 또 들으니 하늘에 큰 음성이 있어 이르되(10a)

사도 요한은 계시록에서 두 가지 표현을 사용하고 있다.

먼저, 시각적 표현을 살펴보자.

4:1: 이 일 후에 내가 "보니"

5:1: 내가 "보매"

6:1: 내가 "보매"

6:12: 내가 "보니"

7:1~2: 내가 "보니"

8:2: 내가 "보매"

8:12: "내가 보고 들으니"

9:1, 10:1: 내가 "보니" 등의 표현들은 시각적 표현들이다.

둘째로, 청각적 표현들을 보면 다음과 같다.
계 2:7: "들을지어다"(11, 17, 29, 3:6, 13, 22, 13:9)
12:10: "들으니"

여기 '들으니'는 '에쿠사'(ἤκουσα)다. 요한은 하늘에서 들려오는 음성을 들었다. 그런데 그 소리는 생생하고 극적인 내용을 들려주는 찬양의 소리였다.

이때 하늘에서 들려주는 찬양의 주체가 누구인지를 밝히지 않고 있다. 찬양의 내용이 계시록 11장 15절의 천사들의 찬송 내용과 유사한 점을 들어 용과 싸워서 승리한 천사들의 찬송이라고 추정해 볼 수 있다. 그러나 또 다른 견해는 계시록 6장 9~10절에 기록된 하나님의 말씀과 증거로 죽임을 당한 순교자들이 자기들을 참소하던(12:10) 자들이 쫓겨난 것을 찬송하는 내용이라고 주장하는 이들도 있다.

마귀들이 추방당한 것을 가장 크게 기뻐할 대상은 천사들보다는 순교자들이므로 그 같은 견해가 설득력 있게 느껴지기도 한다.

② 이제 하나님의 구원과 능력과 나라와(10b)

하늘에서 찬양은 '이제'로 시작된다.

'이제'는 '아르티'(Ἄρτι)이다. 이 말은 '지금', '이제', '방금'이란 뜻이다. 이때의 '이제'는 어느 때의 시점인가? 그것은 요한이 "하늘에 큰 음성"을 들은 시점을 말한다. 그때가 어느 때인가? 하늘의 붉은 용이 그 부하들과 함께 전쟁을 일으켰다가 미가엘과 다른 천사들에게 패한 후에 쫓겨난 시점으로 볼 수 있다. 앞서 사탄의 기원을 설명했다. 그것은 천지만물의 창조 이전에 하나님의 동산에서 쫓겨난(겔 28:13~19) 이후의 시점이다.

그런데 사도 요한이 창조 이전에 사탄의 추방 후의 사건을 들었다는 말인가? 이 내용은 시점을 말하는 내용이 아니다. 사탄은 창세기 3장 이후로 수많은 반역과 거짓과 중상모략과 기만하는 행위를 계속해 오고 있으며 그럴 때마다 추방을 당한다. 구약에서 사탄들이 추방당한 내용이 수없이 많이 기록되었다. 신약에서도 예수 그리스도의 십자가 죽음으로 사탄이 승리한 것 같았으나 그리스도의 부활로 사탄이 패배당한다. 그 후 2000년 교회사에 사탄이 패배당한 사건이 종교개혁이었다.

지금도 사탄의 세력은 여전히 왕성하게 활동한다. 사탄에 대한 완전한 추방 작업은 그리스도의 재림 때(계 19:11~21)에 시작되어 천년왕국 때에도 활동한다. 그러나 천년왕국 후에(계 20:7~10) 완전한 축출이 이루어진다. 그러므로 사도 요한의 '이제'는 대환난 기간 중에 있을 때라고 본다.

그때 하나님의 구원과 능력과 나라가 나타났다고 했다. 하나님의 구원과 능력은 구약시대 때부터 나타났고, 하나님의 나라는 구약시대 때는 신정정치라는 현실 정치에 이상적으로 나타났으나 신정정치 이상은 실패로 끝이 난다. 그 후 신약에서 하나님의 나라는 영적 나라로 시작되어 영원한 천국에서 완성되는 미래 사항에 속한다.

③ 또 그의 그리스도의 권세가 나타났으니(10c)

그리스도(Χριστός)는 '기름 부으심을 받은 자'라는 뜻이다(행 10:38). '예수'는 '구원자'라는 뜻이다(마 1:21, 25; 눅 1:31). '그리스도의 권세'란 사탄의 몰락과 예수 그리스도의 승리를 뜻한다. 그와 같은 그리스도의 권세는 하나님에게서 비롯된 것이 암시되지만 그 권세는 그리스도 자신의 권세이다. 여기서 그리스도의 권세라는 표현은 그리스도에게 위임된 하나님의 권세가 사탄의 권세를 패퇴시켰음을 의미한다.

마태복음 28장 18절에 "예수께서…하늘과 땅의 모든 권세를 내게 주셨으니"라 했고, 요한복음 17장 2절에 "아버지께서 아들에게 주신 모든 사람에게 영생을 주게 하시려고 만민을 다스리는 권세를 아들에게 주셨음이로소이다"라고 했다.

하나님께서 아들이신 그리스도께 권세를 주셨기에 성육신이라는 비밀스러운 역사와 십자가의 죽음과 부활을 드러내셨다. 그러나 아직도 사탄은 여전히 막강한 세력들을 행사하고 있다. 사탄의 궁극적 패배는 천년왕국 후에 이뤄진다(계 20:7~10).

왜 하나님께서 이토록 잔인하게 사탄의 세력을 허용하시는가? 요즘 우리는 코로나19로 혹독한 계절을 전 세계인이 겪고 있다. 이러한 생명의 위협을 극복할 수 있는 대책은 미리 예방 백신을 접종하는 것이 최선책이다. 성도의 영혼 상태도 마찬가지다. 평안하고 안일하고 행복하기만 한 나라에는 범죄와 타락이 팽만해진다.

《행복한 나라의 불행한 사람들》이라는 책이 있다.[31] 저자가 2014~2017년까지 스웨덴의 무역회사 인사 담당자로 재직할 때 겪은 짧은 체험을 기록한 내용이다. 스웨덴은 '북유럽식 무상복지'를 선언한 나라다. 스웨덴은 막대한 국민 세금이 들어가는데 '무상의료'를 내세웠다. 그런데 병원 예약 후 짧으면 3일 후, 길면 한 달 후에야 의사를 만날 수 있는 것이 현실이고 결국 코로나 발생 후 인구 100만 명이 사망하여 사망자 수가 세계 제1위인 국가가 되었다.

스웨덴 국민들은 3명 중 1명이 소득의 절반을 세금으로 내고 있다. '무상복지'라는 달콤한 정책으로 소득을 빼앗김으로 매일 복권과 도박에 몰두하게 만드는 불행한 나라로 전락하고 있다.

한국도 수많은 무상복지 정책으로 나라를 빚더미로 끌어 올려놓았다. 그런데 차기 정부도 똑같은 복지 정책들을 경쟁적으로 약속한다. 우선 작은 도움을 받음으로 즐겁기는 하겠으나 결과적으로 나라를 불행하게 만들 우민정책이다. 신앙생활도 마찬가지다. 성도들을 책망하고 경고하고 경각심을 일으켜 분투하게 만들어야 한다. 성도들이 깨어서 기도, 성경 읽기, 전도를 열심히 하지 않고 명설교만 들으려는 교회는 미래에 희망이 없다.

④ 우리 형제들을 참소하던 자가…쫓겨났고(10d)

'형제들'이란 '톤 아델폰'(τῶν ἀδελφῶν)이다.

일반적으로 형제라는 말은 한 부모의 피와 살을 통해 한 뱃속에서 태어난 혈연관계를 지칭하는 말이다. 이처럼 혈연관계에 의한 형

---

31) 박지우, 행복한 나라의 불행한 사람들, 추수밭, 2021.

제 개념은 구약시대에 통용되었고 오늘날 일반 세상 사람들의 형제 개념과 같다.

신약시대에 주님께서는 과거의 구약개념을 완전히 탈피하는 혁명적 새로운 개념으로 형제라는 개념을 바꾸신다.

마태복음 12장 46~50절에서 육신의 어머니나 동생들만이 어머니와 동생들이 아니라 "누구든지 하늘에 계신 내 아버지의 뜻대로 하는 자가 내 형제요, 자매요, 어머니"라고 하신다(막 3:15). 또 마태복음 23장 8~10절에서 "너희는 랍비라, 선생이라, 아버지라, 지도자라는 칭함을 받지 말라 너희는 다 형제"라고 하셨다.

이 같은 주님의 가르침대로 사도행전이나 바울 서신서, 히브리서, 일반 서신에 속하는 야고보, 베드로, 요한 서신, 요한계시록 전체의 호칭은 모두가 형제자매이다.

구원받은 자들이 장차 천국에서 얻을 가장 확실한 호칭은 모든 남자들은 형제이고, 여자들은 자매가 될 것이다. 이와 같은 성서적 형제자매라는 개념은 예수 그리스도의 보혈을 통해 구원받은 자들에게 하나님 한 분만이 아버지가 되신다. 그리스도는 신랑이시고, 모든 그리스도인은 신부이며, 그리스도인들 상호 간에는 한 아버지의 자녀이며 형제자매인 것이다.

이와 같은 신앙 공동체를 용의 부하인 사탄들이 하나님 앞에서 밤낮 참소하다가 쫓겨난다. 욥기 1장 6~12절에 실제로 사탄이 하나님 앞에서 신앙인 욥을 참소한다.

'참소'란 '카테고론'(κατηγορῶν)이다. 이 말은 '비방하다', '고소하다', '이간시킨다'는 뜻이다. 우리가 크게 깨달을 사실이 있다. 예수를 믿고 목사가 되어서 성도들을 지도한다는 지도자들이 자기가 깨달은바 학문적 확신이나 근거가 없이 자기주관적 지식으로 다른 목사들을 비방하고 상습적으로 비난하는 것은 사탄 마귀의 역할을 하고 있음을 깨달아야 하겠다. 사탄 마귀의 속성이 비방, 고소, 이간하는 술책이다. 그런 사람은 어느 때라도 하나님께서 쫓아내실 것이기 때문이다.

⑤ 어린양의 피와 자기들이 증언하는 말씀으로 그를 이겼으니(11a)
미가엘의 승리로 붉은 용이 하늘에서 쫓겨남을 크게 찬양하는 주체가 누구인가를, 11절 내용을 통해 추측해 볼 수 있다. 아마도 계시록 6장 9~10절에 소개된 순교자들일 가능성이 크다.
그렇게 추측되는 이유가 무엇인가?
㉠ 천상에서 미가엘과 붉은 용과의 전투 끝에 붉은 용이 추방당한 사실을 알 수 있는 것은 영적 세계를 깨달을 수 있는 영적 존재들이어야 하기 때문이다.
㉡ 영적으로 구원받은 자들은 구약 이래 많은 자들이 있다.
그들 중에서 죽기까지 생명을 아끼지 아니한 자들은(11b) 순교자들이기 때문이다.
㉢ 어린양와 자기들의 증언하는 말씀으로 원수들을 이긴 자들은 순교자들에 해당된다.
'이겼으니'는 '에니케산'(ἐνίκησαν)인데 이 말은 '이기다'(Win)라는 뜻이 아니라 '승리하다'(Victory)는 뜻이다. 이 같은 표현이 계시록 3장 21절, 5장 5절, 요한복음 16장 33절에 사용되었다. 필자는 '이기는 것'과 '승리하는 것'의 차이를 조선 왕조 때 세조와 사육신으로 비교해서 설명한다.
세조(世祖, 1417~1468)는 조선 왕조 제7대 왕이으로 세종대왕의 둘째 아들이고 5대 문종의 아우이다. 그런데 간신 권람, 한명회 등의 음모로 성삼문, 박팽년, 하위지 등 소위 사육신(死六臣)들을 죽이고 7대

왕위에 오른다. 세조가 7대 왕이 되었으므로 그는 성공한 자요, 이긴 자이다. 그러나 그는 수양대군으로 자기 조카 단종을 폐위시키고 충신들을 죽이면서 왕위에 오른 가장 사악한 군주로 기억된다. 반면에 그 당시 권력에 의해 목숨을 잃은 사육신들은 처절하고 참혹하게 죽어 갔으나 그들이야말로 만세에 길이 빛나는 승리자(Victory)로 존경을 받는다.

교회 역사도 마찬가지다. 초대교회 후 300년까지 로마제국 황제들에게 핍박받고 죽어 간 순교자들이 계시록 2장 10절의 "십 일 동안의 환난"이며 실제로 로마 황제들이 기독교 지도자들을 죽인 역사를 《교회 시대》(계시록 강해 1권)에서 밝혔다. 또 중세기 1천 년(500~1500년) 동안 로마 가톨릭 교황들이 유럽 국가들에 행한 핍박의 역사를 《중세교회사》 I, II에서 밝혔다.[32]

⑥ 그들은 죽기까지 자기들의 생명을 아끼지 아니하였도다(11b)

이 대목은 계시록 6장 9절의 "하나님의 말씀과 그들이 가진 증거로 말미암아 죽임을 당한 영혼들"을 표현하는 것으로 그들이 곧 순교자일 것으로 추정한다. 여기서 '우리가 정말로 구원받은 자인가?' 하는 문제를 판단할 수 있는 판단의 기준을 생각해 볼 수 있다.

사도 바울은 예수를 핍박하던 박해자였는데 예수님을 만나고 난 후에는 완전히 돌변하여 예수를 증거하는 전도자가 된다. 바울 사도는 그가 만난 예수로 인해 그 인생이 돌변한다. 그래서 "내가 달려갈 길과 주 예수께 받은 사명, 곧 하나님의 은혜의 복음을 증언하는 일을 마치려 함에는 나의 생명조차 조금도 귀한 것으로 여기지 아니

---

[32] 정수영, 중세교회사 I, II. 쿰란출판사.

하노라"(행 20:24)고 천명했다. 그는 "내게 사는 것이 그리스도니 죽는 것도 유익함이라"(빌 1:21)고 하며 죽음을 조금도 두려워하지 않았다. 그렇게 죽음도 두려워하지 않는 용감함 앞에 능력이 따르는 것이다.

오늘날의 교회들이 왜 무기력해졌는가? 모든 교회들이 세상과 비교하면서 세상적 수준을 따라가고 있고, 세상적 수준에 따라 살기 때문에 세상에 빛을 드러내지 못한다. 우리들이 비교해야 될 대상은 오직 예수님과 사도들뿐이다. 중세교회는 교회 비교의 대상을 세상 군주들로 삼았기 때문에 타락했다. 지금도 성경의 기준대로 성도들에게 매주마다 각성시켜 주는 설교가 선포되고 시행되는 교회만이 참신한 빛이 흐르는 것이다.

⑦ 그러므로 하늘과 그 가운데 거하는 자들은 즐거워하라(12a)

계시록에 '하늘'이라는 표현이 52회나 사용되었다. 계시록 3장 12절의 "하늘에서", 4장 1절의 "하늘에", 5장 3절의 "하늘 위에", 6장 13의 "하늘의", 8장 1절의 "하늘이", 9장 1절이 "하늘에서", 10장에서 "하늘에서", 그리고 11장 이후에도 '하늘'이라는 단어가 계속 쓰였다.

그런데 계시록에서 기록한 '하늘'이라는 단어가 대부분 단수인 단지 '하늘'이라는 말로 '우라노'(οὐρανω)가 쓰였다. 계시록 12장 12절 우리말 성경에는 '하늘'이라는 단수로 표현되었으나 원문 성경에는 복수를 뜻하는 '호이 우라노이'(οἱ οὐρανοί)로 쓰였다. '호이 우라노이'는 '호 우라노스'(ὁ οὐρανος)의 복수형이다. 그렇기에 제대로 옮긴다면 '하늘들'(Ye heavens)이 된다. 영어 성경들 중 K.J.V는 Ye heavens로, N.I.V는 You heavens로 번역되어서 한글 성경보다는 원문의 뜻을 밝혔다.

그렇다면 '하늘들에 거하는 자들'이란 누구를 의미하는가? 그것은 순교자들과 함께 땅에서 사는 동안 구원받아 천국에 간 구약과 신약의 성도들로 추측된다. 그들이 왜 즐거워해야 하는가? 그곳 하늘도 미가엘이 큰 용을 쫓아내기 전까지는 사탄에게 참소를 당하던 곳이었다. 그러나 미가엘의 전쟁 승리로 더 이상 용의 세력이 활동할 수 없는 안전지대가 되었기 때문이다.

⑧ 그러나 땅과 바다는 화 있을진저…마귀가…얼마 남지 않은 줄을 알므로 크게 분 내어 너희에게 내려갔음이라(12b).

하늘에서 천사들 틈에 활동하던 붉은 용과 그의 부하들이 미가엘 천사장과의 투쟁에서 패한 후 하늘에서 쫓겨났다. 용과 그의 부하들은 공중의 권세를 잡고 그들의 활동 무대는 땅과 바다만으로 제한받게 된다.

계시록 안에는 땅과 바다가 악의 세력들과 연관된 곳으로 묘사된 부분들이 많이 있다. 계시록 6장 9절에 죽임을 당한 순교자들이 "거룩하고 참되신 대 주재여 땅에 거하는 자들을 심판하여 우리 죄를 갚아 주지 아니하시기를 어느 때까지 하시려 하나이까"라고 호소한다. 계시록 11장 10절에 "두 선지자가 땅에 사는 자들을 괴롭게 한 고로"라고 했다.

더 확실한 것은 계시록 13장이다. 계시록 13장 1절에는 "바다에서 한 짐승이 나오"고, 13장 11절에는 "또 다른 짐승이 땅에서 올라"온다. 이렇게 바다나 땅은 악의 세력들의 출처들이다. 여기 하늘의 찬양 가사에 땅과 바다가 화가 있다는 내용은 하늘에서 온갖 사악한 처신으로 쫓겨난 용과 그 부하들이 땅과 바다로 쫓겨 갔으니 저들의 악행으로 많은 이가 고통당할 것을 예견하는 내용이다.

더욱더 처참한 내용이 뒤따른다. 마귀는 자기의 때가 얼마 남지 않은 줄을 알고 있다. 인간은 자기가 언제 죽는지 모르기 때문에 인생을 낭비한다. 그러나 마귀는 자기가 어느 때 종말이 올지를 알고 있다. 성경에 기록된 대로 마귀의 종말은 계시록 20장 7~10절에 마귀 세력이 완전 종결된다. 이것을 아는 마귀는 '자기의 때'를 최대한 활용한다.

여기서 말하는 '때'가 '카이론'(καιρὸν)이다. 헬라인들은 시간(時間)에 해당되는 말로 '호라'(ὥρα)나 '크로노스'(χρόνος)를 말한다. 그에 반해 시대(時代)에 해당되는 말로 '카이로스'(καιρός)를 쓴다.

마귀가 '자기 때'를 안다는 말로 '시대'에 해당되는 '카이론'을 썼다. 마귀가 세상 인류들을 타락하게 하는 방법은 '시대'마다 달라진다. 에덴동산에서는 거짓말로 아담과 하와를 타락하게 했다. 마귀가 노아 홍수 때에는 무관심으로 인간들을 타락시켰다. 바벨탑을 쌓을 때는 자기들의 위대함을 과시하려다 타락한다. 이스라엘 백성들이 광야 때 모세 지도력에 반항함으로 타락한다. 예수님 때 이스라엘 백성들은 자기들이 예수님보다 모세 율법을 더 잘 안다는 교만 때문에 타락한다.

교회 역사는 어떤가? 300년 이후 기독교에 대한 핍박이 멈추자 권력에 편승해 안일한 신앙생활을 하려다 타락한다. 중세기 천 년은 권세욕에 파묻혀 종교적 향락으로 타락한다. 근대 이후 세상은 사이비 사상으로 타락한다. 진화론, 사신론, 공산주의, 허무주의, 향락주의 등 사탄은 온갖 사상들을 퍼트려 인간들을 하나님에게서 멀어지게 했다.

그렇다면 현대는 어떠한가? 현대인들은 갖춰 놓고 즐기고 싶은 쾌락주의가 만연한 시대를 살고 있다. 심지어 예배당도 좋은 설교를 즐기는 편안한 곳이 되어야 하고 신앙생활에 고달프거나 의무감에 예속되는 것은 싫어한다. 교회는 자주 모여야 하고, 기도를 많이 해야 하고, 성경을 많이 읽어야 하고, 섬기는 일을 강조하는 곳이기에 가기 싫은 곳이 되어 버렸다. 교회는 자기를 만족시키는 안식처가 되어 주기를 바란다. 사탄은 인간들의 심리를 너무 잘 꿰뚫고 있다. 사탄은 자기의 때가 한정되어 있음을 알고 할 수만 있으면 많은 사람을 성경 진리에서 멀어지도록 수시로 전략을 바꿔가고 있다. 정직하게 물어보자.

당신은 하루에 몇 분이나 기도를 하는가? 당신은 하루에 성경을 몇 장이나 읽고 있는가? 당신은 1주일에 목사의 설교를 몇 번이나 듣는가? 당신은 1주일 중 만나는 이에게 몇 번이나 성경 내용을 말하는가? 이 같은 질문들에 명확한 대답을 못 한다면 당신은 마귀에게 끌려가는 것이다.

3) 여자에 대한 용의 핍박과 광야 피신(계 12:13~17)

(1) 땅으로 내쫓긴 용의 여자에 대한 핍박(계 12:13)

붉은 용으로 상징되는 사탄은 이 땅에서 여자가 임신한 아이를 해산하기를 기다리고 있었다(4절). 그런데 여자가 아이를 해산하자 그 아이를 하나님 보좌 앞으로 올려갔다(5절). 그 아이 문제로 하늘에서 미가엘을 비롯한 선한 천사와 용을 따르는 악한 사자들 간에 전쟁이 벌어졌다(7절).

하늘 전쟁에서 패배한 용과 그 부하들은 하늘에서 추방당하고(9절)

땅으로 추방된 용은 남자를 낳은 여자를 박해한다(13절). 이때 용은 비로소 자기가 비참하게 된 처지를 인식하게 된다.

여기 "내쫓긴 것을 보고"라는 말은 의미심장한 뜻이 있다.

'보다'라는 말은 '에이덴'(εἶδεν)이다. 이 말은 '보다'(see)라는 뜻과 함께 '알다'(know)라는 뜻을 가진 부정 과거사다. 그렇기에 용은 여자를 핍박하면서 자신의 처지를 인식하기 시작했다는 뜻이 담겨 있다. 그럴 수 있는 내용이다. 용이 과거에는 하나님 앞에서 활동하며 때때로 하나님께 참소를 거듭함으로 그의 뜻을 이룬 때가 있었다. 그것이 욥의 참소 때였고(욥 1장), 가룟 유다의 배신 공작이었다(눅 22:3; 요 13:2).

그런데 하늘에서 쫓겨나서 지상에서 여자를 핍박하는 일을 하게 된 용은 가혹하게 화풀이성 핍박을 감행한다. 여기서 말하는 여자는 7년 대환난 때 회개하여 구원을 얻게 될 성도들을 암시한다. 그렇기에 장차 대환난 때에는 구원을 얻은 성도들이 말로 다 할 수 없는 핍박과 신앙 유지를 위해 모든 고초를 다 겪게 될 것이다.

우리는 제대로 깨달을 사실이 있다. 왜 사도 요한은 이토록 끔찍한 미래사를 예언해 놓았는가? 그것은 미래 대환난 시대가 이토록 끔찍하므로 크게 깨닫고 그 시대가 오기 전에 교회 시대에서 반드시 구원 받도록 깨우쳐 주려는 목적이 있었기 때문이다.

(2) 여자의 한 때, 두 때, 반 때의 광야 피신(계 12:14~16)

① 그 여자가 큰 독수리의 두 날개를 받아 광야 자기 곳으로 날아가(14a)

여기서 말하는 '그 여자'는 '테 귀나이키'(τῇ γυναικί)로 계시록 12장 1~2절에 소개한 그 여자(the Woman)다.

여기 계시록 12장에 거론되는 여자는 7년 대환난 때 회개하여 구원받게 되는 성도들을 상징한다. 대환난 때에도 회개하고 구원 얻는 성도들이 많이 생겨난다. 그러나 교회 시대 때 줄기차게 하나님을 반역하도록 온갖 수단을 동원했으나 결국 휴거(살전 4:13~16)로 구원받는 성도들은 모두 하늘나라로 옮겨갔다. 그러자 붉은 용은 마지막 수단으로 구원받는 성도들이 생겨나지 않도록 온갖 핍박을 가하게 된다.

그런데 하나님께서는 대환난 때 구원받는 성도들이 용에게 핍박당하는 것을 그대로 방치하고 구경만 하지 않으신다. 하나님께서는 용에게 핍박당하는 여자를 큰 독수리의 두 날개의 보호를 받아 광야 자기 곳으로 피난하게 해 주신다. 여기서 말하는 '큰 독수리'는 '투 아에투 투 메갈루'(τοῦ ἀετοῦ τοῦ μεγάλου)다.

이때 말하는 '큰 독수리 날개'는 상징적인 표현이다. 구약성경 몇 곳에 '독수리 두 날개'는 상징적인 표현이다.

출 19:4 **내가 어떻게 독수리 날개로 너희를 업어 내게로 인도하였음을 너희가 보았느니라**

신 32:11 **마치 독수리가…그의 날개를 펴서 새끼를 받으며…업는 것같이**

사 40:31 **여호와를 앙망하는 자는…독수리가 날개를 치며 올라감 같을 것이요**

이 같은 표현들은 하나님의 특별하고 강력한 보호를 상징적으로 표현한 것이다.

그리고 여기서 기억할 내용이 있다. 하나님께서 대환난 때 용의 핍박을 피해 피난시키시는 곳이 "광야 자기 곳"이라고 했다. '광야'는 '텐 에레몬'(τὴν ἔρημον)이며 '자기 곳'은 '톤 토폰 아우테스'(τὸν τόπον αὐτῆς)다.

대환난 때 용의 핍박을 피할 수 있는 곳은 광야와 같은 곳이며, 그 광야는 이스라엘 민족이 광야 40년에서 혹독한 훈련을 받은 '자기 곳'과 같은 곳임을 암시하고 있다.

우리가 크게 깨달아야 할 진리가 있다. 지금 코로나19로 전 세계인들이 혹독한 시련을 당하고 있다. 이 같은 시련은 장차 있을 대환난의 전초전 같은 의미가 있다. 이렇게 혹독한 때 성도들이 피할 안전한 곳은 '소돔'과 같은 향락의 도성이 아니다. 그곳은 '애굽'과 같은 배부른 노예 생활지도 아니다.

그곳은 광야여야 한다. 광야는 밤낮의 기온 차가 급변함으로 불기둥과 구름기둥을 의지해야 하는 곳이다. 광야는 먹고 살아갈 기본적인 생필품이 공급되는 곳이 아니다. 오로지 하늘에서 내려주는 만나와 메추라기로 연명하는 곳이다. 광야는 물이 없는 곳이다. 하나님의 사람들이 하나님께서 주시는 생수 반석을 깨뜨리고 샘솟게 하시는 생수만을 마셔야 하는 곳이다.

대환난 때 구원받는 성도들을 '광야 자기 곳'으로 인도한다는 말씀은 영적으로 크게 깨달아야 할 진리이다.

② 거기서 뱀의 낯을 피하여 한 때, 두 때, 반 때를 양육 받으매(14b)

'그 뱀'은 '투 오페오스'(τοῦ ὄφεως)로 9절에서 언급한 큰 용이며 옛 뱀, 마귀, 사탄, 온 천하를 꾀는 자를 뜻한다. 여기 '한 때와 두 때와 반 때'라는 표현은 사도 요한이 처음 사용하는 용어가 아니다. 사도 요한보다 600년 전에 선지자 활동을 했던 다니엘이 이 같은 용어를 사용했다.

다니엘 7장 25절에는 "성도들은 그의 손에 붙인 바 되어 한 때와 두 때와 반 때를 지내리라"고 했으며, 다니엘 12장 7절에 "반드시 한 때 두 때 반 때를 지나서 성도의 권세가 다 깨지기까지이니 그렇게 되면 이 모든 일이 다 끝나리라 하더라"고 했다.

과거 600년 년 전 다니엘의 예언을 계승한 요한은 계시록에서 다니엘의 표현을 그대로 가져와서 계시록 12장 14절과 "마흔두 달"(계 11:2, 13:5) 또는 "천이백육십 일"(계 11:3, 12:6)로 똑같은 기간을 의미하는 표현을 했다.

여기 계시록의 "한 때와 두 때와 반 때"는 결국 3년 반을 뜻하고 3년 반을 달수로 계산하면 마흔두 달이고, 날 수로 계산하면 천이백육십 일이 된다.

그런데 3년 반이 한 번만 있는 것이 아니다. 계시록 6장에서 18장까지에는 3년 반이 전반기 3년 반과 후반기 3년 반으로 재앙이 나누어져 설명되어 있다. 즉 계시록 6~18장 중에서 15~18장은 중간기(12~14장) 내용 설명 이후에 기록되어 있다.

그래서 학자들은 대환난 7년 기간을 셋으로 구별한다. 전반기 3년 반(계 6~11장), 중간기(계 12~14장), 후반기 3년 반(계 15~18장)이다. 이 같은 구별은 계시록을 좀 더 잘 이해하도록 배려한 신학자들의 의견이고 계시록 내용이 다르다는 의미는 아니다.

③ 여자의 뒤에서 뱀이…물을 강같이 토하여 여자를 물에 떠내려 가게(15)

구약성경에는 강이 지배자의 상징으로, 또는 공포의 상징으로 표현되었다.

겔 29:3 애굽의 바로 왕이여…너는 자기의 강들 가운데 누운 큰 악어라

시 18:4 사망의 줄이 나를 얽고 불의의 창수가 나를 두렵게 하였으며

시 124:4 물이 우리를 휩쓸며 시내가 우리 영혼을 삼켰을 것이며…

시 43:2 네가 물 가운데로 지날 때에 내가 너와 함께할 것이라 강을 건널 때 너를 침몰하지 못할 것이며…

그러나 신약성경에는 물이 좋은 의미로 사용된 곳이 많다.
요한복음 7장 38절에 "나를 믿는 자는 성경에 이름과 같이 그 배에서 생수의 강이 흘러나오리라"고 했으며, 계시록 22장에는 미래의 천국의 수정같이 맑은 생명수의 강을 말하고 있다.

그런데 여기 계시록 12장 15~16절에는 물과 땅이 서로 대조된다.
뱀은 그 입으로 물을 토하여 여자를 떠내려가게 하는데 땅은 그 여자를 도와 용이 토한 물을 삼킴으로 여자가 화를 면한다.

구약성경에는 홍수와 강물을 악의 세력으로 상징한 표현이 많다.

시 32:6 홍수가 범람할지라도 그에게 미치지 못하리이다

시 42:7 깊은 바다가 서로 부르며 주의 모든 파도와 물결이 나를 휩쓸었나이다

시 69:15 큰물이 나를 휩쓸거나 깊음이 나를 삼키지 못하게 하시며…

시 88:7 주의 모든 파도가 나를 괴롭게 하셨나이다

시 124:4~5 물이 우리를 휩쓸며…넘치는 물이 우리 영혼을 삼켰을 것이라

렘 51:55 원수는 많은 물같이 그 파도가 사나우며 그 물결은 요란한 소리를 내는도다

욘 2:3 주께서 나를 깊음 속 바다 가운데 던지셨으므로 큰물이 나를 둘렀고 주의 파도와 큰 물결이 다 내 위에 넘쳤나이다

이처럼 구약성경 많은 곳에서 악의 세력이 무섭게 엄몰하는 상징으로 홍수나 강물을 표현하고 있다.

이와 같이 구약성경에서 물이나 강물을 악의 세력의 거대한 상징으로 표현한 것을 계시록 12장 15~16절에도 적용할 수 있을 것 같다.

그래서 장차 대환난 때 사탄의 두목으로 상징되는 용과 그 부하들은 사악한 자들을 충동시켜 잔혹한 큰 악행을 저지르게 할 수 있을 것이다. 역사적으로 히틀러나 스탈린, 모택동, 김일성 등은 사악한 사탄의 충동에 의해 씻을 수 없는 죄악을 저질렀다. 또한 다윈이나 니체나 마르크스, 무솔리니 등은 사악한 사탄의 사주로 씻을 수 없는 사상들을 뿌려 놓았다.

이와 같은 사탄의 전략으로 전 세계 인류가 사탄의 하수인들에 의해 막대한 희생을 치르게 되었음을 뒤늦게 깨닫게 되었다. 과거 한반도 전쟁은 김일성, 모택동, 스탈린이 꾸민 사탄들의 공모에 의한 비극이었음이 다 밝혀졌다. 그와 같은 비극이 앞으로 더 심해질 것이다. 대환난 때에는 더 교활해진 사탄들에 의해서 홍수처럼 세상이 커다란 비극으로 가득 찰 것이다.

그렇게 사용될 도구가 전 세계 각국이 보유한 핵무기가 될 것인지,

아니면 화학무기가 될 것인지, 아니면 기후 변화에 의한 재앙일지 알 수는 없다. 그 방법이 무엇인지는 알 수 없으나 그 양상이 강 같은 물에 여자가 떠내려가게 되는 현상들이 일어날 것이다.

계시록은 그와 같은 혹독한 미래의 대환난을 미리 깨닫고 슬기로운 처녀처럼(마 25:1~13) 깨어 있는 성도가 되라고 우리에게 경각심을 주고 있다.

④ 땅이 여자를 도와…용의 입에서 토한 강물을 삼키니(16)

여기 보면 위기에 처한 여자를 땅이 돕는다. '땅'이라는 말은 '헤게'(ἡγῆ)이다. 여기서 땅은 육지(earth)를 말한다. 그러나 본문에서는 땅이 상징적 의미로 쓰이고 있다. 땅은 무엇을 상징하는가?

우리는 인간들이 추측하거나 상상해서 성경을 이해한 교부들이나, 중세기의 스콜라 철학자들이 성경 진리를 왜곡시킨 역사를 알고 성경 내에 기록된 다른 사례들을 참고해서 그 뜻을 알아내는 것이 가장 안전하다. 그런 의미에서 우리는 구약성경에서 '땅'은 무엇을 상징했는지 그 의미를 알아봐야 하겠다.

창 4:11 땅이 그 입을 벌려 네 손에서부터 네 아우의 피를 받았은즉 네가 땅에서 저주를 받으리니

출 15:12 주께서 오른손을 드신즉 땅이 그들을 삼켰나이다

민 16:32 땅이 그 입을 열어 그들과 그들의 집과 고라에게 속한 모든 사람과 그들의 재물을 삼키매

신 11:6 곧 땅이 입을 벌려서 그들과 그들의 가족과…모든 것을 삼키게 하신 일이라

이 같은 표현들을 보면 땅 자체가 무슨 현상을 일으키는 것이 아니라 오히려 자연인 땅이 하나님의 특별하신 섭리를 반영해 주는 매개체로 표현되고 있다. 따라서 계시록 12장 16절에도 땅이 저절로 큰 일을 수행하는 것이 아니라 오히려 용의 사악한 핍박 속에서도 하나님께서 특별하신 방법으로 여자를 돕는 것을 표현했다고 볼 수 있다.

이 내용에 대해 종말론 신학의 세계적 대학자인 댈러스(Dallas)신학교의 총장이었던 왈부어드(Walvoord)는 독특한 해석을 했다.

에스겔 37장을 보면 여호와께서 에스겔 골짜기의 마른 뼈들에게 생기를 넣어주시자 거대한 군대로 되살아난다. 그때 마곡 땅에 있는 로스, 메섹, 두발족과 고멜과 도갈마족속이 연합해 이스라엘을 공격해 온다(겔 38~39장).

이렇게 수많은 족속이 연합하여 이스라엘을 공격할 미래 사항을 계시록 12장 15절의 용이 물을 토할 미래 사항으로 연관하여 해석한다. 그렇게 위험천만한 순간에 하나님께서 땅으로 상징되는 이스라엘을 도우심으로 이스라엘이 연합 세력들을 쳐부순다(겔 39:21~29). 그 내용이 계시록 12장 16절의 기록이다. 이는 상당히 설득력 있는 설명이다.

이 내용은 필자의《계시록 강해》제3권에 해당되는 계시록 20장 8~10절에서 보다 자세하게 설명하겠다.

(3) 여자의 자손과 싸우려는 용의 분노(계 12:17)

① 용이 여자에게 분노하여 돌아가서(17a)

용은 여자를 해하려는 시도를 여러 차례 거듭했으나 다 실패한다.

㉠ 용은 여자가 아이를 해산하면 삼키고자 했다(12:4). 그러나 그 아이를 하나님 앞과 보좌 앞으로 올려가므로 실패했다(12:5).

용은 하늘에서 미가엘과 싸워서 자기 세력을 하늘에 미치게 하려 했으나 전쟁에 패하여 땅으로 쫓겨났다(12:7~9).

용은 남자를 낳은 여자를 핍박했다(12:13). 그러나 여자는 독수리 날개로 광야에 피신함으로 뜻을 이루지 못한다(12:14).

용은 강물로 여자를 익사시키려 했다(12:15). 그러나 땅이 여자를 도움으로 그것도 실패했다(12:16).

용은 여자에게 거듭된 실패를 당하자 여자의 자손과 싸우려고 나선다(12:17).

여기서 우리가 크게 깨달아야 할 사실이 있다.

사탄으로 상징되는 용의 공격은 한두 번의 시도로 끝나지 않는다. 자기 목표를 달성할 때까지 쉬지 않고 온갖 다양한 수단을 동원하여 줄기차게 공격한다. 그러나 하나님께서 온갖 다양한 방법으로 그때그때 구원받은 자들로 상징되는 여자를 보호하신다.

우리가 또 깨달아야 할 것은 용의 공격이 처음보다 시간이 흐를수록 더욱 강렬해지고 그 규모가 점점 더 확대되어 간다는 사실이다. 그러나 구원받은 성도들은 마귀와 힘들게 싸우지 않아도 하나님께서 아시고 지켜 보호해 주신다. 그 내용이 다음의 표현이다.

② 하나님의 계명을 지키며 예수의 증거를 가진 자들(17b)

계시록에는 '하나님의 계명'과 '예수의 증거'가 모두 구원받은 성도들을 표현하는 말로 사용되고 있다.

계 6:9 하나님의 말씀과 그들이 가진 증거로 말미암아 죽임을 당한 영혼

계 14:12 하나님의 계명과 예수에 대한 믿음을 지키는 자

계 19:10 예수의 증언을 받은 네 형제들…오직 하나님께 경배하라
계 20:4 예수를 증언함과 하나님의 말씀 때문에 목 베임을 당한 자들

따라서 여기 "여자의 남은 자손"은 대환난 때에도 하나님 말씀과 예수를 믿음으로 구원받게 될 미래의 성도들을 상징한다.

③ 바다 모래 위에 서 있더라(17c)
계시록 20장 8절에 "그 수가 바다의 모래 같으리라"는 비슷한 표현이 있다.

'바다 모래'는 '텐 암몬 테스 달랏세스'(τὴν ἄμμον τῆς θαλάσσης)다. 이 표현은 그 숫자가 바다의 모래와 같이 많은 것임을 상징한다. 결국 대환난 때 용은 그가 시도하는 모든 일마다 실패를 거듭하자 마지막으로 사탄의 세력들을 모두 동원해서 바닷가의 모래처럼 헤아릴 수 없이 많은 핍박과 공격을 감행할 것을 예언하는 말씀이라고 본다.

02

바다 짐승의 핍박

(계 13:1~10)

1) 바다에서 올라온 짐승의 권세(계 13:1~2)

계시록 12장에서 붉은 용이 소개되었다. 붉은 용은 본래 천상에서 활동하던 영적 존재였으나 하나님 앞에서 밤낮 형제들을 참소하다가 (12:10) 미가엘과 전쟁이 벌어져 내쫓긴 자였다(12:9).

붉은 용은 지상에서 두 세력을 만든다. 그 하나는 바다에서 올라온 짐승으로 세상의 정치 권력자(13:11~10)이고, 둘째로 땅에서 올라온 짐승으로 종교계의 세상 권력자인 적그리스도(13:11~18)이다.

결국 ① 붉은 용, ② 바다에서 올라온 짐승, ③ 땅에서 올라온 짐승 이 셋은 사탄 마귀의 삼위일체다.

우리가 계시록 강해를 통해 확실하게 깨닫고 달라져야 할 부분이 있다. 그것은 이 세상을 이끌어가는 사악한 악의 존재는 세 종류의 영적 존재들에 의해서 종말의 때가 형성되어 갈 것이라는 사실을 확실하게 파악하고 깨어난 성도로 살아가야만 한다(마 24:42, 25:13; 살전 5:6; 벧전 5:8).

그렇다면 온갖 말로 밤낮 참소하는 자들이 누구인가?

① 유튜브나 텔레비전을 보면 자기가 믿는 바를 증거하지 않고 다른 이를 계속 비방하며 비판하고 약점만 들춰내는 자들이 있다. 그들이야말로 마귀 노릇을 하는 거짓 지도자다. 사탄은 항상 참소하는 일을 하기 때문이다(12:10).

② 전 세계를 자기들의 세력권 안에 통합시키려는 정치 지도자이다. 그들이 누구인지 뉴스나 신문을 통해 관심을 갖고 관찰해야 한다. 영적 관심을 갖고 관찰하는 삶을 살아가다 보면 반드시 깨닫게 되는 대상이 드러나게 되어 있다.

③ 전 세계의 모든 종교들을 연합시키려는 종교 지도자이다. 지금도 우리나라에서는 평소 어떤 존재인지 잘 모르던 자들이 종교 지도자 대표로 종종 알려지는 인물들이 있다. 세상의 모든 종교를 연합시키려는 시도를 주도하는 종교 지도자가 있다. 그가 적그리스도로 마지막 때를 이끌어 갈 것이다.

이 같은 관심 속에 여기서는 바다에서 올라오게 될 짐승의 정체를 살펴보도록 하자.

(1) 내가 보니 바다에서 한 짐승이 나오는데 뿔이 열이요 머리가 일곱이라(계 13:1)

① '바다에서'는 무슨 뜻인가?

'바다'라는 문자적인 말은 '테스 달랏세스'($\tau\tilde{\eta}\varsigma\ \theta\alpha\lambda\acute{\alpha}\sigma\sigma\eta\varsigma$)다. 여기 성경에 바다는 영어의 sea나 ocean으로 썼으나 이 말은 전혀 다른

상징을 염두에 두고 표현한 말이다. 우리는 성경에서 바다가 문자적인 의미의 바다로 쓰인 여러 곳들을 알 수 있다.

민 33:8 바다 가운데를 지나 에담 광야로 사흘 길을 가서 마라에 진을 치고
시 33:7 그가 바닷물을 모아 무더기같이 쌓으시며
시 66:6 하나님이 바다를 변하여 육지가 되게 하셨으므로
시 72:8 그가 바다에서부터 바다까지와 강에서부터 땅끝까지 다스리니

위의 표현들은 문자적인 의미의 바다라는 표현이다.

그런데 성경에는 바다를 상징적인 의미로 표현한 곳도 있다.

렘 48:32 십마의 포도나무여 너의 가지가 바다를 넘어 야셀 바다까지 뻗었더니
렘 51:42 바다가 바벨론에 넘침이여 그 노도 소리가 그 땅을 뒤덮었도다
단 7:3 큰 짐승 넷이 바다에서 나왔는데 그 모양이 각각 다르더라
합 2:14 물이 바다를 덮음같이 여호와의 영광을 인정하는 것이 세상에 가득함이니라
슥 9:4 주께서 그를 정복하시며 그의 권세를 바다에 쳐넣으시리니 그가 불에 삼켜질지라

특히 계시록에서 바다는 여러 곳에서 상징적인 의미로 표현되었다.

계 7:1 땅의 사방의 바람을 붙잡아 바람으로 하여금 땅에나 바다에나 각종 나무에 불지 못하게 하더라
계 10:2 그 오른발은 바다를 밟고 왼발은 땅을 밟고
계 12:12 그러나 땅과 바다는 화 있을진저
계 12:17 싸우려고 바다 모래 위에 섰더라
계 13:1 바다에서 한 짐승이 나오는데
계 16:3 그 대접을 바다에 쏟으매…바다 가운데 모든 생물이 죽더라
계 20:13 바다가 그 가운데에서 죽은 자들을 내주고

'바다'라는 표현에는 상징적인 의미들이 담겨 있다. 그렇다면 계시록 13장 1절의 바다는 무엇을 상징하는가? 이에 대해서 계시록 17장 15절에 "네가 본 바 음녀가 앉아 있는 물은 백성과 무리와 열국과 방언들이니라"는 구절을 연결시켜 바다는 열방 나라들을 상징하는 것이라고 해석할 수 있을 것 같다. 실제로 그럴 것인가는 계속해서 살펴보자.

② '한 짐승'이란 무슨 뜻인가?
'짐승'이라는 문자적인 말은 '데리온'(θηρίον)이다. 성경에는 '짐승'이 문자적인 뜻으로 쓰인 곳과 상징적인 뜻으로 사용된 두 가지 형태가 있다. 문자적으로 쓰인 '짐승'의 표현은 수없이 많기에 여기서는 생략하겠다.
계시록에 쓰인 '짐승'은 상징적인 표현이다. 성경에 짐승이 상징적 의미로 쓰인 곳은 어느 곳인가? 대표적인 성경이 구약의 다니엘서이고, 신약에서는 계시록이다. 다니엘서에는 수많은 곳에서 짐승을 말

하고 있다.

다니엘서 2장 38절의 들짐승, 4장 12절의 들짐승, 14, 15, 16, 21, 23, 25절의 들짐승, 5장 21절의 들짐승, 7장 3절의 큰 짐승, 5, 6, 7, 11, 12, 17, 19, 23절의 짐승 등 다니엘서에서 짐승은 분명하게 상징적인 의미이다. 다니엘서 7장에 말하는 '짐승'은 무엇을 상징하는가? 이에 대해서 〔특주 31〕으로 보다 자세하게 살펴보겠다.

그리고 신약성경에서 짐승을 상징적으로 표현한 것이 계시록이다. 계시록에서도 특히 13장에 '짐승'이란 표현이 12번이나 있고, 17장에는 12번이 있다. 그 외에도 6장 8절, 11장 7절, 14장 9절, 15장 2절, 16장 1, 10, 13절, 19장 19, 20절, 20장 4, 10절 등 계시록 안에 무수한 '짐승'들이 소개된다.

다니엘서의 '짐승'과 '계시록'의 짐승이 무엇을 뜻하는가? 그것을 〔특주 31〕에서 살펴보겠다.

③ 뿔이 열이요 머리가 일곱이라(1a)

계시록 12장 3절의 붉은 용은 머리가 일곱이요 뿔이 열이라고 했다. 그런데 계시록 13장 1절의 "바다의 한 짐승" 역시 뿔이 열이고 머리가 일곱이다. 그렇기에 여기 바다에서 올라온 짐승과 붉은 용과는 본질이 같은 존재임을 암시해 준다.

'뿔'은 무엇을 의미하는가? '뿔'이라는 단어는 '케라타'(κέρατα)다. 구약성경에서 뿔은 힘과 권력을 상징하는 것으로 표현되었다.

신 33:17 그 뿔이 들소의 뿔 같도다
삼하 22:3 여호와는 나의 구원의 뿔이시요 나의 산성…

시 22:21 나를 들소의 뿔에서 구원하셨나이다"
시 132:17 내가 다윗에게 뿔이 나게 할 것이라"

그런데 다니엘서의 '뿔'의 의미가 좀 더 구체적으로 상징된다.
다니엘서 7장 7, 8, 11, 20, 21, 24절과 8장 3, 5, 6, 7, 8, 9, 20, 21, 22절에는 뿔의 의미가 힘과 권세의 상징으로 표현되었다. 그리고 계시록 12장 3절의 붉은 용이 뿔이 열이라 했고, 계시록 13장 1절의 바다 짐승 역시 뿔이 열이고 그 뿔에는 열 왕관이 있다. 그리고 계시록 17장 12절에 "네가 보던 열 뿔은 열 왕이니"라고 했다.

계시록 12장 3의 붉은 용은 뿔은 열이나 왕관이 없다. 그런데 13장 1절의 바다짐승은 뿔이 열이고 머리가 일곱이기에 붉은 용과 비슷하나 차이가 있는 것은 "그 뿔에는 열 왕관"이 있다. 뿔에 왕관이 있다는 표현은 폭력에 의해서 왕권을 쟁취했다는 의미이다. 결국 바다에서 올라오는 짐승은 장차 군사력을 가지고 전 세계 나라들을 위협할 군사 대국을 의미한다.

지금 세계를 보라. 세계 강대국들이 서로 자기 세력을 확보하려고 유럽이나 동남아에서 무력 경쟁을 계속해 나가고 있는 '뿔' 가진 나라들을 보라. 다니엘서와 계시록을 관통해 볼 때 앞으로의 종말 세계 현상이 이미 현실 세계로 다가왔음을 체감할 수 있는 현실이 되었다.

④ 그 뿔에는 열 왕관이 있고 그 머리들에는 신성 모독하는 이름들이 있더라(1b)

계시록 12장 3절의 붉은 용은 머리가 일곱에 일곱 왕관을 썼다. 계시록 13장 1절의 바다짐승은 머리가 일곱인데 왕관은 열 왕관을 썼다. 붉은 용과 바다짐승의 본질은 다 같은 존재들이다. 차이가 있다면 바다짐승은 자기가 왕관을 쟁취하기 위해서 수단과 방법을 가리지 않고 폭력에 의하여 권력을 쟁취했다는 의미를 주고 있다.

더 놀라운 사실이 있다. 바다짐승은 그 머리들에 신성모독을 하는 이름들이 있다. 여기 쓰인 '신성모독'이라는 말은 '블라스페미아스'(βλασφημίας)다. 이 단어는 '모독하다', '훼방하다'라는 뜻을 가진 '블라스페메오'(βλασφημέω)에서 파생된 명사이다.

성경에서 이 단어는 하나님을 모독하는 용어로 쓰였다.

마 12:31 성령을 모독하는 것은 사하심을 얻지 못하겠고
막 2: 7 신성모독이로다
막 3:28 모든 모독하는 일
막 14:64 신성모독하는 말
요 10:33 신성모독으로 인함이니

이 모든 곳에 신성모독이라는 단어가 쓰였다. 따라서 '신성모독'이란 거룩하신 자의 이름을 사칭한다는 뜻이다. 일찍이 주님께서는 말세의 징조를 예언해 주시는 말씀들 속에서 마태복음 24장 15절에 "너희가 선지자 다니엘이 말한 바 멸망의 가증한 것이 거룩한 곳에 선 것을 보거든 읽는 자는 깨달을진저"라고 하셨다. 그래서 주님께서는 마지막 때에 신성모독자들이 나타날 것을 이미 예고해 주셨다.

바울 사도도 데살로니가후서 2장 3~4절에서 배교하는 일, 불법의 사람, 멸망의 아들이 나타나기 전에는 그날(예수 그리스도의 강림하심)이 이르지 아니하리니 그는 대적하는 자라, 신이라고 불리는 모든 것과 숭배함을 받을 것을 예언하였다.

교회 역사에 보면 로마 황제들이 자신을 높이고 원로원의 아부하는 자들에 의해 황제를 신(神)으로 부르도록 했다. 초대 황제 아우구스티누스(B.C. 27~A.D. 14), 네로(A.D. 37~68), 도미티안(A.D. 81~96) 등은 자신을 신격화해서 신으로 섬기도록 했다. 도니티안은 동전에다 "도미투스 에트 데우스 노스테르"(Dominus et Deus noster: 우리 하나님)라고 새겨서 자신을 신으로 섬기도록 했다.

이처럼 황제를 신으로 섬기도록 강요할 때 사도 요한은 황제령을 거부함으로 밧모섬으로 유배를 가게 되었다(계 1:9). 이와 같은 사건은 과거에 지나간 역사다.

여기 계시록 내용은 앞으로 펼쳐질 미래의 역사다. 교회 2000년 역사에 교황들이 예수 그리스도의 대리자라고 주장하면서 군왕들을 지배하려는 서글픈 역사들이 있었다. 그러나 앞으로 대환난 때에는 국제정치 권력을 장악하고 자신을 하나님처럼 높이려는 신성모독자가 일어날 것이다.

지금도 세계의 국제정치에서 주변국을 침략 정복하려는 정치적 독재자가 이미 활동을 하고 있다. 깨어 있는 성도들은 그들의 행태를 유심히 살펴봐야 할 것이다.

(2) 짐승은 표범과 비슷하고 그 발은 곰의 발과 같고 그 입은 사자의 입 같은데(계 13:2)
① 짐승은 표범과 비슷하고…발은 곰의 발…입은 사자의 입(2a)
바다에서 나온 짐승의 모습이 세 가지 짐승 모습으로 설명된다. 모양은 표범, 발은 곰, 입은 사자로 표현되었다. 표범은 사납고 잔인한 동물이고, 곰은 느리지만 입으로 문 것은 그 어느 것도 으스러뜨

리는 강한 힘을 가지고 있고, 사자는 백수(百獸)의 왕으로 공포의 대상이다.

여기 소개된 세 가지 짐승에 대한 표현이 다니엘서 7장 4~6절에 순서는 다르지만 내용은 같은 의미로 설명되었다. 다니엘서에 소개된 세 가지 짐승은 바벨론 제국, 메대-바사제국 그리고 헬라제국을 상징하는 표현이었다. 여기 계시록에 소개되는 짐승은 장차 대환난 때 세 짐승이 가지고 있는 모든 요소들을 한 몸에 지닌 사나움, 잔인함, 공포성을 가진 자로 상징화되고 있다.

② 용이 자기의 능력과 보좌와 큰 권세를 그에게 주었더라(2b)

사도 요한이 살던 당시에 로마제국 황제인 도미티안은 자신을 신으로 섬기도록 강요하고 그를 따르지 않는 자들에게 무한한 핍박을 감행했다. 이것은 과거 일본 식민제국주의자들의 행태와 똑같은 일이었다. 일본에는 일본 고유의 신들을 제사하는 사당을 신사(神社)라 하며 일본 전국에 국산 종교 신도(神道)를 섬기는 사당이 8만 6천여 곳이 산재해 있다.

1900년대 일본이 한반도와 만주를 강점했다. 일본은 서울 남산(현재의 야외 음악당 자리)에다 조선신궁(朝鮮神宮)을 건립해 놓고 선일(조선과 일본)이 하나가 되려면 다 같은 신을 섬겨야 한다면서 신사참배를 강요했다.

이때 기독교인들은 일본인 신에 대한 참배는 십계명의 제1계명인 '너는 나 외에 다른 신(神)들을 네게 두지 말라', 제2계명인 '우상을 만들지 말고 그것들에 절하지 말며 그것들을 섬기지 말라'는 계명에 위배된다고 하며 반대 운동을 벌였다. 그로 인해 전국 교회 200여 곳이 문을 닫고 수많은 기독교 학교들이 폐교에 이르렀다.

그리고 교회 목사, 장로, 평신도 등 2,000여 명이 구금, 체포, 고문을 당했다. 이때 주기철 목사를 비롯한 성직자들 50여 명이 순교를 당했다. 또 일본 정부에 협조한 장로교, 감리교는 유지되었으나 침례교, 성결교, 안식교 등은 강제 해산을 당했다. 일본의 '신사'는 제2차 대전의 패전국으로 연합군 사령부에 의해 국가와 관계가 끊기고 종교법인으로 현재에 이르고 있다. 일본의 신사참배는 일본의 국왕을 하늘에서 내려온 '천황'(天皇)이라고 하여 인간을 신으로 섬기는 종교였다.

일본의 신사참배 강요에 대한 찬반양론으로 교계가 갈라졌다. 해방 후에는 신사참배가 큰 분열의 불씨로 작동해서 교단의 분열 원인 중 하나로 작용했다.

앞으로 닥쳐올 대환난 때에도 붉은 용이 자기의 능력과 보좌와 큰 권세를 바다에서 나온 짐승인 군사적, 정치적 독재자에게 줄 것이다. 그러므로 대환난 때에 과거 로마제국 때나 일제 강점기와 같이 사이비 종교 단체들이 속출할 것으로 예상된다.

[특주 31]

다니엘 예언의 미완성

　계시록 6장에서 18장까지는 장차 있을 7년 대환난에 대한 예언 내용이다.

　7년 대환난은 다니엘서 9장 20~27절에 근거한다. 그런데 7년 대환난 기간에 바다에서 나오는 짐승과 땅에서 올라오는 짐승에 관한 계시록 13장의 내용은 다니엘서 7장 내용에 근거한다. 다니엘서에는 하나님의 이방인들을 위한 계획을 다니엘 2~7장에 기록했고, 이스라엘을 위한 계획을 8~12장에 기록해 놓았다.

　다니엘은 그가 살고 있던 바벨론 왕조 때부터 메대 왕조와 바사(페르시아) 왕조 때 내용과 페르시아 왕조 후에 전개될 헬라제국과 로마제국 내용은 물론이고 로마제국 멸망 후에 전개될 열 나라들의 분열까지도 예언을 해놓았다.

　이와 같은 다니엘서의 내용은 이미 성취된 다니엘서 2장의 내용과 아직까지 성취되지 않고 미완성으로 남아 있는 7~12장으로 구성되었다. 계시록 13장의 내용은 다니엘이 다니엘서 7장에서 예언한 내용의 연장선에서 기록되고 있다.

　그렇기에 다니엘서 내용을 모르고서는 계시록 내용을 이해하는 것이 불가능하다. 따라서 여기서는 다니엘서 내용 중에 이미 성취된 내용과 아직 완성되지 않은 미완성으로 남아 있는 부분을 살펴보도록 하겠다.

1) 다니엘서 개관

다니엘은 어느 시대 사람이고 다니엘이 기록한 다니엘서에는 어떤 내용들이 기록되었는가? 다니엘서 이해를 위해 전반적 개관을 살펴보겠다.

다니엘은 남왕국 유다의 귀족 가문 출신이다. 그는 남왕국 유다가 신 바벨론 제국 느부갓네살 왕 때 소년의 신분으로 바벨론에 포로로 끌려가(B.C. 605) 바사제국 때까지(B.C. 535) 살아갔다.

다니엘과 그의 친구들이 적군의 포로자로 살면서도 하나님의 율법을 신실하게 지킴으로 수난을 겪지만 느부갓네살 왕의 잊어버린 꿈을 해몽해 줌으로 명성을 얻게 된다(단 2장).

그 후 느부갓네살 왕의 금신상의 환상(단 3장), 큰 나무 환상(4장), 벨사살의 환상(단 5장), 다리오 왕의 어리석은 칙령(단 6장), 네 짐승에 대한 환상(단 7장)이 나온다.

이 모든 내용은 다니엘서 제1부로 이방인들을 위한 예언 내용들이다. 이방인들을 위한 예언들 속에는 다니엘이 살고 있던 바벨론 제국 이후의 유럽 국가들의 미래 변천 과정을 2장에서 예언했다.

그리고 장차 대환난 때에 이방 국가들이 어떻게 활동할 것인지 다니엘서 7장에 네 짐승으로 예언한 것이 계시록 13장에서 연속 예언으로 이어지고 있다. 그렇기에 계시록 13장은 다니엘 7장의 재예언이 되는 셈이다.

그리고 다니엘서 제2부 내용은 다니엘서 9장부터 12장까지로 이스라엘을 위한 예언이다. 바로 이 부분 역시 미래에 실현될 내용이다.

다니엘서 9장에서 이스라엘의 미래를 '70이레'로 정했는데, 이중에서 '69이레'는 이미 2000년 전에 성취되었다. 그리고 '한 이레' 7년을 남겨 놓고 2000년 세월이 흘러갔다. 그래서 다니엘서 9장의 '70이레' 예언을 불신하는 세력들이 많아졌다. 그들이 오늘날 무천년주의자들이고 후천년주의자들이다.

그러나 필자는 성경말씀을 문자적으로 믿는 전천년주의자이다. 그래서 다니엘서 9장 내용을 액면 그대로 믿는다. 그에 따라 다니엘의 예언 중에 이미 성취된 부분과 아직도 남아 있어서 미완성 상태의 내용을 구별할 필요를 느낀다. 여기서는 성취된 부분과 미완성된 부분을 구별해 보겠다.

2) 다니엘 예언의 성취된 부분

다니엘서 예언 중 성취된 부분은 다니엘 2장의 느부갓네살의 신상에 대한 내용이 다니엘 사후에 그대로 성취되었다. 그리고 그 연장선으로 계승되고 있는 것이 오늘날의 EU(European Union 유럽연합)라고 한다. 이 내용을 잘 깨달아야 오늘의 유럽 세계 흐름과 미래사를 이해할 수 있으므로 매우 중요한 역사 이해의 내용인 것이다. 여기서는 다니엘서 2장의 내용이 과거에 이미 성취된 내용과 그 연장선으로 계속 계승되고 있는 EU를 설명해 보겠다.

먼저 다니엘서 2장의 느부갓네살의 꿈 내용이 2장 31~45절에 자세하게 기록되어 있다. 그 내용은 하나의 큰 신상이었다. 그런데 신상의 구성 재료가 아주 특이하다(단 2:31~35).

① 머리 부분은 순금이고 ② 가슴과 두 팔은 은이고 ③ 배와 넓적다리는 놋이며 ④ 종아리는 쇠이고 발가락 중 얼마는 쇠이고 얼마는 진흙이며 ⑤ 손대지 아니한 돌이 신상의 발바닥을 쳐서 부서뜨리자 그 위의 모든 신상이 부서져 타작마당의 겨같이 날아가 버렸다. 그리고 우상을 친 돌이 태산을 이루어 온 세계에 가득하게 된다.

여기 느부갓네살 왕의 꿈의 내용을 다니엘이 해석해 준다(단 2:36~45). 그래서 ① 머리 부분인 순금 부분은(단 2:37~38) 곧 역사 속의 바벨론제국으로(B.C. 605~539) 해석되고 ② 가슴과 두 팔의 은 부분은(단 2:39a) 곧 메대, 바사제국으로, 역사 속에 페르시아제국으로(B.C. 539~331) 해석되고 ③ 배와 넓적다리는 놋 부분은(단 2:39b) 헬라제국으로(B.C. 331~B.C. 63) 해석되고 ④ 종아리가 쇠라는 부분은(단 2:40) 로마제국으로(B.C. 63~A.D. 476) 해석한다. ⑤ 손대지 아니한 돌이 신상의 발바닥을 쳐서 부서뜨리자 신상들이 완전 부서져 버리고 온 세계에 가득하게 될 태산을 이루게 된 것은 메시아 왕국이 이뤄지는 것으로 해석한다.

이 같은 해석에 의한다면 ④의 로마제국 멸망(A.D. 476) 이후에 오늘날까지 존재해 오고 있는 '교회 시대'는 어느 시대에 속하는가? 또 ⑤의 메시아 왕국은 어느 때 이루어질 것인가?

신학적으로 많은 문제점을 안게 되는 해석이다.

여기에 대해 과거 역사 속에서 성취된 ①, ②, ③의 해석만큼은 자타가 모두 인정하는 편이나 ④의 멸망 후 ⑤의 메시아 왕국에 관해 갖가지 해석들이 또 달라지고 있는 것이 전 세계 종말론 학자들의 입장이다.

여기에 대두되는 해석 중 하나가 ④ 로마제국 붕괴와 재건에 대한 해석이다. 역사적인 로마제국은 이미 과거에 멸망되었다. 서로마제국은 주후 476년에 멸망했고 동로마제국은 주후 1453년에 멸망했다. 그런데 로마제국은 망했고 과거의 로마제국 영토 내에서는 여러 개의 군소 국가들이 발생했으나 여전히 과거의 로마제국 영토들이며, 그 나라들이 로마제국법 제도나 문화를 그대로 계승하여 현대까지 이르고 있다는 사실이다. 로마제국의 정부 형태는 주후 476년에 끝이 났다. 그리고 과거의 로마제국 영토 내에는 각각 다른 이름들의 국가와 다른 정부 형태를 가지고 역사를 계승해 오고 있다.

그런데 참으로 놀라운 사실은 그 모든 나라들이 과거의 로마제국의 법률 기준들과 문화 전승과 과거의 전통들을 그대로 계승해 오고 있다는 사실이다.

이 같은 사실을 서구 제국들과 중동 지방의 일부 국가들을 살펴보면 쉽게 파악할 수가 있다. 그 대표적 사례로 '루마니아'(Rumania)라는 나라는 이름이 '로마인이 사는 땅'이라는 뜻을 가진 나라이다. 루마니아는 위치가 과거 로마제국인 이탈리아와 좀 떨어졌으나 과거 로마 시대의 많은 로마인들이 이 땅에 이주해서 그들을 로마화시켰다고 믿고 있다.

그뿐만 아니다. 독일의 통일 왕조를 이룬 오토대제(912~973)는 476년의 서로마제국의 부활을 꿈꾸며 최초로 신성(神聖)로마제국을 시작했다(962년). 그렇게 시작된 신성로마제국은 1806년에 나폴레옹에 의해 해체되기까지 약 840년 동안 계속되었다. 또 나폴레옹(1769~1821)이 베를린을 정복하고 전 유럽을 정복하려 한 것은 옛 로마제국을 동경한 것과 무관하지 않다. 또 히틀러(1889~1945)가 추구한 유럽 정복의 야욕인 제2차 세계대전(1938~1945)의 비극도 로마제국 부활의 야심과 무관하지 않다고 할 수 있다.

그런데 제2차 세계 대전 후에 유럽의 소단위 민족 국가들은 자체적으로 국가 형태를 유지해 가기에는 어려운 현실을 깨닫게 된다. 그때 유럽을 지배하려고 소련이 등장했다. 동구를 제외한 서부의 유럽 국가들은 막강한 소련의 군사력 앞에서 살아남으려면 소련보다 강대국인 미국에 의존할 수밖에 없게 되었다. 그와 같은 증거가 제2차 대전이 종결된(1945년) 이후 현재까지도 미국 무기와 미국 보병 사단이 서방 세계에 주둔하고 있는 사실이다.

유럽 국가들이 독립국의 명분을 유지하기 위해서는 분산된 소단위 국가로서가 아니라 연합된 유럽 국가라야 가능하다는 사실을 깨닫게 된다. 그래서 국방력으로는 미국의 도움에 계속 의존하면서 경제적으로 경제 공동시장과 유럽공동의회를 형성하는데 서부 유럽 국가들이 연합체를 만든다. 그것이 소위 '유럽경제협력기구'(O.E.C.D: Organization for Economic Cooperation and Development)이다.(1961)

유럽 공동체(E.C: European Community)는 많은 시간 속에 형성된 조직체로 계속 발전되어 온 기구가 되었다. 최초로 1921년에 ① 룩셈부르크 ② 벨기에 ③ 네덜란드로 시작해서 ④ 1951년에는 프랑스 ⑤ 서독 ⑥ 이탈리아가 가담하고, ⑦ 1972년에는 영국 ⑧ 아일랜드 ⑨ 덴마크가 가담하고 ⑩ 1981년에는 그리스 ⑪ 스페인 ⑫ 포르투칼이 가맹하며 EC 조직은 12개국이 되었다. 그런데 이중에 영국이 탈퇴한 후 진퇴양난의 고역을 치르고 있다.

이 같은 EU의 움직임을 종말론 학자들은 앞서 다니엘의 예언 중

④에 해당되는 로마제국의 부활로 해석한다. 앞서 다니엘의 예언 중 다니엘서 2장 40~43절의 기록대로 열 개의 발가락과 두 개의 발을 합치면 12개 나라가 된다는 예언의 성취라는 것이다. 그리고 그 12개 나라 중 쇠와 진흙이 섞여 있는 것처럼 통치 형태가 다양한 나라들이 된다는 예언의 성취로 본다는 것이다. 이 같은 해석에 의한다면 다니엘의 예언은 과거 주후 476년 서로마제국 때 성취된 것이 아니다. 다니엘의 예언은 현재 EU 국가로 성취된 것이다.

다니엘의 예언이 주후 476년이든 또는 현재의 EU이든 간에 예언이 성취된 것만은 확실한 과거사가 되는 것이다.

3) 다니엘서 예언이 성취되지 않은 부분

다니엘서의 예언은 크게 세 가지다.

첫째, 다니엘 2장부터 6장까지의 이방인들을 위한 예언으로 이 예언이 로마제국 붕괴로 성취되었고, 또 로마제국 부활이 EU라고 보는 견해도 설명했다.

둘째, 다니엘서 7장에 예언된 네 짐승의 환상이 계시록 12~13장에 다시 예언된 내용으로 이제 계시록 13장을 다니엘서 7장을 배경으로 설명하겠다. 이 부분은 앞으로 있을 대환난 때의 미래의 내용으로 성취되지 않은 내용이다.

셋째, 다니엘 8장부터 12장까지는 이스라엘을 위한 예언이다.

이 예언 중 다니엘서 9장 26절까지는 과거에 이미 성취되었다. 그리고 9장 27절은 성취되지 않은 상태로 2000년 교회 시대가 흘러왔다. 이제 마지막 한 이레 기간인 7년이 계시록 6~18장에 예언된 미래의 대환난 시대에 해당하는 내용이다.

필자는 다니엘서 내용의 범위가 너무 광대함을 강조하고자 한다. 다니엘서 일부는 다니엘의 생존 기간(B.C. 605~535) 때의 내용이 기록되었다. 그리고 다니엘서 일부는 예수 그리스도께서 죽으실 내용(단 9:26)도 기록되었다. 그리고 다니엘서 일부는 대환난 시대의 내용(단 9:27)도 기록되었다. 그렇게 본다면 주전 605년의 바벨론제국 내용, 주전 535년 페르시아제국 내용부터 주후 33년 예수 그리스도의 죽으심에 대한 내용이 다 기록되었다.

그렇게 본다면 주전 605년의 바벨론제국 내용, 주전 535년 페르시아제국 내용부터 주후 33년 예수 그리스도의 죽으심에 대한 내용까지 다 기록되었다.

그리고 해석에 따라서는 주후 476년 서로마제국 멸망 후 현재의 EU까지도 다니엘서에 포함되는 내용이다.

그뿐만 아니다. 계시록 12장과 13장은 다니엘서 7장 내용의 재예언이다. 그렇기에 다니엘서의 예언 내용 범위는 수천 년의 인류 역사를 몇 장 속에다 요약 농축시켜 놓은 내용이다. 우리는 이처럼 광대무변한 인간들의 역사를 대단한 과거사로 자랑을 하며 살아간다. 그러나 하나님의 우주적 역사는 성경 몇 장 속에 다 농축시켜 놓았다. 그렇기에 하나님의 우주적 역사 앞에 겸손하고 겸비해져야 하겠다.

2) 바다 짐승 용의 권세와 성도들의 핍박(계 13:3~8)

(1) 그의 머리 하나가 상하여 죽게 된 것 같더니…나으매…짐승을 따르고(계 13:3)

바다에서 올라온 짐승이란 세상 모든 통치자들을 대표할 만한 정치적 독재자다. 그는 뿔이 열이요 머리가 일곱으로 매우 완벽한 통치자다. 붉은 용으로부터 큰 권세를 위임받은 그가 일곱 머리 중 하나가 상하여 죽게 된다.

이때 '상하여'라는 말은 '에스파그메넨'(ἐσφαγμένην)이다. 이 단어의 뜻은 '도살하다', '죽이다', '살육하다'라는 뜻을 가진 '스파조'(σφάζω)의 수동태 완료 분사이다. 똑같은 단어가 계시록 5장 6절에 "어린양이…일찍이 죽임을 당한 것 같더라"는 '죽임을 당한 것'이라는 말과 같은 단어다. 여기 짐승은 그 옛날 어린양이신 예수께서 보좌와 네 생물과 장로들 사이에 서 있는 모습과도 비슷한 모양을 취한다.

이렇게 머리 하나가 상해서 죽게 되었다가 살아난 자를 12절에서도 말하고 14절에서는 칼에 상하였다가 살아난 짐승이라고 한다. 여기서 우리는 성경 전체적 맥락에서 이 본문을 거시적으로 살펴볼 필요가 있다.

일찍이 창세기 3장 15절에서 뱀에게 여자의 후손이 뱀의 머리를 상하게 할 것을 예언했다. 그 같은 예언은 예수 그리스도의 십자가 처형과 부활을 통해 그리스도의 상처 입음으로 성취되었다. 그런데 대환난 때 등장할 사탄 마귀 중 하나인 바다에서 올라온 짐승이 그리스도처럼 상처를 입어 죽을 듯하다가 다시 살아난다.

이와 같은 독특한 그리스도 모방으로 세상의 어리석은 백성들은 그를 따르는 데 큰 소재로 작용하게 된다. 죽을병에 걸렸던 자가 기적적으로 살아나면 한동안 그의 간증을 듣고 많은 이들이 현혹된다.

필자도 목회 중에 기도로 위암 환자를 병 고침 받게 한 체험이 있다. 그는 극동방송에서 기도 응답으로 병 고침 받은 것을 간증하고 주변 교회들로부터 초청받아 열심히 간증도 했다. 그러나 1년 후에 불신앙 상태로 죽었다.

육신의 병 고침은 타 종교들에서도 얼마든지 일어날 수 있는 현상이다. 핵심은 그가 육신의 병 고침 이전에 영혼의 병 고침을 받지 못한다면 육신의 병 고침은 아무 의미가 없다.

앞으로는 지극히 비본질적인 것인데, 보통 사람들에게 희귀한 일이 생기면 사람들은 크게 동요될 것임을 예언해 주고 있다.

(2) 용이 짐승에게 권세를 주므로…누가 이 짐승과 같으냐 누가…싸우리요(계 13:4)

한글성경에는 "용이 짐승에게 권세를 주므로 용에게 경배하며"라는 표현만 기록되어서 누가 용에게 경배했는가에 대한 설명이 없다. 그러나 원문에는 용에게 경배하는 주체가 3절에 언급된 '온 땅'임을 분명하게 밝혀준다.

그 의미가 '경배하며'라는 '프로세퀴네산'(προσεκύνησαν)이다. 이 단어는 '예배하다', '경배하다'라는 '프로스퀴네오'(προσκυνέω)의 3인칭 복수 부정 과거 능동태다.

용이 짐승에게 권세를 주었다. 이때 말하는 권세란 '텐 엑수시안'(τὴν ἐξουσίαν)이다. 권세란 말에는 정치적 힘만이 아니라 정신적, 물리적, 환경적으로 억누르는 유형과 무형의 온갖 세력의 의미가 포함된다. 과거 세상은 정치적 강대국이거나 군사적 강대국이 세계 세력의 주동자였다. 현대에 와서는 경제적 대국이 큰 세력으로 부상했으나 최근에는 코로나19로 전 세계 강국의 의미가 달라져 가고 있다.

앞으로 대환난 때도 마찬가지다. 미래 세계의 권세는 어떤 세력으로 등장할지 알 수가 없다. 온 땅이 짐승으로 상징되는 적그리스도에게 커다란 위협을 느끼게 되는 시대가 돌아올 것이 예언되고 있다. 이때가 되면 "누가 이 짐승과 같으냐?" "누가 능히 싸우리요?" 하며 짐승의 권세를 이 세상 그 무엇도 능가할 수 없다고 호언한다.

우리가 분별해야 할 명확한 기준이 있다. 정말로 참된 하나님의 사람들은 큰일을 이룬 후 일의 주체자를 하나님께 돌린다. 모세는 홍해를 육지같이 건너는 전무후무한 이적을 성취한 후에 이적의 성취자이신 하나님께 영광을 돌린다(출 15:11). 다윗도 모든 성취의 원천을 하나님께 돌린다(시 35:10, 71:19).

그러나 용의 부하들은 영광을 짐승에게 돌린다. 앞으로 닥쳐오는 종말 때 거짓 지도자와 참 지도자의 구별은 그들이 누구에게 영광을 돌리는가, 주님께 돌리는지 자기에게 돌리는지, 그것을 구별해 보면 판단이 쉬울 것이다. 오늘날도 자기가 교회를 개척했다고, 교회를 자기 소유인양 처신하는 지도자들로 인해 교회의 영적 권위가 실종되어 감을 크게 깨달아야 하겠다.

(3) 또 짐승이 과장되고 신성모독을 말하는 입을 받고(계 13:5a)

여기서 두 가지 내용을 기억해야 하겠다. 장차 대환난 때 바다에서 올라오는 짐승이란 뿔이 열이고 그 뿔들에는 열 왕관을 쓴 세계 정치 권력가로 상징 표현되었다. 그런데 그는 자신의 독자적 판단에 의한 말과 행동을 하지 않는다. 전부가 사탄인 용의 지시를 받아 말하며 행동한다. 그리고 두 번째 알 것은, 용은 '과장'된 말과 '신성모독'하는 말을 한다.

여기 '과장'되다는 말은 '스토마 랄룬 메갈라'(στόμα λαλοῦν μεγάλα)다. 이 말은 '큰 말' 또는 '위대한 말'이라는 뜻이다. 또 '신성모독'이란 '블라스페미아스'(βλασφημίας)다.

이 말은 '비방하다', '참람한 말', '신성모독의 말'이란 뜻이다. 우리는 과거 역사에서 과장된 말로 세상을 혼란시킨 말을 기억한다. 다윈은 인간과 동물이 창조된 것이 아니라 진화되었다고 했다. 니체는 신은 죽었다고 했다. 이처럼 과장된 말, 신성모독의 말이 세상을 시끄럽게 했다. 그러나 앞으로 대환난 때는 "두 증인"(계 11장)과 전혀 대조되는 정치 권력자가 나타나 과장하고 신성모독하는 말을 예사롭게 할 것이다.

우리가 계시록 내용을 바르게 알아야 하는 이유는 지금도 용의 주도하게 용의 지시를 받고 그렇게 허풍을 떨고 신성모독하는 자를 식별하고 경계하는 지혜를 배워야 하기 때문이다.

(4) 또 마흔두 달 동안 일할 권세를 받으니라(계 13:5b)

계시록에는 똑같은 의미의 말을 다양하게 표현하고 있다.

마흔두 달(계 11:2, 13:5)과 천이백육십 일(계 11:3, 12:6), 한 때와 두 때와 반 때(계 12:14)라고 했다.

이들 표현이 다르지만 그 뜻은 모두 '3년 반'이라는 의미이다. 그런데 모두가 다 3년 반이라는 뜻인데, 그 말이 쓰인 앞뒤의 문맥에 따라 전반기 3년 반과 후반기 3년 반이라는 뜻으로 달라진다. 전반기 3년 반에 해당되는 표현은 다음과 같다.

계시록 11장 2절의 성전 밖 이방인들이 마흔두 달 동안 짓밟히는 기간, 11장 3절의 두 증인이 굵은 베옷을 입고 일천이백육십 일 동안 예언하는 기간, 12장 6, 14절의 여자가 광야로 도망하여 하나님의 보호를 받는 일천이백육십 일의 기간 등은 사탄의 박해가 비교적 약한 전 3년 반의 기간을 의미한다.

그러나 13장 5절에 소개되는 마흔두 달은 바다짐승, 땅의 짐승의 박해로 짐승의 표를 가져야만 매매를 할 수 있는(계 13:17) 핍박의 강도가 매우 처절하고 강력한 기간이다. 여기서 우리는 두 가지를 깨닫는다. 하나는 대환난 전체가 7년이다. 7년 중 전 3년 반의 핍박은 다소 제한적 핍박의 환난기이다. 그러나 후 3년 반의 핍박은 전 세계적으로 확대된 환난의 기간이다.

이렇게 전, 후반의 두 번에 걸친 대환난 기간은 7년으로 끝이 난다. 세상의 온갖 사악한 핍박을 가중시키는 사탄의 세력도 7년 환난으로 끝이 난다. 7년 대환난 후에는 그리스도께서 재림해 오셔서 사탄의 세력을 멈추게 막고 천년왕국을 통치하신다.

그렇기에 우리가 깨달을 진리가 있다. 어서 속히 주님을 영접함으로 대환난 이전에 '휴거'의 영광을 누릴 수 있도록 지금이 중요한 때임을 각성해야 한다. 계시록을 깨달아야 하는 이유가 휴거에 참여하는 귀중한 진리를 깨달아서 지금의 중요성을 확실히 알아야 하는 것이다.

(5) 짐승이…하나님을 향하여 비방하되…하늘에 사는 자들을 비방 (계 13:6)

7년 대환난의 후반부에 해당되는 마흔두 달 즉 3년 반 동안 짐승은 용으로부터 부여받은 권세로 입을 벌려 비방을 계속한다. 짐승이 비방하는 내용은 하나님의 이름과 하나님의 장막인 하늘에 사는 자들을 비방한다.

여기서 우리가 중요하게 깨달을 진리가 있다. 과거나 현대나 앞으로도 하나님을 대적하는 사탄의 정체가 어떻게 나타나는가? 과거에도 그렇고 현재도 또 앞으로도 하나님의 이름을 모독하는 말을 공공연하게 말하는 자가 곧 사탄에게 이용당하는 인물이라는 것을 식별할 수 있다는 사실이다.

우리는 대부분 이름에 대해 부르는 호칭 정도로 인식하고 있다. 그러나 히브리인들은 이름에 인격과 정체성과 존재의 전체적 의미가 담겨 있는 것으로 이해한다. 하나님의 이름은 '스스로 있는 자'이다(출 3:14). 아브라함은 '여러 민족의 아버지'라는 뜻이다(창 17:5). 야곱은 '발꿈치를 잡은 자'라는 뜻이다(창 25:26). 요셉은 '더 주옵소서'라는 뜻이다(창 30:24). 모세란 '물에서 건졌다'는 뜻이다(출 2:10). 예수, 여호수아, 이사야는 모두가 '여호와는 구원이시다'라는 뜻이다.

십계명 중 제3계명은 "네 하나님 여호와의 이름을 망령되게 부르지 말라"(출 20:7)고 했다. 이때 말하는 '망령'은 '세하트'(שחה)로 이 단어가 헬라어로 '베베로스'(βέβηλος)이고 거기서 파생된 말이 신성모독이라는 '블라스페미아스'(βλασφημίας)다.

여기 6절의 '비방'이라는 원문은 앞서 5절의 신성모독으로 쓰인 단어와 똑같은 단어이다. 짐승이 입을 벌려 하나님 이름을 신성모독하고, 이 땅에서 구원받고 천국에서 살아가는 성도들도 비방한다. 왜 짐승이 하나님과 천국 간 성도들을 비방할까? 살아서 하나님을 믿고 천국 갈 성도들을 천국에 가지 못하도록 훼방하는 기만 술책으로 비방할 것이다.

우리는 깨달아야 한다. 현재에도 천국을 부정하거나, 영생을 부정하거나, 성경에 기록된 내용을 강단에서 공공연하게 부정하는 자들이나 성경에 기록되지 않은 내용들을 임의로 주장하는 자들은 일단 경계해야 한다. 이런 자들이 점점 더 참람된 주장을 할 가능성이 많기 때문이다. 말세에 올바른 신앙을 지키려면 스스로 분별력을 가질 수 있을 정도로 자신이 기초를 닦지 않는 한 수많은 곳에 위험요소들이 노리고 있음을 깨달아야 하겠다.

(6) 또 권세를 받아 성도들과 싸워 이기게 되고(계 13:7a)

사탄으로 상징되는 짐승이 성도들과 싸워서 짐승이 이기고 성도들은 희생을 당한다. 참으로 이해되지 않는 모순 같다. 왜 하나님의 백성들이 하나님의 보호를 받지 못하고 악의 세력인 사탄에게 패배를 당한단 말인가? 그러나 이것은 성경적인 사실이고 교회 역사적인 사실이다.

성경의 사실을 보자. 다니엘 7장 9~21절을 보면 넷째 짐승은 이가 쇠요 발톱은 놋이고 머리는 열 뿔에 눈을 가진 심히 무서운 짐승이었다. 그 짐승이 성도들과 더불어 싸워서 이긴다. 그러자 22절에 옛적부터 항상 계신 이가 나타나 성도들의 원한을 풀어준다.

여기 다니엘의 예언 속에 짐승이 성도들과 싸워 짐승이 이길 것이 예언되어 있다. 그런데 짐승이 성도들을 싸워 이기는 것이 영원하지 않고 잠시 후에는 옛적부터 항상 계신 이가 성도들의 원한을 풀어주심으로 성도들의 패배는 잠시 동안으로 국한된다.

우리는 성도들이 짐승에게 잠시 동안 패배 당하는 사실을 신약성경에서 확인할 수 있다.

예수님은 하나님의 아들로 이 세상에 오셨다. 그러나 그 당시 교권을 가진 대제사장, 사두개인, 바리새인, 유대인 군중들과 헤롯 왕가와 로마 총독의 연합 세력이 결탁해서 예수님을 죽였다. 그렇기에 예수님이 패배를 당하시는 것처럼 보였다. 그러나 예수님의 패배는 사흘로 끝이 났다. 사흘 후 다시 부활하셔서 교회를 세우시고 교회가 계승됨으로 과거에 잠시 승리한 줄로 착각한 연합 세력들을 영원토록 수치스러운 존재로 계승되게 하셨다.

바울 사도도 마찬가지다. 그는 유대인 동족들의 증오로 죽을 위협 직전에(행 21:27~40) 천부장에 의해 살아나서 벨릭스 총독(행 23~24장), 베스도 총독(행 25장), 아그립바 왕(행 26장)에게 호소했으나 끝내 네로 황제에게 꺾임을 당한다. 바울 사도도 짐승에게 패배를 당했다. 그러나 바울 사도는 순교 후에 그를 괴롭힌 모든 자들이 수치스러운 존재로 기억되는 영광이 수천 년 동안 계승되고 있다.

우리가 알고 있는 초대교회 성도들도 마찬가지다. 초대교회가 출생한 주후 33년 이후 313년 이전까지 수많은 성도들이 희생을 당했다. 또 중세기 1500년 동안 가톨릭 교황들의 독재로 재산과 주거지를 박탈당하고 끝내는 생명까지 희생당한 성도들이 수천만에 이른다.

또 종교개혁 후에 위그노 전쟁, 네덜란드 전쟁, 독일의 30년 전쟁 등으로 희생된 성도들이 헤아릴 수 없이 많다. 그뿐인가? 세계 1,2차 대전 속에 죽어 간 성도들, 러시아 혁명, 한국전쟁 등에서 희생된 이들이 있다.

순수한 신앙을 가진 성도들이 억울하게 희생된 과거사는 이루 말할 수 없이 계속 반복되었다. 현재에도 올바른 신앙을 지키려는 성도들은 갖가지 핍박을 당하고 믿음 없이 세상 유행을 따라 편리한 대로 살아가는 자들은 더 잘 살아갈 수 있다.

그러나 사탄의 승리는 일시적이며 항상 단명한다. 고난받는 성도들의 삶만이 영원하게 빛이 난다. 앞으로 있을 대환난 때도 마찬가지다. 대환난의 극난한 환경 속에 믿음을 지켜 간다는 것은 전쟁터와 흡사하다. 그런데 그 속에서 성도들이 보호받지 못하고 죽는 희생이 따른다. 그러나 그와 같은 억울한 희생은 반드시 더 큰 영광으로 회복되는 영광의 씨앗이 되는 것이다.

(7) 각 족속과 백성과 방언과 나라를 다스리는 권세를 받으니(계 13:7b)
여기 "각 족속과 백성과 방언과 나라"라는 표현은 사도 요한이 즐겨 사용했다. 그런데 그 용어가 각각 다르므로 이 표현을 어떻게 사용하는가에 따라 잘 분별해야 올바른 이해가 된다.

계시록 5장 9절에는 이 표현이 네 생물과 이십사 장로들의 우주적인 찬양의 의미로 좋은 의미로 쓰였다. 그러나 13장 7절에는 대환난 때 짐승이 전 세계 모든 열방 국가들을 다스리게 되는 끔찍하고 혹독한 세계적 시련을 설명하는 내용으로 사용되고 있다.

그렇다면 미래 대환난 때 전 세계를 지배하게 될 바다에서 올라올 짐승은 어떤 존재일까? 그에 대해서 계시록 13장 1절에 설명한 대로 열 뿔과 일곱 머리를 가진 전 세계를 장악한 정치 권력자로 예상한다.

지금은 그가 누구인지는 알 수가 없다. 지금 전 세계의 최강대국은 미국이다. 그런데 미국은 지나온 과거 역사에 보면 세계를 지배하려는 야심이 없다. 그 근거가 수많은 전쟁에서 승리한 후에는 물러가 버렸다.

제2차 대전 전승 국가이나 점령지에서 다 물러났다. 월남전을 10년

치른 후 물러났다. 이라크에서, 파키스탄에서 전쟁을 통해 많은 희생을 치른 후에는 물러난다. 미국은 세계 각 곳에 경찰국가로 서로 간에 좋은 유대 관계가 지속되기를 바라는 병력 주재로 만족하고 세계를 다스릴 의지가 엿보이지 않는다. 오히려 공산국가들의 야심이 현저하게 드러난다. 우리는 현재 전 세계 국가들 중 어느 나라가 짐승에게 사로잡힌 나라가 될 것인지 똑바로 눈 뜨고 지켜봐야만 한다.

(8) 죽임을 당한 어린양의 생명책에…이름이 기록되지 못하고(계 13:8a)

여기서 우리는 두 가지 내용을 확실하게 깨달아야 하겠다. 하나는 죽임당한 어린양의 생명책의 이름 기록과 두 번째는 창세 이후부터 기록된 이름과 기록되지 못한 이름이 있다는 내용이다. 먼저 죽임을 당한 어린양의 생명책이라는 말을 알아보자. '생명책'이라는 말은 '토 비블리오 테스 조에스'(τῷ βιβλίῳ τῆς ζωῆς)다.

그런데 그 생명책이 '죽임을 당한 어린양'이라는 '투 아르니우 투 에스파그메누'(τοῦ ἀρνίου τοῦ ἐσφαγμένου)라는 어구를 수식하고 있다. 그러므로 '생명책'이란 어린양에게 속한 것, 즉 어린양의 소유임을 분명하게 보여준다.

'생명책'에 관한 기록들이 구약성경에 많이 언급되고 있다. 그렇기에 구약성경에 기록된 '생명책'의 언급은 '죽임을 당한 어린양'의 이전 내용이라는 인간적 시간 개념으로 이해할 수 있다. 그러나 구약성경에 '죽임을 당한 어린양' 이전의 기록이 있다고 해서 그것이 구약의 별개의 것이 아니라 구약의 생명책 내용도 전부가 '죽임을 당한 어린양의 생명책' 내용 안에 포함된다는 것이다. 그와 같은 명확한 뜻이 "창세 이후로 이름이 기록되지 못하고"라는 설명이다.

우리는 구약성경에 '생명책'에 관한 내용들을 안다.

출 32:32 주께서 기록하신 책에서 내 이름을 지워버려 주옵소서

시 69:28 그들을 생명책에서 지우사

단 12:1 네 백성 중 책에 기록된 모든 자가 구원을 받을 것이라

신약성경에도 '생명책'이 기록되었다.

빌 4:3 그 이름들이 생명책에 있느니라

계 3:5 그 이름을 생명책에

계 13:8 어린양의 생명책

계 17:8 그 이름이 생명책에

계 20:12, 15 생명책

계 21:27 어린양의 생명책

성경 전체에는 구원 얻은 자들의 이름이 '어린양의 생명책'에 기록됨을 강조하고 있다.

그런데 그렇게 구원 얻은 자들의 이름이 언제 생명책에 기록되는가? 여기 계시록은 '창세 이후'라고 했다. '창세 이후'란 '아포 카타볼레스 코스무'(ἀπὸ καταβολῆς κόσμου)다. 여기서 말하는 '아포'(ἀπὸ)는 기원이나 출처를 나타내는 전치사로 from에 해당된다. 생명책에 기록되는 시점은 삼라만상 세상인 '코스무'(κόσμου) 창조한 '카타볼레스'(καταβολῆς) 이후라는 것이다.

여기 기록된 대로라면 이 세상에서 구원받고 영생 얻을 사람은 천지 창조 이후에 이미 생명책에 그 이름을 기록해 놓은 것이다. 그렇게 이미 생명책에 기록된 까닭에 그가 태어난 후 적당한 때에 좋은

사람을 만나 구원을 얻게 되는 것이다. 그래서 창세 이후 '어린양의 생명책'에 기록된 아브라함, 모세, 다윗, 선지자들 그리고 신약 성도들이 생기는 것이다.

이와 같은 논리로 본다면 칼빈주의자들이 인간의 선택 시점을 창세 이전으로 보는 에베소서 1장 4절의 '창세 전' 논리를 따라 '전택설'(Supralapsarianism)이나 타락 후에 선택했다는 '후택설'(Sublapsarianism)은 별 의미가 없는 주장이다.

이 점에 대하여 필자는 《종교 개혁사》에서 "성경의 예정 사상과 칼빈의 예정 사상"의 차이를 밝힌 바 있다.[33]

우리가 확실하게 깨달아야 할 사실이 있다. 이 세상에서 태어난 자들 중에서 "구원 얻을 자"는 창세 이후에 "죽임을 당한 어린양의 생명책"에 기록되었기에 정해진 때에 구원을 얻었다. 그렇게 구원 얻은 자들은 구약 시대와 신약 시대를 거치면서 무수한 자들이 구원을 얻어 영혼 상태로 하늘나라에서 살고 있다.

마태복음 17장 1~8절을 보면 변화산 위에서 모세와 엘리야와 예수님이 함께 만난다. 모세는 주전 1500년경 인물이고, 엘리야는 주전 850년경 인물, 예수님은 주후 33년경 인물이다.

인간들의 시간 개념으로 이 세 인물은 1500년의 간격이 있다. 그런데 어떻게 동시에 만날 수 있는가? 그것은 영원한 영적 세계의 시간 개념으로만 이해가 가능하다.

우리는 사랑하는 사람들이 천국에서 영적 상태로 낙원에서(눅 23:43) 살아가고 있음을 믿는다. 그들과 우리는 주님이 재림하시는 "첫

---

[33] 정수영, 종교개혁사, 쿰란출판사, 2012, pp.372~379.

째 부활"(계 20:5~6) 때에 주님께서 신령한 몸으로 부활하셨던 것처럼 함께 만나게 될 것을 믿는다. 그렇기에 우리는 수단과 방법을 가리지 않고 어떻게든 구원을 얻어야만 한다.

(9) 이 땅에 사는 자들은 다 그 짐승에게 경배하리라(계 13:8b)

여기 "이 땅에 사는 자들"이라는 말의 뜻이 무슨 뜻인가? "이 땅에 사는 자들"은 이 세상에 사는 모든 자를 의미한 것으로 오해될 수 있는 표현이다. 그러나 사도 요한이 계시록 곳곳에서 "땅에 사는 자들"이라고 표현한 곳들이 많이 나온다.

계 3:10: "땅에 거하는 자들" 계 6:10: "땅에 거하는 자들을"
계 8:13: "땅에 사는 자들에게" 계 13:8: "땅에 사는 자들은"
계 13:14: "땅에 거하는 자들을" 계 17:8: "땅에 사는 자들로서"

이 모든 표현들은 '이 땅에 살아가는 사람들'이라는 뜻이 아니라 '구원받지 못한 비그리스도인들'을 표현하는 말이다.

그러므로 대환난 때 구원받지 못한 자들은 짐승에게 경배하면서 살아간다는 뜻이다. 그렇다. 지금도 구원받지 못한 자들의 특징이 어떻게 나타나는가? 지금도 구원받지 못한 자들은 짐승이 지배하고 짐승이 장악하고 있는 것들을 숭배하고 살아가고 있다. 현재 짐승이 지배하고 있는 것들이 무엇인가?

바울 사도는 버림받은 자들의 특징에 대하여 로마서 1장 29~32절에 수많은 내용들을 소개했다. 그렇기에 우리 주변에서 물질적이든, 사상적이든, 쾌락적이든, 세상적인 것들에 심취해서 하나님 앞에 나오지 않는 자들은 짐승에게 지배당하는 자라고 보아도 무방할 것이다.

우리 주변에는 주중에 직장에서 받는 심한 스트레스를 주말에 즐기는 온갖 취미생활로 회복하려는 취향들을 가리켜 매우 건전한 취미라고 예찬한다. 그 예로 주말 등산, 주말 낚시 등이 있다. 그들이 주말의 취미활동으로 육체의 피로는 회복할 수 있을 것이다. 그러나 반드시 지켜야 할 하나님 앞의 예배생활을 하지 않음으로 영적으로 피폐해지고 황폐화되는 것을 깨닫지 못한다면 그것은 분명히 짐승의 경배자다. 앞으로 대환난 때에는 이런 자들이 일반화될 것이다.

3) 성도들에 대한 권면(계 13:9~10)

(1) 누구든지 귀가 있거든 들을지어다(계 13:9)

주님께서도 "귀 있는 자는 들을지어다"(마 11:15; 막 4:9)라고 말씀하셨고, 사도 요한 역시 계시록에 이와 비슷한 표현을 하였다.

2:11 귀 있는 자는…말씀을 들을지어다
2:17 귀 있는 자는…말씀을 들을지어다
2:29 귀 있는 자는…말씀을 들을지어다

3장 6, 13, 22절 등에 똑같은 표현을 했다. 계시록 13장 9절에서는 다음 10절을 강조하기 위해 미리 말하고 있음을 알 수 있다.

(2) 사로잡힐 자는…칼에 죽을 자는 마땅히 칼에 죽을 것이니(계 13:10a)

이 같은 표현은 예루살렘의 멸망을 눈앞에 바라보면서 눈물의 선지자 예레미야가 했던 말과 같다.

렘 15:2 여호와께서 이와 같이 말씀하시니라 죽을 자는 죽음으로 나아가고 칼을 받을 자는 칼로 나아가고 기근을 당할 자는 기근으로 나아가고 포로 될 자는 포로 됨으로 나아갈지니라 하셨다 하라

렘 43:11 그가 와서 애굽 땅을 치고 죽일 자는 죽이고 사로잡을 자는 사로잡고 칼로 칠 자는 칼로 칠 것이라

과거 예레미야 선지자는 유다 왕국 멸망과 함께 외적 바벨론이 백성들을 어떻게 학대할 것인가를 구체적으로 예언했다. 사도 요한은 앞으로 전개될 대환난의 후반기에 과거 예레미야 선지자가 나라가 멸망당했을 때의 참상을 예언한 내용을 그대로 반복해서 예언해 주고 있다.

사도 요한은 무슨 의도로 이 같은 예언을 하는 것일까? 예레미야 때의 비극은 나라가 멸망당했을 때 겪게 되는 국민들의 비참함에 대한 예언이었다. 그러나 사도 요한은 대환난 때 구원받은 자들이 믿음을 지키기 위해서 짐승에게 죽임을 당하는 것은 주님께서 반드시 보상해 주시는 순교와 같은 영광스러운 죽음이라는 것이다. 그렇기에 대환난 때 짐승에 의해 억울하게 죽는 것을 너무 두려워하지 말라는 격려 차원에서 이 말을 하고 있다.

(3) 성도들의 인내와 믿음이 여기 있느니라(계 13:10b)

대환난 때 성도들이 짐승에 의해서 사로잡히거나 죽임을 당할 수 있다. 그러나 그와 같은 불가항력인 시대가 돌아온다 해도 인내와 믿음은 필수적으로 유지해야 한다는 것이다.

'인내'라는 말이 '휘포모네'(ὑπομονή)다. 이 단어는 '아래'라는 뜻의 '휘포'(ὑπο)와 거주한다는 뜻의 '모네'(μονή)가 합쳐진 말이다. 그러므

로 강한 핍박이나 죽음의 위협을 당하게 될 때 그것을 피하거나 도망가서 위기를 넘기려고 수단을 쓰는 것을 의미하지 않는다. 인내란 그대로 있으면 고통이 오고 죽음의 위협이 올 것을 잘 알면서 피하지 않고 그대로 당당하게 당하는 것을 의미한다.

대환난 때 성도들이 믿음을 지키려면 교회 시대와 달리 엄청난 핍박들을 당해야만 한다. 장차 대환난 때는 짐승이 정치적 통치는 물론이고 경제적, 신체적 장악도 하게 된다. 13장 16~17절을 보면 짐승이 발행하는 표가 없으면 물건 구입도 못하는 시대가 된다. 그렇기에 짐승의 박해와 통제를 면할 길이 없다.

이 모든 내용을 미리 잘 파악하고 담담하게 순교하겠다는 각오로 받아들이고 견뎌내야 한다. 인내(忍耐)라는 단어의 한자인 '참을 인'(忍) 자를 보라. '참을 인' 자는 칼날(刀) 아래에 '마음 심'(心) 자가 합쳐졌다. 마음 심(心) 자는 심장을 뜻한다. 사람 몸 전체에 피를 공급해 주는 중심 부위가 심장이다. 그 심장 위에다 칼을 꽂아서 통증이 전신으로 퍼져 나가는 것을 느끼면서도 칼날의 아픔을 견디어내는 '견딜 내'(耐) 자가 합쳐진 말이다. 아픔이 없거나 칼날의 고통이 없는 것은 인내가 아니다. 아픔이 크고 고통이 계속 커나가는 것을 느끼는데도 계속 참으며 더 큰 것을 얻기 위해 전진해 나가는 것이 인내다.

대환난 때 성도들에게 필수적으로 필요한 것이 아픔과 고통이 있음을 알면서도 인내로 믿음을 지켜가는 자세다.

03
땅의 짐승의 핍박과 짐승의 표

(계 13:11~18)

1) 땅에서 올라온 두 번째 짐승(계 13:11)

⑴ 내가 보매 또 다른 짐승이 땅에서 올라오니(계 13:11a)
계시록에는 사탄이 3위1체로 설명되고 있다. ① 용이 주체이고 ② 용의 권세를 받은 바다에서 올라온 짐승과 ③ 땅에서 올라온 짐승 이들 셋이 사탄의 3위1체다. 이들 세 사탄들이 에덴동산 때부터 활동해 왔으나 특히 대환난 때에는 현저하게 두드러진 세력으로 맹렬하게 활동한다.

우리가 기억할 사실이 있다. 붉은 용은 에덴동산 때부터 줄곧 활동해 왔다. 그런데 대환난 때는 붉은 용이 ② 바다에서 올라온 짐승과 ③ 땅에서 올라온 짐승에게 큰 권세를 부여해 주므로 두 짐승들이 전면에 나서서 세상을 장악하고 성도들을 핍박한다.

여기서 우리는 두 짐승의 정체를 무엇으로 이해해야 되는가? 두 짐승으로 상징된 구체적 대상이 무엇인가 하는 문제다. 이에 대해서 계시록 13장 1~2절의 설명에서 바다에서 올라온 짐승은 전 세계 국가들의 세력을 규합한 정치적 지도자라고 이해했다. 그렇다면 13장 11절의 땅에서 올라온 짐승은 무엇을 상징하는 존재인가?

여기 '땅에서 올라온 짐승'을 이해하기 위해서 계시록 곳곳에 사탄의 3위1체를 설명한 다른 곳을 찾아보면 여기서 말하는 짐승이 무엇을 상징하는가를 깨달을 수 있다.

계시록 16장 13절에 "개구리 같은 세 더러운 영(사탄의 3위1체)이 ① 용의 입과 ② 짐승의 입과 ③ 거짓 선지자의 입에서 나오니"라고 했다. 여기 ①은 붉은 용, ② 바다에서 올라온 짐승, ③ 땅에서 올라온 짐승을 거짓 선지자라고 했다.

또 계시록 19장 20절에는 장차 주님이 재림하신 후에 사탄의 세력들을 산 채로 유황불에 던지는데 그중에는 ②에 해당되는 짐승과 ③에 해당되는 거짓 표적을 행하던 거짓 선지자자가 포함된다.

계시록 20장 10절에는 유황 못에 던져지는 존재로 ① 마귀와 ② 짐승과 ③ 거짓 선지자가 해당된다. 이렇게 계시록 전체를 통해 볼 때 사탄의 3위1체는 ① 용 ② 정치적 장악자 ③ 거짓 선지자가 된다.

거짓 선지자는 구약 때에도 있었고(렘 28장), 신약 때에도 있었고(딛 1:12), 또 교회 시대에도 있었다. 그러나 앞으로 대환난 시대에는 바다 짐승과 결탁된 거짓 선지자로 과거보다 강력한 힘을 행사하는 거짓 선지자로 예상된다.

(2) 어린양같이 두 뿔이 있고 용처럼 말을 하더라(계 13:11b)

미래 대환난 때 등장할 '땅의 짐승'으로 상징되는 거짓 선지자의 외적 모습이 어떠할 것인가를 설명해 준다. 그의 겉모습은 '어린양같이 두 뿔'이 있다. 여기서 말하는 '어린양같이'라는 말은 '호모이아 아르니오'(ὅμοια ἀρνίῳ)다. 이것은 계시록 5장 6절의 한 어린양 '아르니온'(ἀρνίον)을 모방한 유사 어린양, 흡사하게 모양을 갖춘 양이라는 뜻이다. 미래에 나타날 거짓 선지자의 겉모습은 어린양처럼 외양의 모든 조건을 갖추고 나타나기 때문에 영적 분별력이 없는 자들은 가짜인지를 식별하기가 쉽지 않다.

그리고 '두 뿔'이 있다. 앞서 계시록 13장 1절의 바다에서 올라온 짐승은 '뿔이 열'이라는 막강한 권세를 가지고 있음을 설명했다. 그런데 땅에서 올라온 거짓 선지자는 '뿔이 둘'이다. 이것은 땅에서 올라온 거짓 선지자는 자기보다 더 막강한 권세를 가지고 있는 '열 뿔' 가진 짐승에게 종속된 권세를 가진 자임을 의미한다.

그 같은 사실이 12절에서 그가 먼저 나온 짐승(곧 13:1의 짐승)의 모든 권세를 그 앞에서 행하고 또 땅과 땅에 사는 자들을 처음 짐승에게 경배하게 하는 행동에서도 그가 처음 짐승에 예속된 자임을 의미한다. 미래의 거짓 선지자는 그리스도로부터 권세를 부여받은 자가 아니다. 미래의 거짓 선지자는 겉모양은 어린양처럼 꾸몄으나 바다짐승인 정치적 권력을 가진 자로부터 주어진 제한적 권세를 행사할 자이다.

그리고 용처럼 말을 한다. 겉모습은 어린양처럼, 외적 모습은 그리스도처럼 보이게 꾸민다. 그런데 그 입에서 나오는 말의 내용들은 용처럼 말을 한다. '용처럼'이라는 말은 '호스 드라콘'(ὡς δράκων)이다.

용은 앞서 계시록 12장 1~9절에 설명되었다. 용은 하늘에서 성도들을 참소하는 못된 일만 하다가 미가엘과 싸운 후에 패해서 하늘에서 내쫓긴 사탄이다. 그는 "옛 뱀 곧 마귀라고도 하고 사탄이라고도 하며 온 천하를 꾀는 자"(계 12:9)였다.

미래의 적그리스도는 겉모습은 어린양처럼 그럴싸하게 모양을 갖추었으나 그가 하는 말은 사탄처럼 남들을 참소하고, 거짓말로 이간질을 하고, 세상 사람들을 멸망으로 가도록 잘못된 지도를 하므로 세상을 암흑세계로 몰고 갈 자이다.

여기서 우리가 계시록을 공부하는 의미를 발견한다. 자동차 운전자가 전방에 큰 위험지가 있다는 사실을 확실하게 알고 있으면 전후좌우를 살피면서 조심 운전을 할 것이다. 그러나 늘상 다니던 길이라 익숙하게 알고 있다는 자만심으로 방심하고 긴장을 하지 않다가는 큰 사고를 당할 수 있다. 계시록 공부도 마찬가지다.

성경에 이토록 세밀하게 미래의 세상에 대해 예언해 놓은 이유가 무엇인가? 우리는 지금부터 거짓 선지자의 정체를 식별해 내는 훈련을 쌓아가야 한다. 그래서 겉으로 화려하게 종교 지도자 모습으로 꾸몄기에 그가 대단한 종교 지도자로 부상되는 존재들이 누가 있는가? 또 그들이 말하는 내용은 무엇인가? 사람은 마음속에 들어 있는 것을 입으로 말한다(마 12:34). 그렇기에 그 사람의 말은 곧 인격의 총체적 표현이다. 따라서 우리는 지도자들이 어떤 말을 하는 인격자들인지 항상 식별하는 훈련을 계속 쌓아가야 할 것이다.

2) 땅의 짐승의 권세와 바다짐승에 대한 경배 강요(계 13:12~15)

(1) 그가 먼저 나온 짐승의 모든 권세를 그 앞에서 행하고(계 13:12a)

여기 땅에서 올라온 짐승의 출신 배경이 "먼저 나온 짐승", 계시록 13장 1절에 소개된 바다에서 올라온 첫 번째 짐승으로부터 권세를 부여받은 종속된 권세자임을 밝히고 있다.

우리는 사탄들의 권세 계통을 계시록 12장과 13장을 통해 알 수 있다. 최초의 사탄은 하늘에서 쫓겨난 용이 사탄의 시조가 된다(계 12:9). 용은 바다에서 올라온 짐승으로 상징되는 정치 권력자에게 열 뿔의 권세를 부여해 준다(계 13:1~2). 바다짐승은 자기가 가진 열 뿔의 권세 중에 땅의 짐승에게 두 뿔의 권세를 이양해 준다.

그때 땅의 짐승은 먼저 나온 짐승에게서 받은 두 뿔의 권세에 대해 크게 감격해서 모든 권세를 그(바다짐승) 앞에서 행한다. 여기 "그 앞에서 행하고"는 "포이에이 에노피온 아우투"(ποιεῖ ἐνώπιον αὐτοῦ)다. 이 말은 '그의 허락으로 그와 함께'라는 뜻이다. 땅의 짐승인 거짓 선지자는 그가 독자적으로 말하고 독자적으로 행동하는 것이 아니다. 모두가 바다짐승의 지시와 허락을 받고 바다짐승의 하수인으로 일을 한다는 뜻이다.

(2) 땅과 땅에 사는 자들을 처음 짐승에게 경배하게 하니(계 13:12b)

'땅과 땅에 사는 자들'이라는 표현은 계시록의 여러 곳에 소개된다(3:10, 6:10, 8:13, 11:10, 13:10, 14, 17:2, 8 등). 이 모든 표현들은 구원받지 못한 비그리스도인들을 의미한다. 그러니까 거짓 선지자는 구원받지 못한 세상 사람들을 상대로 정치적 힘을 가진 바다짐승을 경배하게 한다. 그런데 바다짐승은 머리 하나가 상하여 죽게 된 것 같다가 회복이 되어서 많은 사람이 그를 신기하게 여기고 따랐다(3절).

바다짐승은 하나님을 대적하는 용의 부하였다. 하나님께서는 자기를 대적하는 원수에게도 은혜를 끼쳐서 죽을 지경에 이르렀다가도 다시 살려 주는 은혜를 베풀어 주신다. 사람들은 건강하고 부자로 잘살아야만 하나님의 축복을 받은 것이라고 착각한다. 그러나 이 같은 착각은 기복신앙의 잔재다. 바울 사도는 주님의 전담 사역자로 물불을 가리지 않고 헌신했다. 그런데도 그에게 육체의 가시가 있었다(고후 12:7).

바울 사도는 선교사역에 지장을 주는 육체의 가시를 제거해 달라고 세 번이나 주께 간구했다. 바울 사도는 선교사역에 지장이 되는 것을 제거하는 것이 정당하다고 여겼다. 그러나 하나님께서는 바울의 간구를 들어주지 않으셨다. 오히려 하나님께서는 약하고 부족하므로 하나님께 엎드려 더욱 절실하고 처절하게 매달릴 때 더 큰 은혜와 능력이 따른다고 하셨다.

하나님은 원수인 사탄에게도 은혜를 주셔서 다 죽어 가던 자를 살려 주셨다. 그것을 하나님의 은혜로 깨닫지 못하는 자들은 사탄이 능력이 있어서 저절로 살아난 것으로 알고 짐승을 더 따르는 어리석음이 계속된다.

이렇게 영 분별을 하지 못하는 자들은 이 세상의 일들이 사탄에 의해 일어나는 일인지 성령에 의해 일어나는 일인지 분별하지 못한다. 바울 사도는 말세에 고통하는 때에 일어날 세상의 징조를 디모데후서 3장 1~5절에 여러 가지로 열거했다. 이 내용을 하나하나 생각하며 현대 국내 정치나 국제 정치의 흐름을 보면 지금이 정말 '말세의 고통하는 때'임을 느끼게 된다.

(3) 큰 이적을…불이 하늘로부터 땅에 내려오게 하고(계 13:13)

구약성경에는 불이 하늘로부터 땅에 내려온 사례들이 많이 있다. 출애굽기 3장 2~3절에는 모세가 호렙산의 떨기나무 가운데서 나오는 불꽃을 보고 하나님의 임재를 체험한다. 레위기 9장 24절에는 아론이 드린 속죄제, 번제, 화목제의 제물 위에 불이 나타나 번제물을 살랐다. 민수기 16장 36절에는 모세를 반역하던 고라 자손들 250명을 불살라 죽게 한다. 열왕기상 18장 38절에는 갈멜산 위에 종교 제전을 벌이는 엘리야의 기도 응답으로 하늘의 불이 번제물을 태운다. 열왕기하 1장 10~12절에는 엘리야를 체포하려는 50명을 하나님의 불로 사른다. 역대상 21장 26절에는 다윗이 드린 번제와 화목제에 불을 내려 응답하신다. 역대하 7장 1절에는 솔로몬이 성전 낙성식 때 하늘에서 불이 내려 제물들을 사른다.

그런데 신약성경에는 하늘에서 불이 내린 기록이 없다. 오히려 성도들의 기도가 응답되어 옥에 갇혔던 베드로가 기적적으로 풀려나고(행 12:7~10) 바울과 실라의 기도 응답으로 옥문이 열렸다(행 17:26). 그런데 대환난 때 땅의 짐승인 거짓 선지자가 하늘에서 불이 내려오게 하는 이적을 행한다.

사람들은 이적을 행하는 자의 신앙 인격을 보지 않고 남이 행하지 않는 이상한 이적만 보고 쉽게 동요한다. 주님은 대환난 때 있을 큰 이적들을 미리 경계하셨다. 마가복음 13장은 마태복음 24장 3~14절과 누가복음 21장 7~19절과 같이 대환난 때에 일어날 세상 풍조를 예언해 주고 있다.

특히 마가복음 13장 22절에 "거짓 그리스도들과 거짓 선지자들이 일어나 이적과 기사를 행하여 할 수만 있으면 택하신 자들을 미혹하려 하리라"고 했다. 또 데살로니가후서 2장 6~12절에는 지금은 막는 자가 있어서 은혜롭게 살아가지만 장차 불법한 자가 나타나서 능력과 표적과 거짓 기적들로 거짓 것을 믿게 하므로 사람들이 구원을 받지 못하도록 한다고 했다.

우리는 육체의 질병이 기도 응답이든, 신유의 은사이든 고침을 받을 수 있음을 안다. 사실 육체의 질병을 고치는 것은 불교의 요가와 수행자들에게서 볼 수 있는 현상이고 심지어 무속 종교에서도 나타나는 현상이다.

육체의 질병을 고치는 것이 반드시 기독교 내의 성령의 은사만이 아니다. 타 종교와 미신 종교에서도 육체의 질병은 얼마든지 고칠 수 있다. 그렇다면 참다운 기적은 무엇인가? 그것은 죄인이 성령으로 거듭나서 이 세상의 모든 고난과 역경들을 이겨내고 궁극적으로 하늘나라 천국에서 영원히 사는 것이다. 이 세상에는 육신의 병 고침을 받고도 끝내 회개하지 않고 죽음으로 영원한 멸망에 이르는 자들이 있다. 참으로 불쌍한 자들이다. 그들은 하나님의 은혜를 헛되게 받은 자들이다.

(4) 짐승 앞에서 받은 바 이적을 행함으로…짐승을 위하여 우상을 만들라 (계 13:14)

거짓 선지자인 땅의 짐승의 권세는 바다에서 올라온 짐승이 부여해 준 예속된 권세이다. 땅의 짐승은 자기에게 부여해 준 권세로 이적을 행함으로 땅에 거하는 자들을 미혹한다. 이 세상의 모든 사람이 질병 앞에서 한없이 약해진다. 그런데 병 고침 받는 현상을 겪으면 이성적 판단이 흐려져서 병 고친 자를 큰 능력을 가진 자로 추앙하게 된다. 짐승은 이 같은 약자들의 심리를 이용하여 바다짐승을 위해 우상을 만들도록 촉구한다.

우리가 말세에 참 선지자와 거짓 선지자를 구별할 수 있는 신앙적 식별 능력이 없다면 참으로 위험한 함정에 빠질 수 있다. 과거에 수많은 이단이 많은 사람을 망하게 하고 사라졌다. 현대에도 계속적으로 사교, 이단들이 생겨나서 커다란 경제력을 가지고 기성교회들을 위협하고 있다. 어떻게 거짓 선지자의 유혹에 빠지지 않을 수 있을까?

핵심은 간단하다. 참 선지자는 그리스도와 하나님 그리고 모든 인류를 위해서 헌신하고 희생하도록 강조한다. 그에 반해서 거짓 선지자는 세상 권력과 자기 자신을 섬기도록 교활한 논리를 만들어간다. 여기 땅의 짐승은 자기에게 권세를 부여해 준 바다짐승을 위한 우상을 강조한다.

(5) 그가 권세를 받아 그 짐승의 우상에게 생기를 주어(계 13:15a)

'짐승의 우상'이라는 표현이 계시록 안에 여러 번 반복되었다. 여기 13장 15절의 "그 짐승의 우상"이라는 표현이 두 번 반복되었고, 14장 9절에 "짐승과 그의 우상", 15장 2절의 "짐승과 그의 우상", 16장 2절의 "짐승의 표"와 "그 우상", 19장 20절의 "짐승의 표와 그의 우상" 등 여러 곳에 똑같은 짐승과 우상을 말하고 있다.

이 모든 곳에서 말하는 '짐승의 우상'이란 계시록 13장 1절의 "바다에서 나오는 한 짐승"을 의미한다.

그런데 땅에서 올라온 짐승이 그의 우상인 바다에서 나오는 짐승에게 생기를 주었다고 했다. '생기'라는 말은 '프뉴마'(πνεῦμα)다. 프뉴마는 '영', '혼', '성령', '기운', '바람' 등 매우 다양한 뜻이 함축된 말이다.

이 단어가 요한복음 3장 8절에는 '바람'으로 쓰였고, 데살로니가후서 2장 8절에는 '입의 기운'으로 쓰였고, 신약성경 전체에는 '성령'으로 쓰였다. 그런데 계시록 13장 15절에는 '생기'로 쓰였다.

창세기 2장 7절에 하나님께서 흙으로 사람을 빚으신 후 생기를 그 코에 불어 넣음으로 생령이 되게 하셨다. 이는 하나님만의 창조적 능력이다. 그런데 대환난 때 거짓 선지자인 땅의 짐승이 자기보다 더 큰 권세를 가진 바다짐승에게 생기를 준다는 말인가? 이것은 정상적 행위가 아닌 기만적 행위로 추측된다. 요즘은 AI 시대로 로봇이 사람의 생김새나 목소리까지도 그대로 만들어 내고 있다. 그렇기에 앞으로 대환난 시대 때에는 거짓 선지자가 하나님의 능력을 흉내 내는 기만적 행위가 나타날 것으로 예상할 수 있다.

또 "그 짐승의 우상으로 말하게 하고"에서 나오는 '말하게 하고'는 '랄레세'(λαλήση)다. 이 단어는 '이야기하다', '말하다'라는 뜻을 가진 '랄레오'(λαλέω)의 가정법이다. 그렇기에 이 단어는 일종의 복화술(複話術)에 대한 암시적인 표현의 단어다.

우리가 알고 있는 인형극은 사람들에게 인형이 동작을 하면서 말을 하는데, 말한 자는 뒤에 숨어서 다양한 목소리로 마치 인형이 말하는 것처럼 보이는데 이 기술을 복화술(Ventriloquy)라고 한다. 그러니까 앞으로 대환난 때 우상 자체가 말을 하는 것이 아니라 거짓 선지자가 뒤에 숨어서 마치 '바다짐승'이 말하는 것처럼 대중을 미혹시킬 것을 암시해 주고 있다.

우리는 대통령을 뽑는 대선 정국에서 이미 AI 로봇이 대신 말을 하고 자기 주장을 하는 모습을 목격하고 있다. 앞으로 대환난 때에는 거짓 선지자가 로봇이나 복화술 기술 등으로 세계 인류를 미혹시킬 것임을 암시해 주는 내용이라고 이해된다.

(6) 또 짐승의 우상에게 경배하지 아니하는 자는…다 죽이게 하더라(계 13:15b)

짐승은 "바다에서 올라온 짐승"과(13:1) "땅에서 올라온 짐승"(13:11) 둘이 있다. 그런데 땅에서 올라온 짐승은 바다에서 올라온 짐승으로부터 권세를 부여받았다(계 13:12).

'땅'의 짐승은 자기에게 권세를 부여해 준 '바다짐승'에게 경배하도록 강요를 했다. 그뿐만 아니라 바다짐승의 우상을 만들어 놓고 그 우상을 경배하지 아니하는 자는 다 죽이려 했다. 역사 속에 자신을 신으로 경배하도록 강요한 황제들이 많이 있다. 그러나 대환난 때에는 거짓 선지자인 '땅의 짐승'이 정치적 권세자인 '바다짐승'에게 경배를 강요한다는 것이다.

사도 요한은 그가 살고 있던 당시의 황제인 도미티아누스(T. F. Domitian, A.D. 81~96) 때 핍박으로 밧모섬에 유배를 당했다(계 1:9). 도미티아누스는 자신을 '주요 하나님'(Domius et Deus)으로 숭배하도록 강요했다.

이때 황제의 위력을 무서워하는 모든 이들은 황제의 강요대로 따랐다. 그러나 유일신을 믿는 유대교와 기독교도들은 황제의 명령을 거부했다. 그러자 도미티아누스는 유대교와 기독교도들을 황제 명령 거부자로 박해를 가중시켜 나갔다.

도미티아누스의 광기는 이교도들조차 견딜 수 없을 만큼 포악해졌다. 그 결과 수많은 대적자들이 암살 음모를 꾸미며 결국 암살을 당하고 만다.

사도 요한은 그 당시 상황처럼 앞으로 대환난 때에도 정치가이든 거짓 선지자이든 인간을 경배하지 않는 자에게는 가혹한 핍박이 있을 것을 예언하고 있다.

3) 짐승의 표(계 13:16~18)

(1) 그가 모든 자…자유인이나 종들에게(계 13:16a)

'모든 자'는 '판타스'(πάντας)다. 이 말은 '단 하나의 예외도 없는 전부'라는 뜻이다. 그래서 모든 자라는 표현 다음에 그것을 강조하기 위해 "작은 자나 큰 자나 부자나 가난한 이나 자유인이나 종들"이라는 부연 설명을 한다. 이 같은 표현은 계시록 안에 자주 나타난다.

계시록 11장 18절의 "작은 자든지 큰 자든지", 19장 5절의 "작은 자나 큰 자나", 20장 12절의 "큰 자나 작은 자나" 등이다. 이 같은 표현은 '단 하나의 예외도 없는 전부'라는 뜻이다. 그렇기에 구원받은 자든, 구원받지 못한 자든, 또는 권세 있는 자든, 비천한 자든, 그 누구를 불문하고 인간 전체에 적용을 시킨다.

(2) 그 오른손에나 이마에 표를 받게 하고(계 13:16b)

'표'라는 말은 '카라그마'(χάραγμα)다. 이 단어는 '조각하다'는 뜻을 가진 '카랏소'(χάρασσω)에서 파생된 명사로 문자적인 뜻은 단순히 '긁힌 자국'을 뜻한다. 그러나 이 뜻이 발전을 거듭하면서 도장이나 조각이라는 의미까지 발전했다.

똑같은 단어인 '카라그마'라는 단어가 사도행전 17장 29절에는 '새긴 것'들로 번역되었다. 그리고 계시록 13장 16~17절, 14장 9, 11절, 16장 2절, 19장 20절, 20장 4절 등 계시록 전체에는 '카라그마'를 짐승의 표식이라는 뜻으로 사용하고 있다.

또 베드로전서 3장 21절에 '구원하는 표'라는 말에는 '안티투포스'(ἀντιτυπος)라는 다른 형용사가 쓰였다.

여기 장차 대환난 때 적그리스도인 '땅의 짐승'이 '바다짐승'의 권한을 부여받아서 전 인류들에게 표를 받게 한다.

과거 인류들에는 사람에게 표식을 해서 구별시켰던 역사가 있다. 과거 노예 제도가 성행할 때는 불순종하는 노예에게 신체에 표식을 해서 구별시켰다. 또 전쟁에서 패한 포로들에게 화인(火印)으로 낙인을 찍는 경우도 있었다. 또 고대 종교에는 몸에다 종교적 문신(文身)을 했던 때도 있었다. 또 로마 황제의 이름이나 형상을 표로 사용한 때도 있었다. 또 로마 황제들이 황제 숭배의 의무를 한 자들에게 부여한 증서로 표를 준 때도 있었다.

이와 다르게 마태복음 23장 5절의 유대인들이 손과 이마에 성경 구절을 쓴 경구를 매다는 '경문 띠'인 '레토타포트'(טֹפָפֹת)가 발전된 성구함(聖句函 Phylatery)으로 이해하기도 했다.

과거에는 계시록에 기록된 '표'에 대하여 다양하고 다르게 이해를 해왔다. 그러나 현대인들은 여기 기록된 '표'를 바코드나 베리칩이나 크레디트 카드 같은 것으로 이해한다.

짐승은 왜 모든 인류에게 '표'를 받게 하는가? 그 결정적 원인은 계시록 7장 1~4절에서 천사가 하나님의 인을 가지고 하나님의 종들 이마에 인치는 행위를 짐승이 모방하는 행위인 것이다. 계시록 7장의 '하나님의 인'이 하나님의 소유임을 뜻하는 것처럼, 계시록 13장의 '짐승의 표' 역시 짐승의 소유라는 의미를 부각시키는 행동이다. 그러나 '하나님의 인'은 '스프라기스'(σφραγίς)라는 다른 단어이고, 짐승의 '표'는 '카라그마'(χάραγμα)라는 완전 다른 단어이다. 짐승은 하나님을 모방하여 자신의 소유를 '표'로써 강요한다.

또 깨달을 사실이 있다. 과거에 노예 문신을 하는 신체 부위는 각 시대에 따라 달랐다. 그러나 짐승은 '표'를 '오른손이나 이마'에 받게 한다. 오른손은 그 사람의 힘과 능력을 상징하는 것으로 짐승의 표를 받은 자는 짐승의 통제 아래에 예속되어야만 그의 힘과 능력을 발휘할 수 있다는 것을 각성시키는 의미가 있다고 본다. 또 이마는 사람의 인격을 상징한다. 그렇기에 짐승의 표를 받은 자는 전 인격적으로 자기는 짐승에게 종속된 자라는 의미를 공공연하게 드러내는 것으로 이해할 수 있다. 이렇게 대환난의 후반기 때에는 이 땅에 생존하는 모든 자가 짐승에게 굴복당하는 시대가 올 것이다.

(3) 누구든지 이 표를 가진 자 외에는 매매를 못하게 하니(계 13:17a)
여기 보면 땅의 짐승인 거짓 선지자가 행하는 악행은 크게 두 가지 형태다. 하나는 자기에게 권세를 부여해 준 바다짐승의 우상을 만들어 우상을 경배하게 하는 종교적 악행을 저지른다(계 13:15).
두 번째는 큰 자나 작은 자나 자유인이나 종이나 신분을 막론하고 오른손이나 이마에 표를 받게 한 후에는 표 없는 자는 매매를 하지 못하게 하는 경제적 악행을 저지른다(계 13:17).

여기 '매매'라는 말은 '아고라사이 에 폴레사이'(ἀγοράσαι ἢ πωλῆσαι)다. '아고라사이'는 시장(마 23:7), 장터(행 16:19)로도 번역되는 명사 '아고라'(ἀγορά)와 동일 어근이다. 또 '플레사이'는 원래 '바쁘다'라는 뜻의 동사 '폴레오'(πωλέω)의 부정사이다. 결국 매매를 못하게 한다는 것은 사고파는 일체의 상행위를 못하도록 금지시킨다는 것이다.

사도 요한이 살아가던 당시의 황제들은 황제를 신으로 숭배하도록 강요했다. 그런데 황제 숭배를 거부하는 자들에게는 일체의 상행위를 금지시켰다고 한다. 황제를 숭배하는 자들에게 황제의 이름과 날짜를 찍은 상업 허가 표를 주었다고 한다.

그렇기에 계시록 13장 16절에서 말하는 '표'라는 것은 요한 당시에 로마제국에 이미 있었던 경제제재를 위한 강력한 무기로 사용된 것이다.

그런데 사도 요한은 이와 같은 당시의 상황만이 아니라 앞으로 전개될 대환난의 후반전 때 이와 비슷한 형태의 경제적 제재 무기가 등장할 것을 예언하고 있다. 우리는 사도 요한의 예언이 먼 미래 얘기가 아님을 지금 벌써 실감하고 있다. 코로나19로 식당이든, 관공서든, 은행이든, 우체국이든, 병원이든 어디든지 들어가려고 하면 'QR 코드'로 검색을 받아야만 한다.

또 큰 백화점들에는 자동 계산기에 본인 신분을 확인하고 계산을 한다. 우리 시대에 이미 '표' 가진 자만이 매매가 가능한 시대가 되었다. 그러나 장차 대환난 때는 '바다짐승'으로 상징되는 단일 국가 정치체제의 세계 지배자가 나타나서 정치적, 군사적으로 지배해 나갈 것이다.

우리는 이미 중국이라는 강대국으로부터 통제를 받고 있다. 지금 우리는 중국 몽의 정치적, 경제적, 군사적, 문화적, 사상적 각종 통제를 받고 있다. 이 같은 통제가 대환난 때는 더욱 구체적으로 현실화될 것이다.

여기에다 '땅의 짐승'으로 상징되는 거짓 선지자는 정치적 지배자를 신으로 섬기도록 온갖 사상적 궤변을 만들어 갈 것이다. 더욱 가공스러운 것은 이미 실시되고 있는 'QR 코드' 제도가 더욱 발전되어

짐승의 표를 갖지 못한 자는 매매행위를 하지 못하도록 통제와 억압을 받는 참혹한 시대가 올 것을 2천 년 전에 이미 예언해 놓았다.

(4) 이 표는 곧 짐승의 이름이나 그 이름의 수라(계 13:17b)

요한은 대환난 때 '땅의 짐승'이 경제적 제재조차도 세계인들을 짐승의 '표'로 예속시켜 놓을 것을 예언했다. 그리고 이어서 그 짐승의 '표'가 무엇인가를 설명해 준다.

이 '표'는 곧 '짐승의 이름'이나 '그 이름의 수'라고 했다. 여기서 말하는 '이름'이란 '토 어노마'(τὸ ὄνομα)다. 그리고 '그 이름의 수'는 '톤 아리드몬'(τὸν ἀριθμὸν)이다.

여기 보면 짐승의 '이름'과 '수'가 분리되었다는 뜻이 아니다. 당시 사람들의 '이름'에는 이름에 따르는 '숫자'가 있었음을 의미한다. 여기서 우리는 고대시대 사람들의 이름에는 그 이름 철자에 따라 숫자가 따랐던 과거 역사를 알아야 한다.

지금 전 세계인들이 공통으로 사용하고 있는 아라비아 숫자(Arabic figures)는 15세기 말기에 지금의 모양으로 완성되었다. 그 이전에는 산스크리트(범어)의 알파벳이 와전(訛轉)되어서 아라비아인들이 유럽에 전하여 '인도-아라비아 숫자'라고도 한다. 그것이 0, 1, 2, 3, 4, 5, 6, 6, 7, 8, 9 라는 산용(算用) 숫자다.

이것을 이용해 독일의 음악학자 게르베르트(M. Gerbert, 1720~1793)가 9~15세기의 중요한 음악이론 문헌집을 발간(1784)한 데서 현재와 같은 아라비아 숫자가 체계화되었다고 한다.

아라비아 숫자가 등장하기 이전 고대 로마제국 때나 헬라제국 때에는 그 나라의 알파벳 글자에 각각의 숫자를 병용해서 사용되었다. 계시록이 헬라어로 기록되었으니까 헬라어를 예를 들어보자. 헬라어의 알파벳은(The Greek ALPHABET)은 모두 24자다. 그런데 이들 알파벳 24자에 각각의 수치가 있다.

첫 자 α(알파)는 1, β(베타)는 2, γ(감마)는 3, δ(델타)는 4, ε(엡실론)은 5, ζ(제타)는 7, η(에타)는 8, θ(데타)는 9, ι(이오타)는 10, κ(캅파)는 20, λ(람다)는 30, μ(뮈)는 40, ν(뉘)는 50, ξ(크시)는 60, ο(오미크론)은 70, π(피)는 80, ρ(로)는 100, σ(시그마)는 200, τ(타우)는 300, υ(윕실론)은 400, φ(피)는 500, χ(키)는 600, ψ(프시)는 700, ω(오메가)는 800이다.

이렇게 알파벳 글과 함께 숫자가 정해져 있다.

이 같은 헬라어로 '예수'라는 단어 "Ἰησοῦς'를 헬라어 알파벳 숫자로 계산하면 I(이오타) 10, 에타(η) 8, 시그마(σ) 200, 오미크론(ο) 70, 윕실론(υ)이 400, 시그마(σ)가 200 등 모두 다 합치면 '예수'라는 이름 수는 888이 된다.

히브리어 알파벳의 자음은 23자이다. 이들 히브리어 알파벳에도 수치가 들어 있다.

א(알레프) 1, ב(베트) 2, ג(기멜) 3, ד(달레트) 4, ה(헤) 5, ו(와우) 6, ז(자인) 7, ח(헤트) 8, ט(테트) 9, י(요드) 10, כ(카프) 20, ל(라메드) 30, מ(멤) 40, נ(눈) 50, ס(싸멕) 60, ע(아인) 70, פ(페) 80, צ(차데) 90, ק(코프) 100, ר(레쉬) 200, ש(신) 300, ת(타브) 400이다.

이와 같은 히브리어 알파벳으로 '네로 가이사르'이라는 숫자를 합치면 '666'이 된다. 이처럼 아라비아 숫자가 통용되기 이전에 헬라어, 히브리어, 라틴어 등등 모든 언어들의 알파벳에다 숫자 의미까지 적용하는 것을 '게마트리아'(gematria)라고 했다.

사도 요한은 당시 랍비들이 알파벳의 숫자를 통해 숨은 뜻을 찾아내는 수단들을 거부하지 않고 여기 계시록에 그대로 적용하고 있다.

(5) 지혜가 여기 있으니 총명한 자는 그 짐승의 수를 세어보라(계 13:18a)

'지혜'란 '소피아'(σοφία)다. 지혜는 종종 하나님의 속성과 관련된 용어로 사용되었다(계 5:12, 7:12). 또 '총명'은 '눈'(νοῦν)이다.

총명은 인간의 이성을 뜻한다(왕상 4:29; 욥 38:36; 단 1:20). 그렇기에 그 누가 신적인 지혜를 가진 자가 있거든 인간들이 가진 이성적 판단력을 활용해서 짐승의 수를 추정해 보라고 한다. 그렇기에 영적 예민한 판단력을 즐겨하는 이들이라면 세상 사람 중에 알파벳 문자를 가지고 숫자를 맞춰보라는 것이다.

여기 분명한 것은 사도 요한은 한 시대적 학풍인 '게마트리아'(gematria) 수단을 거부하지 않고 활용해 보라고 한다. 그러나 이 같은 수단은 당시 유대교 랍비들이 구약성경의 내용을 신비적 의미로 이해하려고 한 시대적 유행이었다. 이 같은 과거 시대적 유행을 지금 시대에 적용하려는 시도는 지나친 신비적 사고를 추구하는 것으로 문제의 소지가 많다.

그래서 필자는 [특주 32]에서 "성서 해석의 역사"로 2000년 교회가 성경을 어떻게 해석해 왔으며 그 결과가 어떻게 연결되었는지 살펴보겠다.

(6) 그것은 사람의 수니 그의 수는 육백육십육이니라(계 13:18b)

사도 요한은 미래에 나타날 적그리스도요 거짓 선지자인 짐승의 이름이 당시 통용되던 '게마트리아' 숫자로 계산한다면 '666'이 된다는 것이다. 앞서 말한 대로 당시의 독재자 '네로'라는 라틴어의 숫자가 666이고 '네로황제'라는 히브리어 숫자도 666이 된다고 한다. 그러나 네로는 주후 68년에 자살로 이미 죽은 자이다. 그렇기에 그의 이름 숫자는 의미가 없다. 핵심은 앞으로 닥쳐올 대환난 때 거짓 선지자로 활동할 미래의 인물의 이름의 숫자가 666이 된다는 것이다.

'666'이라는 매우 공포스러운 숫자로 인해 사람들은 숫자를 꺼려하기 때문에 그럴듯한 공포 영화가 흥행을 이룬 적이 있다. 우리는 미래의 '666' 해당자를 발견해 내는 데 주력해야 하겠다.

〔특주 32〕
666이란 무엇인가?

  본문 설명에서 고대에는 이름에 따르는 수(數)가 있음을 설명했다. 고대에는 아라비아 숫자가 사용되지 않던 때라 알파벳 글자에 따른 숫자가 있어서 '이름의 수'를 풀이할 수 있었다.
  이렇게 이름 속에 담겨진 숫자를 풀어내는 것은 랍비들처럼 고도로 신비적인 비밀을 찾아내려는 특수한 계층의 학문적 유형이었다.
  사도 요한은 그 같은 시대적 학문 유형을 수용해서 미래 대환난 때 거짓 선지자로 적(敵) 그리스도 노릇을 할 이름을 사람의 수 '666'이라고 했다.

  여기 '666'에 대해서 지나간 역사 속에 다양한 해석들이 제기되어 왔다. 과거에 제기된 인물들로 네로, 도미티안 등 로마 황제들로 해석되기도 했다.
  종교개혁 후에는 특히 루터에 의해 교황들로 해석되기도 했다. 또 모하멧, 스탈린, 히틀러, 무솔린, 키신저 등의 인물로 해석되기도 했다.
  그런가 하면 최근에는 신용카드나 컴퓨터, AI 인공로봇까지 제기되기도 한다. 이렇게 '666'이 무엇을 지칭하는가? 또는 무엇을 상징하는가를 놓고 꾸준하게 논란이 계속되는 과제이다. 그러나 그 어느 견해도 만족할 만한 해답을 주지 못하고 있다.

우리는 어느 특정한 해석으로 방심하지 말고 꾸준하게 경계심을 갖고 관찰을 해야 한다. 성경에서 6은 미완성의 상징 수인데, 미완성이 거듭 세 개가 구성된 것은 매우 불확실한 미래의 존재로 상상이 된다.

그렇기에 어떤 인물이느냐 하는 데 초점을 두기보다는 어떤 성향의 인물인가를 관찰해야 할 것 같다.

앞으로 있을 7년 대환난의 후반기에 반드시 등장할 적그리스도의 실체는 자기의 실체를 철저하게 그리스도를 모방하나 그가 추구하는 방향은 하나님 사역에 정반대 방향을 도모해 나갈 것이다.

그가 어떤 자인가를 알려면 현재 어떤 종교 집단이 전 세계의 다양한 종교들을 통합해 나가려는 종교 통합 운동을 열심히 추진해 나가는지 살펴보아야 할 것이다.

세계 모든 종교들의 통합 운동을 추진해 나가는 그곳에서 미래의 '666'이라는 이름의 수를 가진 자가 '땅의 짐승'으로 등장할 것으로 믿어진다.

[특주 33]
성경 해석의 역사

서론

성경이 하나님의 말씀인 것은 모두가 알고 있다. 그런데 하나님의 말씀을 소개하기 위해서 해석하는 이는 인간들이다. 인간들의 성경 해석들은 천차만별로 달라진다. 성경 해석을 어떻게 해야 올바르고 정확한 해석을 할 수 있는가? 그에 대한 해답을 얻으려면 지나온 2000년 교회 역사 속에 과거 우리 선조들은 성경을 어떻게 해석했는지 살펴야 한다. 과거 선조들의 성경 해석 역사를 통해 오류들을 발견하고 좀 더 명확한 해석의 방법을 찾을 수 있는 것이다.

이제 우리는 2000년 교회 역사에 많이 알려진 교회 지도자들의 과거 성경 해석의 역사를 시대별로 살펴보자. 그리고 마지막으로 구약성경을 가지고 신약의 진리를 가르쳐 주신 예수님과 사도들은 성경을 어떻게 해석했는지 예수님과 사도들의 모범적 성경 해석 방법을 알아보자.
이와 같은 성경 해석사 이해는 성경 중 가장 난해한 계시록 성경을 이해하는 데 도움이 되기 때문이다.

1. 교부 시대(100~500)

예수님과 사도들 이후에 교회를 이끌어간 지도자들을 교부들이라고 한다. 그리고 590년 가톨릭의 교황제도가 시작된 이후 종교개혁 이전까지를 중세 시대라고 한다.

여기 교부 시대 즉 주후 100년부터 500년까지 약 400~500년 기간의 지도자들이었던 교부들은 성경을 어떻게 해석했는가? 이에 대한 내용은 필자의 《교부시대사》에서 소개했다.[34]

《교부시대사》에 소개된 교부들이 수십 명에 이르므로 여기서는 그중에서 대표적으로 세 사람만 소개하겠다.

1) 테르툴리아누스(Tertullianus, A.D. 150/160~220/240)

테르툴리아누스는 150/160년경 북아프리카의 카르타고(Carthago)에서 로마 군단의 군 지휘관의 아들로 태어났다. 부모가 이교도였기에 기독교와는 무관하게 자란다. 그의 가족이 165년경 로마 본국으로 귀국하므로 로마에서 자라 법률 공부를 한 후 185년경부터 로마에서 변호사 활동을 한다.

그는 변호사 활동 중 방탕한 생활 속에서 기독교인들이 법정에서 편파적이고 부당한 재판을 받는 모순들을 발견한다. 그런데 더 놀라운 것은 기독교인들이 부당한 재판으로 사형을 당해가면서도 저들은 굳은 신앙 속에 편안하게 죽어 가는 장면들을 목격한다. 그는 변

---

34) 정수영, 교부시대사, 쿰란출판사, 2014.

호사로서의 세상 부귀영화보다는 기독교인들의 평정의 삶을 동경하다가 40대나 30대에 신앙을 위해 변호사직을 포기하고 193년경 열악한 고향 카르타고로 돌아간다.

그는 고향 카르타고 교회의 장로로 때때로 설교를 하고 기독교 진리를 가르치는 교사 역할을 했으나 성직자는 되지 않았다. 그리고 성경 연구가로 많은 저술 활동을 하여 197년부터 222년 사이에 34편의 저서들을 남긴다. 그가 헬라어로 저술한 몇 권은 유실되었고 라틴어로 저술한 31편이 현존해 전승되고 있다.

그는 말년에 207/208년경에는 몬타누스파(Montanism)로 전향한다. 테르툴리아누스의 저서들이 라틴 신학의 기초를 세우는 지대한 공헌을 한다. 그런데 그 후 3세기 때 카르타고 교회 지도자인 키프리아누스는 테르툴리아누스 선배를 매우 존경하는 글을 남겼으나 5세기 때 카르타고 교회 지도자인 아우구스티누스는 테르툴리아누스가 몬타누스파로 갔기에 이단이라고 매도했다.

가톨릭은 아우구스티누스의 견해에 따라 테르툴리아누스를 이단으로 취급하고 종교개혁자들인 루터, 칼빈도 가톨릭 견해대로 테르툴리아누스를 이단으로 여겼다. 그러나 필자는 테르툴리아누스야말로 참으로 거듭난 그리스도인이었고 그가 전향한 몬타누스파 역시 당시 형식화, 종교화되어 가는 기성 종교에서 분리된 성서적 분파들이었다고 기록했다.

이 같은 판단의 근거로 그가 주장한 사상과 그가 선택한 몬타누스파의 신앙을 《교부시대사》에 기록했다. 테르툴리아누스의 책 이름과 책 내용을 소개했다.

그 내용들 중 특별한 것만 소개해 보겠다.

(1) 테르툴리아누스의 공헌

① 그는 예레미야 31장 31~34절 내용을 근거로 "새 언약"의 약속 (31절), "나의 법을 그들 속에 두며 그들의 마음에 기록하여"(33절), "내가 그들의 악행을 사하고 다시는 그 죄를 기억하지 아니하리라"(34절)는 말씀에 근거하여 옛 언약을 '구약'으로 보았다. 새 언약의 약속 성취가 누가복음 22장 20절의 최후 만찬 때 "이 잔은 내 피로 세우는 새 언약이니"라는 구절에 성취된 '신약'이다. 오늘날 우리가 '구약', '신약'이라고 부르는데, 이 말은 테르툴리아누스의 성경의 '문자적' 해석에서 비롯되었다.

② 에베소서 1장 3~14절에는 성부, 성자, 성령 하나님의 사역을 소개하고 있다.

창세 전에 하나님 아버지께서 그 기쁘신 뜻대로 우리를 예정하셨다. 성부 하나님은 창세 전에 계획자로 역사하셨고, 성자 예수 그리스도는 하나님 계획에 따라 그의 피로 속량 곧 죄 사함을 주는 하나님 예정의 실행자로 역사하셨고, 성령님께서는 구원의 복음을 듣고 믿는 자에게 인치심으로 하나님의 소유임을 보증되게 하셨다.

이 구절과 다른 성경 마태복음 3장 16절의 예수님 침례 시 들린 하늘의 소리, 성령의 비둘기, 예수님 등을 근거로 '삼위일체'라는 법률 용어를 기독교 용어로 만들었다. 오늘날 우리가 사용하는 '삼위일체'라는 용어는 테르툴리아누스가 성경을 문자적으로 해석한 용어이다.

(2) 테르툴리아누스의 문제점

합당한 보상 이론을 제기한 테르툴리아누스는 구원받은 자의 정결, 재혼 거부, 군 복무 등 구원받은 것의 증명으로서 행위가 나타나야 한다고 보았다. 구원받은 자가 그리스도와 연합하겠다고 침례를 받은 후에 또다시 죄를 짓는다면 거기에 따르는 보상이 뒤따라야 한다고 주장했다. 즉 구원받은 증거는 행위로써 나타나야 한다는 것이다.

침례 후 범죄는 순교를 해야만 용서된다. 이렇게 구원받은 자의 행위와 범죄에 뒤따른 보상을 강조했다. 이렇게 신앙을 위한 지나친 금욕주의 강조가 훗날 가톨릭교회의 '공로주의', '선행 구원', '보상 교리'로 발전한다.

테르툴리아누스는 구원받은 자의 모범적 생활을 강조하다가 본인도 예상하지 못한 가톨릭의 교리를 만들어주는 단초를 제공하게 되었다.

2) 오리게네스(180~254)

테르툴리아누스보다 몇 십 년 후대의 학자로, 교회 역사 중에 오리게네스만큼 박식한 학자는 매우 드물다. 오리게네스는 북아프리카 이집트의 알렉산드리아 기독교 가정에서 태어났다. 오리게네스가 17세 때 그의 아버지는 기독교도라는 이유로 참형을 당한다(202).

그는 17세 때 모친과 7남매를 책임지게 되었다. 다행히 귀부인의 도움으로 6개 언어를 통달하고 18세 때 알렉산드리아 교회 부설의 신앙 입문학교 교장 후임자가 된다. 그때부터 6개 언어를 통달한 성경학교 교사로 30세 때는 국제적 명사가 된다.

그는 성경뿐 아니라 신플라톤 창시자에게서 배운 철학과 성경을 접목시킨 성경학자로 이집트뿐 아니라 아라비아, 안디옥, 아테네 등에 초청을 받아서 성경을 가르쳤다. 그러면서 그는 매우 금욕적이었다.

그는 성경 교육 때 여자들의 유혹에 넘어가지 않으려고 마태복음 19장 12절에 근거해 스스로 고자(鼓子)가 되었다. 밤에 잘 때도 평생 맨바닥에서 주님의 고난을 생각하며 잠을 잤다. 그는 가족의 생계를 위해 평생 글을 써서 원고료로 살아갔다. 그는 성직자가 아닌 장로로, 성경교사로 살아갔다. 그러나 그의 인기를 시샘한 알렉산드리아 교회 감독 테메트리오스의 박해로 알렉산드리아 성경학교 교장에서 축출되어 가이사랴에 가서 노년에 사역하다가 데키우스 황제(249~251)의 기독교 핍박으로 감옥살이를 하다가 풀려났으나 그 후유증으로 69세에 죽는다.

오리게네스가 평생 저술한 책들이 6천 권이라고 한다. 그는 성경 본문 연구의 6부 공관(28년 동안 6개 언어로 서로 대조시킨 비판 연구서), 성경 주석서, 강해 설교집, 교리서, 변증서 등 매우 다양한 저서들을 남겼다. 그렇게 귀중한 저서들이 653년 이슬람이 알렉산더 정복 때 다 불에 타서 소실된다. 그리고 일부 단편들이 수집, 편집되어 발표된 것이 1875년이다.

필자의 저서들이 30~40종 된다. 필자는 노년의 마지막 소원이 이들 작품들이 어떻게 소실되지 않고 후학들에게 참고 자료가 될 수 있을까 하는 것이다. 주야로 하나님께 기도하고 좋은 길이 열리기를 소망하고 있다.

오리게네스가 그토록 박식하고 금욕적인 삶으로 살아갔는데 그의 성경 해석은 어떠했는가? 그는 성경 속에는 육적인 의미, 혼적인 의미, 영적인 의미가 있으나 이 모든 것을 종합한 신비적 의미로 이해해야 한다고 보았다. 그래서 그의 성경 해석은 신비적 의미 위주의 우화적(寓話的) 해석(Allegorical), 풍자나 비유를 통해 교훈을 주는 해석을 했다.

오리게네스가 누가복음 10장 25~37절의 예수님의 선한 사마리아인의 비유 내용을 우화적으로 설명한 예를 보자. 예수님께 "내 이웃이 누굽니까?"라는 질문을 하자, 예수님은 예루살렘에서 여리고로 내려가다가 강도를 만났을 때 이뤄진 예화를 설명하신다.

그는 예루살렘은 천국을 말하고, 여리고는 이 세상을 뜻하고, 강도 만난 것은 사탄에게 피해를 입은 것이고, 제사장은 종교 지도자, 레위인은 유대인, 사마리아인은 그리스도, 주막은 교회, 두 데나리온은 구약과 신약, 다시 돌아올 때는 주님 재림으로 보았다. 구구절절 모든 것이 성경적 해석 같다. 그러나 주님은 나의 도움을 필요로 하는 이는 종교나 인종이나 신분과 관계없이 모두가 다 내 이웃이라고 가르치는 교훈이 이 말씀의 핵심이다. 오리게네스는 성경 박사이지만 주관적이고 잘못된 해석으로 교회를 후퇴시킨다.

3) 아우구스티누스(354~430)

아우구스티누스는 기독교 2000년 역사의 최대 신학자라고 추앙받는다. 그는 로마제국 지배령인 북아프리카 누미디아 지방의 총독이었던 로마인 아버지와 아프리카 원주민인 베르베르족의 여인 모니카 사이에서 태어났다. 그는 혼혈아라는 열등 심리로 성장해 17세 때 아버지가 세상을 떠나자 18세 때 가출하여 신분이 낮은 여인과 동거생활 중 아들을 낳는다. 그는 마니교에서 9년 동안 이교도 생활을 하다가 로마로 건너가 수사학 공부 후 밀라노시의 수사학 교사가 된다.

그때 어머니 모니카가 찾아왔고 밀라노교회 감독 암브로시우스의 생활과 설교에 큰 감동을 받게 된다. 그래서 32세 때인 386년에 회개하고 주님을 믿는다. 모친이 세상을 떠나자 34세 때(388) 고향 타가스테로 돌아가 그곳에서 수도원 공동 생활을 하다가 42세 때(396) 히포 교회의 감독이 된다.

아우구스티누스는 42세 때부터 76세가 되는 때(430)까지 34년 동안에 54권의 다양한 책들을 저술해 낸다. 철학 단상의 독서록, 성서 해석학, 고백록(13권), 삼위일체론(15권), 하나님의 도성(22권) 등 다양하다.

《하나님의 도성》은 기독교 역사 신학, 《고백록》은 자신의 과거 죄악 된 생활의 회고를 담고 있다. 《삼위일체론》에서 신학 견해 등을 썼다. 하지만 성경 주해, 주석, 강해들은 지극히 적다. 그 이유는 그가 성서의 원문에 대한 이해가 부족했고 그의 주된 언어는 모국어인 라틴어 위주였기 때문이다.

그럼에도 불구하고 그의 저서들을 통해 주장한 내용들이다.
① 인간의 타락 상태에 관해 펠리기우스와 논쟁을 거듭하며 아담 타락의 결과를 완전 타락으로 주장했다.
② 원죄 해결 방법으로 세례 중생론이 가톨릭의 영세 구원론으로 발전했다.
③ 하나님의 은혜에 대한 출생 은혜, 작용 은혜, 협력 은혜 이론이 가톨릭의 공로 구원론으로 발전했다.
④ 하나님의 예정을 강조한 것이 칼빈의 이중 예정론으로 발전했다.
⑤ 무천년 사상이 칼빈의 무천년 사상과 오늘날 칼빈주의자들의 무천년 사상으로 발전했다.

아우구스티누스의 저서들은 오늘날 기독교 전체를 형편없는 종교 단체로 변질하게 만든 기초를 제공했다. 아우구스티누스는 기독교 지도자인데 왜 이렇게 탈선을 했는가? 그 결정적 근거가 성경을 철학자들의 사상을 따라 해석했기 때문이다.

아우구스티누스는 신플라톤 철학을 따라 플라톤 철학을 기독교 신학이라고 바꿔치기한 대표적 신학자다. 여기서 아우구스티누스의 결정적 오류인 그의 "세례 중생론"이 플라톤 철학에서 비롯되었음을 밝혀보겠다.

먼저 아우구스티누스가 영향을 받은 플라톤의 사상 중에 아우구스티누스가 활용한 플라톤 사상을 보자.

플라톤(Platon, B.C. 427~437)은 아테네에서 아카데미아를 개설하고 80여 년 생애 동안 제자들 교육과 약 30여 편의 저작을 남겼다. 그의 수많은 작품 중 철학자의 작품으로 "파이돈"과 "향연" 등에서 영원 불변한 것을 '이데아'(idea: 形相)라고 했다.

이데아는 영혼의 눈인 이성(理性)에 의해서만 보인다고 했다. 영혼은 원래 천상에 존재했으나 사악한 생각 때문에 지상에 떨어져 흙 속에 갇혀 생물이 되었으나 영혼은 불멸한다. 그러나 인간이 애지(愛知) 정신으로 천상의 진실재를 연모하게 되면 이성의 최극 상태에서 이데아 경지를 체험하게 된다. 그 같은 체험을 신비한 현상이라고 했다.

아우구스티누스는 플라톤이 이성의 최극 상태에서 이데아의 경지에 이르는 신비 현상을 유아세례에 적용시킨다. 즉 사제가 성삼위의 이름으로 어린 유아에게 유아세례를 베풀어주면 성삼위의 이름에 의해 유아가 신비하게 구원을 받는다고 했다. 아우구스티누스의 유아세례 구원이론은 그것이 "세례 구원론"(Baptismal Regeneration)으로 가톨릭의 교리가 된다. 가톨릭에서 분리된 개신교들 역시 "세례 중생론"

을 그대로 따르고 있다.

성경은 거듭나야 천국간다고 가르쳤는데(요 3:5) 가톨릭과 개신교는 '세례'만 받은 후 교회만 오래 다니면 당연히 천국 갈 줄로 착각하게 가르치고 있다. 그래서 유아 세례 받은 것을 대단한 특혜로 상상하고 교회 직분을 받으면 특권이 있는양 착각하고 살아가고 있다.

매우 잘못된 기독교를 세속 종료로 추락시킨 성경적 관행이다.

이 같은 성경 진리의 왜곡은 하나님의 계시의 진리를 하나의 인간적, 철학적인 유물로 전락시키는 계시록 22장 18~19절에 해당되는 죄악이다.

아우구스티누스의 이 같은 죄악의 결과가 2천 년 교회를 가장 유약하게 만드는 시발점이 되었다. 그는 반드시 그가 행한 죄악에 대하여 심판받아야 할 것이다.

2. 중세 시대(500~1500)

중세 시대 1천 년의 성경 해석은 완전 교부 신학 재판이다. 중세 시대 1천 년 동안을 지배한 철학이 스콜라주의(Scholasticism)였다. 이들 스콜라주의 신학자들 거의 전부가 과거 교부들의 신학들만을 연구하고 발전시켰을 뿐 새로운 성경 해석학은 전무하다.

중세 시대 스콜라철학 연구로 이름을 남긴 몇 사람들을 필자의 《중세교회사Ⅱ》에 소개했다.[35]

캔터베리의 안셀무스(1033~1109)는 13권의 신학 관련 서적들을 남

---

35) 정수영, 중세교회사 Ⅱ, 쿰란출판사, 2017.

겼다. 피에르 아벨라르(1079~1142)는 교부들이 주장했던 내용 중 158개 항목을 발췌해낸 뒤에 스콜라주의 해답을 제시했다. 페트루스 룸바르두스(1100~1160)는 네 권으로 된 《신학 명제집》을 출판해서 침수(浸水)에 의한 침례를 주장했다가 몇 차례 이단으로 정죄당하는 고역을 치르기도 했다.

중세 시대 최고의 신학자는 토마스 아퀴나스(1224~1274)다. 그는 50여 년의 생애 중 약 60권의 저술을 남겼다. 철학, 해석학, 변증학, 교의학, 윤리학 등 매우 다양한 저서들이다. 그중에서 가장 대표적인 것이 가톨릭의 조직신학책에 해당하는 《신학대전》(Summa Theologiae, 1265~1273)이다. 아퀴나스의 사상은 교부들 신학, 신 플라톤 철학, 이슬람 철학, 유대교 사상 등을 혼합하여 아리스토텔레스 철학으로 종합시킨 일종의 종교철학이었다.

그렇기에 그의 사후에는 이단 사상으로 배척당하기도 했으나 1323년 196대 교황 요한 23세(1316~1334)에 의해 성인으로 시성되었고, 또 1879년 제256대 교황 레오 13세(1878~1903)는 그의 사상을 로마 가톨릭교회 신학의 표준으로 선포했고, 1914년에는 제258대 교황 베네딕토 15세(1914~1922)가 아퀴나스 사상 24항목을 가톨릭의 표준으로 공포했다.

여기서 가톨릭교회가 표준 신학이라고 공포한 아퀴나스의 핵심 사상이 무엇인가를 간략하게 설명해 보겠다.

아퀴나스의 저서들에는 철학과 종교를 분리한다고 했다. 그는 또 성경과 교부들의 주장도 구분한다고 했다. 성경은 필수적이고 최종적이지만 교부들의 주장은 그럴 수도 있고 그렇지도 않을 수도 있다고 한다. 그는 예정 교리, 유아세례, 고해성사를 다 인정하고 가톨릭 교회만이 모든 교회의 어머니로 가톨릭교회 부정자는 화폐 위조범으로 극형에 처해야 한다고 했다.

그런데 그가 주장한 가톨릭의 "칠성사"(七聖事) 논리는 완전히 아리스토텔레스(Aristoteles, B.C. 384~322) 사상 모방에서 비롯되었다. 아리스토텔레스는 플라톤의 제자이다. 그러나 그의 학문은 플라톤의 사상을 비판하면서 매우 다양한 영역들의 저서들을 남겼다. 그는 철학, 자연학, 천체론, 정치학, 변증론 등등 매우 다양한 부분들의 연구서를 남겼다. 그리고 알렉산더의 소년기에 가정교사로 활동한 인연으로 알렉산더 대왕과 친분을 유지한 화려한 철학자였다.

그의 사상들이 너무 방대하므로 여기서는 아퀴나스가 아리스토텔레스의 사상 중 일부를 활용한 내용만 살펴보겠다. 아리스토텔레스는 '형상'(形相: eidos)과 '질료'(質料: hyle)라는 개념을 사용했다.

그는 이 세상에 보여지는 꼴, 모습을 '형상'이라고 했다. 플라톤의 '이데아'라는 개념을 변형시켜 아리스토텔레스는 존재 사물에 내재하는 본질을 '형상'이라고 다르게 주장한다. 그리고 보여지는 꼴, 모습을 구성하는 보이지 않는 이면적 구성요소를 '질료'라고 설명했다.

이와 같은 아리스토텔레스의 '형상'과 '질료' 개념을 아퀴나스가 가톨릭의 화체설(化體說: Transubstantiation) 교리로 활용한다. 아퀴나스는 제단 위에 올려져 있는 떡과 포도주가 사람들이 볼 때는 떡과 포도주라는 '형상'이다. 그러나 사제의 축복 후 그 '형식' 속에 2천 년 전의 그리스도의 살과 피라는 '질료' 상태로 실존 양식이 변화된다고 했다.

오늘날의 가톨릭의 미사 때 분배하는 떡 조각은 '현상'에 불과하지만, 그것은 사제의 축복 후에 그리스도의 살과 피로 변화된 '질료'라는 것이다. 아퀴나스의 '화체설' 교리는 성경에 근거 없는 이론이고, 그 이론의 근거는 아리스토텔레스의 사상을 채용한 것이다. 이것은 주님께서 친히 모범을 보여주시고(마 26:26~28; 막 14:22~25; 눅 22:14~23) 사도들이 계승한(고전 11:23~29) 성경 진리를 떠나 인간의 철학을 교회에 끌어들인 철저한 미신 행위이다.

우리는 중세기 1천여 년 동안의 스콜라철학에 기초하여 가톨릭교회 옹호에만 전력한 중세기 1천 년의 "성경 해석학"은 아무런 배울 점이 없다. 중세기 1천 년은 가톨릭교회의 권위가 하나님으로 존재했고 성경, 교부들 사상, 철학사상, 법률, 문화 등 모든 것들은 오로지 가톨릭교회 수호에만 전력투구한 암흑 시대였음을 안다. 그렇기에 더이상 중세 시대 해석학을 참고할 만한 자료가 없다. 참으로 개탄스러운 중세기 1천 년의 세월이었다.

3. 종교개혁자들(1500~1600)

종교개혁자들이라고 하면 그 개념 인식이 지나치게 개신교도들의 입장에서만 조명되고 있는 편견들이 전승되고 있다. 종교개혁자들이라고 하면 마땅히 1500~1600년 사이에 중세기 가톨릭에서 분리된 모든 세력들이 다 포함되어야 하는 것이 정당한 개념이다.

종교개혁자들이라고 하면 최초로(1517년) 종교개혁의 포문을 연 독일의 루터로 시작해서 루터보다 2년 늦은 1519년에 스위스 취리히에서 종교개혁을 시작한 츠빙글리와 거의 같은 시기에 나타난 스위스 재침례교도들(1525년), 그리고 독일의 재침례교도들(1528년), 네덜란드 메노 시몬스들(1536년)도 포함되어야 한다. 그리고 영국의 헨리 8세가 영국 국교회로 가톨릭에서 분리되었고(1534년), 스위스 제네바에서 칼빈의 종교개혁은 1541년에 시작된다.

이들 모두가 가톨릭에서 분리된 종교개혁자들이다. 그런데 이들 중에 위그노 전쟁(1562~1598) 36년 동안 프랑스 가톨릭과 칼빈주의자들 간 투쟁으로 수만 명이 희생당한다.

또 네덜란드에서 칼빈주의 중심으로 스페인과 독립전쟁(1568~1609)을 40년간 계속하며 재침례교도들 수만 명이 희생당한다. 또 독일에서는 루터교 중심으로 30년 종교전쟁(1618~1648)으로 가톨릭 연합군과 루터교 간의 전쟁으로 독일 국민들이 막대한 희생을 당한다. 이렇게 전쟁을 통해 교파주의를 완성한 자들만 종교개혁가로 취급을 하고 성서적 진리를 따라 원수를 용납한 재침례교도들을 종교개혁자로 취급하지 않고 있다. 이것은 수단과 방법을 가리지 않고 정복한 승자 위주의 역사 인식으로 식민사관(植民史觀)의 잔재라고 할 수 있다.

여기서는 종교개혁자들 중 성서 해석에 심각한 오류를 범한 두 사람의 성서 해석의 문제점을 살펴보겠다.

1) 독일의 루터

루터(M. Luther, 1483~1546)는 1507년 24세 때 가톨릭 사제가 되었다. 그리고 1512년 29세 때 비텐베르크 대학에서 성경을 전공한 신학박사가 되어 성경 교수가 된다. 그는 시편 강해 교수 때 시편 22편에서 큰 의문점을 발견했고 1516년에는 로마서 강해 교수로 "믿음으로 의

인" 되는(롬 1:17) 진리를 터득한다. 루터는 이렇게 성서신학 교수의 체험에 근거하여 1517년 "95개조" 논문으로 종교개혁의 출발을 알렸다.

그는 63세(1546)로 세상을 떠날 때까지 신약성경 번역(1522)과 4,000여 편의 저술과 37편의 찬송 시를 남겼다.

루터의 성서 해석은 원문을 중심한 문자적 해석에 치중했다. 특히 루터의 성서 해석 중 만인에게 본받을 아주 귀중한 성서 해석법을 사용하는 모범을 보였는데 그것은 "성경이 성경을 해석한다"는 원칙의 모범을 보였다.

성경을 보면 애매하고, 모호하고, 상징적인 표현들이 많이 있다. 예컨대 계시록에는 생물, 뿔, 짐승 등등 이해하기 난해한 구절들이 많이 나타난다. 이렇게 난해한 부분들의 표현된 용어들을 다른 성경들에서는 어떻게 사용했는지 찾아냈다.

'뿔'이라는 계시록의 내용을 구약성경에서 '뿔'은 어떤 의미로 사용되었는가? 또 '짐승'이라는 내용이 다른 성경에서는 어떻게 쓰였는가? 이렇게 '성경'에 기록된 궁금증들은 똑같은 다른 성경들 속에서 해답을 찾아내는 성경 해석법을 추구했다.

루터는 가톨릭이 주장하는 교부들 신학이나 전통을 배격하고 모든 사람이 마음껏, 자유롭게 성경을 해석하되 그리스도 중심의 해석을 강조했다.

루터의 성서 해석들은 여러 면에서 지금까지 공감을 받고 있다. 그러나 그는 사제로 오랜 세월 동안 사역했기에 가톨릭의 잔재를 완전하게 벗어나지 못하는 '공재설'(동체설)이라는 주장과 국가와 종교를 연합시킨 독일 루터교를 독일 국교로 만든 점 등은 큰 오점이라고 할 수 있다.

여기서는 루터의 성서 해석이 오늘날까지도 문제로 계승되고 있는 사실 하나를 지적해 보겠다. 그것은 주님께서 명확하게 정치와 종교의 분리를 가르친 진리를 성경 해석을 잘못함으로 오늘날 독일과 북반구에 루터교를 국교로 만들어 놓은 일이다.

먼저 주님의 교훈을 보자.

복음서를 보면(마 22:17~22; 막 12:13~17; 눅 20:19~26) 당시 국가의 최고 통치자인 가이사에게 세금을 바치는 것이 옳으냐, 옳지 않으냐를 묻는다. 이때 주님은 "가이사의 것은 가이사에게, 하나님의 것은 하나님께 바치라"고 하시면서 정치와 종교는 각각 분리된 독립 개체이어야 함을 말씀하신다. 그리고 요한복음 18장 36절에 "네 나라는 어떤 나라냐?"라는 빌라도의 질문에 대해 "내 나라는 이 세상에 속한 것이 아니니라"고 하신다.

주님의 진리를 따르는 사도들 역시 주님과 똑같은 진리를 반복 강조한다. 베드로 사도는 베드로전서 2장 13~17절에서 인간의 모든 제도를 순종하되 왕뿐만 아니라 징벌하고 포상하는 총독에게도 순종하라고 한다.

바울 사도는 로마서 13장 1~7절에서 인간의 모든 권세란 다 하나님에게서 비롯되었다고 기록했다.

"자녀들은 부모의 권세 아래 있고, 학생은 스승의 권세 아래 있고, 하급 직원은 상급 직원 아래 있고, 졸병은 상급 지휘관 아래 있는 것이다. 대통령이나 임금도 그 위에는 하나님의 권세 아래 있는 것이다. 그렇기에 권세를 거스른다는 것은 하나님의 명을 거스르는 것이다. 설사 칼을 가진 자나 다스리는 자가 선한 일만이 아닌 악한 일을 한다 해도 그에게 순종한다면 그가 하나님의 사역자가 되어 선을 베푸는 자가 되는 것이다.

그러나 네가 하나님의 사역자가 되겠다고 하며 악을 행한다면 하나님의 진노하심에 따라 보응을 받게 된다. 그러므로 진노 때문에 복종하려 하지 말고 모든 권세는 다 하나님이 정하신 바라는 진리를 따라 양심을 따라 복종해라. 너희가 세금을 바치는 것도 세금 징수자들이 하나님의 권세를 집행하는 자라는 두려움과 존경의 마음을 가져야 한다." 이런 내용이다.

그런데 루터는 로마서 13장 1~7절 내용을 가지고 "하나님 두 개의 손"이라는 논문을 만들었다. 그는 이 구절에서 하나님의 한 손에는 교회가 있고, 또 다른 한 손에는 국가가 있다. '교회'와 '국가'는 하나님께서 쓰시는 두 개의 도구라고 했다.

로마서 13장 1~7절의 내용을 살펴보면 하나의 권세라는 질서를 강조한 말씀이다. 그런데 루터는 이 구절의 잘못된 해석으로 '정교(政敎) 분리'의 성서적 진리를 왜곡시켰다.

그렇게 루터의 잘못된 성경해석은 루터교를 독일의 국교로 만들게 되었고, 독일 이북의 북반구 나라들에도 루터교를 국교로 만들었다. 그뿐만이 아니다. 독일의 루터교 신학자들이 루터 이후 500년 동안을 루터의 잘못된 성서해석을 계속 발전시켜 오므로 오늘날 전 세계 교회들에게 '정교' 분리의 성서적 진리를 왜곡시켜 오므로 심각한 문제점들을 전 세계에 파급시키고 있다.

우리나라도 '정교 분리' 원칙이 잘못된 일제의 잔재라고 주장하며 성도들을 혼란케 하는 정치적 운동이 존재한다. 이는 루터의 성서해석의 오류에서 오는 사례다. 이 같은 사실에 우리가 배워야 할 교훈이 무엇인가? 잘못된 성서 해석은 당대로 끝나지 않고 수백 년까지 계승되면서 성서의 진리를 왜곡시키고 사람들에게 혼란을 일으킨다는 무서운 교훈을 배우게 된다.

2) 스위스의 칼빈(1509~1564)

칼빈은 프랑스 누아용(Noyon)에서 변호사 아들로 태어났다. 부친이 누아용 주교 비서관과 성당 참사회 법률 자문관이어서 11세 때 사제 보조직으로 임명받고 교회 성직록(聖職祿)을 받는다. 그는 사제 서품은 받지 않은 채 사제만이 받는 성직록을 12년간 받는다. 그래서 파리에 진출해 라 마르세대학, 몽테귀대학, 오를레앙 법과대학 등에서 공부한 후 오를레앙대학 법학박사 학위를 받는다(1532).

칼빈은 친구가 파리의 성 파르보(St. Barbo)대학 학장으로 있던 니콜라스 콥의 부탁으로 대학에 보내는 메시지를 만들어줬다. 그런데 이 메시지 내용으로 인하여 국왕의 격노로 소환령을 받게 되자 변장을 하고 국내로 피신을 다니다가 스위스로 망명하게 된다. 그 무렵에 최초의 저술인 《기독교 강요》 초판(1534)을 쓴다. 그 내용은 ① 십계명 강해 ② 사도신경 강해 ③ 주기도문 강해 ④ 세례와 성만찬 해설 등 전체가 140쪽 정도 내용이었다.

이렇게 가톨릭이 제정한 사도신경을 칼빈이 채용하면서 개신교 전체가 사도신경을 계승해 오고 있다.

칼빈은 제네바에서 제1차 사역(1536~1538)의 기간 동안 독선적 요소로 추방을 당하고 스트라스부르(1538~41)에서 이민자들을 위한 사역을 했다. 그러나 제네바시는 사보이(Savoy) 공국(1416~1946)의 지배욕과 가톨릭의 장악욕에서 벗어나 독립주가 되기를 열망했다.

그 같은 독립을 주도할 지도자로 칼빈을 초청해 제네바시의 독립을 요청한다. 그래서 칼빈은 제2차 제네바 사역(1541~1564)의 담당자로 초청받는다.

칼빈은 1541년 11월 20일에 "제네바 헌법"을 시의회원들에게 통과시킨다. 바로 이 "제네바 교회법"이 당회를 구성하고 한 달간 장로들이 제네바 시민들의 동향을 조사해 당회장 칼빈이 처벌 형량을 결정한 후 시행은 제네바 시의회가 집행케 한 제도였다.

칼빈은 1541년부터 "제네바 교회법"으로 도덕적 문제자, 교리적 문제자 등을 "치리회"(Consistory System)를 통해 계속적으로 집행해 나갔다. 그러다 보니 일반적인 범죄자, 교리적인 문제자 58명을 처형시키고 76명을 추방시키는(1541~1545) 살벌하고 험악한 공포 도시를 이끌어갔다.

이로 인해 본인은 많은 위협을 당했으나 구약의 신정정치 실현이라는 신념으로 줄기차게 추진해 나갔다. 공포정치에 진력이 난 제네바 시민들은 싫어도 살아남기 위해서 칼빈에게 협조한다. 그 결과 제네바시는 유럽 모든 종교의 망명 도시로 수많은 나라에서 몰려든다.

그는 후반기에 안정된 속에서 여생을 즐기며 《기독교 강요》를 증보하고 '제네바 아카데미'를 설립해 지도자들을 양성한다.

칼빈의 성경 해석 가운데 500년이 지난 지금까지도 영향을 미치는 그의 대표적 성경 해석의 오류를 살펴보겠다. 그것은 성경의 비밀스럽고 감격스러운 예정의 진리를 참담하고 막연한 거짓 진리로 변개시켜 놓은 일이다. 먼저 성경 속의 예정의 진리를 보자. 성경 속에 예정이라는 단어는 '프로리조'(προορίζω)다. 성경 속에 예정이란 단어는 5곳(행 3:20, 4:28; 엡 1:5, 9, 11)에 사용되었다.

이렇게 성경에 기록된 '예정'이라는 표현들은 모두가 사도들이 사용한 용어들이다. 사도행전 3장 20절을 보면 베드로의 솔로몬 행각에서 설교 중에 "주께서 너희를 위하여 예정하신 그리스도"라고 하고, 사도행전 4장 28절에도 사도들이 "하나님의 권능과 뜻대로 예정하신 그것을 행하려"고 한다는 기도 내용이다. 또 에베소서 1장 속에 표현된 '예정'이라는 단어들은 성부 하나님의 기쁘신 예정, 그리스도의 출생은 때가 찬 경륜 성취의 예정이며, 우리가 구원받은 것도 다 하나님의 계획에 따른 예정의 결과라고 감격하는 표현이다.

여기 성경의 예언 개념들은 두 가지 공통점이 있다. 그 하나는 베드로든 바울이든 반드시 구원받은 자들의 주장이다.

둘째로, 저들은 자기들의 구원이 과거 하나님의 계획 속에 이뤄진 결과라는 과거사를 믿음으로 해석하는 내용이다. 성경의 예정 진리는 ① 구원받은 자 ② 과거사의 믿음의 해석, 이 두 가지가 확실하다.

이제 칼빈이 예정사상을 만든 로마서 9장 내용을 보자. 칼빈의 예정 사상의 근거는 로마서 9장에서 비롯된다. 우리는 로마서 전체 내용 속에서 로마서 9장의 위치를 알아보자. 로마서 전체는 16장인데 내용은 셋으로 구분된다.

로마서 1~8장에서는 하나님의 의를 설명한다. 이 내용 속에 죄, 구원, 성화를 설명한다. 로마서 9~11장에서는 하나님의 의가 이스라엘에 어떻게 적용되는가? 이 내용 속에 선택, 거부, 미래를 설명한다. 로마서 12~16장에서는 하나님의 의를 따르는 그리스도인의 실천적 의무로 여기서 섬김의 삶을 설명한다.

이와 같은 로마서 전체 구성 중 로마서 9장은 이스라엘이 하나님의 선택을 받은 내용 설명과 하나님의 선택은 하나님의 주권적이고 단독적인 행위임을 설명한다. 로마서 9장은 아브라함의 씨가 다 그의 자녀가 아니라 오직 이삭의 후손이어야 한다. 리브가의 뱃속에 든 두 아이가 태어나기도 전에 야곱은 사랑하고 에서는 미워했다고 했다. 토기장이가 진흙 한 덩이로 귀한 그릇을 만들 수 있고 천한 그릇을 만들 수 있다. 이스라엘 자손이 바다의 모래 같을지라도 남은 자만 구원받는다.

이처럼 하나님께서 이스라엘이 큰 특권이 있으나 이방인들을 먼저 구원 얻게 하신 것은 하나님의 주권이다. 왜 하나님은 이스라엘을 놔두고 이방인들을 먼저 구원하셨는가? 그것은 이스라엘로 시기 나게 하시려는 섭리이다(롬 11:11). 그러나 하나님께서는 이방인의 충만한 수가 채워진 후에는(롬 11:25) 온 이스라엘이 구원을 받게 될 것이다(롬 11:26). 이렇게 이스라엘에 대한 하나님의 주권적인 선택을 설명하는 것이 로마서 9장 내용이다.

이와 같은 로마서 9장 내용으로 칼빈은 지나치게 억측 이론을 만든다. 하나님의 선택이 단독적 주권임을 지나치게 강조한 나머지 "에서는 미워하였다"는 "에사우 에미세사"(Ησαῦ ἐμίσησα)는 미워했다는 감정적 표현이 아니라 덜 사랑했다(잠 13:4; 마 6:24), 야곱에게 준 축복을 주지 않았다는 뜻이다. 그런데 칼빈은 이것을 '선택의 포기'라고 확대 해석을 했다. 또 9장 22절의 "멸하기로 준비된 진노의 그릇"이라는 구절도 확대 해석을 했다.

여기 '준비된'이란 말은 '카테르티스메나'(κατηρτισμένα)다. 이 단어는 '~에 대하여', '~을 향하여'라는 전치사 '카타'(κατά)와 '완전한'이라는 뜻의 형용사 '아르티오스'(ἄρτιος)의 합성어에서 파생된 단어다. 따라서 이 말은 '완전에 이르도록 준비하다'라는 의미를 가진 '카타르티 조'(καταρτίζω)의 완료 수동태 분사이다.

이렇게 수동태가 사용된 것은 이러한 준비가 인간의 의지와는 전혀 상관이 없는 하나님의 주권적 의지임을 설명해 주는 것이다. 그런데 그와 같은 하나님 주권적 의지가 현재까지도 영향을 미치고 있음을 완료형으로 사용하고 있다.

또 '멸하기로'라는 말은 '에이스 아폴레이안'(εἰς ἀπώλειαν)이다. 이 말은 '멸망시킬 목적으로'라는 뜻이다. 하나님께서 멸망시킬 목적으로 만드신 진노의 그릇이 있다는 뜻이다. 이 말의 뜻은 하나님께서 태초부터 특정한 자를 멸망시킬 목적으로 정해 놓으셨다는 뜻이 아니다. 하나님은 모든 사람이 멸망치 않고 회개하여 구원에 이르기를 원하신다(요 3:15~16, 5:24; 딤전 2:4; 벧후 3:9; 등).

여기서 굳이 '멸하기로 준비된' 것을 해당시키려고 하면 하나님의 인내에도 불구하고 끝내 거부하는 자로 이해할 수 있다. 칼빈은 하나님이 영원 전부터 멸망할 자와 구원할 자로 '이중 예정'(Double Predestination)했다고 주장했다. 이는 성경 전체적 진리를 완전하게 왜곡한 성경 해석의 지극한 오류이다.

"이중 예정"(二重豫定)이란 말이 무슨 뜻인가? 하나님께서 창세 이전에 영생을 얻을 사람과 멸망할 사람을 미리 예정해 놓았다는 숙명론(宿命論)적 교리이다. 성경 그 어느 곳에도 "이중 예정"을 뒷받침할 만한 근거는 전혀 없다. 칼빈의 "이중 예정" 사상은 그만이 믿는 숙명론을 장로교 교리로 계승해 오고 있다.

하나님은 공의의 하나님이시기에 죄인을 심판하신다. 그러나 하나님은 공의보다 더 위대한 사랑의 하나님이시기에 독생자까지 내어주셨다. 칼빈의 '이중 예정' 사상은 사랑을 무시한 공의(公義)만을 강조한, 진리의 절반만 가르친 성경 해석의 오류였다. 그 같은 칼빈의 사상은 500년이 지난 지금까지도 복음의 진리를 가로막고 성도들의 자유의 영성을 노예로 사로잡는 해악으로 작용하고 있다.

4. 근세 이후 현대

종교개혁 후 약 250년간 칼빈의 이중 예정론이 개신교 전체에 영향을 끼친다. 그로 인해서 250년간 구원자, 멸망자가 하나님의 예정 사항이라는 독소적 주장으로 하나님이 구원받을 자를 예정해 놓으셨으면 굳이 선교를 하지 않아도 저절로 교회에 나올 것이고 하나님이 멸망할 자로 예정해 놓으셨으면 선교해도 쓸데없는 일이라는 선교열이 죽어지고 개신교 암흑 시대가 된다.

이 속에서도 칼빈주의자들이 웨스트민스터(Westminster) 회의(1643~1646)를 통해 성직 125명, 평신도 30여 명이 "웨스트민스터 신앙고백"이라는 성서 옹호주의를 체결한다.

또 독일의 루터주의자들 중 경건주의(Pietism)운동으로 벵겔의 성경 주석이 축자적으로 해석되어 나온다.

그러나 유럽 각 곳에서 종교전쟁에 대한 혐오가 이성주의, 합리주의를 만들고 그것이 19세기 자유주의 신학으로 발전한다.

현대는 자유주의, 신정통주의가 크게 대두되고 있다. 신정통주의는 바르트(1886~1968), 불트만(1884~1976) 등으로 성경을 일부는 인정하고 일부는 불신하는 부류들을 뜻한다. 반면에 정통주의는 완전 축자 영감과 성경의 문자적 해석을 주된 핵심으로 삼고 있다.

결론

필자는 과거 자유주의, 신정통주의 세상에서 40여 년을 헛되게 살아갔다. 40세 이후 지금까지 정통주의에 입각한 완전 축자 영감과 문자적 해석에 주력하고 있다. 회고컨대 잘못된 성경 해석은 잘못된 신학에서 비롯된다. 과거 교회 역사에서 일어난 성경 해석의 오류들을 반면교사로 삼아 이 시대의 지도자들은 주님과 사도들의 모범만 따라야 올바른 삶을 살 수 있음을 철저하게 깨달아야 하겠다.

04
시온산의 십사만 사천과 마지막 수확

(계 14:1~20)

1) 시온산의 십사만 사천의 노래(계 14:1~5)

(1) 어린양이 시온산에 섰고 그와 함께 십사만 사천이 서 있는데(계 14:1a)

계시록 14장 1~5절의 내용은 매우 비논리적, 비합리적이다. 계시록의 내용에는 비논리적 내용이 많다. 그 이유는 계시록 전체가 환상 속에서 본 내용을 상징적으로 설명하기 때문이다.

그래서 계시록의 비논리적 내용과 요한복음의 논리적 내용을 비교하면서 계시록이 사도 요한의 기록이 아니라는 가설까지도 나온다. 그뿐만이 아니다. 요한계시록은 과거 교부 시대 때에도 이해되지 않아서 정경(正經)에서 제외시켜야 된다는 주장이 꾸준히 따랐고 정경 채택에도 계속 배척받은 책들 중 하나이다.

그렇다면 무엇이 비논리적인 내용인가? 바로 여기 1절에 어린양이 시온산에 섰고 그와 함께 십사만 사천이 서 있다는 내용이다.

왜 이 내용이 비논리적인가? 계시록 5장 1~7절을 보면 어린양은 하늘의 보좌 앞에 계신다. 그리고 그 어린양은 7년 대환난이 끝난 후인 계시록 19장 11~18절에 지상으로 오신다. 그리고 십사만 사천은 대환난 초기에 지상에서 구원받게 될 이스라엘 백성들이다(계 7:1~8).

이들 십사만 사천은 대환난이라는 무서운 환난 속에서 온갖 핍박들을 받으며 회개할 미래의 이스라엘 중 구원받을 자들이다. 이들은 대환난 기간 중 계속 많은 핍박을 받을 자들이다. 그런데 그들이 어린양과 함께 이스라엘 민족의 신앙 발원지이며 솔로몬 성전이 있는 시온산에 함께 있다는 내용은 앞으로 있을 계시록 19장 이후에나 있을 내용이다. 그런데 여기 계시록 14장은 지상의 대환난이 계속되는 후반에 어린양과 십사만 사천이 함께 섰다는 것은 비합리적이고 비논리적이다. 이런 논리적 내용 때문에 계시록이 사도 요한의 기록이 아니라는 주장이 제기되는 것이다.

그러나 이 부분을 합리적, 논리적으로 이해하지 않고 상징적으로 이해할 때에 이해가 가능하다. 이 내용은 대환난 후기 때 실제로 어린양이 시온산에 선다는 뜻이 아니라 이스라엘 백성 중에서도 대환난의 혹독한 박해와 동족들에게 멸시를 받으면서도 십사만 사천의 인침 받는 자들에게 주님이 함께해 주신다는 상징적인 뜻으로 이해되어야 한다.

사실 성경에는 예루살렘이나 시온산이 꼭 역사적, 지리적 의미만이 아니라 그것들의 이름 속에 상징적 의미로 쓰인 곳들이 많이 있다. 구약성경의 예루살렘은 이스라엘 수도라는 지명으로 약 600여 회 쓰였다. 그러나 신약성경에서의 예루살렘은 지명으로 쓰인 곳이 많고 더러는 상징적으로 쓰이기도 한다.

갈라디아서 4장 26절에 "예루살렘은 자유자요 우리의 어머니"라고 했다. 시온산도 마찬가지다. 구약의 시온산은 과거 여부스족의 성곽이었으나(삼하 5:6~9) 다윗이 법궤를 시온산에 옮겨 놓고(삼하 6:10~12) 솔로몬 성전을 건축한 후에는 시온산이 예루살렘 전체적 의미로 사용된다(왕하 19:21; 시 48편; 사 1:8).

그런데 신약성경의 시온산은 하나님의 도성인 하늘의 예루살렘이라는 상징적 의미로 사용된다(히 12:22; 계 14:1). 그러한 까닭에 계시록 14장 1절의 시온산은 예루살렘에 있는 시온산이 아니라 '하늘의 예루살렘'이라는 상징적 의미로 이해해야 한다.

그리고 십사만 사천에 대한 이해도 상징적 수로 이해해야 한다. 사실 계시록에서 최초로 십사만 사천을 소개한 것은 앞서 계시록 7장 1~8절에서였다. 그때의 십사만 사천은 이스라엘 중에서 각 지파에서 구원받을 자들이었다. 그런데 여기 14장 1절의 십사만 사천이 3절에 "그들이 보좌 앞과 네 생물과 장로들 앞에서 새 노래를 부르니 땅에서 속량함을 받을 십사만 사천"이라고 했다. 이때 말하는 십사만 사천은 계시록 7장 1~8절의 십사만 사천을 포함한 땅에서 속량함을 받은 모든 구원받은 자들을 총체적으로 상징하고 있다. 그렇기에 여기 십사만 사천은 계시록 7장 1~8절의 십사만 사천과 그 이상의 상징적 의미가 포함되었음을 알 수 있다.

(2) 그들의 이마에는 어린양의 이름과 아버지의 이름을 쓴 것이 있더라(계 14:1b)

계시록 14장 1~3절의 "십사만 사천"은 계시록 7장 1~8절의 "십사만 사천"과 똑같은 의미가 아니라 상징적 의미라고 했다. 이들은 상징적인 시온산에서 상징적인 어린양과 함께 서 있는데 그들의 이마에는 어린양의 이름과 아버지의 이름을 쓴 것이 있다.

앞서 계시록 7장 3~4절에 이스라엘 자손 중에서 십사만 사천이 하나님의 종들로 이마에 인침을 받는다고 했다. 이렇게 하나님의 소유로 인침 받은 십사만 사천은 대환난 기간 중 땅의 짐승이 오른손이나 이마에 표를 받게 강요하는 대핍박(계 13:16~17) 중에도 결코 짐승의 강요를 따르지 않는다. 그러나 대핍박 중에 짐승의 강요를 따라 오른손이나 이마에 표를 받은 자들은 거룩한 천사에 의해 불과 유황으로 고난을 받게 된다(계 14~10). 하지만 어린양의 이름과 아버지의 이름을 이마에 쓴 십사만 사천은 보호를 받는다.

(3) 십사만 사천의 구원의 노래(계 14:2~3)

사도 요한은 대환난 때 온갖 핍박과 짐승의 횡포에도 굴복하지 않고 신앙을 지켜나가는 십사만 사천의 미래를 환상으로 보고 있다. 십사만 사천이 대환난 때에는 온갖 핍박으로 초라해져 간다. 그러나 저들이 장차 어린양과 함께 시온산에 서게 될 것이고 또 이스라엘에서 구원받은 십사만 사천만이 아니라 전 세계에서 구원받은 많은 성도들과 더불어 어린양과 함께 서게 될 것이다.

그뿐만이 아니다. 사도 요한은 시각적인 환상만이 아니라 청각적인 감동도 소개하고 있다. 그것이 바로 2~3절에 기록된 많은 물소리와도 같고 큰 우레와도 같은 찬양과 거문고 타는 것 같은 악기 연주 소리도 듣는다. 이때의 찬양은 "네 생물과 장로들" 그리고 "땅에서 속량함을 받은 십사만 사천"만이 부를 수 있는 구원의 노래인 것이다. 여기서 우리가 깨달을 교훈은 천상의 노래는 반드시 구원받은 자라야만 부를 수 있는 노래라는 사실이다.

(4) 구속받은 자들의 영적 순결(계 14:4~5)

장차 천상에서 '새 노래'를 부를 수 있는 자들은 어떤 자들인가? 그들은 모두 영적으로 순결한 자들의 특성들을 갖춘 자들이다.

① 이 사람들은 여자와 더불어 더럽히지 아니하고 순결한 자라(4a)

'더럽히지 아니하고'는 '우크 에몰륀데산'(οὐκ ἐμολύνθησαν)이다. 이 말은 '더럽히다', '타락하다', '부도덕하다'는 뜻의 '몰뤼노'(μολύνω)의 부정 과거형 동사이다. 이 말의 뜻은 여자와 성적 관계에서 부도덕한 행위를 하지 않고 정당하고 정상적 관계 이외에는 순결을 유지한다는 뜻이다. 결혼은 하나님께서 혼자 사는 것을 좋지 않게 판단하시고 돕는 배필로 주신 제도이다(창 2:18). 결혼은 자기의 선택이 아닌 하나님께서 짝지어 주신 것이다(마 19:10). 이 같은 결혼에 남녀의 성관계는 필수적인 것이다(고전 7:4~5).

결혼은 귀하게 여겨야 한다(히 13:4). 그런데 부부 이외의 성관계는 우상숭배와 같은 죄악이다(고전 5:11). 이런 자는 유황으로 타는 못에 던져질 자이다(계 21:8).

② 어린양이 어디로 인도하든지 따라가는 자(4b)

'따라가는 자'라는 말은 '아콜루둔테스'(ἀκολουθοῦντες)다. 이 말은 '뒤따르다', '좇아가다'는 뜻의 '아콜루데오'(ἀκολουθέω)의 현재분사형이다. 그렇기에 과거 젊었을 때 열심히 믿었다거나, 또 과거에 열심히 충성했다는 뜻이 아니다. 어린양을 언제나 항상 현재형으로 열심히 따라감을 의미한다. 또 지금 어렵고 힘드니까 천천히 쉬다가 다음에 열심히 따라간다는 뜻도 아니다. 주님을 따라가는 발걸음이 언제 어디서든지, 어렵고 힘들어도 한결같이 꾸준하게 따라가는 것을 의미한다.

③ 사람 가운데에서 속량함을 받은 자(4c)

'속량함을 받은 자'란 말의 속량(贖良)은 '에고라스데산'(ἠγοράσθησαν)이다. 적에게 포로가 되었거나, 주민의 노예가 되었던 자를 값비싼 대가를 보상해 주고 자유의 몸으로 해방시켜 준 것을 속량이라고 한다.

마찬가지로 우리들의 과거는 사탄이 지배하는 죄의 영역들 속에서 사탄이 조종하는 대로 음란, 탐심, 도적, 우상숭배, 투쟁 등 사탄의 조종을 받고 살아간 사탄의 부하였다. 그러나 주님께서 사탄과 죄의 노예였던 자를 대속의 죽음이라는 대가를 치르고 누구든지 주님을 영접하는 자에게는 해방의 자유를 주셨다. 그렇기에 어린양과 더불어 함께 노래를 부를 수 있는 자는 반드시 죄의 문제가 해결된 자라야만 함께 노래를 부를 수 있다.

④ 처음 익은 열매이어야 한다(4d)

'처음 익은 열매'란 '아파르케'(ἀπαρχὴ)이다. 처음 익은 열매란 첫 열매, 또는 하나님께 드리는 제물을 뜻한다.

여기 십사만 사천이 처음 익은 열매는 아니다. 처음 익은 열매는 사도행전에 기록된 초대교회 성도들이다. 또 이스라엘 민족은 초대교회 2000여 년이 지난 지금까지도 메시아를 인정하지 않고 구약만 믿는 유대교다.

그리고 십사만 사천은 대환난 초기 때에야 회개하는 부끄러운 구원자들이다. 그런데 왜 이들을 '처음 익은 열매'라고 하는가? 이것은 시간적으로 처음이라는 뜻이 아니라 대환난의 막중한 고통 속에서도 끝까지 잘 이기고 승리하는 최선의 열매라는 뜻(민 18:12 참조)의 상징적인 의미의 말이다.

⑤ 하나님과 어린양에게 속한 자들이니(4e)

이들 이스라엘 중 구원받은 십사만 사천은 구원받기 이전에는 자기들만이 하나님께 속한 자라는 착각과 오만 속에 살아갔다. 그러나 대환난 때에 온갖 변화와 징조들을 통해 구원받고 난 다음에야 비로소 어린양에게도 속한 것을 뒤늦게 깨닫는다. 지금도 유대교도들은 하나님을 가장 잘 안다고 착각하고 있다(롬 9:4~5). 그렇기 때문에 이스라엘 민족이라고 해서 다 아브라함의 씨가 아니다(롬 9:31). 이스라엘이든 이방인이든 누구든지 주의 이름을 부르는 자만이 구원을 얻는다(롬 10:13). 이들의 완악한 거역은 휴거 후(살전 4:16~18)에야 회개가 이뤄질 것이다.

⑥ 그 입에 거짓말이 없고 흠이 없는 자들(5)

여기 '거짓말'은 '프슈도스'(ψεῦδος)다. 이 말은 사람들이 편리한 대로 사용하는 거짓말이라는 뜻이 아니라 참된 진리를 거짓말로 바꾸어서 거짓을 진리라고 주장하는 행위를 뜻한다. 성경에 쓰인 '거짓말'이란 다 이런 뜻이다.

로마서 1장 25절에 하나님의 진리를 거짓으로 바꾸어 피조물을 조물주보다 더 경배하게 하는 말이 거짓말이라고 했다. 신학자나 목사들 가운데 성경의 진리를 올바르게 전하지 않고 철학자의 말을 빌려서 성경이 철학 사상인 양 거짓되게 가르치는 자가 있다. 또 성경 진리를 서양이나 동양이나 기타 각 지역의 독특한 문화적 개념으로 잘못 이해시키는 것도 거짓말이다. 그리고 성경을 자기 유익이나 편리를 위해서 그릇되게 이용하는 것도 거짓말이다.

교회 역사에는 거짓말을 한 지도자들이 모두 유명한 이름을 남겼다. 지금도 거짓말 잘하는 지도자가 유명하게 알려져 있다. 그러나 계시록 21장 27절, 22장 15절에는 거짓말하는 자들은 결코 천국에 갈 수가 없다고 했다. 목사들이 '거짓말'이라는 말의 뜻을 너무 순진하게 알고 있다. 참으로 크게 깨달아야 할 중대한 진리이다.

그리고 '흠'이 없어야 된다고 했다. '흠'이라는 말이 '아모모이'(ἄμωμοί)다. 이 말은 부정을 뜻하는 '아'(ἀ)와 '흠'을 뜻하는 '모모스'(μῶμος)의 합성어다.

신약성경에 이 단어는 주로 윤리적 정결이라는 뜻으로 쓰였다(엡 1:4, 5:27; 골 1:22).

구약에서는 희생 제물에는 아무런 결격 사유가 없어야 됨을 뜻했다. 여기서는 제의적 의미에서 결격 사유가 없어야 된다는 뜻과 윤리적으로도 흠이 없는 예수 그리스도의 존재와 인격에 동등해야 됨을 뜻하고 있다.

우리가 깨달을 진리가 있다. 여기 기록된 내용은 십사만 사천에만 해당되는 내용이 아니다. 장차 거룩한 새 예루살렘인 천국에서 살 수 있는 자격자가 되려면 어린양과 같이 흠이 없는 정결자로 변화되어야 하는 것이다(빌 2:15).

2) 바벨론 멸망과 우상 숭배자들에 대한 심판 경고(계 14:6~13)

계시록 14장은 대단히 비논리적 내용들로 구성되었음을 앞서 설명했다. 계시록 6장부터 13장까지는 줄곧 쉬지 않는 재앙에 대한 내용들이 기록되었다. 그런데 14장에는 재앙이 아닌 찬양이 소개된다.

또 계시록 7장에서 이스라엘 민족 중에 인침 받을 미래의 십사만 사천 명의 내용이 소개되었다.

이때의 십사만 사천은 미래 대환난 때 구원받을 이스라엘 민족의 상징적 숫자다. 그런데 계시록 14장에는 십사만 사천이 어린양과 함께 시온산에서 찬양을 드린다. 이 내용은 너무 논리적으로 맞지 않는다. 어린양과 십사만 사천이 시온산에서 찬양할 때는 계시록 19장 이후에나 있을 수 있는 내용이다. 그렇다면 여기 14장의 14만의 찬양은 무슨 내용일까?

이것은 계시록 7장의 십사만 사천이 아니라 앞으로 있을 계시록 19장 이후에 있을 주님께서 재림해 오신 이후의 십사만 사천의 찬양을 미리 설명해 주는 내용으로 이해하는 것이 무난하겠다.

아울러 여기 계시록 14장 6~13절에 기록된 바벨론의 심판 경고 내용 역시 앞으로 있을 7년 대환난 후반기에 관한 것으로 계시록 18장의 바벨론 패망을 미리 경고해 주는 내용으로 이해하는 것이 본문 이해에 도움이 될 것 같다.

이와 같은 계시록 전체 구성상의 비논리적 특성을 이해해야만 본문의 내용도 이해가 될 것 같다.

(1) 또 다른 천사가…모든 민족과…백성에게 전할 영원한 복음을 가졌더라(계 14:6)

여기 또 다른 천사는 공중에 날아가는 천사다. 이 천사는 계시록 8장 13절에 기록된 공중에 날아가는 독수리처럼, 이 천사도 공중에 날아가는 독특한 천사다. 이 천사는 거듭나지 않은 땅에 거하는 자들인 모든 민족과 종족과 방언과 백성에게 전할 복음을 가진 천사다. 이 천사가 가진 복음은 '영원한 복음'이다.

'영원한 복음'은 '유앙겔리온 아이오니온'(εὐαγγέλιον αἰώνιον)이다. 여기 영원한 복음에 관사가 붙어 있으면 그것은 성경의 복음이다. 그러나 여기서는 관사가 없으므로 종말적 심판 때 구원받아야 된다는 종말적인 심판의 복음으로 이해된다.

(2) 그가…하나님을 두려워하며 영광을 돌리라…이는 그의 심판이 이르렀음이니(계 14:7)

여기 독특한 천사는 "하나님을 두려워하라"고 한다. 이때 말하는 '두려워하며'는 '포베데테'(Φοβήθητε)로 '경배하라'는 단어 '프로스퀴네사테'(προσκυνήσατε)와 같은 의미이다. 왜 하나님을 두려워해야 하는가? '그의 심판의 시간'이 이르렀기 때문이다.

'그의 심판의 시간'이란 '헤 호라 테스 크리세오스'(ἡ ὥρα τῆς κρίσεως)로 눈앞에 당장 펼쳐질 긴박한 시간을 뜻한다.

사실 그리스도교의 진리인 복음은 그 자체가 심판을 뜻한다. 우리가 잘 알고 있는 전 세계 모든 그리스도인들의 복음의 핵심 구절인 요한복음 3장 16~17절 내용은 믿는 자에게는 영생이 주어지지만, 믿지 않는 자들에게는 심판이 주어진다는 내용이다. 따라서 복음이란 심판을 깨닫는 것이고, 심판을 깨닫는 것 자체가 복음이다. 그래서 복음을 깨닫는 자들은 당연히 "하늘과 땅과 바다와 물들의 근원을 만드신 이를 경배"해야 되는 것이다.

(3) 다른 천사 곧 둘째가…무너졌도다 큰 성 바벨론이여(계 14:8)

둘째 천사는 하나님의 심판이 큰 성 바벨론과 연결되어 있음을 선언한다.

우리는 구약과 신약성경에 표현된 바벨론의 의미를 확실하게 알 필요가 있다. 왜냐하면 성경에 바벨론의 의미가 계속 변천되기 때문이다.

① 최초의 '바벨'(בָּבֶל)

창세기 10장 10절에는 '시날' 땅의 바벨, 창세기 11장 9절에는 바벨탑을 쌓다가 흩어진 바벨이 나온다.

② 바빌로니아 수도 및 왕으로서의 바벨론

열왕기하 17장 24절의 앗수르 왕이 사마리아 정복 후 그곳에 여러 민족들을 이주시시켰는데 그중 하나가 바벨론이다.

열왕기하 20장 12~15절과 이사야 39장 1~8절에는 히스기야 왕이 병들었을 때 바벨론 사신들이 병문안 차 예방한 내용이 소개되었다.

열왕기하 24장에는 바벨론 왕 느부갓네살이 주전 605년에 예루살렘을 장악한 내용과 주전 597년에 제2차 포로로 주전 586년에 예루살렘을 멸망시킨 내용이 기록되었다.

이렇게 바벨론 나라는 이스라엘과 유대에 해를 끼침으로 선지자들이 매우 무서운 심판을 선언한 내용이 선지서에 가득하다(사 13:1~19, 14:22, 21장, 46~47장).

예레미야 24장부터 마지막 52장까지는 전부가 바벨론에 관계된 내용이다. 에스겔도 12장부터 32장까지, 다니엘도 1장부터 7장까지, 스가랴도 2장부터 6장까지, 미가서도 4장 10절에서 바벨론을 언급한다.

이 같은 바벨론은 주전 539년에 메대, 바사에게 멸망당한다.

③ 신약성경의 바벨론

신약성경에서 바벨론은 하나님을 대적하는 상징적 세력이다. 베드로전서 5장 13절의 바벨론에 있는 교회나 계시록 14장 8절, 16장 19

절, 17장 5절, 18장 2, 10, 21절에서 설명하는 바벨론은 종교적, 도덕적 타락의 극치를 이룬 종말 때의 악의 총체적 형상으로 형상화되었다.

그렇기에 우리는 구약성경에 기록된 역사적 바벨론의 의미와 신약성경에 기록된 상징적 의미의 바벨론을 구별해서 알아야 한다.

왜 바벨론이 멸망당하는가?

그 이유를 계시록 14장 8절 후반에 "모든 나라에게 그의 음행으로 말미암아 진노의 포도주를 먹이던 자"이기 때문이라는 것이다. 바벨론이 구약 때 남왕국 유다를 포로로 끌고 갔고, 끝내는 유다를 멸망시킨 과거 침략국이었기 때문에 멸망 당하는 것이 아니다. 여기 계시록에는 바벨론이 '그의 음행으로 말미암는 진노의 포도주를 먹이던 자'이기 때문이라는 것이다.

여기서 우리는 과거의 바벨론인 역사적 바벨론 나라나 미래에 있을 상징적인 의미의 바벨론이 처참하게 멸망당하는 결정적인 원인이 음행 때문이라는 것이다.

우리는 과거 역사적인 바벨론 나라가 왜 망하는가, 그 이유를 바벨론 제국 당시에 활동한 예레미야서에서 깨달을 수 있다.

예레미야 51장 7절을 보면 "바벨론은 손에 잡혀 있어 온 세계가 취하게 하는 금잔이라 뭇 민족이 그 포도주를 마심으로 미쳤도다"라고 했다. 여기 표현 속에 몇 가지 진리가 있다.

㉠ 바벨론은 여호와의 손에 잡혀 있다

이 말은 바벨론이 그들이 가진 부유함이나 군사력도 하나님께서 열방의 심판의 도구로 쓰임 받도록 선택된 존재라는 것이다.

㉡ 바벨론은 온 세계를 취하게 하는 금잔이다

금잔이란 '코스 자하브'(כוס־זהב)다.

잔을 금으로 만들었다는 것은 부유함과 강함을 상징한다. 하나님께서 바벨론을 열방의 심판의 도구로 사용하기 위해 강한 군대를 주시고 막대한 부를 쌓게 하셨다.

ⓒ 뭇 민족이 그 포도주를 마심으로 미쳤도다

바벨론의 강한 군대와 막대한 부를 담은 포도주를 다른 모든 민족들도 선망하고 따라 마셨다가 모든 민족이 미쳐 버렸다는 것이다. 이것이 과거 역사 속의 바벨론의 교훈이다.

그런데 신약성경 계시록에 예언된 미래의 바벨론 문제가 무엇인가? 그것을 계시록 14장 8절에서 "모든 나라에게 음행으로 말미암아 진노의 포도주를 먹인" 죄악이라는 것이다. 미래에 세계가 멸망 당할 결정적인 이유가 무엇인가? 그것은 향락을 북돋우는 포도주로 인해 음행이 만연된 영적 타락의 극치가 미래 세계 멸망의 주원인이 된다는 것이다.

우리나라와 전 세계인이 매일 소비하는 술의 양이 얼마나 막대하게 증대하는가? 또 음행이 아무 죄가 아닌 것처럼 온갖 궤변으로 합리화시킨 도덕적 타락 문화가 얼마나 심각한가? 전 세계 중학생 남녀 가운데 어린 나이인데도 이미 성경험을 가진 아이들이 얼마나 증대되어 가는가?

정치가들은 표를 얻기 위해 어린아이의 학생들에게 투표권을 줘서 자기들 유익으로만 이용하려는 정치적 음모가 얼마나 많은가?

과거 소돔, 고모라성이 부도덕으로 멸망했던 것처럼 미래의 세상이 멸망당해야 되는 원인이 "음행으로 말미암은 진노의 포도주"라는 것이다.

(4) 또 셋째 천사가…짐승과 그의 우상에게 경배하고…표를 받으면 (계 14:9)

계시록 14장에는 천사들이 재앙을 선포하는 내용이 소개된다. 첫째 천사(14:6~7)는 영원한 복음을 전하며 경배를 지시한다. 둘째 천사(14:8)는 바벨론의 멸망을 선언한다. 셋째 천사(14:9~12)는 우상 숭배자들의 멸망을 선언한다.

대환난 때에는 전 세계가 두 진영으로 나누어진다. 많은 인간들이 정치 권력을 가진 바다 짐승과 땅의 짐승에게 경배하며 결국 멸망 당할 부류가 있다. 다른 한 부류는 두 짐승들에게 온갖 박해와 불이익을 당하면서도 순교를 각오하고 신앙의 정조를 지켜나간다. 여기 셋째 천사는 두 짐승을 따르는 우상 숭배자들에게 불과 유황으로 고난을 받을 것을 선언한다.

이들 두 짐승을 따르는 자들은 짐승과 그의 우상에게 경배하고 이마나 손에 표를 받은 자들이다(9b).
그들에게 따르는 고난이 여러 가지다.
㉠ 하나님의 진노의 포도주를 마시리니
음녀가 유혹하는 포도주에는 필연적으로 하나님의 진노가 담겨져 있다는 것이다.
㉡ 섞인 것이 없이 부은 포도주
섞은 것이란 포도주에 향료가 혼합된 포도주라는 뜻이나(시 75:8)
여기서는 물을 섞은 것이 없는 포도주로 하나님의 진노만 담겨 있는 포도주라는 뜻이다.
㉢ 불과 유황으로 고난을 받으리니
불과 유황은 창세기 19장 24절에 기록된 소돔과 고모라에 내린 하

나님의 극렬한 심판의 상징적 표현이다.

ⓔ 그 고난의 연기가 세세토록 올라가리로다

이때의 연기는 바벨론이 불타면서 생기는 연기다. 바벨론이 불타고 거기서 피어오르는 연기는 지옥의 공포를 연상케 해준다. 두 짐승들이 대환난 기간에 구원받은 성도들에게 온갖 불이익과 핍박을 가하며 괴롭히는 기간은 7년이라는 한시적인 기간이다. 그러나 두 짐승과 그의 이름표를 받고 두 짐승에게 경배한 자들의 고난은 누구든지 쉼을 얻지 못하는 고난으로 세세토록 계속 이어진다(계 20:10).

그렇기에 짧은 7년의 고난과 세세토록 밤낮 괴로움을 당하는 것은 비교의 대상이 못 된다.

(5) 성도들의 인내가 여기 있나니…주 안에서 죽는 자들은 복이 있도다(계 14:12~13)

참으로 안타까운 사실이 설명된다. 지금 성령님이 충만한 교회 시대에 주님을 영접함으로 대환난이 시작되기 이전에 구원받고 휴거에 참여되는 것이 정상적이고 편안한 구원의 길이다. 그런데 교회 시대에 잘못된 신앙으로 구원을 받지 못하고 7년 대환난의 참혹한 고난을 맞이할 수밖에 없는 자들이 생긴다.

대환난 고통 속에 이스라엘 중 십사만 사천을 비롯하여 전 세계 각 곳에서 다양한 백성들이 구원을 받는다(계 7:9 참조). 그렇게 대환난 기간에 구원받는 성도들은 두 짐승들의 잔혹한 핍박을 받으면서 교회 시대와 비교가 안 되는 신앙생활을 해야만 한다. 대환난 기간 동안 핍박 속에서 신앙생활을 하게 될 성도들에게는 인내가 필요하다(12절). 이때의 성도들의 인내는 믿음을 지키기 위한 순교적 각오를 가진 인내라야 한다.

그리고 이렇게 대환난 기간에 믿음을 지키기 위한 순교적 각오로 믿음을 지키다가 "주 안에서 죽는 자들은 복이 있다"(계 14:13).

여기서 우리가 중요한 사실 하나를 알고 넘어갈 필요가 있다. 계시록 14장 13절에 나오는 "지금 이후로 주 안에서 죽는 자들은 복이 있도다"라는 표현이다. 여기 "지금 이후로"라는 구절을 어떤 뜻으로 이해해야 되는가? 이 말의 문자적인 뜻은 '아프 아르티'(ἀπ' ἄρτι)다.

이 말은 기원이나 출처를 나타내는 전치사 '아포'(ἀπό)의 축약형 '아프'(ἀπ)와 '이제 방금', '지금'이라는 뜻을 지닌 부사 '아르티'(ἄρτι)가 합쳐진 말이다. 그래서 문자적인 뜻은 '이제부터 죽은 자들'이라는 뜻이 된다. 이 말을 잘못 이해하면 대환난 이전에 죽은 자들은 복이 없고, 대환난 때 핍박을 받다가 죽는 성도들에게만 복이 있다는 뜻으로 오해할 수가 있다.

그러나 이 본문은 그런 뜻이 아니다. 앞서 계시록 14장 9~13절에서 이미 설명한 것처럼 대환난 때에는 전체 인류들이 두 짐승의 잔혹한 핍박 때문에 많은 불이익을 당할 수밖에 없게 된다. 그래서 많은 인류들은 살기 위해서라도 두 짐승을 경배하게 된다. 하지만 그렇게 안일하게 살아갈 불신자들은 결국 불과 유황 속에서 영원한 고난을 받게 되는 영원한 고통이 계속된다.

그에 반해서 대환난 중 두 짐승을 경배하지 않는 성도들은 무한한 고난과 핍박과 불이익을 당할 수 있다. 그러나 그렇게 대환난 중에 핍박받다가 죽게 되는 성도들은 짐승 경배자로 잠시 안일하게 살다가 죽는 불신자보다는 훨씬 더 복이 있다는 내용이다. 대환난 때 믿음을 지키다 죽는 자들의 복을 '성령'께서도 확인하고 동의해 주신다. "수고를 그치고 쉬리니 이는 그들의 행한 일이 따름이라."

믿음을 지키다 죽는 자들은 사후에 어떤 삶을 살아갈 것인가? "수고를 그치고 쉬리니"라는 표현은 많은 오해의 요소가 있다. '수고'란 '톤 코폰'(τῶν κόπων)이다. '코폰'은 '코포스'(κόπος) 즉 '일', '노동'의 소유격이다. 그렇기에 '수고를 그친다'는 말이 천국에는 육체적인 일이나 노동은 전혀 없는 무위도식(無爲徒食)을 연상할 수 있다. 그러나 천국에 노동은 없으나 경배와 찬양은 계속된다(계 19:1~10).

그렇기에 '쉬다'는 말의 뜻을 바로 알아야 한다. '쉬다'는 말은 '아나파에손타이'(ἀναπαήσονται)다. 이 말은 육체적인 일이나 노동으로부터 완전 해방된다는 뜻이 아니라 대적자들의 압박이나 이 세상에서처럼 고통을 주는 환경적, 정신적, 신체적 모든 요소로부터 해방되어 영원한 안식을 누린다는 뜻이다.

3) 마지막 수확과 마지막 재난(계 14:14~20)

계시록 14장 14~20절은 시간적으로, 논리적으로 순서대로 본다면 계시록 18장이 끝난 다음에 소개되어야 하는 내용이다. 그러나 계시록 내용 중에 "교회 시대의 내용"인 계시록 2~3장과 주님께서 재림하신 이후의 내용인 계시록 19장부터 22장 내용은 논리적이고 순서대로 기록되었다.

그러나 계시록 6~18장까지의 "대환난" 기간의 내용은 전혀 논리적이지 않고 시간적으로, 순서적으로 앞뒤가 섞여 있다.

여기 계시록 14장 14~20절 내용은 대환난이 모두 다 끝나고 난 후 주님께서 재림하시기 직전에 마지막 수확하시는 내용(계 14:14~16)과 또 천사가 마지막으로 불신자들을 형벌하는 내용(계 14:17~20)으로 구성되었다. 이와 같은 내용상의 특성을 이해하고 본문을 살펴보자.

(1) 그리스도에 의한 구속받은 성도의 추수(계 14:14~16)

이 내용은 대환난이 끝나고 주님께서 재림해 오시기 직전에 해당되는 내용임을 염두에 두고 살펴보자.

① 또 내가 보니 흰 구름이 있고 구름 위에 인자 같은 이가 앉으셨는데(14)

이와 같은 표현이 최초로 다니엘서에 나타난다.

다니엘 7장 13절에 "내가 또 밤 환상 중에 보니 인자 같은 이가 하늘 구름을 타고 와서 옛적부터 항상 계신 이에게 나아가 그 앞으로 인도되매"라고 했다. 다니엘의 이 환상을 주님께서 그대로 인용하신다.

마태복음 24장 30절에 "인자가 구름을 타고 능력과 큰 영광으로 오는 것을 보리라"라고 하셨고, 주님의 말씀을 사도 요한이 계시록 14장 14절에 구름 위에 인자가 같은 이가 앉으셨다고 설명한다.

여기서 더 추가되는 사항은 "그 머리에는 금면류관이 있고"라는 내용이다. 금면류관은 계시록 4장 4절에 이십사 장로들이 쓰고 있었다. 그런데 계시록 14장 14절에는 인자 같은 이가 금면류관을 쓰고 있다. 이십사 장로들은 자기들이 쓰고 있던 금면류관을 벗어 보좌에 계신 하나님께 바친다. 주님의 금면류관은 통치와 왕권과 승리의 상징(계 19:12)으로 쓰고 계신다.

또 특이한 표현이 있다. "그 손에는 예리한 낫을 가졌더라"는 내용이다. '예리한 낫'은 '드레파논 옥쉬'(δρέπανον ὀξύ)다. '옥쉬'(ὀξύ)는 '날카로운'(sharp)이라는 뜻을 가진 형용사다. 예수 그리스도께서는 시퍼렇게 날이 선 매우 날카로운 낫을 가지고 계심을 선명하게 부각시킨다.

주님께서는 재림 전에 대환난을 최후로 심판하실 때 그 심판을 신속하고도 엄정하게 심판하실 것을 이렇게 그 손에는 예리한 낫을 가지신 것으로 암시해 주고 있다. 사실 주님의 초림 때에는 씨를 뿌리러 오셨다(마 13:37). 그러나 주님이 다시 오시는 재림 때에는 뿌려진 씨앗들의 열매를 추수하러 오신다.

주님은 초림 때에 사람들이 "넉 달이 지나야 추수할 때가 이르겠다"라고 하면서 안일한 사고를 하는 것을 "희어져 추수하게 되었도다"(요 4:35)라고 하시면서 긴박감을 강조하셨다.

여기서도 주님의 그 같은 모습에서 긴박감을 느끼게 해준다.

② 또 다른 천사가 성전으로부터…구름 위에 앉은 이를 향하여(15)

여기서 말하는 성전은 '투 나우'(τοῦ ναοῦ)다. 이때 말하는 '나우'(ναοῦ)는 '성소(聖所)'를 뜻한다. 한국 개역성경은 성소를 포함한 전체 건물 영역을 뜻하는 '히에론'(ἱερόν)을 성전(聖殿)이라는 것과 구별시키지 않고 전부 성전(temple)으로 통일시켜 놓았다. 이 같은 오류는 영어성경 번역에서 비롯되었다.

그렇기에 또 다른 천사는 성전(聖殿)에서가 아니라 하나님이 계시는 성소(聖所)로부터 하나님의 지시를 받고 그 지시를 인자에게 전해 준다고 해야 맞는 말이다.

이 내용에 오해가 생길 수 있다. 다른 천사가 인자를 향하여 큰소리로 외쳤다는 내용은 언뜻 오해하면 천사가 그리스도에게 지시하는 것으로 상상할 수 있다. 그러나 이 내용은 성소에 계신 성부 하나님이 급박한 지시를 천사를 통해 인자인 그리스도에게 전달해 주는 것뿐이다.

'큰 음성'은 '포네 메갈레'(φωνῇ μεγάλῃ)다. 이 표현은 다소 긴급하고 급박한 내용이라는 뉘앙스를 가진 표현일 뿐 지시하는 소리라는 의미는 아니다.

"당신의 낫을 휘둘러 거두소서 땅의 곡식이 다 익어 거둘 때가 이르렀음이니이다"라는 계시록 14장 15절 말씀에서 '당신의 낫'이라는 말은 '토 드레파논 수'(τὸ δρέπανόν σου)다. 이것을 K.J.V는 "주의 낫을 휘둘러 거두소서"(Thrust in thy sickle), 또 N.I.V는 "네 낫을 휘둘러 거두라"(Take your sickle), 개역개정은 "당신의 낫을 휘둘러 거두라", 공동번역은 "당신의 낫을 들어 추수하십시오"라고 번역했다. 이 중에서 K.J.V 번역이 가장 좋은 번역 같다. 천사가 인간에게 전해 준 메시지는 땅의 곡식이 다 익었으므로 인자께서 낫을 휘둘러 거두라는 하나님의 지시였다.

여기서 우리가 깊이 생각해야 하는 중요한 영적 진리가 있다. 종합종말론에 해당되는 마태복음 24장의 내용이다. 이 중에서 30절에 인자가 구름을 타고 오시는 내용이 나오고 주님이 오실 때 31절에 천사들을 보내어 택하신 자들을 하늘 이 끝에서 저 끝까지 사방에서 모으신다는 내용이 뒤따른다.

이때 천사들은 전 세계 각 곳에 구원받은 자들을 다 모은다. 이때의 장면을 찬송가 180장(통 168)에서 "하나님의 나팔소리 천지진동할 때에 예수 영광 중에 구름 타시고 천사들을 세계 만국 모든 곳에 보내어 구원받은 성도들을 모으리 나팔 불 때 나의 이름, 나팔 불 때 나의 이름, 나팔 불 때 나의 이름 부를 때에 잔치 참여하겠네"라고 찬송한다.

필자가 1990년대에 경북 청송에 있는 청송교도소를 찾아가 수감자들을 위로하고 격려의 설교를 해준 일이 있다. 그때 수감자들이 가장 힘차게, 가장 열정적으로 모두가 하나가 되어서 부르는 찬송이 바로 이 찬송이었다. 저들이 지금은 죄의 대가로 영어의 몸이지만 주님 오실 때에는 자기 이름을 불러 주실 것을 열망하는 애원이 담긴 간절한 찬송이었다.

필자는 그때 수감자들이 진심과 정성, 간절한 염원을 담아 그토록 힘 있고 절실하게 부르는 찬송은 처음 들어봤다. 그에 반해 일반 교회에서 부르는 찬송은 너무 의례적이고 감동이 없는 의식적인 찬송임을 현저하게 느끼게 된다.

또 하나 깨달을 교훈이 있다. "땅의 곡식이 다 익어 거둘 때가 이르렀다"라고 할 때 여기서 말하는 '다 익어'라는 말은 '엑세란데'(ἐξηράνθη)다. 그리고 '이르렀다'는 말은 '엘덴'(ἦλθεν)이다. "다 익었다", "거둘 때가 이르렀다"는 동일한 사실을 다르게 언급하고 있다. 그러나 깊이 생각하면 후자가 전자보다 더 진보한 설명이다. 주님께서 천국 알곡은 모아 곳간에 들이지만 쭉정이는 꺼지지 않는 불에 태우실 것을 말씀하셨다(마 3:12).

우리 모두가 알곡이 되어 천국 창고 곳간에 들어가기를 열망한다. 이 말씀이 나에게 어떻게 해당되는가? 필자는 나이가 많아지면서 계속 힘의 한계를 절실하게 느껴진다. 그런데 마음은 죽기 전에 더 많은 작품을 집필하려는 열망이 가득하다. 그런데 힘이 뒤따라주지 않는다. 주님이 강림하시기 전에 잘 익은 곡식들로 열매들을 이뤄야만 하는데…. 이 같은 소원은 늙은이의 과욕일까? 아니면 당연한 열망일까?

"주여! 주님 뜻대로 하시옵소서." 주님께 맡기고 기도하며 최선을 다할 따름이다.

③ 구름 위에 앉으신 이가 낫을 땅에 휘두르매 땅의 곡식이 거두어지니라(16)

주님께서는 구름 위에 앉아 계시기만 하는 한가한 분이 아니시다. 농촌에서 농부가 이른 봄부터 가을 추수 때까지 쉬지 않고 각 곡식의 특징에 따라 땀을 흘리며 쉬지 않는 노동력을 지속적으로 투자해야만 가을 추수가 가능하다.

주님이 초림 때에 세상에 계실 때 쉼 없는 노동력 투자로 식사하실 겨를도 없으셨다(막 3:20). 주님이 지금 하늘 위에 계시면서도 전 세계 수많은 주의 종들에게 긴장을 늦추지 말고 계속 씨 뿌리는 일을 하도록 독려하신다. 그리고 주님이 다시 오시는 재림 때에는 예리한 낫으로 먼저 익은 곡식부터 추수해서 천국 곳간에 모아 두실 것이다. 지금은 주님이 재림해 오시기 이전의 씨 뿌리는 때이다. 우리는 현재 각자의 위치에서 자기가 받은 은사대로 최선을 다해 씨를 뿌리는 사역에 전념해야 한다.

필자의 문서 선교 사역은 세상적 관점에서 볼 때 완전 적자투성이 사역이다. 필자가 시간과 노력을 들여 저술하는 사역은 필자에게 부여된 사명으로 인식하고 최선을 다하는 일에 아무 부담이 없다. 그런데 저술한 것을 출판사를 통해 작품을 만들려면 경제적인 문제가 뒤따라야 한다. 필자는 경제 문제에 있어서 문외한이다.

그렇게 어렵고 힘들게 작품을 만들어 놓으면 세상은 어렵고 난해한 책을 선호하지 않으므로 계속 작품들이 쌓여만 간다. 그래도 필자는 손해를 감수해 가면서 죽을 때까지 계속 작품들을 만들어가고 있다. 주님께서 재림해 오실 때 알곡 된 성도로 추수의 대상이 되고자 하는 열망이 있기 때문이다.

(2) 마지막 재난을 가지고 온 천사(계 14:17~20)

① 또 다른 천사가 하늘에 있는 성전에서…예리한 낫을 가졌더라(17)

이 부분 역시 주님이 재림 직전에 해당하는 내용이다. 주님이 재림 직전에 주님께서 구원받은 전 세계의 성도들을 추수하는 내용이 계시록 14장 14~16절에 소개되었다. 그런데 주님의 재림 직전의 추수 활동은 구원받은 성도들만으로 국한되지 않는다. 계시록 14장 17~20절에는 '또 다른 천사'에 의해서 구원받지 못한 악인들이 진노의 포도주 틀에 던져지면서 불신자의 심판이 이뤄지는 형벌의 추수도 있다.

그렇기에 세상의 마지막 종말 때에는 구원받은 성도로 천국 곳간에 들어가게 되느냐, 아니면 하나님의 진노의 틀에 던져져서 처참한 종말을 당하느냐의 둘 중 하나로 판별이 되는 것이다.

17절의 내용을 보자. '또 다른 천사'는 '카이 알로스 앙겔로스'(Καὶ ἄλλος ἄγγελος)다. 14장 14~16절에 구원받은 성도들을 추수하는 주체는 그리스도였다. 그런데 여기 14장 17~20절에 악인들을 추수하는 주체는 '다른 천사'이다. 그리고 앞서 성도들의 추수에 대한 메시지를 전달해 주는 천사나, 악인들의 추수를 시행하는 천사가 모두 다 하늘에 있는 '성소'에서부터 나온다.

영어 성경이나 한글 성경들에는 모두다 '성전'(temple)이라고 번역되었으나 원문은 '성소'를 뜻하는 '투 나우'(τοῦ ναοῦ)이다. 필자가 앞에서 여러 번 지적한 것처럼 '성전'(聖殿)이란 건물들 전체를 뜻하는 '히에론'(ἱερόν)이고, '성소'(聖所)는 속죄소, 언약궤가 안치되어 있는 하나님의 임재의 상징인 '나오스'(ναός)다. 그런데 번역 성경들 모두가 이 차이를 구별시키지 않고 모두 다 '성전'으로 통일시켜 놓은 것은 커다란 오류라고 할 수 있다.

여기 악인들을 심판할 '또 다른 천사'는 하늘에 있는 하나님이 계시는 성소(聖所)로부터 나온다. 그리고 그도 역시 예리한 낫을 가졌다. 예리한 낫은 앞서 16절에 설명된 똑같은 심판의 도구이다. 그렇기에 심판 때의 도구가 '예리한 낫'인데 이것은 '땅의 곡식' 상태로 기회가 주어졌던 것에 대한 결과를 처리하는 도구임을 암시해 준다.

② 또 불을 다스리는 다른 천사가…예리한 낫 가진 자를 향하여(18)
18절에는 세 번째 천사가 소개된다. 그런데 이 천사는 '제단으로부터' 나온다. 여기서 말하는 '제단'은 '투 뒤시아스테리우'(τοῦ θυσιαστηρίου)다. 똑같은 제단이 계시록 6장 9절과 8장 3~5절에도 소개된다.

계시록 6장 9절의 경우는 죽임을 당한 순교자들의 기도와 관련된 내용이고, 18장 3~5절의 경우는 종말이 속히 도래하기를 갈구하는 성도들의 기도와 관련된 내용이다. 그렇기에 여기 세 번째 천사가 '제단으로부터' 나왔다는 것은 이 천사는 순교자들과 성도들의 기도와 관련이 있는 천사임을 암시해 준다. 그런데 제단으로부터 나온 천사는 "불을 다스리는 천사"라고 했다. '불'은 '투 퓌로스'(τοῦ πυρός)로 하나님의 심판을 상징한다(마 18:8; 눅 9:54; 살후 1:7).

불을 다스리는 다른 천사가 제단으로부터 나와서 예리한 낫을 가진 천사를 향해 큰 음성으로 시급한 메시지를 전달한다.

그 메시지 내용은 "네 예리한 낫을 휘둘러 땅의 포도송이를 거두라"는 것이다. 성경에는 '포도'에 관한 내용은 대부분이 매우 좋은 의미로 사용되었다. 그래서 이스라엘의 대표적 과일로 포도, 무화과, 석류, 감람나무 등이 성경에 고르게 설명되었다. 그런데 유일하게 포도주에 대해 심각하게 비판적으로 표현한 것이 요엘서이다.

욜 1:7 그들이 내 포도주를 멸하며 내 무화과를 긁어 말갛게 벗겨서 버리니 그 모든 가지가 하얗게 되었도다

욜 3:13 너희는 낫을 쓰라 곡식이 익었도다 와서 밟을지어다 포도주 틀이 가득히 차고 포도주 독이 넘치니 그들의 악이 큼이로다

계시록 14장 15~16절은 요엘서의 3장 13절의 전반부와 관련을 짓고 또 계시록 14장 18~20절은 요엘서 3장 13절의 후반부와 관련을 지은 예언이 주어지고 있다.

여기서 '포도송이'란 문자적 의미의 포도송이가 아니라, 계시록 13장에서 이미 예언된 짐승과 그의 우상에게 경배를 하고 이마에나 손에 표를 받은 자들을 진노의 큰 포도주 틀에 던져질 존재로 설명하고 있다. 그래서 여기 계시록의 포도송이는 '심판받을 대상'으로 상징되고 있다.

③ 천사가 낫을 휘둘러 땅의 포도를 거두어…진노의 큰 틀에(19)

주님은 요한복음 15장에서 포도나무 교훈으로 우리 성도들은 포도나무의 가지로 존재하는 긍정적 교훈을 주셨다. 그런데 여기 계시록 14장의 종말 때에는 포도송이가 미래의 종말 때에는 포도들이 하나님의 진노의 큰 포도주 틀에 던져지는 심판의 대상으로 달라진다.

'포도주 틀'이란 '텐 레논'(τὴν ληνὸν)이다. 포도주 틀은 수확한 포도 열매들을 커다란 방 같은 곳에 모아놓고 발로 밟거나 압착기로 눌러서 포도즙을 짜내는 도구이다. 그런데 여기 미래의 종말 때에는 땅에서 하나님을 거역하고 하나님 섬기는 자들을 조직적으로 핍박한 짐승들과 그 짐승들을 따른 악의 세력들을 '진노의 큰 포도주 틀에 던져질 존재'로 설명한다.

이와 같은 사도 요한의 진노의 포도주 틀의 교훈은 요엘서 3장 13절과 21절의 내용과 이사야 63장 6절의 교훈과 긴밀히 연결시키고 있다.

④ 성 밖에서 그 틀이 밟히니 틀에서 피가 나서…천 육백 스타디온(20)

여기 20절에는 성 밖에서 진노의 포도주 틀을 짓밟는 주체자가 누구인지를 밝히지 않고 있다. 그런데 진노의 포도주 틀을 밟는 주체자의 표현이 계시록 19장 15~16절에 "만왕의 왕이요 만주의 주"라고 했다. 이것은 예수 그리스도께서 재림 때에 행사하실 종말 때의 심판 행위를 의미한다. 그런데 그렇게 진노의 포도주 틀을 밟는 곳이 '성 밖'이라고 했다.

'성 밖'은 '엑소덴 테스 폴레오스'(ἔξωθεν τῆς πόλεως)다. 이때 말하는 성(城)은 '테스 폴레오스'로 '그 성'(the City) 즉 예루살렘을 뜻한다. 그런데 '성 밖'이니까 예루살렘의 성 밖이다. 과거 유대인들의 유명한 극형자 처벌 장소가 성 밖이었고 예수님 자신도 예루살렘 성 밖에서 십자가 처형을 당하셨다(마 27:33, 53; 요 19:20).

'성 밖'은 역사상 혐오스러운 처형 장소였다. 그런데 미래의 종말 때에 짐승을 추종하는 우상 숭배자들이 처형당할 곳 역시 '성 밖'이다. 그때 '진노의 틀'에서 우상숭배 자들이 짓밟혀 죽으면서 흐르는 피가 '말굴레'까지 닿는다.

'말굴레'는 '톤 칼리논 톤 힙폰'(τῶν χαλινῶν τῶν ἵππων)이다. 이 표현은 말고삐가 만들어져 있는 부위라는 뜻으로 곧 말의 머리 부근까지라는 뜻이다. 사람들의 피가 서 있는 말의 머리 부위까지 흐른다는 말은 피가 거대한 강물을 이룬다는, 심판의 철저함을 의미한다.

계시록 14장 20절의 "또 천 육백 스타디온에 퍼졌더라" 했는데, 여기서 말하는 '스타디온'(σταδίων)은 약 185m 거리를 뜻한다. 1스타디온이 185m라면 천 육백 스타디온은 약 300km에 해당되는 거리를 뜻한다.

말의 고삐가 말의 머리 부분에 있으므로 높이가 약 1.5m 정도 되고 피가 흐르는 거리가 천 육백 스타디온인 약 300km의 거리이다. 우리나라의 서울과 부산이 약 400km 정도 된다.

그런데 7년 대환난이 끝나고 주님께서 지상으로 재림하셔서 악인들을 심판하신 후 그들을 진노의 포도주 틀에 던져놓고 짓밟아 죽인 자들의 피가 높이 1.5m, 거리 300km로 번진다는 것이다.

정말로 구원받지 못하고 죽게 될 자들의 피가 거대한 강물을 이룬다는 것은 너무도 상상하기 끔찍한 미래상이다.

그러나 '교회 시대'인 지금 세상에서 복음을 듣고 회개하여 성령으로 거듭난 성도들에게는 첫째 부활(계 20:6)에 참여하여 주님께서 부활하신 영체의 몸으로 주님과 더불어 영생을 누리게 된다. 따라서 주님의 재림은 양극단의 양상을 만들게 된다. 먼저 '교회 시대'에 구원받은 자들은 신령한 영체의 몸으로 주님과 함께 살게 되는 영광의 모습으로 달라진다.

그에 반해 과거와 현재와 미래까지 수많은 "은혜의 때"를 잃어버리고 살아가는 자들에게는 "진노의 포도주 틀"에 짓밟혀서 그 피가 거대한 강물을 이뤘다가 사라지고 만다. 우리가 계시록을 바로 알아야 하는 이유는 우리가 지금 어떤 선택을 해야만 하는가를 깨닫게 해주는 데 있기 때문이다.

(설교 20)
당신의 낫을 휘둘러 거두소서(계 14:15)

 서론

성경에서 '말씀'하는 '낫'은 '토 드레파논'(τὸ δρέπανόν)이다. 그리고 이 낫(sickle)은 거두는 것, 추수하는 도구로 설명되고 있다. 그런데 이 '낫'을 인간들이 어떻게 활용했는가? 낫의 선용에 따라 각각 다른 족적(足跡)들을 남겼다고 본다. 과거를 살아간 수많은 인류들 중 그들의 낫을 어떻게 활용했느냐에 따라 존경받는 선조가 되었든가, 아니면 혐오스러운 인물로 각인되었다.

과거 사람들의 '낫 사용'의 사례들을 정리해 봄으로 오늘을 살아가는 현재의 우리는 '낫'을 어떻게 사용하며 살아갈 것인지 생각해 보자. 과거 선례를 통해 오늘 우리에게 주어진 '낫' 선용의 교훈을 깨닫도록 하자.

1. 세상 사람들의 낫

세상인이라는 말이 너무 광대하고 광범위하다. 여기서는 필자의 주관적 판단에 따라 정치, 경제, 문화 또는 사상적으로 많은 사람에게 영향을 끼치되 좋지 않은 영향을 끼쳤거나 좋은 영향을 끼친 사람들로 선별적으로 생각해 보겠다.

1) 정치가들

(1) 나폴레옹 1세(1769~1821)

나폴레옹은 지중해 이탈리아에서 가까운 프랑스령 코르시카섬에서 태어났다. 그는 파리 사관학교를 졸업하고 포병 장교가 되고 이탈리아 국경군 포병 사령관을 역임하면서 두각을 나타낸다.

총재 정부의 위기를 알고 1799년 군사 쿠데타를 일으킨다. 그 후 군사 독재자로 오스트리아, 러시아, 신성 로마 제국 등을 붕괴시키며 유럽의 패권자가 된다.

1812년 러시아가 반항하자 모스크바 원정에 나섰으나 대파당함으로 1813년에는 영국, 러시아, 오스트리아 연합군에게 점령당하고 엘바섬으로 유배당한다. 1815년 엘바섬을 탈출해 워털루 전쟁에서 영국에 패하고 다시 세인트헬레나섬으로 유배당했다가 죽는다.

나폴레옹은 교황을 무시하여 연금시키는 무종교인으로 오로지 전쟁을 통한 정복만을 최고의 신으로 믿고 섬겼던 전제 군주였다.

(2) 히틀러(1889~1945)

히틀러는 오스트리아 세관 관리의 아들로 태어났다. 초등학교 졸업 후 실업학교에 진학했으나 성적이 나빠 중퇴했다. 두 차례 조형 미술대학 진학을 시도했으나 모두 실패했다. 그는 공부에는 별다른 능력을 드러내지 못하자 1914년 제1차 세계대전 때 군에 자원입대하여 전공을 세우고 철십자 훈장을 받는다.

그는 군에서 반 사회주의적, 국수주의적 정치사상의 선동가로 활약한다. 1919년 독일 노동당(나치스 전신)에 입당한 후 1921년에는 당수가 된다. 그는 격렬한 반(反)유대주의로 눈길을 끌고, 1923년 뮌헨 반란을 꾀하다가 당이 해산당하고 금고형을 당한다.

1925년 나치스당을 재건하고, 1930년 국회의원 선거에서 107석으로 제2당이 된다. 1933년에는 국회의원 647석 중 나치스당이 288석을 얻어 의회 정치를 배제하고 나치스당에 의한 일당 지배를 확립한다.

그는 총통, 당수, 정부수반, 국가원수, 국방군 최고 지휘관으로 전체 권력을 장악한다. 그 후 1938년 오스트리아, 1939년 체코슬로바키아, 1940년 프랑스를 정복했다. 1941년에는 소련과 전쟁하여 우크라이나 지역을 점령한다. 1943년부터는 유대인 멸절 운동에 착수한다. 그러나 1945년 소련군 포위 하에 베를린에서 자살로 종지부를 찍는다.

히틀러는 다윈이 주장한 인간 기원과 강자에 의한 약자 지배 구축이 자연법이라 믿고 개인, 민족의 평등이나 민주주의, 의회주의를 부정했다. 그는 자신의 목표 달성을 위한 치밀한 책략과 청중을 열광시키는 연설의 재능으로 독재적 통치와 반유대주의자로 살아갔다.

히틀러는 다윈의 진화이론의 양육강식, 적자생존의 가설을 믿는 잘못된 신념으로 인해 전 세계에 큰 불행을 안겨다 준 사탄의 도구로 쓰임 받았다.

(3) 스탈린(1879~1953)

본명은 주가슈빌리(I. V. Dzhugashvili)로 그루지야의 고리라는 마을에서 구둣방 집 아들로 태어났다. 티플리스 지방 신학교에 성직자가 되려고 입학했으나 독서를 통해 마르크스 공산주의 이론에 영향받고 직업 혁명가로 나선다. 러시아의 사회 민주당 볼셰비키파에 속하여 혁명운동을 전개하다가 체포, 유형, 탈주를 계속 반복하며 사회

유명인(?)으로 부상한다.

1912년 레닌의 지도하에 볼셰비키당이 결성될 때 지하 활동을 시작한다. 그는 자기 이름을 '강철의 사람'이라는 뜻으로 '스탈린'으로 바꾼다. 그는 1917년 공산당 혁명 후 〈프라우다〉 지 편집인으로 활동하며 '레닌'의 신뢰를 얻어 1921년 당 대회에서 5인의 정치국원 중 하나가 된다. 그리고 이듬해에는 당내의 절대적 실권자가 되고 레닌 사후(1924년)에는 레닌의 후계자로 자처하며 당 서기장이 되어 3두 연맹체제를 유지하다가 30년경에 당과 정부를 혼자 장악하는 독재 정치를 시작한다.

1934년부터 대 숙청을 시작해 반대파 간부뿐 아니라 군 수뇌부 및 반대자 수천만의 숙청을 이어간다. 1936년 '스탈린 헌법'을 제정하고, 1941~1945년 독일과 소련의 전쟁에 승리한 후 제2차 대전의 전승국으로 연합국 수뇌들과 전후 처리를 추진한다. 그 결과물이 1945년의 남, 북한의 38선이고, 1950년의 북한 김일성과 모택동을 후원한 6.25 한국전쟁이다.

그는 1953년에 뇌출혈로 사망했다. 스탈린은 스탈린주의(Stalinism)를 만들어냈다. 스탈린 생시에는 마르크스주의와 레닌주의가 발전된 것이었으나 그의 사후에는 개인숭배, 대량숙청, 관료주의적 통치, 소련 중심의 대국주의 등이 스탈린주의로 계속 특징을 이어오고 있다. 이 특징은 일당제와 프롤레타리아 독재를 옹호하고, 공산당을 중심으로 한 일사불란한 대국(大國) 민족주의가 주된 특징을 이룬다.

이 같은 스탈린주의 잔재는 지금도 많든 적든 전 세계에 남 아 있다. 한 시대를 살아간 스탈린은 공산주의에 대한 확고한 신앙 때문에 자신의 시대에 많은 이들을 불행하게 하였고, 지금도 그 영향력이 러시아, 중국, 북한, 쿠바 등에 미치고 있다. 참으로 인류 역사에 많은 해악을 끼친 사탄 노릇을 한 자이다.

2) 경제가들

(1) 록펠러(1839~1937)

록펠러는 뉴욕주(州) 리치퍼드에서 출생하여 오하이오주에서 고등학교를 졸업했다. 그는 처음에 농산물 중매인(仲買人)으로 사업을 시작하여 24세에 석유정제업에 진출했다. 그 후 1870년 31세 때 자본금 100만 달러로 오하이오 스탠더드 석유회사를 설립했다.

그 후 10년간 철도회사와 밀약을 맺고 차별 운임과 리베이트(rebate) 등의 특전을 주는 상술로 약소 기업들을 잇달아 점유하고 전 미국 석유정제업의 90% 이상을 지배하게 된다. 그는 산하 기업 통제를 위해 변호사의 조언으로 석유 트러스트를 조직하여 모든 산업을 석권하는 기업 합동의 선구자가 되었다. 록펠러는 석유 산업에서 생기는 이윤들을 광산, 산림, 철도, 은행 등에 투자하여 일대 재벌을 형성했다.

그러자 J. 모건 등 독점에 대한 사회적 비판이 1892년 "셔먼 독점금지법"에 의해 해산 지시를 받는다. 그러자 트러스트를 개조한 지주(持株)회사로 뉴저지 스탠더드 석유회사를 설립해 계속 군림하자 미 연방 최고 재판소에서 해체 명령을 받는다. 이를 계기로 사업을 록펠러 2세에게 물려준다.

그 후 54세(1893)에 병을 얻어 약 2년여 동안 희귀병으로 사경을 헤매다가 기적적으로 소생한다. 그때부터 뉴욕 허드슨강 강변에 리버사이드(River Side) 침례교회 예배당을 비롯하여 496개의 예배당을 지어 헌납한다. 그리고 시카고대학교를 비롯해 12개 종합대학을 지어 헌납한다.

또 록펠러 재단은 현 UN 본부 땅을 기증한다. 현재 록펠러 재단은 뉴욕 맨해튼에 1만 4천 평의 대지 위에 16개의 빌딩과 건평 17만 평을 소유하고 있다. 이 빌딩들 속에 N.B.C 방송사, A.P 통신사 등 굴지의 기업들과 증권가가 형성되어 있다.

록펠러는 98세(1947)를 살아갔다. 이중에 전반기 54세까지는 수단과 방법을 가리지 않고 돈 버는 데 주력했으므로 매우 비판적 평가를 받는다. 그러나 병에서 회복된 후반기는 교회 예배당 건축과 대학 건축, 기타 사회사업 투자로 격조 높은 헌납의 생애를 살아갔다. 록펠러는 어렵게 번 돈으로 교회와 세상을 위해 되바치는 삶을 살아갔다. 그렇기에 그의 생애 평가는 전후가 각각 다르다.

(2) 카네기(1835~1919)

카네기는 영국 스코틀랜드의 가난한 방직공의 아들로 태어났다. 가족들이 1848년에 미국으로 이민을 해서 미국에서 방직공 등 몇 가지 직업을 가졌다.

그 후 펜실베이니아 철도회사에 관리자로 일자리를 얻었다. 철도건설이 급속하게 추진되는 상황을 보고 철도 경영자보다는 철도건설 자재 공급에 관심을 갖고 제철업에 진출한다. 그는 "철의 시대는 지나갔다. 강철이 왕이다"라고 확신하고 1970년대 불황 속에서 제강공장을 건설했다.

1980년대에는 몇 개 경쟁 기업을 흡수하고, 90년대에는 5대호 주변의 유용한 광물이 땅속에 묻혀 있는 광상(鑛床), 탄광, 선박, 철도 등을 매수한 후 이들 사업을 통합하여 원료에서 완성품에 이르는 일관 생산체계를 수립하였다. 그러나 월가의 금융 집단과 철강 제품 각축전에서 어려움을 겪자 1910년에 모건 재벌에 기업을 팔고 실업계에서 물러났다.

1918년 "부는 하나님으로부터 위탁받은 것"이라는 신념에 따라 카네기홀, 카네기 공과대학 등을 설립했다. 그 후《철강 왕 카네기 자서전》(1886)《사업의 왕국》(1902) 등 저서들을 남겼다.

뉴욕에 있는 음악 홀인 카네기홀은 2,784석으로, 연주자들에게 카네기홀에서 연주하는 것 자체로 큰 영광이 되고 있다. 그는 카네기 공과대학뿐 아니라 미국 전역에 약 2,500개의 기념 도서관을 세웠고, 영국과 캐나다에도 약 500개의 카네기 도서관을 지어줬다. 또 소방관 중에서 진화 작업 도중 사고사를 당하거나 순직한 의사자 가족들의 생활 대책에 도움을 주는 '히어로 펀드 커미션'(Hero Fund Commission) 재단을 세웠다.

카네기는 13세부터 66세까지 50년 동안 돈 버는 일을 했다. 그렇게 50년 동안 번 돈으로 9년 동안 자선 사업에 다 기증을 하고 84세에 죽는다.[36]

그는 자기 재산의 90% 이상을 자선 사업에 기부했다. 이 같은 카네기의 신념은 신앙과 가난한 사람들에 대한 책임감에서 비롯되었다.

(3) 빌 게이츠(1955~)

빌 게이츠 3세는 미국 시애틀에서 태어났다. 13세 때 컴퓨터 프로그래밍을 시작했다. 1973년(18세)에 하버드대학에 입학했으나 장차 개인용 컴퓨터가 전 세계인의 대세가 될 것을 믿고 1975년에 대학을 중

---

36) 정수영, 성경이 하나님의 말씀인 증거, 쿰란출판사, 2016, pp.365~371.

퇴한다. 그리고 폴 앨런과 마이크로 소프트 회사를 설립했다. 그는 마이크로 소프트 왕국을 건설한 컴퓨터 천재였다.

그는 계속적인 사업 확장에 전념하다가 1993년(38세) 부인과 함께 아프리카 곳곳을 둘러보고 어린아이들이 기본 의약품을 구하지 못해 죽어 가는 모습을 보고 충격을 받는다.

그 후 그는 50대가 되면 자기 재산의 95%를 자선 사업에 쓰겠으나 그 이전에는 사업 확장에 전력하겠다고 한다. 이때 아버지는 평생 시애틀 시민운동 참여자로 아들에게 자선 사업을 권장한다. 1998년(43세) 부인의 권유로 '빌과 멜린다게이츠재단'을 만들어 극빈국에 새 백신을 보급하는 일을 시작한다. 그는 특권 정신은 변질되고 부패된다고 믿고 계속해서 번 돈을 벤처 스타일 형식으로 계속 투자를 늘려가고 있다. 얼마 전에는 부인과 이혼을 했으나 두 사람 모두 자선 사업은 공동으로 지속하고 있다. 그는 이미 세계 최고 부자라는 명예와 함께 역대 최고의 자선 사업 투자자로 이름을 드러냈다.

바라기는 그가 남은 생애에도 록펠러나 카네기를 능가하는 자선 사업가라는 좋은 명예를 남기기를 간절히 희망한다. 왜냐하면 큰 부자들이 자선 사업에 몰두하면 그 영향력이 썩은 정치가들의 섣부른 시행착오보다 훨씬 더 큰 영향력을 끼칠 수 있기 때문이다.

3) 문화 사상적인 면

여기서도 특정한 기준보다는 필자가 느끼기에 지금까지 전 세계적으로 다양한 나라에서 철학, 문학, 예술 등 각각 다른 분야를 통해 세계인들의 기억에 이름을 남긴 사람들을 정리해 보겠다.

(1) 러시아

러시아(Rossiya)가 요즘 전 세계인들에게 추악한 나라로 화제가 되고 있다. 러시아는 주후 988년부터 1917년까지 그리스 정교회가 국교로 계승된 기독교 국가였다. 그러나 1917년 볼셰비키 공산당 혁명으로 사회주의 연방국이 되었다가 해체되어 오늘에 이르고 있다.

그런데 러시아가 공산주의 국가가 되기 이전에는 톨스토이와 도스토예프스키 같은 유명한 문학가들과 19세기 러시아 최대의 시인인 푸시킨을 낳았다. 그리고 스탈린의 독재 체제 속에서도 파르테르나크의 "닥터 지바고"나 솔제니친의 "수용소 군도" 등의 명작이 탄생했다.

톨스토이(1828~1910)가 쓴, 나폴레옹이 두 차례에 걸쳐 러시아를 정복하려 한 전쟁을 배경으로 한 "전쟁과 평화"(1869), 러시아 귀족 사회의 양상을 그린 "안나 카레리나"(1877), 매춘부로 전락한 카튜사의 비극이 자기가 저지른 향락에서 비롯된 것을 깨닫고 여인을 위해 모든 것을 투자하는 네플류도프를 그린 "부활"(1899) 등은 전 세계인들에게 영향을 주고 있다.

도스토예프스키(1821~1881)가 지은 "죄와 벌"(1866)에서 가난 때문에 대학을 중퇴한 청년 라스콜리니코프는 고리대금업자 노파를 죽인 후에 현실적으로 법적인 문제로 판사와 대결을 하면서 기독교 신앙을 가진 소냐와의 대화 속에서 양심과 진실을 갖고 내적 투쟁을 한다. 또 그가 욥기를 읽고 힌트를 얻어 저술했다는 "카라마조프가의 형제들"(1880)은 필자 개인적으로 가장 오래도록 기억에 남는 명작이었다.

또 푸시킨(1799~1837)은 러시아 귀족 가문의 아버지와 아프리카 에티오피아인으로 러시아에 귀화한 어머니 사이에서 태어났다. 그래서 그의 혼 속에는 러시아의 귀족 정서와 아프리카의 정열이 혼합되어 있다. 그는 러시아가 전승해 온 러시아 교회의 슬라브어법과 유럽어법, 러시아 민중어법을 독자적으로 종합시켜 새로운 국민적 문장어를 창조해 냈다.

한국의 이어령 씨가 한국인의 혼을 숱한 전통들 속에서 발굴했듯이 푸시킨은 다양한 러시아 역사 속에 담겨 있는 다양한 언어들의 의미를 근대 러시아 문장어로 표준 확립하고 그것을 세계 문학 수준에 이르게 한 새로운 문학을 창조해 냈다. 푸시킨의 "삶이 그대를 속일지라도"라는 시는 고등학교 교과서에 소개되어 있다.

이러한 러시아인들에 대한 인식이 공산화 이후 완전히 달라져 가고 있다. 푸틴의 정치에 대한 평가는 후세인들의 몫이고, 우리는 러시아인 중에서 귀중한 영향을 준 사람들과는 양립해서 생각해야 할 것 같다.

(2) 독일

독일 하면 떠오르는 것이 두 가지다. 하나는 복잡하고 변화무쌍한 정치 역사이고, 다른 하나는 그 속에서도 창출된 철학 사상들이다. 여기서는 변화무쌍한 정치사는 논외로 하겠다. 독일의 철학 사상가들이 너무 많다. 종교개혁자 루터, 철학자 칸트, 헤겔, 마르크스, 니체, 하이데거, 야스퍼스, 심리학자 프로이드 등등 이 많은 이들의 삶을 다 살펴보는 것이 본서의 목적은 아니다. 이 중에서 세상 사람들에게 큰 영향을 미친 사람들 두세 명을 생각해 볼 수 있을 것 같다.

하나는 종교개혁자로 세상에 좋은 영향을 준 루터(1483~1546)이고,

다른 면에서 해악을 끼친 두 사람을 더 생각해 본다.

독일인으로 전 세계인에게 매우 부정적 영향을 미친 이가 두 명 있다. 먼저 마르크스(1818~1883)를 생각해 보자. 마르크스는 프로이센령(嶺)에서 부유한 유대계 독일인으로 출생했다.

본대학, 베를린대학에서 헤겔 철학을 배우고 유물론 신학자 포이어바흐의 영향을 받아 급진주의자가 된다. 처음에 〈라인 신문〉을 발간해 라인주(州)의 정치, 경제 문제를 비판하자 발행을 금지시킨다. 그 후 파리, 브뤼셀, 벨기에로 추방을 거듭 당하다가 런던에서 망명 생활 중에 엥겔스의 도움으로 생활비와 연구 도움을 받는다.

그는 《공산당 선언》(1848), 《자본론》 4권 등의 저술을 남기고 64세로 세상을 떠난다. 그러나 마르크스의 《경제학》은 오늘날까지도 전 세계인에게 유물사관에 의한 사상으로 독일의 고전 철학, 영국의 고전 경제학, 프랑스의 여러 혁명적 학설들이 혼합된 것으로 전 인류에 매우 부정적, 파괴적 영향을 끼쳐오고 있다.

또 다른 이는 니체(1844~1900)이다. 그는 루터교 목사의 아들로 태어났으나 다섯 살 때 아버지가 죽고 조모 밑에서 자랐다. 20세 때(1864) 본대학에서 신학, 철학을 공부하던 중 쇼펜하우어의 철학에 큰 감화를 받는다. 대학 졸업 후 고전 문학을 강의하다가 26세(1870) 때 전쟁에 종군했다가 병으로 귀환한다. 그는 편두통, 안질로 고생하며 스위스, 이탈리아 등으로 요양생활을 하면서 집필 활동을 이어나간다.

그는 러시아 여인 살로메를 사랑했으나 구혼을 거절당한 후 깊은 고독 속에서 과로가 겹쳐 정신병에 시달리면서도 저작에 전념한다. 그의 저서로 "비극의 탄생"(1872), "인간적인, 너무나 인간적인"(1878), "짜라투스라는 이렇게 말하였다"(1883~1891), "선악의 피안", "도덕 계보학"(1887) 등이 있다. 그의 대표작인 "짜라투스라는 이렇게 말하였다"에서 신의 죽음에서 지상에서의 의미를 말하고, 영원 회귀에 의해 긍정적인 생의 최고 형식을 주장하며 초인(超人)의 이상을 설파했다.

그는 기독교가 생을 파괴하는 타락의 원인이라고 단정했다. 기독교의 낡은 가치는 약자의 도덕이라고 하며 인생의 통일은 생을 긍정하는 새로운 강자의 도덕 창조를 역설했다. 이렇게 전통적인 유럽의 기독교를 비판하는 부정을 매개로 절대적인 긍정의 운명애를 주장했다. 그렇게 기독교를 부정하고 비판하며 긍정의 운명을 주장한 그는 56세를 살고 미친 상태에서 죽어 갔다. 더 놀라운 일은 그의 괴벽한 주장들이 전 세계 젊은이들에게 막대한 영향을 주고 있다는 사실이다. 미친 자의 낫이 그의 사후에도 계속 영향을 미치는 희한한 현실을 보게 된다.

(3) 프랑스

프랑스라고 하면 두 가지가 떠오른다. 하나는 정치사이고 다른 하나는 문학과 철학사상이다. 정치사에는 영국과의 100년 전쟁(1337~1453), 위그노 전쟁(1562~1598), 프랑스 혁명(1789~1799), 나폴레옹 통치(1799~1814), 제2차 세계대전(1939~1945) 등에서 많은 화제가 뒤따르고 있다. 여기서 문학과 세계인에게 알려진 것을 보자.

몽테뉴의 "수상록"(1580), 데카르트의 "철학"(1637), 파스칼의 "팡세"(1670), 볼테르의 "철학서한"(1734), "캉디드"(1759), 콩디야크의 "감각론"(1754), 루소의 "인간 불평등 기원"(1755), "사회 계약론", "에밀"(1762), 콩트의 "실증철학"(1842), 플로베르의 "보바리 부인"(1857), 위고의 "레미제라블"(1862), 르낭의 "예수전"(1863), 졸라의 "목로주점"(1877), 베르그송의 "시론"(1889), "창조적 진화"(1907), 프로이드의 "정신분석학"(1917), 하이데거의 "존재와 시간"(1927), 카뮈의 "실존과 무"(1942), 푸코의 "성의 역사"(1976) 등 매우 많다.

이들 모두가 각각 다른 개성을 가진 '낫'으로 역사 속에 작용했다. 그런데 이중에서 몽테뉴, 파스칼, 위고 등 몇 사람들의 '낫'은 두고두고 세계 만인들에게 기억되는 좋은 영향을 유산으로 남겼다. 그에 반해 볼테르의 작품들, 르낭의 "예수전" 등은 그들의 '낫'으로 인해 사람들에게 상처를 주는 유산을 남겼다.

프랑스 철학자들 가운데 좋은 각성을 준 '낫'으로 기억되는 인물들도 있다. 프랑스인들은 문학, 철학, 종교정신 등 다양한 분야에 각각 다른 '낫'으로 다양한 유산들을 남겼다. 이러한 다양성이 프랑스 국가의 정체성을 그대로 드러낸 것 같다.

(4) 영국

영국 하면 정치적으로 전통을 존중하는 국가로 기억된다. 랭커스터 왕가와 요크 왕가 간의 장미전쟁, 튜더 왕조의 단절로 스튜어트 왕조 출생, 청교도 혁명과 호국경 크롬웰, 하노버 왕조 후의 윈저가로 계승된 엘리자베스 2세 여왕 등이 있다. 영국은 전통을 대단히 존중하는 격식을 지켜가는 국가로 인식된다.

그와 같은 국민성의 영향으로 철학, 문학 사상도 유럽 대륙과는 또 다른 특성들을 계승해 오고 있다. 영국인들이 자랑하는 문학가로 셰익스피어의 "로미오와 줄리엣", "베니스의 상인", "햄릿" 등이 있고, 또 존 밀턴의 "실낙원"과 "복락원"도 있다. 또 존 버니언의 "천로역정"은 전 세계 모든 그리스도인의 애독서다. 또 워즈워스, 바이런 같은 시인들이 있는가 하면 D. H 로렌스의 "채털리 부인의 사랑", 헉슬리의 "연애 대위법" 같은 소설도 있다. 그런가 하면 오웰의 "동물농장"도 있다.

영국 철학은 유럽 대륙의 영향을 받지 않은 내부의 비판과 반론을 소화시켜 가는 영국 특유의 철학이 있다. 베이컨의 "학문의 진보"(1605), T. 홉스의 "리바이던"(1651), 뉴턴의 "자연 철학의 수학적 원리"(1687), 로크의 "인간 오성론"(1690), 버클리의 "인지의 원리", 흄의 "도덕 및 정치 철학"(1748), 스미스의 "국부론"(1776), 칼라일의 "의상 철학", 밀의 "자유론", 러셀의 "철학의 문제들"(1912) 등이 있다.

수많은 작품이 전 세계인들에게 알려져 있다. 유럽 대륙의 철학이 형이상학적 명제를 주로 많이 다룬 것에 비해 영국에서는 실증주의적, 경험주의적 견해로 그 특성을 드러내고 있다.

영국은 "수학 원리"를 철학의 근간으로 삼았으나 제2차 대전 후에는 수학 원리도 분석의 수단으로 사용하는 방법이 중시되지 않는다. 오히려 다양한 방식을 있는 그대로 이해하려는 방향으로 흘러가고 있다.

이상으로 과거 '세상 사람들의 낫'으로 활용한 각 나라 유명인들의 발자취를 살펴보았다. 이들은 과거의 세상 속에서 각각 독특한 공헌들로 그들의 공적과 이름이 전해지고 있다. 이제는 세상에서 눈을 돌려 2천 년 교회 역사 속에 큰 공적을 남김으로 세상에 알려진 사람들을 살펴보자.

여기서 필자는 크게 경악하지 않을 수가 없다. 왜냐하면 과거 역사에 공헌한 자들을 살펴보려고 할 때 '세상인의 낫'으로 소개할 만한 이들은 차고 넘친다. 그런데 '교회의 낫'으로 세상에 알려진 인물들이란 극히 제한적인 소수에 불과하다는 사실을 깨닫고 참으로 허탈하고 허망함을 금할 길 없다.

필자는 역사학도이므로 2천 년 교회사의 많은 인물의 공적과 과오를 많이 알고 있다. 그러나 2천 년 길고 긴 역사 속에 수많은 교회 지도자들이 존재했으나 그들 중 세상 사람들이 다 알 정도로 큰 인물은 매우 소수에 불과하다는 사실이다.

물론 세상 사람들이 다 몰라줘도 주님만 인정해 주신다면 족한 것이다. 그러나 세상 사람들이 다 알고 기억하는 것 또한 주님의 인정과 무관치 않다는 사실이다. 이렇게 생각을 해보니까 너무도 허탈하고 허망하다.

교회 역사 2천 년의 역사가 흘러왔다. 이 중에서 교회가 기억하고, 세상이 기억하고, 주님이 기억하실 만한 인물들이 누구일까? 필자의 허망한 마음으로 극히 제한된 몇 사람을 정리해 보겠다.

2. 교회의 낮

2천 년 교회 역사 속에는 수많은 사역자들이 다양하게 사역했다. 사도들의 뒤를 이은 교부 시대 때 활약한 감독과 장로들이 있었다. 중세기에는 감독을 주교라 하고 좀 더 큰 지역 사역자를 대주교라고 했고, 대주교들 위에는 총대주교(정교회는 지금도 계승)라고 했다.

가톨릭은 총대주교보다 더 높은 자라는 의미로 '우주의 아버지'(universal Father)라는 직책을 만들었고(590년) 그들을 선출하는 자들을 중추적(中樞的) 역할을 하는 추기경(Cardinal)이라고 했다. 그러면서 대주교, 주교, 수도원장, 신부들로 계급을 만들었다. 종교개혁자들은 가톨릭이나 정교회 직책명을 따르지 않고 목사와 장로직으로 목회직과 치리직을 구분하고 봉사직으로 집사, 권사직을 만들었다.

이 모든 과거사는 다 역사적 산물이다. 성경의 직분은 감독, 장로, 목사가 한 사람이 갖는 목회직이고, 섬기는 봉사직으로 집사만 있을 따름이다. 그런데 2천 년 교회 역사 속에는 성경에 없는 교황직을 만들어 '그리스도의 대리자'라는 황당무계한 독재를 이어나갔고, 악명 높은 교황들이 수백 명에 이른다.

그런가 하면 수도원장, 전도자라는 이름으로 세상 사람들에게도 존경받는 소수의 사람들이 있다.

안타까운 것은 신학자들로 알려진 이들은 긍정과 부정의 평가가 섞여 있고, 목회자들 가운데 좋은 이름을 남긴 사람들을 찾아내기가 매우 어렵다. 여기서는 수도원장으로, 전도자로 활동한 몇 사람을 정리해 보겠다.

(1) 클레르보의 베르나르(Bernard of Clairvaux, 1090~1153)

베르나르는 12세기 라틴 가톨릭 세계에서 가장 두드러진 인물로 널리 알려진 인물이다. 그는 프랑스 디종 근처 퐁텐에서 귀족 가문에서 태어났다.

1111년경 시토(Citeaux) 수도회에 들어갔다가 클레르보(Clairvaux) 수도원으로 파견되었다. 여기서 클레르보 수도원을 모(母)원으로 삼고 그의 생전에 68개 수도원을 설립하였다.

그가 소천할 당시 시토 수도회 소속의 수도원이 총 344개였는데 그중에서 166개가 베르나르 수도원의 감독하에 있었다.[37]

베르나르는 프랑스식 발음이고 영어로는 버나드(Bernard) 또는 베른하르트라는 라틴식 발음도 있다.

베르나르는 1130년 교황 선출 논쟁 때 제164대 교황 인노첸시오 2세

---

[37] 정수영, 중세교회사 Ⅱ. 쿰란출판사. 2017. pp.250~251.

(1130~1143)를 지지함으로 교황은 시토회에 대한 보답으로 많은 특혜를 주었다. 그 후 클레르보 수도회의 제자가 제167대 에우제니오 3세 (1145~1153) 교황이 된다. 이때부터는 왕관만 쓰지 않았을 뿐 실질적 유럽 지배자로 막강한 권세를 행사한다. 그는 정통주의자이자 다른 사람들의 반대를 두려워하지 않는 독선가였다. 게다가 대단히 경건하고 금욕적이고 신비주의자였다.

그가 한 오류로는 1146~1147년에 제2차 십자군 원정 당시 전 유럽 교회를 순방하며 원정 참여를 독려하는 유세를 한 일이었다. 또 합리적인 반대자들에 대한 적대감으로 그들을 이단으로 정죄하고 종교재판에 회부하여 단죄시키는 일도 서슴지 않았다.

그의 개인적 특성은 독선적 신비주의자로 알려졌다. 그가 마리아를 하나님의 어머니로 믿는 믿음에 따라 그 이전까지는 마리아를 중요치 않게 여기던 중세교회는 그로 인해 마리아 숭배가 발전하게 된다. 그리고 그가 남긴 수많은 시들이 찬송가로 전승되고 있다. 찬송가 85장의 "구주를 생각만 해도 이렇게 좋거든 주 얼굴 뵈올 때에야", 145장 "오 거룩하신 주님 그 상하신 머리 조롱과 욕에 싸여", 262장 (통 196) "날 구원하신 하나님 영원히 찬송하겠네" 등 세 편이 수록되어 있다.

베르나르는 12세기 수도원장이었으나 제자가 교황이 되자 세상 권세와 종교적 존경을 함께 누리며 살아갔으므로 세상에 널리 알려진 인물이 되었다.

(2) 아시시의 프란체스코(Francis of Assisi, 1182~1226)

프란체스코는 이탈리아 아시시(Assisi)에서 부유한 직물상 경영자의 아들로 태어났다. 돈이 많은 부잣집 아들로 젊은 시절에는 사치와 향락에 빠졌다가 페루지아전쟁(1202~1203)에 참여했다가 전쟁 포로로 1년여 고생하던 중 병을 얻어 석방이 되었다.

고향에 돌아온 그는 혼자서 작은 동굴에 들어가 사색을 하던 중 고향 성당이 다 허물어져 가는 것을 수축하라는 음성을 듣는다. 그는 아버지 가게에서 옷감을 빼내어 판매한 대금을 성당 수축 비용으로 헌납했다가 아버지의 분노를 사서 집에서 쫓겨난다. 이때부터 걸식을 하며 문둥병자들이 사는 곳에 기거하며 도시의 돌들을 가져다가 성당 복구로 낙을 삼는다.

그를 불쌍히 여긴 베네딕트 수도회가 산타 마리아 델리 안젤리라는 작은 성당을 준다. 이곳을 중심으로 탁발 수도사들이 모여든다. 1210년 프란체스코와 그의 동료들 11명이 제176대 교황 인노첸시오 3세(1198~1216)로부터 '프란체스코 수도회' 허락을 받는다.

교황은 시작된 지 2~3년밖에 되지 않은 정체불명의 수도회를 왜 허락해 주었는가? 그것은 그 당시 분리주의자로 신뢰를 받는 발도파(Waldo)들이 반(反)교황주의와 청빈운동으로 크게 각광을 받고 있었다. 교황은 발도파와 대결할 청빈 수도회가 필요하다고 여겼기 때문이다. 교황의 승인을 받은 프란체스코 수도회는 청빈을 주 특징으로 삼고 순식간에 크게 발전한다.

이때 프란체스코는 이탈리아뿐 아니라 십자군 전쟁으로 적대감을 가진 이집트, 시리아에 가서 이슬람 술탄들에게 전도를 한다. 그의 전도활동으로 열매를 얻지 못했으나 기독교도들이 이슬람과 유대인들에게 행한 살인, 폭행, 파괴를 크게 뉘우치고 사죄와 용서를 구하는 그리스도인다운 행적을 이루었다.

프란체스코가 동방 선교 여행에서 돌아왔을 때 커다란 수도회로 발전한 수도회를 법학박사이자 귀족인 피에트로 디 카타나가 접수했다. 그는 평생 이룬 수도회를 새 회장에게 넘겨주고 몇 명의 친구들과 라 베르나(La Verna) 암자로 들어간다.

이때 40일 동안 금식 기도 중 성흔(聖痕)이라는 그리스도께서 십자가상에 달리실 때 양손, 양발, 옆구리의 상처를 받았다고 한다. 그 진위 여부는 전기 작가들마다 다르다. 프란체스코가 44세로 죽기 1년 전에 지었다는 "태양에 관한 찬송"이 찬송가 69장(통 33)의 "온 천하 만민 우러러 다 주를 찬양하여라"로 편역되었다.

그리고 복음 성가 중에 "주여! 나를 평화의 도구로 써 주옵소서"라는 가사도 프란체스코의 시라고 전해지고 있다. 프란체스코는 중세기 암흑 시대 속에서도 주님 말씀대로 실천한 의로운 선각자였으므로 만인의 존경을 받고 있다.[38]

(3) 존 웨슬리(John Wesley, 1703~1791)

웨슬리는 감리교의 창시자다. 그의 조부모는 청교도였으나 아버지가 영국 국교회 주임 사제여서 자랄 때 국교회인 성공회에서 성장했다. 그는 옥스퍼드대학 졸업 후 아버지의 부제 사제가 되었다(1728년). 동생 찰스 웨슬리(Charles Wesley, 1707~1788)와 함께 옥스퍼드대학 내에서 대학생들 중심의 신앙 운동 단체인 홀리 클럽(Holy Club)의 지도자가 되었다.

이들은 정기적으로 모여서 성경을 읽고, 기도하고 스스로 성찰하면서 주말에는 교도소 등에서 구제 활동도 했다. 이와 같은 교도소 봉사 활동의 인연으로 32세(1735) 때 복음 전도회 초청으로 미국 조지아주 인디언 식민지 개척지에 전도자로 가게 된다. 영국에서 미국으

---

38) 정수영, 중세교회사 Ⅱ, pp.263~274.

로 가는 대서양 횡단 도중 폭풍 속에서 죽음의 공포를 느끼며 기절할 정도로 두려움이 계속되는데도 동행중인 모라비아(Moravian) 형제단들의 평온한 신앙심에 큰 충격을 받는다.

미국 조지아주 선교에 동행한 존과 찰스 형제는 현지 사역에 실패하고 3년 후(1738) 실의 속에 귀국한다. 두 형제는 대학생 때 훈련한 경건 활동이 폭풍의 위험 앞에서 아무런 효력이 없음을 깨닫고 깊은 좌절 속에 지낸다. 그런 중에 항해 중에 충격을 받은 모라비아 형제단원을 만난다.

모라비아 형제단의 뵐러 형제와 자주 대화를 나누던 중 신앙은 경건 훈련에서 비롯되는 것이 아니며 종교적 가문에 비롯되는 것도 아님을 깨닫는다. 그래서 문제의 핵심은 자기에게 올바른 믿음이 없었음을 알게 된다. 그렇게 깨달은 1738년 5월 24일에 올더스게이트 가(街)에서 열린 집회에서 루터의 로마서 주석 서론에 대한 설교를 듣고 주님을 영접하게 된다.

회개를 체험한 웨슬리는 독일 모라비아 정착촌인 헤른후트를 방문하여 친첸도르프(N. L. C Von Zinzendorf, 1700~1760) 백작을 만나 자기가 해야 할 사역의 방향을 깨닫는다. 그는 자기가 해야 할 사역으로 '민족', '국교회 개혁', '성경적인 성결'을 전국에 전파하려는 사역 목표를 삼는다. 그는 영국을 복음화하려고 목표를 세웠으나 당시 영국 국교회는 예배당 내에서만 집회를 허용하므로 그는 공장지대나 학교 등 사람들이 모여 있는 장소를 찾아가서 복음을 전한다.

그리고 국교회의 많은 반대를 무릅쓰고 잉글랜드, 아일랜드, 스코틀랜드 등으로 순회 전도 집회를 강행한다. 그렇게 해서 구원받은 자들을 작은 규모의 조직인 '속'(屬)으로 조직해서 신앙인 간의 유대를 계속하게 한다. 그는 이렇게 조직을 계속 강화해 나가며 북아메리카에 전도자들을 보내고 자신은 32만km의 수많은 전도여행을 강행한다. 그는 여행 중의 일기, 편지와 4만 번 이상의 설교, 소책자, 요약서들을 만들어낸다. 이렇게 88년의 전도자 생활을 마치고 1791년 세상을 떠난다.

그가 살아생전 조직한 조직들이 훗날 감리교(Methodist) 조직의 모체가 된다. 형 존 웨슬리의 전도사역과 동생 찰스 웨슬리의 찬송 사역으로 7,270여 편의 많은 찬송곡들을 남겼다. 이들 두 형제의 전도 사역과 찬송 사역은 영국의 노동자들 사이에 크게 번져 나갔다. 특히 산업혁명으로 사회 질서가 혼란해질 위기 때 두 형제의 신앙 정화 운동은 영국 사회가 위험한 격랑을 겪지 않고 순화되는 시대적 공헌을 한다.

이들은 감리교라는 교파를 만들어내는 정도가 아니라 산업혁명 후 국제적 혼란기를 신앙 정화 운동으로 고비를 잘 넘기는 국가적 공헌도 이루었다.

결어

필자는 '당신의 낫'을 세상 사람들의 낫과 교회의 낫으로 구별하여 과거의 역사를 통해 '낫'을 어떻게 선용해야 하는가를 살펴보았다. 여기서 소개한 세상과 교회의 낫을 사용하여 영향력을 발휘한 것은 이들만이 아니다. 이들을 소개하는 것은 단지 과거사를 회상하는 데 쉽게 이해될 수 있기 때문에 선별적으로 예를 들어본 것이다.

오늘 우리가 살아가는 현대에는 어느 계층이 '현대의 낫'이라고 부를 수 있을까? 오늘 현대에 큰 각광을 받는 부류들이 있다. 지금은 스포츠계나 연예계 사람들이고 또 창업자들로 큰돈을 번 사람들이 이 시대의 대표적 낫의 부류라고 생각하는 것 같다. 현대인들은 과거에 낫으로 살아갔던 사람들에게 큰 가치를 깨닫지 못하고 살아가는 것 같다. 인간의 삶은 다 한결같은데 과거에 가치로 존중받던 삶이 왜 현대에는 무관심하게 방치되고 있는가?

 그 이유를 필자는 성경에서 해답을 얻었다. 바울 사도의 최후 서신인 디모데후서 3장 1~5절 말씀을 보라. 바울 사도가 지적한 말세의 징조들을 여러 가지로 예언한다. 그런데 그 하나하나의 내용들이 지금 우리가 살아가고 있는 세상 모습과 너무도 일치되는 것을 깨닫게 된다. 쾌락 사랑하기를 하나님 사랑보다 더한 세상, 경건의 모양은 있으나 경건의 능력은 부인하는 세상, 이것이 오늘 우리가 살아가는 세상이 아닌가? 이런 때에 우리는 어떻게 살아가야 하겠는가? 세상 사람들이 좋아하는 낫이 무엇인가에 신경 쓰지 말고 '내게 주어진 낫'을 하나님께서 주신 천직으로 알고 '당신의 낫'을 휘둘러 최선을 다하는 것만이 하나님을 기쁘게 해드리는 삶이 되리라고 생각한다.

제3부

후 3년 반
(계 15~18장)

서론

우리는 성경을 통해 구원의 진리를 깨닫고 그리스도인이 되었다. 성경은 우리가 구원 얻는 진리 정도만 가르쳐주는 책이 아니다. 성경은 우주 만물의 시작인 창조 사실과 우주 만물의 마지막인 종말의 사실까지도 다 제시해 주었다. 그렇기에 시작과 과정과 종말이 성경 속에 모두 기록되어 있다.

이 내용을 바로 깨달으면 세상 삶이 쉽다. 하지만 그 내용들을 깨닫지 못하면 세상 삶이 어렵고, 힘들고, 목표 없이 되는 대로 살아가게 된다.

계시록은 시대의 종말 때를 깨우쳐주는 계시의 책이다. 계시록 내용을 보면 크게 세 가지 내용으로 구성되었다.

첫째, 계시록 1~5장으로, 이중에서 특히 2~3장은 교회 시대가 어떻게 진행될 것인가가 예언되었고, 4~5장에는 교회 시대 이후에 있을 휴거를 설명했다.

둘째, 계시록 6~18장으로, 이 내용은 7년 대환난의 재앙의 때가 예언되었다. 7년 대환난 중 전 3년 반은 재앙이 후 3년 반에 비해 비교적 온건한 기간에 해당된다. 그러나 후 3년 반은 매우 혹독한 재앙 기간이 된다.

이제부터 살피려는 계시록 15~18장은 후 3년 반의 혹독한 재앙에 관한 예언의 내용이다. 이 같은 내용의 성격을 파악하고 본문을 살펴보자.

01 일곱 재앙의 준비

(계 15:1~8)

1) 일곱 천사가 가진 일곱 재앙(계 15:1)

계시록에는 7년 대환난 시대에 3대 재앙이 예언되어 있다. 그것이 ① 일곱 인의 재앙 ② 일곱 나팔의 재앙 ③ 일곱 대접의 재앙으로 예언되어 있다.

계시록에서 가장 혹독한 후 3년 반의 일곱 대접의 내용은 계시록 16장에 기록되어 있다. 여기 계시록 15장의 내용은 일곱 대접 재앙 전에 일곱 재앙에 대한 암시를 해주는 내용이다. 그런데 일곱 대접 재앙은 이전에 소개된 인의 재앙이나 나팔 재앙보다 너무도 참혹한 재앙이기 때문에 그것을 "크고 이상한 다른 이적"이라고 표현한다.

앞서 계시록 6장부터 14장에 설명된 전 3년 반의 재앙은 사탄의 하수인 바다짐승과 땅의 짐승의 핍박에 의한 재앙들이었다. 그러나 계시록 15장부터 18장에 설명된 후 3년 반의 재앙은 그 재앙의 규모나 정도가 인간으로서는 상상할 수 없는 각종 놀랍고 거대한 재앙들이다. 그래서 계시록 15장 1절에서 사도 요한은 "크고 이상한 다른 이적"이라고 한다. 사도 요한이 본 후 3년 반의 재앙은 인간으로서는 감히 상상할 수 없기에 "크고 이상한 다른 이적"이라고 표현한다.

그리고 일곱 대접 재앙은 하나님 진노가 이 재앙으로 끝남으로 마지막 재앙이라는 부차적 설명이 더 추가된다. 왜 일곱 대접 재앙이 마지막 재앙인가? 그 내용은 대환난 기간 중 득의양양했던 마귀, 짐승, 거짓 선지자, 이름이 생명책에 기록되지 못한 모든 자들이 일곱 대접 재앙이 끝난 후에 하나님의 최후 심판으로 모두 다 불못에 던져지기 때문이다(계 19:20, 20:10, 15).

이렇게 본문을 뒤의 내용과 결부시켜 이해해야 납득이 된다.

2) 짐승과 우상에서 벗어난 자들의 노래(계 15:2~4)

계시록 15장 2~4절의 내용은 계시록 13장에 소개된 두 짐승에게 핍박받은 성도들에게 위로와 용기를 주는 내용이다. 15장 1절에 "크고 이상한 다른 이적"을 말했으므로 2절에서는 당연히 일곱 대접 재앙을 설명해야 한다.

그런데 왜 이미 설명한 13장의 내용을 여기에 끼워 넣는가? 매우 비논리적이고 내용 구성도 상식적인 구성이 아니다. 사도 요한의 독특한 구성 특성처럼 15장 2~4절의 내용은 일종의 삽입 내용이거나 또는 앞서 부족한 설명을 뒤늦게 보충시키는 내용으로 보인다.

⑴ 내가 보니 불이 섞인 유리 바다 같은 것이 있고(계 15:2a)

우리가 확실하게 잘 기억할 것은 "불이 섞인 유리 바다"가 아니라 "불이 섞인 유리 바다 같은 것"이라고 말한다. '같은 것'이란 원문에서 '호스'(ὡς)다. 이 말의 뜻은 '~와 같이', '말하자면'(as it were)이라는 뜻이다. 그러니까 불이 섞인 바다 자체가 아니라 그와 유사하다는 뜻이다.

계시록에는 바다를 몇 가지로 다르게 설명한다. 계시록 4장 6절에 "보좌 앞에 수정과 같은 유리 바다", 15장 2절에 "불이 섞인 유리 바다 같은 것", 22장 1절에 "수정같이 맑은 생명수의 강"이 있다.

그런데 이들 강들이 무엇과 연관되어 설명되는가를 알아야 한다. 계시록 4장 6절은 하늘의 보좌와 연관된 천상적 의미가 있고, 계시록 15장 2절은 계시록 13장의 용과 두 짐승에게 시달린 성도들과 연관되어 있으며, 계시록 22장 1절은 영원한 천국에서 영생을 누릴 성도들과 연관되어 있다. 따라서 여기 15장 2절의 "불이 섞인 유리 바다 같은 것"은 실제로 불이 섞인 바다가 아니라 짐승들의 핍박이 불이 섞인 유리 바다와 같았다는 상징적인 표현으로 이해된다.

⑵ 짐승과 그의 우상에게 그의 이름의 수를 이기고 벗어난 자들이(계 15:2b)

이 내용은 앞서 살펴보았듯이 계시록 13장에게 기록된 내용을 축약시킨 내용이다. 우리는 앞서 계시록 13장 내용을 살펴보았다. 장차 7년 대환난이 시작되면 정치적 세력으로 상징되는 "바다에서의 한 짐승"(계 13:1~10)이 마흔두 달(3년 반) 동안 짐승에게 경배를 강요한다. 이것은 과거 로마제국 때 황제를 숭배하도록 강요한 일이나, 일제가 한국을 점령하고 자기들의 황제를 숭배하도록 탄압했던 일이 앞으로 또 일어난다는 것이다.

그뿐만이 아니다. 바다짐승의 권세로부터 권세를 부여받은 거짓 선지자로 상징되는 '땅의 짐승'(계 13:11~18)이 이적을 행하며 바다짐승에게 경배를 강요하고 심지어는 오른손이나 이마에 '666표' 받지 않는 자들에게는 물건 매매를 하지 못하게 한다.

이렇게 정치적, 경제적, 사회적, 신앙적인 다각도의 집요한 핍박 속에서도 짐승들에게 경배하지 않고 신앙의 지조를 지키는 성도들이 있게 된다. 바로 이들 신앙의 지조를 지킨 성도들이 유리 바닷가에서 찬송을 부른다.

교회 시대에 속하는 계시록 2~3장 속에도 여러 가지 포상들이 약속되었다. 그런데 대환난이라는 전무후무한 대핍박에 속하는 계시록 6~15장의 핍박 속에서도 핍박을 극복하는 성도들에게 영광이 주어진다.

(3) 유리 바다 가에 서서 하나님의 거문고를 가지고…모세의 노래, 어린양의 노래(계 15:2b~3a)

여기 "유리 바다 가에"라고 했다. 이 말은 "에피 텐 달랏산 텐 휘알리넨"(ἐπὶ τὴν θάλασσαν τὴν ὑαλίνην)이다. 여기서 '가에'라고 쓰인 단어는 '에피'(ἐπὶ)이다. 이 단어는 '~곁에'(beside)라는 뜻도 있으나 '~위에'(on)라는 뜻이 있다.

원문의 '에피'(ἐπὶ)를 K.J.V와 N.A.S.B 영어성경은 on으로 번역했고, R.S.V 영어성경은 beside로 번역했다.

한글 개역개정성경은 R.S.V를 따라 '바닷가에서'라고 했으나 K.J.V처럼 '바다 위에서'로 번역할 수도 있다. 이러한 사례는 마태복음 14장 25절에 "밤 사경에 예수께서 바다 위로 걸어서 제자들에게 오시니"라는 표현 때에도 '에피'(ἐπὶ)가 사용되었다.

계시록 15장 2절의 짐승들의 유혹과 핍박 속에서도 끝까지 참고 승리한 성도들이 승리자로서 유리 바다 위에 선다는 의미로 이해된다. 그들이 '하나님의 거문고'를 가지고 있다.

'거문고'는 계시록 5장 8절, 14장 2절, 18장 22절에도 소개되는 하나님의 백성들이 하나님의 구원을 찬양하는 도구로 쓰이므로 '하나님의 거문고'라고 한다.

짐승들의 박해에서 승리한 성도들이 '하나님의 거문고'를 가지고 '모세의 노래', '어린양의 노래'를 부른다. '모세의 노래'는 출애굽기 15장 1~18절에 기록되었다. 모세의 노래는 이스라엘 백성들이 애굽 군대의 추격을 받을 때 홍해를 건넌 후에 이스라엘 백성과 모세가 불렀던 노래이다.

'어린양의 노래' 역시 예수 그리스도의 십자가의 대속 사역을 믿음으로 구원받은 자들이 부르는 노래이다. '모세의 노래'는 과거 출애굽이라는 역사적 사건에 국한된 노래이지만 반면에 '어린양의 노래'는 그리스도의 대속 사역을 믿는 전 세계 모든 인류에게 제한 없이 혜택을 볼 수 있는 무한대의 노래이다. '모세의 노래'나 '어린양의 노래'가 다 같이 구원받은 자들의 노래라는 측면은 같으나 어린양의 노래는 범세계적, 초인류적 찬양이라는 광폭적인 의미가 있다. 아마도 7년 대환난의 심대한 핍박 속에서도 살아남는 성도 중에는 계시록 7장에 소개된 이스라엘 민족 중에서 구원받는 십사만 사천으로 상징되는 이스라엘 민족들이 있다(계 7:4~8). 그리고 이스라엘 민족이 아닌 각 나라와 각 족속과 많은 백성 속에서도 구원받는 성도들이 있다(계 7:9).

그때 이스라엘 민족 출신들은 모세의 노래가 익숙할 것이고, 이스라엘이 아닌 전 세계 민족들은 어린양의 노래가 익숙할 것이다.

⑷ 주 하나님…만국의 왕이시여 주의 길이 의롭고 참되시도다(계 15:3b)

"주 하나님 곧 전능하신 이여"와 같은 표현은 요한의 상용적인 표현으로 계시록 안에 7차례나 사용되었다(계 1:8, 4:8, 11:17, 15:3, 16:7, 19:6, 22:22 등). 또 "하시는 일이 크고 놀라우시도다"라는 표현은 시편 속에 나타난다(시 92:5, 98:1, 111:2, 139:14 등). 그렇다면 전능하신 이가 하시는 일이 크고 놀랍다는 것은 무엇을 의미하는 내용인가?

그것은 모든 인류를 구원하시기 위한 하나님의 사역을 의미한다. 하나님은 자기와 동등한 성자 예수를 비천한 인간의 몸으로 세상에 보내주셨다. 그리고 하나밖에 없는 독생자 예수를 모든 인류 죄인의 대표로 삼으시고 인간이 만들어낸 최악의 처형 방법인 십자가에 매달려 고통 속에 죽게 하셨다. 그러나 주님은 사탄이 지배하는 사망 권세에서 승리하시고 사흘 만에 다시 살아나셨다.

그리고 누구든지 하나님의 사랑, 그리스도의 대속의 죽음을 믿는 자에게는 성령님이 지배하는 천국을 이루고 그에게 영생의 길을 열어주셨다. 전능하신 이의 크고 놀라운 일은 곧 인류에게 구원의 길을 열어주신 것이다. 이것은 주의 길이 의롭고 참됨을 의미한다.

세상의 군주들이나 통치자들은 임기가 한정된 제한된 통치이므로 여러 가지 부실과 부정들이 반복됨으로 의로운 통치가 못 된다. 그러나 하나님의 통치는 영원 전부터 영원 끝까지 전체 역사가 하나님의 설계와 구상 속에서 이뤄진 만세 전에서 만세 후의 통치이다. 그렇기에 하나님의 통치는 의롭고 참된 것이다.

⑸ 주의 의로우신 일이 나타났으매 만국이 주께 경배하리이다(계 15:4)

4절에 "오직 주만 거룩하시니이다"라고 했다. 일반적으로 하나님을 "거룩하시다"라고 할 때 '거룩'이라는 말은 '하기오스'(ἅγιος)를 쓴다. 그런데 여기 계시록 15장 4절에 '거룩'에는 '호시오스'(ὅσιος)를 썼다. 두 단어가 다 '거룩'이라는 뜻이지만 '하기오스'(ἅγιος)라는 형용사는 성품이나 속성이 거룩하다는 내용적 의미가 포함되지만, '호시오스'(ὅσιος)라는 말은 행동으로 드러난 결과가 거룩함으로 나타났다는 의미로 쓰이는 단어다.

그렇기에 본 절에서 "주의 의로우신 일이 나타났으매"라는 표현은 하나님의 의로우신 성품과 속성이 하나님만이 간직하고 계시는 것이 아니라 구체적 행동의 결과로 성도의 구원과 악인의 멸망이라는 하나님의 사역이 드러났음을 의미하는 말이다.

하나님의 사역은 막연한 원리만이 아니다. 하나님은 거룩하신 성품을 예수 그리스도의 죽음과 부활과 승천이라는 사건을 통해서 구체적으로 나타내 보여주셨다. 그러므로 만국이 주께 경배하는 것이 당연한 일인 것이다.

3) 일곱 대접 재앙의 준비(계 15:5~8)

(1) 또 이 일 후에…하늘에 증거 장막의 성전이 열리며(계 15:5)

여기 또 번역 성경들의 오류로 인해 성경의 참뜻이 이해하기 어려운 복합성을 주고 있다. "증거 장막의 성전"이라는 원문은 "테스 스케네스 투 마르튀리우"(τῆς σκηνῆς τοῦ μαρτυρίου)다.

이 말의 기원은 이스라엘 백성들이 출애굽한 후 광야 생활을 할 때 시작된 말이다. 출애굽기 38장 21절에 "성막 곧 증거막"이라는 말이 시작되어, 민수기 1장 50~53절에 "증거의 성막", 9장 15절에도 "증거의 성막", 10장 11절, 17장 7절 등에도 "증거의 장막"으로 쓰였다. 이 같은 표현은 신약성경에도 나오는데 사도행전 7장 44절에도 스데반이 "증거의 장막"을 말한다. 이렇게 구약과 신약에 쓰인 증거의 장막은 어디까지나 이 땅 위에 임시적인 공간으로서의 '장막'을 뜻한다. 그러나 계시록 15장 5절에서의 "하늘의 증거 장막의 성전"이라는 표현은 땅에 있는 임시 건물로서의 장막이 아니다. 왜냐하면 하늘나라에는 건물 성전이 없다(계 21:22).

더구나 성경에 쓰인 단어는 '성소'라는 뜻의 '나오스'(ναός)인데 영어성경과 한글성경 모두 '성소'라는 '나오스'(ναός)와 '성전'이라는 '히에론'(ἱερόν)을 구별하지 않고 전부 '성전'(temple)으로 번역해 놓았다.

이것은 영어성경이든 한글성경이든 고린도전서 3장 16~17절의 '성소'를 '성전'으로 번역해서 성경의 참뜻을 왜곡시킨 치명적 잘못이다. 그렇기에 한국교회가 예배당 건물에 대하여 '성전'이라고 남용하는 변질된 신앙을 보급해 놓았다. 참으로 불행한 과거사의 실수를 《시편강해》에서 "성전 개념의 역사"로 설명을 했다.[39]

따라서 하늘에는 "증거의 장막 성전"이 없다. 계시록 15장 5절은 하늘의 성소로 과거 구약시대 때 장막 안의 성소에는 하나님의 말씀인 증거판이 있었던 것처럼 하나님의 말씀으로 이해하는 것이 올바른 이해가 된다.

한글성경과 영어성경의 오류는 '성소'와 '성전'을 구별시키지 않고 모두 '성전'이라고 번역해 놓은 것을 교정해야만 참다운 진리를 제대로 알 수 있을 것이다.

---

39) 정수영, 하나님의 집 문지기(시편 강해 3권), pp.201~215.

(2) 일곱 재앙을 가진 일곱 천사가…맑고 빛난 세마포로 옷을 입고
(계 15:6)

일곱 재앙을 가진 일곱 천사라고 하면 흉악하고 무서운 형상을 상상할 수 있다. 그러나 저들이 하나님께서 시행하시려는 재앙들을 시행하는 대리자들이므로 그들의 모습마저도 고상하고 거룩한 면모로 나타난다.

저들은 하나님이 계시는 성소로부터 나오고 인간이 지은 성전에 나오지 않는다. 저들은 맑고 빛난 세마포 옷을 입었고 또 가슴에는 금띠를 띠었다.

(3) 네 생물 중 하나가…하나님의 진노를 담은 금대접 일곱을 주니
(계 15:7)

7절에는 "네 생물 중 하나"가 등장한다. '네 생물'에 관한 기록은 앞서 계시록 4장 6~9절에서 설명했다. 이들은 모든 피조물들의 대표들로 하나님의 보좌 주위에서 하나님을 경배하는 존재들이다.

계시록 5장 8절에는 '네 생물'과 '이십사 장로들'이 하나님과 일곱 천사의 중간에 서서 성도들의 기도의 향이 담긴 금대접을 가지고 있다. 그런데 계시록 15장 7절에는 네 생물 중의 하나가 하나님의 진노를 담은 금대접 일곱을 일곱 천사들에게 전달해 준다. 여기 보면 네 생물들은 성도들의 기도를 관리하고 또 세상 최후의 대재앙 때에도 하나님의 진노를 담은 금대접을 전달하는 사역도 한다.

'네 생물'은 성도들의 기도를 담은 금대접을 관리하고 또 하나님의 진노를 담은 금대접도 전달한다. 우리는 기도를 드릴 때 꼭 하나님의 뜻에 합당한 기도라야만 하나님께서 들어주신다는 기도에 대한 편견을 갖고 있다.

그러나 비록 합당하지 못한 말의 기도라도 무슨 말이든지 다 심판받는다는(마 12:36) 말씀대로라면 잘못된 기도들도 '네 생물'이 금대접에 담아 놓을 것으로 추측된다. 그렇기에 우리는 기도를 중언부언하며 의미 없는 입버릇이 아니라면 무슨 내용이든 많은 기도가 모두 다 유익함을 추측해 볼 수 있다.

(4) 하나님의 영광과 능력으로…성전에 연기가 가득 차매(계 15:8a)

여기서도 '성전'이라고 번역된 원문은 '성소'라는 뜻의 '나오스'(ναός)다. 과거 구약성경에서는 '성전'(ἱερόν)에서 연기가 가득 찼던 기록이 있다(왕상 8:10~11; 사 6:4; 겔 10:4 등). 이와 같은 구약 때 건물 성전에서의 연기가 가득한 것은 하나님 영광의 현현적 표현이었다. 그러나 여기 계시록 15장 8절 성소의 연기는 앞으로 후 3년 반에 있을 무서운 진노의 상징으로서의 연기이다.

(5) 일곱 천사의 일곱 재앙이 마치기까지는 성전에 능히 들어갈 자가 없더라(계 15:8b)

대환난의 후반기에 있을 일곱 대접 재앙은 하나님께서 정하신 대재앙이다. 그렇기에 그 재앙을 그 누구도 변경시킬 수 없다. 마지막 일곱 대접 재앙은 완벽하게 시행될 강력한 재앙임을 표현한다.

02 첫째 대접부터 일곱째 대접 재앙

(계 16:1~21)

1) 첫째, 둘째 대접 재앙(계 16:1~3)

계시록 16장에 7년 대환난 중 가장 최고로 혹독한 후 3년 반의 일곱 대접 재앙들이 계속해서 소개되고 있다. 계시록 16장 한 장에 일곱 대접 재앙들이 모두 다 소개되는 것으로 사도 요한의 계시록 기록 수법이 참으로 특이하다.

계시록 16장에는 일곱 대접 재앙들을 소개해 놓고는 이어 계시록 17장과 18장에는 대접 재앙들이 계속되는 때의 특별한 사건을 또다시 설명한다. 사도 요한의 계시록 기록 수단이 참으로 특이한 구성이며 비논리적이다. 그렇기에 이 같은 사도 요한의 계시록 기록의 수단을 이해하는 것이 계시록 이해에 도움이 되겠다.

(1) 또 내가 들으니 성전에서 큰 음성이 나서(계 16:1a)

개역성경은 계시록 전체에 '성소'(나오스 ναός) Sanctuary를 모두 다 '성전'(히에론 ἱερόν) temple로 잘못 번역했음을 여러 차례 설명했다. 큰 음성은 '성전'이 아닌 '성소'에서 나오는 소리이다. 우리가 유심히 살펴보고 기억할 내용이 있다. 계시록 16장에는 '큰'이라는 말인 '메갈레스'(μεγάλης)가 유심히 많다. 1절의 "큰 음성", 9절의 "크게 태움", 12절의 "큰 강 유프라테스", 19절의 "큰 성 바벨론", 21절의 "큰 우박" 등이다.

계시록 16장 전체에는 모든 것들이 다 '큰' 것들로 가득 차 있다. 아울러 1절의 '성소에서의 큰 음성'은 단순한 하늘의 큰소리가 아니라 이는 하나님의 소리로 이해하는 것이 타당할 것 같다.

(2) 일곱 천사에게 말하되 너희는 가서 하나님의 진노의 일곱 대접을(계 16:1b)

큰 음성이 하나님의 소리라고 했다. 그런데 하나님의 소리가 천사에게 "너희는 가서 하나님의 진노의 일곱 대접을 땅에 쏟으라"고 한다. 하나님이 하나님의 진노의 일곱 대접을 지시한다는 표현이 다소 어색하게 느껴진다. 그러나 이 표현은 하나님의 개인적 발언이 아니라 그분의 마음을 표시하는 일종의 천둥소리와도 같은 묵시적 표현으로 이해한다면 큰 문제가 되지 않는다.

그리고 '쏟으라'는 말 '엑케에테'(ἐκχέετε)가 '버리다', '붓다'라는 뜻의 현재 명령형이므로 천사에게 명령하시는 분은 하나님밖에 없다. 그리고 2절 이하에 전체에 계속 명령하실 분 역시 하나님뿐이므로 어색하지 않고 이해가 된다.

(3) 첫째 천사가 가서 그 대접을 땅에 쏟으매(계 16:2)

앞서 계시록 8장 7절에도 첫째 천사가 등장한다. 계시록 8장 7절의 첫째 천사의 나팔 재앙 때에는 피 섞인 우박과 불이 나와서 땅의 삼분의 일이 타 버리고 수목의 삼분의 일, 각종 푸른 풀의 삼분의 일이 타 버렸다.

그런데 여기 계시록 16장 2절의 첫째 천사의 대접 재앙에는 짐승의 표를 받은 사람들과 그 우상에게 경배하는 자들에게 악하고 독한 종기가 난다. 참으로 공의로우신 하나님의 심판이시다.

앞서 계시록 13장에는 짐승들이 득세하는 때였다. 권력의 최고 상징인 열 왕관의 열 뿔을 가진 정치적 바다짐승이 어린양같이 두 뿔을 가진 거짓 선지자인 땅의 짐승에게 권한을 준다.

땅의 짐승은 큰 이적을 행하며 세상 사람들에게 오른손에나 이마에 '666'표를 받지 않으면 매매를 못하게 한다. 그때 많은 사람이 두 짐승을 추종할 것이다. 그런데 대환난의 후반기에는 두 짐승을 추종하는 어리석은 자를 향한 하나님의 진노의 심판이 시행된다. 그것이 짐승의 표를 받고 우상에게 경배하던 자들에게 악하고 독한 종기가 발생하는 재앙이다.

여기서 말하는 '악하고'는 '카콘'(κακὸν)이고 '독한'은 '포네론'(πονηρὸν)이다. 이 말은 '나쁘고 해로운' 이란 뜻이다. 또 '종기'는 '헬코스'(ἕλκος)다. 종기는 종양, 문둥병 등 사람이나 동물에게 생기는 피부병의 일종이다. 과거 이스라엘의 출애굽 이전에 애굽인에게 시행된 10대 재앙들 중에서 여섯 번째 재앙이 악성 종기였다(출 9:8~12).

이와 같은 악성 종기는 욥도 겪었고(욥 2:7) 히스기야 왕도 겪었고(왕하 20:1~7) 헤롯 안티바도 겪었다(행 12:23). 그러나 이와 같은 악성 종기는 과거에만 있지 않고 앞으로 전개될 대환난의 후반기 때에 우상숭배자들에 또다시 주어질 미래의 재앙이다.

(4) 둘째 천사가 그 대접을 바다에 쏟으매(계 16:3)

앞으로 있을 미래의 대환난 때에는 바다가 재앙의 대상이 된다. 바다가 재앙의 대상이 되었던 사례는 과거에도 있었다. 모세가 애굽인들에게 첫 번째 내린 재앙이다. 모세가 하나님의 명령에 따라 나일강을 치니까 나일강물이 피로 변하고 고기들이 죽고 그물에서 악취가 나서 물을 마실 수 없었다(출 7:17~25). 또 계시록 8장 8~9절에는 둘째 나팔 재앙 때 불붙는 큰 산과 같은 것이 바다에 떨어져 바다의 삼분의 일이 피가 되고 바다 생물의 삼분의 일이 죽고 배들의 삼분의 일이 깨질 것이 예언되었다.

이와 같은 재앙들은 그 재앙이 국지적이고 부분적 재앙이다. 그러나 앞으로 있을 대환난 때의 후반기에는 대접 재앙으로 인해 바다 전체가 전면적으로 직접적인 재앙을 당하게 된다.

그때에는 바다가 죽은 자의 피같이 된다. '죽은 자의 피같이'는 '하이마 호스 네크루'(αἷμα ὡς νεκροῦ)다. 이 말은 바다 전체가 피처럼 색깔이 달라짐을 뜻한다. 그렇게 되자 "바다 가운데 모든 생물이 죽더라"고 했다.

여기 '모든 생물'이란 '파사 프쉬케 조에스'(πᾶσα ψυχὴ ζωῆς)다. 이 말을 직역하면 '모든 생명의 영혼'이란 뜻인데, 이 말은 창세기 1장 21절에 '움직이는 모든 생물'이라는 뜻과 같은 말이다. 그러므로 이 말은 바다에서 살고 있는 모든 바다 생물들의 근원이 다 죽게 됨을 의미한다.

오늘날 전 세계 강대국들은 서로가 바다를 정복하려고 혈투를 벌이고 있다. 중국이 태평양 진출의 교두보 확보를 위해 필리핀 제도까지 진출하려는 것을 미국이 결사적으로 막으려고 한다.

일본이 한국의 독도를 자기들의 땅이라고 주장하는 것도 결국은 바다의 영역을 넓게 장악하려는 탐욕의 소치이다. 북대서양이나 흑해에서 벌어지는 인접 국가들의 갈등도 결국은 영해권에 대한 야욕에서 비롯된 것들이다. 그런데 미래의 대환난 마지막 때에는 그렇게 투쟁의 장소인 바다가 아무 쓸모가 없는 죽은 바다가 된다.

왜 온갖 생명의 저장소이고 동식물의 산소를 공급하는 공급원인 바다가 쓸모가 없게 되는가? 그 해답은 계시록 21장 1절의 미래에 있다. 새 하늘과 새 땅은 아담 이래 지금까지 살아오고 있는 곳이 아니라 '처음 하늘과 처음 땅'이 없어지고 아울러 바다는 다시 있지 않을 미래의 천국이다.

그렇기에 현대인들이 각축전을 벌이며 영해권을 주장하는 세계 강대국들의 투쟁도 성경의 종말 때의 역사를 모르는 종말론의 무지에서 비롯된 현상이다.

2) 셋째, 넷째 대접 재앙(계 16:4~9)

(1) 셋째 천사가 그 대접을 강과 물 근원에 쏟으매 피가 되더라(계 16:4~7)

앞서 계시록 8장 10~11절에는 셋째 천사가 나팔 재앙으로 횃불같이 타는 큰 별이 하늘에서 떨어져 강들의 삼분의 일과 여러 물 샘이 쓴 쑥으로 변해 많은 사람이 죽게 되었다. 그런데 여기 계시록 16장 4절에는 셋째 천사가 대접 재앙으로 강과 물 근원에 재앙을 내린다.

계시록을 보면 세상에 재앙을 내리는 천사들의 영역이 각각 다르다. 계시록 7장 1절에는 땅의 사방의 바람을 붙잡아 관리하는 천사가 있다. 또 계시록 14장 18절에는 불을 다스리는 천사가 있다. 여기 계시록 16장 5절에는 물을 차지한 천사가 있다.

그런데 물을 차지한 천사가 대접을 강과 물 근원에 쏟자 물들이 피가 된다. 그래서 물들이 더 이상 생명의 근원이 되지 못하게 만든다. 이렇게 부당하고 해를 주는 재앙을 실시하는데도 "이렇게 심판하시니 의로우시도다"라고 한다. 참으로 납득이 어려운 표현이다. 생명체들이 살아나지 못하게 하는 물 근원의 피 재앙을 왜 의롭다고 한단 말인가?

이에 대한 설명이 6절에 뒤따른다. "그들이 성도들과 선지자들의 피를 흘렸으므로 그들에게 피를 마시게 한 것이 합당하다"는 것이다. 6~7절 내용은 계시록 내용을 전체적으로 이해해야 이해가 되는 내용이다. 왜 하나님께서는 대환난의 후반기 때 악을 행한 행악자들에게 직접적인 재앙을 내리지 않으시고 강과 물 근원에 재앙을 내리시는가? 강과 물이 하나님의 사역에 불순종한 사례가 없었지 않은가? 충분히 이러한 반론을 제기할 수 있다. 그렇기에 계시록 16장 5절의 의롭다든가, 6절의 합당하다든가, 7절의 참되다는 표현이 걸맞지 않다고 말할 수 있을 것이다.

그런데 왜 강과 물 근원을 죽게 하는 하나님의 대접 재앙을 의롭다고 설명하는 이유가 무엇일까? 이것을 두 가지 큰 이유로 이해해 보자.

첫째, 계시록 6장 9~11절에는 대환난의 초기에 다섯째 인의 재앙 때에 하나님의 말씀으로 죽임을 당한 영혼들이 제단 아래에서 큰 소리로 신원하는 내용이 나온다. 이들은 과거 구약 시대 때 억울하게 희생당한 자나 교회 시대 때 신앙 때문에 죄 없이 희생당한 순교자들로 본다. 이들은 낙원에서 영혼 상태로 머물러 살면서 자기들이 억울하게 죽은 억울함을 풀어주기를 앙망해 오고 있다.

그런데 하나님은 대환난 초에 자기들의 억울함은 외면하고 세상 사람들에게 인의 재앙들을 실시해 나가신다. 이들 순교자들의 억울한 신원을 들으신 하나님은 "잠시 동안 쉬되 그들의 동무 종들과 형제들도 자기처럼 죽임을 당하여 그 수가 차기까지"(계 6:11) 기다리라고 하신다. 그러나 이제 대환난의 마지막 때에는 강과 물 근원의 재앙으로 모든 원수를 죽게 하는 재앙으로 마무리를 하시는 것으로 이해된다.

둘째, 계시록 13장 15절에는 대환난 기간의 전반부 때 짐승과 우상에게 경배를 거부하다가 죽임을 당하는 성도들이 생긴다. 오늘 우리가 살아가는 교회 시대에는 성도들이 원수들에게 핍박을 당하고 불이익을 당해도 원수를 사랑해야만 저들이 회개할 수 있으므로 온갖 핍박과 죽음을 당해야 한다. 그러나 사랑과 은혜의 기간인 교회 시대가 끝나고 대환난 때에는 행한 대로 심판이 곧 따르는 의로운 심판의 때이다. 따라서 대환난 때 하나님은 악인들을 대량으로 심판하시는 수단으로 강과 물 근원을 피가 되게 하시는 것이 의롭고 합당한 일이 되는 것이다.

(2) 넷째 천사가 그 대접을 해에 쏟으매…주께 영광을 돌리지 아니하더라(계 16:8~9)

대환난 때에는 현재까지 인류들이 겪어보지 않은 특이한 사건들이 계속 이뤄진다. 여기 계시록 16장 내용 이전에 계시록 8장 12절에서도 넷째 천사가 나팔을 불 때 해의 삼분의 일과 달의 삼분의 일과 별들의 삼분의 일이 타격을 받아 해와 달과 별의 밝음이 삼분의 일로 축소된다. 그런데 여기 계시록 16장에는 넷째 천사가 대접을 해(Sun)에 쏟는다.

인간들은 태양이 생긴 이래 좋은 혜택만 받고 살아왔다. 태양으로 인해 밤과 낮이 구별되고, 태양열로 곡식과 생물이 자라고, 태양광이 전력을 공급해 줌으로 태양을 좋게만 인식해 오고 있다. 그런데 대환난 초기에는 나팔 재앙으로 해, 달, 별빛의 기능이 삼분의 일로 축소된다.
그러나 대환난 후기에는 '대접 재앙'으로 태양열이 사람과 생물을 태움으로 사막지대 같은 고통을 당하게 된다.

여기 '태운다'는 말은 '카우마티사이'(καυματίσαι)다. 사실 해 자체가 사람과 생물을 태우는 기능을 가진 것은 아니다. 여기 성경은 해가 권세를 받아 불로 사람을 태운다고 했다. 여기 '권세를 받아'는 '에도데'(ἐδόθη)다. 이 말은 태양 자체의 힘이 아니라 태양계를 만드신 하나님께서 태양에게 불로 태울 수 있는 권세를 수여해 주셨다는 말이다.
지금 저 하늘의 고마운 태양이 대환난 후반기 때는 하나님의 재앙의 도구가 되어 불로 사람들을 태우는 재앙으로 돌변한다.

그때 사람들은 어떻게 반응하는가? 9절에 사람들은 태워지는 재앙을 행하는 권세를 가지신 하나님을 비방하고, 회개하기는커녕 주께 영광을 돌리지 않는다. 여기 '비방'이란 '에블라스페메산'(ἐβλασφήμησαν)이다. 이 말이 영어로는 신성모독이라는 blasphemy의 어원이 된다. 신성모독, 참람함, 모욕 등 모두 비슷한 뜻이다.

앞서 계시록 11장 13절에는 큰 지진으로 죽은 사람이 칠천이 될 때 많은 사람들은 하나님을 두려워하며 하나님께 영광을 돌렸다. 그와 반대로 대환난의 말기 때는 태양열로 타 죽는 끔찍한 재앙을 당하면서 회개하기는커녕 신성모독하고 하나님을 비방한다. 이것은 대환난 기간은 은혜와 회개의 기간이 아니라 반역과 반항이 가중되는, 죽음과 멸망으로 달려가는 기간임을 의미한다.

3) 다섯째 대접 재앙과 짐승의 왕좌(계 16:10~11)

여기에는 다섯째 대접 재앙의 내용이 소개되었다. 다섯째 대접 재앙의 대상은 '짐승의 왕좌'이다. '짐승의 왕좌'는 앞서 계시록 13장에서 소개된 내용이다. 계시록 13장 1절에 뿔이 열이고 머리가 일곱인 짐승은 열 왕관을 가졌고 또 2절에 그는 보좌와 큰 권세를 용(계 12장)으로부터 받았다. 그래서 이 자를 '짐승의 왕좌'라고 표현한다.

이 '짐승의 왕좌'를 가진 자는 붉은 용이 정치적 권세를 부여해준 자이다. 그래서 계시록 13장을 보면 그 짐승은 용을 경배하며 마흔두 달, 즉 전 3년 반 동안 하나님을 비방하고 많은 성도들을 죽이는 포악한 일을 계속한다(계 13:8~10).

그러나 대환난의 전반기인 마흔두 달이 지나면 짐승의 수명이 끝이 난다. 그래서 계시록 16장 10절에 짐승의 왕좌에 다섯째 천사가 대접 재앙을 쏟는다. 이렇게 대접 재앙으로 그 결과가 따르는 것을 10절과 11절에 설명했다.

(1) 그 나라가 곧 어두워지며(계 16:10a)

"그 나라가 곧 어두워지며"는 "헤 바실레이아 아우투 에스코토메네"(ἡ βασιλεία αὐτοῦ ἐσκοτωμένη)이다. 여기 보면 짐승이 다스리는 나라는 특정한 한 나라가 아니다. '바실레이아'는 통치가 미치는 영역을 의미한다. 그렇기에 짐승의 뜻대로 지배해 나가던 전 세계적 통치 영향력이 암흑 정치로 치달려 갔으나 대접 재앙으로 더 이상 짐승의 통치력이 작용하지 않으므로 세계가 암흑 세계가 된다는 상징적 표현이다.

(2) 사람들이 아파서 자기 혀를 깨물고(계 16:10b)

짐승의 통치가 어두워지자 짐승의 통치 작용이 없어지고 그에 따라 세상 질서가 대혼란을 겪을 때 사람들은 자기 생계에 막대한 혼란이 따른다. 그러자 짐승을 따르던 자들이 너무 비참하고 희망을 잃고 몸까지 아파지므로 자기 혀를 깨물게 된다.

(3) 아픈 것과 종기로 말미암아 하늘의 하나님을 비방하고(계 16:11a)

세상 사람들은 짐승의 파멸이 곧 자기들 미래의 파멸로 확대해석하고 절망 중에 자기 몸을 학대한다. 그로 인하여 아픈 것과 종기가 계속 이어지는데 그 원인을 하나님께 돌리고 하나님을 비방한다.

(4) 그들의 행위를 회개하지 아니하더라(계 16:11b)

하나님께서 재앙을 내리실 때 정상적 영적 감수성이 있는 자는 회개를 한다. 그러나 대환난 때 말세를 살아가는 인간들은 자기반성은커녕 미련할 정도로 자기 판단, 자기 생각에 집착하면서 이기적으로 살아간다. 그래서 더더욱 회개하지 않고 더 악하게 반항을 한다.

오늘날 우리가 설교를 듣거나 찬양을 듣거나 좋은 양서를 읽고 잘못을 뉘우칠 줄 아는 마음이 생기는 것은 지금이 큰 은총의 때임을 알아야 한다.

4) 여섯째 대접 재앙과 세 더러운 영의 전쟁 준비(계 16:12~15)

(1) 여섯째 천사가 그 대접을 큰 강 유프라테스에 쏟으매(계 16:12a)

여섯째 대접 재앙은 계시록 9장 13~21절에 소개된 여섯째 나팔 재앙과 흡사하다. 앞서 여섯째 나팔 재앙 때의 시작이 큰 강 유프라테스에 결박된 네 천사를 놓아줌으로 시작된다. 이때 마병대 수가 이만만, 즉 2억의 군대가 동원되어 사람의 삼분의 일이 죽는 전쟁이 벌어진다.

그런데 여기 여섯째 대접 재앙 역시 큰 강 유프라테스가 재난의 진원지가 된다고 예언되고 있다.

여기서 우리는 유프라테스강의 역사와 현재를 알 필요가 있다. 유프라테스강이 최초로 언급된 곳은 창세기 2장 14절이며 에덴동산에서 흐른 물이 4대강을 이루는 발원지의 하나로 소개된다. 아브라함의 고향이었던 갈대아 지역의 유프라테스강 하류는 애굽의 나일강 주변의 삼각주 다음으로 비옥한 땅이었다. 그래서 초기 바벨론 왕국이 수메르(Sumer) 문명을 이루었고 그 후로는 앗수르와 바벨론이 서로 경쟁하며 점유했던 지역이었다.

유프라테스강은 현재의 터키 동부 아르메니아 고원지대에서 발원하여 남에서 동쪽으로 흘러 수리아 동북부와 이라크 서부 및 중앙부를 통과한 후 남쪽에서 티그리스강과 합류한다. 그리고 유프라테스강물과 티그리스강물이 페르시아만으로 빠진다. 이 같은 유프라테스강의 총 길이는 2,700km에 이른다.

그런데 요즈음의 유프라테스강은 과거 옛날의 강이 아니다. 터키 정부가 유프라테스강의 상류에 아타투르크 댐을 막아 물을 하란 지역으로 공급하고 있다. 그렇게 되자 유프라테스강의 수량이 급격하게 줄어들었다. 그런데 이라크로 흐르는 물을 이라크가 다시 아싸드댐을 막아 물을 사용하므로 바그다드 앞을 관통하는 유프라테스강물은 수량이 매우 적다. 이것이 현재의 유프라테스강의 실상이다.

그런데 계시록 16장 2절에는 장차 대환난 때 아마겟돈 전쟁터가 될 것이 예언되고 있다. 그와 같은 전쟁이 시발되는 첫 시작이 여섯째 천사가 그 대접을 유프라테스강에 던짐으로 시작된다. 여섯째 천사가 대접을 유프라테스강에 던지자 강물이 마른다. 유프라테스강물이 마르는 것이 동방에서 오는 왕들의 길이 예비되는 기회가 된다.

(2) 강물이 말라서 동방에서 오는 왕들의 길이 예비되었더라(계 16:12b)
유프라테스강 강물이 마르는 이유는 여러 가지가 있을 수 있다. 현재처럼 유프라테스 상수원 지역들에 터키나 이라크가 댐을 막음으로 인위적으로 물이 마를 수 있다. 그러나 장차 대환난 때는 여섯째 천사가 하나님의 지시로 대접 재앙을 시행하는 수단으로 강물이 마르게 된다.

여기 '말라서'는 '엑세란데'(ἐξηράνθη)다. 이 단어는 '건조하다'라는 뜻을 가진 단어의 부정 과거 수동태이다. 수동태라는 말은 어떤 동작의 대상이 스스로가 아닌 다른 것의 영향을 받아 움직이게 되는 동사의 형태를 뜻한다. 그러한 까닭에 하나님의 권능에 의해서 유프라테스강물이 마르게 되는 결과가 따르는 것을 의미한다.

성경에는 하나님의 권능으로 과거 홍해가 갈라졌음을 기록하고 있다(출 14:21). 또 이스라엘이 가나안을 입성할 때에도 요단강물이 멈추었다(수 3:14~17). 또 바사 왕 고레스가 메대와 연합해 바벨론을 멸망시킬 때(B.C. 539) 바벨론 중심을 관통하는 유프라테스강물의 방향을 일시적으로 바꾸어서 강을 마르게 한 후 그 길을 통과해 바벨론 성을 함락시켰다.

그런데 앞으로 대환난 때 이 유프라테스강이 또다시 전쟁터가 될 것이 계시록에 예언되어 있다.

유프라테스강물이 마르게 되면 동방에서 오는 길이 예비된다고 했다. 여기서 말하는 동방이 어느 나라인가? 참으로 여러 가지 추측성 주장들이 다양하다. '동방'이라는 말은 '아나톨레스 헬리우'(ἀνατολῆς ἡλίου)다. 이 단어는 '오름, 돋음, 뜸'이라는 뜻의 '아나톨레스'와 '태양'이라는 뜻의 '헬리우'가 함께 사용된 말이다. 이 두 개의 단어를 합치면 "해 뜨는 곳으로부터"라는 뜻이고, 해 뜨는 곳이 동쪽이므로 '동방'이라고 의역한 것이다. 그렇다면 유프라테스강의 동쪽에 있는 나라는 어떤 나라일까?

이란, 아프가니스탄, 파키스탄, 인도, 중국 등 얼마든지 생각할 수 있다. 그러나 이 구절을 현대 지정학적 관념으로 상상한다면 다양한 해석들이 나올 수 있다. 그러나 이 구절을 단지 동방이라는 단어에 초점을 맞추기보다는 말세에 있을 아마겟돈 전쟁에 초점을 맞추어 이해하는 것이 보다 설득력이 있을 것 같다.

그래서 [특주 34]에서 "아마겟돈 전쟁"을 다시 살펴보겠다.

여기서는 동방에서 오는 왕들을 이 세상의 종말 때에 있을 하나님의 백성들을 공격하려는 이 세상 모든 정치세력들로 이해하고 넘어가겠다.

(3) 개구리 같은 세 더러운 영이 용의 입과 짐승의 입과 거짓 선지자의 입에서(계 16:13)

'개구리 같은'이라는 말은 '호스 바트라코이'(ὡς βάτραχοι)이다. 개구리가 애굽에서는 영물(靈物)로 여겨졌고 신(神)으로 숭배되기도 했다(출 8:1~6). 왜냐하면 개구리는 왕성한 번식력과 물에서든지 땅에서든지 어디서나 살 수 있는 생명력으로 인해 사람들로부터 신비스럽게 여겨졌기 때문이다. 그러나 이스라엘 율법 속에는 정결 규례상 개구리는 부정한 동물 중 하나로 분류된다(레 11:10).

이처럼 이방 세계에서는 신비스러운 숭배의 대상이 개구리이지만 율법에서 부정하게 여겼던 개구리가 더러운 영의 상징으로 표현되고 있다.

그런데 그렇게 더러운 세 영이 성부, 성자, 성령을 모방한 사탄의 3위1체로 용과 짐승과 거짓 선지자라는 것이다. 용은 앞서 계시록 12장 3과 9절에서 하늘에서 쫓겨난 머리가 일곱이고 뿔이 열인데 그것은 옛 뱀, 마귀, 사탄, 온 천하를 꾀는 자라고 했다. 짐승은 앞서 계시록 13장 1~10절에 설명된 표범과 비슷하고 발은 곰 같고 그 입은 사자 같은 용의 권세를 받은 세상 통치에 능한 정치가다.

또 땅에서 올라온 어린양 같은 짐승은 계시록 13장 11~18절에 기록된 거짓 선지자이다. 결국 용의 입, 짐승의 입, 거짓 선지자의 입은 각각 다르게 나오지만 그들의 말은 더러운 영, 불결한 영에서 비롯된 말들이다.

'거짓 선지자'는 '투 프슈도프로페투'(τοῦ ψευδοπροφήτου)다. 거짓 선지자는 그들이 가진 잠재적 권력 의지를 발동해서 땅에 거하는 자들에게 계속해서 세속 권력을 추구하도록 부추기는 자들이다. 거짓 선지자의 입의 특징은 사람들로 하여금 허망한 일에 탐닉하도록 유도하는 매우 유혹적이고 기만적인 힘의 상징을 뜻한다.

거짓 선지자의 입은 말세가 될수록 그 힘의 파급력이 심대해진다. 거짓 선지자들이 정치가로 또는 교회 지도자를 통해 인간의 이성의 판단력을 쇠약하게 하고 선한 의지를 약화시켜 나갈 것이다. 그래서 사람들의 의지를 그릇된 길로 가게 하고, 인간의 성품을 부패하게 하며 우리의 용기를 나약하게 함으로 그릇된 것을 추종하는 것을 자연스럽게 할 것이다.

(4) 그들은 귀신의 영이라 이적을 행하여…(계 16:14a)

용의 입, 짐승의 입, 거짓 선지자의 입에서 나오는 말들은 모두가 더러운 귀신들의 영에 의해 조종을 받고 나오는 함정이 섞인 말들이다. 그런데 저들은 자기들의 말에 신뢰를 받도록 이적을 행한다.

계시록 13장 13절에는 거짓 선지자가 하늘로부터 불이 내려오게 하는 이적을 행한다고 했다. 이적은 땅에 거하는 자들을 미혹하기 위한 수단일 것이다(계 13:14).

우리가 크게 주목해야 할 사실이 있다. 오순절 계통의 성령의 은사주의자들은 신앙을 꼭 눈에 나타나는 은사의 현상들과 결부시켜 신앙의 진위가 나타나는 것처럼 주장하는 흐름이다. 성령 받은 증거를 방언과 결부시킨다든가, 성령의 능력을 병을 낫게 하는 신유의 능력에서 성령의 능력을 평가하려는 흐름이 있다. 그러나 분명하게 알아야 한다. 방언은 성령의 방언만 아니라 무당들도 방언하고 이방 종교들에도 얼마든지 방언이 시행되고 있다. 또 병 낫는 현상은 기도의 능력뿐 아니라 불교도의 수행이나 불교도들의 요가 훈련에서도 가능하다.

중국의 '파룬궁'은 불교와 도교가 혼합된 종교다. 저들은 인체에 기(氣)를 조절함으로 건강을 조절한다고 선전한다. 무당이나 점쟁이도 방언을 하고 병을 고칠 수 있다.

기적이란 이 세상 모든 것들에서 모두가 가능한 일이다. 기독교가 방언을 하고 병을 낫게 하기 때문에 진리가 있는 것이 아니다. 기적은 기독교 이외에도 얼마든지 가능하다. 기독교의 진리는 예수 그리스도 안에서 구원과 영생이 있음을 믿는 것이다. 그런데 말세가 되면 이적들로 사람들을 미혹시키는 현상이 두드러지게 많이 등장할 것을 예언하고 있다.

필자는 수많은 지성인들 가운데 암에 걸리자 성령의 은사로 치유받는다는 선전을 믿고 평생 쌓은 지적 판단을 무시하고 전국 기도원들을 찾아다니며 초라한 모습을 지속하다가 명예도 잃고 생명도 잃은 많은 이들을 알고 있다. 앞으로 말세에는 거짓 선지자들이 지금보다 더욱 창궐해서 기적들로 사람들을 미혹시켜 나갈 것임이 예상된다.

(5) 온 천하 왕들에게…큰 날에 있을 전쟁을 위하여 그들을 모으더라(계 16:14b)

대환난 때에는 사탄의 삼위일체인 용과 짐승과 거짓 선지자가 이적을 행하면서 전 세계인들의 이목을 끌어간다. 그뿐만 아니다. 저들은 전 세계의 통치자들인 왕들을 찾아가서 하나님을 대적하는 전쟁을 선동하며 전 세계 왕들로 하여금 하나님의 적대자로 만든다.

여기서 우리가 주목할 표현을 기억해야 한다. 귀신의 영을 가진 용과 짐승과 거짓 선지자는 '전능하신 이의 큰 날'에 있을 전쟁을 위한 준비를 해나간다는 사실이다. 귀신들은 앞으로 있을 '전능하신 이의 큰 날'의 위력을 미리 알고 있다. 그러므로 전 세계 통치자들의 결속을 추진한다.

참으로 가공스러운 것은 귀신들은 '전능하신 이의 큰 날'의 미래의 위험을 먼저 알고 있다는 사실이다. 여기서 말하는 '전능하신 이의 큰 날'이 무엇인가? 이와 같은 '큰 날'에 대한 미래의 세상을 구약성경의 모든 예언자들이 모두 예언하고 있다는 사실이다. 주전 835년경 남왕국 유다의 선지자 요엘은 여러 곳에서 '여호와의 날'을 예언했다.

요엘서 2장 11절에는 "여호와께서 그의 군대 앞에서 소리를 지르시고…여호와의 날이 크고 심히 두렵도다 당할 자가 누구이랴"라고 했고, 요엘 3장 2절에는 "내가 만국을 모아 데리고 여호사밧 골짜기에 내려가서…이스라엘을 위하여 거기에서 그들을 심문하리니…"라고 했다.

주전 607년경 남왕국 유다의 선지자 하박국도 하박국서 3장 12절에 "주께서 노를 발하사 땅을 두르셨으며 분을 내사 여러 나라를 밟으셨나이다"라고 하였고, 주전 520~470년경 포로 귀환 후에 활동한 스가랴 선지자는 스가랴 14장 2절에 "내가 이방 나라들을 모아 예루살렘과 싸우게 하리니 성읍이 함락되며 가옥이 약탈되며 부녀가 욕을 당하며 성읍 백성이 절반이나 사로잡혀 가려니와 남은 백성은 성읍에서 끊어지지 아니하리라"라고 하였다.

구약성경 에스겔 38~39장에 예언된 '곡의 전쟁'은 계시록 20장 8절에 이어지고 있다. 이렇게 구약성경 모든 곳에서 미래의 전 세계적 전쟁들을 예언하고 있다. 그 같은 예언들이 대환난 때에 실현될 것을 본문에서 설명해 주고 있다.

우리는 지금 러시아가 우크라이나를 침략하여 도시를 파괴하고 양민들을 학살하고 부녀자들을 농락한 뉴스들을 듣고 있다. 그에 대한 세계 각국의 적개심이 하나로 단합되고 있다. 이때 세계 정치 지도자들이 하나로 뜻을 모아가는 현상을 보고 있다. 미래의 대환난 말기에 이와 정반대되는 현상이 일어날 것을 성경은 예언하고 있음을 깨달아야 하겠다.

(6) 보라 내가 도둑같이 오리니…벌거벗고…부끄러움을 보이지 아니하는(계 16:15)

"내가 도둑같이 오리니" 이 말씀은 주님께서 복음서에서 직접 하신 말씀이다(마 24:42~44). 또 사도들도 똑같은 경고를 했다(살전 5:2; 계 3:3). 그런데 여기 대환난 때도 똑같은 경고가 주어진다.

이 말씀은 특히 계시록 3장 17~18절에서 교회의 마지막 시대인 라오디게아 교회에 주어진 선포였다. 여기서 우리가 이 말씀의 참된 의미가 무엇인가를 상상해 볼 수 있다. "누구든지 깨어 자기 옷을 지켜 벌거벗고 다니지 아니하며"라는 경고 말씀의 의미는 물리적인 사건이 아니라 종말에 있을 영적 전쟁에서 사탄과 그의 추종자들의 거짓 선동에 분별력을 가지라는 영적 의미가 강하다. 그렇기에 물리적 전쟁 이전에 영적으로 분별력을 잃게 하고 판단력을 상실케 한 후에 아마겟돈 전쟁을 일으킬 가능성을 충분히 상상해야 할 것 같다.

그래서 '자기의 부끄러움'은 '텐 아스케모쉬넨 아우투'(τὴν ἀσχημοσύνην

αὐτοῦ)로, 사탄의 유혹에 미혹당하지 않는 것이 부끄러움을 극복하는 비결임을 알 수 있다.

5) 아마겟돈 전쟁(계 16:16)

'세 영'은 용, 짐승, 거짓 선지자가 영적으로 결합된 사상을 뜻한다. '아마겟돈'은 어떤 곳인가? 아마겟돈(Ἁρμαγεδών)은 '아르'(αρ)라는 '산', '성'이라는 뜻과 '메깃도'(μεγιδδο), '므깃도'라는 지명이 합쳐진 말이다. 므깃도(מגדו)는 구약성경에 많이 소개되었다. 므깃도는 갈멜산 동남쪽이고 예루살렘에서는 북으로 120km 지점에 있는 일반 평지보다 약 50m 높은 곳의 넓은 평원이다.

므깃도는 구약성경에서 계속 소개가 된다. 그런데 구약성경에 기록된 역사적인 므깃도가 에스겔의 예언에서 곡과 마곡 땅이 하나님의 군대와 이 세상의 연합군 세력들이 최후 결전을 벌이는 "이스라엘의 산"으로 설명된다(겔 38:2, 14, 39:2, 6, 17).

이 같은 에스겔의 환상에 따라 므깃도는 단지 평원이나 산의 이름이 아니라 하나님의 군대와 악마의 군대의 최후 결전장이 된다는 신화까지 생긴다.

세상은 이와 같은 신화(?)와 에스겔서를 근거로 "아마겟돈"이라는 공포 영화도 만들어졌다. 아마겟돈을 검색하면 볼 수 있는 일반 영화가 되었다. 그리고 계시록 16장 14~16절에도 아마겟돈 전쟁이 기록되었다. 다음으로 아마겟돈 전쟁의 배경이 되는 구약성경 내용과 역사적인 전설들을 [특주 34]에서 살펴보도록 하겠다.

(특주 34)
아마겟돈 전쟁

여기서는 구약성경에 기록된 내용과 신약성경 내용과 역사적인 전설과 아마겟돈 전쟁 예언을 차례대로 살펴보자.

1) 구약성경에 기록된 므깃도

앞서 설명한 대로 아마겟돈은 계시록 16장 16절에서 히브리어로 '아마겟돈'이라는 말이 '아르'(הר)라는 '산', '성'이라는 뜻과 '메깃돈'(מגדון)은 '므깃도'라는 지명에서 파생된 것이다. 그렇기에 아마겟돈의 근원을 찾으려면 구약성경에 기록된 '므깃도'라는 지명을 알아야 한다.

구약성경에 기록된 므깃도를 보자. 최초로 구약성경의 여호수아서에 므깃도라는 이름이 나온다. 여호수아 12장 21절에 여호수아가 정복한 가나안의 성 중의 하나가 므깃도다. 그리고 여호수아 17장 11절에는 므깃도 주민과 마을이 소개된다. 사사기 1장 27절에는 므낫세 지파가 쫓아내지 못한 마을 중 하나가 므깃도다. 사사기 5장 19절에는 드보라와 바락이 므깃도와 싸웠으나 은을 탈취하지 못했다고 소개된다. 열왕기하 9~10장에는 북왕국의 예후(B.C. 841~814)가 아합의 아들 아하시야(B.C. 853~852)를 살해하고 혁명에 성공을 거두어 10대 왕이 되는 곳이 므깃도다(왕하 9:27).

그뿐만 아니다. 열왕기하 23장 28~30절에는 남왕국 유다의 제15대 왕 요시야(B.C. 640~609)는 애굽 왕 바로느고가 앗수르 왕을 치려고 북진 통로로 남왕국 땅 므깃도를 통과하려는 것을 저지하려고 했다. 그러다 요시야 왕은 므깃도에서 전사당해 죽는다(왕하 23:29; 대하 35:20~27). 그때 이후로 남왕국 유다는 바벨론의 지배를 당하며 이 무렵부터 활동한 선지자들이 예레미야, 하박국, 다니엘, 에스겔 등이다. 그리고 남왕국 유다는 마지막 왕 시드기야 때(B.C. 597~586) 바벨론에 의해 멸망당한다.

유다 말기 때 예레미야는 요시야 왕 13년(렘 1:2)에 소명을 받고 시드기야 왕 11년(렘 1:3)까지 눈물로 선지자 활동을 한다.

한편 남왕국 유다의 바벨론 제2차 포로(B.C. 597) 때 포로로 끌려간 에스겔은 므깃도와 관련된 곡과 마곡에 관한 예언을 에스겔서 38장과 39장에 기록했다.

에스겔이 본 곡과 마곡의 환상이 단지 곡에 국한된 환상인가, 아니면 신약성경 계시록 20장 8절에 기록된 곡과 마곡의 전쟁과 연관된 예언일까?

이에 대한 해석에 따라 결과가 완전히 달라진다. 전통적이고 보수적이며 성경의 문자적, 문법적 해석을 하는 부류들은 에스겔의 곡과 마곡전쟁의 환상이 계시록에 반영된 아마겟돈 전쟁(계 16:16)과 곡의 전쟁(계 20:8)이 모두 연관된 내용이라고 해석한다.

한편 성경을 상징적, 교훈적 의미로 해석하는 어거스틴과 칼빈의 해석을 따르는 칼빈주의자들은 곡과 마곡 또는 아마겟돈 전쟁을 모두 상징적 의미로 해석하는데, 그 상징이라는 것을 적용하는 것이 각각 다르기에 일관된 통일성이 없다. 그렇기에 필자는 문자적, 문법적 해석을 따른다.

2) 신약성경의 아마겟돈

구약성경의 므깃도는 한 지명이다. 그런데 신약성경은 지명의 뜻에서 크게 확대된 아마겟돈 전쟁터로 확대 설명된다. 신약성경의 계시록 16장 16절의 히브리어로 아마겟돈이라는 의미가 구약의 므깃도에서 파생된 단어이다. 그리고 구약 에스겔서 38~39장의 곡과 마곡의 전쟁 예언이 계시록 20장 8절에 반영되고 있다. 그렇기에 우리가 계시록 16장과 16절의 아마겟돈을 이해하려고 하면 구약의 므깃도와 에스겔의 곡의 전쟁을 함께 연결시켜야 제대로 아마겟돈이 이해가 된다. 이에 대한 해석은 뒤에 설명하겠다.

3) 역사 속의 므깃도

아마겟돈 전쟁을 더 현실감 있게 설명해 주는 사건으로 역사 속에 두 사건이 전해져 오고 있다.

하나는, 나폴레옹(1769~1821)과 관련된 내용이다. 그가 군사 쿠데타를 일으키기 전에 이탈리아 원정군 사령관으로 재직할 때였다. 그는 원정군 사령관으로 이집트를 원정했다. 그래서 유명한 피라미드 전투를 벌였다(1798년 7~8월). 이때 원정군들이 므깃도 평원을 거쳐 이집트 알렉산드리아를 공격했다. 이때 나폴레옹군의 므깃도 평원 설화가 전해지며, 이때 나일강 하구에서 '로제타석'(Rosetta Stone)을 발견해서 런던의 대영 박물관에 소장되어 있다.

또 다른 하나는 제1차 세계 대전 때(1914~1918) 연합국의 영국군이 독일과의 동맹군들(오스트리아, 오스만 제국, 불가리아)과 전쟁을 할 때였다. 영국군의 지휘관 알렌비 장군이 독일령의 남서 아프리카와 페르시아만을 공격할 때였다. 이때 알렌비 장군이 오스만 제국 군대와 접전을 벌인 곳이 므깃도 평원이었다고 한다(1917년). 이런 역사적 근거로 종말론 신학자들은 미래의 제3차 대전의 격전지가 므깃도가 될 것으로 추정하는 자들이 있다.

4) 아마겟돈 전쟁 이해

우리는 앞으로 있을 아마겟돈 전쟁이 어떤 전쟁이며, 어떤 나라들이 이 전쟁에 관련될 것인가? 그리고 아마겟돈 전쟁의 결과는 어떻게 될 것인가? 이 모든 것을 구약과 신약을 통해 정리해 보도록 하자.

(1) 아마겟돈 전쟁의 시발 국가들

그 시기는 7년 대환난의 중간이 지나간 후반기 때가 된다.

지금까지 계시록 강해서의 내용에서 설명한 대로 아마겟돈 전쟁은 7년 대환난 후반기에 해당한다. 이때를 다니엘은 다니엘서 9장 27절에서 "한 이레"(7년) 동안의 언약을 굳게 맺고 그가 그 이레의 절반에(3년 반)에 제사와 예물을 금지할 것이며 또 포악하여…이미 정한 종말까지 진노가 쏟아지리라"는 예언과 관련된 시발점으로 본다.

아울러 그 시기는 다니엘서 11장 40~45절에 남방 왕과 북방 왕이 병거와 마병과 많은 배로 침공해 온다. 그리고 44절에는 동북에서 괴이한 소문으로 애굽이 번민하게 된다. 이와 같은 북방 왕은 다니엘서

11장 40절과 에스겔서 38장 1~6절에 보다 더 자세하게 설명되었다.

우리는 에스겔서 38장 1~6절에 소개된 하나님의 도구인 '곡'에 대하여 바르게 이해할 필요가 있다.

에스겔 38장 2절의 "마곡 땅에 있는 로스와 메섹과 두발"과 5절의 "바사와 구스와 붓"이 어떤 나라들인지 알 필요가 있다. 여기서 말하는 '마곡'은 '함마고그(המגוג)'다. 이 단어는 '마곡'이라는 단어에 정관사 '하'(ה)가 붙어 있는 단어다.

마곡은 창세기 10장 2절에 야벳의 아들들 중 '고멜'과 '마곡'과 여러 명이 나온다. 따라서 '마곡'을 '함마고그'라고 한 것은 마곡의 자손들이 이룬 나라 이름이거나 거주 지역으로 보는 것이 무난하다.

그런데 마곡 땅에는 로스(ראש), 메섹(משך), 두발(תובל) 왕들이 있다. 여기서 곡은 왕이 이름이고, 마곡은 로스와 메섹과 두발 지방으로 이루어진 지역을 총칭하는 지명으로 볼 수 있다. 그렇다면 이들 지역은 어디인가? 마곡, 곡 또는 로스, 메섹, 두발이 어느 지역인가?

이에 대한 해석들이 각각 다 다르다. 남부 러시아 지역이다, 소아시아 지역이다, 고트족이다, 선민을 대적하는 모든 이방인들을 칭한다고 주장하는 등 다양한 해석이 있다. 이렇게 수많은 해석들 중 로스는 '로서아'의 옛 히브리 음역으로, 메섹은 현재 '모스코'의 옛 지명으로, 두발은 현재의 '튜불스크' 지방의 히브리 음역으로 볼 수 있다.

그 다음에 에스겔 38장 5~6절의 이름들이 있다. 투구를 갖춘 '바사'(פרס)가 나온다. 바사는 에스겔서와 다니엘서에 소개되는 대로 이스라엘 동쪽의 페르시아를 뜻한다(겔 27:10; 단 8:20, 10:1, 13, 20, 11:2). 또 '구스'와 '붓'은 창세기 10장 6절에 기록된 함의 후손들로 이스라엘 남쪽의 에티오피아와 리비아를 뜻한다.

에스겔 38장 6절의 고멜(גֹמֶר)은 창세기 10장 2절에 나오고, 도갈마(תֹגַרְמָה)는 창세기 10장 3절에 나오는 고멜의 아들이다. 이들 고멜과 도갈마는 야벳의 후손들이다. 이중에서 한때 소련의 공산권 안에 들어갔던 동독 지역의 옛 이름이 고멜이다. 그리고 도갈마는 터키족의 옛 이름이다.

이들 나라들 중 동독은 서독과 통일되었고, 터키는 친 서방국가이다. 그렇기에 이들이 아마겟돈 전쟁에서 주축을 이룬다는 해석은 상상할 수가 없는 현실이다.

그러나 다니엘과 에스겔의 예언에는 이들이 바사(이란), 구스(에티오피아), 붓(리비아)과 연합 세력으로 이스라엘을 공격해 올 것이 예언되었다. 이렇게 에스겔 38장에는 과거 주전 5~6세기에 포악한 민족으로 악명을 떨쳤던 곡이라는 지도국을 통해 이스라엘을 공격해 올 것이 예언되었다(겔 38:16).

그런데 에스겔 38장 17~23절에는 하나님께서 이들 침략군에게 지진과 전염병과 쏟아지는 폭우와 우박 덩어리로 자연재해를 일으켜 고통을 당하게 하신다.

(2) 침략자 곡의 멸망(겔 39장)

에스겔 39장 1~8절에는 곡이 주도한 연합 국가들이 패하여 이스라엘의 산 므깃도에서 전쟁하며 사체로 산을 이룬다. 그래서 썩은 시체들이 들짐승과 새들의 밥이 된다. 그리고 침략자들이 가지고 쳐들어온 큰 방패, 작은 방패, 활, 화살, 몽둥이와 창들의 무기를 불태우는 데 일곱 해가 걸린다(겔 39:9).

그리고 무기를 불태우는 데 7년이 걸린다는 내용이 10절에서 나무로나 벌목으로 불태우지 아니하고 침략자들이 가지고 온 무기로 불태우는 기간이 7년이나 걸린다고 했다. 성경학자들은 이 구절이 핵무기나 화학무기의 해체 기간으로 추정하기도 한다. 그뿐만이 아니다. 에스겔 39장 11절에는 곡을 위하여 이스라엘 땅 바다 동쪽 사람이 통행하는 골짜기를 매장지로 준다는 것이다.

여기서 말하는 '이스라엘 땅 바다 동쪽 골짜기'가 어느 곳인가? 사해 동편, 여호사밧 골짜기, 감람산, 므깃도, 힌놈 골짜기 등 다양한 해석을 한다. 아마도 사해 앞쪽의 요단 골짜기가 아닐까 추측이 될 따름이다. 어찌 되었든지 이때 죽은 침략군의 시체를 매장하는 데 7개월이 걸린다(겔 39:14).

이렇게 침략군들을 대대적으로 멸절시킨 후에야 이스라엘은 여호와가 자기들의 하나님인 것을 깨닫게 된다(겔 39:21~29). 이것은 구약 에스겔의 예언이다. 그런데 신약성경 계시록 16장 16절의 아마겟돈 전쟁의 결과가 계시록 19장 19~21절의 내용 속에 다시 설명되고 있다.

결어

구약에서 예언된 곡의 전쟁(겔 38~39장)과 신약에서 예언된 아마겟돈 전쟁(계 16:16과 19:19~21)의 예언은 과거 역사에 성취되지 않은 채 남아 있는 예언 내용이다. 우리가 성경이 하나님의 말씀으로 일점일획까지도 다 이뤄진다는 말씀(마 5:18)을 그대로 믿는 신앙인이라면 아직 성취되지 않은 예언을 믿고 준비해야 할 것이다.

6) 일곱째 대접 재앙(계 16:17~18)

(1) 일곱째 천사가 그 대접을 공중에 쏟으매(계 16:17a)

대환난의 마지막 재앙이 일곱 대접 재앙이다. 그리고 일곱 대접 재앙의 마지막 재앙의 대상이 공중이다. 여기 '공중'이란 말은 '에피 톤 아에라'(ἐπὶ τὸν ἀέρα)다. '에피'(ἐπὶ)는 '~위에'라는 뜻이고, '아에라'(ἀέρα)는 '공기', '공중', '대기'라는 뜻이다.

그런데 '공중'이 무슨 잘못이 있다고 하나님의 마지막 재앙인 대접 재앙이 쏟아지는가? 이 내용은 영적 의미로만 이해되는 내용이다.

우리들이 알고 있는 공중이란 새들이 날아다니는 대기권이고, 또 대기권 밖에는 해와 달과 별이 있는 태양계가 있다는 정도만 알고 있다. 이 내용을 이해하려면 계시록 12장 7~9절을 기억해야 한다. 하늘은 미가엘과 그의 사자들이 활동하던 곳이다. 그런데 하늘의 붉은 용이 미가엘과 투쟁을 하다가 하늘에서 쫓겨난다. 이들 붉은 용은 '옛 뱀' 마귀라고도 하고 사탄이라고도 하며 온 천하를 꾀는 자이다. 이들이 하늘에서 내쫓겨서 머물게 된 곳이 공중이다.

인간들은 저 하늘의 공중에 영적 존재인 용, 마귀, 사탄을 볼 수가 없다. 그러나 영물인 이들은 공중에 살면서 땅에 있는 인간들을 계속적으로 유혹하며 하나님을 반역하게 활동하고 있다.

이 같은 사실을 잘 아는 바울 사도는 사탄을 "공중의 권세 잡은 자"(엡 2:2), "하늘에 있는 악의 영들"(엡 6:12)이라고 했다. 그들은 하늘인 공중에 기거하면서 온갖 못된 짓만 골라가면서 행한다. 과거 역사에 나타난 커다란 잘못들은 모두가 공중 권세 가진 사탄 마귀가 사람들 속에 들어가 일으킨 커다란 비극들이다.

누가복음 22장 3절을 보면 가룟 유다에게 사탄이 들어간 후 그가 예수를 넘겨줄 방도를 의논했다고 했다. 베드로전서 5장 8절을 보면 대적 마귀가 우는 사자같이 두루 다니며 삼킬 자를 찾는다고 했다. 이렇게 사악한 마귀들이 사는 곳이 공중이다.

하나님께서 대환난의 마지막 재앙으로 대접을 공중에다 쏟게 하시는 것은 모든 악의 근원이 되는 사탄의 근거지인 공중을 재앙으로 심판하시겠다는 의미가 담겨 있는 것이다.

(2) 큰 음성이 성전에서 보좌로부터 나서 이르되 되었다 하시니(계 16:17b)

여기도 '성소'를 '성전'으로 오역했다. 성소나 보좌는 모두 다 하나님이 계시는 곳의 상징적인 표현이다. 이때 '되었다'고 하는 소리가 들렸다고 했다. '되었다'는 말은 '게고넨'(Γέγονεν)이다. '게고넨'(Γέγονεν)은 '일어나다', '발생하다'라는 뜻을 가진 '기노마이'(γίνομαι)의 완료 직설법이다. 그렇기에 이 말은 '모든 것이 끝났다'(It is done)라는 의미이다.

우리는 주님께서 십자가상에서 최후로 '다 이루었다'(요 19:30)고 하신 말씀을 알고 있다. 그때 '다 이루었다'는 말이 '테텔레스타이'(Τετέλεσται)다. 이 말은 '완성했다, 성취했다, 끝맺다'는 말의 완료형으로 십자가 사역을 통해 인류의 구속 사역이 완성되었음을 선언하신 말씀이었다.

그와 마찬가지로 하나님께서도 7년 대환난의 마지막 재앙인 일곱째 대접 재앙의 선포로 하나님을 대적하는 종말의 세속적 문명과 사탄의 세력들 모두가 심판이 종결되었음을 선언하신다. 그 말이 '되었다'는 말이다.

(3) 번개와····우렛소리가 있고 또 큰 지진이 있어(계 16:18)

하나님의 큰 음성인 '되었다' 하는 말씀이 있은 후에 곧이어 번개,

음성, 뇌성, 지진 등이 뒤따른다. 이 모든 표현은 하나님의 현현이나 심판을 상징하는 매개물들이다. 그리고 이때의 큰 지진은 "사람이 땅에 있어 온 이래로 이 같은 큰 지진이 없었더라"고 표현되고 있다. 그렇기에 대환난의 마지막 종말 때에는 인간들이 역사 이래 경험해 보지 못한 대지진이 일어날 것이 예언되고 있다.

7) 큰 성 바벨론과 섬과 산악이 없어짐(계 16:19~21)

(1) 큰 성이 세 갈래로 갈라지고 만국의 성들도 무너지니(계 16:19a)
'큰 성'은 '헤 폴리스 헤 메갈레'(ἡ πόλις ἡ μεγάλη)다.
계시록 안에는 '큰 성'이 몇 가지 다른 의미로 쓰이고 있다.

① 계시록 11장 8절에 "시체가 큰 성 길에 있으리니 그 성은 영적으로 하면 소돔이라고도 하고 애굽이라고도 하니 곧 그들의 주께서 십자가에 못 박히신 곳이라"고 했고, 이때 큰 성은 예루살렘을 상징한다.

② 계시록 14장 8절의 "큰 성 바벨론이여", 계시록 17장 8절의 "큰 성", 계시록 18장 10절의 "큰 성 견고한 성"은 당시의 로마제국을 상징한다.

③ 계시록에 기록된 "큰 성 바벨론"은 미래에 멸망될 세속 문명을 상징한다.

과거의 로마제국이 하나님을 대적하고 세상 정치, 경제, 문명을 하나님으로 섬겼던 것처럼 역사 속에 하나님 대적해 오는 모든 세속 문명의 총체를 의미한다.

그런데 이토록 막강한 바벨론 성이 큰 지진으로 인해 세 갈래로 갈라진다. 여기서 세 갈래로 갈라졌다는 말은 바벨론 성이 물리적으로 삼분되었다는 뜻이 아니라 완전 붕괴되었다는 뜻이다. 큰 성 바벨론이 삼분되자 만국의 성들조차 함께 무너진다. '만국'은 '톤 에드논'(τῶν ἐθνῶν)이다. 이 말은 인종, 민족, 나라라는 말의 복수형이다. 따라서 큰 성 바벨론의 완전 붕괴는 전 세계적 각 도시들이 다 함께 붕괴되는 연쇄적인 붕괴를 가져온다.

(2) 큰 성 바벨론이 하나님 앞에…그의 맹렬한 진노의 포도주 잔을 (계 16:19b)

여기서 말하는 "큰 성 바벨론"은 앞에서 설명한 ③의 의미로 미래에 멸망을 당할 세속 문명을 의미한다. 그런데 그 큰 성 바벨론이 "하나님 앞에 기억하신 바" 되었다고 했다. 여기 '기억하신 바'는 '엠네스데'(ἐμνήσθη)다. 하나님께서는 불쌍하게 여기시고 잊어버리지 아니하시고 좋은 의미로 기억하시는 면이 있으시다.

노아 방주 안에 있는 모든 짐승들을 기억하셨다(창 8:1). 소돔과 고모라를 멸망시킬 때 아브라함을 생각하셨다(창 19:29). 애굽에서 이스라엘 자손들의 신음소리를 듣고 기억하신다(출 6:5).

이렇게 좋은 의미로 기억하는 부분들이 있으시지만 또한 하나님은 자신을 대적한 나라나 개인들의 악행도 기억하신다. "그들의 죄악을 기억하여 그 죄를 벌하리니"(호 8:13), "여호와께서 그 악을 기억하시고 그 죄를 벌하시리라"(호 9:9), "내가 우상의 이름을 이 땅에서 끊어서 기억도 되지 못하게 할 것이며"(슥 13:2). 여기 계시록 16장 18절의 '큰 성 바벨론'의 기억은 부정적 의미의 기억이다.

필자는 남다른 인생의 축복을 받아 만 80년 이상을 건강하게 살고 있다. 필자가 만 80세를 맞아 평생 만났다가 헤어진 수많은 사람 중에서 연락되는 분들께 필자를 만난 후의 기억담을 글로 부탁을 했다. 수십 명에게 부탁했으나 사양한 이들도 있고 40여 명이 기억담을 써서 보내주었다.

그 속에는 고향 사람, 목회할 때 만난 사람, 교수 활동 때 제자로 만난 사람, 저술 활동 중에 만난 사람 등 다양한 사람들이 있다. 필자를 만났던 사람들이 어떻게 기억하는가를 글로 받아서 얇은 책을 만들었다. 그 내용들 대부분은 좋은 내용들 위주였으나 몇 사람에게서는 신랄한 비판도 받았다.

필자는 비판한 내용을 접할 때 섭섭한 느낌이 들었으나 시간이 흐를수록 그의 비판이 필자 스스로 깨닫지 못하는 진면목임을 깨닫고 낮아짐을 훈련하게 되었다.

하나님께서는 계시록에서 미래의 위험만을 경고하시는 것이 아니다. 하나님의 경고를 깨닫는 자는 잘못된 인생에서 깨닫고 돌아서는 경고적 의미가 계시록의 생명력이라고 생각된다.

여기 "맹렬한 진노의 포도주 잔"이라는 표현을 주목할 필요가 있다. '맹렬한'은 '뒤무'(θυμοῦ)이고 '진노'는 '오르게스'(ὀργῆς)다. 여기에 쓰인 '뒤무'와 '오르게스'는 하나님의 진노가 얼마나 심대한가를 강력하게 강조하는 의도적인 표현이다.

사실 바벨론의 멸망 내용은 계시록 17~18장에서 더 자세하게 설명되고 있다. 그렇기에 계시록 16장 19절의 내용은 뒤의 계시록 17~18장에 대한 선언적 의미인 것이다.

'진노의 포도주'는 '투 오이누 투 뒤무'(τοῦ οἴνου τοῦ θυμοῦ)다. 포도주는 향과 맛이 있고 또 사람들의 감정을 자극해 줌으로 전 세계인들이 즐겨 애용하는 음료이자 술이다. 그런데 포도주 속에는 독성이 있다. 이 세상 사람들이 포도주를 즐기지만 그 뒤에는 해독이 따른다. 여기 계시록에서 "진노의 포도주"는 사도 요한 당시에 로마제국을 의미했다. 그렇기에 사도 요한 당시 사람들이 '진노의 포도주'를 말할 때 모두가 다 이해하는 내용이었다.

그러나 오늘날 우리는 '진노의 포도주'를 시대에 맞게 이해해야 한다. 사도 요한이 당시의 로마제국을 진노의 포도주라고 지칭한 것은 그 당시 로마제국은 정치적, 군사적, 경제적, 문명적, 사회적으로 전체가 부패하고 타락한 세속 문명 때문이었다.

왜 하나님은 이와 같은 세속 문명을 "맹렬한 진노의 포도주"로 응징하시는가? 그 이유를 오늘날의 세속 문명을 통해 추정해 볼 수 있다. 오늘날 우리가 살아가는 세상 역시 정치적, 경제적, 문화적, 사회적으로 심각한 포도주에 취해 있는 것이 사실이다.

오늘날의 문명이란 어떤 것인가? 오늘날의 문명들이란 ① 관능적인 것들을 탐닉하도록 계속해서 유혹을 주고 있다. 음악, 영화, 미술, 소설, 체육, 여행 등등 모든 분야에서 감각적인 즐거움들을 최고라고 부추긴다. 그래서 영혼에 관한 관심이나 미래 세계에 대한 관심을 천박하고 부질없는 것으로 몰아가고 있다.

② 모든 문명 속에는 단순한 본능을 만족시켜 주는 것만이 쾌락이라고 선동하며 온갖 매스컴은 유혹이 내재된 채 대중을 이끌어 가고 있다.

③ 문명은 현재에 만족하게 하는 마성이 있다. 문명은 성도들의 눈을 어둡게 해서 미래의 소망이나 영원한 천국 등에 관해서는 무관심

하도록 계속 유혹하고 있다. 이 같은 문명은 성령님이 주시는 기쁨의 능력에 대하여 관심을 갖지 않도록 하고 있다. 이렇게 인류를 병들게 하는 세속 문명은 반드시 하나님의 진노의 징계를 받을 수밖에 없는 것이다. 현대 문명의 병폐를 제대로 깨달아야 바벨론을 멸망시키시는 하나님의 최후 심판이 바르게 이해되는 것이다.

(3) 각 섬도 없어지고 산악도 간 데 없더라(계 16:20)

대환난의 최후에는 지구가 생긴 이래 전혀 겪어보지 못한 최대의 큰 지진이 일어난다. 그 결과 큰 성 바벨론이 세 갈래로 갈라지고 전 세계적 도시들도 무너진다. 그 여파로 섬도 없어지고 산맥도 사라진다. 이 내용을 물리적으로 이해할 수 있다. 그러나 보다 더 크게 확대해서 이해한다면 오늘날 전 세계인들이 화제시하는 이 세상에 이룩해놓은 모든 문명이 다 사라진다는 의미로도 이해할 수 있다.

오늘날 전 세계인의 화제가 무엇인가? 강력한 군사력에 의한 세계인들의 위협이나 또는 영화나 스포츠나 창업자들로 인한 거부들의 얘기가 화젯거리다. 그런데 대환난의 마지막 때에는 그 모든 것들이 다 사라진다. 참으로 허망하고 낙망스러운 미래가 될 것이다.

(4) 무게가 한 달란트나 되는 큰 우박이…재앙이 심히 큼이러라(계 16:21)

구약성경에 우박은 하나님의 진노와 재앙으로 상징되었다.

수 10:11 이스라엘 자손의 칼보다 우박에 죽은 자가 더 많았다

사 30:30 여호와께서 맹렬한 화염과 폭풍과 폭우와 우박으로 하시리니…

겔 38:22 전염병과 피로, 쏟아지는 폭우와 큰 우박덩이와 불과 유

황으로

그런데 장차 대환난의 말에는 한 달란트(34kg)의 우박을 하늘로부터 내린다고 했다. 이렇게 큰 우박이 떨어지면 들의 초목이나 짐승이나 주택 등이 막대한 피해를 입게 될 것이다.

그런데 그렇게 큰 우박으로 재앙을 당할 때 사람들의 반응은 어떤가? 하나님을 비방한다. 여기 '비방'이란 '에블라스페메산'($\dot{\epsilon}\beta\lambda\alpha\sigma\phi\acute{\eta}\mu\eta\sigma\alpha\nu$)이다. 이 말은 '신성모독하다', '참람하다'는 뜻이다. 재앙을 당할 때 반성하고 자신을 돌아보기는커녕 오히려 재앙을 내리는 하나님을 모독하고 반항하는 것이 대환난 때의 인간 성향들이다.

03
바벨론의 멸망

(계 17:1~18:24)

서론

계시록의 전체 내용은 세 부분으로 구성되었다. 첫째로 교회 시대(계 1~5장), 둘째로 대환난 시대(계 6~18장), 셋째로 새 하늘과 새 땅(계 19~22장)이다.

이중에서 '대환난 시대'는 전체 기간이 7년이다. 7년 대환난 중 전반기 내용이 계시록 6장까지에 기록되었고, 중간기 내용이 12~14장에 기록되었으며, 후반기 내용이 15~18장에 기록되었다.

대환난 시대에는 세 가지 재앙이 실시되는데 그 중에서 전반기에는 ① 일곱 인의 재앙과 ② 일곱 나팔 재앙이 있다. 그리고 중간기를 지난 후 후반기에는 ③ 일곱 대접 재앙이 있다. 그런데 참으로 이해가 안 되는 사실이 있다. 정상적인 세상 사람이라면 재앙을 당하면 처음에는 반발을 해도 시간이 지난 후에는 깨닫고 개선하는 것이 정상이다. 그러나 대환난의 말기에는 갈수록 첩첩산중이다.

계시록의 대환난 말기에는 계시록 17장에서 대음녀(The great Prostitute)로 표현되는 전 세계 절대적 통치자의 절대적 권세가 몰락되는 내용이 기록되었고, 18장에는 바벨론으로 표현되는 전 세계의 세속 문명들이 졸지에 멸망당하는 바벨론의 멸망이 예언되고 있다.

계시록 17~18장은 앞서 계시록 16장 17~21절에 기록된 일곱째 대접 재앙에 대한 다른 설명들이라고 할 수 있다. 계시록 16장 17~21절 기록이 큰 성 바벨론이 멸망당하는 외적 양상이라고 한다면, 계시록 17장은 큰 음녀로 상징되는 통치자의 몰락 내용이고, 계시록 18장은 세속 문명의 파괴로 처참하게 될 미래의 세계상을 예언하는 내용이다.

오늘 우리는 이와 같은 내용을 넓은 시야로 볼 때 벌써 현재 우리들의 시대에 이 같은 현상들이 이미 전개되고 있음을 깨닫고 경각심을 가져야 할 것이다.

1) 큰 음녀의 죄상(계 17:1~6)

(1) 많은 물 위에 앉은 큰 음녀의 심판 예고(계 17:1~2)
① 또 일곱 대접을 가진 천사 중 하나가 와서 내게 말하여 이르되(1)

계시록에 소개되는 천사들이 매우 많고 그 역할도 다양하다. 계시록 16장 17절에는 일곱째 천사가 그 대접을 공중에 쏟았다. 그런데 17장 1절에는 일곱 대접을 가지고 재앙을 내리던 천사 중 하나가 큰 음녀의 심판을 예고한다. 또 뒤의 21장 9절에는 일곱 재앙을 담은 일곱 천사 중 하나가 어린양의 아내를 보여준다. 이렇게 계시록 각 곳에 각각 다른 천사들이 제각기 다른 임무들을 수행한다.

계시록 17장 1절에는 앞서 계시록 16장 17~21절에서 바벨론의 멸망을 예고했던 내용이 어떻게 전개되어 나갈 것인가를 상세하게 설명한다. 즉 앞의 선언에 대한 구체적인 설명 내용이다. 그렇기에 계시록 17장과 18장은 계시록 16장 17~21절 내용에 대한 상세한 설명이 되는 셈이다.

천사는 사도 요한에게 이리로 오라고 한다. 똑같은 표현이 21장 9절에도 반복된다. 천사는 사도 요한에게 "많은 물 위에 앉은 큰 음녀가 받을 심판"을 보여주겠다고 한다. 음녀라는 말은 창녀라는 뜻이기에 쉽게 이해되지만 '많은 물 위에 앉은'이라는 말은 무슨 뜻인가? 여기 '많은 물 위에' 해당되는 말은 '에피 휘다톤 폴론'(ἐπὶ ὑδάτων πολλῶν)이다. 이 표현은 사실적 의미와 상징적 의미의 두 가지 뜻을 다 알아야 한다. 먼저 사실적 의미를 생각해 보자.

예레미야 51장 13절에 "많은 물가에 살면서 재물이 많은 자여 네 재물의 한계 곧 네 끝이 왔도다"라는 표현에서 이때의 많은 물가는 예레미야 당시의 바벨론 제국을 상징하는 표현이다. 당시 역사적으로 보면 바벨론은 유프라테스강물을 많은 물로 활용하면서 여러 주변국들과 해상 무역으로 많은 물질적 번영을 누렸다(렘 47:2 참조).

그렇기에 '많은 물 위'는 역사적 바벨론으로 이해된다. 그러나 사도 요한 때에는 역사적 바벨론은 존재하지 않았으므로 당시 로마제국을 상징적인 바벨론으로 설명하는 것이 계시록의 내용이다. 그렇기에 '많은 물'을 바벨론제국으로 이해한다면 계시록을 잘못 이해하게 된다.

사도 요한은 계시록 17장 15절에서 "네가 본 바 음녀가 앉아 있는 물은 백성과 무리와 열국과 방언들이니라"고 설명을 해준다. 그래서 이 표현을 다음과 같이 정리할 수 있다.

당시의 로마제국은 과거 바벨론의 풍부한 유프라테스강물처럼 많은 군사력으로 세계를 정복해 가면서 막강한 권력에 무절제한 사치와 함께 거대한 물결 같은 음행으로 제국 전체가 썩고 부패하여 추악한 냄새가 진동을 했다.

그와 마찬가지로 종말 때에도 세계가 멸망 당하게 되는 가장 큰 범죄가 바로 사치와 음행이 많은 물처럼 흘러갈 것이다. 이렇게 과거 역사를 통해 미래의 세계를 경고하는 내용이 본문의 의도라고 볼 수 있다. 우리는 미래 종말의 세상이 멸망 당하게 되는 이유가 곧 사치와 음행이라는 죄악으로 멸망 당할 것을 알 수 있다.

② 땅의 임금들도…음행하였고 땅에 사는 자들도 음행의 포도주에…(2)

여기 보면 대환난 말기 때는 땅의 임금이나 땅에 사는 자들이 모두 다 음행 속에 살아간다. 본 계시록 안에는 정치적 권세를 가진 땅의 임금들에 관한 내용이 많이 나온다.

계 6:15 땅의 임금들과 왕족들과 장군들과 부자들과
계 17:2 땅의 임금들도 그와 더불어 음행하였고
계 18:3 또 땅의 왕들이 그와 더불어 음행하였으며

계 18:9 그와 함께 음행하고 사치하던 땅의 왕들이
계 19:19 그 짐승과 땅의 임금들과 그들의 군대들이 모여

대환난의 종말 때에는 이 세상 사람들이 바른 신앙에는 관심이 없다. 정치적 권세를 가진 왕들이나 세상 사람들 모두가 "음행의 포도주"에 취해서 옳고, 그르고, 나쁘고, 사악한 것에 대한 분별력을 잃어버린다. 참으로 가공할 만한 미래의 전망이다.

(2) 붉은빛 짐승을 탄 음녀(계 17:3~6)

① 성령으로 나를 데리고 광야로 가니라(3a)

일곱 천사 중 하나가 성령으로 요한을 데리고 광야로 갔다. 이 말은 육체적으로 광야라는 공간으로 이동시켰다는 뜻이 아니라 영적 황홀경 속에서 광야로 이끌고 갔다는 의미로 이해된다. 성령에 의해 이끌림을 받은 광야이므로 하나님의 보호를 받는다는 상징적인 의미가 있는가 하면 그곳에는 광야 같은 고난이 있는 곳으로 상징되기도 한다.

② 여자가 붉은빛 짐승을 탔는데 그의 몸에 하나님을 모독하는(3b)

'여자'라는 말은 '귀나이카'(γυναῖκα)다. 똑같은 '여자'라는 단어가 계시록 12장 1~6절에는 구원받은 성도를 상징하지만, 계시록 17장에 소개되는 여자는 음녀를 상징한다.

또 여자가 '붉은빛 짐승'을 탔다고 했다. '붉다'는 우리말은 같은 뜻이나 성경에는 붉다는 단어가 다르다. 계시록 12장 3절에서 '붉은 용'의 '붉은'은 단지 색깔이 붉다는 '퓌르로스'(πυρρός)이고, 여기 계시록 17장 3절의 '붉은'이라는 뜻의 '콕키논' (κόκκινον)이다.

이와 같은 붉은 색은 로마제국 군인들의 군복이거나 기병들의 제

복 색깔이었다. 그런데 음녀가 붉은빛 짐승을 탔다는 말은 사람들의 눈을 끌기 위해 매혹적이고 호화스러운 모습으로 당시의 사치와 향락으로 물든 로마의 성격을 뜻한다.

이 짐승의 몸에는 하나님을 모독하는 이름들이 가득하고 또 일곱 머리와 열 뿔이 있는 것은 계시록 13장 1~10절에 기록된 바다짐승과 똑같은 모습이다.

③ 그 여자는 자줏빛과 붉은 빛 옷을 입고 금과 보석과 진주로 꾸미고(4a)

음녀의 몸 매무새는 바다짐승과 똑같은데, 그의 복장은 훨씬 더 사치스럽고 호화롭게 장식했다.

자줏빛과 붉은 옷을 지어 입으려면 막대한 비용이 소요된다. 또 금, 보석, 진주로 꾸미려면 역시 많은 재정이 필요하다. 그런데 그렇게 겉으로 화려하게 꾸몄으나 그가 가진 것들은 가증한 것이고 음행의 더러운 것들이다.

그녀가 갖춘 외모는 가증한 우상숭배와 음행과 관련된 것들로 꾸미고 있다. 이와 같은 음녀의 호화로운 외모 장식에는 천국과 자기를 혼동시키려는 저의가 담겨 있다고 본다.

④ 그의 이마에 이름이 기록되었으니 비밀이라(5a)

음녀의 이마에 이름이 기록되었다고 했다. '그의'라는 말은 '아우테스'(αὐτῆς)다. 이 단어는 여성 소유격 3인칭 대명사다. 그렇기에 K.J.V는 '그 여자'(her)라고 번역했고, N.I.V도 '그녀'(her)로 바르게 번역되었다. 그런데 한글개정개역과 공동번역에는 '그'(he)라는 지시 대명사로 번역되어서 모호함을 드러내고 있다.

그러나 앞서 4절에서 이미 '그 여자'를 설명했고, 5절에도 '음녀들'을 설명하므로 '그 여자'(her)가 맞다고 할 수 있다.

그런데 이마에 이름을 기록한다는 것이 무슨 뜻일까? 계시록에서 이마에다 독특한 표시를 하는 내용이 두 가지 상반된 의미로 기록되어 있다.
하나는 하나님의 인이나 인을 연상시키는 긍정적 내용이다.
계 7:3: 하나님의 종들의 이마에 인치는 것
계 9:4: 이마에 하나님의 인침을 받지 아니한 사람들만 해하라
계 14:1 시온산의 십사만 사천의 이마에 어린양의 이름이 쓰여 있다.
계 22:4: 그의 이름이 그들의 이마에 있으리라고 했다.
이런 내용은 좋은 의미의 이마의 이름들이다.

반면에 정반대로 비그리스도인이 짐승에게 속한 자임을 표시하는 짐승의 표로 오른손이나 이마에 표를 받는다.
계 13:16: 짐승에 속한 자의 표로 오른손이나 이마에 표를 받게 한다.
계 14:9: 짐승과 우상에게 경배하고 이마에나 손에 표를 받는다.
계 20:4: 짐승과 우상에게 경배하지 아니하고 그들의 이마와 손에 그의 표를 받지 아니한 자들이 그리스도와 더불어 천 년 동안 왕 노릇 한다.

계시록에는 이처럼 이마에 이름이 기록되는 것이 전혀 상반된 사건으로 기록되고 있다. 그러나 여기 계시록 17장 5절의 경우는 땅의 음녀들이 그들의 이마에 이름을 기록하는, 후자인 두 번째 의미로 기록되고 있다. 그러한 까닭에 사도 요한 당시 로마제국의 고급 매춘

부들이 자신의 이름이 기록된 머리띠를 그들의 머리에 장식하고 유혹을 했던 당시의 풍조를 여기에 반영한 것으로 추정해 볼 수 있다.

그런데 그 이름이 기록된 것이 비밀이라고 했다. '비밀'이라는 단어는 '뮈스테리온'(μυστήριον)이다. 이 단어는 '비밀', '신비', '비밀 교훈' 등 다양한 뜻이 있다. 이 단어 역시 신약성경 모든 곳에 좋은 의미로 사용되었다. 복음서(마 13:11; 막 4:11; 눅 8:10의 "하나님 나라의 비밀"), 바울 서신서(롬 11:25, 16:26; 고전 2:7, 4:1, 13:2, 14:2; 엡 1:9, 3:3, 9, 5:32, 6:19; 골 1:26, 2:2, 4:3; 살후 2:7; 딤전 3:9), 계시록(1:20, 10:7) 등에 좋은 의미로 사용되었다.

그런데 단 한 곳 계시록 17장 5절과 7절에 이 비밀이 부정적 의미로 쓰이고 있다. 이곳에는 음녀인 여자의 이마에 기록된 이름이 '비밀'이라고 했다. 여자의 이마에 기록된 이름이 비밀이라는 말은 비밀이라고 써졌다는 문자적 의미가 아니라 비밀이라는 뜻을 가진 상징적 의미가 있다는 뜻이라고 할 수 있다. 그래서 한글 공동번역 성경은 "그 이마에는 '온 땅의 탕녀들과 흉측한 물건들의 어머인 대 바빌론'이라는 이름이 상징적으로 기록되어 있습니다"라고 번역되었다.

그러나 이 번역도 다음 7절의 내용과 연결시켜 본다면 이해가 안 된다. 왜냐하면 음녀의 이마에 기록된 이름이 비밀이라고 했는데, 앞서 신약성경 전체에 기록된 '비밀'이라는 개념은 그리스도인들이 깨달을 수 있는 내용이다. 그래서 7절에 "내가 여자와 그가 탄 일곱 머리와 열 뿔 가진 짐승의 비밀을 네게 이르리라"고 한다.

여기서 우리는 이 비밀이라는 독특한 용어를 어떻게 이해해야 하는가? 그것은 하나님의 인 맞은 자들은 비밀을 다 알 수 있는 것이다. 그러나 오른손이나 이마에 짐승의 표를 받은 자들은 짐승의 표를 받기는 받았으나 음녀의 이마에 기록된 이름의 뜻을 파악하지 못한다는 결정적 차이로 이해된다.

이렇게 겉으로 나타나는 '하나님의 인'과 '짐승의 표'가 양상은 같아 보이나 내용적으로는 큰 차이가 있음을 깨달을 수 있다.

⑤ 큰 바벨론이라 땅의 음녀들과 가증한 것들의 어미라(5b)

여기 음녀의 이마에 기록된 이름이 몇 가지 상징적 의미로 해설되고 있다.

㉠ 큰 바벨론

큰 성 바벨론은 앞서 계시록 14장 8절과 16장 19절에 이미 언급되었다. 옛날 고대의 역사적 바벨론은 남왕국 유다를 괴롭히다가 유다를 멸망시킨 정치적 강대국이었고, 종교적으로 우상숭배의 나라였다. 그래서 구약성경의 선지자들에 의해서 정치적, 종교적 혐오의 대명사로 지목되었다. 그런데 사도 요한 때의 로마제국은 과거 역사적 바벨론과 비슷했다. 로마제국은 계속된 침략과 정복으로 전 유럽과 아시아 지역까지 정치력을 장악한 막강한 강대국이었다. 로마제국 역시 바벨론처럼 모든 신이라는 신은 다 섬기는 다신교 국가였다.

로마제국은 강대국에다 사치, 부패, 음란, 우상숭배로 하나님의 교회를 무자비하게 탄압했다. 그래서 사도 요한이 계시록을 기록할 때 로마제국을 바벨론으로 지칭한다. 그런데 여기 계시록 17장 내용은 과거 로마제국을 근거로 한 미래 시대의 대환난 때에 있을 미래에 대한 내용이다.

그렇기에 여기서 '큰 바벨론'이라는 의미는 미래에 있을 바벨론 성향의 세력을 뜻한다. 미래 대환난 때 전 세계를 정치적 힘과 거짓 종교적 세력이 함께 결탁하여 과거 로마제국 초기 때처럼 정치적, 경제적, 군사적 힘으로 세계를 장악해 나가는 때가 올 것이다. 음녀의 이마에 이 같은 상징적 의미가 기록될 것이다.

ⓒ 땅의 음녀들과 가증한 것들의 어미라

'어미'라는 말은 '헤 메테르'(ἡ μήτηρ)다. 어미는 아이를 낳고 양육하는 사람이다. 미래의 바벨론은 땅에서 음녀들을 생산해 내고 또 양육해서 보급하는 가증한 일들을 하게 될 것이다.

로마의 역사가인 타키투스(C. Tacitus A.D. 55~117)가 로마 황제들의 역사를 저술한 역사서로 《연대기》(年代記)가 전해져 온다. 그 역사서에는 로마 제2대 황제 티베리우스(A.D. 14~37) 때부터 제11대 황제 도미티아누스(A.D. 81~96) 때까지 황제들의 행적이 기록되었다.

그중에 제4대 황제 클라디우스(A.D. 41~54)의 부인이었던 메살리나(Messallina)는 황제 한 남자에 만족하지 못하고 이 남자, 저 남자와 향락을 누리다 그것도 만족을 못 얻고 천박한 향락에 도취한다. 그래서 공창(公娼) 장소에 변장을 하고 가서 수많은 이들과 마음껏 매춘 행위를 했다고 한다.

또 제5대 네로 황제(A.D. 54~68)는 잔학성, 변태성, 탐욕성이 극심해 남을 의심해서 가장 가까운 친구들, 친척들을 처형하고 끝내는 그의 생모까지도 처형을 시킨다. 그가 64년 7월에 생긴 로마시의 대화재 책임을 그리스도인들에게 뒤집어씌워서 많은 그리스도인들을 광장에서 짐승들에게 죽게 하는 잔악한 방법으로 처형을 시켰다. 이같이 미치광이에 의해 주후 68년에 바울 사도가 순교당한 것으로 전해지고 있다.

이렇게 음란하고 부도덕하고 가증스러운 로마 황제들의 만행은 그 뒤로도 계속적으로 반복되며, 그 후로 300년을 이어간다. 그래서 로마 제55대 콘스탄티누스 황제(A.D. 306~337) 때까지 계속된 핍박들이 이어진다.

이 내용을 필자의 《교부시대사》에 밝혔다.[40]

ⓒ 미래의 가증한 것들의 어미

과거 역사 속의 땅의 음녀들은 정치 권력을 가진 자들이 하나님 무서운 줄 모르고 자신이 신인 줄로 착각하고 온갖 추악하며 가증한 일들을 저질렀다. 계시록에는 앞으로 있을 미래의 대환난 때에는 그때에도 정치 권력자들이 거짓 종교 지도자들과 결탁해서 똑같은 가증한 일을 저지를 것이 예언되고 있다. 미래에는 "땅의 음녀들"과 "가증한 것들의 어미"가 결탁해 하나님 무서운 줄 모르고 음란과 신성모독과 우상숭배를 공공연하게 강요할 것이다

⑥ 이 여자가 성도들의 피와 예수의 증인들의 피에 취한지라(6a)

'성도들'은 '톤 하기온'(τῶν ἁγίων)이다. 성도(聖徒)란 예수 그리스도를 믿고 죄인의 신분에서 벗어나 의인으로 변화된 구원받은 신앙인들을 의미한다. 또 '예수의 증인들'은 '톤 마르튀온 이에수'(τῶν μαρτύρων Ἰησοῦ)로 예수 그리스도의 복음을 전하다가 죽임을 당한 순교자들을 의미한다. '성도들'과 '예수의 증인들'은 같은 성도들이나 그중에서 예수의 증인으로 죽음을 당한 성도들은 순교의 반열에 오른 자들이다.

그런데 대환난의 종말 때에는 음녀가 자신의 타락과 함께 그리스도인들을 학살하는 행위를 악마처럼 즐거워한다는 것이다. 대환난

---

40) 정수영, 교부시대사, 쿰란출판사, 2014, pp.38~60.

때에는 인간의 문명, 문화 존중이라는 명분하에 온갖 우상숭배를 강요할 것이다.

그때 신실한 그리스도인 성도들은 타락한 문명 숭배를 거부할 것이다. 그때 세상 정치 권력을 가진 음녀는 문명 거부자를 반사회적 해충이라고 매도하고 갖가지 불이익을 주다가 끝내는 저들을 죽음으로 몰아갈 것이다.

⑦ 내가 그 여자를 보고 놀랍게 여기고 크게 놀랍게 여기니(6b)

사도 요한은 일곱 대접을 가진 일곱 천사 중 하나로부터 이리로 오라는 초청을 받고 가까이 갔다(계 17:1). 사도 요한은 매우 큰 기대를 가지고 천사에게 가까이 갔다. 그런데 천사가 보여주는 것은 많은 물 위에 앉은 큰 음녀였다. 사도 요한의 생각에는 큰 음녀가 크게 심판받을 것을 보여주리라고 기대했다. 그런데 천사가 보여주는 음녀의 양상은 찬란한 복장으로 꾸미고 그가 성도들을 무자비하게 도륙하는 피에 굶주린 모습이었다. 음녀는 화려하게 차렸고 또 성도들과 증인들의 피를 즐기고 있었다. 사도 요한은 놀랍고 크게 기이할 뿐이었다.

왜 천사는 이렇게 불공평한 장면을 요한에게 보여줄까? 당연히 크게 놀랄 일이었다. 이것은 대환난의 마지막 때 세속 정치와 세상 인간들의 사회가 상식적으로는 도저히 이해가 되지 않는 비정상적 세상으로 전개될 것임을 예고해 주는 내용이라고 이해된다.

2) 음녀가 탄 짐승의 비밀(계 17:7~18)

앞서 계시록 17장 1~6절에는 주로 음녀의 모양을 설명했다. 그런데 여기 17장 18절에는 음녀가 탄 짐승을 주로 설명한다. 그리고 음녀가 탄 짐승을 설명하는 내용 중 매우 난해한 짐승의 정체에 관한 부분의 계시록 17장 18~12절에, 짐승이 어린양을 대적하다가 패배한다는 내용이 계시록 17장 13~14절에, 짐승의 배반에 의한 음녀의 파멸 예고 내용이 계 17장 5~18절에 기록되었다. 이 난해한 내용들을 차례대로 살펴보자.

(1) 음녀가 탄 짐승에 대한 천사의 설명(계 17:7)
① 천사가 이르되 왜 놀랍게 여기느냐(7a)

사도 요한이 최초로 짐승을 본 내용은 계시록 13장 1절에 기록되었다. 그리고 음녀를 본 것은 14장 4절에서이다. 요한은 '짐승'이나 '음녀'를 크게 인식하지 못하고 있었다. 그런데 17장 1절에서 '많은 물 위에 앉은 큰 음녀'가 3절에서는 붉은빛 짐승을 탔고, 6절에서는 성도들의 피와 예수의 증인들에 취한다.

요한이 크게 인식하지 못했던 음녀의 광폭적인 거대한 악행들에 크게 놀라게 되는 것은 당연한 일이었다. 그렇게 놀라는 요한에게 천사는 음녀에 대하여 설명해 준다.

② 내가 여자와 그가 탄 일곱 머리와 열 뿔 가진 짐승의 비밀을(7b)

천사는 여자의 존재를 이해하려면 인간의 이성으로는 이해할 수 없는 비밀이라고 한다. 천사는 '여자', '일곱 머리와 열 뿔', '짐승' 등은 모두 상징적인 의미가 있으므로 성령에 의해 천사가 설명해 주는 계시에 의해서만 이해될 수 있다는 것이다.

여자에 관한 최초의 언급은 앞서 계시록 14장 4절에 등장했다. 일곱 머리와 열 뿔은 앞서 13장 1~10절에 나타났다. 그리고 짐승에 관한 내용은 13장 1~8절과 13장 11~18절에 기록되었다.

이 모든 여자, 짐승, 일곱 머리 열 뿔 등은 천사가 요한에게 일러준 계시에 의해서만 이해될 수 있다는 것이다.

(2) 일곱 머리와 열 뿔을 가진 짐승의 정체(계 17:8~12)

① 네가 본 짐승은 전에 있었다가 지금은 없으나…(8a)

여기 보면 천사가 요한에게 "일곱 머리와 열 뿔을 가진 짐승"을 설명해 주는데 그 짐승이 전에 있었다고 했다. 이 말은 앞서 계시록 13장 1~10절에서 바다에서 올라온 짐승의 뿔이 열이고 머리가 일곱이었음을 사도 요한이 보았다. 그런데 그 짐승은 정치적 능력을 가진 자로 신성모독하며 마흔두 달(3년 반) 동안 일할 권세를 갖고 성도들을 핍박할 때 많은 성도들이 죽임을 당한다.

그런데 그가 전 3년 반의 마흔두 달을 광폭적인 핍박을 가하고는 사라진다. 그렇기에 전에(전 3년 반)는 있었으나 지금(후 3년 반)에는 없다.

② 장차 무저갱으로부터 올라와 멸망으로 들어갈 자니(8b)

지금(후 3년 반)은 짐승이 없다. 그러나 장차에는 무저갱으로부터 올라올 것이라는 내용이 계시록 20장 1~3절에 기록되었다. 장차 주님께서 재림하실 때 하늘의 군대들을 이끄시고 짐승과 땅이 임금들과 그들의 군대들과 대대적인 전쟁을 벌이게 된다(계 19:11~21). 그 후에 천사가 용, 뱀, 마귀, 사탄을 잡아 천년 동안 무저갱에 넣는다(계 20:1~3). 이렇게 사탄을 무저갱에 던져 넣은 후에 천년왕국(계 20:4~6)이 이루어진다.

그렇게 천년왕국이 끝난 후에 무저갱에 갇힌 마귀 사탄이 잠깐 동안 놓이게 된다(계 20:3). 이 내용을 여기 계시록 17장 8절에서 "장차 무저갱으로부터 올라와 멸망으로 들어갈 자"라고 설명한다.

③ 땅에 사는 자들로서…생명책에 기록되지 못한 자들이…장차 나올 짐승을 보고 놀랍게 여기리라(8c)

'땅에 사는 자들'이란 구원받지 못한 자들이고 생명책에 기록되지 못한 자들이다. 저들은 바다짐승이 머리 하나가 상하여 죽게 된 것 같더니 살아난 것을 보고(계 13:3) 많은 사람이 짐승에게 경배하고 그를 따랐었다. 그런데 그 짐승이 무저갱으로부터 다시 올라온다.

그렇게 되니 멸망 당할 자들은 그가 자기들을 구원해 줄 자로 착각하고 놀랍게 여기게 될 것이라는 것이다. 왜 멸망할 자들이 놀랄까?

'장차 나올 짐승'은 마치 그리스도께서 십자가에서 죽으신 분인데 장차 재림을 하듯이 짐승도 또다시 등장하기 때문이다.

④ 지혜 있는 뜻이…그 일곱 머리는 여자가 앉은 일곱 산이요(9)

지혜 있는 자는 "일곱 머리가 여자가 앉은 일곱 산"을 깨달을 수 있다는 것이다. 여자가 앉은 일곱 산(山)이 무엇을 뜻하는가?

이에 대해서 문자적, 역사적 해석과 상징적 해석으로 나뉘어져 있다. 먼저 문자적, 역사적 해석의 견해를 보자. 당시 로마제국의 수도 로마시(市)는 일곱 산이 있는 도시로 알려졌다. 로마시는 티벨(Tiber)강 왼쪽에 팔라틴(Palatine), 아벤틴(Aventine), 셀리안(Caelian), 에스퀼린(Esquiline), 비미날(Viminal), 퀴리날(Qurinal), 사피톨린(Capitaline) 또는 야미수룸(Jamiculum) 등 일곱 개의 산이 있다. 그래서 "일곱 산"을 로마시의 일곱 산으로 해석한다.

그러나 계시록은 미래를 위한 예언서다. 여기 "일곱 산"은 완전 숫자인 '7'을, 산은 권력을 상징하는 것으로 세상의 종말에 출현할 막강한 정치적 힘과 권력을 상징하는 것으로 이해하는 것이 무난하다.

⑤ 또 일곱 왕이라 다섯은 망하였고(10a)

이 구절에 대한 해석이 매우 난해하다. 이 구절 해석이 과거에는 역사적, 문자적 해석으로 주목을 받아왔다. 지금은 과거의 해석을 신뢰하지 않으나 참고로 살펴보자. 여기서 말하는 '일곱 왕'은 '카이 바실레이스 헵타 에이신'(καὶ βασιλεῖς ἑπτά εἰσιν)이다. 이 일곱 왕을 로마제국의 초기 여덟 황제들과 결부시켜서 해석하는 견해다. 로마제국이 과거에는 원로원 정치를 해왔으나 카이사르 시저(Gaius Julius Caesar, B.C. 100~B.C. 44)가 독재관(獨裁官)의 길을 닦는다. 그 후 주전 27년부터는 황제에 의한 제국주의가 된다.

제1대 초대 황제인 아구스도(B.C. 27~A.D. 14)로 시작해서 제2대 티벨리우스(A.D. 14~37), 제3대 칼리굴라(A.D. 37~41), 제4대 클라우디우스(A.D. 41~54), 제5대 네로(A.D. 54~68), 제6대 베스파시아누스(A.D. 69~79), 제7대 티투스(A.D. 79~81), 제8대 도미티아누스(A.D. 81~96)로 계속된다.

이렇게 로마제국의 초기 황제 8명을 여기 본문 10절에 임의대로 적용시킨다. 그래서 "일곱 왕"이라는 표현을 제7대까지에만 적용시키고 그다음에 "다섯은 망하였고"를 초대에 제5대 네로까지 적용시키고, "하나는 있고, 다른 하나는 아직 이르지 아니하였으나"를 사도 요한 당시의 황제 제8대 도미티아누스에게 적용시켰다. 이 같은 해석이 역사적으로 확실하니까 듣기에는 그럴듯하게 들릴지라도 이 같은 해석은 매우 주관적이고 너무 억지로 짜 맞춘 무리한 해석이다.

또 다른 해석도 있다. 여기 '일곱 왕'을 애굽, 앗수르, 바벨론, 바사(페르시아), 헬라, 로마 그리고 콘스탄틴 이후의 기독교 로마제국으로 해석하는 경우도 있다. 이렇게 일곱 왕을 실제 왕으로 연결시키려는 시도가 많이 있었다.

그러나 계시록은 과거를 위한 책이 아니다. 계시록은 앞으로 있을 미래를 위해 깨닫고 경성하라고 주신 책이다. 따라서 일곱 왕은 미래에 있을 왕이다. 그러므로 '일곱'을 수학에서 말하는 숫자의 일곱이라고 이해하기보다는 '완전한 수의 상징'이라는 의미로 받아들이는 것이 보다 합리적일 것 같다.

⑥ 하나는 있고 다른 하나는 아직 이르지 아니하였으나 이르면 반드시 잠시 동안 머무르리라(10b)

사도 요한은 계시록 17장에서 짐승이 전에는 있다가 지금은 없어진 존재라는 설명을 여러 번 강조한다. 17장 8절 초반에 "네가 본 짐승은 전에 있었다가 지금은 없으나", 17장 8절 후반에 "이전에 있었다가 지금은 없으나", 그리고 17장 11절에도 "전에 있었다가 지금은 없어진 짐승"이라고 한다. 이 내용을 계시록에 소개되는 짐승에 대한 전체적 내용과 연결시킬 때에 그 뜻이 이해된다.

계시록에서 사탄의 상징인 '붉은 용'의 소개는 계시록 12장 3, 7~9, 13~17절에 기록되었다. 붉은 용은 하늘에서 쫓겨난 후 바다짐승에게 권세를 준다(계 13:4). 이때 바다짐승은 마흔두 달 동안 막강한 권세로 하나님 섬기는 성도들을 핍박하고 그 권세를 땅의 짐승에게 부여해 준다(계 13:11).

그런데 바다짐승의 활동 기간이 마흔두 달 동안이다(계 13:5). 그렇기에 계시록 17장 8절에 "네가 본 짐승은 전에 있었다가 지금은 없으나"라는 말은 대환난의 후반기 때에는 짐승이 없다. 그러나 17장 8절 중간에 "장차 무저갱으로부터 올라와 멸망으로 들어갈 자"라는 표현은 뒤에 있는 계시록 20장 3절을 의미한다. 그래서 계시록 17장 10절에 "다른 하나는 아직 이르지 아니하였으나 이르면 반드시 잠시 동안

(계 20:3) 머무르리라"고 했다.

⑦ 전에 있었다가 지금 없어진 짐승은 여덟째 왕이니…(11)
이 짐승이 전에 있었다는 것은 계시록 13장 내용을 의미하고, 지금 없어졌다는 것은 계시록 17장 내용을 반영해 주는 의미이다. 그런데 그 같은 짐승을 '여덟째 왕'이라고 한다. 여기서 말하는 여덟째 왕은 실제로 따로 존재하는 왕이 아니라 일곱 왕 중에 속한 왕이었으나 그 일곱 왕들이 계시록 17장 10절을 참조한다면 대부분 단명하게 될 것을 암시해 주고 있다.

그래서 일곱 짐승이 대환난 기간 중 왕성한 적그리스도로 활동하지만 대부분 이 대환난 기간에 다 죽는다. 그런데 다 죽은 줄로 알았던 짐승 중에서 하나가 다시 나타나 그리스도와 대결전을 벌인다(계 19:10~21). 그렇게 다시 살아나서 그리스도를 대적하는 짐승을 '여덟째 왕'이라고 부를 수 있다는 것이다.

⑧ 네가 보던 열 뿔은 열 왕이니 아직 나라를 얻지 못하였으나(12a)
천사는 계시록 17장 7절에서 "일곱 머리와 열 뿔을 가진 짐승"을 요한에게 보여주었다. 그리고 계시록 17장 8~11절에는 짐승이 가지고 있는 일곱 머리의 의미를 설명하고 17장 12절에는 열 뿔 가진 짐승의 의미를 설명해 준다.

천사는 '열 뿔'이 '열 왕'이라고 설명한다. 그런데 그 열 왕이 아직 나라를 얻지 못했다고 한다. 여기 이 말씀대로 이해한다면 대환난 때에는 열 뿔로 상징되는 열 왕들이 전 세계를 장악해 나간다.

그러나 열 왕들 중 어느 왕도 자기 나라를 세상에 내놓고 큰소리를 칠 만한 강한 나라를 이루지 못한 상태로 대환난 기간을 보낸다.

그런데 그리스도께서 이 땅에 재림해 오실 때에는 이들 열왕들이 대동단결하여 그리스도에게 강력하게 대적한다.

⑨ 다만 짐승과 더불어 임금처럼 한동안 권세를 받으리라(12b)

계시록 17장 12절의 '열 왕'이 어떤 왕인가? '열 왕'이라는 말은 '데카 바실레이스(δέκα βασιλεῖς)다. 천사가 요한에게 해석해 준 '열 뿔'은 '열 왕'이다. 그런데 그 '열 왕'이 누구를 뜻하는가? 이에 대해서 로마제국 멸망 후에 다시금 과거의 로마제국 같은 세상을 동경하며 만들어진 '유럽 경제 공동체'(EU)로 설명하는 해석자도 있다. 그러나 열 뿔은 세상적 만수인 열 왕의 상징일 뿐이다.

대환난 때에는 열 왕으로 상징되는 전 세계 모든 국가들이 어느 나라도 뚜렷한 지도력을 발휘하지 못한다. 지금 세계는 최강국으로 미국이 있고 미국을 넘보는 중국이 온갖 경쟁을 하며 맞서고 있다. 그 외에 러시아, 인도, 독일, 일본, 프랑스, 영국, 터키 등 수많은 나라들이 각축전을 벌이고 있다. 그러나 성경의 예언대로 보면 이 세상의 열 왕들 중 어느 나라도 뚜렷한 지도력을 행사할 수가 없을 것으로 예언되었다.

그러나 대환난이 끝이 나고 주님께서 재림하실 때에는 짐승이 나타나서 세계 모든 나라를 하나로 결속하게 한다. 그렇게 이 세계가 짐승에 의해 결속하게 되는 것이 곧 이 세상의 종말을 뜻하고 그때 주님께서는 하늘 군대로 전 세계의 모든 군사력을 처참하게 처치하는 내용이 계시록 19장에 기록되었다.

(3) 짐승의 어린양에 대한 대적과 패배(계 17:13~14)

① 그들이 한뜻을 가지고…권세를 짐승에게 주더라(13)

'그들'이란 전 세계의 정치가들을 뜻한다. 그들이 "한뜻을 가지고 자기의 능력과 권세를 짐승에게 주더라"고 했다. 여기서 말하는 '한뜻'은 '미안 그노맨'(μίαν γνώμην)이다.

여기서 '한'이라는 뜻의 '미안'(μίαν)은 '하나', '첫째', '하루'라는 뜻을 지닌 수사 '미아'(μία)의 목적격이다. 그리고 '뜻'이라는 단어인 '그노멘'(γνώμην)은 '의견'(opinion)이나 '협정'(counsel)이란 뜻이다. 따라서 '한뜻'이란 한 명의 예외도 없이 일치된 견해로 매우 능동적으로 적극적으로 짐승에게 협력해야 한다는 뜻이다.

이 말이 무슨 뜻인가? 대환난의 마지막 때가 되면 예수 그리스도께서 전 세계 모든 왕들을 심판하시려고 재림을 하신다. 그 후에 주님은 이 세상의 모든 통치자들을 다 심판으로 정리하신다.

이 사실을 교활한 짐승은 잘 알고 있다. 이때 짐승은 전 세계 모든 통치자들에게 각 개별적 통치가 종말이 될 것을 설명한다. 이 같은 짐승의 정치 활동에 전 세계의 모든 왕들이 자발적으로 자기의 권세를 짐승에게 위탁한다. 왜냐하면 작은 소왕국이라도 자기가 권세를 누리며 현상을 유지하기를 바라고 자기들 권세가 사라지고 그리스도 한 분의 통치를 원하지 않기 때문이다.

참으로 놀라운 사실이 아니라 지극히 자연적인 흐름이다. 우리는 지금도 짧은 대통령 임기 5년이 지나고 나면 같은 정권의 연장이냐, 정권 교체냐로 치열하게 투쟁하는 것을 보고 있다.

그런데 더 추하게 느껴지는 것은 정치가들이라는 자들 가운데 자기에게 유리한가, 불리한가에 따라서 철새처럼 이곳저곳으로 옮겨 다니는 이들을 보면 정치란 참으로 창녀와 같다고 느껴진다.

이 세상의 종말 때에는 전 세계의 열 왕들이 자신들의 권세가 위험해진다는 짐승의 선동을 따르고 자발적으로 모든 권한을 짐승에게 양도한다는 것이다.

② 그들이 어린양과 더불어 싸우려니와(14a)

짐승이 주축이 된 열 왕들은 어린양과 더불어 전쟁을 벌인다. 왜 세상의 열 왕들이 어린양과 더불어 전쟁을 일으키는가? 그 원인을 크게 두 가지로 이해할 수 있다.

첫째, 하나님의 섭리적인 측면이다.

하나님께서는 수천 년 동안 수많은 방법으로 인류를 구원하시려는 수단들을 사용해 오고 계신다.

과거 구약 때에는 율법을 통해 이스라엘 민족이 세계 민족들을 구원해 내도록 선민의 방법을 사용하셨다. 그러나 그 방법은 이스라엘의 실패로 끝이 났다. 신약 때에는 외아들 예수 그리스도를 만 인류의 죄인의 대표자로 삼으시고 그가 죽는 희생이 속죄 행위였음을 믿는 자들에게 믿음으로 구원을 얻게 하는 성령을 중심으로 하는 교회 시대를 주셨다.

이렇게 쉽게 구원 얻는 구원의 방법이 세월이 흐르면 약효가 떨어진다. 그래서 교회 시대의 마지막에는 라오디게아 교회처럼 뜨겁지도 차지도 아니한 미지근한 교회로 전락한다. 마지막으로 7년 대환난을 통해 결정적인 재앙들로 마지막 인류들에게 회개할 기회를 주신다.

그렇게 마지막 방법에도 개선되지 않을 때 더 이상 인류의 존재 의미가 없어지므로 대심판을 통해 청산하신다. 이렇게 전 인류의 마지막 대심판이 계시록 19장 19~21절에 기록된 아마겟돈 전쟁이다. 이렇게 인류의 대심판을 하나님의 섭리적 측면에서 이해할 수 있다.

둘째, 이 세상의 열 왕들의 측면이다.

세상의 열 왕들은 아무리 작은 나라들이라도 뱀의 꼬리가 아니라 뱀의 머리가 되고자 하는 본성이 있다. 그래서 현 상태처럼 전 세계 각 나라들의 독립된 정치 체계가 유지되어야만 자기들이 군소 국가의 왕 노릇 하는 것이 유지될 수 있다. 만일 그리스도께서 전 세계 모든 통치자들을 다 정리하시고 그리스도 중심의 천년왕국이 실현되면 군소 왕들은 설 자리가 없어진다. 이 같은 내용을 잘 아는 짐승은 전 세계 모든 왕들로 하여금 그리스도와 대결해야 하는 이유를 역설한다. 그때 소아적 욕망에 사로잡힌 전 세계 군왕들은 자연스럽게 자발적으로 짐승에게 권세를 이양하고 어린양과 더불어 전쟁을 벌인다.

③ 어린양은 만주의 주시요 만왕의 왕이시므로 그들을 이기실 터이요(14b)

7년 대환난이 끝나고 그때 주님께서 세상에 재림해 오신다. 이 사실을 가장 정확하게 잘 아는 것이 짐승인 사탄이다. 사탄은 주님이 재림해 오시면 자기의 활동이 종식된다는 것을 알고 있다. 그렇기에 마지막 수단으로 이 세상의 모든 왕들을 선동하여 주님의 재림을 저지하려고 발악을 한다.

그러나 주님인 어린양을 짐승과 세상 왕들이 단합해서 저지하려고 한다고 해도 짐승과 열 왕이 패할 수밖에 없다. 왜 짐승과 열 왕이 패할 수밖에 없는가? 천사는 두 가지 이유로 설명한다.

첫째, 어린양은 만주의 주이시기 때문이다.

'만주의 주'라는 말은 '에스틴 퀴리오스 퀴리온'(ἐστὶν κύριος κυρίων)이다. 여기 '만주'(萬主)라는 말로 쓰인 '퀴리온'은 '주인'을 뜻하는 '퀴리오스'(κύριος)의 소유격 복수형이다. 그렇기에 주인들이 만 명이나 된다는 뜻이다.

둘째, 만왕의 왕이시기 때문이다.
'만왕의 왕'이라는 말을 '바실류스 바실레온'(βασιλεὺς βασιλέων)이다. 여기서도 임금이나 왕을 뜻하는 '바실류스'(βασιλεὺς)가 복수형으로 쓰인 '바실레온'(βασιλέων)이 왕들이 만 명이나 된다는 표현이다. 왜 '어린양'을 '만주의 주' 또는 '만왕의 왕'이라고 하는가? 사도 요한이 당시 로마 황제들은 자기들을 '신'(데오스 θεός), '구주'(소테르 σωτήρ), '주'(퀴리오스 κύριος)라고 자칭했다.
그러나 어린양은 저들 황제들보다 더 높고 광대하다는 뜻으로 '만주의 주, 만왕의 왕'이라는 표현을 썼다. 짐승이 이 세상의 열 왕들을 충동시켜 어린양과 대결하도록 한다. 그러나 이 세상의 왕들은 열(10) 왕 정도에 불과하지만 어린양은 만(10,000) 왕의 왕이기 때문에 세상의 열왕들을 이긴다는 것이다.

④ 또 그와 함께 있는 자들 곧 부르심을 받고 택하심을 받은 진실한 자들도 이기리로다(14c)
여기 이 표현 속에 놀라운 복음이 소개되고 있다. 만왕의 왕이신 어린양께서 이기시는 것은 지극히 당연한 일이다. 그런데 아마겟돈 전쟁으로 표현되는 미래의 지상 최후의 전쟁 때에는 어린양 혼자만의 승리가 아니다. 그때에는 어린양에게 속한 자, 곧 부르심을 받고 택하심을 받은 성도들까지도 짐승과 열 왕을 이긴다.

여기 '부르심을 받고'는 '클레토이'(κλητοί)다. 이 단어는 '초대하다', '호출하다'라는 뜻을 가진 '칼레오'(καλέω)에서 파생된 형용사다. 그래서 이 말은 성부 하나님께서 구원할 자를 선택하여 호출하셨다는 뜻이다.

또 '택하심을 받은'이라는 말은 '에클렉토이'(ἐκλεκτοί)다. 이 말은 성자 그리스도께서 사탄의 종으로 있던 자들을 당신의 보혈의 공로로 구원해 내셨다는 뜻이다.

또 '진실한 자들'이라는 말은 '피스토이'(πιστοί)다. 이 말은 '믿다', '신실하다', '충성하다'는 뜻을 지닌 '피스튜오'(πιστεύω)에서 파생된 형용사다. 이 말은 성령님께서 성부 하나님이 선택하시고 성자께서 구원하신 자들을 충성된 자로 변화시키시는 성화의 과정을 반영한 말이다.

성경에는 한 생명의 구원 사역에는 성부 하나님의 부르심과(롬 8:28) 성자 예수님의 예정하심과(롬 8:29) 성령님의 의롭게 하심이(롬 8:30) 역사하여 궁극적으로 성도를 영화롭게 하시려는 삼위의 사역임을 설명하고 있다. 그렇기에 이 세상에서 영적으로 구원받은 자들이 이 세상 사는 동안에는 육신적으로 많은 고통과 시련들을 겪으면서 살아갈 수 있다. 그러나 세상의 종말인 아마겟돈 전쟁에서 주님이 승리하실 때는 주님만의 승리가 아니라 구원받은 모든 성도의 승리인 것이다.

계시록 17장 14절 내용은 뒤에 있을 계시록 19장 17~21절의 내용을 미리 예비적으로 보여주는 내용이다. 대환난 후에 아마겟돈 전쟁에서 짐승과 이 세상 왕들이 결속해 어린양과 전쟁을 벌인다. 그런데 그 전쟁은 어린양의 일방적 승리로 종결된다. 그때 어린양의 승리로 구원받은 모든 성도들도 그리스도와 함께 승리의 영광을 쟁취하게 된다. 참으로 감개무량하고 절대적 영광이 보장되는 감격적인 복음 내용이다.

(4) 짐승의 배반에 의한 음녀의 파멸 예고(계 17:15~18)
① 네가 본 바 음녀가 앉아 있는 물은 백성과 무리와 열국과 방언들이니라(15)

계시록에는 상징적인 표현들이 계속되어 있다. 지금까지 표현된 상징적 용어들 몇 가지를 정리해 보자. 계시록 12장 1~6절에는 해를 옷 입은 한 여자가 소개된다. '여자'라는 단어가 '귀네'(γυνή)로 쓰였는데, 이때의 여자는 구원받은 성도를 상징한다.

또 계시록 13장에는 '바다짐승'과 '땅의 짐승'이 소개된다. 바다짐승은 정치 권력으로 그리스도를 대적하는 적그리스도를 상징하고, 땅의 짐승은 거짓 선지자로 종교를 이용한 적그리스도를 상징한다. 또 계시록 17장 1절에는 '물 위에 앉은 큰 음녀'가 소개된다. 이때의 음녀는 '포르네스'(πόρνης)로 영적으로 타락한 로마제국을 상징한다. 그리고 '많은 물'은 '휘다톤 폴론'(ὑδάτων πολλῶν)으로 상징적 표현을 했던 것을 여기 17장 15절에서 "물은 백성과 무리와 열국과 방언들"이라고 설명해 준다.

천사는 물의 의미를 세상에 속한 백성들로 네 가지로 설명해 준다. 그것은 ① 백성, ② 무리, ③ 열국, ④ 방언들이라고 했다. 음녀는 타락한 로마제국인데 그 음녀가 "많은 물 위에 앉은"(계 17:1) 것은 곧 많은 나라들, 백성들, 무리들, 방언들을 규합하여 그 위에 군림해 있게 된다"는 의미로 이해된다.

② 네가 본 바 이 열 뿔과 짐승은 음녀를 미워하여 망하게 하고(16a)

이 구절은 선뜻 이해가 되지 않는다. 왜냐하면 열 뿔은 계시록 13장 1절 이하에 소개되는 정치적 열 왕의 상징이다. 그리고 짐승은 바다 짐승(계 13:2~10)과 땅의 짐승(계 13:11~18)으로 그리스도를 대적하는 적그리스도의 상징이다.

이들 열 뿔, 짐승들은 음녀(계 17:1~6)와 함께 연합 세력을 형성해서 그리스도를 대적해 왔다. 그런데 왜 계시록 17장 16절에는 '열 뿔'과 '짐승'이 '음녀'를 미워해서 망하게 하는가? 본문 속에는 그 원인에 대한 설명이 없으므로 선뜻 이해가 안 된다.

그러나 이 내용은 악이 가진 자기모순이라는 관점에서 볼 때 이해가 가능하다. 악이라는 것은 어떤 성격을 가졌는가? 악이란 순전히 자기들 이해에 따라 뭉치게 되지만 또 이해가 상충되거나 이해가 따르지 않으면 쉽게 붕괴되는 것이 악의 근본 근성이다. 악에는 화합이나 단결이라는 긍정적 요소가 없다. 악은 이로울 때는 뭉치고 이로움이 없으면 배반한다. 악은 항상 상대를 의심하고 질투하고 증오하며 편리에 따라 모였다 흩어지는 일을 계속 반복한다.

여기 '열 뿔'과 '짐승'과 '음녀'가 한때는 연합을 했다. 그러나 그 연합은 쉽게 분열될 임시적 수단에 불과하다. 하나님께서 교회 시대에는 악을 선으로 해결하신다(롬 12:17, 21). 그러나 말세가 되면(딤후 3:1) 악한 사람들과 속이는 자들은 더욱더 악하여져서 속이기도 하고 속기도 한다(딤후 3:13). 그뿐만이 아니다. 이 세상의 종말인 대환난이 끝날 때는 악을 악으로 심판하시는 것이 하나님의 오묘하신 섭리의 한 면이다.

그렇기에 대환난 후반기에는 다 같은 악의 세력이었던 '열 뿔'과

'짐승'과 '음녀'가 한동안 연합해서 적그리스도 노릇을 한다. 그러나 그들의 연합 활동으로 인해 자신들 스스로가 와해된다.

③ 벌거벗게 하고 그의 살을 먹고 불로 아주 사르리라(16b)
대환난의 말기에 일어날 현상을 계속해서 설명해 준다. 한동안 연합 세력을 이루어 그리스도를 적대하고 성도들을 핍박하던 '열 뿔', '짐승', '음녀'의 악의 삼총사들이 자작극으로 와해된다. 그래서 열 뿔로 상징된 열 왕들이 짐승으로 상징된 적그리스도와 연합하여 음녀로 상징되는 타락한 문명을 망하게 한다. 그렇게 망하게 하는 양상이 얼마나 잔학할 것인가를 천사가 설명해 주고 있다.

그때에는 세상 사람들에게 최고의 인기를 끌고 모두가 선망해 마지않던 문명, 문화라고 칭찬해 마지않던 음녀가 두 세력에 의해서 처참하게 황폐화된다.
㉠ 벌거벗게 하고
이 말은 '귐넨'(γυμνήν)이다. 음녀가 과거에는 자줏빛과 붉은 옷을 입고 금과 보석과 진주로 꾸미고 손에 금잔을 가졌다(계 17:4). 그런데 '열 뿔'과 '짐승'은 음녀의 모든 옷들을 벗겨버려서 나체로 누추한 속 실상을 있는 그대로 드러낸다.
㉡ 그의 살을 먹고
'살'이라는 말은 '사르카스'(σάρκας)다. 이 단어가 인간에게 적용될 때는 영혼을 제외한 나머지 부분인 흙으로 구성된 일체를 뜻한다. 그러나 이 단어를 짐승에게 적용시키면 단순히 고깃덩어리라는 뜻이다. 또 '먹고'라는 말은 '파곤타이'(φάγονται)는 '게걸스럽게 먹다', '먹이를 찢다'라는 뜻을 가진 미래형의 단어다. 그래서 음녀가 미래에는 맹수

에게 공격을 당해 살점들이 뜯겨 나가게 될 것임을 암시해 주고 있다.

ⓒ 불로 아주 사르리라

이 단어는 '카타카우수신 엔 퓌리'(κατακαύσουσιν ἐν πυρί)다.

'카타키우수신'은 '태우다', '불 지르다'의 미래형이다. 이렇게 음녀 바벨론의 미래 멸망을 삼중으로 예언하함으로써 음녀의 말로가 매우 처참하게 될 것임을 예언해 주는 경고한다.

④ 이는 하나님이 자기 뜻대로 할 마음을 그들에게 주사(17a)

17절 앞에 '이는'이라는 말은 '가르 호'(γὰρ ὁ)다. 이 말은 앞서 16절과 같은 결과가 왜 생기게 되는지를 17절에서 그 원인을 설명해 주는 말이다. 그렇기에 '열 뿔'과 '짐승'이 '음녀'를 미워하여 망하게 하고 벌거벗게 하고 그 살을 먹게 하고 불로 살라서 재가 되게 하는 것은 하나님께서 '열 뿔'과 '짐승'에게 그렇게 할 마음을 주셨기 때문이라는 것이다.

여기에 아주 놀랍고 신비한 신학적 깊은 진리가 있다. 우리들 생각에는 하나님은 항상 선하시고 옳은 일들에만 역사하실 것이라는 선입견이 있다. 물론 하나님께서 하시는 모든 일의 결과는 선한 결과로 끝을 맺으신다. 그러나 어떤 일들에는 이 세상 사람들이 볼 때 끔찍하고 흉악한 수단처럼 오해될 수 있는 일들을 통해 선한 결과를 맺으신다.

구약에서 아브라함을 장기간 연단하신 후에 믿음의 조상으로 삼으신다든가, 모세를 살인자로 도망자로 연단하신 후에 지도자로 삼으신다든가, 다윗을 수많은 연단과 시련을 거친 후에 크게 쓰시고, 예수님을 십자가라는 모든 인류가 혐오하는 수단으로 구속 사업을 이루시고, 바울 사도가 되기 전에 흉악한 핍박자를 강권적으로 변화시킨 사례들이 하나님의 오묘한 섭리(롬 8:28)들의 결과이다.

이렇게 하나님께서는 악독한 악의 세력인 '열 뿔'과 '짐승'까지도 모두 합력하여 선을 이루어 나가시는 하나의 수단이 되는 것이다. 여기 '음녀'의 비참한 말로는 하나님의 그와 같은 섭리 속에서 이루어지게 되는 결과라는 것이다.

⑤ 그들의 나라를 그 짐승에게 주게 하시되 하나님의 말씀이 응하기까지(17b)

천사는 이 세상의 모든 역사가 하나님의 단독적인 섭리 속에서 진행되어 감으로 거듭 설명한다. '짐승'이 '음녀'를 잔인하게 망하게 하는 것도 결국은 하나님의 말씀을 응하게 하시려는 하나님의 섭리의 한 과정이라는 것이다.

우리는 현 세상을 살아가면서 너무도 부조리한 현실 속에서 잘못된 편견을 갖고 살아갈 수가 있다. 그것은 이원론(二元論: dualism)이라는 세상적 사고이다. 우리가 아는 바와 같이 세상에는 선과 악, 정의와 불의, 부자와 가난한 자, 평화와 전쟁, 낮과 밤, 여름과 겨울, 하늘과 땅 모두가 두 가지 상반된 세상이 흘러가는 것처럼 인식하고 있다. 이와 같은 이원론 이론들은 매우 과학적이고 합리적이라는 인식을 하고 살아간다. 그래서 인간의 구성요소도 영혼과 육체라는 두 가지로만 구성되었다는 주장이 설득력 있는 이론처럼 알고 있다.

이처럼 대중들이 쉽게 이해되는 이원론의 철학 기초 위에 종교개혁자들이 만들어 놓은 신학 사상도 있다. 그것이 루터가 로마서 13장 1~7절에 근거한 "하나님의 두 개의 손"이라는 논문에서 말했듯이 하나님께서 사용하시는 두 기관이 정치와 종교라는 것이다.

또 칼빈은 로마서 9장 10~23절에 근거한 '이중 예정'(Double Predestination) 이라는 교리를 말한다.

그러나 과연 이 세상 우주 만물을 하나님과 사탄이라는 두 존재가 이 세상을 이끌어 간다고 믿을 수 있는가? 성경은 철저하게 역사의 주인공은 오직 하나님 한 분뿐이라는 일원론(一元論)만을 주장하고 있다. 계시록 17장 17절은 이 세상이 짐승, 열 왕, 음녀에 의해 진행되는 것 같아 보이지만 모든 결과는 '하나님의 말씀'에 의해서 단독자의 섭리 속에 일원론으로 전개되어 간다는 것이다.

우리는 지금 부조리하고 불합리한 암흑의 역사 속에서 억울한 일을 당하며 부당하게 무시당하며 살아간다. 그러나 이 같은 부당함은 '우리들의 생애'라는 제한된 기간에만 해당된다. 장차 이 세상의 종말에는 모든 믿음의 사람들이 불편부당하게 겪었던 모든 잘못들이 만천하에 제대로 다 밝혀지는 정의로운 결과들을 보게 될 것이라는 믿음을 가져야 하겠다.

⑥ 또 네가 본 그 여자는 땅의 왕들을 다스리는 큰 성이라(18)

계시록 17장 18절 한 절 속에는 '여자', '땅의 왕들', '큰 성'이라는 세 가지 개념이 섞여 있다. 하나씩 분리해서 살펴보자.

㉠ 그 여자

'그 여자'라는 말은 '헤 귀네'(ἡ γυνή)다. 그런데 계시록 안에는 '여자'의 개념이 두 가지로 상반되어 있다. 먼저 여자를 긍정적 의미로 표현한 곳들이 있다(계 12:1, 4, 5, 6, 13, 14, 15, 16, 17, 14:4). 이때의 여자는 성도들 또는 교회를 가리키며 좋은 의미로 쓰였다.

그런데 계시록 17장 전체에서 '여자'를 곧 '음녀'라는 부정적 의미로 사용하고 있다(계 17:1, 4, 6, 7, 9, 18). 그렇기에 계시록에서의 '여자' 의미를 구별할 수 있어야 한다.

ⓒ 땅의 왕들

'땅의 왕들'은 "톤 바실레온 테스 게스"(τῶν βασιλέων τῆς γῆς)다. '땅의 왕들'이라는 표현은 대부분 부정적이다.

계시록 6장 15절의 '땅의 임금들'을 비롯하여 17장 2절의 땅의 임금들이 음녀와 더불어 음행하는 자들이고, 18장 3절과 9절의 땅의 왕들이 음행하는 자이며, 19장 18절에는 아마겟돈 전쟁 때 도륙당할 자들이다.

ⓒ 큰 성

큰 성은 "헤 폴리스 헤 메갈레"(ἡ πόλις ἡ μεγάλη)다. 계시록의 큰 성은 바벨론을 뜻한다(계 14:8, 16:19, 17:5).

이상에서 보면 본 계시록은 사도 요한이 당시 계시록을 기록할 당시에 로마제국을 바벨론으로 본 종말론적 상징으로 설명하고 있다. 그러나 로마제국은 멸망하여 과거 역사 속으로 사라졌다. 그렇기에 앞으로 있을 미래에는 '바벨론'이라는 상징적 의미를 가진 거대한 국가 체제가 과거 로마제국처럼 하나님의 백성들을 압제할 것으로 본다.

3) 바벨론의 패망(계 18:1~24)

앞서 계시록 14, 16, 17장에서 거듭 바벨론의 죄악상을 설명했다.

(1) 바벨론 붕괴 예고(계 18:1~3)

① 이 일 후에 다른 천사가 하늘에서 내려오는 것을 보니⑴

'이 일 후에'는 '메타 타우타'(Μετὰ ταῦτα)다. 이 같은 표현은 시간 상으로나 내용상으로 '뒤에'라는 뜻을 가진 것을 설명하는 요한의 관용적인 표현이다.

맨 처음에 계시록 4장 1절에 "이 일 후에 내가 보니"라는 말에서 앞서 계시록 2~3장에 소개한 교회 시대가 지나간 다음의 내용을 설명했다.

그 후에 또 계시록 7장 1절에도 "이 일 후에"를 말하면서 그때가 앞서 계시록 6장의 여섯째 재앙이 끝난 후의 내용임을 설명했다.

여기 계시록 18장 1절의 "이 일 후에"는 앞서 계시록 17장에서 열 뿔과 짐승이 연합해 음녀를 망하게 한 사건 이후의 내용을 설명하려고 한다.

그런데 음녀가 잔인하게 망하고 불로 사르는 사건 후에 '다른 천사'가 하늘에서 내려왔다. 여기서 소개되는 천사는 '다른 천사'로 '알론 앙겔론'(ἄλλον ἄγγελον)이다. 계시록 16장 1절에는 일곱 대접 재앙을 시행할 일곱 천사가 소개되었다. 그리고 계시록 17장 1절에도 일곱 대접을 가진 일곱 천사가 소개된다. 그런데 여기 계시록 18장 1절에는 '다른 천사'로 소개된다. 그렇기에 여기 계시록 18장 1절의 '다른 천사'는 앞서 일곱 대접 재앙을 실시하는 일곱 천사들과는 다른 천사라고 했다.

그 천사는 '큰 권세'를 가졌는데, 그의 영광으로 땅이 환해진다고 했다. 이 천사가 일곱 천사들 중 하나인지, 전혀 다른 천사인지 명확하게 구별하기 어려우나 '다른 천사'가 맞는 것 같다. 어떻게 다른가?

그는 '큰 권세'를 가졌다. 천사에게 큰 권세를 가졌다는 표현이 많지 않다. 그래서 이 천사는 특별한 천사임을 암시해 준다. 그가 땅에 내려올 때 그의 영광으로 땅이 환해진다고 했다. 여기 '환해진다'는 말은 '에포티스데'(ἐφωτίσθη)다. 이 말은 '비추다', '밝히다'는 뜻의 부정과거 수동태다.

성경에서 많은 경우 빛은 하나님의 영광을 상징한다. 천사가 땅에 내려오는데 빛이 환해진다는 표현은 천사 자체가 아니라 하나님의 영광을 반영해 주는 암시라고 본다.

② 힘찬 음성으로 외쳐 이르되 무너졌도다 큰 성 바벨론이여(2a)
우리는 '바벨론'에 관한 구약성경의 의미와 신약성경의 의미를 완벽하게 구별할 줄 알아야 성경을 바르게 이해할 수 있다. 구약성경의 바벨론은 이중적 의미가 있다.

하나는, 역사적 바벨론제국을 가리키는 의미가 있다. 최초의 바벨은 창세기 11장 9절에서 시작되어 주전 18세기경 함무라비 때에 최대의 전성기를 이룬다. 이 무렵 바벨론은 유프라테스와 티그리스 두 강을 장악하고 "함무라비 법전"이 등장하는 광활한 제국이었다.

주전 20세기경의 아브라함의 고향 갈대아 우르는 바벨로니아 제국이 형성되기 이전의 바벨로니아의 남부도시였다. 이곳에서는 세계에서 가장 먼저 만들어 사용한 수메르 문자가 시작되었다. 이렇게 시작된 바벨로니아가 한동안 앗수르의 예속을 받는다. 그러나 신(新) 바벨론을 창건한 느부갓네살(B.C. 7세기) 때부터는 정치, 종교, 군사력의 패권국가가 된다.

이때 남왕국 유다는 바벨론에 의해 멸망당한다(B.C. 586). 그렇게 강성한 바벨론은 또다시 바사 왕 고레스에게 망한다(B.C. 538). 그렇기에 바벨론을 역사적 사실로 이해할 부분이 있다.

둘째로, 종교적 의미가 있다. 바벨론의 주신은 마르둑(Marduk)이다.

바벨론이 강대국으로 신생될 때부터 바벨론의 정치와 종교가 남왕국에 파급되므로 모든 선지자들은 한결같이 바벨론을 증오하고 심판을 증오한다.

구약성경의 선지자들은 한결같이 바벨론을 증오하고 심판을 선언한다.

신약성경의 바벨론은 과거 구약성경의 종교적 의미의 바벨론 의미로 당시의 로마제국을 상징한다. 그런데 계시록에서는 로마제국을 포함한 미래의 종교적 도덕적 타락한 문명으로 상징되고 있다. 여기 계시록 18장에는 미래의 바벨론 문명의 멸망을 예언하는 내용들이다.

계시록 18장 1~8절에는 바벨론 멸망의 예고, 18장 9~24절에는 바벨론 멸망한 이후의 양상과 멸망의 원인을 설명해 주고 있다.

우리가 크게 깨달을 사실이 있다. 미래의 바벨론은 이 세상의 타락한 문명으로 예언되고 있다. 문명이 무엇인가? 문명(文明)이란 사람의 지혜가 발달하여 자연을 정복함으로 사회가 정신적으로 물질적으로 진보되어 가는 상태를 의미한다. 지금 전 세계의 대도시들은 인간이 편리하게 살아갈 수 있는 모든 조건들이 많이 확보된 곳들이다. 그렇게 인간들의 편리를 위해서는 온갖 자연들이 가진 자원들을 소모시켜야만 가능하다.

지금 우리는 자연 파괴로 기후 재앙, 전염병 재앙, 환경 재앙들을 겪고 있다. 이 같은 재앙들은 문명이라는 이름 아래 계속 확대되어 가고 있다. 그런데 그와 같은 문명은 인간에게 편리함과 동시에 타락도 가져다주고 있다. 그 같은 문명이 결국 음란죄와 더불어 이 세상의 종말을 이루게 한다는 것이다.

③ 귀신의 처소와 각종 더러운 영이 모이는 곳과…가증한 새들이 모이는 곳(2b)

여기 사도 요한은 미래에 멸망될 큰 성 바벨론의 실상을 몇 가지로 표현한다.

㉠ 귀신의 처소

귀신의 처소는 "카토이케테리온 다이모니온"(κατοικητήριον δαιμονίων) 이다. 바벨론은 과거 역사 속에서도 귀신의 처소였다.

이사야 13장 19절을 보면 바벨론이 멸망당한 소돔과 고모라같이 된다. 이사야 21장 9절에 바벨론이 조각한 신상들이 다 부서져 땅에 떨어진다. 예레미야서 전체에는 바벨론이 하나님의 심판의 도구로 쓰이지만 저들의 말로는 비참하게 되는데, 그 원인이 수많은 우상숭배 때문임을 말한다. 에스겔, 다니엘, 미가, 스가랴 등 구약 선지자들이 전해주는 바벨론은 우상들의 총 집결소였다.

신약시대 바벨론으로 상징되는 로마제국도 마찬가지다. 로마제국 시대 대표적인 종교 건물이 판테온(Pantheon)이었다. 판테온은 높이가 43.2m 되는 거대한 종합 신전이었다. 본당 안에 7개의 벽감에 유피테르(주피터), 아폴론, 디아나(다이아나), 메르쿠리우스(머큐리) 등 일곱 지상신(至上神)을 모신 것을 비롯해 이름은 모르지만 모든 신들이라는 신들을 다 모신 전이라고 해서 '만신전'(滿神殿)이라고 불렸던 곳이다.

만신전이 주후 7세기에 그 소유권이 교황에게 넘어가서 오늘날에는 이탈리아인으로 명예로운 인물들의 안치소로 사용되고 있다. 사도 요한이 바벨론으로 상징되는 로마제국을 바벨론으로 설명하는 1세기 때 로마제국은 귀신의 처소였다. 그뿐만이 아니다. 미래에 멸망

당할 바벨론 역시 귀신의 처소가 될 것이다.

우리는 귀신이라고 할 때 죽은 사람의 넋이나 미신에서 사람에게 화복을 장악하는 존재로 인식하고 있다. 그러나 미래의 귀신은 세상 사람들의 정신을 멸망으로 몰아갈 정신적인 세력으로 볼 수 있다.

사람들이 돈에 미친다든가, 향락에 미친다든가, 사상에 미친다든가… 자기 본성이 아닌 타력에 의해 이성을 잃어버리고 세상 조류에 휩쓸려가는 것을 귀신의 작용으로 본다.

ⓒ 각종 더러운 영이 모이는 곳

'각 종 더러운 영'은 '판토스 프뉴마토스 아카다르투'(παντὸς πνεύματος ἀκαθάρτου)다.

'더러운 영'은 곧 '귀신의 영'이다. 또 '모이는 곳'은 '필라케'(φυλακε)다. 이 단어는 단순히 모이는 장소라는 뜻만이 아니라 감옥, 소굴이라는 부정적인 뜻을 담은 용어다(계 20:7).

ⓒ 각종 더럽고 가증한 새들이 모이는 곳

여기 '새'는 '오르네우'(ὀρνέου)다. 오르네우는 일반적인 조류들을 지칭하지만 여기서는 '가증한 새'로 표현되고 있다.

구약성경 신명기 14장 12~20절에는 더럽고 가증한 새들의 목록이 소개되고 있다. 거기에는 독수리, 솔개, 물수리, 새매, 매의 종류, 까마귀 종류 등이 있다.

이처럼 가증한 새들 이름이 소개되고 있다. 이들 새들이 왜 가증하고 부정한가? 이들 새들은 동물이나 사람의 죽은 시체들을 뜯어 먹는다. 이렇게 혐오스러운 새들의 생리로 인해 부정하고 가증한 새로 지목되게 했다. 로마제국을 '가증한 새'라고 혐오하는 것은 로마

군대는 사람을 죽인 후에 죽은 시체를 보고 측은한 마음을 갖는 것이 아니라 전쟁터에서 죽어가는 시체들을 커다란 공적으로 자랑했기 때문으로 본다.

④ 그 음행의 진노의 포도주로 말미암아 만국이 무너졌으며(3a)
로마제국의 음행이 얼마나 심각했던가? 그 내용을 제대로 이해하기 위해서 이 내용을 〔설교 21〕에서 따로 설명해 보겠다.

(설교 21)
음행의 진노로 만국이 무너졌으며(계 18:3)

서론

계시록 18장 3절의 내용은 사도 요한 당시에 음행이 최절정으로 치닫고 있던 로마제국의 사회상을 염두에 둔 내용이다. 2천 년 전 로마제국이 멸망하게 되는 원인에 해당된다.

여기서 우리는 과거의 로마제국의 참상과 앞으로 있을 미래의 멸망 원인이 될 요소를 정직하게 비교 검토해 보도록 하겠다.

1. 과거 역사 속의 로마제국

이형기의 《세상의 지식》에 의하면 전 세계에서 가장 오래까지 존속된 국가들의 순위가 나온다.[41]

1위가 서로마로 B.C. 753~A.D. 476까지 1129년이 되고, 2위가 동로마로 A.D. 330~1453까지 1123년이 되고, 3위가 신라로 B.C. 57~A.D. 935까지 992년이 된다. 4위가 프랑스 왕국으로 A.D. 843~1792까지 949년이고, 5위가 신성로마제국으로 A.D. 962~1806년까지 844년이 된

---

41) 이형기, 세상의 지식, 지식과 감성, 2018. p.29.

다. 조선왕조는 1392~1910년까지 518년으로 9위가 된다.

이 같은 통계를 보면 전 세계에서 가장 오래 유지된 제국이 서로마제국과 동로마제국이었다. 로마제국이 이토록 장기간 유지되었던 원인이 무엇인가? 사실 로마제국의 본토는 이탈리아 정도였다. 그런데 그렇게 작은 나라가 어떻게 천 년씩 세계 최고 국가들로 유지하게 되었는가? 그 원인은 끝없이 계속된 정복의 역사라고 이해된다. 로마가 자랑하는 정복의 역사들을 요약해 보자.

B.C. 264~146년까지 세 차례에 걸친 포에니 전쟁으로 고린도, 마케도니아, 아프리카의 카르타고 등 대서양 연안 국가들을 모두 장악한다.

B.C. 64년에는 폼페이우스 장군에 의해 시리아와 유대 나라가 정복된다.

B.C. 58년에는 카이사르 시저에 의해 갈리아(프랑스)를 정복한다.

B.C. 30년에는 프톨레미오스 이집트 왕조를 정복한다.

A.D. 66, 130년 유대인 전쟁을 진압한다.

A.D. 330년 수도를 콘스탄티노플로 천도한다.

A.D. 476년 서로마제국이 서고트족에게 망한다.

A.D. 590년 서로마 가톨릭의 그레고리우스 1세가 최초로 교황제를 실시한다.

A.D. 867년 동서 교회가 분열한다(1050년 영구화).

A.D. 1204년 십자군 군대가 팔레스타인에 라틴 제국을 건설한다.

A.D. 1453년 동로마제국 멸망으로 로마제국은 끝이 난다.

로마라는 나라는 포에니 전쟁 때부터 콘스탄티노플로 천도(330)하기 전까지 끝없는 전쟁과 정복의 역사를 계속했다. 이렇게 전쟁과 정복을 통한 서로마제국은 주후 476년에 망한다. 그런데 로마제국이 정복한 정복국들을 어떻게 처리했는가? 로마제국은 정복한 나라 국민들을 모두 노예로 혹사시켰다.

고대 로마에서 검투사, 또는 검노(劍奴)로 유명한 "글래디에이터"(Gladiator)라는 영화를 알고 있다. 로마제국은 전쟁에 패배한 적국의 패잔병들을 노예 신분으로 전락시키고 그들에게 칼싸움을 훈련시켰다. 이들 검투사들은 전쟁 포로, 노예, 범죄자들로 구성되었다. 이들 검투사 중에 스파르타쿠스가 지휘한 노예 봉기인 "스파르타쿠스의 반란"(Spartacus uprising, B.C. 73)은 로마 역사에 매우 부끄러운 역사다. 이들 "스파르타쿠스 반란"군은 12만 명이나 되는 노예군들이 10개 군단의 크라수스 장군을 통해 진압된다. 그때 스파르타쿠스는 6만 명의 노예와 함께 장렬하게 전사한다(B.C. 71). 이들 스파르타쿠스 전쟁은 역사 속에 가장 정의로운 전쟁으로 평가된다.

서로마제국은 주전 753~주후 476년까지 1129년 동안 계속되었다. 그런데 서로마제국이 왜 멸망했는가? 이에 대해서 영국의 역사가 에드워드 기번(Edward Gibbon, 1737~1794)이 저술한 《로마제국 쇠망사》(The History of the Decline and Fall of the Roman Empire)가 있다.[42]

그 내용 중 일부를 소개해 보겠다. 《로마제국 쇠망사》의 내용은 로마 건국의 역사부터 시작해서 동로마제국의 멸망까지 전체를 15장으로 구성했다. 그래서 이 내용 속에는 로마 건국의 신화와 로마인들의

---

42) 에드워드 기번, 로마제국 쇠망사, 강석승 역, 동서문화사, 2016.

뛰어난 건축기술과 그리스 문화를 수용하여 세계 여러 나라들과의 교류 속에서 나라의 정치, 경제적 기초를 세운 내용들을 설명한다.

그 후 황제의 1인 전제 정치로 좋은 정치를 한 황제들과 잔혹한 정치를 실시한 황제들을 계속 설명해 나간다. 그리고 로마제국이 기독교를 도입한 후 교회 내의 혼란과 함께 이교들에게 관용을 베풀 때 이방 고트족의 반란 후에 서로마제국이 멸망되는(476) 결과를 설명한다.

서로마는 멸망했으나 동로마는 기독교 황제들과 함께 계속 발전하고 서로마는 정치력 부재로 가톨릭교회가 급부상해 12세기에는 가톨릭 교황들이 정치를 장악하고 십자군 전쟁을 일으킨 역사도 설명한다. 그러나 동로마제국도 마지막에는 이슬람 세력에게 멸망 당한 내용까지가 로마제국 쇠망사의 내용이다. 그리고 마지막 15장에서는 위대했던 로마제국 멸망의 원인을 설명한다. 여기서는 기번의 생애와 함께 그가 분석한 로마제국 멸망의 원인을 알아보자.

에드워드 기번은 영국 켄트주의 부유한 집안에서 태어났다. 그는 자연적으로 영국 국교도로 자랐다. 15세 때 옥스퍼드대학에 진학해 신학 관련된 서적에 몰두했다. 즉 구약성경에 기록된 연대들과 그리스인 철학자들의 연대가 맞지 않는 것에 연구를 거듭하다가 성경보다는 세상의 역사를 더 신뢰하고 가톨릭으로 개종을 한다.

부모는 격노하고 그 당시 비국교도들은 관리나 의원이 될 수 없다는 법률(1828년 폐지)에 따라 기번을 스위스 로잔으로 보냈다. 거기서 《로마 제국 쇠망사》를 착상한다. 그는 파리를 거쳐 로마에 도착하여 폐허가 된 로마 위에서 고대 로마의 제도와 풍습을 연구했다.

그렇게 기초 조사를 한 후에 그의 나이 35세(1772) 때 런던 집에서

《로마제국 쇠망사》 집필을 시작하여 1787년에 6권으로 완성한다. 그렇기에 《로마제국 쇠망사》 6권은 15년에 걸친 완성품이다. 그리고 그는 1794년에 57세로 세상을 떠났다.

에드워드 기번이 깨달은 로마제국 멸망의 원인을 알아보자.

(1) 시간과 자연 현상으로 인한 내부 손상

로마제국은 서로마, 동로마까지 합쳐 약 2,300년 동안 계속되었다. 이렇게 장기간 정복 지역이 확대되면서 거대함에서 비롯된 자연스럽고 불가피한 현상으로 내부 손상이 동반되었다. 제국이 번영될수록 제국의 생명력과 정신력은 희미해지고 활력을 잃어갔다는 것이다.

(2) 야만족과 가톨릭교도들의 적의로 가득 찬 공격

서로마제국을 멸망시킨 고트족, 반달족들은 로마의 전쟁 기술을 습득했으나 저들은 로마인들에게 적의를 가졌다. 또 로마시에 있는 수많은 이교신들의 조각상, 신들의 제단, 누각들을 가톨릭교도들이 증오의 표적으로 삼고 우상숭배를 말살하겠다는 집요한 노력을 계속했다. 그것의 결과가 만신전이라는 판테온의 건물 용도 변경을 시킨 것이다.

가톨릭교회는 과거 로마인들의 건축물들을 없애고 가톨릭을 정착시키기 위해 가톨릭교회의 건물들을 증가시켜 나갔다. 그래서 로마시 안에는 40개의 남자 수도원과 20개의 여자 수도원과 또 60개에 달하는 성당과 사제 양성 신학교가 생겨났다. 에드워드 기번에 의하면 이 모든 기관이 988개소였다.

교황 중 식스토스 5세(1471~1484)는 7성궁(Setizonium)으로 지어 놓은 석재들을 허물어서 성베드로대성당의 건축물로 사용했다. 이렇게 가톨릭교회가 과거의 로마 유적들을 증오하므로 가톨릭교회 입장에서는 커다란 공헌이 될 수 있었으나 로마제국의 입장에서는 로마제국의 멸망을 가져왔다고 보는 것이다.

실제로 로마시는 종교개혁 당시 교황 레오 10세(1513~1521) 때 도시 인구가 8만 5천 명까지 증대했다.

(3) 로마제국 내부 문제

로마는 오랜 전통적 귀족들이 황제파(기벨린)가 구성되어 전통을 존중하려는 세력으로 코론나 가문과 오르시니 가문 간에 경쟁을 가속해 갔다. 한편 외부 야만족들과 가톨릭은 교황파(겔프)가 구성되어 500년 동안 피맺힌 전투를 계속했다.

이 시대에 법은 무력했고 모든 것이 검(劍)으로 해결되었다. 그래서 성당들은 무기와 성벽으로 둘러싸여 있고 베드로대성당 옥상에는 중무기가 설치되어 있었다.

이탈리아 모든 당파들은 번갈아 가며 자기 적대 세력들에 대하여 무차별적으로 복수를 가하고 주민의 성채를 흔적도 없이 파괴하는 일을 반복했다. 이런 사회 속에서 힘과 돈을 가진 자들은 내일을 예측할 수 없는 퇴폐와 향락에 도취했다.

로마제국은 황제들이 정권 유지에만 급급한 교묘한 정책을 계속했고 그리스도교 속에 여러 가지 종파들이 난립해서 경쟁을 계속했으며 대중 시민들은 부도덕한 정치가들과 종교가들로 인해 신앙을 가질 수 없으므로 극도의 퇴폐 향락 속에 도덕성이 완전히 무너졌다.

로마제국의 멸망은 외부 세력의 공력이 아닌 내부 세력의 부도덕과 음란의 대중성에서 비롯되었다고 보는 것이다.

2. 계시록에 기록된 바벨론과 미래

(1) 사도 요한 당시의 바벨론인 로마

사도 요한은 계시록 16장에서 18장에서 로마제국이라는 직접적 표현은 하지 않고 상징적인 바벨론으로 표현한다. 그러면서 바벨론이 멸망하게 될 터인데, 그 원인이 '음란'이라는 것이다. 계시록 16장 19절에 큰 성 바벨론이 맹렬한 진노의 포도주에 의해 세 갈래로 갈라진다. 17장 5절의 큰 성 바벨론은 땅의 음녀들이다. 18장 2~3절에 큰 성 바벨론이 귀신의 처소이고 땅의 상인들은 사치로 치부하고 음행이 왕과 만국이 다 취함으로 망하게 된다. 바벨론의 멸망의 주된 원인이 음행임을 지적하고 있다.

앞서 로마제국이 전쟁 패잔국들의 남자들을 검투사로 훈련시켜서 그들이 칼싸움하는 것을 즐겼던 사실을 설명했다. 패잔국의 남자들을 검투사로 활용하거나 노예로 만들어 노동력으로 사용했다. 남자들만 노예가 아니라 여자들도 노예로 삼았다. 로마제국의 권세가들은 자기 수하에 남녀 노예 숫자가 많은 것이 그들의 권세를 객관적으로 측정하는 기준이 되었다.

이때의 여자 노예들은 로마인 남자들의 성 노리개였다. 그래서 한 가문에 수천의 노예들이 로마인들의 음란의 도구로 전락하였다.

에드워드 기번은 이 같은 사회적 도덕성을 언급하지 않았다. 그러나 사도 요한은 당시의 로마제국이 음란 때문에 멸망할 수밖에 없음을 천명하고 있다.

(2) **미래의 바벨론**

필자는 계시록 강해 제1권의 《교회 시대》에서 〔특주 8〕로 "현대판 발람의 교훈인 동성애"를 설명했다. 지금 우리가 살아가고 있는 현대에는 음란의 상징인 동성애가 점차 세력권을 넓혀가고 있다. 미래의 세상이 멸망 당하는 주원인이 바로 '음란'이라고 했다. 이 사실을 바르게 깨닫고 각성해야 할 부분이라고 판단된다.

⑤ 땅의 상인들도 그 사치의 세력으로 치부하였다 하더라(3b)

계시록 18장 3절에 나오는 '땅의 상인들'은 '호이 엠포로이 테스 게스'(οἱ ἔμποροι τῆς γῆς)다. 여기 '상인들'이란 장삿길 떠난 사람, 또는 행상인을 의미한다. 계시록 18장 12~13절에 이들 상인들이 취급하는 상품들 내용이 나온다. 이와 같은 내용을 볼 때 여기서 말하는 상인들이란 큰 무역상들임을 암시해 준다. 이들 상인들은 로마 시민 중 향락 문명을 즐기는 귀족이나 부자들이 좋아하는 향락 물품들을 다른 나라에서 구입해 판매함으로써 큰 부자가 되었다고 진술한다는 것이다.

여기 아주 독특한 표현이 있다. 그것이 '사치의 세력'이라는 '테스 뒤나메오스 투 스르레누스'(τῆς δυνάμεως τοῦ στρήνους)라는 표현이다. 로마제국 당시 큰돈을 버는 이들은 로마제국 안에 도시나 지방에 만연된 사치 품목들을 무역을 통해 공급하여 부자가 되었다. '사치의 세력'은 지금도 똑같은 현상이다.

백화점에 가보라. 최고로 좋은 코너와 고객들이 가장 많이 왕래하는 제일 좋은 곳들에는 전부 최고로 비싼 사치품목들만이 차지하고 있다. 아모스 선지자가 말하고 있는 당시의 부자들은 겨울 궁과 여름 궁을 누리며 살고(암 3:15) 부자의 신발 한 켤레 값에 힘없는 자가 팔려갔다(암 2:6). 그러면서 부자들은 아버지와 아들이 한 여인을 상대해서 향락을 하는(암 2:7) 부도덕하기 짝이 없는 세상이었다. 그러면서 부자들은 물같이, 공의를 마르지 않는 강같이(암 5:24) 흐르게 하라고 외쳤다.

과거 북왕국은 건국 이래 최상의 경제 대국을 이루었으나 부자들의 도덕 수준은 최하로 타락하다가 망했다. 로마제국의 멸망도 부자들의 사치가 극도로 추악해지다가 망한다. 미래의 바벨론이 될 세상도 돈 버는 목적이 사치와 향락을 증대하려는 수단이 될 때 하나님께서는 그런 세상을 심판하시게 된다. 오늘날 각국 나라들이 경제대국이 되려는 목적이 무엇과 연결되어 있는가? 경제적 목적이 사치와 향락이 되는 나라는 그 나라의 수명이 끝나는 것임을 깨달을 수 있다.

(2) 바벨론을 떠나라는 경고(계 18:4~5)

① 하늘로부터 다른 음성이…거기서 나와…재앙들을 받지 말라(4)

하늘로부터의 음성은 하나님께서 들려주시는 경우와 천사가 하나님을 대신해서 들려주는 경우가 있다. 그런데 여기 '내 백성'이라는 표현을 보면 하나님일 가능성이 크다. 하나님께서 들려주시는 음성의 내용은 '거기서 나오라'는 것이다. '거기'는 '아우테스'(αὐτῆς)다. 여기서 말하는 '거기'는 2절에 표현된 '큰 성 바벨론'이고 '귀신의 처소'이며 '각종 더러운 영이 모이는 곳'이다.

하나님은 당신의 백성들이 '큰 성 바벨론'에서 나와서 죄에 참여하지 말고 죄의 결과로 받을 재앙들을 받지 말라고 경고해 주신다. 죄에 '참여한다'는 것은 죄를 나눠 갖는 것이고, 죄를 같이 범하는 공범자가 되기 때문이다. 왜 바벨론으로부터 탈출해야 하는가? 그것은 바벨론이 받을 재앙들을 받지 않기 위해서다.

② 그의 죄는 하늘에 사무쳤으며 하나님은 그의 불의한 일을 기억하신지라(5)

여기서는 바벨론의 죄상을 거듭 말한다. 죄가 하늘에 사무쳤다고 했다. '사무쳤다'는 말은 '에콜레데산'(ἐκολλήθησαν)으로, 이 단어는 '아교'(阿膠: glue)라는 뜻을 지닌 명사 '콜라'(κολλά)에서 파생된 명사이다.

그래서 이 단어가 '하늘'이라는 단어와 함께 연결되어서 바벨론의 죄악 하나하나가 마치 '아교'로 붙여 놓은 것처럼 하늘에 가득하게 붙어 있다는 과장법적인 표현이다. 이렇게 바벨론의 죄악은 국부적으로 한 부분만의 죄악이 아니라 누구든지 다 볼 수 있는 상태로 "그 화가 하늘에 미쳤고 궁창에 달한"(렘 51:9) 것으로 대중적이고 보편적 죄악임을 의미한다.

하나님은 그 같은 불의한 일을 반드시 기억하신다. 구약성경의 많은 곳에서는 하나님의 기억하심이 대부분 좋은 뜻으로 기억하신다(출 2:24; 레 26:46; 사 43:25; 겔 16:60). 그러나 종말 때의 하나님의 기억은 매우 비극적 의미의 기억이 되는 것이다.

(3) 바벨론 심판의 정당성(계 18:6~8)

계시록 18장 4~5절에서 바벨론을 떠나라는 경고가 주어졌다. 그런데 계시록 18장 6~8절에서 바벨론을 심판할 수밖에 없는 정당성을 주장한다.

① 그가 준 그대로…그의 행위대로…그가 섞은 잔에도 갑절이나(6) 천사로 추정되는 자는 바벨론이 행한 대로 보응하라고 촉구한다.

사실 구약과 신약의 큰 차이는 율법과 복음의 차이다. 구약에서는 행한 대로 복을 받을 수 있고, 정반대로 행한 대로 대가를 치러야 하는 것이 당연한 율법이었다. 그와 같은 율법에는 "동해 보복법"(Lex Talionis)이 있다. "눈은 눈으로, 이는 이로, 손은 손으로, 발은 발로"(출 21:24) 동일하게 처벌되어야만 정당했다. 구약성경의 많은 곳에 동등한 대가가 따라야 한다는 주장이 많다(사 40:2; 렘 16:18; 슥 9:12 등).

그러나 신약의 복음은 원수까지 사랑해야 한다. 그렇다면 신약성경의 복음은 무조건적 은혜인가? 그렇지는 않다. 신약성경에서는 행한 대로 즉결 처리되지 않고 최후 심판 때로 유예된다. 그래서 "선한 일을 행한 자는 생명의 부활로, 악한 일을 행한 자는 심판의 부활로"(요 5:29)라는 말씀과 "한번 죽는 것은 사람에게 정해진 것이요 그 후에 심판이 있으리라"(히 9:27)는 말씀대로 살았을 때의 동해 보복법이 아니다.

신약의 복음의 특징은 죽은 이후에 의로우신 하나님께서 살았을 때의 죄악을 세상 사람들이 미처 몰랐던 죄악들까지 모든 이가 숨김 없이 완벽하게 심판을 받는다는 것이 신약성경의 핵심이다.

그런데 이 세상의 마지막이 될 미래 대환난의 최후에는 상황이 달라진다. 그때에는 하나님께서 천사를 통해 음녀 바벨론의 범죄 행위들을 그가 행한 대로 다 보복하시는 '동해 보복법'이 적용된다.

그뿐만이 아니다. '그가 섞은 잔'은 '토 포테리오 호 에케라센'(τῷ ποτηρίῳ ᾧ ἐκέρασεν)이다. 이 말은 진리가 아닌 부정, 영생이 아닌 사망 등 마치 포도주에 향료를 섞음으로 맛을 기만한 자들에게는 갑절이나 징벌이 따른다는 것이다.

말씀을 전파하는 자들이 명심해야 할 사실이 있다. 과거 교회가 언제 타락하고 쇠퇴했는가? 하나님의 말씀을 기록된 대로 전하지 않고 온갖 세상 것들을 섞어서 전할 때에 교회가 변하고 타락하였다.

사도들은 주님의 말씀을 있는 그대로 전했다. 사도들은 기존 유대교의 전통적 사고나 당시 유행하는 유명한 헬라철학적 요소들을 사용하면 쉬운 사역을 할 수 있었다. 그러나 사도들은 결코 그렇게 섞지 않았다.

그런데 사도들 이후 교부들이 진리를 혼합시킨다. 저들은 당시 세상 사람들의 헬라철학과 로마 사상가들의 주장을 진리와 섞어서 교묘한 이론들을 만들었다. 그것이 굳어진 것이 중세기 가톨릭 신학들이다. 종교개혁자들이 중세기 잘못된 신학을 70~80%는 제거했다. 그러나 20~30%가 그대로 전승되는 것이 오늘의 현실이다.

지금도 강단에서는 진리가 섞여 전달되고 있다. 설교자들이 청중을 의식하고 청중이 좋아하는 문학이나 세상적인 흐름, 또는 세상 사람들이 열광하는 스포츠나 연예계 내용들을 섞어서 전한다. 그런 수단이 당장에는 인기가 있을지 모르겠다. 그러나 '섞은 잔'을 전한 자들에게는 '갑절'이라는 말이 '디플룬'(διπλοῦν)으로 완벽하게 되갚아 준다고 했다.

② 그가 얼마나 자기를 영화롭게 하였으며 사치하였든지 그만큼 고통과 애통함으로 갚아주라(7a)

여기 보면 하나님의 심판의 대상이 될 자가 어떠한 부류인지 제시된다.

㉠ 자기를 영화롭게 한 자

여기 '영화롭게'라는 말은 '에독사센'(ἐδόξασεν)이다. 이 용어는 본서 안에는 전체가 하나님에게만 사용되는 용어다.

  계 1:6 하나님 그에게 영광과 능력이 세세토록 있기를
  계 4:9 세세토록 살아 계시는 이에게 영광과 존귀와 감사를
  계 7:12 하나님께 찬송과 영광과 지혜와 감사와…
  계 11:13 두려워하여 영광을 하늘의 하나님께 돌리더라

이렇게 '영화롭게'라는 말은 하나님께 영광을 돌려드려야 하는 거

룩한 용어다. 그런데 잘못된 지도자들은 세상이든 교회이든 자기 이름을 영화롭게 한다. 과거 로마제국 시대 때 황제들이 자기를 신으로 숭배하도록 했고 중세기 때부터 전 세계 모든 교회들 중 로마 가톨릭 교회만이 교황을 예수 그리스도의 대리자로 믿고 있다.

과거 교회 역사에 교회를 파괴하고 세상 사람들에게 비난을 받을 자들이 누군가? 모두가 자기가 그리스도라는 '자칭 예수'였다. 현대에도 교회를 욕되게 하는 세력들은 모두가 이단 종파들이다. 이단 종파들에 물들면 가정이 파괴되고 국가와 사회로부터 비난을 받는다. 미국에는 1년에 문 닫는 교회가 6천에서 1만 개가 된다고 한다. 이렇게 문 닫는 교회 건물이 양조장 겸 맥주를 파는 펍(Pub)으로, 또는 호텔로 개조된다고 한다.[43]

한국에도 개신교들의 예배당 건물이 이단 종파들의 소유로 넘어가 이상한 교회 이름으로 전용되고 있는 것들을 많이 볼 수 있다. 이렇게 하나님을 빙자하거나 그리스도를 빙자하는 자들이 다름아닌 '자기를 영화롭게 하는 자들'이다.

ⓒ 사치한 자

사치(奢侈)라는 우리말의 뜻은 지나치게 분수없이 호사한다는 뜻이다. 그러나 성경의 사치란 '에스트레니아센'(ἐστρηνίασεν)이다. 이 말은 허영이나 사치라는 뜻보다는 '극도로 방탕한 생활을 하는 이들'을 의미하는 말이다.

천사는 앞서 계시록 18장 3절에서 음녀 바벨론이 음행과 더불어 사치의 세력임을 명명했다. 하나님께서는 하나님의 영광을 가로챈 자

---

43) 2019년 1월 28일(월) 조선일보. 뉴욕 오윤희 특파원.

나 음행과 방탕으로 하나님의 뜻을 무시하고 살아간 자들에게 그들이 행한 만큼(so much) 갚아주라고 지시하신다.

③ 그가 마음으로 말하기를 나는 여왕으로 앉은 자요 과부가 아니라…애통함을(7b)

여기 음녀 바벨론의 마음 상태를 표현해 주고 있다. 음녀는 마음으로 '나는 여왕으로 앉은 자'라고 생각한다. '여왕'은 '바실릿사'(βασίλισσα)다. 이 말은 여성 최고의 통치자라는 뜻이다. 음녀는 하나님께서 우주 만물을 다스리시는 것처럼 자기도 자기가 세상 만물을 다스리는 것처럼 마음속으로 그렇게 믿고 살아간다.

또 "과부가 아니라"고 생각한다. 여기 '과부'라는 말은 '케라'(χήρα)이다. 이 말은 열매를 맺지 못한다는 뜻에서 파생된 여성명사이다. 과거 세상에는 과부라면 남편을 잃은 여인으로서 가난하고 무력하여 사회적으로 소외당하고 천대받는 부류였다. 그래서 구약성경의 과부들은 천대받는 과부들로 인식되었고(레 21:7, 14, 22:13) 또 보호를 받아야 할 대상으로 소개되었다(출 22:22; 민 30:9; 신 14:29, 24:17 등).

신약성경의 과부들도 대부분 동정과 보호를 받아야 할 대상으로 소개되고 있다(막 12:42; 딤전 5:3, 16; 약 1:27). 그런데 계시록 18장 7절에서의 과부는 자신의 분수를 헤아리지 못하는 무지한 과부이다. 이것도 사도 요한 당시의 로마제국의 황제들의 실상을 의미하는 뜻이 있고 또 앞으로 있을 세상의 종말 때에 있을 음녀로 상징되는 바벨론의 미래상을 의미하는 뜻도 있다.

④ 그러므로 하루 동안에 그 재앙들이 이르리니…(8a)

음녀 바벨론은 자신의 주제 파악을 하지 못할 뿐 아니라 이 세상의 흐름조차도 판단하지 못한다. 그래서 결단코 애통함을 당하지 아니하리라고 착각하고 살아간다. 그러나 종말 때에는 음녀의 심판이 하루 안에 다 처리된다. 여기 '하루 동안에'는 '엔 미아 헤메라'(ἐν μιᾷ ἡμέρᾳ)다. 이 말은 24시간의 하루라는 의미가 아닌 '일시에'라는 뜻으로 본다.

계시록에는 이 같은 표현들이 계속되어 있다. 여기 18장 10절의 '한 시간에', 17절의 '한 시간에', 19절의 '한 시간에'가 모두 다 같은 '하루 동안에'라는 말과 같은 뜻이다.

⑤ 곧 사망과 애통함과 흉년이라(8b)

이것을 자연적인 순서대로 다시 표현한다면 먼저 흉년이 시작되고 그다음에 사망이 뒤따르고 이어서 애통하게 될 것이다.

이 표현이 대환난에 마지막 때에 올 현상이 아니다. 우리는 이미 계시록 6장에서 대환난의 초기에 흉년이 찾아오고(계 6:6), 역병이 찾아오고(계 6:8), 살인의 전쟁이 오는(계 6:4) 재앙들을 알고 있다. 그렇기에 여기 계시록 18장 8절의 사망, 애통함, 흉년은 말세에 하나님의 진노의 심판으로 인간이 예측하기 어려운 심판임을 의미한다고 볼 수 있다.

⑥ 그가 또한 불에 살라지리니 그를 심판하시는 주 하나님은 강하신(8c)

여기서 하나님은 음녀 바벨론을 불에 살라지게 하신다고 했다. 미래 하나님의 심판의 도구가 불로 살라지게 하신다. 이렇게 음녀 바벨론을 불로 살라지게 심판하시는 것은 하나님의 잔인성이 아니라 하나님의 정의로우신 속성에 근거한 당연한 것이라는 사실이다.

(4) 바벨론 멸망에 대한 왕들과 상인들의 대가(계 18:9~19)
① 그와 함께 음행하고 사치하던 땅의 왕들이 그가 불타는 연기를 보고(9)

음녀 바벨론은 고대 로마제국을 근거로 한 미래의 세계 정치 독재자다. 과거 고대 제국의 황제들의 막강한 군사력과 경제력 힘을 활용해 크게 혜택을 보는 자들은 땅의 왕들이었다. 땅의 왕들은 음녀 바벨론과 투명하지 못한 거래를 통해 음행과 사치로 즐기며 살아가고 있었다.

미래의 땅의 왕들도 마찬가지다. 계시록 13장 1~10절에 예언된 '바다 짐승'은 미래의 세계 정치적 지도자다. 그는 경제적, 군사적 힘으로 세계 각 나라들을 하나로 결합시키는 탁월한 정치 능력으로 세계를 이끌어 나갈 것이다. 앞으로의 세상은 최강국으로 부상되는 세계 최강자와 타협을 해가며 함께 즐기고 살려는 군왕들이 따를 것이다.

그래서 음녀 덕분에 군왕들이 음행과 사치로 즐기고 살아갈 것이다. 그런데 하나님의 심판으로 음녀 바벨론의 고대 전쟁에서 성이 불타고 연기가 자욱한 것이 성의 파멸이었던 것처럼 음녀의 파멸로 그가 불타는 연기를 일으킨다.

이때 땅의 왕들은 지금까지 자기들의 음행과 사치를 뒷받침해 주던 음녀의 파멸을 보면서 가슴을 치며 크게 울게 될 것을 예언하고 있다.

② 그의 고통을 무서워하여 멀리 서서 이르되…화 있도다…한 시간에 네 심판이(10)

10절의 '그'는 '아우테스'(αὐτῆς)로 여성 단수 3인칭 대명사다. 그렇기에 이때의 '그'는 '음녀 바벨론'을 지칭한다. 그런데 하나님의 심판으로 '음녀 바벨론'인 '그'가 불타는 연기로 패망함을 보던 세상 군왕들은 무서워서 멀리서 구경만 한다. 그러면서 '큰 성'이었고 '견고한 성'으로만 알아왔던 바벨론이 한 시간에 망하는 모습을 보고 그것은 하나님의 심판이라고 한다. 참으로 가혹하고 매정한 사실이다. 땅의 왕들은 음녀 바벨론 덕분에 음행과 사치를 즐겼었다.

그런데 '큰 성'이고 '견고한 성'이 한 시간에 무너진다는 것은 하나님의 심판이라고 깨닫는다. 땅의 왕들이라는 존재는 자기들에게 유익이 될 때는 '큰 성', '견고한 성'이라고 했다가 음녀가 망하면 '하나님의 심판'이라고 한다. 이처럼 세상 군왕들이란 신의 없고 지조도 없는 그야말로 음녀일 뿐이다.

③ 땅의 상인들이…애통하는 것은 다시 그들의 상품을 사는 자가 없음이라(11)

음녀 바벨론의 멸망을 보고 울고 가슴 치던 첫째 부류가 '땅의 왕들'임을 계시록 18장 9~10절에서 밝혔다. 그다음에 음녀 바벨론의 멸망을 슬퍼하는 제2의 또 다른 세력이 있다. 그들이 11~19절에 설명되는 땅의 상인들이다.

'땅의 상인들'은 지상 권력을 가진 바벨론과 더불어 부귀영화를 누리던 자들이다. 그런데 바벨론이 멸망을 당하자 상인들의 물품을 사는 자가 없어진다. 여기 대환난의 마지막 때 울고 가슴 치는 두 부류가 그려진다. 하나는 땅의 왕들이 울고 가슴을 친다(9절). 둘째로 땅의 상인들이 울고 애통한다(11절).

여기서 우리는 사도 요한 당시의 로마 황제들의 사치 규모를 당시의 저술가들의 기록에서 유추해 볼 수 있다. 로마시대 변론가 아리스테이데스(Aristeides, A.D. 129~181)가 저술한 《성담》(聖譚)에 로마 황제들의 사치의 일면이 드러난다.

네로 황제(A.D. 54~68)는 궁중 안에서 거대한 잔치를 즐겼다고 한다. 네로 황제는 잔치 때 마다 애굽산 장미꽃들을 대량으로 소비했다고 한다. 단 한 번의 잔치 때 소비된 애굽산 장미 수입 비용이 오늘날로 계산한다면 수억 원이 되었다고 한다.

또 네로 황제의 후임자인 비텔리우스(A.D. 68~69)는 약 10개월 동안 황제로 있으면서 매우 특이한 식성을 가진 자였다. 그래서 공작새의 머리나 앵무새의 혀 등등 진기한 요리를 선호했다. 그래서 10개월 동안 특별 음식값으로 수억이 들었다고 한다.

당시 사회 풍토가 어떠했는가? 로마시의 한 부자는 자신이 소유했던 막대한 재산을 탕진한 후 몇 억 정도의 재산이 남았는데 그 돈으로는 더 이상 살 수 없다고 비관을 하다가 자살했다고 한다.

이처럼 사도 요한 당시의 로마제국 황제들의 생활상은 사치와 낭비의 극치를 이루었고, 부자들의 생활 역시 부도덕하고 극히 탐욕적이었다. 이 같은 과거 로마제국 시대의 과거사를 아는 것이 계시록의 목적이 아니다. 계시록은 앞으로 있게 될 대환난 시대의 세계 정치가들의 동향과 부자들이 추구해 나가는 미래상의 예언이다.

④ 당시 거래되었던 상품의 목록(12~13)

앞서 사도 요한 당시의 저술가들이 당시 황제들이나 부자들의 생활상 일면을 기록해 놓은 내용을 소개했다.

이렇게 당시의 로마 황제들이나 부자들의 탐욕적이고 향락적인 생활 양상을 여기 계시록에도 그대로 반영시켜 주고 있다. 사도 요한이 12~13절에 소개하는 당시 거래되었던 품목들의 내용들을 정리해 보자.

㉠ 귀금속 보석류 : 금, 은, 보석, 진주
㉡ 의류 : 세마포, 자주 옷감, 비단, 붉은 옷감
㉢ 실내 가구품 : 각종 향목, 각종 상아 그릇, 값진 나무, 구리와 철과 대리석으로 만든 각종 그릇 등 실내 장식품류
㉣ 향료 : 계피, 향, 향유, 유향
㉤ 식료품 : 포도주, 감람유, 고운 밀가루, 밀
㉥ 가축과 승용물 : 소, 양, 말, 수레
㉦ 인간 : 종들과 사람의 영혼들

이상 상품 품목이 29가지가 소개되고 있다. 이와 같은 상품 품목들은 에스겔 선지자(B.C. 570) 당시 해상 왕국으로 강대국을 이끌어 갔던 두로(수 19:29; 겔 27:2; 눅 6:17)가 취급했던 상품들 중 15가지와 일치한다(겔 27:12~22 참조).

이상의 품목들을 보면 음녀 바벨론으로 상징되는 당시의 로마제국의 국가와 사회상이 얼마나 사치로 악명이 높았던가를 추측할 수 있다. 당시의 궁궐이나 부잣집들의 사치는 극에 달했음을 보여준다. 실내 장식품으로 북아프리카에서 수입된 흑색 목재인 감귤나무 목재는 공작의 꼬리나 호랑이나 표범을 연상시키는 나뭇결무늬로 당시 최고급의 목재였다고 한다. 이렇게 고급 수입품 목재에다 코끼리 상아를 수입하여 코끼리 뿔로 가공한 각종 고가의 그릇들을 만들어 사치하고 있었다.

그리고 모든 사치품들 속에는 "종들과 사람의 영혼들"도 포함되었

다. '종'이란 '소마톤'(σωμάτων)으로 노예가 매매의 대상이었다. 그리고 '사람의 영혼들'은 '프쉬카스 안드로폰'(ψυχὰς ἀνθρώπων)으로 노예들은 영혼이 없는 물건으로 매매가 되었음을 뜻한다.

이 같은 내용은 2천 년 전의 로마제국의 사회상을 알려주는 데 목적이 있는 것이 아니다. 계시록은 철저하게 미래를 위한 예언의 내용이다. 그렇기에 계시록을 통해 과거의 실상을 깨달으면서 아울러 계시록을 통해 미래를 예견하고 미래를 파악할 수 있는 예언적 능력까지 갖추어야만 한다.

우리는 계시록의 내용을 통해 이 세상의 마지막 때가 극도로 음란하며 상상 이상의 사치로 정상적인 판단을 하지 못하게 될 때가 올 것이라고 예상한다. 지금 전 세계는 국제화된 세상이어서 모든 것들을 서로 수입하고 수출하므로 세계 국가가 유지되어 가고 있다. 그렇기에 수입품목의 다양화로 사치품이라는 기준이 점차 모호해져 가고 있다. 그래서 이 세상 모든 인간 자본과 경제와 밀접하게 연관되어 있다. 지금 세상은 경제와 자본이 전 세계를 이끌어 가는 주체가 되었다.

각 나라들은 경제 챙기기에 피나는 투쟁과 외교전을 벌이고 있다. 이렇게 경제문제가 각 국가들의 최우선 순위가 되는 세상에는 인간이나 인격이나 자존감은 무시되고 박탈되는 것이 당연하게 취급된다.

그래서 세상 전체가 오로지 축재 정책만을 지상 목표로 추구해 나가므로 사람의 가치란 오직 경제 능력만으로 평가를 받는다. 그것은 자유인이라 할 수가 없다. 물질에 예속되어 영혼이 박탈당한 모습은 타락한 자본주의의 실상을 의미한다. 지금 우리는 이미 그런 시대에 진입해 왔음을 현저하게 느낄 수 있다. 이것을 느끼는 차이는 그가 얼마나 영적인 사람이냐, 아니면 세상에 물이 든 사람이냐에 따라 그 체감 정도가 달라진다.

　이럴 때 올바른 신앙인의 자세가 무엇일까? 세상 사람들 대부분이 더 많은 소유를 행복의 기준으로 착각하고 살아가는 이때에는 필요 이상의 소유를 거부하고 절제하며 검소하게 살아가려는 삶의 태도를 견지해야 할 것이다. 그것이 "빈손으로 살다간 한○○ 목사님"은 교계나 세상 사람들이 모두 존경하지만, "교회를 통해 대재벌 그룹을 이룬 조○○ 목사"는 물질을 숭앙하는 자들이나 존경하고 영적 가치를 귀중히 여기는 이들에게는 신뢰를 받지 못하는 편이다.

　⑤ 바벨론아 네 영혼이 탐하던…맛있는 것들과 빛난 것들…다시 보지 못하리로다(14)

　앞서 12~13절에서 여러 품목이 소개되었다. 그런데 그와 같은 음녀 바벨론이 추구했던 사치품들이 하나님의 심판으로 더 이상 존재할 수가 없게 될 것을 분명하게 천명하고 있다.

　⑥ 바벨론으로 치부한 이 상품의 상인들이 그의 고통을 무서워하여 멀리 서서 울고 애통하여(15)

　계시록 18장에는 바벨론 멸망을 중점적으로 소개한다. 18장 9~10절은 땅의 왕들이 바벨론 멸망으로 권력을 잃게 될 것을 애통하는 내용이 소개했다. 그리고 18장 11~14절에는 땅의 상인들이 그들이 누리던 물질의 향락을 상실하게 됨을 슬퍼하고 애통하는 내용이 소개된다. 바벨론의 멸망이라는 사실은 똑같으나 그 사실에 대한 반응은 다 각각 다르다. 땅의 왕들은 큰 성, 견고한 성이 망했다는 듯이 절망적 표현을 하지만, 땅의 상인들은 단지 큰 성이 무너졌다는 실망을 표현한다. 바벨론 멸망이라는 하나님의 심판은 똑같다.

그런데 왕들은 굳게 믿고 있던 바의 절망을 확실하게 드러내는 반면 땅의 상인들은 단지 경제적 이윤의 확대성이 봉쇄되었음에 대하여 실망하는 장사꾼의 계산적 반응을 한다.

옛 속담에 그런 말이 있다. 인간들 모두에게 보편적으로 알려진 세 가지 거짓말이 있다고 한다. 첫째는 노인들의 죽고 싶다는 말이 거짓말이고, 처녀가 시집 안 간다는 말이 거짓말이고, 장사꾼이 밑지고 판다는 말이 거짓말이라고 한다. 장사꾼은 자기 경제적 이윤을 위해서는 상습적 거짓말을 거짓말이라고 의식하지 않고 살아간다는 야유의 말 같다.

그래서 미래의 바벨론 멸망 때에도 상인들의 한탄은 자기들의 경제적 이윤 확대의 길이 봉쇄된 것을 한탄하게 될 것이라고 예언하고 있다.

⑦ 세마포 옷…금과 보석과 진주로 꾸민 것인데…망하였도다(16~17a)

여기서는 상인들이 바벨론의 멸망을 마치 잘 꾸며 놓은 인간이 졸지에 망한 것처럼 한탄을 한다는 것이다. 상인들이 바벨론의 멸망으로 인해 자기들의 경제적 이윤의 길이 끊긴 것에 대해 한탄하는 경제적 동물의 근성은 경제인이기에 이해해 볼 수 있는 요소다. 그러나 장사꾼들은 자기들이 금은 보석과 진주로 꾸며놓은 가치 있는 것이 한 시간에 망하였다고 한다는 것이다.

이 내용 역시 상인들의 속성을 잘 드러낸 표현이다. 상인들의 의식 속에는 못난 사람이나 부족한 사람이나 무식한 사람이라도 그를 세마포 옷과 자주 옷과 붉은 옷을 입혀 놓으면 그 사람의 가치가 달라질 수 있다고 믿는 신념을 갖고 있다. 거기에다 금, 보석과 진주로 꾸몄다면 그런 사람은 누구나 다 훌륭한 자라고 대접받을 수 있을 것이라는 확실한 신념을 가지고 있다. 이 같은 사실은 지금 세상도 그렇다. 병원이나 약국을 가든가, 공공기관에 용무가 있어서 찾아갈 때 입은 옷이나 행색이 초라해 보이면 무시를 당하기 마련이다. 반면에 화려한 의복에 값비싼 장식을 갖춘 자는 대접을 받게 되는 것이 현실이다. 사도 요한은 미래 대환난의 종말의 때가 그렇게 될 것임을 예언하고 있다.

⑧ 모든 선장과 각 처를 다니는 선객들과 선원들과 바다에서 일하는 자들이…큰 성이 어디 있느냐(17~18)

대환난의 마지막에 바벨론이 멸망당한다. 이때 크게 경악하고 놀라며 절망을 하는 세 부류가 있다. 하나는 땅의 임금들이 권력을 잃게 될 것을 애통한다. 두 번째 부류는 장사꾼 상인들이 경제적 이익을 얻을 길이 단절됨으로 절망을 한다. 또 하나 세 번째 부류들이 있다. 그들이 바다에서 해상무역을 통해 중개해 주고 이윤을 추구하던 해상 운송업자들이다.

해상 운송업자들은 자기들의 주 거래자들이었던 바벨론 나라의 왕들과 부자들이 망함으로 인하여 거래처가 끊겨 크게 낙망한다.

⑨ 티끌을 자기 머리에 뿌리고…바다에서 배 부리는 모든 자들이 너의 상품으로 치부하였더니 한 시간에 망하였도다(19)

'큰 성'은 바벨론 도시를 상징한다. 그리고 계시록에서의 바벨론은 로마시를 상징한다. 고대나 현대나 도시는 인간의 문화와 문명의 총체적 집결소다. 도시에는 많은 인구가 모이고 그 모여든 사람들에게 편리한 기구들이 함께 조성되어야 한다.

그렇게 도시에는 성향이 다른 다양한 인간들이 모여든다. 그런 곳에는 좋은 사람들만 모이는 것이 아니라 사치와 향락을 즐기는 자들도 모여든다. 이것을 통제하고 질서를 위해서는 왕권이 필요하고, 사람들의 필요를 공급하기 위해서는 상인들이 필요하며, 또 먼 곳의 물품들을 조달해 주는 해상 운송업자도 필요하다.

그런데 대환난 때에는 도시 생활권이 하나님의 심판의 대상이 된다. 특히 해상 운송업자들은 "티끌을 자기 머리에 뿌리고 울며 애통하며" 화를 당했다고 슬퍼한다.

우리는 계시록을 공부하면서 크게 깨달을 교훈이 있다. 현재 교회 시대에 믿음을 지키려 하는 성도들은 많은 시련을 겪는다. 그러나 미래의 대환난 시대에는 왕들, 거부들, 운송업자들이 완벽하게 망함으로 크게 절망하게 된다.

(5) 성도들의 신원 성취와 바벨론 멸망의 최종 선언(계 18:20~24)

① 하늘과 성도들과 사도들과 선지자들아…너희를 위하여 그에게 심판을…(20)

여기 말하는 '하늘'은 '우라네'(οὐρανέ)이고, '성도들'은 '하기오이'(ἅγιοι)이며, '사도들'은 '아포스톨로이'(ἀπόστολοι)이고, '선지자들'은 '프로페타이'(προφῆται)다. 이들은 구원받은 하나님의 모든 백성으로 하늘나라에 거하는 자들을 의미한다.

그런데 저들을 마치 사람이나 물건을 부를 때 사용하는 '호격'(呼格)으로 쓰이고 있다. 이것은 구원받은 백성들은 현재에도 살아 있으므로 부르기만 하면 나타날 수 있는 생존자라는 뜻을 암시해 주는 표현이다.

우리는 구약성경의 인물들 중에 과거에 이미 죽은 줄로만 알고 있는 '모세'와 '엘리야'는 지금도 하늘나라에서 영적 존재로 살아 있다.

그래서 특별한 경우인 변화산 위에서 예수님과 함께 나타나 보여주셨다(마 17:2~3). 또 우리 주님께서는 십자가에 달려 돌아가신 후에 구름 타고 승천하셨다(행 1:9~11). 그래서 주님께서 사라져 없어져 버리신 것으로 착각한다. 그러나 스데반 집사는 "인자가 하나님 우편에 서신 것을 보노라"(행 7:56)고 하면서 주님의 살아 계심을 보았다.

사울이라는 유대교 광신자가 그리스도인을 핍박하려고 다메섹을 향해 증오심으로 달려갈 때 하늘에서 "사울아 사울아 네가 어찌하여 나를 박해하느냐… 나는 네가 박해하는 예수라"(행 9:4~5)고 하는 생생한 음성을 들려주셨다. 이렇게 우리 주님은 특별한 경우들을 통해 죽지 않고 살아 계시는 인격으로, 부르면 응답할 수 있는 생명체임을 확인시켜 주고 있다.

그뿐만 아니다. 하나님은 과거에 성도들을 핍박했던 모든 핍박자들을 다 '심판을 행하셨음'이라고 했다. '심판을 행하셨음'은 '에크리넨 토 크리마'(ἔκρινεν τὸ κρίμα)다. 여기 '심판'이라고 쓰인 '크리마'(κρίμα)는 광범위하게 이해할 수 있는 개념이다. 이 개념을 구약에 적용시키면 수많은 이방 민족들로 이해할 수 있고, 또 신약에 적용시키면 초대교회 이래 지금까지와 앞으로 있을 대환난의 종말 때까지 그리스도를 위해 희생된 순교자들과 핍박당한 모든 성도들에게도 해당되는 개념이다.

여기서 필자가 인생을 살아오면서 겪었던 상반된 체험을 간증해 보겠다. 필자는 1978~1982년까지 미국 버지니아주 리버티신학대학원에서 공부를 했다. 그때 인생이 변화되는 거듭남을 체험했다. 거듭남을 체험한 후 필자의 전공 분야인 교회사 과목들을 공부할 때였다.

그때 《재침례교도의 역사》(The Anabaptist story, 1985년 필자가 요단출판사에서 번역함)를 공부할 때였다.

그때 500년 전에 스위스, 독일, 네덜란드 등에서 재침례교도들이 단지 성서적 신앙대로 살겠다는 그 이유 하나만으로 많은 성도들이 재산을 빼앗기고, 추방당하고, 각 곳으로 도망을 다니다가 결국에는 가톨릭 황제와 교황들의 지시로 극형을 당해 죽게 되는 내용들을 배우게 되었다.

그때 강의실에서 강의를 들으면서 한 학기 동안 내내 눈물을 쏟았다. 필자가 그 무렵 가장 강하게 자극받은 내용은 마태복음 5장 10~12절의 말씀이었다. "의를 위하여 박해를 받는 자는 복이 있나니 천국이 그들의 것임이라 나로 말미암아 너희를 욕하고 박해하고 거짓으로 너희를 거슬러 모든 악한 말을 할 때에는 너희에게 복이 있나니 기뻐하고 즐거워하라 하늘에서 너희의 상이 큼이라 너희 전에 있던 선지자들도 이같이 박해하였느니라"는 말씀이었다.

필자는 그때까지 40여 년간 살아오면서 예수님 때문에 욕먹고 핍박받은 일이 전혀 없었다. 오히려 목사라는 신분으로 대접만 받아왔다. 목회하던 교회에서 목사 생일인 음력 6월에는 교인들이 큰 잔치를 베풀어주고 수박 수십 통씩 선물이 들어왔다. 또 서울의 모 교회에서는 매년 양복 티켓과 구두 티켓을 계속해서 받았다. 목사라는 신분으로 큰 대접만 받은 생각과 재침례교도들의 핍박의 역사가 오버랩되면서 걷잡을 수 없는 많은 통한의 눈물을 흘리게 했다.

그 후 1982년도에 귀국했다. 침례교로 교단을 바꾸어 목회와 신학교 강의를 30여 년 동안 계속했다. 이 기간 동안에 수많은 핍박과 곤욕과 수모를 헤아릴 수 없이 많이 당했다. 새롭게 선택한 침례교단 사람들은 총회, 지방회 등 조직적 기구들을 통해 침례교 강단에 서

지 못하도록 총회 공문을 보냈고, 또 신학교 강의를 못하도록 학생들을 선동하여 반대하므로 신학교 학생들이 찬반양론으로 분열되어 싸우게 만들었다.

또 명지대학교 야간대학원 강의 때는 교회 역사 강의 중 칼빈주의 신학을 비판하자 익산시에서 목회한다는 얼굴 붉은 목사가 강단을 발로 차고, 폭행을 가할 기세로 폭언을 쏟아부었다. 그때 떠오른 말씀이 마태복음 5장 10~12절이었다. 그 외에도 한국과 미국 교포 목회 때 교인들에게서 받은 공개적 모욕과 폭언 등은 참으로 잊히지 않는 서글픈 기억으로 남아 있다.

필자가 인생의 말년에 정리되는 말씀이 있다. 필자가 겪은 서글픈 과거의 기억들은 장차 하나님의 심판을 통해 기쁨이 되는 즐거운 환희로 바뀔 것이 믿어지게 된다는 사실이다.

② 한 힘센 천사가 큰 맷돌 같은 돌을 들어 바다에 던져…(21a)

'힘센 천사'는 계시록 안에 세 번 등장한다(계 5:2, 10:1, 18:21). 맨 처음의 5장 2절에는 누가 그 두루마리를 펴며 인을 떼기에 합당하냐고 묻는 천사이고, 10장 1절에는 그 얼굴이 해 같고 그 발은 기둥 같으며 손에 작은 두루마리를 들고 있으므로 5장 2절의 천사와 같은 천사이다.

그와 같은 '힘센 천사'가 18장 21절의 대환난의 마지막에 또 나타난다. 이것은 앞서 자신의 손에 들고 있던 '일곱 인'으로 봉인된 책의 내용이 최후에 음녀 바벨론의 멸망으로 성취되었음을 보여주는 의미라고 할 수 있다.

여기 힘센 천사가 큰 맷돌 같은 돌을 들어 바다에 던진다. '맷돌'은

'뮐리논'(μύλινον)이다. 맷돌에는 여인들이 음식을 장만하기 위해 손으로 돌리는 작은 맷돌이 있다(마 24:41). 그런가 하면 소나 나귀의 힘을 빌려야만 돌릴 수 있는 매우 육중한 무게를 가진 연자맷돌도 있다(막 9:42).

여기 계시록의 '큰 맷돌'은 거대함이란 뜻의 '메간'(μέγαν)이 함께 쓰인 연자맷돌을 의미한다. 그런데 '힘센 천사'가 '큰 맷돌 같은 돌'을 들어 바다에 던진다. 이것은 무엇을 의미하는가?

이것은 '큰 성 바벨론'으로 상징되는 '큰 맷돌'을 힘센 천사가 바다에 던진다는 것은 큰 성 바벨론이 더 이상 존재하지 않는다는 종말 때 심판적 상징이라고 본다.

③ 큰 성 바벨론이 이같이 비참하게 던져져 결코 다시 보이지 아니하리로다(21b)

큰 성 바벨론이 결코 다시 보이지 아니하리라고 했다. 우리가 유심히 관찰하고 깨달을 내용은 "결코 다시 보이지 아니하리로다"라는 비슷한 표현이 21~23절 사이에 여섯 차례나 반복 강조되고 있는 점이다. 21절에서 한 번, 22절에서 세 번, 23절에서 두 번이 반복되고 있다. 이렇게 여섯 차례나 반복되는 '결코 다시'는 '우 메…에티'(οὐ μὴ…ἔτι) 다. 이것은 큰 성 바벨론이 철두철미하게 멸망될 것과 황폐화될 것을 매우 강력하게 6차로 반복하며 강조한다.

과거 역사적 바벨론은 현재 이라크 남부 바그다드에서 남쪽으로 50km 지점의 언덕으로 남아 있다. 현재 이곳에는 과거 바벨론의 수도였던 곳이라고 믿어지지 않을 만큼 처참한 황폐지가 되었다. 사도 요한이 암시해 주는 바벨론은 당시의 로마제국 수도 로마시이다. 현재의 로마시는 전 세계 로마 가톨릭교회의 총본부가 있는 '로마 시국'(市國)이 매우 휘황찬란하게 존재하고 있다. 그러나 사도 요한이 예언해 주는 영적 바벨론은 미래에 있을 전 세계적인 정치적, 종교적 연합 세력이다. 미래에 있을 영적 바벨론은 정치와 종교가 혼합되어 음란과 사치가 최고점에 오른 상태에서 막강한 정치력과 종교적 힘을 발휘할 것이다. 그렇게 힘을 가진 세력을 현실이라고 인정하고 전 세계인들이 저들을 따르고 맹종할 것이다.

그러나 하나님께서는 '큰 성 바벨론'으로 상징되는 미래의 연합 세력을 두 번 다시 나타나지 못하도록 큰 맷돌을 깊은 바다에 던짐같이 영원히 제거해 버리실 것이다.

④ 거문고 타는 자와 풍류하는 자와 통소 부는 자와 나팔 부는 자들의 소리가(22a)

여기 소개되는 악기 연주자들은 모두가 연회나 잔칫집에 초청받아 모인 사람들에게 흥을 돋우는 역할을 했던 사람들이다. 이들은 또 평소에 여유 있는 부자들을 위해 삶의 기쁨을 부추겨 주었던 사람들이다. 그런데 음녀 바벨론의 파멸은 이렇게 흥을 돋우어 주거나 삶의 기쁨을 부추겨 주던 사람들의 인위적인 기쁨과 희열을 모두 송두리째 앗아가게 된다는 것이다. 참으로 섬뜩한 사실을 깨우쳐 준다.

⑤ 세공업자든지 결코 다시 네 안에서 보이지 아니하고 또 맷돌 소리가 결코 다시 들리지 아니하고(22b)

'세공업자'란 '테크니테스…테크네스'(τεχνίτης…τέχνης)다. '테크니테스'는 '기술자'를 뜻하고 테크네스는 '기술'을 뜻한다. 그렇기에 이들 단어는 기술과 기술을 발휘하는 사람들을 뜻한다. 여기 '테크네라는 말에서 오늘날 '첨단 기술'을 뜻하는 '테크놀로지'(technology)라는 단어가 유래했다.

오늘날 '첨단기술'이라고 하면 고도로 발달된 정교한 세공 기술을 연상케 해주는 단어다. 그런데 장차 대환난의 종말에는 현대인들이 선망해 마지않는 첨단 기술들이 더이상 발견되는 일이 끝난다는 것이다.

또 '맷돌'은 '뮐루'(μύλου)다. 여기 쓰인 맷돌은 21절의 '큰 맷돌'이 아니라 집안에서 여인들이 곡식을 가는 가정용 맷돌을 의미한다. 그런데 '맷돌' 소리가 들리지 않는다. 이 표현은 바벨론의 멸망이 가정에서 일상적인 음식을 마련해 가는 삶이 종결됨을 뜻한다. 이 또한 정상적 생활이 영위되지 못함을 뜻한다.

⑥ 등불 빛이…비치지 아니하고 신랑과 신부의 음성이…들리지 아니하리로다(23a)

'등불 빛'은 '포스 뤼크누'(φῶς λύχνου)다. 등불 빛이 현대인에게는 생활필수품이다. 그러나 고대 로마제국이나 우리나라 근세 시대 때는 부유한 사람들에게나 활용되었던 도구였다.

로마제국 당시에 부유한 귀족들이 밤에 행차할 때에는 횃불을 든 종들이 앞서서 길을 밝히며 앞서 행진했고 그 뒤를 종들의 호위를 받으며 밤 행차를 했다고 한다.

조선시대에도 양반 귀족들이 밤에 행차할 때 등불을 든 종들이 앞서서 길을 밝히고 양반들은 가마를 타고 그 뒤를 따르는 장면을 사극에서 종종 볼 수 있다. 이렇게 밤에 등불을 비춘다는 것은 음녀 바벨론 세상에서는 부자들의 권세와 지배자들의 우월한 신분을 과시하는 권위주의적 수단이었다.

그러나 바벨론의 멸망으로 그와 같은 권위주의적 풍습도 사라진다는 것이다. 이것을 현대에 적용한다면 현란하고 퇴폐적인 네온사인 광고판으로 이해해 볼 수 있다. 미국 라스베이거스에 가면 밤에는 곳곳에 향락적 퇴폐를 자극하는 매우 불결한 네온사인들이 가득 차 있다. 앞으로 종말에는 그 어떤 향락을 선동하는 자극적 불빛도 사라지게 될 것임을 예언해 주고 있다.

참으로 놀라운 내용이 있다. 그것은 23절 중간에 '신랑과 신부의 음성'이 다시 들리지 않는다는 내용이다. 신랑과 신부는 후손을 계승하고 그들이 속한 공동체의 미래를 발전케 하는 인간이 가진 기본적 축복권이다(창 2:24). 그래서 결혼에는 양가 부모와 하객들이 즐겁게 축하를 해 준다. 그런데 음녀 바벨론의 멸망은 이와 같은 인간의 기본적인 것조차도 종결되는 미래에 대한 보장이 끊기게 된다. 이것은 인간들에게서 더 이상 생산과 이 세상의 계승이라는 미래의 희망을 단절시키는 최종적인 심판의 의미가 있다.

⑦ 너의 상인들은 땅의 왕족들이라 네 복술로 말미암아 만국이 미혹되었도다(23b)

'상인들'이란 말은 '엠포로이'(ἔμποροί)이다. 이 말은 물건을 중간 거래하는 중개업자를 뜻한다. 당시 로마제국의 부자들의 사치품목들을 다른 나라에서 수입해서 많은 이윤을 덧붙여서 매매하는 중개인들을 상인들이라고 했다. 그들이 땅의 왕족들이 되었다는 것이다. 왕족이란 '메기스타네스'(μεγιστᾶνες)다. 이 말은 직접적으로 왕족이 되었다는 뜻이 아니라 큰 사람, 높은 사람, 고관 등이라는 뜻이 있는 단지 'great man'이라는 뜻이다.

중개업자인 상인들이 중개업으로 왕과 부자들을 상대로 많은 돈을 벌자 그들이 '큰 사람'으로 격상되었다는 것이다. 사실 상인들은 철저하게 이익을 따라 처신하는 이해타산에 몰두된 동물과 같은 이익 추구에 혈안이 된 자들이다. 저들은 돈을 버는 수단이라면 형제간도, 친구도, 같은 교회 교인들도 다 자기 이익을 위해 활용하는 동물과 같은 존재다.

그렇게 해서 많은 돈을 벌면 그는 사회에서 인정받고 교회에서도 우대받는 큰 인물이 된다.

더 놀라운 사실이 따른다. '중개인'들이 큰 돈을 벌고 큰 인물처럼 '땅의 왕족' 행세를 하니까 그들을 보는 이 세상 사람들은 "네 복술로 말미암아 만국이 미혹"된다는 것이다.

'복술'은 '파르마케이아'(φαρμακεία)이다. 이 말은 마술, 요술, 독약이라는 뜻을 가진 '파르마콘'(φαρμακον)에서 파생된 명사이다. 이 같은 단어에서 '약을 준비하다'라는 뜻을 지닌 '파르마큐오'(φαρμακευω)가 유래되었다. 그래서 약국이라는 영어가 'pharmacy'가 된 것도 이런 단어에서 파생되었기 때문이다.

왜 이 세상 사람들이 돈 많은 부자를 왕족처럼 선망하게 되는가? 그 원인이 바로 '중개인'들이 하나의 이익을 추구하는 장사꾼이었는데 그들이 돈으로 인해 '왕족'처럼 신분이 격상된 것을 보고 세상 사람들조차 독약에 취한 듯이 그를 따르게 되었다는 것이다.

이 내용은 과거 사도 요한 때의 현상이며, 또한 앞으로 전개될 미래 종말 세상의 세계적 풍토를 예언한 내용이다. 그런데 우리는 지금 우리가 살아가고 있는 현대에서 물질을 소유한 자가 왕족처럼 큰 인물이 된 현실을 목도하며 살아가고 있다. 그래서 재벌가들은 수단과 방법을 가리지 않고 돈을 벌고, 못 가진 자들은 가진 자들을 시기하며 온갖 방법으로 괴롭히고 있다. 그뿐만 아니라 새로운 창업을 통해 누구나 잘살게 해주는 것이 국가가 정책적으로 추진해 나가는 공공연한 현실이 되었다.

"너의 상인들은 땅의 왕족들이라 네 복술로 말미암아 만국이 미혹되었도다"라는 이 구절 하나를 가지고도 오늘날의 세계 경제 흐름과 현대인들의 의식구조를 여러 권의 책들로 만들어 낼 수 있는 주제이다. 이 같은 작업을 성령으로 거듭난 그리스도인 경제 전문가가 제대로 밝혀냈으면 참 좋겠다는 생각이 든다. 왜 이 사실이 중요한가?

이 세상의 마지막 멸망이 마치 '상인들'이 '땅의 왕족들'로 군림하게 되는 현상은 물질에 현혹된 '복술'로 세상 만국이 미혹되게 될 것이기 때문이다. 과거 음녀 바벨론의 멸망 원인 중 하나가 '상인들'에게 '미혹'당한 것이다. 앞으로 이 세상의 멸망의 원인 중 하나도 '만국'이 상인들의 술책에 미혹을 당할 것으로 예언되었음을 크게 깨달아야 하겠다.

⑧ 선지자들과 성도들과 및 땅 위에서 죽임을 당한 모든 자의 피가 그 성중에서 발견되었느니라(24)

사도 요한은 음녀 바벨론의 멸망 이유들을 몇 가지로 설명한다. 첫째 이유는 장사꾼인 상인들이 왕족이 된 것이고, 둘째 이유는 장사꾼들이 왕족으로 변신된 것을 보고 만국이 미혹을 당하게 된 것이며, 세 번째 이유는 선지자들과 성도들이 세상에 믿음을 지키기 위해 살아가다가 음녀 바벨론의 권세로 인해 억울하게 희생된 피가 바벨론의 성 중에서 발견되었기 때문이라는 것이다.

하나님께서는 무죄한 의인의 희생은 반드시 보응하신다. 그것이 창세기 4장 10절의 가인에게 희생당한 아벨의 핏소리를 들으시고 가인을 심판하신 일이다. 또 주님도 마태복음 23장 35절에서 아벨의 피로부터 바가랴의 아들 사가랴의 피까지 땅 위에서 흘린 의로운 피를 반드시 보응하실 것을 말씀하셨다.

이 같은 사실이 여기 계시록 18장 24절에 그대로 반영되고 있다.

결론

"대환난 시대"의
중요한 주제들

서론

이상으로 계시록 6장부터 18장까지의 내용을 근거로 한 대환난 시대의 계시록 강해를 마치려고 한다. 여기 결론 부분에서는 대환난 시대의 내용 중 중요한 주제들을 정리해 보겠다. 이렇게 내용을 정리함으로 전체를 요약한다.

01
대환난(Great Tribulation)의 근거

이 개념은 구약 다니엘서 9장 20~27절의 내용에서 비롯된 개념이다. 다니엘은 주전 605~536년까지 바벨론과 페르시아에서 활약한 예언자다. 그는 다니엘서 2장부터 8장 사이에 이방 민족들에 대한 예언을 했다. 그리고 9장부터 12장에는 이스라엘 민족에 대한 예언을 했다.

그중에서 특히 다니엘서 9장 24~27절은 이스라엘의 미래가 구체적으로 어떻게 전개될 것인가를 예언해 놓았다. 다니엘이 이스라엘 민족의 미래에 대한 계시를 받은 때는 메대 족속 아하수에로의 아들 다리오가 갈대아 나라 왕으로 세움을 받던 첫해(단 9:1~2)로 주전 538년이 된다.

그때에 이스라엘 민족의 미래가 70이레(다니엘서 9장 24)로 정해졌음을 가브리엘 천사를 통해 알게 된다. 그렇게 말하는 '70이레'란 유대력 360일로 계산하면 17만 3천 880일이 된다. 그리고 그 '70이레'의 시작은 예루살렘을 중건하라는 영이 날 때부터 시작된다(단 9:25). 그때가 느헤미야 2장 1~8절에서 예루살렘 성읍과 성벽을 중건하라는 아닥사스다 왕 제20년 니산월인 주전 444년이다.

이렇게 시작된 '70이레' 예언은 예루살렘 중건 7이레(49년)가 지나갔고 그 후 62 이레 후에 기름 부음 받은 왕인 그리스도께서 끊어질 것이 예언되었다(단 9:25~26).

이렇게 예루살렘 중건령의 시행과 기름 부음 받은 자가 끊어져 죽는 데까지 예순 두 이레(62주)가 되는 483년이 걸릴 것이다. 그리고 마지막 한 이레(7년)가 남아 있다. 그런데 하나님께서는 마지막 한 이레(7년)을 남겨두고 교회 시대로 2천 년 이상을 미루어 오고 계신다.

이와 같은 교회 시대 2천 년의 기나긴 공백에 대해 전 세계 신학자들은 두 가지 견해로 나누어졌다.

첫째로, 칼빈주의 신학으로 대표되는 신학자들은 다니엘의 예언이나 사도 요한의 예언을 무시하고 오로지 교회 시대만 믿는 해석을 한다. 그들은 주님이 초림해 오신 후 교회 시대가 곧 영적 천년왕국 시대이고 대환난도 없고, 천년왕국도 없는 교회 시대만 계속될 뿐이다. 그리고 마지막에 주님의 재림만 있을 뿐이다.

이 같은 신학 해석을 하는 이들을 "무천년주의자"(Amillennialism) 또는 "후 천년주의자"(Post-millennialism)라고 한다. 전 세계 칼빈주의 신학 신봉자들은 이 설을 따르고 있다.

둘째로, 성서적 보수주의 신학자들은 칼빈 신학이나 루터 신학이나 웨슬리 신학이나 가톨릭 신학 등을 인간들이 만든 인위적 신학으로 간주한다. 인위적 신학은 성서를 자기 편견으로 조직한 이론이므로 거부한다. 그래서 성경에 기록된 내용들을 문자적, 문법적으로 해석한다.

필자는 과거 40대 이전에 인간들의 신학을 따르다가 인생을 낭패

했다. 그래서 40대 이후에는 성서적 내용만을 절대 신봉하고 따른다. 그렇기에 '대환난' 개념을 성서적 개념으로 믿는다.

그 결과 이스라엘 민족의 역사가 이미 일흔 이레 중에서(단 9:24) 예순두 이레(단 9:26) 후에 기름 부음 받은 자 그리스도가 끊어져 없어지는 기간은 이미 지나갔다. 그런데 장차 한 이레(단 9:27) 7년을 남겨 놓고 2000년 길고 긴 교회 시대가 흘러가고 있다.

그러나 '한 이레'인 7년이 반드시 남아있음을 믿는다. 그런데 계시록 6장부터 18장 사이에는 전 3년 반과 후 3년 반의 '7년 대환난'이 예언되었다. 이것은 구약 다니엘이 예언한 '70이레' 예언 중에서 '69이레'가 지나가고 앞으로 있을 미래의 7년 대환난으로 믿는다.

이 같은 믿음 속에서 본 계시록을 내용상으로 분류해 '대환난 시대'라고 명명하였다.

02
대환난 기간의 3대 재앙

앞으로 있을 7년 대환난은 전반기 3년 반에 실시되는 재앙이 두 가지다. 첫째는 계시록 6장 1~17절에 기록된 '일곱 인'의 재앙과 두 번째는 계시록 8장 6절~9장 21절에 기록된 '일곱 나팔' 재앙이다. 이렇게 '일곱 인'의 재앙과 '일곱 나팔' 재앙이 7년 대환난 중에서 전 3년 반에 실시된다.

그리고 후 3년 반에 '일곱 대접' 재앙이 계시록 16장에 기록되었고, 계시록 17~18장은 '일곱 대접' 재앙 내용을 재차 설명한다.

그러므로 계시록을 어렵다고 거부하지 말고 계시록 속에 7년 대환난에는 ① 일곱 인 재앙 ② 일곱 나팔 재앙 ③ 일곱 대접 재앙의 연속된 재앙 내용이라는 개념만 알면 쉽게 이해할 수 있다고 본다.

03
대환난 중의 주요한 주제들

대환난 기간을 설명하는 내용들 중 중요한데도 쉽게 이해가 안 되며 수많은 견해들이 난무하고 있다. 여기서는 필자가 깨달은 바대로 설명을 해 보겠다.

1) 이스라엘 자손의 인침 받은 십사만 사천

계시록에는 분명히 이스라엘 자손의 각 지파 중에서 인침을 받은 자들이 십사만 사천이라고 했다(계 7:4). 그리고 계시록 7장 5~8절에는 이스라엘 각 지파들을 소개하고 모두가 일만 이천으로 소개한다. 여기서 이스라엘 각 지파가 소멸된 사실이나 다 똑같이 일만 이천이 된다는 내용은 문제가 되는 내용이다. 그러나 이스라엘 자손에게서 그리스도께서 나셨으나 지금까지도 이스라엘 민족은 그리스도를 메시아로 인정하지 않고 구약의 율법만 고수하는 유대교로 남아있다. 그러나 장차 '휴거'가 전 세계인이 보는 가운데 실시되고 그리스도의 공중 강림을 목격하게 된 후에는(계 1:7) 저 완고한 유대교도들이 달라지게 될 것이다.

그때 유대인들 중 구원받게 될 자가 꼭 십사만 사천이라는 숫자라기보다는 유대인이라고 자부하는 전 세계 각계각층의 다양한 계통의 유대교 부류들이 뒤늦게 회개하고 돌아올 것이라고 본다. 십사만 사천이라는 숫자를 이용한 과거의 이단들이 세계 각 곳에 있었는데 한국의 전도관이나 신천지에서도 이 숫자를 오용하고 있다. 계시록 강해를 통해 잘못된 오류들에서 해방되기를 바란다.

2) 붉은 용(계 12장)

'붉은 용'은 '드라콘 메가스 퓌르로스'(δράκων μέγας πυρρός)다. 많은 사람들이 '붉다'는 말을 근거로 붉은 공산주의가 '붉은 용'일 것으로 상상을 한다. 물론 공산주의가 '붉은 용'의 수하 부하 중의 하나이기는 하다. 왜냐하면 전 세계의 모든 공산주의 국가들은 그리스도교를 대적하는 사탄의 세력으로 활동하고 있기 때문이다.

그러나 '붉은 용'은 좀 더 광대한 개념이다. 붉은 용은 하나님의 사역에 저항하는 모든 악마들의 총체적 세력이다. 정치적, 사상적, 문화적, 경제적, 사회적으로 하나님을 대항하는 모든 세력이 '붉은 용'의 지배를 받고 광대 노릇 하는 현상들이다.

정치적 폭군인 히틀러, 스탈린, 무솔리니, 모택동, 김일성, 카스트로 등, 사상적 폭군인 칼 마르크스, 니체, 다윈, 프로이드 등, 문화적 폭군인 퇴폐적 음악이나 영화 제작자들, 사회적 폭군인 동성애자나 기존 권위 저항자들….

이 모든 이들은 자기의 본성적 이성의 지배를 받는 것이 아니라 '붉은 용'의 지시를 받고 꼭두각시 노릇을 하므로 세상에 혼란이 따르고 있다. 성령의 지배를 받고 사는 성도만이 '붉은 용'의 정체를 간파할 수 있는 영 분별력이 따른다(고전 2:14).

3) 두 짐승(계 13장)

계시록 13장에는 '붉은 용'에 의해 미래 대환난 시대 전반기에 나타날 사탄으로 쓰임 받게 될 세력을 '두 짐승'으로 표현했다.

'두 짐승' 중 하나는 바다에서 올라오게 될 짐승이고, 다른 하나는 땅에서 올라오는 짐승이다. 이들 짐승들 중 바다짐승은 '뿔이 열이요 머리가 일곱'이라 했다. 이 같은 표현이 한국인들에게는 동물이나 사람의 형상을 가진 채 비상한 힘과 괴상한 재주를 가진 도깨비를 연상한다.

그러나 히브리인들에게 '뿔'은 힘과 능력과 권세를 상징한다. 그렇기에 한국적 사고로 성경을 이해하려고 하면 오해가 따른다. 계시록에 기록된 두 짐승은 모두 다 상징적 존재이다.

바다짐승은 '열 뿔'이라는 것은 권세와 능력을 10개나 가졌다는 최상의 정치적 권세를 가진 자를 상징한다. 그리고 땅의 짐승은 '두 뿔'이라는 작은 권세를 바다 짐승에게 이양받은, 어린양 같으나 용처럼 말하는 거짓 선지자를 상징한다.

4) 짐승의 표 666(계 13:17~18)

대환난 때에는 '땅의 짐승'이 경제권을 장악하고 오른손이나 이마에 표를 받게 한다. 그리고 그 표가 없는 자는 매매를 하지 못하게 한다. 그 '표'가 무엇일까?

우리는 코로나19로 예방 접종을 받은 자들에게는 예방 접종 인증이 확인되는 표를 보여줘야만 식당이든, 마트에든 입장이 가능했다. 앞으로 미래에 그와 같은 '짐승의 표'가 또다시 등장하여 짐승에게 맹종하도록 만드는 시대가 돌아올 것이다. '666'이라는 숫자는 아라비아 숫자가 세계화되지 못할 때 알파벳 문자를 숫자로 환산했던 사도 요한 때의 유산으로 참고사항의 의미라고 본다.

5) 계시록의 바벨론 의미

계시록 16장 17~21절에는 최후의 재앙인 '일곱째 대접 재앙'이 소개되고 있는데 곧 바벨론의 멸망 예언이다. 그리고 계시록 17~18장은 바벨론 멸망 내용을 좀 더 소상하게 설명해 주고 있다.

그렇다면 계시록의 바벨론은 무엇인가? 그것은 사도 요한 당시의 로마제국을 상징하며 또한 미래의 전 세계를 장악할 정치적 세력을 뜻한다. 아울러 우리는 현대 세계가 미국, 중국, 러시아 등이 세계를 장악하려는 암투를 보면서 미래에는 저들 중의 어느 하나가 바벨론과 같은 역할을 할 것으로 상상을 해본다.

또 정반대로 지금은 전 세계 모든 나라들이 전혀 관심을 받지 못하는 세력이지만 앞으로 장차에는 세계를 장악할 거대한 힘으로 출현할 것도 상상할 수 있다.

이 모든 내용들을 필자가 가진 제한되고 부족한 역량이지만 최선을 다해 설명해 보려고 노력했다. 그러나 필자의 한계점들로 인하여 독자들이 충분하게 이해하지 못하는 점들이 있음을 매우 유감스럽게 생각한다. 그럼에도 불구하고 필자는 다음 작품으로 계시록 강해 3권《새 하늘과 새땅》을 출판하려고 한다. 계시록 강해 3권은 다음과 같은 내용이 될 것이다.

계시록 강해 3권의 내용 요약
책 제목은《새 하늘과 새 땅》(계 19~22장)이다.
제1부: 예수 그리스도의 재림(계 19:1~21)
제2부: 천년 왕국(계 20:1~15)
제3부: 새 하늘과 새 땅(계 21:1~22:5)
제4부: 예언의 끝맺음과 경고(계 22:6~21)

이상의 내용이 은혜 안에서 확실하게 깨달아질 수 있는 좋은 작품으로 나올 수 있기를 간절히 기도한다.

신약교회 사관에 의한 요한계시록 강해 **2**

대환난 시대

1판 1쇄 인쇄 _ 2022년 12월 9일
1판 1쇄 발행 _ 2022년 12월 23일

지은이 _ 정수영
펴낸이 _ 이형규
펴낸곳 _ 쿰란출판사

주소 _ 서울특별시 종로구 이화장길 6
편집부 _ 745-1007, 745-1301-2, 747-1212, 743-1300
영업부 _ 747-1004 FAX 745-8490
본사평생전화번호 _ 0502-756-1004
홈페이지 _ http://www.qumran.co.kr
E-mail _ qrbooks@daum.net / qrbooks@gmail.com
한글인터넷주소 _ 쿰란, 쿰란출판사
등록 _ 제1-670호(1988.2.27)
책임교열 _ 김영미·조학경

© 정수영 2022   ISBN 979-11-6143-789-7 94230
                        979-11-6143-710-1 (세트)

책값은 뒤표지에 있습니다.
이 출판물은 저작권법에 의해 보호를 받는 저작물이므로 무단 복제할 수 없습니다.
파본(破本)은 구입처에서 교환해 드립니다.

겨자씨 문서선교회 이상

1. 올바른 신앙 뿌리 회복을 위한 과거 2천 년 교회의 역사서
2. 하나님께서 기뻐하시는 현재의 삶을 위한 신·구약 성경 강해서
3. 오늘과 미래의 그리스도 십자군 정병을 위한 핵심 교리서

위의 세 종류 문서로 주님 오심을 대비하게 한다.

[겨자씨 문서선교 정기후원자](가나다순)

1. 강효민 목사(새삶교회)
2. 계인철 목사(광천교회)
3. 김경석 목사(강서교회)
4. 김소망 형제(이정화)
5. 김정호 목사(새길교회)
6. 김종훈 목사(오산교회)
7. 문무철 목사(성남교회)
8. 민병렬 장로(서영옥)
9. 박명숙 권사(조준환)
10. 박상준 목사(태능교회)
11. 배국순 목사(송탄중앙)
12. 박지은 자매(김영탁 강도사)
13. 백광용 집사(유명자)
14. 여우석 목사(새벽교회)
15. 여주봉 목사(포도나무)
16. 이동수 목사(대구교회)
17. 이유경 자매(전수연)
18. 이재기 목사(사랑빛는교회)
19. 우치열 목사(늘푸른교회)
20. 윤승자 사모(이주일)
21. 장광태 집사(대성주식)
22. 정은희 집사(박용배)
23. 주승은 목사(독산교회)
24. 최성균 목사(동백지구촌)

윗분들의 정성 어린 후원으로 문서선교가 이루어져 가고 있습니다.
더 많은 선교 참여자가 계속 이어지기를 기도합니다.

후원 계좌

농 협	356-0669-9227-93	정수영
우리은행	1002-246-769541	정수영
국민은행	229301-04-285676	정수영

Email : chungsy40@naver.com